2021 年法律硕士（非法学）联考
六年真题精解与考前 5 套题及详解

白文桥　主编

中国人民大学出版社
·北京·

目　　录

第一部分　六年真题精解

第二部分　考前 5 套题及详解

第一部分　六年真题精解

2020 年专业基础课试题

一、单项选择题（第 1～40 小题，每小题 1 分，共 40 分。下列每题给出的四个选项中，只有一个选项是符合题目要求的）

1. 无国籍人甲在美国通过网络对正在中国旅游的英国人乙实施诈骗，骗得巨额钱款。对甲的行为，我国司法机关（　　）。

A. 没有刑事管辖权　　B. 依属地原则享有刑事管辖权

C. 依保护原则享有刑事管辖权　　D. 依普遍原则享有刑事管辖权

2. 假想防卫不属于正当防卫，主要是因为欠缺正当防卫成立的（　　）。

A. 主观条件　　B. 起因条件　　C. 限度条件　　D. 时间条件

3. 甲向乙表示自己愿意出高价“买”妻，乙与其妻丙商量，让丙假扮为被拐卖妇女，并将丙“出卖”给甲。三天后，乙协助丙逃离甲家。对此，下列选项中正确的是（　　）。

A. 甲构成拐卖妇女罪　　B. 乙构成拐卖妇女罪

C. 乙构成诈骗罪　　D. 丙不构成犯罪

4. 不作为犯罪的主观方面（　　）。

A. 只能是过失　　B. 只能是故意

C. 不要求故意及过失　　D. 可以是故意也可以是过失

5. 监狱司法工作人员甲接受在押人员乙的妻子请托，在押送乙外出就医途中，违规打开乙的戒具，并暗示乙逃跑。乙成功逃跑后，甲收受了乙妻所送的 50 万元。对此，下列说法中正确的是（　　）。

A. 对甲按私放在押人员罪和受贿罪并罚

B. 对甲按脱逃罪（共犯）和受贿罪并罚

C. 对甲按私放在押人员罪和受贿罪从一重处断

D. 对甲按脱逃罪（共犯）和受贿罪从一重处断

6. 下列关于继续犯的理解中，正确的是（　　）。

A. 继续犯属于法定的一罪

B. 非法拘禁罪是典型的继续犯

C. 继续犯的追诉时效从犯罪之日起计算

D. 继续犯的不法状态发生于不法行为结束之后

7. 医生甲明知夏某不满 18 周岁，仍应夏某要求，摘取其左肾移植给自己的病人。卖肾所得 5 万元全部交给夏某。甲的行为应认定为（　　）。

A. 不构成犯罪　　B. 非法行医罪　　C. 非法经营罪　　D. 故意伤害罪

8. 李某遭甲强奸后，逃离时滑落河中。甲看到李某在水中挣扎，仍离开现场，李某溺水身亡。甲的行为应认定为（　　）。

A. 强奸罪　　B. 故意杀人罪

C. 强奸罪和故意杀人罪　　D. 强奸罪和过失致人死亡罪

9. 下列关于危害国家安全罪的说法中，正确的是（　　）。

A. 危害国家安全罪的主体是一般主体

B. 危害国家安全罪的主观方面可以是过失

C. 对于危害国家安全的犯罪分子都可以判处死刑

D. 对于危害国家安全的犯罪分子应当附加剥夺政治权利

10. 甲被公司处分后心怀不满，毁坏公司正在铺设的在建地铁专用电缆，造成重大财产损失。甲的行为构成（　　）。

A. 破坏交通设施罪　　B. 破坏生产经营罪

C. 破坏电力设备罪　　D. 以危险方法危害公共安全罪

11. 下列关于刑法因果关系的说法中，正确的是（　　）。

A. 因果关系的认定必须考虑行为人的主观认识

B. 因果关系的存在是行为人承担刑事责任的充分条件

C. 危害行为与危害结果之间存在条件关系即可认定因果关系存在

D. 不作为犯罪中不作为与危害结果之间的因果关系是客观存在的

12. 下列关于剥夺政治权利的最高期限的说法中，正确的是（　　）。

A. 单处剥夺政治权利的期限不得超过 10 年

B. 判处管制，附加剥夺政治权利的期限不得超过 5 年

C. 判处有期徒刑，附加剥夺政治权利的期限不得超过 5 年

D. 从无期徒刑减为有期徒刑时，附加剥夺政治权利的期限不得超过 15 年

13. 公司经理甲利用职务上的便利，侵吞本单位财物数额巨大。对此犯罪，我国刑法规定的法定刑是“处五年以上有期徒刑，可以并处没收财产”。根据本条对甲量刑（　　）。

A. 最高可判处 15 年有期徒刑，并处没收财产

B. 最高可判处 20 年有期徒刑，并处没收财产

C. 最高可判处 25 年有期徒刑，不并处没收财产

D. 如果判处 5 年有期徒刑，则不能并处没收财产

14. 下列选项中，应按故意杀人罪一罪定罪处罚的是（　　）。

A. 甲为索取债务将孙某关在宾馆房间，其间多次毒打孙某致其死亡

B. 乙为勒索财物绑架钱某，从钱某家人处获得赎金后将钱某杀害

C. 丙为牟取暴利组织多人偷越国境，其间将被组织者吴某殴打致死

D. 丁为劫取财物杀死曹某，并按照计划将曹某驾驶的车辆变卖获利

15. 甲因经营不善欠下巨额债务，为转移财产，与朋友乙伪造甲向乙借款200万元的借款合同，让乙向法院提起诉讼，第三人丙得知后申请参加诉讼。法院经开庭审理查明，该借款合同属于甲、乙恶意伪造。甲的行为应认定为(　　)。

A. 伪证罪　　B. 妨害作证罪

C. 虚假诉讼罪　　D. 扰乱法庭秩序罪

16. 甲在其制作的玉米馒头中违规超量添加色素，销售金额累计达22万元。此种色素为合法食品添加剂，超量使用不足以造成严重食物中毒事故或者其他严重食源性疾病。甲的行为应认定为(　　)。

A. 不构成犯罪　　B. 生产、销售伪劣产品罪

C. 生产、销售有毒、有害食品罪　　D. 生产、销售不符合安全标准的食品罪

17. 甲从王某处借得一辆价值10万元的竞赛用自行车，因急需用钱，甲将该车质押给典当行，得款6万元。在王某索要时，甲无力赎回该车，又向李某借得一辆价值15万元的竞赛用自行车，将该车质押给同一典当行，得款10万元后赎回王某的自行车。甲将自行车交还给王某后潜逃，导致李某的自行车期满未赎。甲诈骗的金额为(　　)。

A. 6万元　　B. 10万元　　C. 15万元　　D. 25万元

18. 下列关于强奸罪的说法中，正确的是(　　)。

A. 强奸罪的犯罪对象可以是男性

B. 强奸罪的犯罪主体不可以是女性

C. 只要与幼女发生性关系就应以强奸罪论处

D. 强奸引起被害人自杀的，不属于强奸“致使被害人死亡”

19. 工休期间，建筑工人甲在工地上将与自己相互嬉闹的工友乙推倒，致乙跌落摔死。甲的行为应认定为(　　)。

A. 意外事件　　B. 重大责任事故罪

C. 故意伤害罪　　D. 过失致人死亡罪

20. 甲毒瘾发作，委托乙到住在同一小区的毒贩（另案处理）处代购毒品，并向乙支付了“劳务费”。乙购买了2小包海洛因交给甲吸食。对此，下列说法中正确的是(　　)。

A. 甲构成贩卖毒品罪　　B. 乙构成贩卖毒品罪

C. 乙构成非法持有毒品罪　　D. 甲、乙均不构成犯罪

21. 某地多日暴雪，甲在公交站等车时，站台顶棚因积雪过多塌落，将甲砸伤。该公交站站台系乙公司设计、丙公交公司管理。甲的损害应由(　　)。

A. 本人承担　　B. 乙公司赔偿

C. 丙公司赔偿　　D. 乙公司和丙公司共同赔偿

22. 两个以上污染者污染环境造成他人损害的，污染者承担(　　)。

A. 按份责任　　B. 连带责任　　C. 过错责任　　D. 公平责任

23. 甲物业公司委托乙清洁公司清洁其管理的某住宅楼外墙，乙公司指派的员工丙因操作不当，致清洁工具从高处掉落，砸中业主丁的汽车。丁的损害应由(　　)。

A. 甲公司承担责任　　B. 乙公司承担责任

C. 甲公司和乙公司承担连带责任　　D. 乙公司和丙承担连带责任

24. 画家甲丧偶后，独自抚养儿子乙。某日，甲将自己的一幅画作交给朋友丙保管，嘱托丙待自己去世后烧毁该画作。甲去世后，丙违背甲的嘱托，将画作交拍卖公司拍卖，得款50万元。该50万元应当(　　)。

A. 归乙所有　　B. 归丙所有　　C. 由乙、丙平分　　D. 归国家所有

25. 微信名为“温柔的小蜜蜂”的用户在朋友圈中发图配文称：张某是一位糖尿病患者，服用“小蜜蜂”牌保健品后病情得到控制。李某发现该图用的是自己的生活照，且文字内容与自己毫不相干。该用户侵犯了李某的(　　)。

A. 名誉权　　B. 肖像权　　C. 个人信息权益　　D. 姓名权

26. 甲收到乙通讯公司短信，内容为：本公司为您提供实时天气预报服务，每月收费5元，如不接受此服务，请回复N。甲看后未予理睬。后甲发现乙公司向自己收取了该费用，遂要求返还。甲与乙公司之间的天气预报服务合同(　　)。

A. 不成立　　B. 无效　　C. 可撤销　　D. 有效

27. 下列选项中，属于继父或继母收养继子女的条件是(　　)。

A. 继子女不满14周岁　　B. 继父母无子女

C. 经生父母同意　　D. 生父母有特殊困难无力抚养子女

28. 甲以5万元购得一块手表，甲的朋友乙发现该表系高仿品，但未告知甲。丙看见该手表有意购买，乙为让丙买下该表，对丙声称该表是绝版正品，丙信以为真，遂以5.5万元买下该表。甲与丙之间买卖合同的效力为(　　)。

A. 无效　　B. 可撤销　　C. 效力待定　　D. 有效

29. 甲将自己的房屋赠与好友乙，已交付但未办理过户登记。一年后，甲因急需资金，将该房卖给丙并办理了过户登记，同时约定在丙付清全款前，甲保留房屋所有权。对此，下列选项正确的是(　　)。

A. 甲仍享有房屋所有权　　B. 乙继受取得房屋所有权

C. 丙善意取得房屋所有权　　D. 丙继受取得房屋所有权

30. 甲向乙借款100万元。为担保乙的债权，甲以一套价值50万元的房屋作抵押，丙以一套价值50万元的房屋作抵押，丁提供保证。现甲不能偿还到期债务。对此，下列说法正确的是(　　)。

A. 乙应当先就甲的房屋实现抵押权

B. 乙应当先就丙的房屋实现抵押权

C. 乙应当先请求丁承担保证责任

D. 乙可以同时请求甲、丙、丁承担按份担保责任

31. 甲将借给乙的笔记本电脑卖给丙，甲、丙约定由丙直接向乙请求返还电脑。该电脑的交付方式属于(　　)。

A. 现实交付　　B. 占有改定　　C. 简易交付　　D. 指示交付

32. 下列选项中，专属于国家所有的是(　　)。

A. 土地　　B. 文物　　C. 野生动植物　　D. 无线电频谱资源

33. 银行与自然人之间的借款合同属于(　　)。

A. 实践性合同　　B. 有偿合同　　C. 从合同　　D. 单务合同

34. 甲委托乙公司将一批货物运往A地。后甲将运输途中的货物卖给丙，双方对风险的承担没有约定。甲、丙签订买卖合同后，该批货物毁损、灭失的风险(　　)。

A. 自买卖合同成立时起由丙承担　　B. 自货物交付给乙公司时起由丙承担

C. 自货物运抵A地时起由丙承担　　D. 自货款付清时起由丙承担

35. 甲向乙借款，将自己的汽车抵押给乙，办理了抵押登记。后甲又向丙借款，将该车质押给丙。丙在占有该车期间，发现汽车有故障，送到丁厂修理。丁厂因未收到修理费将该车留置。本案的担保物权受偿顺序是(　　)。

A. 抵押权；质权；留置权　　B. 质权；留置权；抵押权

C. 留置权；抵押权；质权　　D. 留置权；质权；抵押权

36. 王某在甲汽车销售店购买了乙公司制造的汽车。某日，王某驾驶该车在高速公路上正常行驶，安全气囊突然弹开，导致车辆失控，王某受伤。王某(　　)。

A. 只能向甲请求赔偿　　B. 只能向乙请求赔偿

C. 只能要求甲和乙按份赔偿　　D. 可向甲请求赔偿，也可向乙请求赔偿

37. 我国专利法对发明和实用新型采用的新颖性标准是(　　)。

A. 绝对新颖性标准　　B. 绝对新颖性为主，相对新颖性为补充

C. 相对新颖性标准　　D. 相对新颖性为主，绝对新颖性为补充

38. 营利法人依法解散进行清算期间，营利法人(　　)。

A. 主体资格消灭，不能进行任何民事活动

B. 主体资格消灭，但可以从事与清算有关的活动

C. 主体资格不消灭，可以进行各种民事活动

D. 主体资格不消灭，但不得从事与清算无关的活动

根据以下案情，回答第39、40小题。

傍晚，甲驾驶拖拉机在乡村公路上行驶，乙招手搭车，甲让其上车，并告知车上有一口空棺材。不久下起大雨，乙钻进棺材避雨，过了一会儿睡着了。后又有丙请求搭车，甲也让她上了车。乙醒后手托棺材盖露出头来透气，丙吓得大喊“有鬼”，跳下车，致左腿骨折。

39. 甲让乙搭车的行为属于(　　)。

A. 事实行为　　B. 无因管理　　C. 情谊行为　　D. 合同行为

40. 丙的损害应由(　　)。

A. 甲承担责任　　B. 乙承担责任

C. 甲和乙承担按份责任　　D. 丙自己承担

二、多项选择题（第41～50小题，每小题2分，共20分。下列每题给出的四个选项中，至少有两个选项是符合题目要求的。多选、少选或错选均不得分）

41. 下列选项中，属于我国刑法理论中处断的一罪的有(　　)。

A. 集合犯　　B. 连续犯　　C. 牵连犯　　D. 吸收犯

42. 下列选项中，减刑的适用对象有(　　)。

A. 被判处管制的犯罪分子　　B. 被判处拘役的犯罪分子

C. 被判处有期徒刑的犯罪分子　　D. 被判处无期徒刑的犯罪分子

43. 下列选项中，应认定为共同犯罪中的教唆犯的有（　　）。

A. 甲引诱17岁的王某盗窃了巨额财物

B. 乙唆使已有自杀决意的高某赶快自杀

C. 丙在演讲中煽动听众实施分裂国家的活动

D. 丁说服丈夫刘某利用职权向他人索取巨额财物

44. 自动投案的罪犯的下列行为中，应认定为属于自首中“如实供述自己的罪行”的有（　　）。

A. 供述时对所知的同案犯未作供述的

B. 如实供述行为事实但对行为性质加以辩解的

C. 在司法机关掌握其主要犯罪事实之前主动交代的

D. 供述的身份与真实情况有差别但未影响定罪量刑的

45. 我国刑法保护的公民个人信息包括（　　）。

A. 财产状况　　B. 行踪轨迹　　C. 身份证件号码　　D. 通讯联系方式

46. 甲拾得乙丢失的手机，向乙索要2 000元报酬，乙表示面谈。见面后乙称只给500元，甲因此拒绝返还手机。乙要求甲返还手机的请求权有（　　）。

A. 侵权请求权　　B. 物权请求权

C. 不当得利请求权　　D. 无因管理请求权

47. 下列选项中，属于非营利法人的有（　　）。

A. 基层群众性自治组织法人　　B. 社会团体法人

C. 事业单位法人　　D. 农村合作经济组织法人

48. 甲、乙、丙、丁一家四口乘坐某客运公司的客车去旅游。甲购买了全票，乙购买了优待票，丙购买了半票，丁免票。因司机疲劳驾驶发生交通事故，全车旅客受伤。下列人员中，有权请求客运公司赔偿的有（　　）。

A. 甲　　B. 乙　　C. 丙　　D. 丁

49. 我国婚姻法规定，“父母不履行抚养义务时，未成年的或不能独立生活的子女，有要求父母付给抚养费的权利。”其中，“不能独立生活的子女”包括（　　）。

A. 在校接受高中学历教育的成年子女

B. 在校接受大学本科学历教育的成年子女

C. 丧失劳动能力无法维持正常生活的成年子女

D. 未完全丧失劳动能力无法维持正常生活的成年子女

50. 甲将祖父的遗像交给乙装裱，乙粗心大意，弄丢了该遗像，甲非常痛苦。甲有权要求乙（　　）。

A. 返还原物　　B. 恢复原状　　C. 赔偿财产损失　　D. 赔偿精神损害

三、简答题（第51～54小题，每小题10分，共40分）

51. 简述单位犯罪自首的认定。

52. 简述徇私枉法罪的构成要件。

53. 简述撤销监护人资格的法定事由。

54. 简述侵犯商标权的主要情形。

四、法条分析题（第 55～56 小题，每小题 10 分，共 20 分）

55.《中华人民共和国刑法》第 385 条第 1 款规定："国家工作人员利用职务上的便利，索取他人财物的，或者非法收受他人财物，为他人谋取利益的，是受贿罪。"

请分析：

（1）本款中的"利用职务上的便利"应如何理解？

（2）本款中的"为他人谋取利益"应如何理解？

（3）本款中的"财物"范围应如何确定？

56.《中华人民共和国民法总则》第 145 条规定："限制民事行为能力人实施的纯获利益的民事法律行为或者与其年龄、智力、精神健康状况相适应的民事法律行为有效；实施的其他民事法律行为经法定代理人同意或者追认后有效。

相对人可以催告法定代理人自收到通知之日起一个月内予以追认。法定代理人未作表示的，视为拒绝追认。民事法律行为被追认前，善意相对人有撤销的权利。撤销应当以通知的方式作出。"

请分析：

（1）本条中"其他民事法律行为"在法定代理人同意或追认前效力如何？

（2）本条中撤销权的行使须具备哪些条件？

（3）本条中"善意相对人"应如何认定？

五、案例分析题（第 57～58 小题，每小题 15 分，共 30 分）

57. 事实一：2019 年 4 月 6 日，甲驾驶汽车将正常通过路口的杨某撞倒在地，甲立即报警，杨某被送往医院，因伤势过重成为植物人。

事实二：2019 年 6 月 7 日，法院判决甲对事故承担全部责任，赔偿杨某各项损失合计 80 万元。判决生效后，杨某家人多次向甲索要赔偿，甲声称自己没钱；与此同时，甲将自己名下的房产以明显不合理的低价转让给父母，将自己的汽车无偿转让给子女。法院执行时，甲的个人财产只剩下最基本的生活用品。

事实三：2019 年 10 月 9 日，一直住院治疗的杨某去世。经法医鉴定，杨某的死亡与甲的撞人行为存在因果关系。

请根据上述材料，分析甲的行为应如何认定并说明理由。

58. 甲、乙合伙开办健身中心，二人在 2014 年 12 月 1 日约定：甲以健身场地出资，乙以现金 80 万元出资，合伙期限为 2015 年 1 月 1 日至 2019 年 12 月 31 日，利润双方平分。

协议签订后，甲为提供健身场地，以个人名义租赁了丙的经营性用房，租期为自 2015 年 1 月 1 日起五年，每年年底支付当年租金 15 万元。租赁期间，甲在该房屋的入口处安装了两个摄像头，但未告知丙。

2018 年 1 月初，甲因病去世。乙向丙请求按照原租赁合同租赁该房屋，丙拒绝。甲去世时，2017 年的房租尚未支付。

请根据上述材料，回答下列问题并说明理由：

（1）丙发现甲安装摄像头后，有权向甲提出何种请求？

（2）甲死亡后，乙是否有权请求按照原租赁合同租赁该房屋？

（3）乙是否有义务支付甲欠付的租金？

2020 年专业基础课试题答案及解析

一、单项选择题

1. B

【解析】《刑法》第 6 条规定了属地管辖原则，即：凡在我国领域内犯罪的，除法律有特别规定的以外，都适用我国刑法。凡在我国船舶或者航空器内犯罪的，也适用我国刑法。犯罪的行为或者结果有一项发生在我国领域内的，就认为是在我国领域内犯罪。据此，本题表述中，甲通过网络实施诈骗行为，乙虽然是英国人，但在我国旅游，诈骗结果发生在我国境内，因此，我国可以依据属地管辖原则对甲实施的诈骗行为行使刑事管辖权，选 B 项。

2. B

【解析】假想防卫是指不存在不法侵害，行为人误以为存在不法侵害而实行防卫，其欠缺正当防卫成立的起因条件，可见，选 B 项。值得一提的是，《全国硕士研究生招生考试法律硕士（非法学）专业学位联考考试分析》一书将假想防卫放在正当防卫的时间条件里阐述（大多数权威教材放在起因条件里阐述），因而容易误选 D 项。

3. C

【解析】拐卖妇女罪主观方面表现为故意，且须以出卖妇女为目的；诈骗罪主观方面表现为故意，但须以非法占有他人公私财产为目的。本题表述中，乙并没有拐卖妇女的故意，也没有出卖妇女的目的，而是通过假卖妇女的方式以达到非法占有甲的财物的目的，因而乙、丙构成诈骗罪共同犯罪，而非拐卖妇女罪。可见，选 C 项，不选 B、D 项。甲没有拐卖妇女，而是意图收买被拐卖的妇女，因而不选 A 项。

4. D

【解析】不作为犯罪是指行为人消极地不履行法律义务而危害社会的行为。作为和不作为属于客观方面的危害行为，与主观方面的故意和过失并不是一一对应关系。不作为犯罪既可以由故意构成，如以不作为方式实施的故意杀人罪；也可以由过失构成，如以不作为方式实施的交通肇事罪、过失致人死亡罪等。可见，选 D 项。

5. A

【解析】私放在押人员罪是指司法工作人员利用职务上的便利，私自将被关押的犯罪嫌疑人、被告人或罪犯放走，致使其脱离监管的行为。根据《最高人民法院、最高人民检察院关于办理渎职刑事案件适用法律若干问题的解释（一）》的规定，国家机关工作人员实施渎职犯罪并收受贿赂，同时构成受贿罪的，除刑法另有规定外，以渎职犯罪和受贿罪数罪并罚。这里的“除刑法另有规定外”，指的是国家机关工作人员收受贿赂，并实施徇私枉法罪，民事、行政枉法裁判罪，执行判决、裁定滥用职权罪三罪之一，依照处罚较重的规定定罪处罚。据此，本题表述中，监狱司法工作人员甲利用押送罪犯的职务便利，私自将在押人员乙放走，构成私放在押人员罪。乙成功脱逃后，甲又收受了乙妻贿赂 50 万元，构成受贿罪，对甲应以私放在押人员罪和受贿罪实行数罪并罚，选 A 项。对甲不能按

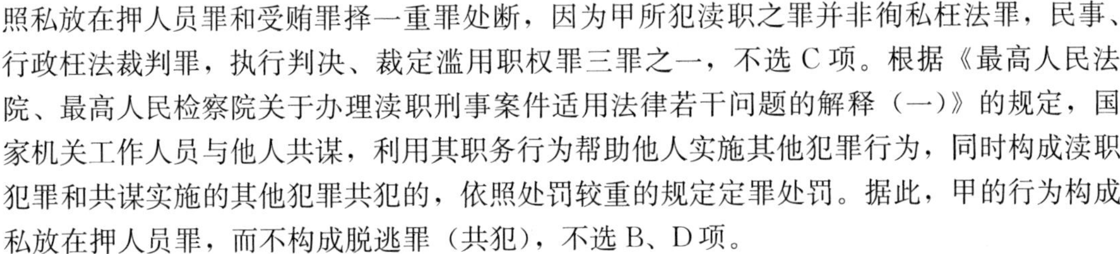

照私放在押人员罪和受贿罪择一重罪处断，因为甲所犯渎职之罪并非徇私枉法罪，民事、行政枉法裁判罪，执行判决、裁定滥用职权罪三罪之一，不选 C 项。根据《最高人民法院、最高人民检察院关于办理渎职刑事案件适用法律若干问题的解释（一）》的规定，国家机关工作人员与他人共谋，利用其职务行为帮助他人实施其他犯罪行为，同时构成渎职犯罪和共谋实施的其他犯罪共犯的，依照处罚较重的规定定罪处罚。据此，甲的行为构成私放在押人员罪，而不构成脱逃罪（共犯），不选 B、D 项。

6. B

【解析】 继续犯是指作用于同一对象的一个犯罪行为从着手到实行终了，犯罪行为与不法状态在一定时间内处于继续状态的犯罪。继续犯在性质上属于实质的一罪，而不是法定的一罪，A 项表述错误。非法拘禁罪是典型的继续犯，即非法将他人拘禁，在释放之前，不法拘禁行为和他人身体遭受非法拘禁的状态处于同步持续之中，B 项表述正确，选 B 项。继续犯的追诉时效应当从犯罪行为终了之日起计算，而不是从犯罪之日起计算，C 项表述错误。继续犯的不法状态在不法行为发生时就已经存在，而不是发生于不法行为结束之后，D 项表述错误。

7. D

【解析】 根据《刑法》第 234 条之一第 2 款的规定，未经本人同意摘取其器官，或者摘取不满 18 周岁的人的器官，或者强迫、欺骗他人捐献器官的，依照故意杀人罪、故意伤害罪定罪处罚。据此，对于摘取不满 18 周岁的未成年人的人体器官，造成该未成年人伤亡的，不论该未成年人是否同意，都应当认定为故意杀人罪或者故意伤害罪，而不应当认定为组织出卖人体器官罪。可见，选 D 项。

8. A

【解析】 首先，甲将李某强奸，构成强奸罪，这没有疑问。其次，甲的故意犯罪（强奸）行为能否成为具有作为义务的先前行为，进而是否认定为数罪并罚，目前学术界存在争议。倘若认为作为的强奸行为是故意杀人行为的先前行为，则对甲应当数罪并罚；倘若认为作为义务的强奸行为并非故意杀人行为的先前行为，则甲的行为仅构成强奸罪。从本题给出的标准答案分析，命题者否认将故意犯罪行为作为具有作为义务的先前行为，因此选 A 项。

9. D

【解析】 危害国家安全罪的犯罪主体并非都是一般主体。在危害国家安全罪中，除了叛逃罪的犯罪主体是特殊主体，即国家机关工作人员，或者掌握国家秘密的国家工作人员外，其他危害国家安全罪的犯罪主体都是一般主体。可见，A 项表述错误。危害国家安全罪的主观方面只能是故意，过失不能构成危害国家安全罪。可见，B 项表述错误。并非所有的危害国家安全罪都可以判处死刑，比如，《刑法》第 105 条规定的颠覆国家政权罪，就不能适用死刑。可见，C 项表述错误。根据《刑法》第 56 条规定，对于危害国家安全的犯罪分子应当附加剥夺政治权利。据此，D 项表述正确，选 D 项。

10. B

【解析】 破坏电力设备罪是指破坏电力设备，危害公共安全的行为。破坏电力设备罪的行为对象是正在使用或者已经交付使用的电力设备。本题表述中的“地铁专用电缆”，属于电力设备，但因“正在铺设”，尚未交付使用，因此不能成为破坏电力设备罪的行为对象。甲对电缆的毁坏，不会危害公共安全，不构成破坏电力设备罪，不选C项。甲毁坏电缆，电缆并非交通设施，且毁坏尚未交付使用的电缆不能危及公共安全，因而也不构成破坏交通设施罪和以危险方法危害公共安全罪，不选A、D项。破坏生产经营罪是指出于泄愤报复或者其他个人目的，毁坏机器设备、残害耕畜或者以其他方法破坏生产经营的行为。本题表述中，甲出于泄愤报复的目的毁坏电缆，破坏公司的正常经营活动，构成破坏生产经营罪，选B项。

11. D

【解析】因果关系具有客观性，即因果关系的认定，不受行为人主观认识的影响。行为人是否料到自己的行为可能导致该种危害结果，对因果关系的有无不发生任何影响。可见，A项表述错误。存在因果关系，并不意味着对危害结果当然负责，有因果关系只能说明行为人具备对该结果承担刑事责任的客观性条件，不是充分条件。即使认定因果关系有所扩大，也不会导致刑事责任扩大化。可见，B项表述错误。因果关系中的“条件”和“原因”并非等同含义。例如，甲将乙打成重伤昏迷，过路人丙目睹一切。在甲离开后，丙取走了乙的财物。本案中，甲致人重伤的行为只是丙盗窃的“条件”，而非因果关系中的“原因”。所以，甲的行为与乙的财产损失之间没有因果关系，而丙的盗窃行为才与乙的财产损失之间存在因果关系。可见，危害行为与危害结果之间存在条件关系，但不一定存在因果关系，C项表述错误。不作为与危害结果之间存在因果关系，即不作为的原因力在于行为人应该阻止而没有阻止事物向危险方向发展，从而引起危害结果的发生。不作为因果关系的特殊性在于：不作为以行为人负有特定的义务为前提，行为人如果履行自己的作为义务就能够防止犯罪结果发生，因不履行该义务而致该结果发生的，认定具有因果关系。可见，D项表述正确。

12. C

【解析】《刑法》第55条规定，剥夺政治权利的期限，除本法第57条规定外，为1年以上5年以下。判处管制附加剥夺政治权利的，剥夺政治权利的期限与管制的期限相等，同时执行。据此，对于独立适用（单处）剥夺政治权利，或者判处有期徒刑、拘役附加剥夺政治权利的期限，为1年以上5年以下。管制的期限为3个月以上2年以下，剥夺政治权利的期限与管制的期限相等，即为3个月以上2年以下。可见，A、B项表述错误，C项表述正确。《刑法》第57条规定，对于被判处死刑、无期徒刑的犯罪分子，应当剥夺政治权利终身。在死刑缓期执行减为有期徒刑或者无期徒刑减为有期徒刑的时候，应当把附加剥夺政治权利的期限改为3年以上10年以下。据此，D项表述错误。

13. A

【解析】我国在刑事立法上采取相对确定的法定刑。相对确定的法定刑包括：规定最高限度的法定刑；规定最低限度的法定刑；规定最高限度与最低限度的法定刑；规定两种以上主刑或者规定两种以上主刑并规定附加刑的法定刑。所谓“规定最低限度的法定刑”，是指刑法分则规范只规定刑罚的最低限度，刑罚的最高限度根据总则规定确定。本题表述的法定刑为“处五年以上有期徒刑”，属于“规定最低限度的法定刑”。依据《刑法》第45条规定，有期徒刑的最高刑期为15年。没收财产的适用方式包括并处没收财产、可以并处没收财产、并处罚金或者没收财产。题干表述的“可以并处没收财产”，即量刑时既可以附加没收财产，也可以不附加没收财产。可见，只有A项量刑正确，选A项。

14. A

【解析】根据《刑法》第238条规定，为索取债务非法扣押、拘禁他人的，依照非法拘禁罪定罪处罚。使用暴力致被拘禁人死亡的，非法拘禁罪转化为故意杀人罪，以故意杀人罪定罪处罚。据此，A项表述中，甲构成故意杀人罪一罪，选A项。B项表述中，乙构成绑架罪，在绑架过程中杀害被绑架人的，也以绑架罪定罪处罚，不定故意杀人罪。可见，不选B项。根据《刑法》第318条规定，犯组织他人偷越国（边）境罪，对被组织人有杀害、伤害、强奸、拐卖等犯罪行为，或者对检查人员有杀害、伤害等犯罪行为的，依照数罪并罚的规定处罚。据此，C项表述中，丙构成组织他人偷越国（边）境罪和故意杀人罪，实行数罪并罚，不选C项。D项表述中，丁为劫财将曹某杀死，属于抢劫杀人，只认定为抢劫罪一罪，丁按照计划将曹某驾驶的车辆变卖获利，属于抢劫后的销赃行为，在性质上属于“事后不可罚行为”，不再认定为掩饰、隐瞒犯罪所得罪。因此，丁构成抢劫罪一罪，不选D项。

15. C

【解析】虚假诉讼罪是指以捏造的事实提起民事诉讼，妨害司法秩序或者严重侵害他人合法权益的行为。本题表述中，甲为转移财产，与乙签订虚假的借款合同，乙以捏造的事实向甲提起民事诉讼，妨害司法秩序，甲、乙构成虚假诉讼罪的共犯，选C项。伪证罪是指在刑事诉讼中，证人、鉴定人、记录人、翻译人对与案件有重要关系的情节，故意作虚假证明、鉴定、记录、翻译，意图陷害他人或者隐匿罪证的行为。妨害作证罪是指以暴力、威胁、贿买等方法阻止证人作证或者指使他人作伪证的行为。扰乱法庭秩序罪是指以法定方式实施扰乱法庭秩序的行为。上述法定方式包括：（1）聚众哄闹、冲击法庭的；（2）殴打司法工作人员或者诉讼参与人的；（3）侮辱、诽谤、威胁司法工作人员或者诉讼参与人，不听法庭制止，严重扰乱法庭秩序的；（4）有毁坏法庭设施，抢夺、损毁诉讼文书、证据等扰乱法庭秩序行为，情节严重的。可见，A、B、D项都与题意不符，不选A、B、D项。

16. B

【解析】生产、销售不符合安全标准的食品罪是指违反国家食品安全管理法规，生产、销售不符合食品安全标准的食品，足以造成严重食物中毒事故或者其他严重食源性疾病的行为。根据《最高人民法院、最高人民检察院关于办理危害食品安全刑事案件适用法律若干问题的解释》的规定，在食用农产品种植、养殖、销售、运输、贮存等过程中，违反食品安全标准，超限量或者超范围滥用添加剂、农药、兽药等，足以造成严重食物中毒事故或者其他食源性疾病的，构成生产、销售不符合安全标准的食品罪。但是，生产、销售不符合安全标准的食品罪是危险犯，须以“足以造成严重食物中毒事故或者其他严重食源性疾病”作为必备构成要素。本题表述中，甲的行为尚不能认定为生产、销售不符合安全标准的食品罪。根据《最高人民法院、最高人民检察院关于办理危害食品安全刑事案件适用法律若干问题的解释》的规定，生产、销售不符合食品安全标准的食品，无证据证明足以造成严重食物中毒事故或者其他严重食源性疾病，不构成生产、销售不符合安全标准的食品罪，但是构成生产、销售伪劣产品罪等其他犯罪的，依照该其他犯罪定罪处罚。根据《刑法》第149条第1款的规定，生产、销售不符合食品安全标准的食品，不构成该罪，但是销售金额在5万元以上的，依照生产、销售伪劣产品罪定罪处罚。根据上述规定，本题表述中，甲的行为虽不构成生产、销售不符合安全标准的食品罪，但销售金额累计达22万元，构成生产、销售伪劣产品罪，选B项。

17. C

【解析】甲明知无力赎回王某的自行车，还隐瞒真相向李某借自行车去典当，最后因无力赎回李某的自行车而潜逃，致使李某的自行车到期不能赎回。甲具有非法占有李某的自行车的价值的目的，构成诈骗罪，诈骗数额为15万元，选C项。

18. D

【解析】强奸罪的犯罪对象是女性，男子不能成为强奸罪的犯罪对象，A项表述错误。强奸罪的犯罪主体是男子，这是从正犯或者实行犯的角度而言，女子不能成为强奸罪的正犯，但可以成为强奸罪的间接正犯或者共犯，B项表述错误。并非只要与幼女发生性关系，就以强奸罪论处。根据《最高人民法院关于审理未成年人刑事案件具体应用法律若干问题的解释》的规定，已满14周岁不满16周岁的人偶尔与幼女发生性行为，情节轻微，未造成严重后果的，不认为是犯罪。另据《最高人民法院关于行为人不明知是不满十四周岁的幼女，双方自愿发生性关系是否构成强奸罪问题的批复》指出：行为人明知是不满14周岁的幼女而与其发生性关系，不论幼女是否自愿，均应以强奸罪定罪处罚；行为人确实不知对方是不满14周岁的幼女，双方自愿发生性关系，未造成严重后果，情节显著轻微的，不认为是犯罪。可见，C项表述错误。强奸“致使被害人重伤、死亡或者造成其他严重后果的”规定中，“致使被害人重伤、死亡”是指因强奸导致被害人性器官严重损伤或者造成其他严重伤害，甚至当场死亡或者经治疗无效死亡（不包括被害人事后自杀身亡）。强奸致被害人重伤、死亡的，属于强奸罪的结果加重犯。“造成其他严重后果”，是指因强奸引起被害人自杀、精神失常以及其他严重后果。可见，D项表述正确，选D项。

19. D

【解析】乙在工地上跌落，虽然发生的场合是“工地”，但因处于工休期间，并非发生于生产、作业期间，甲的行为不构成重大责任事故罪。甲、乙是工友，二者之间不存在个人恩怨等任何矛盾，甲并没有伤害乙的故意，因此甲的行为不构成故意伤害罪。甲将乙推倒，致使乙跌落摔死，甲应当预见到会发生致人死亡的结果，但因疏忽大意而没有预见到，甲的主观心态为过失，而非意外事件，因此甲的行为构成过失致人死亡罪，选D项。

20. B

【解析】贩卖毒品罪是指明知是毒品而故意实施贩卖的行为。非法持有毒品罪是指违反国家毒品管理法规，非法持有毒品且数量较大的行为。贩卖属于有偿转让行为，单纯购买毒品的行为不构成犯罪，单纯的吸食、注射毒品的行为也不构成犯罪，因此，甲不构成贩卖毒品罪，不选A项。2015年《全国法院毒品犯罪审判工作座谈会纪要》指出，行为人为他人代购仅用于吸食的毒品，在交通、食宿等必要开支之外收取“介绍费”“劳务费”，或者以贩卖为目的收取部分毒品作为酬劳的，应视为从中牟利，属于变相加价贩卖毒品，以贩卖毒品罪定罪处罚。据此，乙为吸毒者甲代购毒品，并收取“劳务费”，从中牟利，乙的行为属于变相加价贩卖毒品，构成贩卖毒品罪，选 B 项，不选 D 项。乙构成贩卖毒品罪，其非法持有毒品的行为被贩卖毒品行为吸收，不再独立评价，故对乙不再认定为非法持有毒品罪，不选 C 项。

21. C

【解析】《民法典》第 1253 条规定，建筑物、构筑物或者其他设施及其搁置物、悬挂物发生脱落、坠落造成他人损害，所有人、管理人或者使用人不能证明自己没有过错的，应当承担侵权责任。所有人、管理人或者使用人赔偿后，有其他责任人的，有权向其他责任人追偿。据此，本题中，丙公交公司是管理人，站台顶棚因积雪过多塌落，对此，丙公司不能证明自己没有过错，因此应当承担赔偿责任，选 C 项。

22. A

【解析】《民法典》第 1231 条规定，两个以上侵权人污染环境、破坏生态的，承担责任的大小，根据污染物的种类、浓度、排放量，破坏生态的方式、范围、程度，以及行为对损害后果所起的作用等因素确定。据此，两个以上污染者污染环境造成他人损害的，污染者承担的是按份责任，而不是连带责任，选 A 项，不选 B 项。在归责原则上，环境污染责任适用无过错责任，而不适用过错责任或者公平责任，不选 C、D 项。

23. B

【解析】《民法典》第 1191 条第 1 款规定，用人单位的工作人员因执行工作任务造成他人损害的，由用人单位承担侵权责任。用人单位承担侵权责任后，可以向有故意或者重大过失的工作人员追偿。据此，本题表述中，丙是乙公司员工，在执行工作任务时造成他人损害，应当由乙公司承担侵权责任。可见，选 B 项。

24. A

【解析】《民法典》第 1122 条规定，遗产是自然人死亡时遗留的个人合法财产。依照法律规定或者根据其性质不得继承的遗产，不得继承。据此，本题表述中，甲将自己的一幅画作交给朋友丙保管，嘱托丙待自己去世后烧毁该画作。但甲去世后，丙违背甲的嘱托，没有将该画作销毁，而是将画作交拍卖公司拍卖。这表明，既然该画作并没有被销毁，则该画作属于甲去世后遗留的个人合法财产，那么应由甲的继承人乙继承该画作，选 A 项。甲生前并没有将该画作赠与丙，也未将该画作遗赠给丙，丙不能取得该画作的所有权，不选 B、C 项。

25. B

【解析】《民法典》第 1018 条规定，自然人享有肖像权，有权依法制作、使用、公开或者许可他人使用自己的肖像。肖像是通过影像、雕塑、绘画等方式在一定载体上所反映的特定自然人可以被识别的外部形象。《民法典》第 1019 条第 1 款规定，任何组织或者个人不得以丑化、污损，或者利用信息技术手段伪造等方式侵害他人的肖像权。未经肖像权人同意，不得制作、使用、公开肖像权人的肖像，但是法律另有规定的除外。据此，微信名为“温柔的小蜜蜂”的用户在朋友圈中发图配文使用的是李某的生活照，但未经李某同意，侵犯了李某的肖像权，选 B 项。名誉权是民事主体对其品德、声望、才能、信用等的社会评价所享有的人格权。姓名权是民事主体有权依法决定、使用、变更或者许可他人使用自己的姓名的人格权。个人信息是以电子或者其他方式记录的能够单独或者与其他信息结合识别特定自然人的各种信息，包括自然人的姓名、出生日期、身份证件号码、生物识别信息、住址、电话号码、电子邮箱、健康信息、行踪信息等。对上述信息享有的权益是个人信息权益。可见，A、C、D项与题意不符，不选。

26. A

【解析】合同的订立要经过要约和承诺两个阶段。本题表述中，乙通讯公司向甲发出订立天气预报服务合同的短信，该短信在性质上属于要约。乙公司在要约中单方面约定不接受服务要回复N，该条款是乙公司并未与对方协商的条款，没有得到甲的同意。由于受要约人有权在要约的有效期限内作出接受要约的答复，而不必负有必须承诺的义务，因此，甲没有对乙公司承诺的义务。既然未经承诺，则合同不成立，乙公司无权收取费用。可见，选A项。

27. C

【解析】《民法典》第1103条规定，继父或者继母经继子女的生父母同意，可以收养继子女，并可以不受本法第1093条第3项、第1094条第3项、第1098条和第1100条第1款规定的限制。《民法典》第1093条规定，下列未成年人，可以被收养：(1) 丧失父母的孤儿；(2) 查找不到生父母的未成年人；(3) 生父母有特殊困难无力抚养的子女。《民法典》第1094条规定，下列个人、组织可以作送养人：(1) 孤儿的监护人；(2) 儿童福利机构；(3) 有特殊困难无力抚养子女的生父母。《民法典》第1098条规定，收养人应当同时具备下列条件：(1) 无子女或者只有1名子女；(2) 有抚养、教育和保护被收养人的能力；(3) 未患有在医学上认为不应当收养子女的疾病；(4) 无不利于被收养人健康成长的违法犯罪记录；(5) 年满30周岁。《民法典》第1100条第1款规定，无子女的收养人可以收养2名子女；有子女的收养人只能收养1名子女。综上规定，C项是正确答案，选C项。

28. D

【解析】《民法典》第149条规定，第三人实施欺诈行为，使一方在违背真实意思的情况下实施的民事法律行为，对方知道或者应当知道该欺诈行为的，受欺诈方有权请求人民法院或者仲裁机构予以撤销。据此，因第三人欺诈构成可撤销的民事法律行为应当符合下列条件：(1) 必须是第三人实施了欺诈行为；(2) 受欺诈方因为第三人的欺诈行为而实施民事法律行为；(3) 相对人知道或者应当知道该欺诈行为，亦即，在第三人实施欺诈行为的情形下，相对人必须知道或者应当知道欺诈情形。本题表述中，相对人甲对第三人乙实施的欺诈行为并不知情，甲也认为手表是正品，因此，甲与丙之间的买卖合同并非可撤销合同，而是有效合同。可见，选D项。

29. D

【解析】所有权保留是指在买卖合同中，买受人虽先占有、使用标的物，但在双方当事人约定的特定条件成就之前（根据《民法典》第641条规定，包括未履行支付价款或其他义务），出卖人仍保留标的物的所有权；待条件成就后，再将所有权转移给买受人。《民法典》第209条第1款规定，不动产物权的设立、变更、转让和消灭，经依法登记，发生效力；未经登记，不发生效力，但是法律另有规定的除外。该规定为强制性规定，不允许当事人以所有权保留特约的形式予以改变或者排除。换言之，所有权保留特约仅适用于动产，而不适用于不动产。本题表述中，甲将房屋赠与乙，但没有办理过户登记，乙不能取得房屋所有权，不选B项。甲、丙关于甲保留房屋所有权的特约因与《民法典》第209条规定相冲突而无效。甲将房屋出卖给丙并办理了过户登记，丙取得房屋所有权，甲不再享有房屋所有权，不选A项。善意取得与无权处分相联系，由于甲有权处分其房屋，因而本题没有适用善意取得制度的余地，不选C项。丙通过买卖取得房屋的所有权，买卖属于继受取得，因而丙继受取得房屋所有权，D项表述正确，选D项。

30. A

【解析】《民法典》第392条规定，被担保的债权既有物的担保又有人的担保的，债务人不履行到期债务或者发生当事人约定的实现担保物权的情形，债权人应当按照约定实现债权；没有约定或者约定不明确，债务人自己提供物的担保的，债权人应当先就该物的担保实现债权；第三人提供物的担保的，债权人可以就物的担保实现债权，也可以请求保证人承担保证责任。提供担保的第三人承担担保责任后，有权向债务人追偿。据此，在混合担保情形下，没有约定或者约定不明确，债权人应当先就债务人提供的物的担保实现债权。本题表述中，债务人甲自己提供了物的抵押担保，债权人乙应当先就甲提供的物的担保实现债权，选A项。

31. D

【解析】指示交付，即出让人的出让动产被第三人占有的，出让人将返还请求权让与受让人，并告知占有人向受让人交付该动产，以代替标的物的现实交付，又称为“返还请求权让与”。《民法典》第227条规定，动产物权设立和转让前，第三人占有该动产的，负有交付义务的人可以通过转让请求第三人返还原物的权利代替交付。本题表述中，甲为电脑所有权人，但第三人乙占有该电脑，甲将电脑返还请求权让与受让人丙，以代替电脑的现实交付，该交付方式为指示交付，选D项。

32. D

【解析】《民法典》第252条规定，无线电频谱资源属于国家所有。据此，选D项。《民法典》第249条规定，城市的土地，属于国家所有。法律规定属于国家所有的农村和城市郊区的土地，属于国家所有。《民法典》第251条规定，法律规定属于国家所有的野生动植物资源，属于国家所有。《民法典》第253条规定，法律规定属于国家所有的文物，属于国家所有。根据上述规定，土地、文物和野生动植物并非专属于国家所有，不选A、B、C项。

33. B

【解析】银行与自然人之间的借款合同为金融机构借款合同，金融机构借款合同是有偿合同，借款人应当按照约定的期限支付利息。可见，选B项。金融机构借款合同为诺成性合同，而不是实践性合同，不选A项。金融机构借款合同不依赖其他合同而独立存在，是主合同，而不是从合同，不选C项。金融机构借款合同为双务合同，而不是单务合同，不选D项。

34. A

【解析】《民法典》第606条规定，出卖人出卖交由承运人运输的在途标的物，除当事人另有约定外，毁损、灭失的风险自合同成立时起由买受人承担。据此，本题表述中，甲是出卖人，甲将运输途中的货物出卖给丙，甲、丙之间没有关于风险转移的约定，因此，货物毁损、灭失的风险自甲、丙之间买卖合同成立时起由丙承担，选A项。

35. C

【解析】《民法典》第456条规定，同一动产上已经设立抵押权或者质权，该动产又被留置的，留置权人优先受偿。据此，留置权优先于抵押权和质权受偿。《民法典》第415条规定，同一财产既设立抵押权又设立质权的，拍卖、变卖该财产所得的价款按照登记、交付的时间先后确定清偿顺序。据此，本题表述中，因抵押权登记在先，抵押权应优先于质权受偿，因此，本题表述的担保物权的受偿顺序是：留置权；抵押权；质权。可见，选C项。

36. D

【解析】《民法典》第1203条规定，因产品存在缺陷造成他人损害的，被侵权人可以向产品的生产者请求赔偿，也可以向产品的销售者请求赔偿。产品缺陷由生产者造成的，销售者赔偿后，有权向生产者追偿。因销售者的过错使产品存在缺陷的，生产者赔偿后，有权向销售者追偿。据此，本题表述中，王某既可以向生产者乙公司请求赔偿，也可以向销售者甲汽车销售店请求赔偿，选D项。

37. A

【解析】根据《专利法》第22条的规定，新颖性是指该发明或者实用新型不属于现有技术；也没有任何单位或者个人就同样的发明或者实用新型在申请日以前向国务院专利行政部门提出过申请，并记载在申请日以后公布的专利申请文件或者公告的专利文件中。现有技术是指申请日以前在国内外为公众所知的技术。技术公开的方式包括出版物公开、使用公开和其他方式的公开。可见，我国在新颖性的标准上采用的是绝对新颖性标准，选A项。

38. D

【解析】《民法典》第72条规定，清算期间法人存续，但是不得从事与清算无关的活动。法人清算后的剩余财产，根据法人章程的规定或者法人权力机构的决议处理。法律另有规定的，依照其规定。清算结束并完成法人注销登记时，法人终止；依法不需要办理法人登记的，清算结束时，法人终止。据此，选D项。

39. C

【解析】民法不调整平等主体的社会关系，通常称为“情谊行为”。本题表述中，甲让乙搭车是出于助人为乐精神，没有法律规定，也没有合同约定，因而是情谊行为，选C项。

40. D

【解析】《道路交通安全法》第50条规定，禁止货运机动车载客。货运机动车需要附载作业人员的，应当设置保护作业人员的安全措施。据此，甲违反了货运机动车禁止载客的规定。虽然甲的行为违反了《道路交通安全法》的规定，但是，甲的违法行为与丙骨折之间并不存在因果关系，对于丙的骨折，甲不存在主观过错，故甲不承担侵权责任。可见，A、C项表述错误。乙打开棺盖透气的行为不具有违法性，乙也不是故意要吓唬丙，乙根本不知道丙在车上，也无法预见到丙在车上。乙不具有侵权责任构成要件中的危害行为和主观过错，因此乙不承担侵权责任。可见，B项表述错误。丙的损害是由其跳车行为所致，而其跳车行为主要是由于其迷信鬼神的思想，故丙应当对其行为自负责任。可见，选 D 项。

二、多项选择题

41. BCD

【解析】处断的一罪是指数个行为犯数罪但按照一罪定罪处罚的情形，主要有连续犯、牵连犯和吸收犯，选 B、C、D 项。集合犯属于法定的一罪，不选 A 项。

42. ABCD

【解析】根据《刑法》第 78 条规定，被判处管制、拘役、有期徒刑、无期徒刑的犯罪分子，在执行期间，如果认真遵守监规，接受教育改造，确有悔改表现的，或者有立功表现的，可以减刑；有法定重大立功表现之一的，应当减刑。据此，减刑的适用对象包括被判处管制、拘役、有期徒刑和无期徒刑的犯罪分子。可见，备选项应全选。

43. AD

【解析】教唆犯是指教唆他人实施犯罪的人。教唆行为通常表现为怂恿、诱骗、收买、劝说、强迫、威胁等方式，唆使特定的人实施特定的犯罪。甲引诱 17 岁的王某盗窃了巨额财物，甲与王某构成盗窃罪共犯，甲是教唆犯，选 A 项。乙唆使已有自杀决意的高某赶快自杀，由于高某具有完全的意志自由，且高某已有自杀决意，因此，乙不构成故意杀人罪的教唆犯，不选 B 项。丙在演讲中煽动听众实施分裂国家的活动，丙的行为构成煽动分裂国家罪，丙是煽动分裂国家罪的实行犯，而不是教唆犯，不选 C 项。丁教唆丈夫刘某利用职权向他人索取巨额财物，构成教唆犯，选 D 项。

44. BCD

【解析】如实供述自己的罪行是指犯罪嫌疑人自动投案后，如实供述自己实施并应由本人承担刑事责任的罪行。根据司法解释的有关规定，共同犯罪案件中的犯罪嫌疑人，除如实供述自己的罪行，还应当供述所知的同案犯，主犯则应当供述所知的其他同案犯的犯罪事实。否则，不能成立自首。据此，A 项表述中，由于没有供述同案犯，因而不能认定为“如实供述自己的罪行”，不选 A 项。根据司法解释的有关规定，如实供述自己的主要犯罪事实不同于对行为性质的辩解，被告人对行为性质的辩解不影响自首的成立。可见，B 项表述属于“如实供述自己的罪行”，选 B 项。根据司法解释的有关规定，犯罪嫌疑人自动投案时虽然没有交代自己的主要犯罪事实，但在司法机关掌握其主要犯罪事实之前主动交代的，应认定为如实供述自己的罪行。据此，C 项表述属于“如实供述自己的罪行”，选 C 项。根据司法解释的相关规定，如实供述自己的罪行，除供述自己的主要犯罪事实外，还应包括姓名、年龄、职业、住址、前科等情况。犯罪嫌疑人供述的身份与真实情况虽有差别，但不影响定罪量刑的，应当认定为如实供述自己的罪行。据此，D 项表述属于“如实供述自己的罪行”，选 D 项。

45. ABCD

【解析】《民法典》第 1034 条第 2 款规定，个人信息是以电子或者其他方式记录的能够单独或者与其他信息结合识别特定自然人的各种信息，包括自然人的姓名、出生日期、身份证件号码、生物识别信息、住址、电话号码、电子邮箱、健康信息、行踪信息等。《最高人民法院、最高人民检察院关于办理侵犯公民个人信息刑事案件适用法律若干问题的解释》第1条规定，“公民个人信息”是指以电子或者其他方式记录的能够单独或者与其他信息结合识别特定自然人身份或者反映特定自然人活动情况的各种信息，包括姓名、身份证件号码、通信通讯联系方式、住址、账号密码、财产状况、行踪轨迹等。据此，备选项应全选。

46. ABC

【解析】《民法典》第1165条第1款规定，行为人因过错侵害他人民事权益造成损害的，应当承担侵权责任。《民法典》第314条规定，拾得遗失物，应当返还权利人。拾得人应当及时通知权利人领取，或者送交公安等有关部门。手机为遗失物，甲拾得遗失物拒不返还，侵犯了乙的财产权，构成侵权，乙有权请求甲承担侵权责任。可见，选A项。《民法典》第235条规定，无权占有不动产或者动产的，权利人可以请求返还原物。据此，乙有权请求甲返还手机，选B项。《民法典》第122条规定，因他人没有法律根据，取得不当利益，受损失的人有权请求其返还不当利益。据此，甲拾得手机拒绝返还，其取得手机并没有合法根据，但因据有手机不还，其取得的利益并不正当，因此甲的行为构成不当得利。可见，选C项。《民法典》第121条规定，没有法定的或者约定的义务，为避免他人利益受损失而进行管理的人，有权请求受益人偿还由此支出的必要费用。据此，成立无因管理需具备为他人谋利益这一要件，而甲并没有为乙谋利益的意思，因此不成立无因管理，且乙并非管理人，不能行使无因管理请求权，故不选D项。

47. BC

【解析】《民法典》第87条规定，为公益目的或者其他非营利目的成立，不向出资人、设立人或者会员分配所取得利润的法人，为非营利法人。非营利法人包括事业单位、社会团体、基金会、社会服务机构等。据此，选B、C项。根据《民法典》第96条的规定，基层群众性自治组织法人和农村合作经济组织法人属于特别法人，而不是非营利法人，不选A、D项。

48. ABCD

【解析】《民法典》第823条规定，承运人应当对运输过程中旅客的伤亡承担赔偿责任；但是，伤亡是旅客自身健康原因造成的或者承运人证明伤亡是旅客故意、重大过失造成的除外。前款规定适用于按照规定免票、持优待票或者经承运人许可搭乘的无票旅客。据此，备选项应全选。

49. ACD

【解析】《民法典》第1067条第1款规定，父母不履行抚养义务的，未成年子女或者不能独立生活的成年子女，有要求父母给付抚养费的权利。参照相关司法解释的规定，这里的“不能独立生活的成年子女”，是指尚在校接受高中及其以下学历教育，或者丧失或未完全丧失劳动能力等非因主观原因而无法维持正常生活的成年子女。据此，选A、C、D项。

50. CD

【解析】本题表述中，甲的祖父的遗像已经丢失，无法适用返还原物和恢复原状的民事责任，不选A、B项。遗像属于财产，乙因过错造成遗像丢失，甲有权要求乙赔偿财产损失，选C项。《民法典》第996条规定，因当事人一方的违约行为，损害对方人格权并造成严重精神损害，受损害方选择请求其承担违约责任的，不影响受损害方请求精神损害赔偿。据此，甲与乙之间形成承揽合同法律关系，甲可以请求乙承担违约责任，同时有权请求乙赔偿其精神损害。《民法典》第1183条第2款规定，因故意或者重大过失侵害自然人具有人身意义的特定物造成严重精神损害的，被侵权人有权请求精神损害赔偿。据此，本题表述中，甲的祖父的遗像属于具有人身意义的特定物，对于遗像丢失的，甲可以要求乙赔偿精神损害。可见，选D项。

三、简答题

51. 答案要点：

（1）单位犯罪自首，是指单位在犯罪以后，自动投案，如实交代自己的罪行的行为。

（2）单位犯罪案件中，单位集体决定或者单位负责人决定而自动投案，如实交代单位犯罪事实的，是单位自首。

（3）单位直接负责的主管人员自动投案，如实交代单位犯罪事实的，应当认定为单位自首。

52. 答案要点：

（1）侵犯客体是国家司法机关的正常活动与国家的司法公正。

（2）客观方面表现为司法工作人员利用司法职务上的便利，在刑事诉讼中，对明知是无罪的人而使他受追诉、对明知是有罪的人而故意包庇不使他受追诉，或者在刑事审判活动中故意违背事实和法律作枉法裁判的行为。

（3）犯罪主体是特殊主体，即司法工作人员。

（4）主观方面表现为故意，并出于徇私情、私利的徇私动机。

53. 答案要点：

监护人有下列情形之一的，人民法院根据有关个人或者组织的申请，撤销其监护人资格，安排必要的临时监护措施，并按照最有利于被监护人的原则依法指定监护人：

（1）实施严重损害被监护人身心健康的行为；

（2）怠于履行监护职责，或者无法履行监护职责且拒绝将监护职责部分或者全部委托给他人，导致被监护人处于危困状态；

（3）实施严重侵害被监护人合法权益的其他行为。

54. 答案要点：

有下列行为之一的，均属侵犯注册商标专用权：

（1）未经商标注册人的许可，在同一种商品上使用与其注册商标相同的商标的；

（2）未经商标注册人的许可，在同一种商品上使用与其注册商标近似的商标，或者在类似商品上使用与其注册商标相同或者近似的商标，容易导致混淆的；

（3）销售侵犯注册商标专用权的商品的；

（4）伪造、擅自制造他人注册商标标识或者销售伪造、擅自制造的注册商标标识的；

（5）未经商标注册人同意，更换其注册商标并将该更换商标的商品又投入市场的；

（6）故意为侵犯他人商标专用权行为提供便利条件，帮助他人实施侵犯商标专用权行为的；

（7）给他人的注册商标专用权造成其他损害的。

四、法条分析题

55. 答案要点：

（1）“利用职务上的便利”是指利用本人职务范围内的权力，即自己职务上的便利条件，既包括利用本人职务上主管、负责、承办某项公共事务的职权，也包括利用职务上有隶属、制约关系的其他国家工作人员的职权。

（2）“为他人谋取利益”包括承诺、实施和实现三个阶段的行为。只要具有其中一个阶段的行为，如国家工作人员收受他人财物时，根据他人提出的具体请托事项，承诺为他人谋取利益的，就具备了为他人谋取利益的要件。明知他人有具体请托事项而收受其财物的，视为承诺为他人谋取利益。

（3）“财物”包括货币、物品和财产性利益。财产性利益包括可以折算为货币的物质利益如房屋装修、债务免除等，以及需要支付货币的其他利益如会员服务、旅游等。

56. 答案要点：

（1）“其他民事法律行为”在法定代理人同意或追认前效力待定。

（2）撤销权的行使须具备的条件：①必须在限制民事行为能力人的法定代理人作出追认之前撤销；②相对人为善意；③撤销应当以通知的方式作出。

（3）“善意相对人”指相对人不知道或者不应当知道对方为限制民事行为能力人。

五、案例分析题

57. 答案要点：

（1）甲的行为构成交通肇事罪。甲违反交通运输管理法规，将杨某撞成植物人，负事故全部责任，半年后杨某死亡，甲的交通肇事行为与杨某死亡之间存在因果关系，因而构成交通肇事罪。

（2）甲的行为构成拒不执行判决、裁定罪。甲无偿转让财产、以明显不合理的低价转让财产，致使判决、裁定无法执行，构成拒不执行判决、裁定罪。

（3）甲的行为构成交通肇事罪和拒不执行判决、裁定罪，应当实行数罪并罚。

58. 答案要点：

（1）丙有权请求甲恢复原状或者赔偿损失。因为根据法律规定，承租人经出租人同意，可以对租赁物进行改善或者增设他物。承租人未经出租人同意，对租赁物进行改善或者增设他物的，出租人可以请求承租人恢复原状或者赔偿损失。据此，甲未经丙同意，对租赁物增设他物，丙可以请求甲恢复原状或者赔偿损失。

（2）有权。因为根据法律规定，承租人在房屋租赁期限内死亡，其共同经营人或者其他合伙人可以请求按照原租赁合同租赁该房屋。据此，甲、乙以合伙方式从事健身房经营活动，甲在房屋租赁期限内死亡，乙作为共同经营人有权请求按照原租赁合同租赁该房屋。

（3）无义务。因为甲以个人名义租赁房屋进行出资，为此欠付的租金属于甲的个人债务，并非合伙债务，合伙人乙没有义务支付甲欠付的租金。

2020 年综合课试题

一、单项选择题（第 1～40 小题，每小题 1 分，共 40 分。下列每题给出的四个选项中，只有一个选项是符合题目要求的）

1. 关于各法学流派及其观点，下列说法正确的是(　　)。

A. 自然法学派主张在法学研究中不必考虑价值因素

B. 社会法学派反对任何超越现行法律文本的解释

C. 分析法学派强调法体现人的理性，自然法高于人定法

D. 历史法学派认为法律就像一个民族的风俗、语言一样，是民族精神的体现

2. 下列关于法律对人的效力的表述，正确的是(　　)。

A. 法律适用于本国境内的所有人，是属人主义的表现

B. 法律适用于本国境外的本国人，体现了属地主义

C. 以属人主义为主兼采属地主义，是折中主义的核心内涵

D. 本国法律对外国人在国外侵害本国利益的行为同样适用，是保护主义的体现

3. 甲乙两家公司签订买卖合同，因卖方甲拒不履行交货义务，乙将其告上法院。法院依据我国《合同法》中“当事人一方不履行合同义务或者履行合同义务不符合约定的，应当承担继续履行、采取补救措施或者赔偿损失等违约责任”的规定，判决甲继续履行合同。法院运用的法律推理是(　　)。

A. 演绎推理　　B. 归纳推理　　C. 类比推理　　D. 辩证推理

4. 关于法的价值冲突及其解决，下列说法正确的是(　　)。

A. 司法中效率与公平处于同等位阶，无主次优劣之分

B. 在解决生命权与财产权的冲突时，应采用“个案平衡”原则

C. 秩序是法的基础性价值，当与自由、正义冲突时，秩序一律优先

D. 为保护某个较为优越的价值而损害另一法益时，不得超过达此目的所必要的限度

5. 下列关于法律责任中“免责”的表述，正确的是(　　)。

A. 免责以法律责任的存在为前提

B. 免责意味着被免除的行为合法

C. 自助行为应当免除全部法律责任

D. 免责制度的目的在于保证无责任者不受法律追究

6. 下列关于法系的说法，正确的是(　　)。

A. 法律赖以产生的经济基础是划分法系的核心标准

B. 大陆法系是在继承罗马法的基础上逐渐形成的

C. 通过法律移植实现区域法律高度统一，是形成法系的必要条件

D. 在法律全球化时代，大陆法系与英美法系的区分已没有现实意义

7. 我国《行政处罚法》第五条规定：“实施行政处罚，纠正违法行为，应当坚持处罚与教育相结合，教育公民、法人或者其他组织自觉守法。”对此，下列说法正确的是(　　)。

A. 该规定对行政执法有约束力

B. 该规定主要发挥社会作用而非规范作用

C. 该规定直接体现了法律的可操作性和可预测性

D. 该条文规定了假定条件、行为模式和法律后果

8. 下列引起法律关系产生、变更或消灭的情形中，属于法律行为的是(　　)。

A. 地震造成人员伤亡引发保险理赔

B. 某国爆发战争导致投资合同无法如期履行

C. 小李与小张依法进行婚姻登记结成夫妻关系

D. 大刘死亡致其与所在单位的劳动关系消灭

9. 在划分法律部门时不能频繁地变动法律部门的内容和结构，也不能只考虑法律规范的现状，需要具有一定的前瞻性。该观点体现的法律部门划分原则是(　　)。

A. 主次标准原则　　B. 相对稳定原则　　C. 合目的性原则　　D. 适当平衡原则

10. 下列关于我国立法程序的表述，正确的是(　　)。

A. 立法程序包含了立法的步骤与方法

B. 立法程序只能由《立法法》予以规定

C. 立法程序在实际立法环节中可以调整甚至省略

D. 法律的公布实行“谁制定，谁公布”原则

11. 某法官在一份赡养纠纷案的判决书中，不仅援引了相关法律条文，还引用了中国古代《孝经》中的孝道原则进行说理。对此，下列说法不正确的是(　　)。

A. 法官援引的相关法律条文是裁判的大前提

B. 法官在适用相关法律条文时需对其进行解释

C. 《孝经》中的孝道原则对该案具有法律约束力

D. 法官运用孝道原则说理，是在进行法律论证

12. 关于法律与科学技术的关系，下列说法正确的是(　　)。

A. 法律决定科学技术的发展

B. 科学技术不仅影响法律的内容，也影响法律调整的领域

C. 科学技术的发展不会引起传统法律概念和原则的变化

D. 防范科学技术可能带来的危害，要靠科技手段而非法律机制

13. 《共同纲领》在新中国成立之初起到了临时宪法的作用，其制定主体是(　　)。

A. 全国人民代表大会

B. 中央人民政府委员会
C. 全国人民代表大会常务委员会
D. 中国人民政治协商会议第一届全体会议

14. 下列关于我国土地制度的表述，正确的是(　　)。
A. 荒地属于国家所有
B. 宅基地和自留地、自留山属于集体所有
C. 为提高土地利用效率，土地所有权可以转让
D. 城市郊区的土地除由法律规定属于集体所有的以外，属于国家所有

15. 下列有关我国人民代表大会制度的表述，正确的是(　　)。
A. 人民代表大会制度是我国的国体
B. 全国人民代表大会行使一切国家权力
C. 各级人民代表大会是人民行使国家权力的机关
D. 人民代表大会制度确立了立法机关、行政机关和司法机关的相互监督关系

16. 下列关于香港特别行政区立法会议员的表述，正确的是(　　)。
A. 立法会议员在就职时必须依法宣誓
B. 行政长官有权任命部分立法会议员
C. 立法会主席由立法会议员互选产生，由全国人大常委会任命
D. 立法会议员只能由香港特区永久性居民中的中国公民担任

17. 根据现行宪法，下列关于平等保护原则的表述，正确的是(　　)。
A. 国家机关拒绝录用“乙肝”表面抗原携带者，不构成歧视
B. 政府优先采购残疾人福利企业的产品，违反了平等保护原则
C. 为保护妇女的就业权，在任何工种或岗位上都不得设置性别限制
D. 国家对少数民族给予某些适当的照顾不违反平等保护原则

18. 某镇镇长甲涉嫌贪污公款被调查，后被起诉至县人民法院。法院经过审理，判处甲有期徒刑五年。关于此案，下列做法正确的是(　　)。
A. 县公安机关对甲立案侦查
B. 县人民法院认为贪污是甲的隐私，不公开审理此案
C. 人民检察院认为县人民法院判决错误，提出抗诉
D. 上级人民法院认为县人民法院的量刑过重，要求其改判为三年

19. 关于全国人大和全国人大常委会职权的划分，下列表述正确的是(　　)。
A. 全国人大批准自治区的建置，全国人大常委会批准自治县的建置
B. 全国人大决定特别行政区的设立，全国人大常委会决定其社会制度
C. 全国人大批准国家预算，全国人大常委会批准国家预算的部分调整方案
D. 全国人大决定国务院总理的人选，全国人大常委会决定国务院副总理的人选

20. 下列关于我国居民委员会的表述，正确的是(　　)。
A. 居民委员会是一级政权机关
B. 居民委员会每届任期五年，其成员不可连选连任
C. 居民委员会须接受基层人民政府的领导

D. 居民委员会中从事管理的人员受监察机关的监察

21. 下列国家中，其宪法解释采用专门机关解释体制的是(　　)。

A. 法国　　B. 中国　　C. 美国　　D. 日本

22. 根据2018年宪法修正案，爱国统一战线中增加的社会群体是(　　)。

A. 社会主义劳动者　　B. 社会主义事业的建设者

C. 拥护社会主义的爱国者　　D. 致力于中华民族伟大复兴的爱国者

23. 关于我国人大代表候选人的产生程序，下列表述正确的是(　　)。

A. 代表候选人只能由各政党和人民团体提名

B. 初步候选人人数超过规定的最高差额比例的，必须进行预选

C. 直接选举中，正式代表候选人名单应当在选举日的七日以前公布

D. 县级以上地方人大选举上一级人大代表，候选人应从本级人大代表中产生

24. 关于我国宪法的修改，下列表述正确的是(　　)。

A. 现行宪法规定了不得进行修改的内容

B. 全国人大常委会有权对宪法作部分修改

C. 1/5以上的全国人大代表有权提议宪法修改

D. 宪法修改须由全国人大以出席代表的2/3以上多数通过

25. 关于规范性法律文件的适用，下列表述正确的是(　　)。

A. 部门规章的效力高于地方政府规章

B. 地方性法规的效力高于本级地方政府规章

C. 地方性法规和部门规章对同一事项的规定不一致时，一律适用地方性法规

D. 部门规章之间对同一事项的规定不一致时，由全国人大常委会裁决

26. 关于全国人大及其常委会的授权立法，下列表述正确的是(　　)。

A. 有关犯罪和刑罚的事项可以被授权立法

B. 授权期限不得超过五年，且不得继续授权

C. 被授权机关在必要时，可以将被授予的权力转授给其他机关

D. 授权立法事项在条件成熟时，由全国人大及其常委会及时制定法律

27. 下列关于监察委员会组织和职权的表述，正确的是(　　)。

A. 国家监察委员会监督地方各级监察委员会的工作

B. 地方各级监察委员会只对上一级监察委员会负责

C. 各级监察委员会无权对人大及其常委会机关的公务员进行监察

D. 被调查人既涉嫌严重职务违法或者职务犯罪，又涉嫌其他违法犯罪，一般应当由监察机关为主调查，其他机关予以协助

28. 汉代的《三互法》规定的主要制度是(　　)。

A. 司法管辖　　B. 任官回避　　C. 犯罪株连　　D. 外贸管理

29. 唐玄宗开元年间，河南道徐州村民张某外出打猎，发现丛林中有一只山鸡，遂引弓射箭，不幸射中采药的郎中李某，致其头部中箭而亡。依照唐朝法律，张某的行为构成的罪名是(　　)。

A. 故杀　　B. 误杀　　C. 谋杀　　D. 过失杀

30.《晋书·刑法志》记载，律学家张斐对二十个法律概念作了精确解释。其中，他将“戏”解释为(　　)。

A.“两讼相趣”　　B.“两和相害”　　C.“不意误犯”　　D.“知而犯之”

31. 北洋政府广泛运用判例与解释例，补充了成文法之未备，使之成为案件判决的重要依据。有权作出解释例的机构是(　　)。

A. 参议院　　B. 法部　　C. 大理院　　D. 平政院

32. 清乾隆年间，山东省济南府人王某因与邻居赵某发生纠纷，怒而杀之。地方官府拟判王某绞监候，山东巡抚审转复核后，上报朝廷。该案经秋审查实，王某系家中独子，有年老父母需要赡养。王某可能面临的处罚结果是(　　)。

A. 执行死刑　　B. 留待下年秋审

C. 减刑为流三千里　　D. 重杖枷号示众三个月

33. 据《周礼》载，西周“掌建邦之三典，以佐王刑邦国”的司法官是(　　)。

A. 大司寇　　B. 小司寇　　C. 太宰　　D. 司刑

34. 清人薛允升比较唐律与明律后指出，明律相对于唐律在内容上“重其所重，轻其所轻”。下列选项中，属于明朝“轻其所轻”的犯罪是(　　)。

A. 官吏贪赃受贿　　B. 谋毁宗庙山陵　　C. 子孙违犯教令　　D. 监守自盗钱粮

35. 成吉思汗时期公布的第一部蒙古部族的习惯法汇编是(　　)。

A.《大札撒》　　B.《条画五章》　　C.《至元新格》　　D.《至正条格》

36. 首创《名例律》并形成十二篇体例的古代法典是(　　)。

A.《开皇律》　　B.《贞观律》　　C.《北齐律》　　D.《永徽律》

37. 南宋时期辑录的一部著名的判词汇编是(　　)。

A.《折狱龟鉴》　　B.《龙筋凤髓判》

C.《庆元条法事类》　　D.《名公书判清明集》

38.《唐律疏议·贼盗》规定：“谋杀一家非死罪三人，及支解人者，皆斩；妻、子流二千里。”此罪属于“十恶”之一，即(　　)。

A. 不睦　　B. 不道　　C. 不义　　D. 不孝

39. 根据孙中山的权能分治理论，政府治权除立法权、行政权、司法权、监察权外，还包括(　　)。

A. 考试权　　B. 质询权　　C. 检察权　　D. 弹劾权

40. 在革命根据地时期，贯彻“地主不分田，富农分坏田”政策的土地立法是(　　)。

A.《兴国土地法》　　B.《井冈山土地法》

C.《中国土地法大纲》　　D.《中华苏维埃共和国土地法》

二、多项选择题（第 41～50 小题，每小题 2 分，共 20 分。下列每题给出的四个选项中，至少有两个选项是符合题目要求的。多选、少选或错选均不得分）

41. 我国《婚姻法》第二十四条第一款：“夫妻有相互继承遗产的权利。”该条内容属于(　　)。

A. 授权性规则　　B. 委任性规则　　C. 确定性规则　　D. 强行性规则

42. 某省会城市的市政府出台规范“共享单车”的规章，将“共享单车”纳入法治化管理轨道。对此，下列说法正确的有（　　）。

A. 该政府出台规章属于广义的立法范畴

B. 政府部门依据该规章管理“共享单车”，属于法的适用

C. 该规章须报市人大常委会备案，这体现了权力监督的法治原则

D. 公民、企业依据该规章行使权利、履行义务是守法的表现

43. 甲与乙签订租房合同，约定：“甲方应按时交房，否则向乙方支付月房租百分之二十的违约金。”后双方因违约金发生争议而诉诸法院。对此，下列说法正确的有（　　）。

A. 该租房合同是规范性法律文件

B. 依据该租房合同，按时交房是甲方的相对义务

C. 该租房合同的签订使甲乙双方产生了权利义务关系

D. 合同中关于违约金的约定，是法院确定法律责任的重要依据

44. 某人民法院在审理一起疑难案件时，参考了某法学家的学说后作出判决。对此，下列说法正确的有（　　）。

A. 该法学家的学说属于法的非正式渊源

B. 该法学家的学说为疑难案件的解决提供了指引

C. 参考法学家的学说作出判决有悖于审判独立原则

D. 该法学家的学说与法律规定不一致时不应援引

45. 某县第一中学为防止校园欺凌事件的发生，作出专门规定。下列规定中，符合宪法和法律的有（　　）。

A. 学校禁止学生宣扬校园暴力

B. 学校禁止学生携带管制刀具进入校园

C. 学校可定期检查学生手机储存的信息

D. 学校可将实施欺凌的学生的姓名、照片公布于本地报刊

46. 关于四川省某自治州和上级国家机关的关系，下列表述正确的有（　　）。

A. 该自治州州长由四川省人民政府任命

B. 四川省人大有权为该自治州制定自治条例

C. 该自治州单行条例由四川省人大常委会批准后生效

D. 该自治州单行条例可以对四川省人大制定的地方性法规作出变通规定

47. 根据现行宪法，下列选项中，属于国务院职权的有（　　）。

A. 领导和管理国防建设事业

B. 领导和管理经济工作和城乡建设、生态文明建设

C. 决定同外国缔结的条约和重要协定的批准和废除

D. 改变或撤销地方各级国家行政机关的不适当的决定或命令

48. 在1975年12月出土的湖北云梦睡虎地秦墓竹简中，有大量关于律的内容。下列选项中，属于秦律篇名的有（　　）。

A. 金布律　　B. 关市律　　C. 户婚律　　D. 均工律

49. 下列关于清朝民事法律制度的表述，正确的有（　　）。

A. 禁止乞养异姓义子　　　　　　　　B. 改善雇工人的法律地位

C. 承认独子兼祧的合法性　　　　　　D. 明确房屋出典后的风险责任

50. 南京国民政府的民事立法采用民商合一的体例，即只编纂民法典，不单独编纂商法典。这种立法体例所参酌效仿的国家包括(　　)。

A. 德国　　　　B. 瑞士　　　　C. 日本　　　　D. 苏俄

三、简答题（第51～53小题，每小题10分，共30分）

51. 简述法律职业的内涵与特征。

52. 简述现行宪法对非公有制经济的规定。

53. 简述《大清现行刑律》对《大清律例》的主要修改。

四、分析题（第54～56小题，每小题10分，共30分）

54. 某地市场监管局对一家食品公司做出了责令停产停业的处罚。该公司不服，以处罚前没有告知有权要求举行听证为由，将市场监管局告上法院。依据《行政处罚法》第四十二条“行政机关作出责令停产停业、吊销许可证或者执照、较大数额罚款等行政处罚决定之前，应当告知当事人有要求举行听证的权利；当事人要求听证的，行政机关应当组织听证”的规定和有关事实，法院判决撤销市场监管局的处罚决定。

根据上述材料，运用法理学相关知识，回答以下问题：

(1) 该市场监管局的处罚违反了执法的哪些原则，为什么？

(2) 法院对市场监管局的监督属于何种性质的法律监督，其法治意义何在？

55. 为治理风景区发生的不文明行为，某省一设区的市的人大常委会制定了《风景区保护条例》。该条例规定对乱扔垃圾不听劝阻的游客处以50元罚款，情节严重的处以5日以下行政拘留。

结合上述材料，运用宪法学相关知识，回答以下问题：

(1) 该市人大常委会是否有权制定风景区保护的地方性法规？能否对破坏景区环境的行为设定行政拘留？分别简述理由。

(2) 如该条例施行后，被认为与宪法、法律相抵触，哪些国家机关有权撤销？

56.《新唐书·刑法志》：太宗以英武定天下，然其天姿仁恕。初即位，有劝以威刑肃天下者，魏徵以为不可，因为上言王政本于仁恩，所以爱民厚俗之意，太宗欣然纳之，遂以宽仁治天下，而于刑法尤慎。四年，天下断死罪二十九人。六年，亲录囚徒，闵死罪者三百九十人，纵之还家，期以明年秋即刑；及期，囚皆诣朝堂，无后者，太宗嘉其诚信，悉原之。

根据上述材料，请运用中国法制史的知识，回答以下问题：

(1) 唐初法制（立法）的基本指导思想是什么？

(2) 录囚制度的主要内容是什么？

(3) 试评述材料中所记载的唐太宗纵囚事件。

五、论述题（第57～58小题，每小题15分，共30分）

57. 运用法理学有关理论，谈谈你对“法律是最低限度的道德”这一观点的认识。

58. 2015年7月，全国人大常委会通过《关于实行宪法宣誓制度的决定》。2018年宪法修改确认了宪法宣誓制度，规定国家工作人员就职时应当依照法律规定公开进行宪法宣誓。联系实际，论述宪法宣誓制度对推进依法治国的意义。

2020 年综合课试题答案及解析

一、单项选择题

1. D

【解析】自然法学派强调法体现人的理性，自然法普遍永恒且高于实在法或者人定法，人定法符合自然法时才是真正的法律，并考虑法的价值因素；而分析法学派则反对超越现行法律制度的任何企图，即反对任何超越现行法律文本的解释，主张恶法亦法，它试图将价值考虑排除在法理学科研究的范围之外，即在法学研究中不必考虑法的价值因素。社会法学派强调的是现实的法学，研究法学现实的各个方面。可见，A、B、C 项表述混淆了自然法学派、分析法学派和社会法学派的观点，因而都是错误的。历史法学派认为，法是民族精神的体现，法律就像一个民族的风俗、语言一样，随着民族精神的发展而发展，随着民族精神的消亡而消亡。法是自发地、缓慢地和逐步地成长的，而不是立法者有意识地、任意地创造的。立法要忠实于习惯才能体现民族的本意，立法的任务是找出民族的共同信念和共同意识。可见，D 项表述体现了历史法学派的观点，故 D 项表述是正确的，选 D 项。

2. D

【解析】法律对人的效力体现为属地主义、属人主义、保护主义和折中主义。属地主义，即不论本国人或外国人，凡居住在本国管辖领域内的人一律适用本国法律。因此，法律适用于本国境内的所有人，是属地主义而不是属人主义的表现。可见，A 项表述错误。属人主义，即法律只适用于本国人，不论其身在国内还是国外。因此，B 项表述体现的是属人主义，而不是属地主义。折中主义，即以属地主义为主，与属人主义、保护主义相结合的原则。因此，C 项表述错误。保护主义，即以维护本国利益为基础，不管是什么国籍的人，在什么地方的行为，只要侵害了本国的利益，就适用本国的法律。因此，本国法律对外国人在国外侵害本国利益的行为同样适用，是保护主义的体现。可见，D 项表述正确，选 D 项。

3. A

【解析】演绎推理是从一般到特殊的推理形式，即从一般的知识推出特殊的知识的推理。演绎推理的特点是，法院既有可以适用的法律规则和原则（大前提），也有通过审理确定的、可以归入该规则或原则的案件事实（小前提），由此法院可以作出一个确定的判决（结论）。本题表述中，法院依据的《合同法》的规定是大前提，甲乙两家公司之间的合同纠纷是小前提，由此法院确定一个判决结论，即得出甲继续履行合同的判决。法院运用的是演绎推理，选 A 项。

4. D

【解析】法的价值有基本价值和非基本价值之分，基本价值在效力位阶上高于非基本价值。人权、正义、自由、平等、秩序、效率为基本价值，而利益、公平、安全、安宁、和谐等为非基本价值。因此，司法中效率为基本价值，公平为非基本价值，效率高于公平，二者并非处于同一位阶，效率为主，兼顾公平。可见，A 项表述错误。生命权体现了人权价值，是基本价值；财产权则为非基本价值，因此在解决生命权与财产权的冲突时，应采用价值位阶原则，而并非采用个案平衡原则。可见，B 项表述错误。在法的基本价值之间发生冲突时，人权和正义是法治保障的核心和标尺。因此，当秩序与自由、正义冲突时，应以正义价值优先。可见，C 项表述错误。为保护某种较为优越的法律价值不可避免侵犯某一法益时，不得逾越达到此目的所必要的程度，此为比例原则。可见，D 项表述正确，选 D 项。

5. A

【解析】免责是指法律责任由于出现法定条件被部分或全部地免除。免责不同于“不负责任”或“无责任”，因为免责以法律责任的存在为前提。可见，A 项表述正确，选 A 项。免责并不意味着被免责的行为是合理的、法律允许的或法律不管的，更不意味着被免责的行为是法律所赞成或支持的。因此，B 项表述错误。自助行为是指权利人为保护自己的权利，在情势紧迫而又不能及时请求国家机关予以救助的情况下，对他人的财产或自由施加扣押、拘束或其他相应措施，而为法律或公共道德所认可的行为。自助行为可以免除部分或全部法律责任，而不是仅为全部免除法律责任。可见，C 项表述错误。责任自负原则是指违法行为人应当对自己的违法行为负责，不能让没有违法行为的人承担法律责任，即反对株连或变相株连。要保证责任人受到法律追究，也要保证无责任者不受法律追究，做到不枉不纵。因此，保证无责任者不受法律追究是责任自负原则的目的，而不是免责制度的目的，故 D 项表述错误。

6. B

【解析】法的历史类型不同于法系。法的历史类型是依据法所赖以存在的经济基础及所体现的国家意志的性质的不同，而对各种社会的法律制度所作的分类。法系是按照世界上各个国家和地区法律的源流关系和历史传统以及形式上某些特点对法律所作的分类。法系是具有共性或共同历史传统的法律的总称。可见，A 项表述混淆了法的历史类型和法系，因而是错误的。大陆法系是以罗马法为基础而发展起来的法律的总称，故 B 项表述正确，选 B 项。法系是基于法律的历史传统以及形式上的共性而形成的，法律移植是法系形成和发展的重要途径，但并非是法系形成的必要条件。可见，C 项表述错误。在法律全球化时代，大陆法系和英美法系有融合的趋势，但是，由于历史传统不同，两大法系的差异还将长期存在。可见，D 项表述错误。

7. A

【解析】《行政处罚法》第 5 条规定的是处罚和教育相结合的法律原则。法律原则和法律规则都是法的要素，都具有法律约束力。可见，A 项表述正确，选 A 项。法具有规范作用和社会作用。法的规范作用是指法作为行为规范，对人们的意志、行为发生的直接影响，对人们的行为所起到的保障和约束作用。法的社会作用是指法的社会、政治功能，即法作为社会关系的调整器，服务于一定的社会政治目的、目标，承担一定的社会政治使命，形成、维护、实现一定的社会秩序。从《行政处罚法》第 5 条规定来看，该规定主要发挥的是法的规范作用而非社会作用。可见，B 项表述错误。法律规则不同于法律原则，法律规则有完整的逻辑结构，具有微观指导性、可操作性较强、确定性程度较高和可预测性等特点；但是，法律原则不预先设定明确的、具体的假定条件，也不具体规定相应的权利、义务和法律后果，其要求比较笼统、模糊。可见，C、D项表述都是错误的。

8. C

【解析】引起法律关系产生、变更或消灭的各种事实为法律事实，法律事实包括法律事件和法律行为。法律事件是法律规范规定的、与当事人意志无关的，且能够引起法律关系产生、变更或消灭的客观事实。法律行为是指与当事人意志有关的，能够引起民事法律关系产生、变更或消灭的作为或不作为。地震造成人员伤亡引发保险理赔，战争导致合同无法履行，当事人死亡导致劳动关系消灭，这些事实都不以当事人的意志为转移，因而属于事件。可见，不选A、B、D项。小李与小张依法进行婚姻登记结成夫妻关系，此为婚姻法律关系的产生，是由小李与小张依法进行婚姻登记这一法律行为所引发，属于法律行为引起的变动。可见，选C项。

9. B

【解析】法律部门的划分原则主要有客观原则、合目的性原则、适当平衡原则、辩证发展原则、相对稳定原则和主次原则等。其中，相对稳定原则是指在划分法律部门时不能只考虑目前的法律、法规的多少，而应当具有一定的前瞻性，在划分法律部门时应当考虑到法律、法规今后的发展，即考虑到即将制定或可能制定的法律、法规。在划分法律部门时，不能频繁地变动法律部门的内容和结构。可见，选B项。

10. A

【解析】立法程序有广义和狭义之分。广义的立法程序是指有立法权的国家机关在创制、认可、修改或废止规范性法律文件的活动中所必须遵守的步骤和方法。狭义的立法程序仅指国家最高权力机关创制、认可、修改或废止法律的程序。可见，立法程序包含了立法的步骤与方法。我国最高国家权力机关全国人民代表大会及其常设机关全国人大常委会立法的基本程序包括：法律草案的提出、法律草案的审议、法律草案的表决与通过、法律的公布等。可见，A项表述正确，选A项。立法程序不仅由《立法法》规定，《全国人民代表大会议事规则》《全国人民代表大会常务委员会议事规则》也有关于立法程序的相关规定。可见，B项表述错误。立法程序是所有立法环节必须遵守的程序，不能调整和省略，立法程序的这一特点与立法活动的工作程序不同，因为立法活动的工作程序大多不需要由法律加以规定，可以在具体立法活动中进行调整甚至省略。可见，C项表述错误。法律的公布必须由特定的机关采取特定的方式进行。对于宪法和修正案的公布，由全国人大以公告的方式公布实施；对于法律的公布，由国家主席根据最高权力机关的决定行使。《立法法》第25条规定，全国人民代表大会通过的法律由国家主席签署主席令予以公布。《立法法》第44条规定，常务委员会通过的法律由国家主席签署主席令予以公布。可见，法律并非“谁制定，谁公布”，故D项表述错误。

11. C

【解析】法官援引相关法律条文对赡养纠纷案件进行判决，这是用演绎推理方式进行司法审判活动，在此演绎推理方式中，法官援引的相关法律条文是案件适用的大前提，赡养案件事实为小前提，由此得出的判决是结论。可见，A项表述正确。法官在审理案件过程中，要将一般的法律规定适用于具体案件，需要对相关法律条文进行解释。可见，B项表述正确。《孝经》并非法律，不是案件适用的前提，因而《孝经》中的孝道原则对该案没有法律约束力。可见，C项表述不正确，选C项。法律论证特别强调法外因素对法律正当性证成的意义，因此，法官运用孝道对案件进行说理，实际上就是将“法外因素”引入案件说理中，这实际上是在进行法律论证。可见，D项表述正确。

12. B

【解析】法律对科学技术有重要作用，但是法律不能决定科学技术的发展。可见，A项表述错误。科学技术对法律的影响体现在：科学技术影响法的内容，成为法律规定的重要依据；科学技术的发展拓展了法律调整的领域；科学技术的发展引起了有关的传统法律概念和原则的变化；科学技术的发展完善了法律调整机制，为立法和执法提供了新的技术和手段，对法律的制定和实施产生重大影响；科学技术的发展也影响了法学教育、法制宣传和法学研究的方式和内容，促进其方式和内容的更新和发展。可见，B项表述正确，选B项，而C项表述是错误的。由于科学技术本身具有两面性，因此要靠法律防止其可能带来的危害。可见，D项表述错误。

13. D

【解析】1949年9月29日，中国人民政治协商会议第一届全体会议选举了中央人民政府委员会，宣告了中华人民共和国的成立，并通过了《中国人民政治协商会议共同纲领》（简称《共同纲领》），起到了临时宪法的作用。可见，D项是正确答案。

14. B

【解析】《宪法》第9条第1款规定，矿藏、水流、森林、山岭、草原、荒地、滩涂等自然资源，都属于国家所有，即全民所有；由法律规定属于集体所有的森林和山岭、草原、荒地、滩涂除外。《宪法》第10条规定，城市的土地属于国家所有。农村和城市郊区的土地，除由法律规定属于国家所有的以外，属于集体所有；宅基地和自留地、自留山，也属于集体所有。国家为了公共利益的需要，可以依照法律规定对土地实行征收或者征用并给予补偿。任何组织或者个人不得侵占、买卖或者以其他形式非法转让土地。土地的使用权可以依照法律的规定转让。一切使用土地的组织和个人必须合理地利用土地。据此，只有B项表述是正确的。

15. C

【解析】国体也就是国家性质，我国的国体是人民民主专政制度，人民代表大会制度是我国的政体，即政权组织形式。可见，A项表述错误。《宪法》第2条规定，中华人民共和国的一切权力属于人民。人民行使国家权力的机关是全国人民代表大会和地方各级人民代表大会。人民依照法律规定，通过各种途径和形式，管理国家事务，管理经济和文化事业，管理社会事务。据此，并非一切国家权力都由全国人民代表大会行使，如非基本法律的制定、公布法律的权力等，就不属于全国人民代表大会的职权；而且人民行使国家权力的机关也并非只有全国人民代表大会，还有地方各级人民代表大会。可见，B项表述错误，C项表述正确，选C项。《宪法》第3条规定，中华人民共和国的国家机构实行民主集中制的原则。全国人民代表大会和地方各级人民代表大会都由民主选举产生，对人民负责，受人民监督。国家行政机关、监察机关、审判机关、检察机关都由人民代表大会产生，对它负责，受它监督。中央和地方的国家机构职权的划分，遵循在中央的统一领导下，充分发挥地方的主动性、积极性的原则。据此，全国人民代表大会是最高国家权力机关，其他国家机关对全国人民代表大会负责，并受全国人民代表大会监督。因此，我国实行的制度不是三权分立制度，全国人民代表大会处于核心地位，其他国家机关受全国人民代表大会监督，其他国家机关不能监督全国人民代表大会。可见，D项表述错误。

16. A

【解析】《香港特别行政区基本法》第104条规定，香港特别行政区行政长官、主要官员、行政会议成员、立法会议员、各级法院法官和其他司法人员在就职时必须依法宣誓拥护中华人民共和国香港特别行政区基本法，效忠中华人民共和国香港特别行政区。据此，A项表述正确，选A项。《香港特别行政区基本法》第68条第1款规定，香港特别行政区立法会由选举产生。据此，行政长官不能任命立法会议员。可见，B项表述错误。《香港特别行政区基本法》第71条规定，香港特别行政区立法会主席由立法会议员互选产生。香港特别行政区立法会主席由年满40周岁，在香港通常居住连续满20年并在外国无居留权的香港特别行政区永久性居民中的中国公民担任。据此，立法会主席由立法会议员互选产生，而不是由全国人大常委会任命。可见，C项表述错误。《香港特别行政区基本法》第67条规定，香港特别行政区立法会由在外国无居留权的香港特别行政区永久性居民中的中国公民组成。但非中国籍的香港特别行政区永久性居民和在外国有居留权的香港特别行政区永久性居民也可以当选为香港特别行政区立法会议员，其所占比例不得超过立法会全体议员的20%。据此，D项表述错误。

17. D

【解析】宪法上的公民平等权，是指公民平等地享有权利，不受任何差别对待，要求国家给予同等保护的权利与原则。我国宪法确立了平等权，但平等权并不意味着对所有公民采取无差别待遇，只要存在差别待遇的合理理由，就应当承认这种差别，这就是合理差别。合理差别并不违反平等权的要求。需要注意的是，平等权禁止的是不合理的差别，即宪法意义上的差别有合理的差别与不合理的差别，平等权的相对性要求禁止不合理的差别，而合理的差别具有合宪性。判断政府的措施是合理差别还是违反平等保护原则的歧视性做法的标准有：（1）政府进行区别对待的目的必须是实现正当的而且是重大的利益。（2）这种区别对待必须是实现其所宣称的正当目的的合理的乃至必不可少的手段。（3）政府负有举证责任。例如，政府对残疾人采取多种妥当安置的措施应负举证责任。本题表述中，国家机关拒绝录用“乙肝”表面抗原携带者，国家机关的做法属于差别对待，而且没有合理理由，构成歧视，违反了平等保护原则。可见，A项表述错误。残疾人属于弱势群体，政府优先采购残疾人福利企业的产品，这有利于维护残疾人的经济利益，该做法存在合理差别的理由，因此不违反平等保护原则。可见，B项表述错误。男女在生理上存在差别，因此对于妇女采取合理的差别对待，并不违反平等保护原则，但是这并不意味着在任何工种或岗位上都不得设置性别限制。可见，C项表述错误。为贯彻民族平等和民族团结政策，政府可以依据民族的差异采取合理差别。因此，国家对少数民族给予某些适当的照顾不违反平等保护原则。可见，D项表述正确，选D项。

18. C

【解析】《监察法》第11条规定，监察委员会依照本法和有关法律规定履行监督、调查、处置职责：(1) 对公职人员开展廉政教育，对其依法履职、秉公用权、廉洁从政从业以及道德操守情况进行监督检查。(2) 对涉嫌贪污贿赂、滥用职权、玩忽职守、权力寻租、利益输送、徇私舞弊以及浪费国家资财等职务违法和职务犯罪进行调查。(3) 对违法的公职人员依法作出政务处分决定；对履行职责不力、失职失责的领导人员进行问责；对涉嫌职务犯罪的，将调查结果移送人民检察院依法审查、提起公诉；向监察对象所在单位提出监察建议。根据上述第 2 项规定，对于涉嫌贪污的职务犯罪，应由监察委员会履行监督、调查、处置职责，而不应由公安机关立案。可见，A 项表述错误。贪污不属于甲的隐私，对于涉嫌贪污的案件，应当公开审理。可见，B 项表述错误。人民检察院认为判决有错误的，应当提出抗诉。可见，C 项表述正确，选 C 项。上下级法院之间的关系是监督与被监督关系，而不是领导与被领导关系，因此，上级人民法院认为县人民法院的量刑过重，可以依法改判，而不能要求下级人民法院改判。可见，D 项表述错误。

19. C

【解析】《宪法》第 62 条第 13 项规定，全国人民代表大会批准省、自治区和直辖市的建置。《宪法》第 89 条第 15 项规定，国务院批准省、自治区、直辖市的区域划分，批准自治州、县、自治县、市的建置和区域划分。根据上述规定，A 项表述错误。《宪法》第 31 条规定，国家在必要时得设立特别行政区。在特别行政区内实行的制度按照具体情况由全国人民代表大会以法律规定。据此，特别行政区的设立及其社会制度都应由全国人民代表大会以法律规定。可见，B 项表述错误。《宪法》第 62 条第 11 项规定，全国人民代表大会审查和批准国家的预算和预算执行情况的报告。《宪法》第 67 条第 5 项规定，在全国人民代表大会闭会期间，全国人民代表大会常务委员会审查和批准国民经济和社会发展计划、国家预算在执行过程中所必须作的部分调整方案。据此，C 项表述正确，选 C 项。《宪法》第 62 条第 5 项规定，全国人民代表大会根据中华人民共和国主席的提名，决定国务院总理的人选；根据国务院总理的提名，决定国务院副总理、国务委员、各部部长、各委员会主任、审计长、秘书长的人选。据此，无论是国务院总理人选，还是国务院副总理人选，都应由全国人民代表大会决定。可见，D 项表述错误。

20. D

【解析】《城市居民委员会组织法》第 2 条规定，居民委员会是居民自我管理、自我教育、自我服务的基层群众性自治组织。不设区的市、市辖区的人民政府或者它的派出机关对居民委员会的工作给予指导、支持和帮助。居民委员会协助不设区的市、市辖区的人民政府或者它的派出机关开展工作。据此，居民委员会是居民自我管理、自我教育、自我服务的基层群众性自治组织，而不是一级政权机关，基层人民政府与居民委员会的关系也不是领导与被领导的关系。可见，A、C 项表述错误。《城市居民委员会组织法》第 8 条第 1 款规定，居民委员会主任、副主任和委员，由本居住地区全体有选举权的居民或者由每户派代表选举产生；根据居民意见，也可以由每个居民小组选举代表二至三人选举产生。居民委员会每届任期 5 年，其成员可以连选连任。据此，B 项表述错误。《监察法》第 15 条规定，监察机关对下列公职人员和有关人员进行监察：(1) 中国共产党机关、人民代表大会及其常务委员会机关、人民政府、监察委员会、人民法院、人民检察院、中国人民政治协商会议各级委员会机关、民主党派机关和工商业联合会机关的公务员，以及参照《中华人民共和国公务员法》管理的人员；（2）法律、法规授权或者受国家机关依法委托管理公共事务的组织中从事公务的人员；（3）国有企业管理人员；（4）公办的教育、科研、文化、医疗卫生、体育等单位中从事管理的人员；（5）基层群众性自治组织中从事管理的人员；（6）其他依法履行公职的人员。据此第5项规定，居民委员会中从事管理的人员受监察机关的监察。可见，D项表述正确，选D项。

21. A

【解析】宪法解释体制有立法机关解释体制、司法机关解释体制和专门机关解释体制。法国采用专门机关解释体制，即法国设立宪法委员会作为解释宪法的专门机关。可见，选A项。中国采用立法机关解释体制，即由全国人大常委会解释宪法。美国、日本采用司法机关解释体制，即由法院解释宪法。

22. D

【解析】根据宪法修正案第33条，《宪法》序言第十自然段中“包括全体社会主义劳动者、社会主义事业的建设者、拥护社会主义的爱国者和拥护祖国统一的爱国者的广泛的爱国统一战线”修改为“包括全体社会主义劳动者、社会主义事业的建设者、拥护社会主义的爱国者、拥护祖国统一和致力于中华民族伟大复兴的爱国者的广泛的爱国统一战线”。据此，2018年宪法修正案在爱国统一战线中新增的社会群体是“致力于中华民族伟大复兴的爱国者”。可见，选D项。

23. C

【解析】根据《选举法》第29条的规定，全国和地方各级人民代表大会的代表候选人，按选区或者选举单位提名产生。各政党、各人民团体，可以联合或者单独推荐代表候选人。选民或者代表，10人以上联名，也可以推荐代表候选人。据此，A项表述错误。《选举法》第31条第1款规定，由选民直接选举人民代表大会代表的，代表候选人由各选区选民和各政党、各人民团体提名推荐。选举委员会汇总后，将代表候选人名单及代表候选人的基本情况在选举日的15日以前公布，并交各该选区的选民小组讨论、协商，确定正式代表候选人名单。如果所提代表候选人的人数超过本法第30条规定的最高差额比例，由选举委员会交各该选区的选民小组讨论、协商，根据较多数选民的意见，确定正式代表候选人名单；对正式代表候选人不能形成较为一致意见的，进行预选，根据预选时得票多少的顺序，确定正式代表候选人名单。正式代表候选人名单及代表候选人的基本情况应当在选举日的7日以前公布。据此，B项表述错误，C项表述正确，选C项。《选举法》第32条规定，县级以上的地方各级人民代表大会在选举上一级人民代表大会代表时，代表候选人不限于各该级人民代表大会的代表。据此，D项表述错误。

24. C

【解析】我国宪法没有对修宪权的界限问题作出规定，即我国宪法没有规定不得进行修改的内容。可见，A项表述错误。根据《宪法》第62条第1项规定，全国人民代表大会有权修改宪法，而包括全国人大常委会在内的任何国家机关都无权修改宪法。可见，B项表述错误。《宪法》第64条规定，宪法的修改，由全国人民代表大会常务委员会或者1/5以上的全国人民代表大会代表提议，并由全国人民代表大会以全体代表的2/3以上的多数通过。法律和其他议案由全国人民代表大会以全体代表的过半数通过。据此，C项表述正确，选C项。宪法修改须由全国人民代表大会以“全体代表”的2/3以上多数通过，而不是“出席代表”的2/3以上多数通过。可见，D项表述错误。

25. B

【解析】《立法法》第91条规定，部门规章之间、部门规章与地方政府规章之间具有同等效力，在各自的权限范围内施行。据此，A项表述错误。《立法法》第89条规定，地方性法规的效力高于本级和下级地方政府规章。省、自治区的人民政府制定的规章的效力高于本行政区域内的设区的市、自治州的人民政府制定的规章。据此，B项表述正确。《立法法》第95条第1款规定，地方性法规、规章之间不一致时，由有关机关依照下列规定的权限作出裁决：（1）同一机关制定的新的一般规定与旧的特别规定不一致时，由制定机关裁决。（2）地方性法规与部门规章之间对同一事项的规定不一致，不能确定如何适用时，由国务院提出意见，国务院认为应当适用地方性法规的，应当决定在该地方适用地方性法规的规定；认为应当适用部门规章的，应当提请全国人民代表大会常务委员会裁决。（3）部门规章之间、部门规章与地方政府规章之间对同一事项的规定不一致时，由国务院裁决。据此规定第2项和第3项，C、D项表述错误。

26. D

【解析】法律保留原则的基本含义是，关于公民基本权利的限制等专属立法事项，应当由立法机关通过法律来规定，行政机关不得代为规定，行政机关实施的行政行为必须要有法律的授权，不得与法律相抵触。《立法法》第9条规定，本法第8条规定的事项尚未制定法律的，全国人民代表大会及其常务委员会有权作出决定，授权国务院可以根据实际需要，对其中的部分事项先制定行政法规，但是有关犯罪和刑罚、对公民政治权利的剥夺和限制人身自由的强制措施和处罚、司法制度等事项除外。据此，有关犯罪和刑罚的事项不得被授权立法。可见，A项表述错误。《立法法》第10条规定，授权决定应当明确授权的目的、事项、范围、期限以及被授权机关实施授权决定应当遵循的原则等。授权的期限不得超过5年，但是授权决定另有规定的除外。被授权机关应当在授权期限届满的6个月以前，向授权机关报告授权决定实施的情况，并提出是否需要制定有关法律的意见；需要继续授权的，可以提出相关意见，由全国人民代表大会及其常务委员会决定。据此，授权期限原则上不得超过5年，但是授权决定另有规定的，从其规定；立法经授权后，可以继续授权，但应由全国人民代表大会及其常务委员会决定。可见，B项表述错误。《立法法》第12条规定，被授权机关应当严格按照授权决定行使被授予的权力。被授权机关不得将被授予的权力转授给其他机关。据此，C项表述错误。《立法法》第11条规定，授权立法事项，经过实践检验，制定法律的条件成熟时，由全国人民代表大会及其常务委员会及时制定法律。法律制定后，相应立法事项的授权终止。据此，D项表述正确，选D项。

27. D

【解析】《宪法》第125条规定，中华人民共和国国家监察委员会是最高监察机关。国家监察委员会领导地方各级监察委员会的工作，上级监察委员会领导下级监察委员会的工作。据此，上下级监察委员会的关系是领导与被领导关系，而不是监督与被监督关系。可见，A项表述错误。《宪法》第126条规定，国家监察委员会对全国人民代表大会和全国人民代表大会常务委员会负责。地方各级监察委员会对产生它的国家权力机关和上一级监察委员会负责。据此，B项表述错误。《监察法》第15条规定，监察机关对下列公职人员和有关人员进行监察：（1）中国共产党机关、人民代表大会及其常务委员会机关、人民政府、监察委员会、人民法院、人民检察院、中国人民政治协商会议各级委员会机关、民主党派机关和工商业联合会机关的公务员，以及参照《中华人民共和国公务员法》管理的人员；（2）法律、法规授权或者受国家机关依法委托管理公共事务的组织中从事公务的人员；（3）国有企业管理人员；（4）公办的教育、科研、文化、医疗卫生、体育等单位中从事管理的人员；（5）基层群众性自治组织中从事管理的人员；（6）其他依法履行公职的人员。据此第1项规定，C项表述错误。《监察法》第34条规定，人民法院、人民检察院、公安机关、审计机关等国家机关在工作中发现公职人员涉嫌贪污贿赂、失职渎职等职务违法或者职务犯罪的问题线索，应当移送监察机关，由监察机关依法调查处置。被调查人既涉嫌严重职务违法或者职务犯罪，又涉嫌其他违法犯罪的，一般应当由监察机关为主调查，其他机关予以协助。据此，D项表述正确，选D项。

28. B

【解析】汉代在官吏选任中实行回避制度，为此制定了《三互法》，规定“婚姻之家及两州人士，不得对相监临（即交互为官）”。可见，《三互法》规定的是任官回避制度，选B项。

29. D

【解析】唐朝规定了“六杀”罪名：谋杀、斗杀、故杀、误杀、戏杀和过失杀。《唐律疏议·斗讼律》（卷二十三）规定：“诸过失杀伤人者，各依其状，以赎论。（谓耳目所不及，思虑所不到；共举重物，力所不制；若乘高履危足跌及因击禽兽，以致杀伤之属，皆是。）”据此，属于过失杀的情形包括：（1）因耳目所不及、思虑所不到而杀伤人的情形。即行为人意想不到在幽静偏僻、人迹罕至之处却有人实际上存在，而且又确实没有听见人声，也未看见人影而投掷瓦石，杀伤了人的情形。（2）因共举重物力所不制而杀伤他人的情形。即如果几个人共同抬举一重物，因其中某人体力不支而导致他人（包括其他共举人和旁人）伤亡，是作为过失犯罪定罪处罚的。（3）因乘高履危足跌而杀伤他人的情形。（4）因猎射鸟兽而杀伤他人的情形。（5）因共捕盗贼而误杀伤旁人的情形。本题表述的情形是因猎射山鸡而导致的杀伤，因此为过失杀，选D项。A项表述的“故杀”，即事先虽无预谋，但情急杀人时已有杀人的意念；B项表述的“误杀”，即由于种种原因杀错了对象；C项表述的“谋杀”，即预谋杀人，包括已杀成和未杀成。

30. B

【解析】晋代律学家张斐对20个法律概念及其含义作了精要的表述：“其知而犯之谓之故，意以为然谓之失，违忠欺上谓之谩，背信藏巧谓之诈，亏礼废节谓之不敬，两讼相趣谓之斗，两和相害谓之戏，无变斩击谓之贼，不意误犯谓之过失，逆节绝理谓之不道，陵上僭贵谓之恶逆，将害未发谓之戕，唱首先言谓之造意，二人对议谓之谋，制众建计谓之率，不和谓之强，攻恶谓之略，三人谓之群，取非其物谓之盗，货财之利谓之赃。凡二十者，律义之较名也。”即：明知故犯为故意犯罪，因主观判断错误而致罪或根本没有想到而误犯为过失犯罪，违背忠诚而欺瞒上级为欺谩罪，背信弃义而暗藏奸巧为奸诈罪，亏废礼教仪节为不敬罪，两相争斗为斗殴罪，因嬉戏而相害为戏伤罪，私下攻击伤害为贼

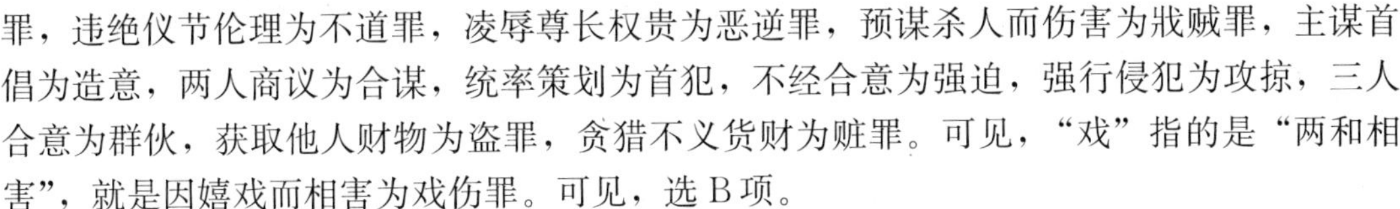

罪，违绝仪节伦理为不道罪，凌辱尊长权贵为恶逆罪，预谋杀人而伤害为戕贼罪，主谋首倡为造意，两人商议为合谋，统率策划为首犯，不经合意为强迫，强行侵犯为攻掠，三人合意为群伙，获取他人财物为盗罪，贪猎不义货财为赃罪。可见，“戏”指的是“两和相害”，就是因嬉戏而相害为戏伤罪。可见，选B项。

31. C

【解析】北洋政府广泛运用判例与解释例，补充了成文法之未备，使之成为案件判决的重要依据。有权作出解释例的机构是最高审判机关大理院，选C项。参议院为南京临时政府行使立法权的机关，北洋政府时期根据“天坛宪草”的规定，实行两院国会制，参议院和众议院共同行使立法权，因此，参议院没有作出解释例的职权，故不选A项。法部是清末司法改革出现的机关，由刑部演变而来，为最高司法行政机关，北洋政府时期改为司法部，其无权作出解释例，故不选B项。平政院为北洋政府设立的中央最高行政诉讼审判机关，其无权作出解释例，故不选D项。

32. D

【解析】秋审是清朝最重要的死刑复审制度，被称为国家大典。秋审源于汉代的秋冬行刑和录囚制度，到了明朝发展成为朝审，清朝继承了明朝的朝审，并发展成为秋审制度。秋审的对象是各省上报的斩绞监候案件，每年秋八月在天安门金水桥西由九卿、詹事、科道以及军机大臣、内阁大学士等重要官员会同审理。秋审案件经过复审程序后，分为五种情况处理：（1）情实：罪名恰当，执行死刑；（2）缓决：案情属实，但危害性不大，可以减刑；（3）可矜：案情属实，但情有可原，可免死而减为徒刑或者流刑；（4）可疑：案情尚未完全搞清楚的，则驳回原省再审；（5）留养承祀：案情属实、罪名恰当，但有亲老丁单情形，而祖父母、父母年老无人奉养，或符合“孀妇独子”等条件的，须奏请皇帝裁决，经皇帝批准，可改判重杖，枷号示众3个月。本题表述中，王某符合“亲老丁单”条件，应当“留养承祀”，经皇帝批准，可改判重杖，枷号示众3个月。可见，选D项。

33. A

【解析】西周时期形成了比较系统的司法机构。中央常设最高司法官（司法机关）为大司寇，“掌建邦之三典，以佐王刑邦国，诘四方”（《周礼·秋官·大司寇》），即在周王领导下主管全国重大司法审判事务，辅助周王掌管全国司法工作。遇有重大或疑难案件，须上报周王最后裁决，或由周王指派高级贵族进行议决。可见，选A项。大司寇下设小司寇，“以五刑听万民之狱讼”（《周礼·秋官·大司寇》），协助大司寇处理案件，处理狱讼。此外，还有各种专职的属吏如司刑（掌刑罚）、掌囚（掌监狱）、掌戮（掌死刑）等，处理各类司法事务。C项表述的“太宰”，是西周时期掌管国家六种典籍，用来辅佐周王治理国家的官员。

34. C

【解析】清人薛允升比较唐、明律后指出，明律相对于唐律在内容上“重其所重，轻其所轻”。薛允升在《唐明律合编·祭祀》中指出：“盗贼及有关币帑钱粮等事，明律则又较唐律为重。”具体而言，明律对犯谋反大逆者，凌迟处死，连坐处斩并扩大到祖父、父、子、孙及伯叔父等。除了政治性犯罪外，对于恶逆、强盗、窃盗、抢夺、造妖书妖言、诬告、诈伪制书和侵犯财产以及官吏贪赃受贿等犯罪的处罚，明律都较唐律明显加重。可见，A、B、D项表述的情形都应属于"重其所重"的情形。《唐明律合编·祭祀》指出："大抵事关典礼及风俗教化等事，唐律均较明律为重。"如列入"不孝"的父母在子孙别籍异财者，唐律处徒三年，明律仅杖八十。子孙违反教令，唐律处徒二年，明律杖一百。对诸如和奸、重婚、亲属相盗等某些危害不大的"轻罪"从轻处罚，使刑事制裁具有更强的针对性。可见，子孙违犯教令，属于"轻其所轻"的情形，故选C项。

35. A

【解析】大蒙古国建立之后，成吉思汗于1225年下令编纂札撒和训令，史称《大札撒》或《札撒大全》。札撒内容庞杂，包括刑事、民事、军事、宗教、审判、治安等各个方面，旨在保护蒙古人的游牧经济和社会秩序，也是当时蒙古民族生活习惯和迷信禁忌的反映。《大札撒》作为蒙古人入主中原前在蒙古族内部实施的习惯法，以原始性和刑罚残酷性而著称，对元朝立法产生了较大影响。可见，选A项。《条画五章》是成吉思汗时期下令郭宝玉制定的新令，这是蒙古政权第一次汉化立法。《至元新格》是元世祖忽必烈时期制定的法典，其内容侧重行政、财政、民事等方面，是元朝统一中国后颁布的第一部比较系统的成文法典。《至正条格》是元顺帝至正时期颁布的法典，其对《大元通制》进行了修订补充。

36. C

【解析】《北齐律》将《刑名律》和《法例律》合并为《名例律》，作为封建成文法典总则，完善了刑法典的编纂体例。自此，我国的封建成文法典总则篇都以《名例律》命名，并一直沿用到清朝。可见，选C项。

37. D

【解析】《名公书判清明集》是一部"名公"（如朱熹、真德秀、胡石壁）所作的诉讼判词和官府公文的分类汇编，其中绝大部分为民事诉讼判词，包括官吏、服役、文事、户婚、人伦、人品、惩恶计七门。可见，选A项。《折狱龟鉴》是宋代郑克所著的一部案例汇编。《龙筋凤髓判》是唐代张鷟所著的判例集。《庆元条法事类》是宋代官方整理修订的法规汇编。

38. B

【解析】《唐律疏议》规定了"十恶"重罪，"十恶"包括谋反、谋大逆、谋叛、恶逆、不道、大不敬、不孝、不睦、不义和内乱。不道即"谋杀一家非死罪三人及支解人、造畜蛊毒、厌魅"，即杀死同一家不当处死的三人及以上；肢解被杀人的尸体；制造、存放用毒虫制成的毒药及用巫术杀人。可见，选B项。

39. A

【解析】根据孙中山的权能分治理论，政府治权包括立法权、行政权、司法权、考试权和监察权，故选A项。

40. D

【解析】《中华苏维埃共和国土地法》是土地革命时期影响最大、实施地区最广、适用时间最长的土地法。但是，受"左"倾思想影响，在土地分配上实行"地主不分田，富农分坏田"的政策。可见，选D项。

二、多项选择题

41. AC

【解析】授权性规则是指规定人们有权做一定行为或不做一定行为的规则，即规定人们的“可为模式”的规则。授权性规则的作用在于赋予人们一定的权利去设立、变更、终止他们的法律地位或法律关系，其特点是为权利主体提供一定的选择自由，对于权利主体来说不具有强制性，它既不强令权利人作为，也不强令权利人不作为。相反，它为行为人的作为、不作为提供了一个自由选择的空间。“夫妻有相互继承遗产的权利”，继承权是一种权利，该法律规则不具有强制性，因而是授权性规则。可见，选 A 项。确定性规则是指内容已明确肯定，无须再援引或参照其他规则来确定其内容的法律规则。确定性规则本身的规定是确定的，无须援引或委托其他机构就可以知道其规定，权利义务关系也很容易确定。委任性规则是指内容尚未确定，而只规定某种概括性指示，法律规则的内容由相应国家机关通过相应途径或程序加以确定的法律规则。“夫妻有相互继承遗产的权利”，该规则本身是确定的，是确定性规则，故选 C 项。该规则具体规定了夫妻之间的权利，无须委任，因此不是委任性规则，故不选 B 项。强行性规则又称为强制性规则，是指内容规定具有强制性，不论人们的意愿如何，都必须加以适用的规则。“夫妻有相互继承遗产的权利”，该规则不具有强制性，因而不是强行性规则，故不选 D 项。

42. ACD

【解析】立法有广义和狭义之分，广义的立法是指有关国家机关依照法定的职权和程序，制定具有法律效力的各种规范性文件的活动；狭义的立法仅指最高国家权力机关及其常设机关依照法定的权限和程序制定规范性法律文件的活动。省会城市制定规章明显属于广义的立法范畴。可见，A 项表述正确，选 A 项。执法就是指法的执行。政府部门依据规章管理“共享单车”的活动是执法活动，而不是法的适用活动，法的适用指的是司法。可见，B 项表述错误，不选 B 项。规章须报市人大常委会备案，这种备案制体现了权力监督的法治原则。可见，C 项表述正确，选 C 项。守法是指公民、社会组织和国家机关以法律为自己的行为准则，依照法律行使权利、履行义务的活动，包括积极守法和消极守法（不违法）。公民、企业依据该规章行使权利、履行义务是守法的表现。可见，D 项表述正确，选 D 项。

43. BCD

【解析】规范性法律文件不同于非规范性法律文件，规范性法律文件具有普遍适用性，而非规范性法律文件只针对特定的人或者特定的事。可见，甲、乙签订的租房合同并非规范性法律文件，A 项表述错误。甲、乙签订租房合同，甲、乙之间形成合同法律关系，而合同法律关系为相对法律关系，相对法律关系以当事人之间的相对权利和相对义务为内容。因此，按时交房是甲方所负担的相对义务。可见，B 项表述正确，选 B 项。甲、乙签订租房合同，双方产生了相应的权利义务关系，甲方负有按时交房的义务，乙方负有交付租金的义务。可见，C 项表述正确，选 C 项。法律责任是指行为人由于违法行为、违约行为或者由于法律规定而应承受的某种不利的法律后果。违约金条款是甲乙双方在合同中作出的约定，违反该约定，应当承担法律责任，因此，合同中关于违约金的约定，是法院确定法律责任的重要依据。可见，D 项表述正确，选 D 项。

44. ABD

【解析】法的非正式渊源包括正义标准、理性原则、公共政策、道德信念、社会思潮、习惯、宗教规则、学说等。因此，法学家的学说属于法的非正式渊源，可以为疑难案件的解决提供指引，但是在有具体法律规则可以援引时，法学家的学说不应援引作为判决的依据。可见，A、B、D项表述正确。参考法学家的学说作出判决并不影响审判独立原则，因此C项表述错误。

45. AB

【解析】《宪法》第38条规定，中华人民共和国公民的人格尊严不受侵犯。禁止用任何方法对公民进行侮辱、诽谤和诬告陷害。据此，学校禁止学生宣扬校园暴力和学校禁止学生携带管制刀具进入校园，这并没有侵犯学生的人格尊严，因而符合宪法和法律的规定，选A、B项。但是，D项表述的情形则侵犯了学生的人格尊严，故D项表述的情形不符合宪法和法律的规定，不选D项。《宪法》第40条规定，中华人民共和国公民的通信自由和通信秘密受法律的保护。除因国家安全或者追查刑事犯罪的需要，由公安机关或者检察机关依照法律规定的程序对通信进行检查外，任何组织或者个人不得以任何理由侵犯公民的通信自由和通信秘密。据此，学校无权检查学生手机。可见，C项表述错误。

46. CD

【解析】根据《地方各级人民代表大会和地方各级人民政府组织法》第8条第5项规定，自治州州长由本级人民代表大会选举产生，故A项表述错误。《宪法》第116条规定，民族自治地方的人民代表大会有权依照当地民族的政治、经济和文化的特点，制定自治条例和单行条例。自治区的自治条例和单行条例，报全国人民代表大会常务委员会批准后生效。自治州、自治县的自治条例和单行条例，报省或者自治区的人民代表大会常务委员会批准后生效，并报全国人民代表大会常务委员会备案。据此，自治州人大有权制定自治条例。可见，B项表述错误。自治州制定的单行条例报四川省人大常委会批准后生效，C项表述正确。《立法法》第75条第2款规定，自治条例和单行条例可以依照当地民族的特点，对法律和行政法规的规定作出变通规定，但不得违背法律或者行政法规的基本原则，不得对宪法和民族区域自治法的规定以及其他有关法律、行政法规专门就民族自治地方所作的规定作出变通规定。《立法法》第90条第1款规定，自治条例和单行条例依法对法律、行政法规、地方性法规作变通规定的，在本自治地方适用自治条例和单行条例的规定。据此，自治条例和单行条例可以对法律、行政法规、地方性法规作出变通规定。可见，D项表述正确。

47. ABD

【解析】根据《宪法》第89条第6、10、14项规定，A、B、D项表述属于国务院的职权，选A、B、D项。根据《宪法》第67条第15项规定，决定同外国缔结的条约和重要协定的批准和废除属于全国人大常委会的职权，故不选C项。

48. ABD

【解析】在1975年12月出土的湖北云梦睡虎地秦墓竹简中，有大量关于律的内容，所见律名主要有《田律》《厩苑律》《仓律》《金布律》《关市律》《工律》《工人程》《均工律》《徭律》《司空律》《军爵律》《置吏律》《效律》《传食律》《行书律》《内史杂》《尉杂律》《除吏律》《除弟子律》《牛羊课》《傅律》《戍律》《捕盗律》等近 30 种。可见，选 A、B、D 项。《户婚律》为隋唐律典的篇目，故不选 C 项。

49. ABCD

【解析】清朝继承重血缘，法律禁止乞养异姓义子，以免乱宗族，否则杖八十。可见，A 项表述正确。清朝人身依附关系有所减弱，雇工人地位改善。可见，B 项表述正确。在身份继承上，清朝确立了独子兼祧制度，独子兼祧为清代独创，民间合称"两房合一子"，即一人可以继承两房的香火和财产。可见，C 项表述正确。清朝明确规定了房屋出典后因失火焚烧的风险责任承担。关于房屋出典后的风险责任，宋、元以来的法律均无规定，清朝乾隆十二年（1747 年）定例对此作了详细的规定。可见，D 项表述正确。

50. BD

【解析】南京国民政府采用民商合一的立法体例，实行这种体例参酌效仿的国家为瑞士、苏俄、暹罗等，故选 B、D 项。德国、日本采用民商分立的民事立法体例，故不选 A、C 项。

三、简答题

51. 答案要点：

法律职业是指以法官、检察官、律师为代表的，受过专门的法律专业训练，具有娴熟的法律技能与法律伦理的法律人所构成的自治性共同体。

法律职业的特征有：

（1）法律职业的技能特征。

（2）法律职业的伦理特征。

（3）法律职业的自治特征。

（4）法律职业的准入特征。

52. 答案要点：

（1）在法律规定范围内的个体经济、私营经济等非公有制经济，是社会主义市场经济的重要组成部分。

（2）国家保护个体经济、私营经济等非公有制经济的合法的权利和利益。

（3）国家鼓励、支持和引导非公有制经济的发展，并对非公有制经济依法实行监督和管理。

53. 答案要点：

（1）《大清现行刑律》取消了《大清律例》中按吏、户、礼、兵、刑、工六部名称而分的六律条目，将法典按照性质分隶 30 门。

（2）《大清现行刑律》对继承、婚姻、田宅、钱债等纯属民事性质的条款不再判刑。

（3）《大清现行刑律》删除枭首、戮尸、刺字、凌迟等酷刑和缘坐制度，设置了新刑罚体系，将主体刑罚确定为死刑（斩、绞）、遣刑、流刑、徒刑、罚金五种。

（4）《大清现行刑律》增加了一些新罪名，如私铸银元罪、妨害国交罪、妨害选举罪以及破坏交通、电讯的犯罪等。

四、分析题

54. 答案要点：

（1）违反了依法行政原则和正当程序原则。该市场监管局没有告知行政相对人有要求举行听证的权利，违反了行政处罚法关于听证程序的规定，在程序上剥夺了相对人申辩的机会。

（2）属于国家监督中的国家司法监督，该监督有助于督促政府依法行使权力，提升管理和服务水平，切实保护公民、法人和其他组织的合法权益。

55. 答案要点：

（1）①有权。设区的市的人大及其常委会根据本市实际情况，可以对城乡建设管理、环境保护、历史文化保护等方面的事项制定地方性法规。②不能。根据我国《立法法》规定，限制人身自由的强制措施和处罚属于法律保留事项，只能由全国人大及其常委会制定法律加以规定。

（2）全国人大常委会和省人大有权撤销。

56. 答案要点：

（1）唐太宗采纳魏徵的意见，以宽仁治天下，并最终确立了"德礼为政教之本，刑罚为政教之用"的法制指导思想。

（2）录囚是皇帝或上级司法机关通过对囚徒的复核审录，监督和检查下级司法机关的决狱情况，以平反冤狱、梳理滞狱。

（3）唐太宗纵囚是其宽仁治天下、明法慎刑政策的具体体现，同时也反映了皇帝对司法权的控制。

五、论述题

57. 答案要点：

（1）法律是立法机关制定或认可的具有强制约束力的社会规范，道德是在长期社会生活中形成的关于善恶美丑的判断标准和行为规范。

（2）在法学理论上，关于法律与道德的关系，自然法学派认为法与道德有密切联系，法律应当以道德为基础；而法律实证主义则认为法律与道德是分离的，两者之间并不存在必然联系。

（3）从规范内容的角度看，法律对人的要求相对较低，即人的行为不应伤害他人与社会；而道德的要求比较高，不仅要求人的行为无害于他人，更要求对他人和社会有益，因此会有"法律是最低限度的道德"之说。

58. 答案要点：

（1）宪法是国家的根本法，是治国安邦的总章程，依法治国首先是依宪治国。宪法宣誓制度是宪法实施的一个环节，是我国宪法实施制度的完善和最新发展。

（2）宪法宣誓制度可以提升国家工作人员的法治意识，增强其对宪法法律的敬畏和信仰；宪法宣誓制度对促进科学立法、严格执法、公正司法、全民守法发挥着积极作用；宪法宣誓制度有利于维护宪法的最高法律地位、法律权威和法律效力；宪法宣誓制度有利于激励和教育国家工作人员忠于宪法、遵守宪法、维护宪法。

2019 年专业基础课试题

一、单项选择题（第 1～40 小题，每小题 1 分，共 40 分。下列每题给出的四个选项中，只有一个选项是符合题目要求的）

1. 追诉期限的长短应与犯罪的社会危害性程度、刑罚的轻重相适应。下列对于追诉时效的表述，正确的是(　　)。

A. 法定最高刑为死刑的犯罪，经过 20 年，则一律不再追诉

B. 被害人在追诉期限内提出控告，公安机关应当立案而不予立案的，超过 20 年即不再追诉

C. 挪用公款归个人使用进行非法活动的，追诉期限从挪用行为实施完毕之日起计算

D. 玩忽职守行为造成的重大损失当时没有发生，而是在玩忽职守行为后一定时间发生的，应从玩忽职守行为时起计算追诉期限

2. 下列对于破坏选举罪构成要件的理解，正确的是(　　)。

A. 主体包括自然人和单位

B. 主观方面包括故意和过失

C. 客体包括选民的选举权和被选举权

D. 客观方面限于暴力、威胁、欺骗或贿赂行为

3. 甲看见猎物旁边有猎人赵某潜伏，虽明知自己枪法不好，仍向猎物开枪，结果将赵某打死。甲对赵某死亡的心理态度属于(　　)。

A. 直接故意　　B. 疏忽大意的过失

C. 间接故意　　D. 过于自信的过失

4. 下列选项中，不属于洗钱罪的上游犯罪的是(　　)。

A. 毒品犯罪　　B. 贪污犯罪

C. 走私犯罪　　D. 组织传销活动犯罪

5. 下列选项中，与盗窃罪存在法条竞合关系的是(　　)。

A. 侵占罪　　B. 贪污罪　　C. 诈骗罪　　D. 抢夺罪

6. 甲目睹了朋友乙抢劫王某的全过程后实施的下列行为，可以构成窝藏罪的是(　　)。

A. 劝说乙不要自首
B. 转账5 000元给乙供其外出躲避
C. 经法院通知无正当理由拒不出庭作证
D. 对侦查人员表示：乙只是捡拾了王某掉落的财物

7. 甲为境外赌球网站担任代理，开设个人微信公众号接受投注，情节严重。甲的行为应认定为（　　）。
A. 帮助信息网络犯罪活动罪　　B. 赌博罪
C. 非法经营罪　　D. 开设赌场罪

8. 交通协管员甲以真实身份从多名请托人处收受巨额财物，后向与之关系密切的某交警“打招呼”，让其对请托人的违章行为减免处罚。甲的行为应认定为（　　）。
A. 诈骗罪　　B. 受贿罪
C. 职务侵占罪　　D. 利用影响力受贿罪

9. 食品安全监管人员甲收受张某的巨额财物后，对其销售不符合安全标准食品的行为不履行监管职责，导致了重大食品安全事故，后果特别严重。甲的行为应当（　　）。
A. 直接以受贿罪一罪定罪处罚
B. 以食品监管渎职罪与受贿罪并罚
C. 直接以食品监管渎职罪一罪定罪处罚
D. 以食品监管渎职罪与受贿罪从一重罪处断

10. 下列选项中，属于成立组织卖淫罪必须具备的条件的是（　　）。
A. 卖淫人员在三人以上　　B. 组织者在三人以上
C. 非法获利数额巨大　　D. 设置固定的卖淫场所

11. 下列关于我国刑法中罪刑法定原则的理解，正确的是（　　）。
A. 简单罪状因缺乏明确性不符合罪刑法定原则
B. 将习惯法视为刑法的渊源不违反罪刑法定原则
C. 罪刑法定原则不允许有利于被告人的新法溯及既往
D. 罪刑法定原则中的“法”不包括行政法规

12. 我国公民甲在某国杀害乙（无国籍人），被该国法院判处有期徒刑12年。如甲在该国服刑完毕回到我国，我国司法机关依照刑法对甲行使刑事管辖权的根据是（　　）。
A. 属地原则　　B. 属人原则　　C. 保护原则　　D. 普遍管辖原则

13. 下列情形中，成立不作为犯罪的是（　　）。
A. 某县法院院长甲目睹身为县财政局局长的妻子收受其下属的巨额贿赂，不予阻止
B. 乙见室友在门口遭遇持刀抢劫，因害怕将房门反锁导致室友无处躲藏被刺成重伤
C. 收养人丙发现所收养的两岁小孩患有先天性心脏病，将孩子独自留在家中致其饿死
D. 丁在妻子难产时拒绝在剖宫产手术同意书上签字，妻子难忍疼痛从病房楼跳下身亡

14. 下列选项中，不属于继续犯的是（　　）。
A. 诈骗罪　　B. 遗弃罪　　C. 非法拘禁罪　　D. 非法持有毒品罪

15. 债权人王某伙同他人将债务人甲关在办公室中长达十几个小时并持续辱骂，甲求救未果后持水果刀将王某刺成重伤。甲的行为应认定为(　　)。

A. 防卫过当　　B. 假想防卫　　C. 偶然防卫　　D. 正当防卫

16. 甲意图杀死范某，持刀潜伏在范某家门口树林里，久等未见范某归来，因惧怕受到法律惩罚，弃刀回家。甲的行为应认定为(　　)。

A. 犯罪预备　　B. 犯罪中止　　C. 犯罪未遂　　D. 不构成犯罪

17. 幼儿园教师甲在幼儿园卫生间多次用针刺戳肖某等10余名幼儿的臀部，虽未造成伤害后果，但情节十分恶劣。甲的行为应认定为(　　)。

A. 侮辱罪　　B. 猥亵儿童罪

C. 虐待被监护、看护人罪　　D. 故意伤害罪

18. 国有公司负责人甲的下列行为，应当认定为挪用公款归个人使用的是(　　)。

A. 经单位集体决定后将公款供其他私人公司使用

B. 经单位集体决定后将公款供个人承包企业使用

C. 以个人名义将公款供其他国有资本控股企业使用

D. 个人决定以单位名义将公款供其他单位使用但没有谋取个人利益

19. 下列对于我国刑法中“终身监禁”的理解，正确的是(　　)。

A. 终身监禁属于一种新的刑罚种类而非刑罚执行方式

B. 终身监禁作出后不得根据服刑表现进行减刑或假释

C. 终身监禁应适用于国家工作人员实施的各种职务犯罪

D. 判处死刑缓期执行的罪犯减为无期徒刑时应适用终身监禁

20. 甲饥饿难耐，夜入位于高层住宅一楼的小超市行窃，尚未得手便惊醒了一直住在超市里的店主夫妇。甲用超市内销售的菜刀砍死前来查看的店主，砍伤店主妻子并点燃现场易燃物后逃离。火势在蔓延之前被邻居扑灭，但浓烟导致店主妻子窒息死亡。下列对于甲行为性质的认定，正确的是(　　)。

A. 甲进入超市实施盗窃，应属于紧急避险

B. 甲进入超市实施盗窃，不属于入户盗窃

C. 甲用刀砍死店主，应认定为故意杀人罪

D. 甲放火致人死亡，应认定为放火罪一罪

21. 下列行为中，由民法调整的是(　　)。

A. 甲与网友相约一起参加电子竞技

B. 乙大学拒绝授予郑某硕士学位

C. 丙在相亲活动中与王某成功“牵手”

D. 丁公安局发布公告：“提供破案线索者，奖励3 000元”

22. 甲骑乙公司运营的共享单车上班。途中，单车刹车失灵，甲躲闪不及，撞伤丙。丙的损害应当(　　)。

A. 由甲承担全部赔偿责任　　B. 由乙公司承担全部赔偿责任

C. 由甲和乙公司承担按份责任　　D. 由甲和乙公司承担连带责任

23. 甲为设立蓝天公司，以自己的名义承租乙公司的房屋作为蓝天公司筹备处的办公

场所，约定租金2万元。蓝天公司成立后，乙公司对到期未付的租金(　　)。

A. 只能请求甲支付　　B. 只能请求蓝天公司支付

C. 有权选择请求甲或蓝天公司支付　　D. 有权请求甲和蓝天公司承担按份责任

24. 甲、乙系夫妻，1998年5月儿子丙出生。2017年10月甲与侄子丁签订书面协议，约定在甲丧失民事行为能力时，丁担任甲的监护人。一年后甲丧失民事行为能力，其好友戊表示愿意担任甲的监护人，并得到甲住所地居委会的同意。此时甲的监护人是(　　)。

A. 乙　　B. 丙　　C. 丁　　D. 戊

25. 甲外出务工多年未与家中联系，经其配偶乙申请，法院宣告甲死亡。甲的好友丙替甲偿还了欠丁的1万元。后乙与丙组成家庭。一日，甲返乡。对此，下列说法正确的是(　　)。

A. 甲和乙之间的婚姻关系自动恢复

B. 乙和丙之间的婚姻关系自动解除

C. 乙、丙婚后，丙可向乙主张1万元债权

D. 无论甲、乙是否恢复婚姻关系，丙均有权要求甲偿还1万元债务

26. 甲公司将售房过程中收集到的购房者的姓名、身份证号码、电话、家庭住址等信息打包出售。甲公司的行为侵害了购房者的(　　)。

A. 个人信息权益　　B. 身份权　　C. 信用权　　D. 姓名权

27. 甲请同事吃饭，结账时发现没带钱，遂请好友乙帮忙买单，乙碍于情面付款。后乙要求甲偿还，甲拒绝。乙的付款行为属于(　　)。

A. 赠与　　B. 代为清偿　　C. 无因管理　　D. 情谊行为

28. 甲听说乙有一祖传玉石，遂前往询价，甲问：你多少钱卖？乙说：你出多少钱？甲问：15万元卖不卖？乙说：20万元可以马上拿走。甲未置可否。三天后，甲携款20万元前来购买，乙说：25万元才能卖。对此，下列选项正确的是(　　)。

A. 乙说“你出多少钱”属于要约

B. 乙说“20万元可以马上拿走”属于要约邀请

C. 甲携款20万元前来购买时合同成立

D. 乙说“25万元才能卖”属于要约

29. 甲、乙、丙三人以3∶2∶1的比例按份共有一头骆驼，用于旅游服务。现甲欲将自己的份额转让给丁，乙、丙均要求以同等条件购买。甲的份额应当(　　)。

A. 由丁购买　　B. 由乙、丙等额购买

C. 由甲在乙和丙中指定一人购买　　D. 由乙、丙按所持份额比例购买

30. 导游甲带团赴国外旅游，朋友乙委托其代购三块名表。回国时，甲代购的名表被海关检查发现，甲被罚款。对此，下列选项正确的是(　　)。

A. 乙应当承担甲支付的海关罚款

B. 甲有权要求乙分担一半的国际机票费用

C. 如手表存在质量问题，乙有权向甲主张退货

D. 甲有权要求乙支付使用甲的信用卡所享受的折扣优惠价款

31. 下列选项中，可以作为保证人的是(　　)。

A. 个体工商户　　B. 教育部直属高校

C. 企业法人的职能部门　　D. 街道办事处

32. 下列关于收养关系解除的说法中，正确的是(　　)。

A. 养父母遗弃未成年养子女的，养子女有权要求解除收养关系

B. 养父母虐待未成年养子女的，送养人有权要求解除收养关系

C. 在被收养人成年以前，收养人经民政部门同意可以解除收养关系

D. 养父母与未成年养子女关系恶化、无法共同生活的，可以协议解除收养关系

33. 甲网购了一条乙销售的裙子，收到后发现面料不是乙宣称的真丝，便在网站上给了差评。乙认为甲的差评影响到网店声誉和商品销量，遂联系甲要求其删除差评，并表示愿退还双倍货款，甲拒绝。乙后来了解到，甲系一服装店店主。甲的行为(　　)。

A. 不构成侵权　　B. 构成商业诽谤

C. 侵犯了乙的经营权　　D. 构成不正当竞争

34. 甲欠乙 5 万元逾期不还，乙要求甲马上偿还，否则就起诉。甲遂将自己仅有的财产即市价 5 万元的汽车以 4 万元卖给知情的丙，后被乙得知。对于甲和丙之间的买卖合同，下列说法正确的是(　　)。

A. 乙有权以书面通知方式撤销　　B. 乙得知 1 年后不再享有撤销权

C. 乙有权请求确认无效　　D. 乙无权撤销

35. 甲在 2005 年与乙登记结婚，2010 年又与丙登记结婚，并生有一子。2015 年甲与乙协议离婚。现甲与丙的婚姻(　　)。

A. 有效　　B. 无效　　C. 可撤销　　D. 不成立

36. 作家甲的私人书信被乙收藏。对此，下列选项正确的是(　　)。

A. 书信著作权和书信原件所有权均归甲

B. 书信著作权和书信原件所有权均归乙

C. 书信著作权归甲，书信原件所有权归乙

D. 书信著作权归乙，书信原件所有权归甲

37. 甲雇乙粉刷楼房外墙。乙工作时，丙驾驶的摩托车失控撞向脚手架，致乙从脚手架上跌落，摔成重伤。乙对自己的损害(　　)。

A. 只能要求甲承担赔偿责任　　B. 只能要求丙承担赔偿责任

C. 可以要求甲、丙承担按份责任　　D. 可以要求甲、丙承担连带责任

38. 甲汽车公司委托乙建筑设计公司设计 4S 店，合同未约定著作权条款。后丙汽车公司请人仿照甲公司的这家 4S 店建造了一家汽车美容店，并办理了著作权登记。丙公司侵犯了(　　)。

A. 甲公司的复制权　　B. 乙公司的复制权

C. 甲公司的商誉权　　D. 乙公司的版式设计权

39. 甲、乙签订买卖合同，约定：甲于 9 月 30 日交货，乙于 10 月 5 日付款。9 月 30 日甲得知乙经营状况严重恶化，遂通知乙暂不交货。甲行使的是(　　)。

A. 先诉抗辩权　　B. 不安抗辩权

C. 先履行抗辩权　　D. 同时履行抗辩权

40. 甲闻到邻居乙的房间有刺鼻煤气味，便破门而入关闭煤气管道阀门，此时煤气爆炸，甲、乙均被炸伤。对此，下列选项正确的是（　　）。

A. 乙应当对甲给予适当补偿　　B. 乙应当赔偿甲的全部损失

C. 甲、乙各自承担自己的损失　　D. 甲应当赔偿乙的房门损失

二、多项选择题（第41～50小题，每小题2分，共20分。下列每题给出的四个选项中，至少有两个选项是符合题目要求的。多选、少选或错选均不得分）

41. 下列对于我国《刑法》第13条中"……但是情节显著轻微危害不大的，不认为是犯罪"的理解，正确的有（　　）。

A. 避免给轻微的违法行为打上"犯罪"的标记

B. 表明认定犯罪需要正确"定性"及合理"定量"

C. 是区分"违法行为"与"犯罪行为"的宏观标准

D. 合理配置司法资源以集中力量惩罚"严重违法行为"

42. 甲指使乙重伤江某，乙同意后持钢管将江某打成轻伤，并在离开现场时，为防止江某报警，勒令江某交出手机。对此，下列选项中正确的有（　　）。

A. 甲的行为构成故意伤害罪　　B. 甲的行为构成抢劫罪

C. 乙的行为构成故意伤害罪　　D. 乙的行为构成抢劫罪

43. 下列人员中，利用职务上的便利，非法收受他人财物为他人谋取利益，数额较大，可以构成非国家工作人员受贿罪的有（　　）。

A. 公立医院的医生　　B. 村民委员会主任

C. 工程承包队队长　　D. 文艺演出筹委会主任

44. 按照我国刑法规定，应当适用社区矫正的对象包括（　　）。

A. 被裁定假释的犯罪分子　　B. 被宣告缓刑的犯罪分子

C. 被判处管制的犯罪分子　　D. 被单处剥夺政治权利的犯罪分子

45. 下列关于减刑适用的理解，正确的有（　　）。

A. 对于被判处2年有期徒刑并宣告缓刑的甲，一般不适用减刑

B. 对于被判处管制2年并在执行期间确有立功表现的乙，可以减刑

C. 丙被判处无期徒刑，有重大立功表现，应当减刑，但实际执行的刑期不能少于10年

D. 丁被判处死刑缓期2年执行，无论经过几次减刑，其实际执行的刑期都不得少于15年，且死刑缓期执行期间不包括在内

46. 我国《民法总则》依据法人存在的目的，将法人分为营利法人、非营利法人和特别法人。下列选项中，属于特别法人的有（　　）。

A. 机关法人　　B. 事业单位法人

C. 捐助法人　　D. 农村集体经济组织法人

47. 宋某和赵某分别住在同一栋住宅楼的一层和二层。宋某在小区围墙与该楼之间自建平房，给住宅楼造成严重的安全隐患。不久，宋某在平房内开办门窗加工厂，加工生产的噪音严重干扰了赵某的正常生活。对此，赵某有权要求宋某（　　）。

A. 赔礼道歉　　B. 消除危险　　C. 恢复原状　　D. 停止侵害

48. 下列关于意思表示生效的表述，正确的有（　　）。
A. 以对话方式作出的意思表示，相对人知道其内容时生效
B. 以非对话方式作出的意思表示，到达相对人时生效
C. 无相对人的意思表示，法律无特别规定的，表示完成时生效
D. 以公告方式作出的意思表示，公告发布时生效
49. 甲公司分期支付乙公司货款，可用于甲公司向乙公司提供担保的财产有（　　）。
A. 甲公司的职工班车
B. 甲公司持有的丙公司股权
C. 甲公司效益最好的分公司的厂房
D. 甲公司与相邻丁公司存在争议的货场使用权
50. 下列知识产权中，对其法律保护没有时间限制的有（　　）。
A. 甲公司的保密除虫剂配方
B. 乙制作的电影《问道昆仑》
C. 丙企业的驰名商标“云南白药及图”
D. 丁行业协会的“阳澄湖大闸蟹”地理标志

三、简答题（第 51～54 小题，每小题 10 分，共 40 分）

51. 简述犯罪客体的种类。
52. 简述集资诈骗罪与非法吸收公众存款罪的区别。
53. 简述地役权的特征。
54. 简述赠与人可以行使法定撤销权的事由。

四、法条分析题（第 55～56 小题，每小题 10 分，共 20 分）

55.《中华人民共和国刑法》第 30 条规定：“公司、企业、事业单位、机关、团体实施的危害社会的行为，法律规定为单位犯罪的，应当负刑事责任。”

请分析：

（1）该条中的“公司、企业、事业单位”的范围应如何理解？

（2）如果单位实施刑法未规定追究单位刑事责任的严重危害社会的行为，应如何处理？

56.《中华人民共和国合同法》第 286 条规定：“发包人未按照约定支付价款的，承包人可以催告发包人在合理期限内支付价款。发包人逾期不支付的，除按照建设工程的性质不宜折价、拍卖的以外，承包人可以与发包人协议将该工程折价，也可以申请人民法院将该工程依法拍卖。建设工程的价款就该工程折价或者拍卖的价款优先受偿。”

请分析：

（1）该条所规定的“建设工程的价款”的范围是什么？

（2）该条所规定的承包人行使优先受偿权的期限是多长？从何时起算？

（3）如建设工程抵押给银行，银行与承包人均主张优先受偿，如何处理？

五、案例分析题（第 57～58 小题，每小题 15 分，共 30 分）

57. 甲因犯非法持有枪支罪被判处有期徒刑 1 年，2015 年 1 月 7 日刑满释放。2018 年 2 月 2 日，甲吸毒后驾驶汽车闯红灯，与一辆正常行驶的汽车发生剐蹭。甲慌忙驾车高速

逃离现场，途中又接连撞坏4辆汽车，撞伤6名行人。甲下车后听到有人报警，遂留在现场，并在公安人员赶到后如实说明事发经过。在案件办理过程中，甲带领公安人员抓获了向自己销售毒品的毒贩。

请根据上述材料，回答下列问题并说明理由：

（1）甲的行为应如何定罪？

（2）甲具备哪些法定量刑情节及相应量刑情节的处理原则是什么？

58. 何某2014年丧偶，其子女甲、乙二人均已工作。2015年5月，何某在邻居张律师的见证下，当着甲、乙的面书写了遗嘱：本人去世后，名下两套房产由甲、乙分别继承。同年6月，何某因在报纸上读到有关遗产税的新闻，便找来甲、乙二人，与其虚构了房屋买卖文书。2015年7月何某将房产分别过户至甲、乙名下。此后，何某与甲共同生活。

2018年10月，何某因遭受甲的虐待，向甲表示撤销遗嘱，并要求甲返还房屋。甲声称何某将房产过户给自己是三年前的事情，过了诉讼时效，拒绝归还房屋。

请根据上述材料，回答下列问题并说明理由：

（1）何某是否有权在张律师不在场的情况下撤销遗嘱？

（2）何某将房屋过户给甲三年之后，是否有权要求甲归还房屋？

（3）如甲于2016年6月将房屋以市价卖给丙并过户，何某是否有权要求丙返还房屋？

2019年专业基础课试题答案及解析

一、单项选择题

1. C

【解析】追诉时效期限的长短，与罪行的轻重、刑罚的轻重相适应。即罪行轻、刑罚轻的，追诉时效期限就短；反之，罪行重、刑罚重的，追诉时效期限就长，这是罪责刑相适应原则在追诉时效上的体现。根据《刑法》第87条规定，法定最高刑为无期徒刑、死刑的，经过20年不再追诉。如果20年以后认为必须追诉的，须报请最高人民检察院核准。据此，只有法定最高刑为无期徒刑、死刑，20年以后认为必须追诉的，经过最高人民检察院核准，才能追诉。可见，A项表述错误。根据《刑法》第88条规定，被害人在追诉期限内提出控告，人民法院、人民检察院、公安机关应当立案而不予立案的，不受追诉期限的限制。据此，B项表述错误。根据《刑法》第89条的规定，追诉期限从犯罪之日起计算；犯罪行为有连续或者继续状态的，从犯罪行为终了之日起计算。据此，挪用公款行为和玩忽职守行为均是有连续或者继续状态的犯罪行为，追诉期限要从犯罪行为终了之日起计算。具言之，挪用公款行为的追诉期限应从挪用行为实施完毕之日起计算，而玩忽职守行为要以实害结果（重大损失）发生之日作为行为终了之日。因此，C项表述正确，D项表述错误。

2. C

【解析】破坏选举罪的犯罪主体是一般主体即自然人，单位不能成为破坏选举罪的犯罪主体。可见，A 项表述错误。破坏选举罪的主观方面表现为故意，过失不构成破坏选举罪。可见，B 项表述错误。破坏选举罪侵犯的客体是公民的民主权利即选举权与被选举权和国家的选举制度。可见，C 项表述正确。破坏选举罪的客观方面表现为在选举各级人民代表大会代表和国家机关领导人员时，以暴力、威胁、欺骗、贿赂、伪造选举文件、虚报选举票数等手段破坏选举或者妨碍选民和代表自由行使选举权和被选举权，情节严重的行为。可见，破坏选举罪客观方面不仅仅限于暴力、威胁、欺骗或贿赂行为，D 项表述错误。

3. C

【解析】甲虽不积极追求赵某死亡，但也不设法避免死亡结果的发生，对于为实现某个非犯罪意图而放任犯罪结果发生的，是间接故意，选 C 项。

4. D

【解析】洗钱罪的上游犯罪包括走私犯罪、毒品犯罪、恐怖活动犯罪、黑社会性质组织犯罪、破坏金融管理秩序犯罪、金融诈骗犯罪和贪污贿赂犯罪。因此，只有 D 项表述的组织传销活动犯罪并非洗钱罪的上游犯罪，选 D 项。

5. B

【解析】贪污罪的行为方式包括侵吞、窃取、骗取。贪污罪中的侵吞行为，必然符合侵占罪的犯罪构成；贪污罪中的窃取行为，必然符合盗窃罪的犯罪构成；贪污罪中的骗取行为，必然符合诈骗罪的犯罪构成。因此，在通过窃取方式进行贪污的行为方式中，必然存在贪污罪和盗窃罪的法条竞合关系，只不过贪污罪是国家工作人员利用职务便利进行窃取，在此情形，贪污罪是特别法条，盗窃罪是一般法条，因此选 B 项。

6. B

【解析】窝藏罪是指明知是犯罪的人而为其提供隐蔽处所、财物，帮助其逃匿的行为。备选项中，只有 B 项表述符合窝藏罪的特征，选 B 项。A 项表述不构成犯罪，除非为犯罪嫌疑人提供帮助。C 项表述不构成犯罪。D 项表述构成包庇罪。

7. D

【解析】开设赌场罪是指行为人开设赌场，并在其支配下供他人赌博的行为。所谓开设赌场，是指提供场地、设备，供他人赌博，并从中抽头牟利。根据《最高人民法院、最高人民检察院关于办理赌博刑事案件具体应用法律若干问题的解释》第 2 条规定，以营利为目的，在计算机网络上建立赌博网站，或者为赌博网站担任代理，接受投注的，属于“开设赌场”。据此，选 D 项。

8. D

【解析】利用影响力受贿罪是指国家工作人员的近亲属或者其他与该国家工作人员关系密切的人，通过该国家工作人员职务上的行为，或者利用该国家工作人员职权或者地位形成的便利条件，通过其他国家工作人员职务上的行为，为请托人谋取不正当利益，索取或者收受请托人财物，数额较大或者有其他较重情节的行为，或者离职的国家工作人员或者其近亲属以及与其关系密切的人，利用该离职的国家工作人员职权或者地位形成的便利条件，通过其他国家工作人员职务上的行为，为请托人谋取不正当利益，索取或者收受请托人财物，数额较大或者有其他较重情节的行为。本案中，交通协管员甲作为与某交警关系密切的人，利用具有国家工作人员身份的某交警职权形成的便利条件，为请托人减免处罚，构成利用影响力受贿罪，选D项。

9. B

【解析】甲作为食品安全监管人员，对张某销售不符合安全标准食品的行为不履行监管职责，导致了重大食品安全事故，后果特别严重，构成食品监管渎职罪；甲收受张某巨额财物，构成受贿罪，根据《最高人民检察院关于印发第四批指导性案例的通知》，在渎职过程中受贿的，应当以食品监管渎职罪和受贿罪实行数罪并罚，选B项。

10. A

【解析】组织卖淫罪的对象包括男性和女性，而且必须是组织3人以上从事卖淫活动，少于3人的，不能构成组织卖淫罪。可见，选A项。组织卖淫罪中的“组织”，与共同犯罪中的组织犯并非同等含义，因为组织卖淫罪的犯罪主体只能是卖淫活动的组织者，可以是一人，也可以是数人。可见，B项表述错误。组织卖淫罪的主观方面表现为故意，一般是以营利为目的，但刑法并没有将营利目的作为组织卖淫罪的构成要素。可见，C项表述错误。组织卖淫罪一般表现为两种情况：一是设置卖淫场所或者变相卖淫场所，控制卖淫者，招揽嫖娼者。如以办旅馆为名，行开妓院之实。二是没有固定场所，通过控制卖淫人员，有组织地进行卖淫活动。可见，D项表述错误。

11. D

【解析】明确化原则是罪刑法定原则的基本内容之一。明确化，即对于什么行为是犯罪以及犯罪所产生的法律后果，都必须作出具体的规定，并用文字表述清楚。明确化原则表明，刑法条文字义能够清楚地为社会公众理解，亦即，相对于社会公众的理解力而言是明确的即可。我国刑法中有很多简单罪状的立法例，亦即条文对犯罪的状况不作具体描述，只是表述该罪的罪名，由于规定的一般为普通犯罪，能为公众明确地理解，因而并不违反明确化原则，也就没有违反罪刑法定原则。因此，A项表述错误。罪刑法定原则要求实行成文法，禁止以习惯或者习惯法作为刑法的渊源，将习惯法视为刑法的渊源违反罪刑法定原则。因此，B项表述错误。罪刑法定原则禁止不利于被告人的溯及既往，但并不禁止有利于被告人的溯及既往，亦即，我国刑法在溯及力上采取从旧兼从轻原则，允许有利于被告人的事后法，当新法为轻法时有溯及力。因此，C项表述错误。罪刑法定原则中的“法”，指刑法，包括刑法典、单行刑法和附属刑法。根据《立法法》第8、9条的规定，有关犯罪和刑罚，只能由全国人大及其常委会制定法律。行政机关没有制定法律的权限，只有制定法规、规章的权限。因此，罪刑法定原则中的“法”不包括行政法规，D项表述正确，选D项。

12. B

【解析】《刑法》第7条第1款规定，中华人民共和国公民在中华人民共和国领域外犯本法规定之罪的，适用本法，但是按本法规定的最高刑为3年以下有期徒刑的，可以不予追究。据此，我国公民甲在域外犯罪，适用属人管辖原则，选B项。《刑法》第10条规定，凡在中华人民共和国领域外犯罪，依照本法应当负刑事责任的，虽然经过外国审判，仍然可以依照本法追究，但是在外国已经受过刑罚处罚的，可以免除或者减轻处罚。据此，甲虽经外国审判并服刑，我国仍可依据属人管辖原则对甲行使刑事管辖权。

13. C

【解析】本题考查的是不作为犯罪。不作为犯罪的构成条件是：(1) 行为人有实施一定行为的义务，这种义务或者由法律直接规定，或者基于职务或业务上的要求，或者基于行为人法律地位或法律行为产生，或者是由于行为人自己的行为而使法律所保护的某种利益处于危险状态所发生的救护义务。(2) 行为人有可能和能力履行其实施一定行为的义务，如果行为人在一定条件下，没有可能或者没有能力去履行其作为义务的，不构成犯罪。(3) 行为人确实没有实施他有义务实行的行为，并且是出于故意或者过失，非不可抗力或紧急避险情况下的不作为。A 项表述中，某县法院院长甲的妻子具备国家工作人员身份，收受贿赂成立受贿罪，属于作为犯。一般而言，父母、监护人有义务阻止年幼子女、被监护人（如精神病人）侵害他人的行为，此为基于法律地位所产生的义务。但是夫妻之间、成年的兄弟姐妹之间不具有这样的监督、阻止义务，因为都是平等的民事主体，自然要对自己的行为负责。因此，某县法院院长甲不具有阻止其妻子受贿的义务，甲不成立不作为犯罪。可见，不选 A 项。B 项表述中，乙的室友面临的危险并非乙的行为所致，乙不负有救助义务，因而乙的行为不构成不作为犯罪，不选 B 项。基于法律地位产生的义务可以成为不作为义务的来源，C 项表述中，收养人丙与小孩之间存在监护关系，丙具有监护人地位，因而对小孩具有抚养义务，丙将小孩独自留在家里致其饿死，构成不作为的故意杀人罪，选 C 项。D 项表述中，丁的妻子难产这种危险并非丁的行为引起的，丁的妻子自杀身亡与丁的行为之间也不存在因果关系，因而丁的行为不构成不作为犯罪，不选 D 项。

14. A

【解析】继续犯是指作用于同一对象的一个犯罪行为从着手实行到实行终了，犯罪行为与不法状态在一定时间内同时处于继续状态的犯罪，例如，遗弃罪等不作为犯罪、非法拘禁罪等侵犯人身自由的犯罪以及非法持有毒品罪等持有型犯罪，都是继续犯。诈骗罪并非继续犯，而是状态犯，因为诈骗行为既遂后，不法行为已经结束，选 A 项。

15. A

【解析】王某的行为构成非法拘禁罪，属于继续犯。对于继续犯，在犯罪既遂以后，如果犯罪行为继续存在，属于正在进行的不法侵害，允许进行正当防卫。所以，本案中甲是可以进行正当防卫的。但是，王某的非法拘禁行为并非属于暴力性犯罪（所以本案不存在行使无过当防卫权的问题），甲的防卫反击导致王某重伤，明显超过必要限度造成了重大损害，突破了正当防卫的限度条件，属于防卫过当，选 A 项。

16. B

【解析】甲因惧怕受到法律惩罚而自动中止犯罪，后面表述的“弃刀”，也说明甲是自动放弃犯罪，因而属于犯罪中止，选 B 项。该犯罪中止发生于犯罪预备阶段，因而属于预备阶段的中止，对于构成预备阶段中止的，属于犯罪中止的类型，因而应当选 B 项而非选 A 项。犯罪中止具有可罚性，因而不选 D 项。

17. C

【解析】甲的行为构成虐待被监护、看护人罪。虐待被监护、看护人罪是指对未成年人、老年人、患病的人、残疾人等负有监护、看护职责的人虐待被监护、看护的人，情节恶劣的行为。本案中，肖某等幼儿属于未成年人，处于被看护的地位，是被看护人；甲是幼儿园教师，负有看护义务，但却违反看护义务，对肖某等幼儿进行肉体上的折磨，造成幼儿的肉体疼痛，构成虐待被监护、看护人罪，选C项。不选A项，因为甲的行为并非属于公然败坏他人名誉的侮辱行为，不构成侮辱罪。不选B项，因为甲用针刺戳肖某等幼儿的行为并非以满足性刺激为目的的猥亵行为，不构成猥亵儿童罪。不选D项，因为甲用针刺戳肖某等幼儿的行为尚不能认定为故意伤害罪中的“伤害”（轻伤以上），不构成故意伤害罪。

18. C

【解析】构成挪用公款罪必须以挪用公款归个人使用为必要构成要素。根据《全国人民代表大会常务委员会关于〈中华人民共和国刑法〉第三百八十四条第一款的解释》，有下列情形之一的，属于挪用公款“归个人使用”：（1）将公款供本人、亲友或者其他自然人使用的；（2）以个人名义将公款供其他单位使用的；（3）个人决定以单位名义将公款供其他单位使用，谋取个人利益的。据此，C项表述应当认定为挪用公款归个人使用，选C项。不选A、B项，因为挪用公款归个人使用须“个人决定”，而不能“单位决定”。不选D项，因为个人决定以单位名义将公款供其他单位使用，须以“谋取个人利益”为必要构成要素。

19. B

【解析】我国刑法涉及“终身监禁”的条款为《刑法》第383条第4款，该款规定：“犯第一款罪，有第三项规定情形被判处死刑缓期执行的，人民法院根据犯罪情节等情况可以同时决定在其死刑缓期执行二年期满依法减为无期徒刑后，终身监禁，不得减刑、假释。”这里的“终身监禁”并不是独立的刑种，只是对贪污、受贿罪的死缓减为无期徒刑后的一种特殊执行方式，A项表述错误。对于执行“终身监禁”的罪犯，不得根据服刑表现进行减刑或假释，B项表述正确。“终身监禁”只适用于犯有贪污罪、受贿罪的死缓犯，而非适用于国家工作人员实施的各种职务犯罪，C项表述错误。“终身监禁”作为特殊的执行方式，只能在适用死缓时“可以”同时决定适用，而非“应当”适用，D项表述错误。

20. D

【解析】紧急避险不同于正当防卫。正当防卫是对不法侵害的防卫，即所谓“正对不正”；而紧急避险是两个法益之间存在冲突，即所谓“正对正”。甲夜间进入有人居住的超市盗窃，属于“入户盗窃”，此为“不正”，不具有合法性，不符合紧急避险的成立条件。可见，A项定性错误。入户盗窃中的“户”，是指供他人家庭生活、与外界相对隔离的住所，据此，超市并非“户”。但是，对于部分用于经营、部分用于生活起居的场所，行为人在非营业期间入内行窃的，应当认定为“入户盗窃”。可见，B项定性错误。甲盗窃期间被发现，杀死他人，不能认定为故意杀人罪，而应属于转化型抢劫。至于甲盗窃没有得手（未遂），不影响转化型抢劫罪的认定。换言之，“犯盗窃、诈骗、抢夺罪”，主要是指行为人已经着手实施盗窃、诈骗、抢夺行为，一般不考察盗窃、诈骗、抢夺行为是否既遂。总之，C项定性错误。甲在抢劫中的杀人行为本已结束，但甲为了销毁罪证，放火烧毁超市，导致另外一人死亡，甲的后一行为构成放火罪一罪。可见，D项表述正确，选D项。

21. D

【解析】民法调整的是平等主体间的人身关系和财产关系。民法不调整平等主体间的社会关系，通常称为“情谊行为”。A 项表述的朋友之间相互交往的情谊行为，C 项表述的情侣恋爱关系，民法不调整这类社会关系，不选 A、C 项。民法调整的人身关系和财产关系发生于平等主体之间，而乙大学和郑某在授予硕士学位方面并非平等主体，因而不是民事法律关系，不能由民法调整，乙大学和郑某之间属于行政隶属关系，不选 B 项。丁公安局发出的悬赏广告在性质上属于一种合法有效的要约，因而属于民法调整的范畴，选 D 项。

22. B

【解析】本题考查的是一般侵权责任的构成要件。一般侵权责任的构成要件包括四个，一是加害行为；二是损害事实；三是加害行为与损害事实之间有因果关系；四是行为人主观过错。结合本题，前三个构成要件都好理解，关键是第四个构成要件如何认定。本题表述中，甲撞伤丙是甲因单车刹车失灵所致，甲没有过错，而乙公司有过错。因为共享单车是由乙公司运营的，那么乙公司对共享单车就负有维持正常使用状态的义务，而乙公司对共享单车没有尽到该义务，存在过失，即行为人应当预见自己的行为可能发生侵害他人权益的结果，但却因为疏忽大意而没有预见，或者已经预见而轻信能够避免的主观状态。所以按照一般侵权责任的构成要件，乙公司是侵权责任人，应当对丙的损害承担全部赔偿责任。综上分析，A、C、D 项定性错误，B 项定性正确，选 B 项。

23. C

【解析】本题考查的是法人设立人的责任。《民法典》第 75 条规定，设立人为设立法人从事的民事活动，其法律后果由法人承受；法人未成立的，其法律后果由设立人承受，设立人为二人以上的，享有连带债权，承担连带债务。设立人为设立法人以自己的名义从事民事活动产生的民事责任，第三人有权选择请求法人或者设立人承担。据此，设立人甲为设立蓝天公司以自己的名义从事民事活动产生的民事责任，第三人乙公司有权选择请求甲或者蓝天公司支付到期未付的租金，选 C 项。

24. C

【解析】本题考查的是意定监护。《民法典》第 33 条规定，具有完全民事行为能力的成年人，可以与其近亲属、其他愿意担任监护人的个人或者组织事先协商，以书面形式确定自己的监护人，在自己丧失或者部分丧失民事行为能力时，由该监护人履行监护职责。据此，本案中，甲与丁签订的书面协议确立的监护就是意定监护。对于意定监护，只有在设立意定监护的成年人丧失或者部分丧失民事行为能力时，协议所设立的监护人才开始履行监护职责。而且在意定监护中，当事人选择监护人时，既不受法定监护人范围的限制，也不受监护顺序的限制，更不需要其住所地的居民委员会、村民委员会的同意，以最大限度地尊重当事人的意愿。可见，甲在丧失民事行为能力时，甲的监护人为丁，只有 C 项是正确答案。

25. D

【解析】本题考查的是宣告死亡的法律后果。本题表述中，甲返乡时，乙已经再婚。《民法典》第 51 条规定，被宣告死亡的人的婚姻关系，自死亡宣告之日起消除。死亡宣告被撤销的，婚姻关系自撤销死亡宣告之日起自行恢复。但是，其配偶再婚或者向婚姻登记机关书面声明不愿意恢复的除外。据此，甲和乙之间的婚姻关系不能自动恢复，乙和丙之间的婚姻关系也不因甲返乡而自动解除，所以A、B项说法都是错误的。甲的好友丙替甲偿还了欠丁的1万元，丙的行为属于无因管理，由此在丙、甲之间产生了债权债务关系，因甲的债务属于个人债务而非夫妻共同债务，所以丙有权要求甲偿还1万元债务，但不能向乙主张1万元债权，所以C项说法错误，D项说法正确，选D项。

26. A

【解析】本题考查的是个人信息权益。个人信息权益是指自然人依法对其本人的个人信息所享有的支配并排除他人干涉的权益。《民法典》第1034条第2款规定，个人信息是以电子或者其他方式记录的能够单独或者与其他信息结合识别特定自然人的各种信息，包括自然人的姓名、出生日期、身份证件号码、生物识别信息、住址、电话号码、电子邮箱、健康信息、行踪信息等。据此，甲公司的行为侵犯的是购房者的个人信息权益。可见，选A项。

27. B

【解析】本题考查的是债的履行（清偿）。赠与是指赠与人将自己的财产无偿给予受赠人，受赠人表示接受赠与的行为。本题表述中，乙付款是应甲的请求，并且付款后乙要求甲偿还，所以，乙的付款行为不是赠与，不选A项。代为清偿又称为内部的债务承担，是指第三人（承担人）与债务人达成协议，约定由承担人代替债务人履行债务人之债务。《民法典》第524条规定，债务人不履行债务，第三人对履行该债务具有合法利益的，第三人有权向债权人代为履行；但是，根据债务性质、按照当事人约定或者依照法律规定只能由债务人履行的除外。债权人接受第三人履行后，其对债务人的债权转让给第三人，但是债务人和第三人另有约定的除外。据此并结合本题，甲请乙买单，乙碍于情面付了款，事后乙要求甲偿还，这些都符合内部约定的债务承担的表现，属于代为清偿，故B项正确，选B项。无因管理是指没有法定的或者约定的义务，为避免他人利益受损失而进行管理或者服务的行为。结合本题，乙应甲之托付款，存在内部债务承担的协议，而非基于事实上的管理行为，因而乙的付款行为不是无因管理，不选C项。情谊行为是指行为人不以发生私法上效果的目的，为加强社会交往、增进感情的道德上的行为，如情侣恋爱、朋友相处、师生交往、请客吃饭、相约旅行、求神拜佛、招待客人等社会交往。可见，乙的付款行为并非情谊行为，不选D项。

28. D

【解析】本题考查的是合同的订立。合同订立通常要经过要约和承诺两个阶段。要约是当事人一方向对方发出的希望与对方订立合同的意思表示。其条件包括：（1）要约必须是特定人向相对人发出的意思表示。（2）要约必须以缔结合同为目的。（3）要约的内容应具体明确。（4）要约必须表明经受要约人承诺，要约人即受该意思表示约束。要约与要约邀请不同。要约邀请是一方向他方作出的希望他方向自己发出要约的意思表示。要约邀请无须具备要约的上述条件。按照要约与要约邀请的不同界定标准，本题表述中，甲问“你多少钱卖”，此为询价，属于前要约行为，具有磋商性质，尚不能认定为要约邀请。乙说“你出多少钱”，属于要约邀请，而不是要约，A项表述错误。乙说“20万元可以马上拿走”，属于新要约，B项表述错误。承诺是受要约人向要约人作出的同意要约的意思表示，其条件包括：（1）承诺必须是由受要约人本人或其代理人向要约人作出；（2）承诺必须在要约确定的期限内到达要约人；(3) 承诺的内容应当与要约的内容一致；(4) 承诺原则上应以明示方式作出。《民法典》第 481 条规定，承诺应当在要约确定的期限内到达要约人。要约没有确定承诺期限的，承诺应当依照下列规定到达：(1) 要约以对话方式作出的，应当即时作出承诺；(2) 要约以非对话方式作出的，承诺应当在合理期限内到达。据此规定第 2 款第 1 项，本题表述中，甲对乙作出的“20 万元可以马上拿走”的新要约未置可否，即甲并没有即时作出承诺。因而甲三天后携款 20 万元前来购买的行为是（新）要约，而不是承诺。因为前来购买的行为发生在乙说“20 万元可以马上拿走”的三天之后，即晚于要约要求的期限。而乙说“25 万元才能卖”，又是新要约。甲对此没有承诺，既然没有承诺，那么就谈不上合同成立。可见，C 项表述错误，D 项表述正确，选 D 项。

29. D

【解析】《民法典》第 305 条规定，按份共有人可以转让其享有的共有的不动产或者动产份额。其他共有人在同等条件下享有优先购买的权利。《民法典》第 306 条规定，按份共有人转让其享有的共有的不动产或者动产份额的，应当将转让条件及时通知其他共有人。其他共有人应当在合理期限内行使优先购买权。两个以上其他共有人主张行使优先购买权的，协商确定各自的购买比例；协商不成的，按照转让时各自的共有份额比例行使优先购买权。据此，乙、丙都享有同等条件下的优先购买权，因此二人可以协商确定各自的购买比例；协商不成的，按照转让时各自的共有份额比例行使优先购买权。可见，选 D 项。

30. A

【解析】本题考查的是委托合同。本题表述中，甲、乙成立委托合同关系，乙为委托人，甲为受托人。《民法典》第 930 条规定，受托人处理委托事务时，因不可归责于自己的事由受到损失的，可以向委托人请求赔偿损失。据此，对于受托人甲支付的海关罚款，委托人乙应当承担，A 项表述正确，选 A 项。《民法典》第 921 条规定，委托人应当预付处理委托事务的费用。受托人为处理委托事务垫付的必要费用，委托人应当偿还该费用并支付利息。据此，本题表述中，导游甲带团赴国外旅游，顺道完成委托事务，而不是为完成委托事务而专门赴国外，机票不属于受托人为处理委托事务垫付的必要费用，甲无权请求乙分担一半的国际机票费用，所以 B 项表述错误。如果手表存在质量问题，应当由生产商或销售商承担责任，乙无权向甲主张退货，所以 C 项表述错误。《民法典》第 929 条第 1 款规定，有偿的委托合同，因受托人的过错造成委托人损失的，委托人可以请求赔偿损失。无偿的委托合同，因受托人的故意或者重大过失造成委托人损失的，委托人可以请求赔偿损失。据此，本题表述中，甲使用信用卡所享受的折扣优惠价款并没有给甲造成损失，所以甲无权请求乙支付使用甲的信用卡所享受的折扣优惠价款，D 项表述错误。

31. A

【解析】个体工商户作为独立的民事主体，可以作为保证人，故选 A 项。《民法典》第 683 条第 2 款规定，以公益为目的的非营利法人、非法人组织不得为保证人。据此，教育部直属高校不能作为保证人，故不选 B 项。根据原《担保法》第 10 条规定，企业法人的职能部门不得为保证人，但是，企业法人能否作为保证人，《民法典》并未明确规定。本书认为，保证人应当具有独立民事主体资格，而企业法人的职能部门不具有独立的民事主体资格，因而不能作为保证人，故不选C项。《民法典》第683条第1款规定，机关法人不得为保证人，但是经国务院批准为使用外国政府或者国际经济组织贷款进行转贷的除外。据此，街道办事处虽然不属于一级行政单位，但是其履行行政管理职责，具有行政机关地位，因此不能作为保证人，故不选D项。

32. B

【解析】《民法典》第1114条第1款规定，收养人在被收养人成年以前，不得解除收养关系，但是收养人、送养人双方协议解除的除外。养子女8周岁以上的，应当征得本人同意。据此，在被收养人成年以前，收养人原则上不得解除收养关系，即便民政部门同意也不得解除，除非收养人、送养人双方达成解除协议。可见，C项表述错误。《民法典》第1114条第2款规定，收养人不履行抚养义务，有虐待、遗弃等侵害未成年养子女合法权益行为的，送养人有权要求解除养父母与养子女间的收养关系。送养人、收养人不能达成解除收养关系协议的，可以向人民法院提起诉讼。据此，送养人有权要求解除养父母与养子女间的收养关系，而养子女无权请求解除收养关系。可见，A项表述错误，B项表述正确，选B项。《民法典》第1115条规定，养父母与成年养子女关系恶化、无法共同生活的，可以协议解除收养关系。不能达成协议的，可以向人民法院提起诉讼。这里规定的只是“成年养子女”，而不是“未成年养子女”，否则，只能根据《民法典》第1114条规定，由“收养人”与“送养人”通过协议方式解除收养关系。可见，D项表述错误。

33. A

【解析】本题考查的是一般侵权责任。一般侵权责任的构成要件包括四个：加害行为、损害事实、加害行为与损害事实之间的因果关系、行为人主观过错。结合本题，甲给出差评从主观看没有过错，而是实事求是的客观评价；从客观看，甲仅对网购的一条裙子作出差评，也不会给乙造成损失，因此甲的行为不构成侵权。可见，A项表述正确，选A项。既然不构成侵权，那么就谈不上构成商业诽谤和侵犯乙的经营权，故B、C项表述错误。甲与乙虽系同行，但甲仅对自己网购的一条裙子作出差评，并非采取非法的或者有悖于公认的商业道德的手段和方式与乙展开竞争，因此D项表述错误。

34. D

【解析】本题考查的是撤销权的行使条件。《民法典》第539条规定，债务人以明显不合理的低价转让财产、以明显不合理的高价受让他人财产或者为他人的债务提供担保，影响债权人的债权实现，债务人的相对人知道或者应当知道该情形的，债权人可以请求人民法院撤销债务人的行为。转让价格达不到交易时交易地的指导价或者市场交易价70%的，一般可视为明显不合理的低价；对转让价格高于当地指导价或者市场交易价30%的，一般可以视为明显不合理的高价。本案中，汽车的市价为5万元，甲以低于市场交易价70%（5万元×70%=3.5万元）的价格出售汽车时，才能认定为“明显不合理的低价”，但是，甲以4万元的价格将汽车出售，因而应当认定为正常交易行为，乙不能行使撤销权。可见，选D项。

35. B

【解析】甲、乙于2005年登记结婚，2010年甲又与丙登记结婚，构成重婚，该婚姻属于无效婚姻。2015年甲、乙协议离婚，此时甲与丙的婚姻仍为无效婚姻，选B项。

36. C

【解析】根据著作权的基本原理，著作权和物权是分离的，作品物权的转移，不视为著作权的转移，因此，书信的著作权归甲，但甲的书信被乙收藏，乙享有书信原件的所有权，选C项。

37. D

【解析】《民法典》第1192条第2款规定，提供劳务期间，因第三人的行为造成提供劳务一方损害的，提供劳务一方有权请求第三人承担侵权责任，也有权请求接受劳务一方给予补偿。接受劳务一方补偿后，可以向第三人追偿。据此，似乎本题无答案。但是，雇主甲和第三人丙都应当承担责任，受害人乙既可以向甲主张补偿，也可以请求丙承担侵权责任，这也是一种连带责任，民法理论称之为"不真正连带责任"。不真正连带责任是指数个责任人基于不同的原因而依法对同一被侵权人承担全部的赔偿责任，某一责任人在承担责任之后，有权向终局责任人请求全部追偿。换言之，雇主甲和侵权第三人丙都应承担责任，受害人乙既可以基于第三人的侵权行为向丙主张权利，也可以基于雇员同雇主之间的雇佣关系向雇主甲主张权利。侵权第三人丙和雇主甲向受害人乙所负的债务，其内容是完全相同的，只要其中一人向受害人履行了赔偿义务，受害人就不能再向另一人求偿。所以从请求权角度讲，这是连带责任。可见，本题只能选D项，A、B、C项表述都是错误的。

38. B

【解析】《著作权法》规定的复制权，是指以印刷、复印、拓印、录音、录像、翻录、翻拍等方式将作品制作一份或者多份的权利。据此，复制方式多种多样，不仅包括传统的复制方式，还包括在不同于原作载体上复制（在上彩釉的陶盘或者瓷盘上复制绘画、雕刻等），以及使用不同的技术复制（如将一件艺术品摄制成照片）。本案中表述的设计4S店所产生的权利属于复制权。《著作权法》第17条规定，受委托创作的作品，著作权的归属由委托人和受托人通过合同约定。合同未作明确约定或者没有订立合同的，著作权属于受托人。据此，本案中，甲公司是委托人，乙公司是受托人，二者没有约定著作权条款，因此乙公司享有复制权。此外，著作权是基于作品的创作完成这一事实而自动产生，既不需要发表，也无须进行登记。作品是否登记实行自愿原则。作品无论是否登记，作者或其他著作权人依法取得的著作权都不受影响。结合本题，丙汽车公司请人仿照甲公司的4S店建造了一家汽车美容店，尽管办理了著作权登记，但因乙公司取得的著作权在先，丙汽车公司未经乙公司同意进行仿照，所以构成侵权，侵犯了乙公司的著作权。可见，A项错误，B项正确，选B项。商誉权是民事主体对其在工商业活动中所创造的商誉享有利益而不受他人非法侵害的权利。本案中对4S店的设计并非商业信誉，因而丙公司并没有侵犯甲公司的商誉权，不选C项。版式设计权是指对图书、期刊编排格式设计所享有的权利，该权利针对的是图书和期刊，因而丙公司没有侵犯乙公司的版式设计权，不选D项。

39. B

【解析】甲是先履行方，乙是后履行方。先履行方甲在履行期限到来之时发现后履行方乙的经营状况严重恶化，遂中止合同的履行。《民法典》第527条第1款规定，应当先履行债务的当事人，有确切证据证明对方有下列情形之一的，可以中止履行：（1）经营状况严重恶化；（2）转移财产、抽逃资金，以逃避债务；（3）丧失商业信誉；（4）有丧失或者可能丧失履行债务能力的其他情形。据此，先履行方甲行使的是不安抗辩权，选B项。

40. A

【解析】《民法典》第183条规定，因保护他人民事权益使自己受到损害的，由侵权人承担民事责任，受益人可以给予适当补偿。没有侵权人、侵权人逃逸或者无力承担民事责任，受害人请求补偿的，受益人应当给予适当补偿。据此，甲是因保护乙的民事权益使自己受到损害的，按照上述规定，乙应当对甲给予适当补偿。可见，选A项。

二、多项选择题

41. ABCD

【解析】《刑法》第13条规定的犯罪定义既含定性要求又含定量要求，对于合理认定犯罪及处罚犯罪具有重要意义。该犯罪定义不仅从性质上明确了犯罪具有危害性和违法性，而且还设置了定量要求。"但书"表明认定犯罪不仅需要正确"定性"，还需要合理确定危害的"程度"或"量"。"但书"的基本理念是通过对犯罪的实质特征提出定量的要求，赋予司法机关酌情排除犯罪的权力，避免过分拘泥于法律形式而作出刻板教条的判决。"但书"是区分"违法行为"与"犯罪行为"的宏观标准，是适应我国法律结构需要产生的。"但书"的刑事政策意义在于：可以缩小犯罪或刑事处罚的范围，避免给一些轻微的危害行为（或违法行为）打上犯罪的标记，有利于行为人改过自新；还可以合理配置司法资源，集中力量惩罚严重的违法行为——犯罪。可见，备选项应全选。

42. ACD

【解析】甲指使乙重伤江某，乙同意后持钢管将江某打成轻伤，甲、乙在"轻伤"的部分成立共同犯罪，甲构成故意伤害罪，但对于乙的抢劫行为，甲不承担刑事责任，A项表述正确，B项表述错误。乙将江某打成轻伤，构成故意伤害罪，事后，乙又另起犯意抢劫江某的手机，构成抢劫罪，对乙应以抢劫罪和故意伤害罪实行数罪并罚，C、D项表述正确。

43. ABCD

【解析】非国家工作人员受贿罪的犯罪主体是非国家工作人员。非国家工作人员是指公司、企业或者其他单位的工作人员。根据《最高人民法院、最高人民检察院关于办理商业贿赂刑事案件适用法律若干问题的意见》，这里的"其他单位"，既包括事业单位（如医院、报社等）、社会团体、村民委员会、居民委员会、村民小组等常设性的组织，也包括为组织体育赛事、文艺演出或者其他正当活动而成立的组委会、筹委会、工程承包队等非常设性的组织。医疗机构中的国家工作人员，在药品、医疗器械、医用卫生材料等医药产品采购活动中，利用职务上的便利，索取销售方财物，或者非法收受销售方财物，为销售方谋取利益，构成犯罪的，构成受贿罪。需要注意的是，公立医院的医生原则上作为医疗机构中的医务人员，属于国家工作人员，应当成为受贿罪的犯罪主体，但是，根据上述司法解释的规定，公立医院的医务人员，仅仅利用开处方的职务便利，以各种名义非法收受药品、医疗器械、医用卫生材料等医药产品销售方财物，为医药产品销售方谋取利益，数额较大的，构成非国家工作人员受贿罪。综上分析，备选项表述的人员都可以构成非国家工作人员受贿罪，因此备选项应全选。

44. ABC

【解析】本题考查的是刑法的社区矫正。接受社区矫正的罪犯，称为社区服刑人员，包括被判处管制、宣告缓刑、裁定假释、决定暂予监外执行并在社区上服刑的人员。对于罪行轻微、主观恶性不大的未成年犯、老病残犯以及罪行较轻的初犯、过失犯等，应作为重点对象，适用上述非监禁措施，实施社区矫正。可见，选 A、B、C 项。

45. ABD

【解析】减刑适用于被判处管制、拘役、有期徒刑和无期徒刑的犯罪分子。《最高人民法院关于办理减刑、假释案件具体应用法律的规定》第 18 条规定，被判处拘役或者 3 年以下有期徒刑，并宣告缓刑的罪犯，一般不适用减刑。前款规定的罪犯在缓刑考验期内有重大立功表现的，可以参照《刑法》第 78 条的规定予以减刑，同时应当依法缩减其缓刑考验期。缩减后，拘役的缓刑考验期限不得少于 2 个月，有期徒刑的缓刑考验期限不得少于 1 年。据此，A 项表述中，甲被判处 2 年有期徒刑并宣告缓刑，“一般”不适用减刑，A 项表述正确，选 A 项。《刑法》第 78 条第 1 款规定，被判处管制、拘役、有期徒刑、无期徒刑的犯罪分子，在执行期间，如果认真遵守监规，接受教育改造，确有悔改表现的，或者有立功表现的，可以减刑；有法定重大立功表现之一的，应当减刑。据此，B 项表述中，乙被判处管制并在执行期间有立功表现，对于有“立功表现”的，可以减刑，B 项表述正确，选 B 项。《刑法》第 78 条第 2 款规定，减刑以后实际执行的刑期不能少于下列期限：（1）判处管制、拘役、有期徒刑的，不能少于原判刑期的 1/2；（2）判处无期徒刑的，不能少于 13 年；（3）人民法院依照本法第 50 条第 2 款规定限制减刑的死刑缓期执行的犯罪分子，缓期执行期满后依法减为无期徒刑的，不能少于 25 年，缓期执行期满后依法减为 25 年有期徒刑的，不能少于 20 年。据此，C 项表述中，丙被判处无期徒刑，即便有重大立功表现，应当减刑，但实际执行的刑期也不能少于 13 年，而不是“10 年”，C 项表述错误。《最高人民法院关于办理减刑、假释案件具体应用法律的规定》第 12 条第 1 款规定，被判处死刑缓期执行的罪犯经过一次或者几次减刑后，其实际执行的刑期不得少于 15 年，死刑缓期执行期间不包括在内。据此，D 项表述正确，选 D 项。

46. AD

【解析】我国《民法典》依据法人存在的目的，将法人分为营利法人、非营利法人和特别法人。备选项中，机关法人和农村集体经济组织法人是特别法人，选 A、D 项；事业单位法人和捐助法人属于非营利法人，不选 B、C 项。

47. BCD

【解析】《民法典》第 295 条规定，不动产权利人挖掘土地、建造建筑物、铺设管线以及安装设备等，不得危及相邻不动产的安全。据此，宋某自建平房，给住宅楼造成严重的安全隐患，应当承担侵权责任。《民法典》第 294 条规定，不动产权利人不得违反国家规定弃置固体废物，排放大气污染物、水污染物、土壤污染物、噪声、光辐射、电磁辐射等有害物质。据此，宋某开办门窗加工厂，加工生产的噪音严重干扰了赵某的正常生活，宋某应当承担侵权责任。赵某有权要求宋某承担侵权责任，包括消除危险、恢复原状和停止侵害。消除危险是指侵害人消除由其行为或物件引起的现实存在的某种可能对他人合法权益造成侵害的事实状态。恢复原状是指将受害人的财产恢复到受到侵害之前的状态。停止侵害是指受害人有权依法要求侵害人终止其正在进行或者延续的侵权行为。因此，本题选B、C、D项。赔礼道歉主要适用于侵害公民的姓名权、肖像权、名誉权、荣誉权以及法人的名称权、名誉权、荣誉权等，本题不存在侵害这些权利的现象，故不选A项。

48. ABCD

【解析】《民法典》第137条规定，以对话方式作出的意思表示，相对人知道其内容时生效。以非对话方式作出的意思表示，到达相对人时生效。据此，A、B项表述正确，选A、B项。《民法典》第138条规定，无相对人的意思表示，表示完成时生效。法律另有规定的，依照其规定。据此，C项表述正确，选C项。《民法典》第139条规定，以公告方式作出的意思表示，公告发布时生效。据此，D项表述正确，选D项。

49. ABC

【解析】《民法典》第395条第1款规定，债务人或者第三人有权处分的下列财产可以抵押：(1) 建筑物和其他土地附着物；(2) 建设用地使用权；(3) 海域使用权；(4) 生产设备、原材料、半成品、产品；(5) 正在建造的建筑物、船舶、航空器；(6) 交通运输工具；(7) 法律、行政法规未禁止抵押的其他财产。据此规定第1、6项，厂房和交通运输工具可以抵押，因此选A、C项。根据《民法典》第440条第4项规定，可以转让的股权可以作为质押担保，因此选B项。《民法典》第399条规定，下列财产不得抵押：(1) 土地所有权；(2) 宅基地、自留地、自留山等集体所有土地的使用权，但是法律规定可以抵押的除外；(3) 学校、幼儿园、医疗机构等为公益目的成立的非营利法人的教育设施、医疗卫生设施和其他公益设施；(4) 所有权、使用权不明或者有争议的财产；(5) 依法被查封、扣押、监管的财产；(6) 法律、行政法规规定不得抵押的其他财产。据此规定第4项，D项表述的货场使用权存在权属争议，因而不得成为抵押财产，故不选D项。

50. AD

【解析】甲公司的保密除虫剂配方属于商业秘密，甲公司对此享有商业秘密权。商业秘密权的保护期限具有不确定性，具言之，商业秘密权的保护期限在法律上没有规定，期限的长短取决于权利人的保密措施是否得力及商业秘密是否被公开，只要商业秘密不被公开，其就一直受到法律保护。与此不同的是，专利权、集成电路布图设计权、植物新品种权等创造性成果权往往有时间限制，当法定的保护期限届满，该权利即不再受法律保护。可见，选A项。乙对制作的电影《问道昆仑》享有著作权，根据《著作权法》的规定，除了署名权、修改权和保护作品完整权等著作人身权不受期限限制外，著作财产权及邻接权都有保护期限的限制。可见，不选B项。丙企业对其驰名商标“云南白药及图”享有驰名商标专用权，对于驰名商标的保护期限，可依据《商标法》第39条的规定确定，即注册商标的有效期为10年，自核准注册之日起计算。可见，不选C项。丁行业协会享有“阳澄湖大闸蟹”的地理标志权。地理标志权不具有时间性，该项权利无保护期限的限制，是一项永久性的权利。可见，选D项。

三、简答题

51. 答案要点：

犯罪客体可按其范围大小划分为三种：一般客体、同类客体、直接客体。一般客体，是指一切犯罪所共同侵害的社会利益，即社会利益的总体；同类客体，是指某一类犯罪共

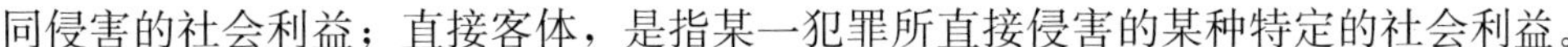

同侵害的社会利益；直接客体，是指某一犯罪所直接侵害的某种特定的社会利益。

52. 答案要点：

侵犯的客体不同：集资诈骗罪侵犯的客体是国家的金融管理秩序和公私财产的所有权，非法吸收公众存款罪侵犯的客体是国家的金融管理秩序。犯罪客观方面不同：集资诈骗罪以使用诈骗方法为构成犯罪的必要条件，非法吸收公众存款罪不以使用诈骗方法为构成犯罪的必要条件。犯罪主观方面不同：集资诈骗罪要求行为人必须具有非法占有的目的，而非法吸收公众存款罪不要求行为人以非法占有为目的。

53. 答案要点：

地役权的主体包括不动产的所有权人和使用权人；地役权的内容是利用他人不动产，并对他人的权利加以限制；地役权的客体是他人的不动产；地役权的设立目的是为自己使用不动产提供便利或提高效益；地役权不得脱离需役地而存在，具有从属性。

54. 答案要点：

受赠人严重侵害赠与人或者赠与人近亲属的合法权益；受赠人对赠与人有扶养义务而不履行；受赠人不履行赠与合同约定的义务。

（本书依据《民法典》规定对原标准答案进行了修正——编者注）

四、法条分析题

55. 答案要点：

（1）该条中的“公司、企业、事业单位”既包括国有、集体所有的公司、企业、事业单位，也包括依法设立的合资经营、合作经营企业和具有法人资格的独资、私营等公司、企业、事业单位。

（2）对组织、策划、实施该危害社会行为的人依法追究刑事责任，对单位本身不追究刑事责任。

56. 答案要点：

（1）承包人为建设工程应当支付的工作人员报酬、材料款等实际支出的费用。

（2）6个月，自建设工程竣工之日或者建设工程合同约定的竣工之日起计算（上述答案为原标准答案，依据是2002年《最高人民法院关于建设工程价款优先受偿权问题的批复》第4条，但是，根据2018年《最高人民法院关于审理建设工程施工合同纠纷案件适用法律问题的解释（二）》第22条规定，承包人行使建设工程价款优先受偿权的期限为6个月，自发包人应当给付建设工程价款之日起算——编者注）。

（3）由承包人优先受偿，承包人的优先受偿权优先于银行享有的抵押权。

五、案例分析题

57. 答案要点：

（1）甲肇事后驾车高速逃离途中又接连与多车相撞，造成多车损坏，多名行人受伤，危及不特定的多数人的人身、财产安全，构成以危险方法危害公共安全罪。

（2）甲曾因故意犯罪被判处有期徒刑，刑满释放5年内又犯以危险方法危害公共安全罪，是故意犯罪且应当被判处有期徒刑以上刑罚，系累犯，应从重处罚。甲属于犯罪后自动投案，如实供述自己的罪行，应认定为自首，可以从轻或者减轻处罚。甲到案后协助司法机关抓获其他犯罪分子，应认定为立功，可以从轻或者减轻处罚。

58. 答案要点：

（1）有权。何某所立遗嘱尚未生效，何某有权撤销；该遗嘱为自书遗嘱，撤销自书遗嘱并不需要原遗嘱见证人在场。

（2）有权。何某为避税与甲虚构房屋买卖文书并办理过户，系虚假的意思表示，买卖行为无效，甲未取得房屋所有权，何某要求甲返还房屋不适用诉讼时效。

（3）无权。丙以合理价格购得该房屋，丙为善意第三人且房屋已过户，故何某无权要求丙返还房屋。

2019 年综合课试题

一、单项选择题（第 1～40 小题，每小题 1 分，共 40 分。下列每题给出的四个选项中，只有一个选项是符合题目要求的）

1. 马克思认为，法律是一定的物质生产方式所产生的社会共同利益需要的表现，而不是单个人的恣意横行。对于这一观点，下列理解正确的是（　　）。

A. 法律伴随人类社会的产生而产生　　B. 法律调整社会中的一切利益关系

C. 社会物质生产方式决定法律的内容　　D. 法律体现每个社会主体的利益需要

2. 法律部门的划分需要在遵循客观标准的同时坚持正确的原则。下列对于法律部门划分原则的理解，不正确的是（　　）。

A. 客观性原则要求划分法律部门应以法律规范的内在结构和效力位阶为基础

B. 适当平衡原则主要是指各法律部门包含的法律、法规在数量上大致平衡

C. 当同一部法律可以被划归于几个不同的法律部门时，应采用主次原则对其进行划分和归类

D. 相对稳定原则要求法律部门划分应当有一定的前瞻性，不能频繁变动法律部门的内容和结构

3. 我国《民法总则》已于 2017 年 10 月 1 日施行，但《民法通则》并未废止。在两法并存共用阶段，对于同一事项二者有不同规定的，适用原则应该是（　　）。

A. 法不溯及既往　　B. 新法优于旧法

C. 特别法优于一般法　　D. 上位法优于下位法

4. 某设区的市的政府出台《规范操办酒席行为实施办法》，该办法规定："除婚嫁酒、丧葬酒外的其他酒席一律视为违规酒席；复婚不准操办酒席。"同时规定："群众操办婚嫁酒须填写申报表，并报区政府备案。"对此，下列说法正确的是（　　）。

A. 该办法不属于规范性法律文件

B. 该办法规定群众办婚嫁酒须申报，不适当地增加了公民义务

C. 该办法有关"复婚不准操办酒席"的规定，符合公序良俗原则

D. 该办法对于"违规酒席"的界定，体现了社会主义法律文化的要求

5. 我国《消费者权益保护法》第 49 条："经营者提供商品或者服务，造成消费者或者

其他受害人人身伤害的，应当赔偿医疗费、护理费、交通费等为治疗和康复支出的合理费用，以及因误工减少的收入……”该规则不属于(　　)。

A. 义务性规则　　B. 确定性规则　　C. 构成性规则　　D. 强行性规则

6. 2018年，国家统一法律职业资格考试制度在我国正式实施。该制度集中体现的法律职业特征是(　　)。

A. 法律职业具有相当大的自治性

B. 法律职业要求设置严格的准入门槛

C. 法律职业必须具备特定的职业伦理

D. 从事法律职业意味着肩负更多的社会责任

7. 法律全球化是指法律的各种要素如法律原则、法律理念、法律价值、法律制度等在全球范围内的趋同以及在全球范围内形成一个法治的标准。对此，下列说法正确的是(　　)。

A. 法律全球化要求实现所有国家法律的一体化

B. 法律全球化的目标是形成超主权的法律体系

C. 人类文明的多样性最终会导致法律全球化的衰亡

D. 各国法律的交流借鉴是实现法律全球化的有效途径

8. 某法院公布失信被执行人名单，以督促其履行义务。不少失信人在得知姓名被公布后迫于“面子”和舆论压力，找到法院配合执行。对此，下列表述正确的是(　　)。

A. 法院公布失信被执行人名单属于司法裁判活动

B. 公布失信人名单有助于形成尊重法律权威的社会氛围

C. 法院未经被执行人同意就公布其姓名信息侵犯了当事人的隐私权

D. 失信人迫于“面子”和舆论压力配合执行不属于守法行为

9. 比例原则是行政执法应遵循的重要原则。下列行政行为中，符合比例原则的是(　　)。

A. 为保护本地企业的利益，禁止本地超市出售外地企业的肉类制品

B. 在一年一度的马拉松比赛当日，实行比赛沿线地区临时交通管制

C. 在对企业违法行为作出处罚前，举行听证会听取其申辩

D. 为迎接创建卫生城市评比检查，决定检查期间早点摊、夜宵店均不得营业

10.《最高人民法院关于案例指导工作的规定》第7条：“最高人民法院发布的指导性案例，各级人民法院审判类似案件时应当参照。”下列对于该规定的理解，正确的是(　　)。

A. 人民法院参照指导性案例审理类似案件体现了“同案同判”的要求

B. 最高人民法院发布的指导性案例具有普遍的法律约束力

C. 最高人民法院发布指导性案例属于立法活动

D. 指导性案例是当代中国的判例法

11. 我国刑法规定：“贪污数额巨大或者有其他严重情节的，处三年以上十年以下有期徒刑……”根据《最高人民法院、最高人民检察院关于办理贪污贿赂刑事案件适用法律若干问题的解释》，贪污或者受贿数额在20万元以上不满300万元的，应当认定为“数额

巨大”。冯某贪污公款21万元，法院依法判处其3年有期徒刑。法院在该裁判中运用的主要推理方式是(　　)。

A. 演绎推理　　B. 类比推理　　C. 归纳推理　　D. 辩证推理

12. 2017年8月，杭州互联网法院成立。互联网法院将涉及网络的案件从现有审判体系中剥离，依托互联网技术，实现了“网上案件网上审”。对此，下列表述正确的是(　　)。

A. 法院对网络新科技的运用并不影响司法效率

B. 法院对网络新科技的运用必然提升司法公正

C. 互联网法院是网络新科技在司法领域运用的产物

D. 法院运用网络新科技审理案件体现了司法的能动性

13. 下列关于宪法分类的表述，正确的是(　　)。

A. 刚性宪法和柔性宪法的区分由宪法学家罗文斯坦最早提出

B. 成文宪法和不成文宪法的划分标准是宪法是否具有成文的形式

C. 以制定宪法的机关为标准，可将宪法分为民定宪法和共和宪法

D. 根据宪法的经济基础和阶级本质，可将宪法分为资本主义宪法和社会主义宪法

14. 下列关于我国社会主义公有制的表述，正确的是(　　)。

A. 国有经济是国民经济的重要组成部分

B. 集体所有制经济是公有制经济的主导力量

C. 农村实行集体所有制，城镇实行全民所有制

D. 社会主义公有制包括全民所有制和劳动群众集体所有制

15. 下列关于宪法修改的表述，正确的是(　　)。

A. 宪法修改权的主体是修宪机关

B. 我国宪法修改的程序和普通法律相同

C. 我国宪法修改的机关是全国人大常委会

D. 宪法修改有全面修改和部分修改两种形式

16. 根据我国宪法和法律，设区的市的人大及其常委会可以制定地方性法规。下列事项中，属于该立法权限的是(　　)。

A. 环境保护　　B. 税收征收管理

C. 外贸基本制度　　D. 本级人民政府的职权

17. 根据我国宪法，中国特色社会主义最本质的特征是(　　)。

A. 社会主义公有制　　B. 中国共产党领导

C. 全面依法治国　　D. 人民代表大会制度

18. 根据选举法，下列关于直接选举的表述，正确的是(　　)。

A. 县级人大代表的选举由县级人大常委会主持

B. 当选人数少于应选代表名额的，应重新投票

C. 选举所投的票数多于投票人数的，该次选举无效

D. 代表候选人获得全体选民过半数的选票，始得当选

19. 根据我国宪法和法律，下列关于公民财产权的表述，正确的是(　　)。

A. 公民行使财产权，不得损害公共利益

B. 2004年宪法修正案规定，公民的私有财产神圣不可侵犯

C. 公民财产权规定在宪法第二章“公民的基本权利和义务”中

D. 国家为经济发展的需要，可依法对私有财产进行征收并赔偿

20. 根据我国宪法和法律，下列关于监察委员会的表述，不正确的是(　　)。

A. 国家监察委员会是最高监察机关

B. 上级监察委员会监督下级监察委员会的工作

C. 各级监察委员会是行使国家监察职能的专责机关

D. 监察委员会依法独立行使监察权，不受行政机关、社会团体和个人的干涉

21. 某市中级人民法院在审理一起姓名权案件时，认为《婚姻法》第22条“子女可以随父姓，可以随母姓”的规定需要进一步明确具体含义，于是中止审理，逐级报送至最高人民法院。根据我国宪法和法律，下列做法正确的是(　　)。

A. 该市中级人民法院可以援引宪法作为裁判依据

B. 最高人民法院应就进一步明确该条的具体含义作出司法解释

C. 该市中级人民法院应直接报送全国人大常委会，根据请示结果作出判决

D. 最高人民法院可向全国人大常委会提出对该条进行法律解释的要求

22. 下列关于香港特别行政区行政长官的表述，正确的是(　　)。

A. 行政长官必须年满45周岁

B. 行政长官由当地选举产生，由立法会任命

C. 行政长官在其一任任期内可以解散立法会两次

D. 行政长官是香港特别行政区的首长，代表香港特别行政区

23. 下列关于国家结构形式的理解，正确的是(　　)。

A. 我国实行单一制的国家结构形式

B. 政权组织形式决定国家结构形式

C. 现代国家结构形式主要有单一制和邦联制

D. 国家结构形式是指国家各组成部分之间的横向权力配置关系

24. 根据我国宪法，法律可分为基本法律和基本法律以外的其他法律。下列关于基本法律的表述，正确的是(　　)。

A. 基本法律具有最高的法律效力

B. 全国人大常委会有权制定和修改基本法律

C. 限制人身自由的强制措施，只能由基本法律予以规定

D. 物权法、刑事诉讼法和民族区域自治法都属于基本法律

25. 根据我国宪法，下列自然资源专属国家所有的是(　　)。

A. 农村的土地　　B. 荒地、滩涂　　C. 矿藏、水流　　D. 森林、山岭

26. 下列关于社会保障权的表述，正确的是(　　)。

A. 社会保障权包括退休人员生活保障权、物质帮助权等内容

B. 1999年宪法修正案强化了对公民社会保障权的保护

C. 国家不负有保障社会保障权实现的义务

D. 社会保障权是一种消极权利

27. 根据村民委员会组织法，下列关于村务监督机构的表述，正确的是(　　)。

A. 村务监督机构有权撤销村委会的决定

B. 村务监督机构成员在村民代表中推选产生

C. 村务监督机构负责村民民主理财和村务公开工作

D. 村务监督机构成员向村民会议和村民代表会议负责

28. 根据《礼记·王制》的记载，商朝对“乱政”和“疑众”均处以“杀”。下列行为中，属于“乱政”的是(　　)。

A. 析言破律　　B. 行伪而坚

C. 作淫声异服　　D. 假于鬼神、时日、卜筮

29. 唐朝天宝年间，长安城商贩张三、李四因争抢生意殴斗，李四持刀将张三刺伤，在辜限内张三因伤死亡。依唐律，李四应论处的罪名是(　　)。

A. 斗殴　　B. 伤害　　C. 杀人　　D. 强盗

30. 宋朝元丰年间，开封府民人钱某与赵某因相邻土地的田界问题发生纠纷，钱某欲告官解决。按照《宋刑统》的相关规定，官府可以受理钱某词状的时间是(　　)。

A. 四月初一　　B. 六月十八　　C. 八月十八　　D. 十月初一

31. 民国十四年秋，教育部佥事周树人提起行政诉讼，要求撤销教育部对其的免职令。依据北洋政府时期的法律，受理该案的机构是(　　)。

A. 大理院　　B. 平政院　　C. 高等审判厅　　D. 法部

32. 关于抗日民主政权时期的婚姻立法，下列表述不正确的是(　　)。

A. 实行一夫一妻制　　B. 规定了保护妇女儿童原则

C. 确立了婚姻自由原则　　D. 明确了登记结婚以订婚为必经程序

33. 春秋时期晋文公制定的有关选贤任官的法律是(　　)。

A. 竹刑　　B. 茆门法　　C. 被庐之法　　D. 仆区法

34. 下列关于《北齐律》的表述，不正确的是(　　)。

A. 形成 12 篇的法典体例　　B. 首创《名例律》的法典篇目

C. 创设“重罪十条”　　D. 确立笞、杖、徒、流、死五刑制度

35. 历史上明确提出“德礼为政教之本，刑罚为政教之用”立法指导思想的法典是(　　)。

A. 泰始律　　B. 开皇律　　C. 唐律疏议　　D. 大清律例

36. 唐朝开元年间，洛阳民人甲、乙共谋盗窃。两人被抓获后，经官府审理认定，甲为“造意者”，属首犯，乙为从犯。依唐律，甲应处徒二年，对乙应处的刑罚是(　　)。

A. 徒二年　　B. 徒一年半　　C. 徒一年　　D. 杖一百

37. 下列国家或地区中，属于中华法系的是(　　)。

A. 朝鲜　　B. 暹罗　　C. 印度　　D. 波斯

38. 明朝成化年间，一日本留学生与一威尼斯商人在泉州因琐事发生殴斗，日本留学生受重伤。按《大明律》的规定，审理此案应依据的法律是(　　)。

A. 明朝法律　　B. 日本国法律　　C. 威尼斯法律　　D. 当事人选定的法律

39. 规定总理各国事务衙门的机构及其权限的清代会典是(　　)。

A. 雍正会典　　B. 乾隆会典　　C. 嘉庆会典　　D. 光绪会典

40. 依据1947年《中华民国宪法》的规定，负责解释宪法、统一解释法律及命令的机构是(　　)。

A. 立法院　　B. 司法院　　C. 行政院　　D. 监察院

二、多项选择题（第41～50小题，每小题2分，共20分。下列每题给出的四个选项中，至少有两个选项是符合题目要求的。多选、少选或错选均不得分）

41. 下列关于中国特色社会主义法律体系特征的表述，正确的有(　　)。

A. 体现中国特色社会主义的本质要求

B. 体现改革开放和现代化建设的时代要求

C. 体现结构内在统一而又多层次的国情要求

D. 体现继承中国法律文化优秀传统和借鉴人类法制文明成果的文化要求

42. 法律不是万能的，导致法律局限性的主要原因有(　　)。

A. 法律的实现须具备一定的经济、政治和文化等条件

B. 法律的稳定性与社会生活的变动性之间存在矛盾

C. 法律的制定和实施受人的因素制约和影响

D. 有些社会关系不适宜由法律调整

43. “任何组织和个人都不得有超越宪法法律的特权，绝不允许以言代法、以权压法、逐利违法、徇私枉法。”该论断直接体现的法治理念有(　　)。

A. 程序正义理念　　B. 法律至上理念

C. 权力受制约理念　　D. 法律面前人人平等理念

44. 某区人民法院在审理一起民事案件时，依据全国人大常委会副委员长关于民法总则草案的说明，对民法通则的有关条款作了解释。对此，下列说法不正确的有(　　)。

A. 该法院采用了比较法解释方法　　B. 该法院运用了文义解释方法

C. 该法院的解释属于正式解释　　D. 该法院的解释同法律具有同等效力

45. 某村5名初中生辍学，家长听之任之。镇政府对家长进行了批评教育，要求他们送子女返校读书。根据我国宪法和法律，下列表述正确的有(　　)。

A. 学生家长应保障子女接受义务教育

B. 受教育既是公民的权利，也是公民的义务

C. 镇政府有保障适龄儿童、少年接受义务教育的职责

D. 子女教育应由家长负责，镇政府的行为侵犯了家长的监护权

46. 根据我国宪法和法律，人大代表出现下列情形，其代表资格应终止的有(　　)。

A. 赵某辞职被接受

B. 钱某加入外国国籍但定居北京

C. 孙某因刑事案件被羁押正在接受侦查

D. 李某未经批准两次不出席本级人大会议

47. 根据我国宪法，公民人身自由的内容包括(　　)。

A. 住宅不受侵犯　　B. 人身自由不受侵犯

C. 人格尊严不受侵犯　　D. 通信自由和通信秘密受法律保护

48. 历史上以廷尉为中央最高司法审判机关的朝代有(　　)。

A. 秦朝　　B. 汉朝　　C. 唐朝　　D. 宋朝

49. 在清朝司法实践中，幕友发挥着重要作用。下列关于幕友的表述，正确的有(　　)。

A. 幕友须精通复杂的律例

B. 幕友由各级官府衙门任命

C. 以专办刑事审判事务的刑名幕友地位为最高

D. 幕友是各级地方官及中央司法部门长官的政法顾问

50. 下列关于 1935 年《中华民国刑法》的表述，正确的有(　　)。

A. 分总则和分则两编　　B. 确立罪刑法定主义

C. 增设“保安处分”　　D. 侵害直系尊亲属犯罪加重处罚

三、简答题（第 51～53 小题，每小题 10 分，共 30 分）

51. 简述法律的基本特征。

52. 简述我国宪法上公民的监督权。

53. 简述汉代的春秋决狱。

四、分析题（第 54～56 小题，每小题 10 分，共 30 分）

54. 孙某乘坐高铁时，未按照车票规定的座位乘车，霸占他人座位，经铁路公司工作人员多次劝说，孙某仍不将座位让出。事后，铁路公安机关依照《治安管理处罚法》，给予孙某治安罚款 200 元的处罚。铁路客运部门则将孙某的有关信息记录在铁路征信体系中，禁止其在 180 天内乘坐火车。

请结合上述材料，运用法理学相关知识，回答下列问题：

(1) 该事件主要涉及哪些法律关系？

(2) 该事件体现了何种法律价值冲突？

55. 为加强城市交通管理，某设区的市的人大常委会出台了《城市交通安全管理条例》。该条例规定，出行高峰期禁止外地电动车行驶；如违反，将扣押电动车并托运回原籍。外地来该市务工人员张某认为该规定同宪法法律相抵触，向全国人大常委会书面提出了审查建议。

请结合上述材料，根据我国宪法和法律，回答下列问题：

(1) 该条例公布后，应如何备案？

(2) 全国人大常委会收到张某的审查建议后，应如何处理？

56.《元史·刑法志》：诸老废笃疾，事须争诉，止令同居亲属深知本末者代之。若谋反大逆，子孙不孝，为同居所侵侮，必须自陈者听。

诸致仕得代官，不得已与齐民讼，许其亲属家人代诉，所司毋侵挠之。

诸妇人辄代男子告辨争讼者，禁之。若果寡居，及虽有子男，为他故所妨，事须争讼者，不在禁例。

请运用中国法制史的知识和理论，分析上述文字材料并回答下列问题：

(1) 元朝诉讼代理适用的一般情形有哪些？

（2）元朝禁止哪类人代理诉讼？有何例外？

（3）如何评价元朝诉讼代理制度？

五、论述题（第57～58小题，每小题15分，共30分）

57. 联系实际，论述全面依法治国的基本格局。

58. 请结合法理学和宪法学原理，论述人权的内涵以及人权保障在我国宪法中的体现。

2019年综合课试题答案及解析

一、单项选择题

1. C

【解析】题干中表述的马克思的观点，说明社会物质生产方式决定法律的内容，选C项。并非有了人类社会就有了法，法律是人类社会一定发展阶段的产物，A项不仅表述错误，而且也不是马克思要说明的观点。法律调整社会中的利益关系，但并非一切利益关系都必须由法律调整，B项不仅表述错误，而且也不是马克思要说明的观点。法律要满足社会主体的一定利益需求，但社会主体的利益具有多元化特征，法律不可能满足每一个人的利益需要，这就是利益冲突，不过这并非本题题干中马克思要说明的观点，因而不选D项。

2. A

【解析】本题考查的是法律部门的划分原则。法律部门的划分原则包括客观性原则、合目的性原则、适当平衡原则、相对稳定原则、主次标准原则等。本题A、B、C、D项分别涉及客观、平衡、主次与相对稳定原则，每一原则均有其特定内涵。客观性原则要求在划分法律部门时，一定要坚持以社会关系和法律规范的实际情况为基础，而不是以法律规范的内在结构和效力位阶为基础，A项表述不正确，选A项。适当平衡原则要求在划分法律部门时，要保持各法律部门之间适当的平等，各法律部门包含的法律、法规数量既不能太少，也不能太多，B项表述正确。法律部门的划分要坚持主次原则，即当同一部法律可以被划归于几个不同的法律部门时，应当按照主导因素来对该部法律进行划分和归类，C项表述正确。相对稳定原则要求法律部门划分应当有一定的前瞻性，不能频繁变动法律部门的内容和结构，D项表述正确。

3. B

【解析】本题考查的是法律效力等级的理解与适用。法律效力等级又称为效力层次，是指规范性法律文件之间的效力等级关系。一般而言，法的效力层次遵循以下原则：上位法的效力高于下位法，即不同权力主体制定的规范性法律文件的效力层次与地位不同。特别法优于一般法是指在同一位阶的法律之间，前者优于后者。新法优于旧法是指在同一位阶的法律之间，两者对同一事项规定不一样的，新颁布的法律优先适用。法律溯及力解决的是旧法废止、新法生效后，对生效前的事件和行为是否适用的问题，而作为旧法的《民法通则》并未废止，对于同一事项二者有不同规定的，两者都有效，无所谓是否溯及既往，不选 A 项。《民法总则》和《民法通则》都有效，对于同一事项二者有不同规定的，应当按照新法优于旧法的原则处理，选 B 项。《民法总则》和《民法通则》都是一般法，无所谓适用特别法优于一般法，不选 C 项。《民法总则》和《民法通则》效力位阶相同，无所谓适用上位法优于下位法，不选 D 项。

4. B

【解析】设区的市的政府可以制定地方政府规章，《规范操办酒席行为实施办法》在性质上属于地方政府规章，因而属于规范性法律文件，A 项表述错误。《立法法》第 82 条规定，地方政府规章可以就下列事项作出规定：(1) 为执行法律、行政法规、地方性法规的规定需要制定规章的事项；(2) 属于本行政区域的具体行政管理事项。设区的市制定地方政府规章，限于城乡建设与管理、环境保护、历史文化保护等方面的事项。《立法法》第 82 条还规定，没有法律、行政法规、地方性法规的依据，地方政府规章不得设定减损公民、法人和其他组织权利或者增加其义务的规范。可见，制定的办法规定群众办婚嫁酒须申报，不适当地增加了公民义务，B 项表述正确，选 B 项。"复婚不准操办酒席"的规定并不符合公序良俗原则，因为复婚毕竟属于喜事，操办酒席也并非不可以，因此 C 项表述错误。社会主义法律文化体现了社会主义法律活动的行为模式和思维模式，这种思维模式是知识、智慧和经验的总结，而办法对于"违规酒席"的界定，并不能体现社会主义法律文化的本质特征，不符合社会主义法律文化的要求，故 D 项表述错误。

5. C

【解析】本题考查的是法律规则的分类。法律规则依据不同的标准可分为不同种类，主要有：授权性规则、义务性规则和权义复合性规则；强行性规则与任意性规则；确定性规则、委任性规则和准用性规则；构成性规则与调整性规则等。《消费者权益保护法》第 49 条具体规定了经营者应当承担的义务，属于义务性规则；《消费者权益保护法》第 49 条规定的内容已经明确肯定，无须援引或者再行依据相应途径或程序确定其内容，因而是确定性规则；《消费者权益保护法》第 49 条规定的内容具有强制性，经营者必须履行，为强行性规则。《消费者权益保护法》第 49 条并非构成性规则，而是调整性规则，因为对人身伤害行为的赔偿，在确立该规则之前就已经存在，《消费者权益保护法》第 49 条只不过对该侵权行为予以赔偿再次以法律规则形式予以确认罢了，因而是调整性规则，而非构成性规则。可见，本题选 C 项，不选 A、B、D 项。

6. B

【解析】本题考查的是法律职业的特征。法律职业具有自治特征、伦理特征、技能特征和严格的准入特征。本题题干明确强调的是，"国家统一法律职业资格考试制度"集中体现的是哪一特征。显然，B 项描述了法律职业要求设置严格的准入门槛。具言之，加入法律职业必将认真考查，获得许可证，得到资格。国家统一法律职业资格考试制度体现了法律职业的准入特征，即未掌握特殊的技能与伦理的人不得进入这个职业的殿堂。所以，需要设定职业准入制度以检测申请者的素养。可见，选 B 项。

7. D

【解析】本题考查的是对法律全球化理论的理解。法律全球化是指法律跨越国家的疆界，在世界范围传播、流动；具体是指法律的各种要素如法律原则、法律理念、法律价值观、法律制度、执法标准与原则等在全球范围内的趋同，并在全球范围形成一个法治的标准或模范。A项表述错误：法律全球化并不意味着所有国家法律的一体化，那些不具有涉外性、国际性的地方性法律不可能、也没有必要化为“全球性”或“世界性”法律。B项表述错误：法律全球化并不意味着国家主权概念的过时或消失，而只是意味着主权概念的进步和丰富，各国之间的法律仍将呈现多样性、多元化。C项表述错误：人类文明具有多样性，但法律全球化已经取得重大进展，从发展趋势看，法律全球化并不会消亡。D项表述正确：各国法律的交流借鉴是实现法律全球化的有效途径，通过积极主动参与法律全球化，促进国家间友好关系的发展，推动全人类的文明与进步。

8. B

【解析】A项表述错误：司法是司法机关具体应用法律处理各种案件的专门活动，而法院公布失信被执行人名单，并非具体应用法律处理案件的活动，因而不是司法活动。B项表述正确：公布失信人名单的确有助于形成尊重法律权威的社会氛围。C项表述错误：公布失信人名单不侵犯个人隐私权，因为失信人员不履行义务本身就是违法行为，对于违法行为的公布符合社会公共利益。D项表述错误：失信人员配合执行属于守法行为。

9. B

【解析】比例原则作为行政执法应遵循的重要原则，是指行政机关实施行政行为应兼顾行政目标的实现和保护相对人的权益，如果为了实现行政目标可能对相对人权益造成某种不利影响时，应使这种不利影响限制在尽可能小的范围和限度，使二者处于适度的比例。备选项中，B项表述符合比例原则，因为比赛实行临时交通管制，此执法活动会对行政相对人产生影响，但该交通管制措施仅在比赛当日进行，且仅限于沿线地区，因此把对行政相对人的影响限制在最小的范围和限度内，符合比例原则的要求，选B项。A项表述违反依法行政原则，因为禁止本地超市出售外地企业的肉类制品违反了《反不正当竞争法》的规定。C项表述符合正当程序原则，但并非比例原则的要求。D项表述违反了比例原则。

10. A

【解析】《最高人民法院关于案例指导工作的规定》第7条规定，各级人民法院审判类似案件应当参照指导性案例，这体现了“同案同判”的要求，A项表述正确。最高人民法院发布的指导性案例并非法律，不具有普遍的法律约束力，B项表述错误。最高人民法院并非立法机关，其发布的指导性案例也非具有普遍适用意义的立法文件，C项表述错误。判例法并非我国的法律渊源，最高人民法院发布的指导性案例不是判例法，但对人民法院审理案件具有指导意义，D项表述错误。

11. A

【解析】本题表述中，法院审理案件采取的法律推理方式是演绎推理，即法院运用可以适用于案件的有关贪污罪的法律规则（大前提），以及通过审理确定的、可以归入该规定贪污罪法律规则的案件事实（小前提），得出确定的判决（判决冯某构成贪污罪并判处其3年有期徒刑），该推理形式就是演绎推理，选A项。B项表述的类比推理，是一种从个别到个别的推理；C项表述的归纳推理，是从特殊到一般的推理，即从个别知识推出一般知识的推理活动；D项表述的实质推理，又称为辩证推理，它是指当作为推理前提的是两个或两个以上的相互矛盾的法律命题时，借助于辩证思维，从中选择出最佳的命题以解决法律问题。B、C、D 项明显不正确，都是干扰项。

12. C

【解析】 A 项表述错误：法院对网络新科技的运用对司法效率产生影响，互联网法院的最大特点是诉讼全程通过网络进行，起诉、立案、举证、开庭、送达、判决、执行全部在网上完成，体现了司法便捷。B 项表述错误：法院对网络新科技的运用影响司法，但未必会提升司法公正，二者没有必然联系。C 项表述正确：互联网法院是网络新科技在司法领域运用的产物，是司法主动适应互联网发展大趋势的一项重大制度创新。D 项表述错误：司法能动性是指法官在司法活动中要体现能动性，其最直接的体现为法官在法律适用中的自由裁量权。因此，法院运用网络新科技审理案件，这并非法律适用中的司法能动性问题。

13. D

【解析】 刚性宪法和柔性宪法的分类是由英国宪政学者蒲莱士最早提出来的，A 项表述错误。成文宪法和不成文宪法的划分标准为宪法是否具有统一法典形式，B 项表述错误。以制定机关为标准，可以将宪法分为钦定宪法、协定宪法和民定宪法，C 项表述错误。马克思主义宪法学者根据宪法的阶级本质和赖以建立的经济基础的不同，将宪法分为资本主义宪法和社会主义宪法，D 项表述正确。

14. D

【解析】《宪法》第 7 条规定，国有经济，即社会主义全民所有制经济，是国民经济中的主导力量。据此，A、B 项表述错误。根据《宪法》第 8 条规定，劳动群众集体所有制经济包括农村集体经济和城镇集体经济，C 项表述错误。《宪法》第 6 条规定，中华人民共和国的社会主义经济制度的基础是生产资料的社会主义公有制，即全民所有制和劳动群众集体所有制。据此，D 项表述正确。

15. D

【解析】 宪法修改权的主体是宪法授权的特定机关，宪法的修改机关主要有两种情形：一是宪法授权的特定机关，主要是国家立法机关；二是根据宪法修改的需要，专门设立宪法修改机关。我国的修宪机关是全国人民代表大会。可见，修宪机关未必是宪法修改权的主体，A、C 项表述错误。我国宪法的修改程序比普通法律严格。《宪法》第 64 条规定，宪法的修改，由全国人民代表大会常务委员会或者 1/5 以上的全国人民代表大会代表提议，并由全国人民代表大会以全体代表的 2/3 以上的多数通过。法律和其他议案由全国人民代表大会以全体代表的过半数通过。据此，B 项表述错误。宪法的修改有全面修改和部分修改两种形式，D 项表述正确。

16. A

【解析】 根据《立法法》第 72 条的规定，设区的市的人民代表大会及其常务委员会根据本市的具体情况和实际需要，在不同宪法、法律、行政法规和本省、自治区的地方性法规相抵触的前提下，可以对城乡建设与管理、环境保护、历史文化保护等方面的事项制定地方性法规。据此，选 A 项。根据《立法法》第 8 条规定，各级人民政府的职权、税收征收管理和外贸基本制度属于法律保留（专属立法）事项，设区的市无权制定有关本级人民政府的职权、税收征收管理和外贸基本制度方面的法律，不选B、C、D项。

17. B

【解析】《宪法》第1条第2款规定，社会主义制度是中华人民共和国的根本制度。中国共产党领导是中国特色社会主义最本质的特征。禁止任何组织或者个人破坏社会主义制度。据此，选B项。A项表述的社会主义公有制涉及我国的生产资料的所有制形式，C项表述的全面依法治国是中国特色社会主义的本质要求和重要保障，D项表述的人民代表大会制度是我国根本的政治制度。A、C、D项均不符合题意。

18. C

【解析】《选举法》第8条第2款规定，不设区的市、市辖区、县、自治县、乡、民族乡、镇设立选举委员会，主持本级人民代表大会代表的选举。据此，A项表述错误。《选举法》第44条第4款规定，获得过半数选票的当选代表的人数少于应选代表的名额时，不足的名额另行选举。据此，B项表述错误。《选举法》第43条规定，每次选举所投的票数，多于投票人数的无效，等于或者少于投票人数的有效。每一选票所选的人数，多于规定应选代表人数的作废，等于或者少于规定应选代表人数的有效。据此，C项表述正确，选C项。《选举法》第44条第1款规定，在选民直接选举人民代表大会代表时，选区全体选民的过半数参加投票，选举有效。代表候选人获得“参加投票的选民”过半数的选票时，始得当选。据此，D项表述错误。

19. A

【解析】财产权的社会性决定了财产权的行使不得损害公共利益。对公民财产权的限制必须基于公共利益，即社会整体利益，A项表述正确。2004年宪法修正案规定，公民的合法的私有财产不受侵犯。从我国宪法规定的措辞上看，关于公共财产用的是“神圣不可侵犯”，而关于私有财产用的是“合法的私有财产不受侵犯”。可见，B项表述错误。我国宪法将公民财产权规定在第一章“总纲”中，而非第二章“公民的基本权利和义务”中，C项表述错误。我国宪法规定，国家为了公共利益的需要，可以依照法律规定对公民的私有财产实行征收或者征用并给予“补偿”，D项表述错误。

20. B

【解析】《宪法》第125条第1款规定，中华人民共和国国家监察委员会是最高监察机关。据此，A项表述正确。第2款规定，国家监察委员会领导地方各级监察委员会的工作，上级监察委员会领导下级监察委员会的工作。据此，监察委员会上下级之间是领导关系，而非监督关系，B项表述错误。《监察法》第3条规定，各级监察委员会是行使国家监察职能的专责机关，依照本法对所有行使公权力的公职人员进行监察，调查职务违法和职务犯罪，开展廉政建设和反腐败工作，维护宪法和法律的尊严。据此，C项表述正确。《宪法》第127条第1款规定，监察委员会依照法律规定独立行使监察权，不受行政机关、社会团体和个人的干涉。据此，D项表述正确。

21. D

【解析】按照我国目前的宪政体制，中级人民法院还不能直接援引宪法条文审理案件，根据最高人民法院的司法解释，裁判文书不得引用宪法以及法院关于审判工作的指导性文件、会议纪要等作为裁判依据。可见，A项表述的做法错误。《立法法》第45条规定，法律解释权属于全国人民代表大会常务委员会。法律有以下情况之一的，由全国人民代表大会常务委员会解释：（1）法律的规定需要进一步明确具体含义的；（2）法律制定后出现新的情况，需要明确适用法律依据的。据此，本题涉及原《婚姻法》某条规定需要进一步明确具体含义，只能由全国人大常委会作出；而最高人民法院可以就属于审判工作中具体应用法律的相关问题作出司法解释，且司法解释应当主要针对具体的法律条文，并符合立法的目的、原则和原意。遇到第一种情况的，最高人民法院应当向全国人大常委会提出法律解释的要求或者提出制定、修改有关法律的议案。可见，B 项表述的做法错误。C 项表述的做法不符合司法机关依法独立行使审判权原则，虽然全国人大常委会有权对法院的审判活动进行监督，但采取监督的方式为工作监督，而不是直接干预审判活动。可见，C 项表述的做法违背法定程序，因而是错误的。《立法法》第 46 条规定，国务院、中央军事委员会、最高人民法院、最高人民检察院和全国人民代表大会各专门委员会以及省、自治区、直辖市的人民代表大会常务委员会可以向全国人民代表大会常务委员会提出法律解释要求。据此，最高人民法院可以向全国人大常委会提出法律解释要求，D 项表述的做法正确。

22. D

【解析】《香港特别行政区基本法》第 44 条规定，香港特别行政区行政长官由年满 40 周岁，在香港通常居住连续满 20 年并在外国无居留权的香港特别行政区永久性居民中的中国公民担任。据此，A 项表述错误。《香港特别行政区基本法》第 45 条第 1 款规定，香港特别行政区行政长官在当地通过选举或协商产生，由中央人民政府任命。据此，B 项表述错误。《香港特别行政区基本法》第 50 条规定，香港特别行政区行政长官如拒绝签署立法会再次通过的法案或立法会拒绝通过政府提出的财政预算案或其他重要法案，经协商仍不能取得一致意见，行政长官可解散立法会。行政长官在解散立法会前，须征询行政会议的意见。行政长官在其一任任期内只能解散立法会一次。据此，C 项表述错误。《香港特别行政区基本法》第 43 条规定，香港特别行政区行政长官是香港特别行政区的首长，代表香港特别行政区。香港特别行政区行政长官依照本法的规定对中央人民政府和香港特别行政区负责。据此，D 项表述正确。

23. A

【解析】本题考查的是国家结构形式。国家结构形式是指国家的整体与组成部分、中央与地方的关系。现代国家的国家结构形式主要分为两大类型：单一制和复合制（包括联邦制和邦联制）。现在复合制多以联邦制为主，我国采取单一制的国家结构形式。可见，A 项表述正确，C 项表述错误。国家性质（国体）决定国家形式，国家形式包括政权组织形式和国家结构形式，国家结构形式和政权组织形式之间不存在简单的对应关系。可见，B 项表述错误。国家结构形式是指国家整体与组成部分、中央与地方的相互关系，在国家对权力的配置上，体现的是纵向的权力配置关系；而政权组织形式主要是指特定社会的统治阶级采用一定的原则和方式组织实现国家权力的机关体系，确定各机关之间的相互关系，在国家对权力的配置上，体现的是横向的权力配置关系。可见，D 项表述错误。

24. D

【解析】在法律体系中，宪法具有最高法律效力，A 项表述错误。全国人大有权制定基本法律，全国人大常委会有权制定基本法律以外的非基本法律，B项表述错误。根据《立法法》第8条的规定，限制人身自由的强制措施，只能由“法律”规定，这里的“法律”，包括基本法律和非基本法律，C项表述错误。物权法、刑事诉讼法和民族区域自治法都由全国人大制定，都属于基本法律，D项表述正确。

25. C

【解析】《宪法》第9条第1款规定，矿藏、水流、森林、山岭、草原、荒地、滩涂等自然资源，都属于国家所有，即全民所有；由法律规定属于集体所有的森林和山岭、草原、荒地、滩涂除外。据此，只有矿藏、水流专属国家所有，选C项。

26. A

【解析】根据现行宪法，社会保障权包括退休人员生活保障权、物质帮助权等内容，A项表述正确。2004年宪法修正案增加了“国家建立健全同经济发展水平相适应的社会保障制度”的条款，从而强化了对公民社会保障权的保护，B项表述错误。社会保障权是一项基本人权，国家负有保障社会保障权实现的义务，其实现过程需要国家的积极干预，C项表述错误。社会保障权是一种积极权利，国家履行积极给付义务，D项表述错误。

27. D

【解析】本题考查的是村务监督机构。《村民委员会组织法》第23条规定，村民会议审议村民委员会的年度工作报告，评议村民委员会成员的工作；有权撤销或者变更村民委员会不适当的决定；有权撤销或者变更村民代表会议不适当的决定。据此，A项表述错误。根据《村民委员会组织法》第32条的规定，村务监督机构的成员由村民会议或者村民代表会议在村民中推选产生。据此，B项表述错误。根据《村民委员会组织法》第32条的规定，村应当建立村务监督委员会或者其他形式的村务监督机构，负责村民民主理财，监督村务公开等制度的落实。据此，C项表述错误。根据《村民委员会组织法》第32条的规定，村务监督机构成员向村民会议和村民代表会议负责，可以列席村民委员会会议。据此，D项表述正确。

28. A

【解析】《礼记·王制》记载商有“乱政”和“疑众”等罪：“析言破律、乱名改作、执左道以乱政，杀；作淫声、异服、奇技、奇器以疑众，杀；行伪而坚、言伪而辩、学非而博、顺非而泽以疑众，杀；假于鬼神、时日、卜筮以疑众，杀。”所谓“乱政”，主要包括三种政治性犯罪：一是“析言破律”，即随意曲解或破坏法律政令；二是“乱名改作”，即扰乱法定名分或变乱政制法度；三是“执左道以乱政”，即利用旁门左道干扰统治秩序。“疑众”罪包括五种蛊惑人心、制造混乱的犯罪行为，这些犯罪行为都处死刑：一是“作淫声、异服、奇技、奇器”以疑众，即制作违禁乐舞、奇装异服、奇技淫巧；二是“行伪而坚、言伪而辩”以疑众，即言行虚伪狡诈又巧言辩解；三是“学非而博”以疑众，即坚持习用并宣扬违法理论；四是“顺非而泽”以疑众，即顽固顺从非法事物且文过饰非；五是“假于鬼神、时日、卜筮”以疑众，即假托鬼神、祭祀名义而悖礼逆制。A项表述的“析言破律”为“乱政”罪，选A项。B、C、D项为“疑众”罪。

29. C

【解析】为准确区分伤害罪和伤害致死的杀人罪，明确因斗殴而导致的法律责任，唐律规定了保辜制度。所谓保辜，即在伤害行为发生后，确定一定的期限，限满之日根据被害人的死伤情况决定加害人所应承担的刑事责任。在法定的期限内加害人可以积极救助被害人，在挽救被害人的生命的同时减轻自己的罪责。如果受害人在辜限期内死亡的，各依杀人罪论处，如果是在辜限期外或者虽然在限内，但是是由于其他原因导致死亡的，则各依殴伤法中的伤害罪论处。本题表述中，张三因伤在辜限期内死亡，因而对李四应以杀人罪论处，选 C 项。

30. D

【解析】本题考查的是宋朝的务限法。务限法即规定在农务繁忙季节停止民事诉讼审判的法律制度。宋朝继承唐朝的务限法，这里的“务”，就是农务。《宋刑统·户婚律·婚田入务》规定：“所有论竞田宅、婚姻、债负之类，取十月一日以后，许官司受理，至正月三十日住接词状，三月三十日以前断遣完毕，如为未毕，停滞刑狱事由闻奏，如是交相夺及诸般词讼，但不干田农人户者，所在官司随时受理断遣，不拘上件月日之限。”据此，在农务繁忙季节停止民事诉讼审判。规定每年农历二月初一“入务”，即开始进入农忙季节，直到九月三十日为止。在“务限”期内，州县官停止受理有关田宅、婚姻、债负、地租等民事诉讼。限满之日即十月初一，方可受理上述民事诉讼案件，直至次年入务日。可见，本题表述中，按照《宋刑统》的相关规定，官府可以受理钱某词状的时间只能是非农忙时节，即十月初一，选 D 项。

31. B

【解析】民国北洋政府时期，教育部佥事周树人提起行政诉讼，要求撤销教育部对其的免职令。北洋政府受理行政诉讼的机构是平政院，选 B 项。大理院为北洋政府的最高审判机关，但不受理行政诉讼。高等审判厅为北洋政府在省级设立的审判机构。法部为清末司法改革由刑部改制而来，为清末最高行政司法机关，北洋政府的最高行政司法机关为司法部。

32. D

【解析】抗日民主政权时期规定了婚姻立法的基本原则，如男女平等、婚姻自由、一夫一妻制以及保护妇女儿童原则等。可见，A、B、C 项表述正确。抗日民主政权时期的婚姻立法增加了“订婚”“解除婚约”专章，规定订婚并非结婚的必经程序，订婚不得索取财物，婚约不得强制履行，双方或任意方都可在订婚后解除婚约。可见，D 项表述错误，选 D 项。

33. C

【解析】《被庐之法》是春秋时期晋文公制定的关于选贤任官、建立官僚制度的法律，选 C 项。A 项：竹刑是春秋时期郑国大夫邓析私刻的法律。B 项：《茆门法》为春秋时期楚庄王制定的有关宫门警卫、保障国君安全的法律。D 项：《仆区法》为春秋时期楚文王制定的有关禁止隐匿亡人的法律。

34. D

【解析】《北齐律》首创 12 篇的法典体例，使封建法典篇章体例定型化，该体例为隋、唐、宋继承，A 项表述正确。《北齐律》首次将相当于近代刑法典的总则——《名例律》作为法典篇目，B 项表述正确。《北齐律》首创“重罪十条”，为隋朝“十恶”制度蓝本，

C项表述正确。隋朝《开皇律》确立笞、杖、徒、流、死五刑制度，而非《北齐律》，D项表述错误，选D项。

35. C

【解析】《唐律疏议·名例律》（卷一）开篇明确指出："德礼为政教之本，刑罚为政教之用，犹昏晓阳秋相须而成者也。"这集中体现了初唐法制指导思想的基本精神，既强调治理国家必须兼有德礼和刑罚，如同一天之中有早、晚，一年之中有四季，不可或缺；又强调德礼和刑罚在实施政教中的关系是"德本""刑用"。"德礼为政教之本，刑罚为政教之用"表现为贞观君臣明法慎刑、以宽仁治天下的民本主义思想，形成了融礼、法为一体，相互为用的治国指导方针，对后世产生了重大影响。可见，选C项。

36. B

【解析】本题旨在考查对于唐朝定罪量刑原则和刑罚种类的综合掌握和应用能力。考查的知识点主要有二：一是共同犯罪的处理原则。按照唐律的规定，对于共同犯罪，以造意为首犯，处刑为重。唐律把二人以上的共同犯罪称为"共犯罪"，其中心环节是对共犯区分首犯与从犯："以造意为首，随从者减一等。"造意是指"倡首先言"的行为，造意犯为首犯，随从者为从犯，其罪减首犯一等。二是刑罚的种类。唐律规定的五刑中，每一种刑罚均分为若干等级，以便准确适用于具体罪行，从而体现罪刑相适应和刑法的公正性。五刑包括：笞（十至五十五等）、杖（六十至一百五等）、徒（徒一年、徒一年半、徒二年、徒二年半、徒三年五等）、流（流二千里、流二千五百里、流三千里三等）、死（绞、斩二等）。另据《唐律疏议·名例律》规定："诸称'加'者，就重次；称'减'者，就轻次。惟二死、三流，各同为一减。本条加入死者，依本条。（加入绞者，不加至斩）"据此，减刑对笞、杖、徒三刑而言是依等次递减。如徒二年减一等，是徒一年半；徒一年减一等，是杖一百；杖一百减一等，是杖九十；等等。但是，减刑对流、死二刑而言，则不是按等次递减，而是按刑种递减。如流三千里减一等，是徒三年；流二千里减一等，也是徒三年；斩刑减一等，是流三千里；等等。根据本题给定的情节，甲为盗窃首犯，乙为盗窃从犯，因此乙的处刑应比甲轻一等。甲既然徒二年，乙减一等，就是徒一年半。可见，选B项。

37. A

【解析】本题考查的是唐律的历史地位和影响（中华法系）。唐律作为中国传统法典的楷模，在法制史上具有继往开来、承前启后的重要地位，对宋、元、明、清法律产生了深远的影响。不仅如此，唐律在世界法制史上也占有重要地位，其影响力远超国界，对亚洲特别是东亚各国产生了重大影响。具言之，朝鲜高丽王朝十世纪初颁行的《高丽律》，其篇章和内容皆取法于唐律，《高丽史·刑法志》记载："高丽一代之制，大抵皆仿乎唐。至于刑法，亦采唐律，参酌时宜而用之。"日本八世纪初制定的《大宝律令》和《养老律令》也以唐律为蓝本，正如日本学者所言："我国《大宝律令》大体上是采用《唐律》，只不过再考虑我国国情稍加斟酌而已。"越南李朝太尊时期的《刑书》（1042年）和陈朝颁布的《国朝刑律》（1230年），其原则、内容也大多参用唐律。《唐律疏议》及其所代表的中国传统法律，传播、影响到周边的东亚各国和地区，使其法律具有共同的历史传统和形式渊源，在法律思想、法律制定、法律推理和司法审判等方面表现出显著的共同特征，因而形成了法系，学术界通常将其称为“中华法系”。中华法系是世界历史上的著名法系之一，与大陆法系、英美法系、伊斯兰法系和印度法系齐名。显而易见，唐律是中华法系的典型代表。因此，A 项是正确答案，选 A 项。暹罗（今泰国）为传统佛教法影响地区，印度为佛教、印度教等宗教法发源地，因而暹罗应属于印度法系。而波斯（今伊朗）中世纪以后则是受到伊斯兰教法的深远影响，属于伊斯兰法系。

38. A

【解析】本题考查的是明朝的刑法原则。关于化外人（外国人）犯罪的法律适用问题，《大明律》规定：“凡化外人犯罪者，并依律拟断。”即采取类似近代“属地法主义”的原则，这一原则与唐代有所不同。对于化外人有犯，《唐律疏议·名例律》规定：“诸化外人，同类自相犯者，各依本俗法；异类相犯者，以法律论。”即同一国家侨民在中国犯罪，按其本国法律处断，实行属人主义原则；不同国家侨民相犯或唐朝人与外国人相犯，则按照唐律处刑，实行属地主义原则。唐朝还对外国人在中国境内的活动作出具体规定。结合本题分析，日本人与威尼斯人均属于化外人，两者相犯，依大明律规定，其犯罪问题应当按照明律规定审理。可见，A 项是正确答案。

39. D

【解析】《大清会典》又称为《五朝会典》，包括《康熙会典》、《雍正会典》、《乾隆会典》、《嘉庆会典》和《光绪会典》。最后一部《光绪会典》增设了总理衙门的机构和权限，体现了近代行政体制的变化。1861 年，清政府设立总理衙门，由恭亲王奕䜣出任总理衙门大臣。可见，选 D 项。

40. B

【解析】1947 年南京国民政府颁布实施《中华民国宪法》，标志着国民政府训政时期之结束，宪政正式肇始。其主要内容包括：依三民主义、五权宪法确定国体与政体；规定国民大会为全国最高政权机关，但对其职权加以限制；形式上采用总统制，但总统的权力受立法院、行政院、监察院的制约；规定人民各项民主权利自由及必要的宪法义务；采取中央与地方分权体制，形式上赋予省、县两级地方政府以自治权。1947 年《中华民国宪法》仿效美国的司法审查制度，赋予司法院以解释宪法和统一解释法律及命令之权。司法院设立大法官会议，由大法官十七人组成，负责该项权力的行使。可见，选 B 项。A、C、D 项表述的立法院、行政院、监察院分别为南京国民政府的最高立法机关、行政机关和监察机关，职权中均不包括解释宪法、法律和命令之权。

二、多项选择题

41. ABCD

【解析】中国特色的社会主义法律体系，是以宪法为统帅，以法律为主干，以行政法规、地方性法规为重要组成部分，由宪法及宪法相关法、民商法、行政法、经济法、社会法、刑法、程序法等多个法律部门组成的有机统一整体。它的形成，不仅体现了中国特色社会主义的本质要求，而且体现了改革开放和社会主义现代化建设的时代要求，体现了结构内在统一而又多层次的国情要求，体现了继承中国法律文化优秀传统和借鉴人类法制文明成果的文化要求，体现了动态、开放、与时俱进的社会发展要求，是中国社会主义民主法治建设的一个重要里程碑。可见，备选项应全选。

42. ABCD

【解析】法律不是万能的，法律具有局限性，这体现在：(1) 法律调整的范围是有限的。法是众多社会调整手段中的一种，而不是唯一的一种。法是调整社会关系的重要手段，但不是唯一手段。对有些社会关系而言，法并不是有效的调整手段，比如人们的思想、信仰或私生活方面，就不宜采取法律手段加以调控。(2) 法的特性与社会生活的现实之间存在着矛盾。法具有抽象性、稳定性特征，而现实生活中的问题却是具体的和不断变化的。法还具有保守性，它总是落后于现实生活的变化，而立法者认识能力上的局限性也会使法律存在着某种不合理、不科学的地方。(3) 法的制定和实施受人的因素的制约。如果没有高素质的立法者，就不可能有良好的法律。即使制定得很好的法律，也需要合适的人正确地执行和适用，才能真正发挥其作用。如果没有具备良好法律素质和职业道德的专业队伍，法律再好，其作用也是难以发挥的。另外，法律的实施还需要大多数社会成员的遵守和支持，如果社会成员缺乏一定的法律意识，缺乏自觉遵守法律的思想道德风尚和习惯，法律也不可能有效地实施。(4) 法的实施受政治、经济、文化等社会因素的制约。法总是十分依赖其外部条件，其作用总是容易受到社会因素的制约，其中的主要因素有经济体制、政治体制、执法机关的工作状况、各级领导干部及普通公民的法律观、传统法律文化等，这些因素都会对法的实施形成制约。可见，备选项应全选。

43. BCD

【解析】“任何组织和个人都不得有超越宪法法律的特权，绝不允许以言代法、以权压法、逐利违法、徇私枉法。”在该论断中，“任何组织和个人都不得有超越宪法法律的特权”体现了法律至上和法律面前人人平等理念；“绝不允许以言代法、以权压法、逐利违法、徇私枉法”体现了权力受制约理念。可见，选B、C、D项。上述论断并未体现程序正义理念，不选A项。

44. ABCD

【解析】比较法解释是指通过比较外国的立法和判例及其原则、经验和效果，对本国法律进行解释。这里的“比较”，特指国内法与国外法之间的比较，而非国内法之间的比较，A项表述错误。文义解释是指严格遵循法律规范的字面含义的一种以尊重立法者意志为特征的解释。这种解释按照法律条文的语言表述的字义、语法和通用的表达方式以及逻辑规律进行解释，目的在于使人们正确理解法律规范的含义和立法者的意志。可见，法院并没有对某法律规范进行遵循字面含义的解释，而仅是对有关条款作了一般性解释，B项表述错误。正式解释是指由特定的国家机关、官员或其他有解释权的人对法律作出的具有法律约束力的解释，可以分为立法解释、司法解释和行政解释三种。某区法院对民法通则有关条款的解释是非正式解释，而不是正式解释，C项表述错误。该法院的解释属于非正式解释，因而不具有法律效力，D项表述错误。

45. ABC

【解析】《宪法》第46条规定，中华人民共和国公民有受教育的权利和义务。国家培养青年、少年、儿童在品德、智力、体质等方面全面发展。我国保障公民受教育权利的法律体系已初步建立，例如，《义务教育法》规定了学生家长应保障子女接受义务教育，A项表述正确。受教育既是公民的权利，也是公民的义务，具有权利和义务的双重属性，B

项表述正确。《义务教育法》第 5 条第 1 款规定，各级人民政府及其有关部门应当履行本法规定的各项职责，保障适龄儿童、少年接受义务教育的权利。据此，C 项表述正确，D 项表述错误。

46. ABD

【解析】《全国人民代表大会和地方各级人民代表大会代表法》第 49 条规定，代表有下列情形之一的，其代表资格终止：（1）地方各级人民代表大会代表迁出或者调离本行政区域的；（2）辞职被接受的；（3）未经批准两次不出席本级人民代表大会会议的；（4）被罢免的；（5）丧失中华人民共和国国籍的；（6）依照法律被剥夺政治权利的；（7）丧失行为能力的。对照上述规定，赵某辞职被接受；钱某加入外国国籍而丧失中国国籍；李某未经批准两次不出席本级人大会议，均符合人大代表资格终止的情形。可见，选 A、B、D 项。孙某因刑事案件被羁押正在接受侦查，但未最终判决，结果不确定，其代表资格不应终止，故不选 C 项。

47. ABCD

【解析】我国宪法规定的公民人身自由的内容包括：人身自由不受侵犯；人格尊严不受侵犯；住宅不受侵犯；通信自由和通信秘密受法律保护。可见，备选项应全选。

48. AB

【解析】以廷尉作为中央最高司法审判机关的朝代包括秦朝至南北朝北齐以前各朝。北齐创建大理寺作为中央最高司法审判机关，以取代廷尉。可见，选 A、B 项。隋、唐、宋都以大理寺为中央最高司法审判机关。

49. ACD

【解析】在清朝司法实践中，幕友发挥着重要作用。由于幕友娴熟律例，因而被地方各级官吏和中央司法部门长官聘请为法律顾问，A、D 项表述正确。幕友为官府聘用，而非出身于科举，因此，幕友并非由各级官府衙门任命，B 项表述错误。幕友以专办刑事审判事务的“刑名幕友”地位为最高。刑名幕友帮助官员对民间诉状作出批词，确定审理的时间及审理方法，草拟判词，C 项表述正确。

50. ABCD

【解析】1935 年《中华民国刑法》分总则、分则两编，A 项表述正确。1935 年《中华民国刑法》在立法原则方面，继受罪刑法定、罪刑相适应以及刑罚人道主义等原则，B 项表述正确。1935 年《中华民国刑法》从西方引进保安处分制度，在刑法典中增设保安处分一章，是受西方国家社会防卫主义主流刑法思想和立法实践影响的体现，C 项表述正确。1935 年《中华民国刑法》为继承传统的宗法伦理精神，保留了更多传统中国刑法的痕迹，如对侵害直系尊亲属的犯罪行为，采取加重处罚原则；同居相为隐原则得到一定的体现，如规定罪犯的配偶、五亲等内之血亲或姻亲犯便利犯人逃脱、藏匿犯人、湮灭证据等犯罪，可以减轻或免除处罚；亲族间犯盗可以免予处罚、适用亲告；纵容纳妾。可见，D 项表述正确。

三、简答题

51. 答案要点：

规范性和普遍性；国家意志性和权威性；权利义务的一致性；国家强制性；严格的程序性。

52. 答案要点：

公民监督权是公民对国家机关及其工作人员进行监督的权利，包括批评建议权、控告检举权、申诉权和国家赔偿请求权。批评建议权是公民对国家机关及其工作人员的缺点和错误，提出意见和要求改正的权利；控告检举权是公民对国家机关工作人员违法失职行为提出指控、进行检举的权利；申诉权是公民对国家机关的决定不服，要求重新处理的权利；国家赔偿请求权是国家机关侵犯公民合法权益造成损害时，受害人请求国家赔偿的权利。

53. 答案要点：

春秋决狱是由西汉董仲舒首倡的一种司法审判方式，它以儒家经典的精神和事例作为判决根据；其最重要的原则是论心定罪；促进了法律儒家化的进程，对后世影响深远。

四、分析题

54. 答案要点：

(1) 孙某与铁路公司之间存在旅客运输合同关系（民事法律关系）；孙某与铁路公安机关之间存在行政处罚关系（行政法律关系）。

(2) 体现出自由与秩序的价值冲突。孙某在行使其乘车自由的同时，不应该侵犯或损害他人的合法权益，扰乱正常的公共秩序。

55. 答案要点：

(1) 该条例应在公布后30日内，由该市所在省、自治区的人大常委会报全国人大常委会和国务院备案。

(2) 全国人大常委会收到审查建议后，由常委会工作机构进行研究，必要时，送有关专门委员会进行审查、提出意见。全国人大专门委员会、常委会工作机构可以向制定机关提出书面审查意见、研究意见。制定机关根据上述意见对该条例进行修改或者废止，审查终止；制定机关不予修改的，提请全国人大常委会审议决定。全国人大专门委员会和常委会工作机构应当将审查研究情况向张某反馈。

56. 答案要点：

(1) 年老或残疾的人参与诉讼的；退休或暂时离任的官员，与民人诉讼的。

(2) 禁止妇女为男子的诉讼代理人；例外：寡居的妇女，若家中子男有受妨碍事由不能参加诉讼，且争议须经诉讼解决的，可代为诉讼。

(3) 元朝从实际出发，较为详细地规定了诉讼代理制度，维护了一些特殊人群的诉讼权利，是中国古代诉讼制度的重要发展和完善。

五、论述题

57. 答案要点：

全面依法治国是中国特色社会主义的本质要求和重要保障，总目标是建设中国特色社会主义法治体系，建设社会主义法治国家。科学立法是前提，严格执法是关键，公正司法是防线，全民守法是基础。科学立法是法治的前提，要求立法活动尊重客观规律、体现民意、切合实际、完善程序、符合科学。严格执法是对行政机关的正当要求，是指行政机关应当严格、严明和严肃地执行国家法律。公正司法是对司法机关的基本要求，通过公正司法提升司法公信力。全民守法是指全体社会成员和一切国家机关、政党、社会团体、企事业组织，都必须遵守宪法和法律，维护宪法法律权威。

58. 答案要点：

人权是人作为人享有的或应当享有的权利。人权具有普遍性、本源性、综合性、历史性的特点。人权体现现代法治的宗旨，是对法律精神的指引，也是评价法律内在品质的标准。我国宪法规定“国家尊重和保障人权”，确立了基本人权原则；宪法列举了公民的基本权利，为公民基本权利保护提供了规范基础；“公民的基本权利和义务”一章是基本人权原则的集中体现和具体展开，明确了保障公民基本权利是国家权力设置和行使的目标。

2018 年专业基础课试题

一、单项选择题（第 1～40 小题，每小题 1 分，共 40 分。下列每题给出的四个选项中，只有一个选项是符合题目要求的）

1. 关于我国刑法溯及力的适用，下列表述中正确的是（　　）。

A. 司法解释应适用从新兼从轻原则

B. 处刑较轻是指法院判处的宣告刑较轻

C. 应以“审判时”作为新旧法选择适用的判断基础

D. 按照审判监督程序重新审判的案件适用行为时的法律

2. 犯罪分子为日后向甲勒索财物，用枪威逼甲杀死一名路人并录像。甲的杀人行为属于（　　）。

A. 正当防卫　　B. 紧急避险　　C. 自救行为　　D. 犯罪行为

3. 下列情形中，应认定为入户抢劫的是（　　）。

A. 甲冒充煤气抄表员进入受害人家中实施抢劫

B. 客房服务员乙进入客人入住的酒店房间实施抢劫

C. 丙入户盗窃后将追赶的失主在公寓楼道内打成重伤

D. 丁在房屋中介人员带领其进入他人居住的出租房内查看时发现贵重财物实施抢劫

4. 下列关于包庇罪的表述，正确的是（　　）。

A. 行为方式必须是作为　　B. 行为主体必须是特殊主体

C. 行为时间必须发生在审查起诉之后　　D. 行为对象必须是判决确定的犯罪分子

5. 我国刑法规定，故意杀人，情节较轻的，处 3 年以上 10 年以下有期徒刑。本条规定属于故意杀人罪的（　　）。

A. 修正的犯罪构成　　B. 标准的犯罪构成

C. 加重的犯罪构成　　D. 减轻的犯罪构成

6. 下列选项中，应认定为敲诈勒索罪的是（　　）。

A. 冒充人民警察敲诈他人巨额财物

B. 敲诈勒索亲属财物但获得对方谅解

C. 以在网上发帖相要挟获得职务晋升

D. 以公开不雅视频相要挟向他人借巨款后无力偿还

7. 下列关于管制的表述，不正确的是（　　）。

A. 在劳动中同工同酬　　B. 依法实行社区矫正

C. 可同时适用禁止令　　D. 刑期从判决宣告之日起计算

根据以下案情，回答第8、9小题。

甲加盖违章建筑，并串通负责房屋征收的国家机关工作人员乙。乙利用职务上的便利帮甲违法多得了200万元征收补偿款，事后，甲将其中的5万元送给乙。

8. 甲的行为应认定为（　　）。

A. 诈骗罪　　B. 贪污罪　　C. 行贿罪　　D. 侵占罪

9. 乙的行为应认定为（　　）。

A. 诈骗罪　　B. 贪污罪　　C. 受贿罪　　D. 职务侵占罪

10. 下列关于走私罪的表述，正确的是（　　）。

A. 走私的废物中混有普通货物的，构成走私废物罪

B. 基于走私目的向海关人员行贿数额巨大的，应数罪并罚

C. 走私普通货物偷逃关税数额特别巨大的，可以判处死刑

D. 具有走私故意但对走私具体对象不明确而走私的，应认定无罪

11. 最高人民法院发布的《关于审理抢劫案件具体应用法律若干问题的解释》中规定，抢劫正在使用中的银行或者其他金融机构的运钞车的，视为“抢劫银行或者其他金融机构”。该规定使用的解释方法是（　　）。

A. 扩大解释　　B. 类推解释　　C. 限制解释　　D. 文理解释

12. 下列关于单位犯罪的表述，正确的是（　　）。

A. 没有可执行财产的单位分支机构不会构成单位犯罪

B. 我国刑法中有关单位犯罪的规定不适用于外国公司、企业

C. 两个以上单位以共同故意实施犯罪的可不区分主犯、从犯

D. 对单位犯罪直接负责的主管人员和其他直接责任人员可不区分主犯、从犯

13. 下列选项中，主观方面可以表现为过失的是（　　）。

A. 放火罪　　B. 虐待罪　　C. 危险驾驶罪　　D. 食品监管渎职罪

14. 甲破解了张某的股票账户密码，偷偷登录其账户买卖股票“练手”，案发时造成张某股票账户资金实亏15万元。甲的行为应认定为（　　）。

A. 盗窃罪　　B. 非法经营罪

C. 故意毁坏财物罪　　D. 非法侵入计算机信息系统罪

15. 下列选项中，既可以由作为实行，也可以由不作为实行的是（　　）。

A. 洗钱罪　　B. 遗弃罪

C. 玩忽职守罪　　D. 拒不履行信息网络安全管理义务罪

16. 甲误把张某当作李某推入水井，意图将其淹死，但事实上井中无水，结果张某摔死。这属于（　　）。

A. 客体错误　　B. 工具错误　　C. 打击错误　　D. 因果关系错误

17. 甲在候车室以需要紧急联络为名，向赵某借得高档手机，边打电话边向候车室外

移动，出门后拔腿就跑，已经有所警觉的赵某猛追未果。甲的行为应认定为(　　)。

A. 抢夺罪　　B. 盗窃罪　　C. 侵占罪　　D. 抢劫罪

18. 下列关于罚金的表述，正确的是(　　)。

A. 对于未成年罪犯不得适用罚金刑

B. 罚金的最低数额可由法官酌情确定

C. 一人犯数罪分别判处罚金的应合并执行

D. 一人犯数罪同时并处罚金和没收全部财产的应合并执行

19. 乘客甲明知擅自打开飞机应急舱门会危及飞行安全，在飞机被牵引车推出阶段故意将应急舱门打开，地勤人员发现应急充气滑梯弹出后将飞机迫停。甲的行为应认定为(　　)。

A. 破坏交通工具罪　　B. 暴力危及飞行安全罪

C. 重大飞行事故罪　　D. 以危险方法危害公共安全罪

20. 下列选项中，应认定为寻衅滋事罪的是(　　)。

A. 因宅基地纠纷将邻居家电视机砸毁　　B. 因感情纠纷随意殴打路人情节恶劣

C. 因债务纠纷率众人拿走债务人财物　　D. 因医患纠纷将主治医生困在办公室

21. 李某于2012年7月将户籍由甲市迁往乙市，因遗失户籍迁移证而未能落户，后李某因工作需要，自2013年8月起租住在丙市，并在2014年9月至2015年12月期间因重病在丁市某医院住院治疗。2015年10月时李某的住所在(　　)。

A. 甲市　　B. 乙市　　C. 丙市　　D. 丁市

22. 甲将一部相机借给乙，乙擅自将相机卖给不知情的丙，丙又将相机卖给不知情的丁并交付。对此，下列说法正确的是(　　)。

A. 丁根据善意取得取得相机的所有权

B. 丁基于丙的交付取得相机的所有权

C. 丁在甲追认后方可取得相机的所有权

D. 丁在付清全部款项后方可取得相机的所有权

23. 甲在报纸上发表了一篇时事性文章，未声明不允许其他媒体刊登，乙杂志社未经甲同意予以转载且未支付报酬。乙杂志社的行为不构成侵权的法律依据是(　　)。

A. 许可使用　　B. 法定许可　　C. 强制许可　　D. 合理使用

24. 甲在某酒店公用洗手间滑倒，摔碎了眼镜。经查：甲滑倒系因酒店清洁工乙清洁不彻底，地面湿滑所致。甲的损失应由(　　)。

A. 甲自己承担　　B. 酒店承担全部责任

C. 酒店和乙承担按份责任　　D. 酒店和乙承担连带责任

25. 下列选项中，甲的行为构成无因管理的是(　　)。

A. 甲主动将摔倒在人行道上的老人扶起

B. 甲儿时被收养，成年后赡养亲生父母

C. 甲为了出行便利，出钱修复邻居家被台风刮倒的院墙

D. 甲的狗将他人咬伤，甲误以为是好友乙的狗咬伤人而赔偿伤者

26. 甲公司欠乙公司货款50万元，乙公司欠甲公司租金50万元，后甲公司被乙公司

兼并。甲公司与乙公司之间的债消灭的原因是(　　)。

A. 混同　　B. 免除　　C. 抵销　　D. 清偿

27. 甲将自己的汽车借给乙使用。某日，乙酒后驾驶该车撞伤丙。丙的损害应由(　　)。

A. 甲全部赔偿　　B. 乙全部赔偿

C. 甲、乙连带赔偿　　D. 甲、乙按份赔偿

28. 摄影师甲以乙为模特拍摄了数百张艺术照。甲将这些照片编辑成画册，未经乙同意交出版社出版发行。甲的行为侵害了乙的(　　)。

A. 著作权　　B. 发表权　　C. 肖像权　　D. 署名权

29. 甲将乙的照片和联系方式发到自己的微信朋友圈，声称乙欠钱不还，是个骗子。经查，甲所言与事实完全不符。甲的行为侵害了乙的(　　)。

A. 姓名权　　B. 名誉权　　C. 肖像权　　D. 荣誉权

30. 甲公交公司的司机乙为避让闯红灯的行人丙而急刹车，致乘客丁摔倒受重伤。丁的损害应由(　　)。

A. 甲公司赔偿　　B. 甲公司和乙连带赔偿

C. 乙赔偿　　D. 甲公司和丙连带赔偿

31. 甲（10 周岁）、乙（11 周岁）、丙（12 周岁）翻越高速公路天桥旁水泥护栏后，趴在防护网上往高速公路抛掷石块击打过往车辆，其中一石块击中司机丁致其重伤，但无法确认该石块是谁投掷。丁的损害应由(　　)。

A. 甲、乙、丙连带赔偿

B. 高速公路管理机构赔偿

C. 甲、乙、丙的监护人连带赔偿

D. 甲、乙、丙的监护人和高速公路管理机构连带赔偿

32. 下列情形中，不属于法人解散原因的是(　　)。

A. 被吊销营业执照　　B. 被吊销登记证书

C. 章程规定的存续期间届满　　D. 变更名称

33. 甲声称具有某海外名校学历，与乙登记结婚。半年后，乙发现甲的毕业证书系伪造。甲、乙之间的婚姻(　　)。

A. 无效　　B. 有效

C. 因欺诈可撤销　　D. 因重大误解可撤销

34. 甲将汽车以 15 万元的价格卖给乙并交付，后甲从乙处借回该车，并以 16 万元的价格卖给不知情的丙，同时办理了登记手续，但车仍由甲占有。乙得知后，要求甲、丙返还汽车、赔偿损失。对此，下列选项正确的是(　　)。

A. 汽车归丙所有，乙的损失由甲赔偿

B. 汽车归丙所有，乙的损失由甲、丙连带赔偿

C. 汽车归乙所有，乙有权要求甲返还汽车、赔偿损失

D. 汽车归乙所有，乙有权要求丙返还汽车、赔偿损失

35. 甲（13 周岁）因考试成绩不理想将自己的书包扔掉。甲扔掉书包的事实属于(　　)。

A. 事件　　B. 事实行为

C. 民事法律行为　　D. 不具有法律意义的事实

36. 2005年，甲立公证遗嘱，将自己的一套房屋留给儿子乙。后甲与丙结婚，生有一子丁。2008年，甲立自书遗嘱，指定前述房屋由丙、丁二人共同继承。2017年，甲去世。该房屋(　　)。

A. 应按照公证遗嘱由乙继承

B. 应按照自书遗嘱由丙、丁共同继承

C. 应由乙、丙、丁依法定继承共同继承

D. 属于甲和丙的共同财产，应当先析产后继承

37. 甲、乙、丙三人按35％、55％、10％的份额共有一艘渔船，乙、丙二人均有意卖掉渔船，甲坚决反对。关于出卖渔船，下列选项正确的是(　　)。

A. 乙有权单独决定出卖渔船

B. 乙、丙未经甲同意无权出卖渔船

C. 乙、丙有权基于多数份额出卖渔船

D. 乙、丙可以根据多数共有人同意出卖渔船

38. 除斥期间的适用对象通常是(　　)。

A. 形成权　　B. 请求权　　C. 支配权　　D. 抗辩权

根据以下案情，回答第39、40小题。

甲与金科公司约定：甲委托金科公司为自己提供出借人的相关信息，甲在与出借人订立借款合同后向金科公司支付报酬。后根据金科公司提供的信息，甲从创富公司借款36万元并以其房产设定抵押，但一直未办理抵押登记手续。

39. 甲与金科公司之间的约定属于合同法中的(　　)。

A. 委托合同　　B. 行纪合同　　C. 居间合同　　D. 技术咨询合同

40. 甲与创富公司之间签订的房产抵押合同(　　)。

A. 有效　　B. 可撤销　　C. 效力待定　　D. 无效

二、多项选择题（第41～50小题，每小题2分，共20分。下列每题给出的四个选项中，至少有两个选项是符合题目要求的。多选、少选或错选均不得分）

41. 甲在街头摆气球射击摊，因向顾客提供的六只枪形物被鉴定为枪支，被法院以非法持有枪支罪判处有期徒刑同时宣告缓刑。法院的做法符合(　　)。

A. 罪刑法定原则　　B. 罪责刑相适应原则

C. 从旧兼从轻原则　　D. 主客观相统一原则

42. 下列选项中，应认定为自首中“自动投案”的有(　　)。

A. 在接受强制戒毒期间，主动向警方交代了自己抢劫他人的事实

B. 因形迹可疑被父母捆绑到派出所后，如实交代了自己杀人的事实

C. 匿名报案后在事故现场接受询问时，向警方交代了自己交通肇事的事实

D. 在涉嫌诈骗被取保候审期间潜逃，途中找警方交代了自己绑架他人的事实

43. 在情节严重的情况下，下列行为应认定为非法经营罪的有(　　)。

A. 使用伪造的药品经营许可证，非法经营药品

B. 长期以暴力手段强迫他人向自己借款，赚取利息

C. 以营利为目的，长期通过网络有偿提供删除信息服务

D. 非法生产具备赌博功能的电子游戏机，供他人开设赌场

44. 下列聚众斗殴的情形中，属于“持械”的有(　　)。

A. 牵引恶犬参与斗殴

B. 携带非法持有的枪支参与斗殴

C. 在斗殴现场抢夺对方棍棒并使用

D. 斗殴时使用事先藏匿在斗殴地点的砍刀

45. 生产、销售伪劣产品罪的客观方面表现为，在生产、销售的产品中(　　)。

A. 以次充好　　B. 以假充真　　C. 掺杂　　D. 掺假

46. 甲、乙、丙设立一合伙企业。2014年8月，该合伙企业欠星月公司货款36万元，同年10月，丙经甲、乙同意退伙，依约承担了15万元的合伙债务。2015年2月，丁经甲、乙同意入伙，并约定：丁对入伙前该合伙企业所欠债务不承担责任。对该合伙企业欠星月公司的债务应承担无限连带责任的有(　　)。

A. 甲　　B. 乙　　C. 丙　　D. 丁

47. 下列选项中，无须登记即可发生物权变动的有(　　)。

A. 甲公司将其股权出质给银行　　B. 乙公司将其轮船的所有权转让给高某

C. 丙公司通过拍卖取得建设用地使用权　　D. 丁农户将其土地承包经营权转让给钱某

48. 志愿者甲经常照顾孤寡老人乙。2015年3月20日，乙病故，遗嘱执行人丙告诉甲，乙遗赠给甲3万元和一套古籍。5月15日，甲明确表示拒绝接受古籍。5月18日，甲联系丙，表示撤销此前拒绝接受古籍的行为。5月28日，甲请求丙执行遗嘱，丙(　　)。

A. 应将3万元交付给甲　　B. 应将古籍交付给甲

C. 无需向甲交付3万元　　D. 无需向甲交付古籍

49. 甲公司与乙幼儿园签订空气净化器买卖合同，约定：净化器的PM2.5去除率应达到95%，验收合格后付款。后乙幼儿园经甲公司同意将合同转让给丙幼儿园。丙幼儿园验收时，发现PM2.5去除率远未达到合同约定的标准。对此，下列说法正确的有(　　)。

A. 丙幼儿园有权解除买卖合同

B. 丙幼儿园可以对甲公司行使先履行抗辩权

C. 丙幼儿园可以请求乙幼儿园承担违约责任

D. 乙幼儿园与丙幼儿园之间的转让合同有效

50. 甲将拾得的手表赠与不知情的乙，乙对该手表的占有属于(　　)。

A. 有权占有　　B. 善意占有　　C. 直接占有　　D. 自主占有

三、简答题（第51～54小题，每小题10分，共40分）

51. 简述连续犯的特征。

52. 简述减刑的限度。

53. 简述效力待定民事法律行为的法律后果。

54. 简述表演者的权利与表演权的区别。

四、法条分析题（第55～56小题，每小题10分，共20分）

55.《中华人民共和国刑法》第16条规定："行为在客观上虽然造成了损害结果，但是不是出于故意或者过失，而是由于不能抗拒或者不能预见的原因所引起的，不是犯罪。"

请分析"不能抗拒"和"不能预见"的含义。

56.《中华人民共和国物权法》第20条规定："当事人签订买卖房屋或者其他不动产物权的协议，为保障将来实现物权，按照约定可以向登记机构申请预告登记。预告登记后，未经预告登记的权利人同意，处分该不动产的，不发生物权效力。

预告登记后，债权消灭或者自能够进行不动产登记之日起三个月内未申请登记的，预告登记失效。"

请分析：

（1）哪些行为属于该条第一款所称的"处分该不动产的"行为？

（2）哪些情形应当认定为该条第二款所称的"债权消灭"的情形？

五、案例分析题（第57～58小题，每小题15分，共30分）

57. 甲因故意伤害罪被判处二年有期徒刑。刑满释放后第二年，甲得知李某欠朋友乙2万元赌债，遂于一天夜晚，伙同乙将李某堵在某宾馆房间内，甲殴打李某致其轻伤，并索要"赌债"。李某表示自己没有带钱，乙威逼李某给家人打电话，要求李某告知家人送3万元现金急用。第二天上午9时，李某的家人送来3万元现金，之后甲将李某释放。

请根据上述材料，回答下列问题并说明理由：

（1）甲、乙的行为构成何罪？

（2）甲、乙具有哪些量刑情节？

58. 2014年5月15日，甲公司与乙公司签订买卖合同，约定：甲公司从乙公司购进5台空调、2个冰柜，货款总计60 000元，从2014年10月起分四期按月支付，每期支付15 000元。

2014年5月20日，乙公司将合同约定的货物全部交给甲公司。5月27日，赵某为甲公司安装空调，其间，赵某不慎将工具掉到楼下，将行人钱某砸伤。经查，赵某系丙公司派遣到乙公司的安装工人，且丙公司在派遣前对赵某进行了培训。

2014年10月，甲公司支付了第一期货款15 000元，后一直未支付第二期货款。

请根据上述材料，回答下列问题并说明理由：

（1）本案中的买卖合同是否属于分期付款买卖？

（2）乙公司是否有权解除与甲公司签订的买卖合同？

（3）钱某的损害应当由谁承担赔偿责任？

2018年专业基础课试题答案及解析

一、单项选择题

1. D

【解析】《最高人民法院、最高人民检察院关于适用刑事司法解释时间效力问题的规定》第3条指出：对于新的司法解释实施前发生的行为，行为时已有相关司法解释，依照行为时的司法解释办理，但适用新的司法解释对犯罪嫌疑人、被告人有利的，适用新的司法解释。据此，我国在司法解释的问题上也采取从旧兼从轻原则，而不是从新兼从轻原则，A 项表述错误。《刑法》第 12 条规定，中华人民共和国成立以后本法施行以前的行为，如果当时的法律不认为是犯罪的，适用当时的法律；如果当时的法律认为是犯罪的，依照本法总则第四章第八节的规定应当追诉的，按照当时的法律追究刑事责任，但是如果本法不认为是犯罪或者处刑较轻的，适用本法。这里的“处刑较轻”，是指法定刑较轻，而不是法院判处的宣告刑较轻，因而只需要进行法定刑的判断，而不能进行个案的判断。更进一步说，法定刑较轻指的是法定最高刑较轻；如果法定最高刑相同，则指法定最低刑较轻。可见，B 项表述错误。到底适用旧法，还是适用新法，应以是否有利于行为人（对行为人有利还是不利）作为判断标准。可见，C 项表述错误。根据《最高人民法院关于适用刑法时间效力规定若干问题的解释》，按照审判监督程序重新审判的案件，适用行为时的法律。据此，D 项表述正确。

2. D

【解析】正当防卫针对的对象是不法侵害人本人，而甲实施的行为针对的是路人，因而甲的行为不是正当防卫，不选 A 项。甲的行为不能成立紧急避险，因为在受强制的情形下，不得以生命作为避险对象，甲的行为只能认定为犯罪行为（故意杀人），不选 B 项，选 D 项。甲的行为并非自救行为，因为自救行为针对的对象也是不法侵害人本人，不选 C 项。

3. A

【解析】“入户抢劫”是指为实施抢劫行为而进入他人生活的与外界相对隔离的住所，包括封闭的院落、牧民的帐篷、渔民作为家庭生活场所的渔船、为生活租用的房屋等。A 项表述中，甲冒充煤气抄表员进入受害人家中实施抢劫，这属于典型的入户抢劫行为，选 A 项。B 项表述中，酒店并非“户”，乙进入酒店抢劫并非入户抢劫，不选 B 项。C 项表述中，丙入户的目的是盗窃，而不是为了抢劫；丙盗窃完后在楼道内将失主打成重伤，根据《刑法》第 269 条有关转化行抢劫的规定，丙的盗窃行为转化为抢劫，但该转化并非发生于户内，而是在户外（楼道内）。因此不能认定为入户抢劫，只能认定为一般型抢劫罪（转化型抢劫），不选 C 项。如果将 C 项表述修改为“丙入户盗窃，在屋内将房主打成重伤”，由于盗窃行为在户内发生转化，就可以认定为入户抢劫（转化型抢劫）。D 项表述中，丁进入“户”内才临时产生抢劫犯意，对于在户内临时起意实施抢劫的，不能认定为“入户抢劫”，不选 D 项。

4. A

【解析】包庇罪的行为方式只能是作为，不作为不能成为包庇罪的行为方式，A 项表述正确，选 A 项。包庇罪的犯罪主体是一般主体，B 项表述错误。包庇罪的行为发生在犯罪之后，包括发生在刑事诉讼之前、之中或之后，C 项表述错误。包庇罪的行为对象包括已决犯和未决犯，D 项表述错误。

5. D

【解析】本题表述的条文是刑法分则规定的，应当属于基本犯罪构成，而非修正犯罪构成，不选 A 项。标准的犯罪构成是刑法条文对具有通常社会危害程度的行为所规定的犯罪构成。派生的犯罪构成是以标准的犯罪构成为基础，因为犯罪行为具有较轻或较重的法益侵害程度而从标准的犯罪构成中派生出来的犯罪构成。派生的犯罪构成包括加重的犯罪构成和减轻的犯罪构成。本题表述的条文含有“情节较轻的”，应当属于派生犯罪构成中的“减轻的犯罪构成”，选D项。

6. A

【解析】冒充人民警察敲诈他人巨额财物，构成犯罪的，以敲诈勒索罪定罪处罚，选A项。有的人认为A项表述构成招摇撞骗罪，这是不正确的，因为招摇撞骗罪是以“骗”为特征，通过假象蒙蔽他人，使其陷入错误认识而自愿地“交出”财物或提供其他利益。敲诈勒索罪虽然有“诈”的成分，但主要是通过对财物的持有人施以威胁、要挟、恫吓，造成其精神上的恐惧，使其出于无奈而被迫交出财物。可见，A项表述不构成招摇撞骗罪。根据2013年4月《最高人民法院、最高人民检察院关于办理敲诈勒索刑事案件适用法律若干问题的解释》的规定，对于敲诈勒索近亲属的财物，获得谅解的，一般不认为是犯罪；认定为犯罪的，应当酌情从宽处理。据此，不选B项。敲诈勒索罪主观方面除故意外，需要具有非法占有公私财物的目的，即行为对象是公私财物，而非获得职务晋升等其他非财产利益，不选C项。对于以胁迫手段迫使他人借款给自己使用的，如果没有归还的意思，成立敲诈勒索罪；如果有归还的意思但日后无力归还的，因不具有非法占有的目的，不应认定为敲诈勒索罪，但可能构成强迫交易罪，不选D项。

7. D

【解析】《刑法》第39条第2款规定，对于被判处管制的犯罪分子，在劳动中应当同工同酬。据此，A项表述正确。《刑法》第38条第3款规定，对判处管制的犯罪分子，依法实行社区矫正。据此，B项表述正确。《刑法》第38条第2款规定，判处管制，可以根据犯罪情况，同时禁止犯罪分子在执行期间从事特定活动，进入特定区域、场所，接触特定的人。此为禁止令的规定。2011年4月《最高人民法院、最高人民检察院、公安部、司法部关于对判处管制、宣告缓刑的犯罪分子适用禁止令有关问题的规定（试行）》对于禁止令作出了详细规定。可见，C项表述正确。《刑法》第41条规定，管制的刑期，从判决执行之日起计算；判决执行以前先行羁押的，羁押1日折抵刑期2日。据此，D项表述不正确，选D项。

8. A

【解析】甲、乙共谋骗取200万元征收补偿款，符合诈骗罪的犯罪构成，对甲应以诈骗罪论处，选A项。有的人认为甲、乙的行为构成贪污罪共犯，这是不正确的，理由在于：虽然乙利用职务上的便利骗取补偿款，但利用职务上的便利的行为并非都构成贪污罪，只有当国家工作人员现实地对公共财物享有支配权、决定权，或者对具体支配财物的人员处于领导、指示、支配地位，进而利用了职务上的便利，才能认定为贪污罪。有的人认为甲、乙的行为分别构成行贿罪和受贿罪的共犯对向犯，这也是不正确的，理由在于：甲、乙所得200万元补偿款是通过骗取的方式获得的，不能成立受贿罪和行贿罪的共同犯罪。

9. C

【解析】乙为甲谋取不正当利益，并在事后收取甲的5万元钱，乙的行为符合受贿罪的构成要件，构成受贿罪，选 C 项。

10. A

【解析】A 项表述中，在走私的废物中混有普通货物，构成犯罪的，以实际走私的货物、物品定罪处罚，即以走私废物罪定罪处罚，A 项表述正确，选 A 项。对于 A 项，应当注意的是，如果在一次走私活动中，在走私的普通货物、物品中混有其他走私物品（废物、武器弹药、核材料、假币、文物、贵重金属、珍贵动物、淫秽物品、毒品等），应当认定为行为人实施了数行为（不属于想象竞合犯），实行数罪并罚。《最高人民法院、最高人民检察院关于办理走私刑事案件适用法律若干问题的解释》第 16 条第 2 款规定，走私普通货物、物品，具有下列情形之一，偷逃应缴税额在 30 万元以上不满 50 万元的，应当认定为《刑法》第 153 条第 1 款规定的“其他严重情节”；偷逃应缴税额在 150 万元以上不满 250 万元的，应当认定为“其他特别严重情节”：（1）犯罪集团的首要分子；（2）使用特种车辆从事走私活动的；（3）为实施走私犯罪，向国家机关工作人员行贿的；（4）教唆、利用未成年人、孕妇等特殊人群走私的；（5）聚众阻挠缉私的。根据上述司法解释第（3）项，B 项表述的情形应认定为走私普通货物、物品罪的“其他特别严重情节”，而不能实行数罪并罚，B 项表述错误。由于《刑法修正案（八）》已经取消了走私罪的死刑，C 项表述错误。D 项表述中，具有走私故意但对走私具体对象不明确而走私的，不影响走私罪的犯罪构成，明知走私但对走私的对象不明确，只能认定为走私普通货物、物品罪，D 项表述错误。

11. A

【解析】最高人民法院发布的《关于审理抢劫案件具体应用法律若干问题的解释》中，将抢劫正在使用中的银行或其他金融机构的运钞车，包括在抢劫银行或其他金融机构之内，从而扩大了“银行和金融机构”的含义，因而是扩大解释，选 A 项，不选 C 项。不选 B 项，因为一般认为最高司法机关作出的司法解释没有超出罪刑法定原则的范围，而类推解释是超出罪刑法定原则范围，或者与罪刑法定原则不相符而进行的解释，因而本题表述的情形不是类推解释，不选 B 项。文理解释是严格按照条文的字面含义进行的解释，本题表述的情形显然将“银行或其他金融机构”扩大解释为“运钞车”，这显然超出字面含义，不是文理解释，不选 D 项。

12. D

【解析】以单位的分支机构或者内设机构、部门的名义实施犯罪，违法所得亦归分支机构或者内设机构、部门所有的，应当认定为单位犯罪，至于分支机构或者内设机构等是否有可供执行的财产，不影响单位犯罪的认定。可见，A 项表述错误。外国公司、企业在我国领域内实施犯罪的，或者虽然在我国领域外实施犯罪但应当适用我国刑法的，应依照我国刑法关于单位犯罪的规定定罪处罚。可见，B 项表述错误。两个以上单位犯罪的，也可以区分主犯和从犯，C 项表述错误。在单位犯罪中，主管人员与直接责任人员不是当然的主犯、从犯关系，有的案件，主管人员与直接责任人员在实施犯罪行为中主从关系不明显的，可不分主犯和从犯；如果可以分清主犯和从犯，而且分不清主犯和从犯，在同一法定刑档次、幅度内量刑无法做到罪责刑相适应的，就应当分清主犯和从犯，依法处罚。可见，D 项表述正确。

13. D

【解析】食品监管渎职罪主观方面表现为故意或过失。滥用职权的，表现为故意；玩忽职守的，表现为过失。可见，选D项。放火罪、虐待罪和危险驾驶罪主观方面都表现为故意。

14. C

【解析】故意毁坏财物罪是指故意毁坏公私财物，数额较大或者有其他严重情节的行为。故意毁坏财物罪中的“毁坏”，不限于从物理上变更或者消灭财物的形体，而是包括使财物的效用丧失或者减少的一切行为。通过对财物行使有形力，导致财物的完整性受到明显毁损的，当然属于“毁坏”；没有直接对财物行使有形力，但使他人财物的效用减少或者丧失的，同样是毁坏财物。本题表述中，甲通过炒股使张某损失15万元，构成故意毁坏财物罪，选C项。不选A项，因为甲并没有非法占有张某财产的目的，但“练手”却导致张某财产损失，所以不构成盗窃罪，当然，如果炒股盈利巨大并将盈利据为己有的，构成盗窃罪。总之，不选A项。甲的行为不符合法律和相关司法解释规定的以非法经营罪论处的情形，不构成非法经营罪，不选B项。根据《刑法》第285条第1款规定，非法侵入计算机信息系统罪是指自然人或者单位违反国家规定，侵入国家事务、国防建设、尖端科学技术领域的计算机信息系统的行为。本题表述中，甲的行为不符合非法侵入计算机信息系统罪的客观表现，不选D项。

15. C

【解析】玩忽职守罪的行为方式既可以是作为，也可以是不作为，选C项。洗钱罪只能以作为方式实施，不选A项。遗弃罪和拒不履行信息网络安全管理义务罪只能以不作为方式实施，不选B、D项。

16. D

【解析】甲误以为张某是淹死的，实际上是摔死的，即甲已经实际造成损害结果，但对损害结果的发生原因存在误解，这属于因果关系错误，选D项。需要注意的是，本题表述中，甲误把张某当作李某，这种情形属于对象错误或性质错误（属于同一犯罪构成），因而本题表述的情形既存在对象错误也存在因果关系错误，但备选项表述中并无对象错误。

17. B

【解析】甲以需要紧急联络为名，以欺骗的手段公开行窃赵某的手机，甲的行为符合盗窃罪的构成要件，应当以盗窃罪论处，选B项。甲的行为不构成抢夺罪，因为抢夺行为具有致人伤亡的可能，而盗窃行为不会致人伤亡。换言之，只要夺取他人财物的行为有可能致人伤亡，即使可能性较小，也应当认定为抢夺罪，但根本不会产生伤亡的，就不能认定为抢夺罪，只能认定为盗窃罪（绝对不能认定为诈骗罪）。一般而言，同时具备以下两个条件，就应当认为具有致人伤亡的可能性：第一，所夺取的财物必须是他人紧密占有的财物，即他人提在手上、背在肩上、装在口袋等与人的身体紧密联结在一起的财物。第二，必须对财物使用了非平和的手段，即可以评价为对物暴力的强行夺取的行为。具备上述两个条件，构成抢夺罪，如果仅具备上述条件之一，宜认定为盗窃罪。理由在于：第一，对离开他人身体的财物实施非法取得行为的，宜认定为盗窃罪。第二，虽然对他人紧密占有的财物实施非法取得行为，但行为本身平和、平稳，而不能评价为对物暴力，因而不可能致人伤亡的，也宜认定为盗窃罪。总之，不选A项。侵占罪的对象是代为保管的他人财物、他人的遗忘物和埋藏物。本题表述的财物并非上述三种财物，不选C项。甲的行为不符合抢劫罪的构成特征，这是不言自明的，不选D项。

18. C

【解析】罚金是人民法院判处犯罪分子或者犯罪的单位向国家缴纳一定金钱的刑罚方法，属于财产刑。《最高人民法院关于审理未成年人刑事案件具体应用法律若干问题的解释》第15条规定，对未成年罪犯实施刑法规定的“并处”没收财产或者罚金的犯罪，应当依法判处相应的财产刑；对未成年罪犯实施刑法规定的“可以并处”没收财产或者罚金的犯罪，一般不判处财产刑。对未成年罪犯判处罚金刑时，应当依法从轻或者减轻判处，并根据犯罪情节，综合考虑其缴纳罚金的能力，确定罚金数额。但罚金的最低数额不得少于500元人民币。对被判处罚金刑的未成年罪犯，其监护人或者其他人自愿代为垫付罚金的，人民法院应当允许。不过，我国刑法没有明确规定罚金数额，罚金的最低数额不能少于1 000元，对于未成年罪犯，罚金数额不能少于500元。可见，A、B项表述错误。《刑法》第69条第3款规定，数罪中有判处附加刑的，附加刑仍须执行，其中附加刑种类相同的，合并执行，种类不同的，分别执行。据此，一人犯数罪分别判处罚金的，应当实行并罚，将所判处的罚金数额相加，执行总和数额，属于合并执行，C项表述正确。一人犯数罪，判处没收全部财产，同时判处罚金刑的，应决定执行没收全部财产，不再执行罚金刑，D项表述错误。

19. D

【解析】破坏交通工具罪是指破坏火车、汽车、电车、船只、航空器，足以使火车、汽车、电车、船只、航空器发生倾覆、毁坏危险，尚未造成严重后果的行为。甲在飞机被牵引车推出阶段打开应急舱门的行为，不足以使飞机发生倾覆、毁坏危险，不构成破坏交通工具罪，不选A项。暴力危及飞行安全罪是指行为人对飞行中的航空器上的人员使用暴力，危及飞行安全的行为。暴力危及飞行安全罪要求行为人必须使用暴力，暴力的针对对象必须是机组人员与乘客等航空器上的其他人员。本题表述中，甲的行为并未针对航空器上的人员，不构成暴力危及飞行安全罪，不选B项。重大飞行事故罪是指航空人员违反规章制度，致使发生重大飞行事故，造成严重后果的行为。重大飞行事故罪的犯罪主体是航空人员，包括空勤人员和地勤人员，主观方面表现为过失，若主观方面表现为故意，不得以重大飞行事故罪论处，构成其他犯罪的，按照其他相应的犯罪论处。本题表述中，甲不是航空人员，而是乘客，且主观方面表现为故意，甲的行为不构成重大飞行事故罪，不选C项。以危险方法危害公共安全罪是指使用与放火、爆炸、决水、投放危险物质方法的危险性相当的其他危险方法，危害公共安全的行为。甲明知擅自打开飞机应急舱门会危及飞行安全，在飞机被牵引车推出阶段故意将应急舱门打开，导致地勤人员将飞机迫停，甲实施的行为与放火、爆炸、决水、投放危险物质等危害公共安全行为的危险性相当，应当以以危险方法危害公共安全罪论处，选D项。

20. B

【解析】寻衅滋事罪是指肆意挑衅，无事生非，起哄闹事，进行扰乱破坏，情节恶劣的行为。具体表现为下列形式之一：（1）随意殴打他人，情节恶劣的；（2）追逐、拦截、辱骂、恐吓他人，情节恶劣的；（3）强拿硬要或者任意损毁、占用公私财物，情节严重的；（4）在公共场所起哄闹事，造成公共场所秩序严重混乱的。备选项中，B项表述符合上述客观表现，选B项。A项表述中，砸毁电视机系事出有因，并非无事生非，也不是"任意"损毁公私财物，因此A项表述不构成寻衅滋事罪。C项表述中，对于财物的占有并非出于无事生非而任意占用，不构成寻衅滋事罪，不选C项。D项尚不能认定属于严重扰乱公共场所秩序的行为，不选D项。

21. C

【解析】《民法典》第25条规定，自然人以户籍登记或者其他有效身份登记记载的居所为住所；经常居所与住所不一致的，经常居所视为住所。据此，李某将其户籍由甲市迁往乙市，因遗失户籍迁移证而未能落户，因此李某仍应以户籍登记记载的居所即甲市为住所。李某自2013年8月起租住在丙市，丙市为其经常居所。虽然李某在2014年9月至2015年12月期间在丁市某医院住院治疗，但是住院治疗的地方不能认定为住所。因此，在李某经常居所（丙市）与住所（甲市）不一致时，应以其经常居所为住所。故在2015年10月，李某的住所在丙市，选C项。

22. B

【解析】本题表述中，丙善意取得相机的所有权，丙取得相机所有权后，又将其卖给丁并交付相机。《民法典》第224条规定，动产物权的设立和转让，自交付时发生效力，但是法律另有规定的除外。据此，丁基于丙的交付取得相机的所有权，选B项。丁取得相机所有权的依据并非善意取得制度，因为丙已经依据善意取得制度取得相机的所有权，丙当然有权处分相机，而适用善意取得制度的前提是丙对相机无权处分，既然丙有权处分相机，自然没有适用善意取得的余地，更不存在所谓是否"追认"的问题，不选A、C项。既然已经交付相机，丁取得相机所有权，至于是否付清全款，则属于合同履行问题，不选D项。

23. D

【解析】《著作权法》第22条规定，在下列情况下使用作品，可以不经著作权人许可，不向其支付报酬，但应当指明作者姓名、作品名称，并且不得侵犯著作权人依本法享有的其他权利：……报纸、期刊、广播电台、电视台等媒体刊登或者播放其他报纸、期刊、广播电台、电视台等媒体已经发表的关于政治、经济、宗教问题的时事性文章，但作者声明不许刊登、播放的除外……第22条规定的就是作品的合理使用制度。据此，选D项。

24. B

【解析】本题表述的情形为用工责任。《民法典》第1191条第1款规定，用人单位的工作人员因执行工作任务造成他人损害的，由用人单位承担侵权责任。用人单位承担侵权责任后，可以向有故意或者重大过失的工作人员追偿。据此，选B项。

25. C

【解析】无因管理的成立须以为他人谋利益为必要，专为本人谋利益的意思不能成立无因管理，自己获益的同时兼使他人获益，不妨碍成立无因管理。C项表述中，甲出钱修复邻居家被台风刮倒的院墙，甲在使本人获益的同时也使其邻居获益，成立无因管理，选

C项。无因管理在管理人与本人之间产生债权债务关系，对不能在当事人之间产生债权债务关系的事项的管理不能构成无因管理。A项表述中不能发生债权债务关系，不能认定为无因管理，当然，如果将A项表述修改成“甲将危急病人送往医院”，则因发生费用问题而构成无因管理。总之，不选A项。亲属间履行道德义务性质的行为或给付，不得认定为无因管理，B项表述中，甲成年后赡养亲生父母，虽然不是法定义务（履行法定义务的行为也不构成无因管理），但属于履行道德义务性质的给付，不能成立无因管理，不选B项。D项表述中，甲的赔偿行为不构成无因管理，不选D项。

26. A

【解析】混同为债权人和债务人合为一人的事实。混同的情形主要有企业合并、概括继承、债务人受让债权人的债权等。本题表述中，甲公司被乙公司合并，债权债务都归于乙公司，债权债务关系消灭，是混同，选A项。

27. B

【解析】《民法典》第1209条规定，因租赁、借用等情形机动车所有人、管理人与使用人不是同一人时，发生交通事故造成损害，属于该机动车一方责任的，由机动车使用人承担赔偿责任；机动车所有人、管理人对损害的发生有过错的，承担相应的赔偿责任。据此，本题表述中，出借人甲无过错，借用人乙酒后驾车撞伤行人丙，乙应当承担侵权责任，选B项。

28. C

【解析】甲未经乙同意将乙的照片编辑成画册并交出版社出版发行，侵犯了乙的肖像权，选C项。甲没有侵犯乙的著作权，本题表述的摄影作品属于委托作品。根据《著作权法》第17条规定，受委托创作的作品，著作权的归属由委托人和受托人通过合同约定。合同未作明确约定或者没有订立合同的，著作权属于受托人。甲、乙并未就摄影作品的著作权的归属作出约定，因而摄影作品的著作权属于甲。可见，本题表述谈不上侵犯著作权的问题，因为作品的著作权归甲，不选A项。既然著作权归甲，更谈不上侵犯发表权、署名权，不选B、D项。

29. BC

【解析】本题原标准答案为B项，《民法典》通过后，C项也是正确答案。《民法典》第1024条规定，民事主体享有名誉权。任何组织或者个人不得以侮辱、诽谤等方式侵害他人的名誉权。名誉是对民事主体的品德、声望、才能、信用等的社会评价。据此，甲所言与事实不符，甲的所为导致乙的社会评价受损，侵犯了乙的名誉权。可见，选B项。《民法典》第1012条规定，自然人享有姓名权，有权依法决定、使用、变更或者许可他人使用自己的姓名，但是不得违背公序良俗。《民法典》第1014条规定，任何组织或者个人不得以干涉、盗用、假冒等方式侵害他人的姓名权或者名称权。据此，姓名权侵权行为方式体现为干涉、盗用、假冒等，而甲并没有实施上述行为，没有侵犯乙的姓名权，故不选A项。《民法典》第1019条规定，任何组织或者个人不得以丑化、污损，或者利用信息技术手段伪造等方式侵害他人的肖像权。未经肖像权人同意，不得制作、使用、公开肖像权人的肖像，但是法律另有规定的除外。未经肖像权人同意，肖像作品权利人不得以发表、复制、发行、出租、展览等方式使用或者公开肖像权人的肖像。据此，甲未经乙许可擅自使用乙的肖像，因而构成侵犯肖像权，故选C项。需要注意的是，依照原民事法律规定，毁损、玷污他人肖像或者以牟利为目的使用他人肖像，构成肖像侵权，但是，《民法典》取消了以牟利为目的使用肖像作为侵权的判断标准，即是否构成侵犯肖像权，并不以是否营利作为判断标准，凡是未经肖像权人同意而使用他人肖像的，即可构成侵权，因此，《民法典》通过后，应当选C项。《民法典》第1031条规定，民事主体享有荣誉权。任何组织或者个人不得非法剥夺他人的荣誉称号，不得诋毁、贬损他人的荣誉。获得的荣誉称号应当记载而没有记载的，民事主体可以请求记载；获得的荣誉称号记载错误的，民事主体可以请求更正。据此，甲的行为并未侵犯荣誉权，故不选D项。

30. A

【解析】《民法典》第823条规定，承运人应当对运输过程中旅客的伤亡承担赔偿责任；但是，伤亡是旅客自身健康原因造成的或者承运人证明伤亡是旅客故意、重大过失造成的除外。前款规定适用于按照规定免票、持优待票或者经承运人许可搭乘的无票旅客。据此，甲公交公司应对乘客丁的人身伤害负责，选A项。

31. C

【解析】本题表述中，甲、乙、丙的行为构成共同危险行为。《民法典》第1170条规定，二人以上实施危及他人人身、财产安全的行为，其中一人或者数人的行为造成他人损害，能够确定具体侵权人的，由侵权人承担责任；不能确定具体侵权人的，行为人承担连带责任。据此，选C项。

32. D

【解析】《民法典》第69条规定，有下列情形之一的，法人解散：（1）法人章程规定的存续期间届满或者法人章程规定的其他解散事由出现；（2）法人的权力机构决议解散；（3）因法人合并或者分立需要解散；（4）法人依法被吊销营业执照、登记证书，被责令关闭或者被撤销；（5）法律规定的其他情形。据此，D项表述不属于法人解散原因，选D项。

33. B

【解析】本题表述的情形为骗结婚，对于骗结婚（因欺诈而结婚）、虚假结婚、因认识错误而意思表示不真实的结婚等，这类婚姻应当认定为有效。可见，选B项。《民法典》第1051条规定，有下列情形之一的，婚姻无效：（1）重婚；（2）有禁止结婚的亲属关系；（3）未到法定婚龄。据此，甲、乙之间的婚姻不存在无效婚姻的事由，不选A项。《民法典》规定的可撤销婚姻有两项：因受胁迫而结婚（《民法典》第1052条）和隐瞒重大疾病而结婚（《民法典》第1053条）。对于因欺诈、重大误解而结婚的，不能认定为可撤销婚姻，而应认定为有效婚姻。可见，不选C、D项。

34. C

【解析】甲将汽车交付给乙，乙取得汽车所有权，汽车应归乙。后甲将汽车卖给丙，甲的行为构成无权处分，虽然丙是善意，但因汽车没有交付给丙，丙不能依据善意取得制度取得标的物的所有权，汽车的所有权仍应归乙。因此，乙有权要求甲返还汽车、赔偿损失。可见，选C项。

35. C

【解析】《民法典》第19条规定，8周岁以上的未成年人为限制民事行为能力人，实施民事法律行为由其法定代理人代理或者经其法定代理人同意、追认；但是，可以独立实施纯获利益的民事法律行为或者与其年龄、智力相适应的民事法律行为。据此，甲作为限制民事行为能力人，对于其扔掉书包的行为具有认知能力，在性质上属于民事法律行为中的单方法律行为，选C项。

36. B

【解析】本题原标准答案为A项，《民法典》通过后，B项是正确答案。《民法典》第1142条第3款规定，立有数份遗嘱，内容相抵触的，以最后的遗嘱为准。据此，甲先立公证遗嘱，后立自书遗嘱，因此，应以自书遗嘱为准。可见，选B项。值得注意的是，《民法典》取消了公证遗嘱效力优先性的规定。

37. B

【解析】《民法典》第301条规定，处分共有的不动产或者动产以及对共有的不动产或者动产作重大修缮、变更性质或者用途的，应当经占份额2/3以上的按份共有人或者全体共同共有人同意，但是共有人之间另有约定的除外。据此，乙、丙所占份额相加为65%，不足2/3，因此，乙、丙未经甲同意无权出卖渔船，选B项。

38. A

【解析】《民法典》第199条规定，法律规定或者当事人约定的撤销权、解除权等权利的存续期间，除法律另有规定外，自权利人知道或者应当知道权利产生之日起计算，不适用有关诉讼时效中止、中断和延长的规定。存续期间届满，撤销权、解除权等权利消灭。据此，除斥期间主要是形成权的存续期间，选A项。

39. C

【解析】甲委托金科公司提供出借人的相关信息并向金科公司支付报酬，金科公司向甲提供出借人创富公司，甲在金科公司的斡旋下与创富公司签订借款合同。从表述的情形看，甲与金科公司签订的合同为居间合同（中介合同），选C项。

40. A

【解析】甲以其房地产作为抵押而签订的抵押合同符合抵押合同的生效要件，选A项。抵押物因没有办理抵押登记，抵押权没有设立，根据《民法典》第215条规定的区分原则，抵押合同的效力与是否办理抵押登记无关。

二、多项选择题

41. ABD

【解析】甲向顾客提供枪形物被依法鉴定为枪支，法院据此认定甲的行为构成非法持有枪支罪，符合罪刑法定原则的要求，选A项。甲非法持有枪支的行为社会危害性小，主观恶性也小，因此法院在判处甲有期徒刑的同时宣告缓刑，符合罪责刑相适应原则的要求，选B项。从旧兼从轻原则为刑法的溯及力所采取的原则，法院在适用刑法时并未提及该原则，本题表述的情形也与从旧兼从轻原则无关，不选C项。主客观相统一原则即主观恶性、人身危险性与客观社会危害性相统一的刑事责任原则，刑罚执行制度最能体现这一原则，如减刑、假释制度。本题表述的情形中，法院既考虑到行为人的主观恶性，又考虑到行为的社会危害性，并以此作出缓刑宣告，法院的做法体现了主客观相统一原则，选D项。

42. ACD

【解析】按照司法解释的规定，犯罪嫌疑人具有以下情形之一的，应当视为自动投案：(1) 犯罪后主动报案，虽未表明自己是作案人，但没有逃离现场，在司法机关询问时交代自己罪行的；(2) 明知他人报案而在现场等待，抓捕时无拒捕行为，供认犯罪事实的；(3) 在司法机关未确定犯罪嫌疑人，尚在一般性排查询问时主动交代自己罪行的；(4) 因特定违法行为被采取行政拘留、司法拘留、强制隔离戒毒等行政、司法强制措施期间，主动向执行机关交代尚未被掌握的犯罪行为的；(5) 其他符合自首的立法宗旨，应当视为自动投案的情形。此外，交通肇事后保护现场、抢救伤者，并向公安机关报告的，以及交通肇事逃逸后又自动投案的，均应认定为自动投案。根据上述第1、4项，A、C项表述构成自首。自动投案是指犯罪人基于自己的意志积极主动地投案。但是，在罪行尚未被司法机关发觉，仅因形迹可疑，被有关组织或者司法机关盘问、教育后，主动交代自己的罪行的，也应认定为自动投案；并非出于犯罪嫌疑人主动，而是经亲友规劝、陪同投案的，应视为自动投案；公安机关、检察机关通知犯罪嫌疑人的亲友，或者亲友主动报案后，将犯罪嫌疑人送去投案的，同样视为自动投案。但是，犯罪嫌疑人被亲友采用捆绑等手段送到司法机关，或者在亲友带领侦查人员前来抓捕时无拒捕行为，并如实供认犯罪事实的，不能认定为自动投案。可见，B项表述的情形不构成自首，不选B项。对于被采取强制措施（如取保候审、监视居住等）后逃跑然后再"投案"的，相对于被采取强制措施的犯罪而言，不能认定为自动投案，但对新犯之罪仍能成立自动投案，D项表述的情形即属于此，选D项。

43. ACD

【解析】根据《刑法》第225条规定，非法经营是指以下四类行为：(1) 未经许可经营法律、行政法规规定的专营、专卖物品或者其他限制买卖的物品。(2) 买卖进出口许可证、进出口原产地证明以及其他法律、行政法规规定的经营许可证或者批准文件。(3) 未经国家有关主管部门批准非法经营证券、期货、保险业务，或者非法从事资金支付结算业务。(4) 其他严重扰乱市场秩序的非法经营行为。根据相关司法解释的规定，下列情形属于"其他严重扰乱市场秩序的非法经营行为"，应以非法经营罪论处：①在国家规定的交易所外非法买卖外汇、扰乱市场秩序，情节严重的，以非法经营罪论处。②违反国家规定，出版、印刷、复制、发行严重危害社会秩序和扰乱市场秩序的非法出版物（构成其他较重的犯罪的除外），或者非法从事出版物的出版、印刷、复制、发行业务，该非法出版物虽然不侵犯他人著作权，不具有侮辱、诽谤等内容，但是严重扰乱社会秩序，情节严重的，以非法经营罪论处。出版单位与他人事前通谋，向其出售、出租或者以其他形式转让该出版单位的名称、书号、刊号、版号，为他人非法经营提供便利的，对该出版单位以非法经营罪的共犯论处。③违反国家规定，采取租用国际专线、私设转接设备或者其他方法，擅自经营国际电信业务或者涉港澳台电信业务进行营利活动，扰乱电信市场管理秩序的，以非法经营罪论处。对于未取得国际电信业务（含涉港澳台电信业务）经营许可证而经营，或被终止国际电信业务经营资格后继续经营，应认定为"擅自经营国际电信业务或者涉港澳台电信业务"；情节严重的，应按上述规定以非法经营罪追究刑事责任。"其他方法"是指在边境地区私自架设跨境通信线路；利用互联网跨境传送IP话音并设立转接设备，将国际话务转接至我国境内公用电话网或转接至其他国家或地区；在境内以租用、托管、代维等方式设立转接平台；私自设置国际通信出入口等方法。另外，获得国际电信业务经营许可的经营者（含涉港澳台电信业务经营者）明知他人非法从事国际电信业务，仍违反国家规定，采取出租、合作、授权等手段，为他人提供经营和技术条件，利用现有设备或另设国际话务转接设备并从中营利，情节严重的，应以非法经营罪的共犯追究刑事责任。④未取得药品生产、经营许可证件和批准文号，非法生产、销售盐酸克伦特罗（瘦肉精）等禁止在饲料和动物饮用水中使用的药品，扰乱药品市场秩序，情节严重的，以非法经营罪论处。在生产、销售的饲料中添加盐酸克伦特罗（瘦肉精）等禁止在饲料和动物饮用水中使用的药品，或者销售明知是添加有该类药品的饲料，情节严重的，以非法经营罪论处。⑤违反国家有关盐业管理规定，非法生产、储运、销售食盐，扰乱市场秩序，情节严重的，以非法经营罪论处。非法经营食盐行为未经处理的，其非法经营的数量累计计算；行为人非法经营行为是否盈利，不影响犯罪的构成。⑥违反国家在预防、控制突发传染病疫情等灾害期间有关市场经营、价格管理等规定，哄抬物价、牟取暴利，严重扰乱市场秩序，违法所得数额较大或者有其他严重情节的，以非法经营罪定罪，依法从重处罚。⑦违反国家规定，擅自设立互联网上网服务营业场所，或者擅自从事互联网上网服务经营活动，情节严重，构成犯罪的，以非法经营罪论处。⑧未经国家批准，擅自发行、销售彩票，构成犯罪的，以非法经营罪论处。⑨对于中介机构非法代理买卖非上市公司股票，涉嫌犯罪的，应以非法经营罪论处。⑩违反国家规定，使用销售点终端机具（POS 机）等方法，以虚构交易、虚开价格、现金退货等方式向信用卡持卡人直接支付现金，情节严重的，以非法经营罪定罪处罚。持卡人以非法占有为目的，采用上述方式恶意透支，应当追究刑事责任的，以信用卡诈骗罪定罪处罚。⑪未经烟草专卖行政主管部门许可，无生产许可证、批发许可证、零售许可证，而生产、批发、零售烟草制品，情节严重的，以非法经营罪定罪处罚。⑫违反国家规定，未经依法核准擅自发行基金份额募集基金，情节严重的，以非法经营罪论处。⑬以提供给他人生产、销售食品为目的，违反国家规定，生产、销售国家禁止用于食品生产、销售的非食品原料，情节严重的，以非法经营罪定罪处罚。违反国家规定，生产、销售国家禁止生产、销售、使用的农药、兽药，饲料、饲料添加剂，或者饲料原料、饲料添加剂原料，情节严重的，以非法经营罪定罪处罚。实施上述行为，同时又构成生产、销售伪劣产品罪，生产、销售伪劣农药、兽药罪等其他犯罪的，属于想象竞合犯，从一重罪处罚。⑭违反国家规定，私设生猪屠宰厂（场），从事生猪屠宰、销售等经营活动，情节严重的，以非法经营罪定罪处罚。行为同时构成生产、销售不符合安全标准的食品罪，生产、销售有毒、有害食品罪等其他犯罪的，属于想象竞合犯，从一重罪处罚。⑮违反国家规定采挖、销售、收购麻黄草，没有证据证明以制造毒品或者走私、非法买卖制毒物品为目的，构成犯罪的，以非法经营罪定罪处罚。⑯违反国家规定，以营利为目的，通过信息网络有偿提供删除信息服务，或者明知是虚假信息，通过信息网络有偿提供发布信息等服务，扰乱市场秩序，情节严重的，以非法经营罪定罪处罚。⑰非法生产、销售“伪基站”设备，情节严重的，以非法经营罪论处。⑱以提供给他人开设赌场为目的，违反国家规定，非法生产、销售具有退币、退分、退钢珠等赌博功能的电子游戏设施设备或者其专用软件，情节严重的，以非法经营罪论处。⑲违反国家药品管理法律法规，未取得或者使用伪造、变造的药品经营许可证，非法经营药品，情节严重的，以非法经营罪论处。以提供给他人生产、销售为目的，违反国家规定，生产、销售不符合药用要求的非药品原料、辅料，情节严重的，以非法经营罪论处。行为同时构成生产、销售伪劣产品罪，以危险方法危害公共安全罪等犯罪的，属于想象竞合犯，从一重罪处罚。⑳行为人出于医疗目的，违反有关药品管理的国家规定，非法贩卖麻醉药品或者精神药品，扰乱市场秩序，情节严重的，以非法经营罪论处。如果行为人并不是出于医疗目的，向走私、贩卖毒品的犯罪分子或者吸食、注射毒品的人员贩卖国家规定管制的能够使人形成瘾癖的麻醉药品或者精神药品的，以贩卖毒品罪定罪处罚。㉑违反国家规定，未经监管部门批准，或者超越经营范围，以营利为目的，经常性地向社会不特定对象发放贷款，扰乱金融市场秩序，情节严重的，以非法经营罪定罪处罚。㉒在疫情防控期间，违反国家有关市场经营、价格管理等规定，囤积居奇，哄抬疫情防控急需的口罩、护目镜、防护服、消毒液等防护用品、药品或者其他涉及民生的物品价格，牟取暴利，违法所得数额较大或者有其他严重情节，严重扰乱市场秩序的，以非法经营罪定罪处罚。违反国家规定，非法经营非国家重点保护野生动物及其制品（包括开办交易场所、进行网络销售、加工食品出售等），扰乱市场秩序，情节严重的，以非法经营罪定罪处罚。A项表述中，使用伪造的药品经营许可证，非法经营药品，情节严重的，以非法经营罪定罪处罚，选A项。C项表述中，以营利为目的，通过信息网络有偿提供删除信息服务，情节严重的，以非法经营罪定罪处罚，选C项。D项表述中，以供他人开设赌场为目的，非法生产具备赌博功能的电子游戏机，情节严重的，以非法经营罪定罪处罚，选D项。B项表述的情形中，使用暴力手段强迫他人向自己借款，以赚取利息，该行为中归还借款本身并没有非法占有的目的，但对于赚取利息，因该利息是通过暴力手段取得的，具有非法占有的目的，对此应以强迫交易罪和抢劫罪（或者敲诈勒索罪）择一重罪论处（想象竞合犯）。强迫交易罪是指自然人或者单位，以暴力、胁迫手段，强迫他人提供或者接受服务，强迫他人参与或者退出投标、拍卖，强迫他人转让或者收购公司、企业的股份、债券或者其他资产，强迫他人参与或者退出特定的经营活动，情节严重的行为。可见，不选B项。

44. BD

【解析】根据《刑法》第292条第1款规定，聚众斗殴的，对首要分子和其他积极参加的，处3年以下有期徒刑、拘役或者管制；有下列情形之一的，对首要分子和其他积极参加的，处3年以上10年以下有期徒刑：（1）多次聚众斗殴的；（2）聚众斗殴人数多，规模大，社会影响恶劣的；（3）在公共场所或者交通要道聚众斗殴，造成社会秩序严重混乱的；（4）持械聚众斗殴的。“持械”中的“械”是指凶器，包括性质上的凶器与用法上的凶器。“持械”是指使用凶器斗殴，而不是指单纯的携带。在斗殴过程中显示凶器的，也应当认定为使用凶器斗殴。备选项中，B、D项表述的枪支和砍刀都可以认定为“械”，而A项表述的恶犬并非“械”，即便对“械”作扩大解释，也不能将“恶犬”理解为“械”，不选A项。C项表述的“棍棒”，当对生命、身体具有危险时，可以认定为“械”，但“持械”是指自动持械，而非从斗殴对方抢得，不选C项。

45. ABCD

【解析】根据《刑法》第140条规定，生产者、销售者在产品中掺杂、掺假，以假充

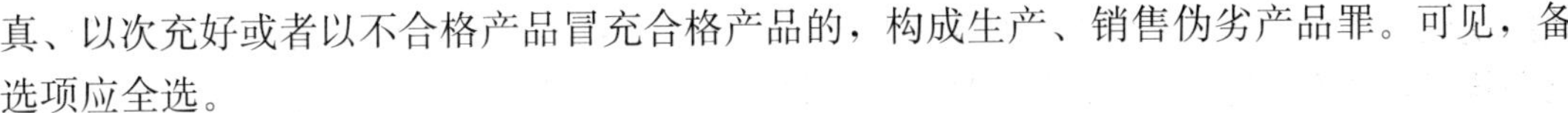

真、以次充好或者以不合格产品冒充合格产品的，构成生产、销售伪劣产品罪。可见，备选项应全选。

46. ABCD

【解析】根据合伙企业法规定，普通合伙企业的合伙人对合伙债务承担无限连带责任。据此，甲、乙作为合伙企业的合伙人，对合伙企业的债务承担无限连带责任，选A、B项。《合伙企业法》第53条规定，退伙人对基于其退伙前的原因发生的合伙企业债务，承担无限连带责任。据此，本题中的合伙人丙虽然依约承担了15万元债务，但只要退伙债务依然存在，就应当承担无限连带责任，合伙人内部的约定不能对抗债权人，故选C项。《合伙企业法》第44条第2款规定，新合伙人对入伙前合伙企业的债务承担无限连带责任。据此，新入伙的合伙人对入伙前的合伙企业的债务承担无限连带责任，换句话说，新人要想入伙，要以接受合伙企业的债务为前提，否则不得入伙。可见，丁作为新的合伙人，也应对其入伙前的债务承担无限连带责任，选D项。

47. BD

【解析】《民法典》第443条第1款规定，以基金份额、股权出质的，质权自办理出质登记时设立。据此，A项表述的情形应当办理股权出质登记，故不选A项。《民法典》第224条、第225条规定，动产物权的设立和转让，自交付时发生效力，但是法律另有规定的除外。船舶、航空器和机动车等的物权的设立、变更、转让和消灭，未经登记，不得对抗善意第三人。据此，船舶、航空器和机动车所有权变动，仍以交付作为公示方式，登记仅为对抗要件，而不是生效要件，即未经登记不得对抗善意第三人。故B项表述中，即使轮船不登记，只要将轮船交付给高某，轮船所有权就发生变动。可见，选B项。《民法典》第349条规定，设立建设用地使用权的，应当向登记机构申请建设用地使用权登记。建设用地使用权自登记时设立。登记机构应当向建设用地使用权人发放权属证书。据此，丙公司取得建设用地使用权，应当办理登记，未经登记不发生物权效力。可见，不选C项。《民法典》第333条第1款规定，土地承包经营权自土地承包经营权合同生效时设立。据此，土地承包经营权的设立采取登记对抗主义，即登记是对抗要件，而不是生效要件，未经登记不得对抗善意第三人。可见，选D项。

48. CD

【解析】《民法典》第1124条规定，继承开始后，继承人放弃继承的，应当在遗产处理前，以书面形式作出放弃继承的表示；没有表示的，视为接受继承。受遗赠人应当在知道受遗赠后60日内，作出接受或者放弃受遗赠的表示；到期没有表示的，视为放弃受遗赠。据此，甲在知道受遗赠60日内表示放弃接受古籍，此意思表示视为以明示方式放弃受遗赠。根据《民法典》第1124条规定，对于接受遗赠，必须采取明示方式，而甲对于是否接受3万元遗赠没有作出表示，则视为放弃受遗赠。由于甲先前放弃受遗赠的行为是已经生效的单方法律行为，因此甲事后又表示接受古籍的行为不发生效力，丙无须交付古籍，也无须交付3万元。总之，选C、D项。

49. ABD

【解析】《民法典》第555条规定，当事人一方经对方同意，可以将自己在合同中的权利和义务一并转让给第三人。《民法典》第556条规定，合同的权利和义务一并转让的，适用债权转让、债务转移的有关规定。据此，本案中，乙幼儿园经甲公司同意将合同权利义务概括转移给丙幼儿园，该转让协议符合概括转移的条件，因而是有效的，选D项。合同权利义务概括转移，乙幼儿园享有的对甲公司的权利，如追认权、选择权、解除权、撤销权和合同抗辩权等，都随之转移给丙幼儿园承受，选A项。乙幼儿园是后履行方，乙幼儿园将合同权利义务转移给丙幼儿园，则各类抗辩权，如先履行抗辩权、时效经过抗辩权、合同履行抗辩权等，也随之转移给丙幼儿园，在甲公司的履行不符合约定时，丙幼儿园作为后履行方，享有先履行抗辩权，选B项。由于合同权利义务已经转移，丙幼儿园只能请求甲公司承担违约责任，而不能请求乙幼儿园承担违约责任，不选C项。

50. BCD

【解析】我国民法典排除了拾得人将遗失物据为己有的可能性，甲不能取得遗失物手表的所有权，因而甲对手表的占有属于无权占有，甲将手表赠与乙，由于乙不是通过有效交换占有手表的，不能适用善意取得，因而乙对手表的占有也是无权占有，而不是有权占有，不选A项。但乙毕竟不知情，所以乙对手表的占有属于善意占有，选B项。由于乙直接对手表进行管领，因此属于直接占有，选C项。乙认为自己当然是手表的所有权人，因而是自主占有，选D项。

三、简答题

51. 答案要点：

（1）行为人实施数个犯罪行为；

（2）数个犯罪行为具有连续性；

（3）数个犯罪行为出于同一的或者概括的故意；

（4）数个犯罪行为触犯相同罪名。

52. 答案要点：

（1）减刑以后实际执行的刑期，判处管制、拘役、有期徒刑的，不能少于原判刑期的1/2。判处无期徒刑的，不能少于13年。

（2）人民法院依法限制减刑的死刑缓期执行的犯罪分子，缓期执行期满后依法减为无期徒刑的，不能少于25年；缓期执行期满后依法减为25年有期徒刑的，不能少于20年。

53. 答案要点：

（1）权利人行使追认权的，效力待定的民事法律行为有效；权利人拒绝追认的，效力待定的民事法律行为自始无效或对特定人如被代理人不发生效力。

（2）善意相对人行使撤销权的，效力待定的民事法律行为不发生效力。

（3）效力待定的民事法律行为会因特定事实的出现而补正效力。

54. 答案要点：

（1）表演者的权利是表演者对作品的表演活动所享有的权利，属于邻接权；表演权是著作权人享有的公开表演作品，以及用各种手段公开播送作品的表演的权利，属于著作权。

（2）表演者的权利的客体是作品的表演活动；表演权的客体是作品。表演者的权利包括人身权与财产权；表演权属于著作权中的财产权。

（3）表演者的权利中的有些权利，如表明表演者身份的权利的保护期不受限制，表演权则有保护期的限制。

四、法条分析题

55. 答案要点：

（1）“不能抗拒”是指行为人没有能力抗衡或者阻止危害结果发生。

（2）“不能预见”是指行为人未预见，且根据当时的客观情况和行为人的主观认识能力，也不可能预见。

56. 答案要点：

（1）转移不动产所有权，或者设定建设用地使用权、地役权、抵押权等其他物权的行为。

（2）买卖不动产物权的协议被认定无效、被撤销、被解除，或者预告登记的权利人放弃债权等。

五、案例分析题

57. 答案要点：

（1）甲、乙为索取赌债非法扣押李某，且索取的数额与所欠债务的数额之间差异不明显，根据有关司法解释，构成非法拘禁罪。二人具有共同的犯罪故意与犯罪行为，构成非法拘禁罪的共同犯罪。

（2）甲的行为成立累犯，甲因故意犯罪被判处2年有期徒刑，刑满释放后不满5年，在非法拘禁过程中，殴打他人，应从重处罚，因此属于在5年以内再犯应当判处有期徒刑以上的故意犯罪，符合累犯的成立条件；根据案情，甲在共同犯罪中起主要作用，是主犯；乙起次要作用，是从犯。

58. 答案要点：

（1）属于。买受人将应付的总价款在一定期间内至少分三次向出卖人支付的，为分期付款买卖。

（2）有权。分期付款的买受人未支付到期价款的金额达到全部价款的五分之一的，出卖人可以解除合同。

（3）乙公司。被派遣的工作人员因执行工作任务造成他人损害的，由接受劳务派遣的用工单位承担侵权责任；劳务派遣单位有过错的，承担相应的责任。赵某是因执行工作任务造成钱某损害，而乙公司系接受劳务派遣的用工单位，故应由乙公司承担损害赔偿责任，丙公司作为劳务派遣单位没有过错，无须承担责任。（本书根据《民法典》第1191条第2款规定对答案（3）进行了修正——编者注）

2018 年综合课试题

一、单项选择题（第 1～40 小题，每小题 1 分，共 40 分。下列每题给出的四个选项中，只有一个选项是符合题目要求的）

1. 随着科技的发展，手机移动支付逐渐普及，但由于相关法律尚不健全，导致实践中行业管理乱象与支付纠纷频现。对此，下列说法正确的是(　　)。

A. 法律完全可以提前对未来的新技术作出周密的规定

B. 在法无明文规定的情况下，应当禁止新技术的应用和推广

C. 新事物的出现，扩展了法律的调整范围，也对立法提出了挑战

D. 在相关法律尚不健全的情况下，执法机关可以依据政策对相关行为作出处罚

2. 关于法律责任与法律制裁的关系，下列表述正确的是(　　)。

A. 有法律责任就有法律制裁　　B. 有法律制裁必有法律责任

C. 法律责任是法律制裁的体现　　D. 法律制裁和法律责任互为条件

3. 2016 年 12 月 16 日，教育部颁布了新修订的《普通高等学校学生管理规定》，其中第五十五条第一款规定："在对学生作出处分或者其他不利决定之前，学校应当告知学生作出决定的事实、理由及依据，并告知学生享有陈述和申辩的权利，听取学生的陈述和申辩。"该规定集中体现的法律价值是(　　)。

A. 正义　　B. 安全　　C. 秩序　　D. 效率

4. 我国《网络安全法》自 2017 年 6 月 1 日起。关于该法的效力，下列表述正确的是(　　)。

A. 该法生效后，并不影响以往规范网络活动的行政法规的效力

B. 该法对 2017 年 6 月 1 日以前的网络活动，一般无溯及既往的效力

C. 外国人和无国籍人在中国境内，可以不受该法的约束

D. 该法对中国境内所有的网络活动都有约束力，这是属人主义的体现

5. 某法院在审理一起网络侵权案件时，采纳了司法鉴定机构提供的鉴定意见。这里体现的司法原则主要是(　　)。

A. 司法平等　　B. 依法独立行使司法权

C. 公平优先、兼顾效率　　D. 以事实为根据，以法律为准绳

6. 不同学派关于法的性质有不同理解。对此，下列说法正确的是(　　)。

A. 经济分析法学派认为，法律不外乎主权者的命令

B. 批判法学派认为，衡量法律优劣的最主要标准是实施效果

C. 自然法学派认为，法律应与社会主流道德和人性的正义准则保持一致

D. 历史法学派认为，一国的自然环境和政治制度决定着法的内容和性质

7. 关于法律的特征，下列说法正确的是(　　)。

A. 以义务为本位，是法律的本质特征

B. 法律由立法机关制定或认可，体现了国家意志

C. 法律具有强制性，只能通过司法予以实施和实现

D. 法律的普遍性意味着在一国之内，所有人都应享有相同的法律权利

8. 关于法律关系，下列说法中不正确的是(　　)。

A. 民事法律关系均为相对法律关系

B. 法律规范是法律关系产生的前提

C. 在法律关系中，主体的权利和义务是现实的

D. 法律关系是以法律上的权利义务为内容的社会关系

9. “和为贵”是中国传统法律文化的重要内容之一。关于该观念的当代意义及价值，下列说法正确的是(　　)。

A. “和为贵”与自由、平等的法律观念无法兼容

B. “和为贵”对调解制度的实施可以起到积极作用

C. “和为贵”观念不利于维护社会公平和秩序

D. 信访制度是“和为贵”在当代法律制度中的重要体现

10. 四位法学院学生旁听了法院审理的一起刑事案件后，用不同方法对该案涉及的刑法条文进行了解释。对此，下列说法正确的是(　　)。

A. 甲根据最高人民法院 1985 年发布的案例进行解释，属于历史解释

B. 乙结合立法时的社会背景进行解释，属于体系解释

C. 丙结合法律的上下文作出解释，属于目的解释

D. 丁按照法律条文的字面含义进行解释，属于文义解释

11. 关于《中华人民共和国人民警察法》的法律性质和地位，下列说法正确的是(　　)。

A. 属于程序法　　B. 属于我国法律体系中的行政法

C. 是《监狱法》的上位法　　D. 相较于《公务员法》，属于一般法

12. 下列关于大陆法系与英美法系区别的表述，不正确的是(　　)。

A. 大陆法系法的正式渊源主要是制定法，而英美法系是判例法和制定法

B. 大陆法系法的基本分类是公法与私法，而英美法系是普通法与衡平法

C. 大陆法系的诉讼模式采用当事人主义，而英美法系采用法官中心主义

D. 大陆法系注重法典编纂，而英美法系更多采用单行法

13. 下列文件中，被马克思称为“世界上第一个人权宣言”的是(　　)。

A. 1215 年的英国《自由大宪章》　　B. 1689 年的英国《权利法案》

C. 1776 年的北美《独立宣言》　　D. 1789 年的法国《人权和公民权利宣言》

14. 关于中国人民政治协商会议，下列表述正确的是(　　)。

A. 中国人民政治协商会议由选民选举产生，对选民负责

B. 中国人民政治协商会议与全国人民代表大会共同行使国家立法权

C. 现行宪法在“国家机构”一章中规定了中国人民政治协商会议的参政议政职能

D. 1949年中国人民政治协商会议通过了《共同纲领》，行使了一定范围的制宪权

15. 关于香港特别行政区司法机关，下列表述正确的是(　　)。

A. 香港特区法院由普通法院和行政法院组成

B. 香港特区法院对国防等国家行为无管辖权

C. 香港特区终审法院接受最高人民法院的监督

D. 香港特区法院的法官必须是特区永久性居民中的中国公民

16. 在甲、乙离婚案件的审理过程中，甲以怀疑乙有婚外情为由，请求法院向移动通信公司调取乙的通话记录清单作为证据。根据现行宪法，下列表述正确的是(　　)。

A. 甲只能雇用私人侦探调取乙的通话记录清单

B. 法院为查明事实，有权要求移动通信公司提供用户的通话记录清单

C. 移动通信公司为保护用户，有权拒绝任何机构对通信内容进行调查

D. 通话记录清单属于公民通信秘密的范围，移动通信公司有保护通信秘密的义务

17. 为治理交通拥堵，某市制定地方性法规《道路交通管理条例》，规定行人闯红灯罚款20元，累计10次处以行政拘留。下列有关该条例的表述，正确的是(　　)。

A. 该条例有权规定对行人闯红灯的行为处以罚款

B. 该条例只有在获得全国人大常委会授权后才可设定行政拘留

C. 只有该市人民代表大会有权制定该条例，该市人大常委会无权制定

D. 法院可以根据被处罚人的审查要求撤销该条例

18. 关于全国人大常委会的立法监督权，下列表述正确的是(　　)。

A. 全国人大常委会有权改变同法律相抵触的地方性法规

B. 全国人大常委会可以撤销或改变同法律相抵触的行政法规

C. 部门规章与地方政府规章对同一事项规定不一致的，由全国人大常委会裁决

D. 根据授权制定的法规与法律规定不一致的，由全国人大常委会裁决

19. 关于县级以上地方各级人民政府的组成部门，下列表述正确的是(　　)。

A. 各组成部门由同级人民代表大会决定设立

B. 地方审计机关独立行使审计监督权，只对上一级审计机关负责

C. 各组成部门受本级人民政府的领导，并且受上级主管部门的业务指导或领导

D. 民族自治地方人民政府组成部门的负责人，由实行区域自治的民族的公民担任

20. 关于我国专门人民法院，下列表述正确的是(　　)。

A. 知识产权法院的设立由全国人大常委会决定

B. 中国人民解放军军事法院院长由中央军事委员会任命

C. 海事法院负责审理海事和海商领域的刑事和民事案件

D. 我国设立专门的行政法院以保障行政案件的独立公正审理

21. 关于我国宪法的效力，下列表述不正确的是(　　)。

A. 现行宪法首次明确规定宪法“具有最高的法律效力”

B. 一切法律、行政法规和地方性法规都不得同宪法相抵触

C. 国家机关和武装力量、各政党都必须以宪法为根本的活动准则

D. 法院审理案件时一般不得直接引用宪法，故宪法对法院的审判活动没有拘束力

22. 通过宪法修正案对宪法部分内容予以修改和完善，是宪法修改的一种方式。我国采用这一方式开始于(　　)。

A. 1979 年　　B. 1982 年　　C. 1988 年　　D. 2004 年

23. 为加快地区经济发展，四川省拟将某县改设为区。有权批准该区设立的国家机关是(　　)。

A. 四川省人民代表大会　　B. 民政部

C. 国务院　　D. 全国人大常委会

24. 下列法规或条例中，须报全国人大常委会批准后生效的是(　　)。

A. 重庆市人大常委会制定的地方性法规

B. 广西壮族自治区人民代表大会制定的单行条例

C. 河北省张家口市人大常委会制定的地方性法规

D. 吉林省延边朝鲜族自治州人民代表大会制定的自治条例

25. 关于全国人民代表大会代表，下列表述正确的是(　　)。

A. 全国人大代表在各种会议上的发言，不受法律追究

B. 全国人大代表在全国人大开会期间可提出对国务院的质询案

C. 罢免全国人大代表须经全国人大常委会组成人员的过半数通过

D. 全国人大代表被行政拘留的，应向全国人大主席团或全国人大常委会备案

26. 下列人员中，既可由全国人民代表大会也可由全国人大常委会产生的是(　　)。

A. 中华人民共和国副主席　　B. 国务院副总理

C. 中央军事委员会副主席　　D. 最高人民法院副院长

27. 下列选项中，属于民族自治地方行使自治权的是(　　)。

A. 自治区人民代表大会制定地方性法规

B. 自治区人民政府变通执行国家的政策

C. 自治州人民法院审理破坏民族团结的案件

D. 自治县人民检察院对政府工作人员涉嫌贪污的行为立案侦查

28. 在中国法制史上，提出“王者之政，莫急于盗贼”立法思想的是(　　)。

A. 商鞅　　B. 子产　　C. 李悝　　D. 李斯

29. 秦始皇年间，咸阳发生一起杀人案。甲向官府告发该案系乙所为。乙遂被官府捕获，被判死罪。后官府抓获真凶丙。经查，甲、乙素有结怨，甲为报私仇而行诬告。依秦律，甲可能被判处的刑罚是(　　)。

A. 腰斩　　B. 鬼薪　　C. 斩左趾　　D. 髡钳城旦

30. “诸强奸人幼女者处死，虽和同强，女不坐。”这条关于强奸幼女罪的法律规定最早出现于(　　)。

A. 唐朝　　B. 宋朝　　C. 元朝　　D. 明朝

31. 下列关于北洋政府立法活动的表述，不正确的是（　　）。

A. 采用、删改清末新定之法律　　B. 制定颁布了众多的单行法规

C. 判例和解释例成为重要的法律渊源　　D. 拒绝采用西方资本主义国家的立法原则

32. 南宋庆元年间，某州有一妇人被杀。死者丈夫甲被当地州衙拘捕，受尽拷掠，招认了“杀妻事实”。在该案提交本路提刑司审核时，甲推翻原口供，断然否认杀妻指控。对此，提刑司的下列做法中，符合宋代翻异别推制度规定的是（　　）。

A. 发回原州衙由原审官员重审　　B. 上报中央御史台审理

C. 上报中央大理寺审理　　D. 指定本路另一州衙官员审理

33. 《尚书·康诰》载：“人有小罪，非眚，乃惟终，自作不典，式尔，有厥罪小，乃不可不杀”。这里的“非眚”是指（　　）。

A. 故意　　B. 过失　　C. 惯犯　　D. 偶犯

34. 在唐律中，规定“负债违契不偿”的篇目是（　　）。

A. 名例律　　B. 户婚律　　C. 斗讼律　　D. 杂律

35. 中国历史上最早以“式”为法律形式的法典是（　　）。

A. 武德式　　B. 贞观式　　C. 大统式　　D. 永徽式

36. 在刑制改革方面，汉代增设“女徒顾山”，这种刑罚属于（　　）。

A. 死刑　　B. 赎刑　　C. 徒刑　　D. 耻辱刑

37. 清代被称为“天下刑名之总汇”的中央司法机关是（　　）。

A. 军机处　　B. 大理寺　　C. 都察院　　D. 刑部

38. 《中华民国临时约法》规定的政体是（　　）。

A. 君主立宪制　　B. 总统制　　C. 半总统制　　D. 责任内阁制

39. 唐开元年间，一高丽人与一百济人因琐事在京畿地区发生殴斗，两人被官府羁押审判。依照唐律，该案应适用的法律是（　　）。

A. 唐朝法律　　B. 朝鲜法律　　C. 高丽法律　　D. 百济法律

40. 根据1941年颁布的《陕甘宁边区施政纲领》的规定，在抗日根据地民主政权的人员构成中，共产党员所占的比例是（　　）。

A. 三分之一　　B. 二分之一　　C. 三分之二　　D. 四分之三

二、多项选择题（第41～50小题，每小题2分，共20分。下列每题给出的四个选项中，至少有两个选项是符合题目要求的。多选、少选或错选均不得分）

41. 下列关于法律规则和法律条文关系的表述，正确的有（　　）。

A. 法律规则是法律条文的内容

B. 法律条文是法律规则的形式

C. 一个法律条文可能包含若干法律规则

D. 一个法律规则可以体现在若干法律条文中

42. 2016年9月，国务院新闻办公室发布《国家人权行动计划（2016—2020年）》，对我国人权事业发展做出全面部署。对此，下列说法正确的有（　　）。

A. 国家对保障人权负有重要责任

B. 人权就是公民依据宪法和法律享有的权利

C. 现代人权的保护需要通过立法予以确认

D. 司法机关在审判时应尊重和保障当事人的人权

43. 下列关于现代立法的表述，正确的有(　　)。

A. 立法是国家的一项专门职能活动　　B. 立法主体是特定的国家机关

C. 立法是政府部门管理社会的手段　　D. 立法是国家治理法治化的一种方式

44. 乘客张某因迟到而被拒绝登机，在机场吵闹不休，殴打航空公司工作人员，被公安机关依法行政拘留。航空公司将张某列入“拒绝承载人员名单”。下列关于该事件的说法，正确的有(　　)。

A. 航空安全优先于张某乘坐航班的自由

B. 对张某的治安处罚，可因其有立功表现而减轻或免除

C. 航空公司因张某迟到而拒绝其登机，侵犯了他的民事权利

D. 将张某列入“拒绝承载人员名单”，是航空公司追究其民事责任的具体表现

45. 根据现行宪法和法律，下列关于全国人大专门委员会的表述，正确的有(　　)。

A. 专门委员会受全国人大及其常委会的领导

B. 专门委员会有权向全国人大提出同本委员会有关的议案

C. 专门委员会有权审查和撤销同法律相抵触的地方性法规

D. 专门委员会副主任委员由主任委员提名，由全国人大常委会通过

46. 外来务工人员刘某在为其子办理小学入学报名手续的过程中，被要求到户籍所在地派出所开具无犯罪记录证明。刘某不同意开具证明，学校因此拒绝其子入学。根据现行宪法，在这一事件中，刘某之子受到侵犯的基本权利有(　　)。

A. 沉默权　　B. 平等权　　C. 财产权　　D. 受教育权

47. 下列选项中，国家主席需要根据全国人大或全国人大常委会的决定行使的职权有(　　)。

A. 会晤外国总统　　B. 授予国家勋章和荣誉称号

C. 发布动员令　　D. 批准同外国缔结的重要协定

48. 根据唐代关于“告诉”的法律规定，下列选项中，官府应予受理的案件有(　　)。

A. 张某控告其祖父谋反　　B. 李某控告其主人杀人

C. 八十岁的王某控告其子孙不孝　　D. 在押囚犯刘某控告狱卒虐待

49. 下列选项中，属于明朝法律形式的有(　　)。

A. 则例　　B. 大诰　　C. 条法事类　　D. 问刑条例

50. 清廷于 1910 年颁行的《法院编制法》对于中国传统司法体制和审判制度进行了重大改革。该法所确立的法律原则和制度包括(　　)。

A. 审判独立　　B. 合议制　　C. 民刑分理　　D. 审检分立

三、简答题（第 51～53 小题，每小题 10 分，共 30 分）

51. 简述中国特色社会主义法治体系的主要内容。

52. 简述我国选举制度的基本原则。

53. 简述中华民国南京国民政府法律制度的主要特点。

四、分析题（第54～56小题，每小题10分，共30分）

54. 2017年3月15日，全国人民代表大会通过《中华人民共和国民法总则》。该法第八条规定："民事主体从事民事活动，不得违反法律，不得违背公序良俗。"第十条规定："处理民事纠纷，应当依照法律；法律没有规定的，可以适用习惯，但是不得违背公序良俗。"

请结合上述材料，运用法理学相关知识，回答以下问题：

（1）什么是公序良俗？什么是习惯？

（2）习惯作为处理民事纠纷的依据，需要满足哪些条件？

（3）第八条的内容属于哪一种法律要素？它对于司法审判具有什么功能？

55. 某村地处城郊。在城市化进程中，该村大部分土地被征收。村委会未经村民讨论同意，确定了征地补偿费的使用分配方案，引起村民强烈不满。镇政府获悉后，决定撤销村委会主任职务，委派工作小组接管相关事务。

请结合上述材料，根据现行宪法和法律，回答下列问题：

（1）镇政府撤销村委会主任职务的做法是否合法？为什么？

（2）村民如认为村委会确定的征地补偿费使用分配方案侵犯了他们的合法权益，可以依法采取哪些措施撤销该方案？

56.《新唐书·刑法志》：（贞观）五年，河内人李好德坐妖言下狱，大理丞张蕴古以为好德病狂瞀，法不当坐。治书侍御史权万纪劾蕴古相州人，好德兄厚德方为相州刺史，故蕴古奏不以实。太宗怒，遽斩蕴古，既而大悔，因诏"死刑虽令即决，皆三覆（复）奏"。久之，谓群臣曰："死者不可复生。昔王世充杀郑颋而犹能悔，近有府史取赇不多，朕杀之，是思之不审也。决囚虽三覆奏，而顷刻之间，何暇思虑？自今宜二日五覆奏……"

请结合上述材料，运用中国法制史相关知识，回答以下问题：

（1）唐太宗实行死刑三复奏、五复奏的原因是什么？

（2）死刑复奏制度的历史渊源是什么？

（3）确立死刑复奏制度的意义何在？

五、论述题（第57～58小题，每小题15分，共30分）

57. "全面依法治国"要求国家工作人员善于运用法治思维处理问题、化解矛盾。结合我国实际，论述国家工作人员应具备怎样的法治思维。

58.《修订法律大臣沈家本等奏进呈刑律分则草案折》载："是编修订大旨折衷各国大同之良规，兼采近世最新之学说，而仍不戾乎我国历世相沿之礼教民情。"清末修律处理外来法与本国固有法之间关系的原则，对于当代中国的法律移植有哪些启示？

2018年综合课试题答案及解析

一、单项选择题

1. C

【解析】在私法领域，可以说"法无禁止即可为"，在公法领域，可以说"法无授权即禁止"。法律没有明文规定，意味着法律不禁止新技术的应用和推广。可见，B项表述错误。新事物的出现，扩展了法律的调整范围，也对立法提出了挑战。可见，C 项表述正确，选 C 项。在相关法律尚不健全的情况下，执法机关不能依据政策对相关行为作出处罚，因为政策不是法，不能依据政策作出行政处罚。可见，D 项表述错误。

2. B

【解析】法律责任并不等于法律制裁，有法律责任并不一定就有法律制裁，A 项表述错误，B 项表述正确，选 B 项。法律责任和法律制裁有着密切联系，法律制裁是承担法律责任的一个重要方式。应承担法律责任是实施和接受法律制裁的前提，法律制裁是具体承担法律责任的结果或体现，而不是相反。可见，C 项表述错误。承担法律责任是接受法律制裁的前提条件，但不能说二者互为条件，D 项表述错误。

3. A

【解析】为了保障冲突和纠纷的公正解决，法律应当促进和保障程序上的正义，通过法律权利和法律义务机制，公正地分配社会的利益和负担，并设定公正的程序来保障，使实体正义与程序正义得以通过立法来落实。本题表述的“告知学生具有陈述和申辩的权利，听取学生的陈述和申辩”，实际上就是通过程序正义来实现实体正义，选 A 项。

4. B

【解析】网络安全法生效后，对以往规范网络安全的行政法规的效力当然产生影响，依据上位法的效力高于下位法的原则，网络安全法的效力高于规范网络安全活动的行政法规，A 项表述错误。一般情况下，我国法律坚持“法律不溯及既往”的原则，例外情形是我国刑法在溯及力上坚持“从旧兼从轻”原则，B 项表述正确，选 B 项。外国公民和无国籍人在中国境内，除法律另有规定外，一般适用中国法律，C 项表述错误。网络安全法对中国境内所有的网络活动都有约束力，这是属地主义的体现，而非属人主义的体现，D 项表述错误。

5. D

【解析】某法院在审理一起网络侵权案件时，采纳了司法鉴定机构提供的鉴定意见，这体现的是以事实为根据、以法律为准绳的司法原则。以事实为根据的“事实”包括被合法证据证明了的事实和依法推定的事实。前一种事实属于客观事实的范围，它是已经被具有证明力的、合法的证据所确定的事实。后一种事实是在案件客观事实真相无法查明的情况下，依照法律中有关举证责任和法律原则推定的事实。本题表述中，司法鉴定机构出具的鉴定意见属于被合法证据证明了的事实，当然属于以事实为根据。可见，选 D 项。

6. C

【解析】A 项表述中，“法律不外乎主权者的命令”是分析法学派的观点，而非经济分析法学派的观点。19 世纪英国法哲学家、分析法学派创始人约翰·奥斯丁认为：“法律是主权者的命令”。可见，A 项表述错误。社会法学派认为，衡量法律优劣的最主要标准是实施效果，B 项表述错误。自然法学派认为，法是人的理性，强调自然法普遍永恒，且高于人定法，人定法符合自然法时才是真正的法律，法律应与社会主流道德和人性的正义准则保持一致。可见，C 项表述正确。历史法学派认为，法律是民族精神、民族特性和民族共同意识的体现；题干中表述的“一国的自然环境和政治制度决定着法的内容和性质”本身就是错误的论断，D 项表述错误。

7. B

【解析】法律以权利为本位，不是以义务为本位，A项表述错误。法律由国家制定或认可，法律应由特定的国家机关通过立法来完成，法律是国家意志的体现。可见，B项表述正确。法律具有强制性，但法律并非只能通过司法来实施和实现，法律的实现途径还有执法和守法，C项表述错误。法的普遍性是指法所具有的普遍约束力，它通常包括两重含义：（1）在一国主权范围内，法具有普遍效力，所有人都要遵守；（2）法律对同样的事和人同样适用，即法律面前人人平等。可见，D项表述错误。

8. A

【解析】民事法律关系既有绝对法律关系，也有相对法律关系，A项表述不正确，选A项。法律规范是法律关系产生的前提，没有法律规范，就无所谓法律关系，法律关系是根据法律规范建立的社会关系，B项表述正确。在法律关系中，权利主体的权利和义务具有现实性，即权利主体现实地享有权利和履行义务，这不同于法律规范所规定的权利和义务，法律规范所规定的权利和义务不具有现实性，它只是具有可能性。可见，C项表述正确。法律关系是根据法律规范建立的以法律上的权利义务为内容的社会关系，D项表述正确。

9. B

【解析】“和谐社会”的理念体现了“和为贵”的文化传统。“和为贵”作为一种文化传统，与现代的自由、平等的法律观念可以相容，构建和谐社会本身就能充分保障人们的自由，贯彻平等观念。可见，A项表述错误。“和为贵”强调和谐，重视调解在解决纠纷中的作用，重视调解是中国传统法律文化中“和为贵”在现代诉讼中的一个体现。可见，B项表述正确。“和为贵”观念有利于维护社会公平，使社会有序、稳定。可见，C项表述错误。信访制度是除法律制度以外的解决社会矛盾的一种制度，是自然人、法人和其他组织在法律框架外主张权利的渠道，因此，信访制度并非“和为贵”在法律制度中的体现，D项表述错误。

10. D

【解析】历史解释是指通过对法律文件制定的时间、地点、条件等历史背景材料的研究，或者通过将这一法律与历史上同类法律规范进行比较研究来阐明法律规范的内容和含义。A项表述的解释并非是历史解释，因为最高人民法院1985年发布的案例并非历史背景材料，甲并非基于对法律文件的历史背景材料的研究而进行解释，A项表述错误。体系（系统）解释是指通过分析某一法律规范在整个法律体系和所属法律部门中的地位和作用，来揭示其内容和含义。可见，B项表述错误。目的解释是指从制定某一法律的目的来解释法律，而非结合法律上下文作出的解释，C项表述错误。文义解释是指严格遵循法律规范的字面含义的一种以尊重立法者意志为特征的解释，D项表述正确，选D项。

11. B

【解析】《中华人民共和国人民警察法》是实体法，而非程序法，A项表述错误。《中华人民共和国人民警察法》属于法律体系中的行政法，B项表述正确。《中华人民共和国人民警察法》和《监狱法》同属于法律，不存在谁是谁的上、下位法之说，C项表述错误。相较于《公务员法》，《中华人民共和国人民警察法》属于特别法，D项表述错误。

12. C

【解析】在大陆法系国家，法的正式渊源主要是指制定法，法院的判例不是正式意义上的法律渊源；在英美法系国家，制定法和判例法都是法的正式渊源，A 项表述正确。大陆法系国家法的基本分类是公法和私法，英美法系法的基本分类是普通法和衡平法，B 项表述正确。大陆法系的诉讼程序以法官为重心，奉行职权主义，具有纠问程序的特点；英美法系的诉讼程序奉行当事人主义，法官一般充当消极的、中立的裁定者的角色。可见，C 项表述把大陆法系和英美法系的区别表述反了，因而是错误的，选 C 项。大陆法系国家承袭古代罗马法的传统，基本法律一般采用系统的法典形式；英美法系国家，尤其是英国，一般不倾向于法典形式，它的制定法往往是单行的法律、法规。可见，D 项表述正确。

13. C

【解析】1776 年北美《独立宣言》被马克思誉为“世界上第一个人权宣言”，选 C 项。

14. D

【解析】中国人民政治协商会议不是国家机关，不握有国家权力，而是爱国统一战线组织，其性质是政治联盟，政协委员产生需要经过各党派中央、各人民团体、无党派民主人士等协商提名推荐、协商确定名单、政协常务委员会会议通过和公布等步骤，并非选举产生，更谈不上对选民负责，A 项表述错误。在我国，全国人大及其常委会行使国家立法权，中国人民政治协商会议并非立法机关，不能行使国家立法权，B 项表述错误。中国人民政治协商会议的职能是政治协商、民主监督、参政议政，但中国人民政治协商会议并非国家机构，因此现行宪法在“国家机构”一章中不能规定中国人民政治协商会议的参政议政职能，C 项表述错误。1949 年 9 月中国人民政治协商会议通过了《共同纲领》，《共同纲领》起着临时宪法的作用，因而在当时中国人民政治协商会议行使了一定范围的制宪权，D 项表述正确，选 D 项。

15. B

【解析】《香港特别行政区基本法》第 81 条规定，香港特别行政区设立终审法院、高等法院、区域法院、裁判署法庭和其他专门法庭。香港特别行政区的法律体系属于英美法系，因而没有行政法院，A 项表述不正确。《香港特别行政区基本法》第 19 条规定，香港特别行政区享有独立的司法权和终审权。香港特别行政区法院除继续保持香港原有法律制度和原则对法院审判权所作的限制外，对香港特别行政区所有的案件均有审判权。香港特别行政区法院对国防、外交等国家行为无管辖权。据此，B 项表述正确，C 项表述不正确。《香港特别行政区基本法》第 92 条规定，香港特别行政区的法官和其他司法人员，应根据其本人的司法和专业才能选用，并可从其他普通法适用地区聘用。据此，D 项表述不正确。不过，根据《香港特别行政区基本法》第 90 条规定，香港特别行政区终审法院和高等法院的首席法官，应由在外国无居留权的香港特别行政区永久性居民中的中国公民担任。

16. D

【解析】现行《宪法》第 40 条规定，中华人民共和国公民的通信自由和通信秘密受法律的保护。除因国家安全或者追查刑事犯罪的需要，由公安机关或者检察机关依照法律规定的程序对通信进行检查外，任何组织或者个人不得以任何理由侵犯公民的通信自由和通信秘密。据此，只有公安机关或者检察机关才能依照法律规定的程序对通信进行检查，而且要出于追查刑事犯罪的需要。本题表述中的私人侦探并非属于公安机关或者检察机关；人民法院既非有权进行限制的机关，其目的也非追查刑事犯罪，而只是为了审理民事案件，所以，人民法院无权检查属于宪法保护的通信秘密范围内的公民的通话记录清单，也无权要求移动通信公司提供用户的通话记录清单。移动通信公司作为公民通信秘密的保有单位，负有保护通信用户的通信秘密的义务和责任。可见，不选A、B、C项，选D项。

17. A

【解析】行政处罚的种类有：警告；罚款；没收违法所得、没收非法财物；责令停产停业；暂扣或者吊销许可证、暂扣或者吊销执照；行政拘留；法律、行政法规规定的其他行政处罚。其中，法律可以设定各种行政处罚，限制人身自由的行政处罚，只能由法律设定。行政法规可以设定除限制人身自由以外的行政处罚。地方性法规可以设定除限制人身自由、吊销企业营业执照以外的行政处罚。上述规定可以看作《立法法》第8条规定的法律保留原则的延伸，具体规定在行政处罚法中。可见，罚款属于地方性法规可以规定的行政处罚，A项表述正确。行政拘留属于限制人身自由的行政处罚措施，地方性法规无权规定，全国人大常委会也不得授权就行政拘留制定地方性法规，B项表述错误。市人大和市人大常委会都无权制定拘留等有关限制人身自由的行政措施，C项表述错误。在我国，法院没有对法律文件的审查权，D项表述错误。

18. D

【解析】根据《立法法》第97条第2项规定，全国人民代表大会常务委员会有权撤销同宪法、法律和行政法规相抵触的地方性法规，但只是有权“撤销”，而不能“改变”，A、B项表述错误。《立法法》第95条规定，地方性法规、规章之间不一致时，由有关机关依照下列规定的权限作出裁决：(1) 同一机关制定的新的一般规定与旧的特别规定不一致时，由制定机关裁决。(2) 地方性法规与部门规章之间对同一事项的规定不一致，不能确定如何适用时，由国务院提出意见，国务院认为应当适用地方性法规的，应当决定在该地方适用地方性法规的规定；认为应当适用部门规章的，应当提请全国人民代表大会常务委员会裁决。(3) 部门规章之间、部门规章与地方政府规章之间对同一事项的规定不一致时，由国务院裁决。根据授权制定的法规与法律规定不一致，不能确定如何适用时，由全国人民代表大会常务委员会裁决。据此，C项表述错误，D项表述正确。

19. C

【解析】《地方各级人民代表大会和地方各级人民政府组织法》第64条第1、3、4款规定，地方各级人民政府根据工作需要和精干的原则，设立必要的工作部门。省、自治区、直辖市的人民政府的厅、局、委员会等工作部门的设立、增加、减少或者合并，由本级人民政府报请国务院批准，并报本级人民代表大会常务委员会备案。自治州、县、自治县、市、市辖区的人民政府的局、科等工作部门的设立、增加、减少或者合并，由本级人民政府报请上一级人民政府批准，并报本级人民代表大会常务委员会备案。据此，A项表述错误。《地方各级人民代表大会和地方各级人民政府组织法》第64条第2款规定，县级以上的地方各级人民政府设立审计机关。地方各级审计机关依照法律规定独立行使审计监督权，对本级人民政府和上一级审计机关负责。据此，B 项表述错误。《地方各级人民代表大会和地方各级人民政府组织法》第 66 条规定，省、自治区、直辖市的人民政府的各工作部门受人民政府统一领导，并且依照法律或者行政法规的规定受国务院主管部门的业务指导或者领导。自治州、县、自治县、市、市辖区的人民政府的各工作部门受人民政府统一领导，并且依照法律或者行政法规的规定受上级人民政府主管部门的业务指导或者领导。据此，C 项表述正确。《民族区域自治法》第 17 条、第 18 条规定，自治区主席、自治州州长、自治县县长由实行区域自治的民族的公民担任。自治区、自治州、自治县的人民政府的其他组成人员，应当合理配备实行区域自治的民族和其他少数民族的人员。民族自治地方的人民政府实行自治区主席、自治州州长、自治县县长负责制。自治区主席、自治州州长、自治县县长，分别主持本级人民政府的工作。民族自治地方的自治机关所属工作部门的干部中，应当合理配备实行区域自治的民族和其他少数民族的人员。据此，虽然自治区主席、自治州州长、自治县县长由实行区域自治的民族的公民担任，但对于民族自治地方工作部门的负责人，并无“民族自治地方人民政府工作部门的负责人由实施区域自治的民族公民担任”这一要求。可见，D 项表述错误。

20. A

【解析】根据《人民法院组织法》的规定，专门人民法院组织和职权由全国人民代表大会常务委员会另行规定。2014 年 8 月 31 日，十二届全国人大常委会第十次会议表决通过了全国人大常委会关于在北京、上海、广州设立知识产权法院的决定。据此，专门人民法院的设立由全国人大常委会决定，选 A 项。现行《宪法》第 67 条第 12 项规定，全国人大常委会根据最高人民法院院长的提请，任免最高人民法院副院长、审判员、审判委员会委员和军事法院院长。据此，B 项表述错误。海事法院负责审理海事海商民事案件，但无权审理有关的刑事案件，C 项表述错误。我国没有设置行政法院，D 项表述错误。

21. D

【解析】现行宪法首次明确规定，宪法具有最高法律效力，A 项表述正确。现行《宪法》第 5 条第 3、4 款规定，一切法律、行政法规和地方性法规都不得同宪法相抵触。一切国家机关和武装力量、各政党和各社会团体、各企业事业组织都必须遵守宪法和法律。一切违反宪法和法律的行为，必须予以追究。据此，B、C 项表述正确。法院审理案件时，一般不得直接引用宪法条款，但这并不意味着宪法对法院的审判活动没有拘束力，法院审理案件也必须受到宪法规范的拘束，D 项表述错误，选 D 项。

22. C

【解析】我国于 1988 年首次采取修正案的方式对宪法进行修改，选 C 项。

23. C

【解析】根据《国务院行政区划管理条例》，行政区划变更的法律程序为：(1) 省、自治区、直辖市的设立、撤销、更名，报全国人民代表大会批准。(2) 下列行政区划的变更由国务院审批：①省、自治区、直辖市的行政区域界线的变更，人民政府驻地的迁移，简称、排列顺序的变更；②自治州、县、自治县、市、市辖区的设立、撤销、更名和隶属关系的变更以及自治州、自治县、设区的市人民政府驻地的迁移；③自治州、自治县的行政区域界线的变更，县、市、市辖区的行政区域界线的重大变更；④凡涉及海岸线、海岛、边疆要地、湖泊、重要资源地区及特殊情况地区的隶属关系或者行政区域界线的变更。(3) 县、市、市辖区的部分行政区域界线的变更，县、不设区的市、市辖区人民政府驻地的迁移，国务院授权省、自治区、直辖市人民政府审批；批准变更时，同时报送国务院备案。(4) 乡、民族乡、镇的设立、撤销、更名，行政区域界线的变更，人民政府驻地的迁移，由省、自治区、直辖市人民政府审批。(5) 依照法律、国家有关规定设立的地方人民政府的派出机关的撤销、更名、驻地迁移、管辖范围的确定和变更，由批准设立该派出机关的人民政府审批。根据上述所列第（2）项，选C项。

24. B

【解析】《宪法》第116条规定，民族自治地方的人民代表大会有权依照当地民族的政治、经济和文化的特点，制定自治条例和单行条例。自治区的自治条例和单行条例，报全国人民代表大会常务委员会批准后生效。自治州、自治县的自治条例和单行条例，报省或者自治区的人民代表大会常务委员会批准后生效，并报全国人民代表大会常务委员会备案。据此，选B项。根据立法法规定，A项表述的地方性法规须报全国人大常委会备案，但无须报批。C项表述的地方性法规须报省人民代表大会常务委员会批准后施行，并由省人民代表大会常务委员会报全国人民代表大会常务委员会和国务院备案。D项表述的自治州制定的自治条例报省人民代表大会常务委员会批准后生效，并报全国人民代表大会常务委员会和国务院备案。

25. B

【解析】现行《宪法》第75条规定，全国人民代表大会代表在全国人民代表大会各种会议上的发言和表决，不受法律追究。据此，A项表述错误。现行《宪法》第73条规定，全国人民代表大会代表在全国人民代表大会开会期间，全国人民代表大会常务委员会组成人员在常务委员会开会期间，有权依照法律规定的程序提出对国务院或者国务院各部、各委员会的质询案。受质询的机关必须负责答复。据此，B项表述正确。《选举法》第52条规定，罢免县级和乡级的人民代表大会代表，须经原选区过半数的选民通过。罢免由县级以上的地方各级人民代表大会选出的代表，须经各该级人民代表大会过半数的代表通过；在代表大会闭会期间，须经常务委员会组成人员的过半数通过。罢免的决议，须报送上一级人民代表大会常务委员会备案、公告。据此，C项表述错误。《全国人民代表大会和地方各级人民代表大会代表法》第32条第1款规定，县级以上的各级人民代表大会代表，非经本级人民代表大会主席团许可，在本级人民代表大会闭会期间，非经本级人民代表大会常务委员会许可，不受逮捕或者刑事审判。如果因为是现行犯被拘留，执行拘留的机关应当立即向该级人民代表大会主席团或者人民代表大会常务委员会报告。据此，D项表述错误。

26. C

【解析】根据现行《宪法》第62条第4项、第5项规定，国家副主席、国务院副总理只能由全国人大选举或根据提名决定产生，不选A、B项。根据现行《宪法》第67条第12项规定，最高人民法院副院长根据最高人民法院院长的提请由全国人大常委会任免，不选D项。根据现行《宪法》第62条第6项规定，中央军事委员会副主席根据中央军事委员会主席的提名由全国人大决定；根据现行《宪法》第67条第10项规定，在全国人民代表大会闭会期间，根据中央军事委员会主席的提名，全国人大常委会决定中央军事委员会副主席等其他中央军委组成人员的人选。可见，选C项。

27. B

【解析】A项表述中，自治区人民代表大会当然有权制定地方性法规，但该权力并非自治权，而是立法权，不选A项。民族自治地方行使自治权的内容包括：制定自治条例和单行条例（该内容既是行使立法权活动，也是自治权的核心内容）；根据本地方的实际情况，贯彻执行国家的法律和政策，对于上级国家机关的决议、决定、命令和指示，如有不适合民族自治地方实际情况的，自治机关可以报经上级国家机关批准变通执行或停止执行；管理地方财政；安排和管理地方经济建设事业的自主权；管理本地方的教育、科学、文化、卫生、体育事业的自主权；依照国家的军事制度和当地的实际情况，经国务院批准，可以组织本地方维护社会治安的公安部队；其他方面的职权。可见，选B项。C、D项表述属于司法活动，司法活动不属于自治权的内容。不选C、D项。

28. C

【解析】战国魏相李悝认为"王者之政，莫急于盗贼"，因此在制定《法经》六篇时，将"盗法"和"贼法"列于篇首，选C项。

29. A

【解析】秦朝对故意捏造事实陷害他人者，使无罪者入罪，轻罪者入于重罪，即构成诬告罪，按被诬告人所受到的刑罚，对诬告者处罚。本题表述中，甲以死罪诬告，对甲应处死刑，只有A项表述的"腰斩"是死刑，选A项。

30. C

【解析】元朝罪名体系最为显著的变化，是强奸幼女罪的确立。唐律、《宋刑统》的奸类罪中，未特别列出强奸幼女罪。元律规定："诸强奸幼女者，处死；虽和同强，女不坐。"元朝将幼女的年龄界定为10岁以下。对于犯强奸幼女罪者，处刑极重。可见，选C项。

31. D

【解析】北洋政府立法活动的特点有：(1) 采用、删改清末新订法律。(2) 采用西方资本主义国家的某些立法原则。(3) 制定颁布众多的单行法规。(4) 判例和解释例成为重要的法律渊源。可见，D项表述错误，选D项。

32. D

【解析】翻异别推制就是犯人推翻原口供，而且所翻情节实碍重罪时，案件须重新审理，应将该案改由另一法官或者另一司法机关审理。改换法官审理，称为"别推"；改换司法机关审理，称为"别移"。本题表述的情形中，犯人推翻原口供，且实碍重罪，须改换官员或机构审理，只有D项表述符合翻异别推，选D项。

33. A

【解析】西周时期已经对故意犯罪与过失犯罪、惯犯（我国现行刑法发展成为集合犯）和偶犯在观念上有所区分。西周时期将故意犯罪称为"非眚"，将过失犯罪称为"眚"，将惯犯称为"惟终"，将偶犯称为"非终"。可见，选A项。

34. D

【解析】《唐律疏议·杂律》规定："诸负债违契不偿，一匹以上，违二十日，笞二十，二十日加一等，罪止杖六十。三十匹加二等，百匹，又加三等。各令倍偿。”即对于负债契约，若到期不还，一匹以上，过期二十日笞二十，二十日加一等，罪止杖六十；三十匹加二等，一百匹又加三等，同时债务仍得偿还。这里的“负债”，指的是无息的借贷契约。可见，选D项。

35. C

【解析】西魏政权颁布了中国历史上第一部以“式”命名的封建成文法典——《大统式》，因该部法典颁布于西魏文帝大统年间，故而命名为《大统式》，选C项。

36. B

【解析】汉代增设“女徒顾山”，属于赎刑的范围，即允许被判处徒刑的女犯回家，但需每月缴纳官府三百钱，由官府雇人上山砍伐木材或从事其他劳作，以代替女犯的劳役刑。可见，选B项。

37. D

【解析】清朝的刑部是最高司法审判机关，有“刑名总汇”之称，下设十七省清吏司分掌各省审判事务，另设有追捕逃人的督捕司、办理秋审的秋审处、专掌律例修订的修订法律馆。刑部是清朝最重要的中央机构，在处理全国司法事务方面起着主导作用。可见，选D项。

38. D

【解析】《临时约法》改《临时政府组织大纲》规定的总统制为责任内阁制，以限制袁世凯的政治权力。可见，选D项。

39. A

【解析】《唐律疏议·名例律》规定：“诸化外人同类相犯者，各依本俗法；异类相犯者，以法律论。”这里的“化外人”即外国人，对于化外人相犯的处断原则是：凡同一国籍的外国人互相侵犯，各按照其本国的习俗和法律论处；凡不同国籍的外国人互相侵犯，则按照唐朝的法律论处。高丽人和百济人属于不同国籍，二人相犯适用唐律，选A项。

40. A

【解析】《陕甘宁边区施政纲领》规定了参议会实行三三制的政权组织形式，即共产党员占1/3，非党派进步人士占1/3，中间派占1/3。可见，选A项。

二、多项选择题

41. ABCD

【解析】法律规则和法律条文这两个概念既有联系又有区别。法律规则和法律条文的联系是，法律规则是法律条文的内容，法律条文是法律规则的表现形式。可见，A、B项表述正确。法律条文和法律规则也不能等同。不是每一个条文只表述一个法律规则，一个条文可能包括两个或两个以上法律规则，如《刑法》第114条同时规定了放火罪、爆炸罪、决水罪、投放危险物质罪、以危险方法危害公共安全罪等多项法律规则，C项表述正确。一个法律规则可以体现在若干法律条文中，如民法典中的不安抗辩权制度是通过《民法典》第527条和第528条两个法律条文规定的，D项表述正确。

42. ACD

【解析】国家是保障人权的主体，因此国家对保障人权负有重要责任。我国2004年人权入宪，这为国家设立了尊重和保障人权的义务。可见，A 项表述正确。人权是一个内涵广泛的作为人应该享有的权利，人权并非依据宪法和法律所享有的具体的权利，而是普遍性、基础性、本源性的权利，人权入宪入法的过程只是提供了实现人权的具体途径和法律保障。可见。B 项表述错误。为了充分保障人权，现代人权有必要通过立法予以确认，C 项表述正确。司法机关在审判时应尊重和保障当事人的人权，我国刑事诉讼法和民事诉讼法都规定了当事人在诉讼中享有的各项诉讼权利，D 项表述正确。

43. ABD

【解析】立法是国家的一项专门活动。立法是国家职能中最重要、最根本的职能，是其他国家职能的基础和前提。可见，A 项表述正确。立法的主体是特定的国家机关。立法活动是特定的国家机关依照法定职权进行的一项专门活动。立法只能由特定的享有立法权的国家机关来进行。可见，B 项表述正确。立法的目标在于产生具有普遍性、规范性、强制性的法律规范，将统治阶级的意志上升为国家意志。立法的目的在于通过创制、认可、修改、废除法律规范的方式，将统治阶级的意志上升为国家意志。立法的这一特点将其与执法相区别，执法是政府部门管理社会的手段。可见，C 项表述错误。立法将国家法治治理的观念体现出来，是国家治理法治化的一种方式，D 项表述正确。

44. AB

【解析】航空安全是一种秩序，张某有乘坐航班的权利和自由，但自由和航空安全这种秩序价值比较，在该个案当中，秩序价值应当优先于自由价值，A 项表述正确。如果张某有立功表现，公安机关根据治安管理处罚法有关立功减轻处罚或不予处罚的规定，可以对张某的处罚予以减轻或免除。依法理学有关法律责任的减轻或免除理论，张某也可以因立功被减轻或免除处罚，B 项表述正确。航空公司因张某迟到而拒绝其登机，并未侵犯其民主权利（民主权利如宪法规定的选举权和被选举权、知情权、监督权等），C 项表述错误。将张某列入“拒绝承载人员名单”，并非是航空公司追究张某民事责任的具体表现，因为民事责任中不存在承担“拒绝承载人员名单”这一责任方式，不选 D 项。

45. AB

【解析】根据《全国人民代表大会组织法》第 35 条第 1 款规定，各专门委员会受全国人民代表大会领导；在全国人民代表大会闭会期间，受全国人民代表大会常务委员会领导。据此，A 项表述正确。根据《全国人民代表大会组织法》第 37 条第 2 项规定，各专门委员会有权向全国人民代表大会主席团或者全国人民代表大会常务委员会提出属于全国人民代表大会或者全国人民代表大会常务委员会职权范围内同本委员会有关的议案。据此，B 项表述正确。专门委员会没有违宪审查权，不能审查和撤销同法律相抵触的地方性法规，即便进行审查工作，也是以全国人大常委会的名义进行的，C 项表述错误。根据《全国人民代表大会组织法》第 35 条第 2、3 款规定，各专门委员会由主任委员、副主任委员若干人和委员若干人组成。各专门委员会的主任委员、副主任委员和委员的人选由主席团在代表中提名，大会通过。在大会闭会期间，全国人民代表大会常务委员会可以补充任命专门委员会的个别副主任委员和部分委员，由委员长会议提名，常务委员会会议通过。据此，D 项表述错误。

46. BD

【解析】现行宪法并没有规定沉默权，不选A项。平等权包括民族平等、男女平等、宗教信仰平等、选举平等、教育平等等具体平等权。本题表述中，学校拒绝刘某之子入学，侵犯了刘某之子享有的受教育权。由于刘某属于外来务工人员，在教育资源的享用上与其他入学人员存在事实上的差异，因而被要求开具无犯罪记录的证明，这本身是基于身份或地位的差别所致的受教育权遭受侵犯，选D项。本题表述的情形没有侵犯财产权，这是显而易见的，不选C项。

47. BCD

【解析】我国国家主席没有个人决策权，除了进行国事活动、接见外国使节外，他的职权要同全国人大及其常委会的职权结合起来行使。现行《宪法》第80条规定，中华人民共和国主席根据全国人民代表大会的决定和全国人民代表大会常务委员会的决定，公布法律，任免国务院总理、副总理、国务委员、各部部长、各委员会主任、审计长、秘书长，授予国家的勋章和荣誉称号，发布特赦令，宣布进入紧急状态，宣布战争状态，发布动员令。现行《宪法》第81条规定，中华人民共和国主席代表中华人民共和国，进行国事活动，接受外国使节；根据全国人民代表大会常务委员会的决定，派遣和召回驻外全权代表，批准和废除同外国缔结的条约和重要协定。根据上述规定，选B、C、D项。

48. ACD

【解析】根据《唐律疏议·斗讼律》规定，在押犯只准告谋叛以上之罪和狱官非法残害自己之事，其他罪不得告诉。80岁以上、10岁以下以及轻病残者只准告谋反、谋大逆、谋叛以及子孙不孝或者同居之内受人侵害之事，其他罪不得告诉。此外，禁止越诉；除谋反、谋大逆、谋叛等罪外，卑幼不得控告尊长，卑贱不得控告尊贵；禁止投匿名信控告。可见，选A、C、D项。

49. BD

【解析】《大诰》是明太祖朱元璋在明初制定的一部刑事特别法，该法采取“诰”这一形式编纂而成，选B项。《问刑条例》是明孝宗弘治年间由刑部删定而成，该条例的删定为“律例合编”的法典编纂体例奠定了基础，选D项。则例是清朝最重要的例，类似于现代的行政法规，不选A项。条法事类是宋代独有的法律形式，如《庆元条法事类》，不选C项。

50. ABCD

【解析】1910年2月，清廷准允颁行的《法院编制法》引进了审判独立、公开审判、民刑分理、审检分立、合议制等西方法制原则，这些无疑对于传统司法体制和审判制度是重大的变革。可见，备选项应全选。

三、简答题

51. 答案要点：

（1）完备的法律规范体系。

（2）高效的法治实施体系。

（3）严密的法治监督体系。

（4）有力的法治保障体系。

（5）完善的党内法规体系。

52. 答案要点：

（1）选举权的普遍性原则。

（2）选举权的平等性原则。

（3）直接选举和间接选举相结合原则。

（4）差额选举原则。

（5）秘密投票原则。

53. 答案要点：

（1）以孙中山的“遗教”为立法的根本原则。

（2）特别法多于普通法，其效力也高于普通法。

（3）形成了以“六法全书”为标志的国家成文法律体系。

（4）判例、解释例、习惯及法理等在法律体系中占据重要地位。

四、分析题

54. 答案要点：

（1）公序良俗是指公共秩序和善良风俗；习惯是人们在长期的社会生活中相沿成习的一系列行为规范。

（2）一是法律没有规定，二是习惯本身没有违反公序良俗。

（3）属于法律原则。其功能包括：指导法官对法律规则的解释和适用；弥补法律规则的局限和不足。

55. 答案要点：

（1）不合法。根据村民委员会组织法，村委会是基层群众性自治组织，镇政府对村委会的工作给予指导、支持和帮助，但不得干预依法属于村民自治范围内的事项。村委会成员由村民直接选举产生，由村民罢免，镇政府无权直接撤销村委会成员的职务。

（2）村民或村民代表可以提议召开村民会议，或村民代表提议召开村民代表会议，撤销村委会确定的征地补偿费的使用分配方案；受侵害的村民也可以向法院申请撤销该方案。

56. 答案要点：

（1）唐太宗因错杀张蕴古而后悔，认为死者不可复生，因此应审慎对待死刑，实行三复奏。后唐太宗认为实行三复奏，时间仓促，难以考虑充分，故又实行五复奏。

（2）死刑复奏在西汉时期已出现萌芽；三国两晋南北朝时期正式确立了死刑复奏制度，即死刑必须报告朝廷，经皇帝批准方可执行。

（3）体现慎刑原则；加强皇帝对司法审判权的控制。

五、论述题

57. 答案要点：

（1）法治思维是运用法治精神和原则处理问题的思维方式，是将法律作为判断是非和处理事务的准绳，要求崇尚法治，尊重法律，善于运用法律手段解决问题和推进工作。

（2）国家工作人员应当不断培养和养成法治思维，具体包括养成规则思维、程序思

维、平等思维、权力制约思维、人权保障思维等。（该要点要予以展开论述——编者注）

58. 答案要点：

（1）该材料是清末沈家本主持修订刑律分则时提出的立法指导原则，也是处理外来法与本国固有法关系的经验。

（2）该材料总结了三点基本经验：折衷各国大同之良规；兼采近世最新之学说；尊重我国历世相沿之礼教民情。

（3）启示：第一，应合理吸收当代各国先进的法律制度；第二，应科学、理性地对待国外的法学理论，清末修律已能借鉴西方先进的法律理论、原则和制度，当今中国在推进法治现代化过程中也应持开放的态度；第三，在吸收借鉴外来法的同时，应充分考虑与我国现有法律制度相协调，并结合国情和善良风俗合理改造，以确保法律移植的良好效果。

2017 年专业基础课试题

一、单项选择题（第 1～40 小题，每小题 1 分，共 40 分。下列每题给出的四个选项中，只有一个选项是符合题目要求的。请在答题卡上将所选项的字母涂黑）

1. 近年，我国司法机关展开“猎狐行动”，追捕潜逃海外的犯罪嫌疑人回国接受刑事审判，此举是为了实现刑法的（　　）。

A. 规制机能　　B. 保障机能　　C. 保护机能　　D. 补偿机能

2. 甲国公民乘坐乙国飞机飞越丙国领空时，殴打中国籍乘客刘某致其重伤。甲国公民对刘某的犯罪，适用我国刑法的依据是（　　）。

A. 属地管辖原则　　B. 保护管辖原则　　C. 属人管辖原则　　D. 普遍管辖原则

3. 下列选项中，构成纯正不作为犯罪的是（　　）。

A. 甲将生活不能自理的母亲锁在家中，外出数天致母亲饿死

B. 乙（纳税人）做假账，少缴纳税款数额巨大且占应纳税额的 20%

C. 丙（司机）驾驶时，离开公交车驾驶岗位与乘客斗殴，造成交通事故

D. 丁（医生）在飞机上目睹乘客心脏病突发未予施救，该乘客不治身亡

4. 甲基于杀人故意实施的下列行为，与乙的死亡之间具有刑法上因果关系的是（　　）。

A. 甲劝乙乘坐长途汽车去山区旅行，乙旅行时因汽车坠崖死亡

B. 甲在家中“作法”诅咒与其有矛盾的乙，后乙突发急病死亡

C. 甲殴打乙致其轻伤，乙在去医院途中被高楼上坠落的花盆砸中死亡

D. 甲持木棍对乙穷追不舍，乙迫不得已跳入冰冷的河中因痉挛而溺水死亡

5. 甲想用水果刀伤害张三，却失手将张三旁的李四捅伤。这种情形在我国刑法中属于（　　）。

A. 因果关系错误　　B. 打击错误　　C. 行为性质错误　　D. 意外事件

6. 甲约乙去偷笔记本电脑，乙不敢去偷，但答应负责找销路。甲得手后将盗得的 10 台电脑交给乙，乙找到经营电子产品的丙，丙觉得电脑的来路不明，就以 10 000 元的价格收购了价值 45 000 元的电脑。对此，下列说法正确的是（　　）。

A. 甲、乙的行为构成盗窃罪的共同犯罪

B. 甲、乙、丙的行为构成盗窃罪的共同犯罪

C. 乙的行为构成盗窃罪和掩饰、隐瞒犯罪所得罪

D. 乙、丙的行为构成掩饰、隐瞒犯罪所得罪的共同犯罪

7. 下列关于罚金的表述，符合我国刑法规定的是（　　）。

A. 对未成年人判处的罚金，不得由其监护人垫付

B. 是否判处罚金，不应考虑犯罪人的经济条件

C. 应根据犯罪情节，决定判处罚金的数额

D. 对累犯应当并处罚金

8. 甲下夜班回家，目睹一男将一女强行拉进小巷，女子大叫："放开我！"甲以为该男子欲行不轨，遂冲上去，用砖头将男子打成轻伤。事后查明，该男女系夫妻关系，事发时男子阻止女子回娘家。甲的行为成立（　　）。

A. 事前防卫　　B. 假想防卫　　C. 正当防卫　　D. 防卫过当

9. 下列选项中，不属于"应当"附加剥夺政治权利的是（　　）。

A. 危害公共安全的犯罪分子　　B. 被判处无期徒刑的犯罪分子

C. 危害国家安全的犯罪分子　　D. 被判处死刑的犯罪分子

10. 甲因涉嫌抢劫被公安机关逮捕后，主动供述自己曾入户盗窃。甲供述盗窃的行为属于（　　）。

A. 坦白　　B. 一般自首　　C. 立功　　D. 特别自首

11. 判决宣告前，一人犯数罪，分别被判处有期徒刑的，对于数个有期徒刑的并罚，应采用（　　）。

A. 吸收原则　　B. 简单相加原则　　C. 并科原则　　D. 限制加重原则

12. 我国《刑法》第266条中规定"诈骗公私财物，数额较大的"，这种罪状是（　　）。

A. 叙明罪状　　B. 空白罪状　　C. 简单罪状　　D. 引证罪状

13. 下列选项中，属于信用卡诈骗罪中冒用他人信用卡情形的是（　　）。

A. 盗窃他人信用卡并使用　　B. 使用作废的信用卡

C. 使用伪造的信用卡　　D. 拾得他人信用卡并使用

14. 下列选项中，应以强奸罪一罪追究刑事责任的是（　　）。

A. 甲利用业务关系，在女推销员半推半就的情况下与之发生性行为

B. 乙在拐卖过程中，违背被拐卖妇女的意志与之发生性行为

C. 丙宣传迷信，以"行为治疗法"蒙骗求医女性与之发生性行为

D. 丁将男性同事灌醉，趁其熟睡与之发生同性性行为

15. 甲为了报复素有矛盾的刘某，捏造刘某贪污的材料向检察机关举报，导致刘某被逮捕。甲的行为构成（　　）。

A. 诬告陷害罪　　B. 诽谤罪　　C. 报复陷害罪　　D. 伪证罪

16. 下列选项中，应认定为故意伤害罪的是（　　）。

A. 抢劫未果却造成被害人轻伤的

B. 强奸过程中造成被害人重伤的

C. 刑讯逼供时造成犯罪嫌疑人伤残的

D. 拐卖儿童过程中造成被拐卖儿童重伤的

17. 下列选项中，在情节严重的情况下，应认定为妨害公务罪的是（　　）。

A. 甲多次煽动他人在镇政府门前广场非法聚集

B. 乙为了解决医疗纠纷，带领多人封堵公立医院大门

C. 丙纠集多人打砸警车，阻止警察带走涉嫌诈骗的丈夫

D. 丁纠集多名亲友，在村口阻碍警察带走被收买的儿童

18. 甲（建委主任）与妻子乙商议后，由乙出面收受请托人现金300万元，甲为请托人办理建筑审批手续。乙的行为（　　）。

A. 构成受贿罪　　B. 构成利用影响力受贿罪

C. 不构成犯罪　　D. 构成受贿罪和利用影响力受贿罪

根据以下案情，回答第19、20小题。

甲以自己为受益人给妻子购买了人身意外伤害险，后设计杀害了妻子，并以妻子意外死亡为由，申请并获得保险金80万元。

19. 甲骗取保险金和杀害妻子的犯罪行为属于（　　）。

A. 想象竞合犯　　B. 连续犯　　C. 吸收犯　　D. 牵连犯

20. 甲的行为应认定为（　　）。

A. 合同诈骗罪一罪　　B. 保险诈骗罪和故意杀人罪

C. 故意杀人罪一罪　　D. 保险诈骗罪一罪

21. 下列事实中，能引起甲、乙之间民事法律关系发生的是（　　）。

A. 甲向乙问路，乙因疏忽指错方向

B. 甲赌博输给乙2万元并当场给付

C. 甲、乙约定某日商谈“互联网+创意”合作合同

D. 甲开车撞断乙公司的输电线，造成损失3 000元

22. 公司职员甲办理了某银行的信用卡，在商场持卡消费2万余元。在向银行还款前，甲突患精神病。对此，下列说法正确的是（　　）。

A. 甲与银行之间的合同、甲与商场之间的合同均有效

B. 甲与银行之间的合同、甲与商场之间的合同均无效

C. 甲与银行之间的合同有效，甲与商场之间的合同无效

D. 甲与银行之间的合同无效，甲与商场之间的合同有效

23. 甲、乙未婚同居。乙谎称怀孕，迫使甲承诺：甲给付乙“结婚保证金”50万元，如半年内不与乙结婚不得要求返还。甲、乙之间的约定（　　）。

A. 因甲受胁迫可撤销　　B. 因甲受欺诈可撤销

C. 因违反公序良俗原则而无效　　D. 因违反法律的强制性规定而无效

24. 根据我国合同法，下列当事人中，有权随时解除合同的是（　　）。

A. 委托人　　B. 承揽人　　C. 出租人　　D. 赠与人

25. 甲委托乙以乙的名义为甲购买一辆汽车。乙与丙签订购车合同后，由于甲的原因不能依约向丙支付购车款，乙遂向丙披露了委托人甲。对此，下列说法正确的是（　　）。

A. 丙只能请求甲支付购车款

B. 丙只能请求乙支付购车款

C. 丙可以在甲、乙中择一请求支付购车款

D. 丙请求甲支付购车款遭拒后，可请求乙支付

26. 甲将一批货物存放在乙的仓库，之后丙因甲拖欠其15万元货款，强行将该批货物拉走抵债。对此，下列说法正确的是（　　）。

A. 丙的行为属于自助行为

B. 丙的行为属于行使留置权

C. 乙请求丙返还货物的权利存续期间为1年

D. 甲请求丙返还货物的权利存续期间为2年

27. 甲遗失一条项链，被乙拾得。丙从乙处偷走项链，以1万元价格卖给不知情的丁并交付。现该项链的所有权人是（　　）。

A. 甲　　B. 乙　　C. 丙　　D. 丁

28. 甲为担保对乙的债务，于2015年3月1日与乙签订质押合同，承诺将自己的越野车质押给乙。同年4月1日甲交付越野车，但未将随车工具箱交付给乙。对此，下列说法正确的是（　　）。

A. 乙于3月1日取得质权　　B. 乙对随车工具箱享有质权

C. 质押合同于3月1日生效　　D. 质押合同于4月1日成立

29. 甲、乙、丙、丁共同出资购买一辆挖掘机，出资比例分别为55％、30％、10％、5％。对该挖掘机的转让（　　）。

A. 甲一人即可决定　　B. 甲、乙二人同意即可

C. 经任意三人同意即可　　D. 必须经四人一致同意

30. 甲经政府主管部门批准，在其宅基地上盖了一栋楼房，未办理房屋登记手续。3年后甲死亡，其唯一的继承人乙将房屋卖给同村的丙，并交付给丙占有使用。现该房屋的所有权人是（　　）。

A. 国家　　B. 甲所在村集体　　C. 乙　　D. 丙

31. 甲、乙约定：甲赠与乙紫砂壶一把，该合同在乙结婚时生效。该合同属于（　　）。

A. 附确定期限的合同　　B. 附不确定期限的合同

C. 附延缓条件的合同　　D. 附解除条件的合同

32. 甲公司于4月24日通知乙公司急需货物10吨，乙公司遂于4月25日按双方之间的交易惯例发货。4月26日甲公司又通知乙公司不需要该批货物。对此，下列说法正确的是（　　）。

A. 乙公司的发货行为构成要约

B. 甲公司4月24日的通知构成要约邀请

C. 甲公司4月26日的通知构成要约的撤销

D. 甲公司、乙公司之间的合同于4月25日成立

33. 甲将房屋出租给乙，租期5年。半年后，甲通知乙欲出售该房屋，20天内乙未表态，甲遂将该房屋卖给丙，并办理了过户登记。乙有权（　　）。

A. 主张甲、丙之间的买卖合同无效　　B. 要求甲承担违约责任

C. 主张租赁合同对丙继续有效　　D. 主张优先购买权

34. 甲谎称是乙公司的代理人，以乙公司的名义与丙公司签订合同。甲侵犯了乙公司的（　　）。

A. 姓名权　　B. 商标权　　C. 名誉权　　D. 名称权

35. 甲驾车正常行驶，乙酒后驾车闯红灯，两车相撞，致甲的车撞伤正在执勤的交警丙。丙的损害应由（　　）。

A. 甲承担全部责任

B. 乙承担全部责任

C. 甲、乙承担连带责任

D. 甲承担次要责任，乙承担主要责任

36. 甲工厂、乙工厂分别位于某河流的上游和中游，两工厂单独排放的废水均不会造成损害，但废水汇集后导致下游丙的鱼塘的鱼大量死亡。对于丙的损失（　　）。

A. 甲、乙均不承担责任

B. 甲、乙承担按份责任

C. 甲、乙承担连带责任

D. 甲、乙、丙三方分担

37. 根据我国收养法，下列情形中，收养关系可以成立的是（　　）。

A. 甲（男，28 周岁，未婚）收养 2 周岁的孤儿

B. 乙（女，50 周岁，离异）收养自己 15 周岁的亲侄子

C. 丙（女，60 周岁，丧偶）收养自己 19 周岁的继女

D. 丁（女，45 周岁，有配偶）单独收养自己 5 周岁的外甥

38. 甲（18 周岁）伪造身份信息与乙（23 周岁）登记结婚。有权以甲未达到法定婚龄为由申请宣告婚姻无效的利害关系人是（　　）。

A. 甲的近亲属

B. 乙的近亲属

C. 甲住所地的基层组织

D. 乙住所地的基层组织

根据以下案情，回答第 39、40 小题。

甲村为了灌溉 A 地，与乙村签订书面合同，约定：甲村每年支付乙村 4 000 元，在乙村的水库取水 10 000 立方米；期限为 20 年。合同签订后，双方办理了权利登记。一年后，甲村将 A 地发包给丙。后丙将部分承包地转包给丁。

39. 甲村与乙村设定的有关取水的权利属于（　　）。

A. 地役权　　B. 相邻权　　C. 租赁权　　D. 土地承包经营权

40. 在丙将部分承包地转包给丁后，关于取水的权利表述正确的是（　　）。

A. 只有丙有权取水

B. 只有丁有权取水

C. 丙、丁均有权取水

D. 丙、丁均无权取水

二、多项选择题（第 41～50 小题，每小题 2 分，共 20 分。下列每题给出的四个选项中，至少有两个选项是符合题目要求的。多选、少选或错选不得分。请在答题卡上将所选项的字母涂黑）

41. 下列选项中，属于刑法立法解释的有（　　）。

A. 全国人大常委会《关于惩治骗购外汇、逃汇和非法买卖外汇犯罪的决定》

B. 全国人大常委会《关于〈中华人民共和国刑法〉有关信用卡规定的解释》

C. 全国人大常委会法制工作委员会刑法室《关于挪用资金罪有关问题的答复》

D. 全国人大常委会《关于〈中华人民共和国刑法〉第二百六十六条的解释》

42. 下列选项中，属于量刑制度的有（　　）。

A. 累犯　　B. 缓刑　　C. 自首　　D. 假释

43. 下列情形中，可以成立单位犯罪的有（　　）。

A. 甲设立公司，主要从事为他人虚开增值税专用发票活动以牟利

B. 乙与公司股东商议后，以公司名义走私香烟，所得收益归公司所有

C. 丙为使其公司承建工程，向国有投资公司主管人员支付巨额回扣

D. 丁以公司名义吸收公众存款，并将违法所得用来购买豪华别墅

44. 下列选项中，构成非法拘禁罪的有（　　）。

A. 甲（警察）因私怨与刘某发生口角，用手铐将刘某铐在警车内

B. 乙为索取合法债务，非法扣押债务人涂某的妻子

C. 丙为了索要劳务报酬，偷走龙某出生不久的儿子

D. 丁为了追索高利贷，扣留债务人钱某

45. 下列选项中，应认定为诈骗罪的有（　　）。

A. 甲伪造名画，冒充真迹卖给他人

B. 乙设立赌博网站，招揽小学生参与赌博

C. 丙用冰糖冒充冰毒卖给他人，获利 4 000 元

D. 丁用短信将邻居从家中骗出，趁机进入邻居家拿走 1 万元现金

46. 甲被依法宣告失踪，乙为甲的财产代管人。下列选项中，由乙从甲的财产中支付的有（　　）。

A. 甲所欠税款　　B. 甲所欠债务

C. 甲应支付的赡养费　　D. 乙代管财产的管理费

47. 某服装公司员工实施的下列行为中，该公司不予认可但仍应承担民事法律后果的有（　　）。

A. 超越代表权限与不知情的 L 公司订立买卖合同

B. 超越公司经营范围与不知情的 M 公司订立买卖合同

C. 伪造公司印章与不知情的 P 公司订立买卖合同

D. 以自己的名义将公司的电脑转让给不知情的 Q 公司

48. 甲、乙系夫妻，有一子丙。丙与丁结婚，生有一女戊。2008 年丙去世，丁与庚再婚，二人一起照顾甲、乙的生活起居。2015 年 5 月甲去世。对甲遗产的继承，第一顺序继承人有（　　）。

A. 乙　　B. 丁　　C. 戊　　D. 庚

49. 小明在父母离异后跟随母亲生活。某日午休时，小明在幼儿园与小朋友小刚打闹，幼儿园老师余某因外出接电话而未能发现和制止，小明将小刚的头打伤。对于小刚的损害，不应承担责任的有（　　）。

A. 小明的母亲　　B. 幼儿园　　C. 小明的父亲　　D. 余某

50. 下列民事权益中，受我国侵权责任法保护的有（　　）。

A. 婚姻自主权　　B. 担保物权　　C. 股权　　D. 商业秘密

三、简答题（第51～54小题，每小题6分，共24分）

51. 简述假释的法律后果。

52. 简述危害公共安全罪的共同特征。

53. 简述侵权责任的承担方式。

54. 简述表现代理的构成要件。

四、辨析题（第55～56小题，每小题8分，共16分。要求对命题进行判断并着重阐明理由）

55. “任何人不应为他人的犯罪行为承担刑事责任。”请对这一说法加以辨析。

56. “在我国，商标未经注册不受法律保护。”请对这一说法加以辨析。

五、法条分析题（第57～58小题，每小题10分，共20分。要求符合立法原意和刑法/民法理论。请将答案写在答题卡指定位置的边框区域内）

57. 《中华人民共和国刑法》第133条规定：“违反交通运输管理法规，因而发生重大事故，致人重伤、死亡或者使公私财产遭受重大损失的，处三年以下有期徒刑或者拘役；交通运输肇事后逃逸或者有其他特别恶劣情节的，处三年以上七年以下有期徒刑；因逃逸致人死亡的，处七年以上有期徒刑。”

请分析：

（1）本条中的“交通运输肇事后逃逸”如何理解？

（2）本条中的“因逃逸致人死亡”如何理解？

58. 《中华人民共和国民法通则》第93条规定：“没有法定的或者约定的义务，为避免他人利益受损失进行管理或者服务的，有权要求受益人偿付由此而支付的必要费用。”

请分析：

（1）本条规定的是因何种原因产生的债？

（2）本条规定的债的发生原因有哪些构成要件？

（3）本条中的“必要费用”包括哪些？

六、案例分析题（第59～60小题，每小题15分，共30分）

59. 某县扶贫办副主任甲，利用职务将一项造价20万元的扶贫工程定价40万元，对外招标。甲冒用A公司的营业执照、安全许可证等证明材料，参与该项目招标，又通过职权运作使“A公司”中标。之后，甲以“A公司”的名义将工程交给村民乙承建，并在工程完工验收后，利用职权将40万元工程款存到自己的银行账户，再向乙支付了20万元。

此后，乙承建并完成该县另一项扶贫工程。但因工程迟迟得不到验收，乙无法得到50万元的工程余款。乙找到负责验收的甲，甲要乙“意思一下”。乙遂送3万元现金给甲。甲随即对该项目予以验收，乙顺利拿到工程余款。

乙的朋友丙得知乙送钱给甲的事情后，打电话给甲，要甲给其“保密费”10万元，否则向检察院举报。甲担心事情闹大，不得已给了丙10万元。

请根据上述材料，回答下列问题并说明理由：

（1）甲的行为构成何罪？

（2）乙的行为是否构成行贿罪？

（3）丙的行为构成何罪？

60. 甲因出国工作，将自己的宠物犬寄养在朋友乙家。2015年5月2日，乙擅自决定将该犬卖给同事丙，乙、丙二人约定：宠物犬价格为5万元，2015年8月30日双方同时交付。

丙为按时向乙付款，于2015年8月20日向丁借款3万元，以自己的一辆汽车抵押，双方签订了书面抵押合同但未办理抵押登记。2015年8月23日甲提前回国，从乙处取回宠物犬。2015年8月31日丙以乙不能履行为由通知乙解除合同。

请根据上述材料，回答下列问题并说明理由：

（1）乙、丙之间的买卖合同效力如何？

（2）丁对丙的汽车是否享有抵押权？

（3）丙是否有权解除与乙之间的买卖合同？

2017年专业基础课试题答案及解析

一、单项选择题

1. C

【解析】刑法具有规制机能、保障机能和保护机能三大机能。题干表述的情形实现了刑法的保护机能，即通过开展“猎狐行动”使逃往海外的犯罪嫌疑人回国接受审判，使国家、社会和某个人的法益得到保护，使法益不受侵害与威胁，故选C项。规制机能是对犯罪行为予以规范评价并给予刑罚惩罚的机能，本题表述没有体现该机能。保障机能是指刑法具有的保护个人的人权免受国家刑罚权不当侵害的机能，本题表述没有体现该机能。补偿机能在民法领域体现明显。

2. B

【解析】《刑法》第8条规定了保护管辖原则，即外国人在中华人民共和国领域外对中华人民共和国国家或者公民犯罪，按本法规定最低刑为3年以上有期徒刑的，可以适用本法，但是按照犯罪地的法律不受处罚的除外。甲国公民在我国领域外重伤我国公民刘某，按我国刑法应处3年以上有期徒刑，甲国公民对我国公民刘某的犯罪应适用保护管辖原则。

3. B

【解析】A项表述构成不作为故意杀人罪，故意杀人罪既可以由作为方式构成，也可以由不作为方式构成，因而不是纯正不作为犯，不选A项。B项表述构成逃税罪，逃税罪只能由不作为形式构成，即行为人有依法向国家缴纳税款的特定法律义务，能履行而不履行。不作为犯罪通常表现为身体的静止、消极，但这并不是绝对的，在不作为犯罪中，行为人往往有积极的身体活动，不能以积极与消极、动与静来区分作为与不作为。逃税罪往往表现为行为人做假账、涂改账本等积极行为，而不是消极行为。总之，选B项。C项表述中，丙的行为构成交通肇事罪，交通肇事罪既可以由作为方式构成，也可以由不作为方式构成，从C项表述情形分析，丙离开驾驶岗位应当属于以作为方式违反交通运输管理法规，致使发生交通事故，构成交通肇事罪，不选C项。D项表述中，丁作为医生负有职务上的救助义务，但未予施救致使乘客死亡，构成不作为故意杀人罪，故意杀人罪是不纯正不作为犯，不选D项。

4. D

【解析】刑法上的因果关系是危害行为与危害结果之间的一种引起与被引起的联系。A项表述中，甲虽有杀乙的故意，但乙的死亡（坠崖）并非甲的行为引起，因而不具有刑法上的因果关系，不选A项。B项表述中，甲是迷信犯，乙突发急病死亡并非甲“作法”所致，不具有刑法上的因果关系，不选B项。C项表述中，甲殴打乙致使乙轻伤，甲的殴打行为与乙的受伤结果之间具有因果关系，但乙在去医院途中被高楼上坠落的花盆砸死与甲的行为之间并无因果关系，这也是“不能将因果关系的认定推向极端”的应有之义，不选C项。D项表述中，乙跳河溺死是因甲的穷追不舍所致，乙的死亡是甲的行为引起的，甲的追打行为与乙跳水而溺水死亡之间具有相当性，因而应当认定为具有因果关系，选D项。

5. B

【解析】甲因存在客观认识错误，失手将张三旁的李四捅伤，造成预想打击的目标与实际打击的目标不一致，这属于目标打击错误或行为偏差，选B项。因果关系错误即对危害行为和危害结果之间因果关系的实际情况发生错误认识，包括：行为造成危害结果但误以为没有造成危害结果；行为没有造成危害结果但却误以为造成危害结果；行为已经造成预定的危害结果但却对危害结果发生的原因有误解。甲误伤李四，不存在上述因果关系认识错误，不选A项。行为性质错误即客体错误，是指行为人预想侵犯的对象与实际侵犯的对象在法律性质上不同（分属于不同犯罪构成的情况）。客体错误属于不同犯罪构成的情况，而打击错误属于同一犯罪构成的情况，本题中甲捅伤张三或李四，都属于故意伤害罪的犯罪构成，因而不是客体错误，不选C项。不选D项是不言自明的。

6. A

【解析】甲约乙偷电脑，甲构成盗窃罪，虽然乙不是盗窃罪的实行犯，但答应负责找销路，这表明，乙事前与本犯甲通谋销赃并达成合意，应以本犯的共犯论处，即以盗窃罪的共犯论处。换言之，事前通谋，事后为本犯实施掩饰、隐瞒行为，由于与正犯结果之间具有心理的因果性，故与本犯构成共同犯罪。可见，选A项。

7. C

【解析】根据《最高人民法院关于审理未成年人刑事案件具体应用法律若干问题的解释》第15条，对被判处罚金刑的未成年罪犯，其监护人或者其他人自愿代为垫付罚金的，人民法院应当允许。据此，A项表述错误。根据《最高人民法院关于适用财产刑若干问题的规定》第2条，人民法院应当根据犯罪情节，如违法所得数额、造成损失的大小等，并综合考虑犯罪分子缴纳罚金的能力，依法判处罚金。据此，B项表述错误。《刑法》第52条规定，判处罚金，应当根据犯罪情节决定罚金数额。据此，C项表述正确。对于D项表述，《刑法》并无规定，因而是错误的。

8. B

【解析】本题考查的是假想防卫。正当防卫是刑法上的违法阻却事由，成立正当防卫须满足起因条件、时间条件、主观条件、对象条件和限度条件。假想防卫是指行为人由于主观认识上的错误，误认为有不法侵害的存在，实施防卫行为结果造成损害的行为。本题中，甲的行为不符合正当防卫的起因条件，因为该男女只是夫妻之间的争吵、推搡行为，客观上并不存在不法侵害，甲的行为成立假想防卫。可见，本题选B项。

9. A

【解析】根据《刑法》第56、57条规定，“应当”附加剥夺政治权利的情形包括：对于危害国家安全的犯罪分子，应当附加剥夺政治权利；对于判处无期徒刑和死刑的犯罪分子，应当附加剥夺政治权利终身。据此，B、C、D项表述为“应当”附加剥夺政治权利的情形，A项表述不属于“应当”附加剥夺政治权利的情形，选A项。

10. D

【解析】甲涉嫌抢劫被公安机关逮捕后，主动供述自己曾入户盗窃的事实，该盗窃事实属于司法机关尚未掌握的甲所犯其他罪行，因而甲的行为构成特别自首（余罪自首），选D项，不选B项。无论是一般自首还是余罪自首，都属于“主动”如实供述司法机关“尚未掌握”的罪行，而坦白是“被动”供述司法机关“已经”掌握的罪行。本题表述中，甲如实供述司法机关尚未掌握的罪行，是自首，不是坦白，不选A项。自首是自动投案，如实供述自己罪行，或者被采取强制措施的犯罪嫌疑人、被告人和正在服刑的罪犯，如实供述司法机关还未掌握的本人其他罪行的行为。换言之，自首是供述本人罪行的行为，立功是揭发其他犯罪人的行为，这是自首和立功的区别。本题表述中，甲被采取强制措施后如实供述“本人”罪行，属于自首而非立功，不选C项。

11. D

【解析】判决宣告前，一人犯数罪，分别被判处有期徒刑的，对于数个同种有期自由刑（含管制、拘役、有期徒刑）的并罚，应采用限制加重原则，决定执行的刑罚。根据《刑法》第69条规定，判决宣告以前一人犯数罪的，除判处死刑和无期徒刑的以外，应当在总和刑期以下、数刑中最高刑期以上，酌情决定执行的刑期，但是管制最高不能超过3年，拘役最高不能超过1年，有期徒刑总和刑期不满35年的，最高不能超过20年，总和刑期在35年以上的，最高不能超过25年。本题表述的有期徒刑的并罚，应采用限制加重原则，选D项。

12. C

【解析】我国《刑法》第266条并没有具体描述诈骗罪的具体犯罪特征，也没有描述诈骗罪的客观行为方式，仅规定了什么样的行为构成什么罪，因而是简单罪状，选C项。

13. D

【解析】《最高人民法院、最高人民检察院关于办理妨害信用卡管理刑事案件具体应用法律若干问题的解释》第5条第2款规定，《刑法》第196条第1款第3项所称“冒用他人信用卡”，包括以下情形：（1）拾得他人信用卡并使用的；（2）骗取他人信用卡并使用的；（3）窃取、收买、骗取或者以其他非法方式获取他人信用卡信息资料，并通过互联网、通讯终端等使用的；（4）其他冒用他人信用卡的情形。据此，选D项。根据《刑法》第196条第4款规定，A项表述构成盗窃罪。根据《刑法》第196条第1款第1、2项规定，B、C项表述构成信用卡诈骗罪，但并非属于“冒用他人信用卡”的情形，不选B、C项。

14. C

【解析】对于半推半就的性行为，如果不是违背妇女意志，且没有使用暴力、胁迫或其他手段的，一般不定强奸罪，只有确实违背妇女意志，使用暴力、胁迫或其他手段的，才能以强奸罪定罪处罚。A 项表述中，如果甲认为女推销员的“推”是羞愧的表现，甲又没有使用暴力、胁迫或者其他手段迫使女推销员就范，就不能认定为强奸罪。总之，A 项表述中，对甲不能以强奸罪定罪处罚，不选 A 项。根据《刑法》第 240 条第 1 款第 3 项规定，在拐卖妇女过程中奸淫被拐卖的妇女的，以拐卖妇女罪一罪定罪处罚，不定强奸罪，不选 B 项。C 项表述中，丙利用迷信奸淫妇女，属于采用暴力、胁迫以外的使被害妇女不知反抗、不敢反抗或者不能抗拒的手段，构成强奸罪，选 C 项。强奸罪的犯罪对象是妇女和不满 14 周岁的幼女，男子不能成为强奸罪的对象，不选 D 项。

15. A

【解析】甲捏造刘某贪污的犯罪事实，导致刘某被逮捕，甲使刘某受到刑事追究的意图明显，符合诬告陷害罪的构成特征，选 A 项。甲意图使刘某受刑事追究，而非单纯地贬损刘某的人格或名誉，甲的行为不构成诽谤罪，不选 B 项。报复陷害罪是国家机关工作人员滥用职权、假公济私，对控告人、申诉人、批评人、举报人实行报复陷害的行为，甲的行为不符合报复陷害罪的构成特征，不选 C 项。伪证罪是指在刑事诉讼中，证人、鉴定人、记录人、翻译人对与案件有重要关系的情节，故意作虚假证明、鉴定、记录、翻译，意图陷害他人或者隐匿罪证的行为，甲的行为不符合伪证罪的构成特征，不选 D 项。

16. C

【解析】根据《刑法》第 247 条规定，刑讯逼供致人伤残的，以故意伤害罪定罪处罚，此为转化犯，选 C 项。A 项表述构成抢劫罪（既遂），B 项表述构成强奸罪（加重构成），D 项表述构成拐卖儿童罪（加重构成）。

17. C

【解析】根据《刑法》第 277 条第 1 款规定，以暴力、威胁方法阻碍国家机关工作人员依法执行职务的，构成妨害公务罪。C 项表述中，丙以暴力方法阻碍警察依法执行职务，构成妨害公务罪，选 C 项。根据《刑法》第 290 条规定，A、B 项表述构成聚众扰乱社会秩序罪。根据《刑法》第 242 条规定，D 项表述构成聚众阻碍解救被收买的妇女、儿童罪。当然，如果其他参与者使用暴力、威胁方法的，构成妨害公务罪。

18. A

【解析】根据《刑法》第 385 条之规定以及最高人民法院《全国法院审理经济犯罪案件工作座谈会纪要》的解释，国家工作人员的近亲属向国家工作人员代为转达请托事项，收受请托人财物并告知该国家工作人员，或者国家工作人员明知其近亲属收受了他人财物，仍按照近亲属的要求利用职权为他人谋取利益的，对该国家工作人员应认定为受贿罪，其近亲属以受贿罪的共犯论处。本题表述中，甲与妻子乙商议，由乙出面接受请托人现金 300 万元，甲、乙就受贿事实存在通谋，甲构成受贿罪，乙构成受贿罪共犯，选 A 项。乙不构成利用影响力受贿罪，因为乙与甲已经就受贿事实事前通谋。

19. D

【解析】甲为骗取保险金而杀死妻子，构成故意杀人罪和保险诈骗罪的牵连，属于牵连犯，选D项。

20. B

【解析】甲为了骗取保险金而实施故意杀人行为，这本属于牵连犯，但根据《刑法》第198条第2款规定，按照故意杀人罪和保险诈骗罪数罪并罚的规定处罚，选B项。

21. D

【解析】D项表述中，甲、乙之间形成侵权损害赔偿之债的债权债务法律关系，选D项。民事法律关系的产生有两个前提条件：一是民事法律规范；二是民事法律事实。民事法律事实是能够引起民事法律关系的产生、变更和消灭的客观现象。A项表述的“问路”和“指错方向”，民法不调整，基于这类关系发生的事实不是民事法律事实，也不能形成民事法律关系，故不选A项。B项表述中，因民事法律关系是合法的法律关系，赌博之债并非合法债权债务，因而不是民事法律关系，不选B项。C项表述中，甲、乙之间仅仅有形成合同关系的意向，尚未形成以民事权利和民事义务为内容的民事法律关系，故不选C项。

22. A

【解析】甲与银行之间办理银行信用卡的合同，以及甲与商场的持卡消费合同，是甲在精神正常的时候签订并履行的，甲是完全民事行为能力人。至于甲之后突发精神病，并不影响合同的效力。可见，选A项。

23. C

【解析】本题考查的是民事法律行为的无效。作答本题的关键是掌握胁迫、欺诈及公序良俗原则的内涵。胁迫是指以给他人及其亲友的生命健康、荣誉、名誉、财产等造成损害为要挟，迫使对方作出违背真实意思表示的行为。A项表述中，甲、乙在作出约定时，婚姻尚未成立，无所谓受胁迫而撤销，因而A项表述错误。欺诈是指一方当事人故意告知对方虚假情况，或者故意隐瞒真实情况，诱使对方当事人作出错误意思表示的行为。B项表述中，由于不存在虚构事实和隐瞒真相的欺诈情形，只不过约定违反公序良俗原则，因而B项表述错误。公序良俗原则，是指民事主体从事民事活动的内容和目的不得违反公共秩序和善良风俗，该项原则具有维护社会一般利益以及一般道德观念的重要功能。本题表述的情形，甲、乙的约定明显违反公序良俗原则而无效，选C项。本题表述并不存在违反法律强制性规定的现象，因而D项表述错误。

24. A

【解析】《民法典》第933条规定，委托人或者受托人可以随时解除委托合同。因解除合同造成对方损失的，除不可归责于该当事人的事由外，无偿委托合同的解除方应当赔偿因解除时间不当造成的直接损失，有偿委托合同的解除方应当赔偿对方的直接损失和合同履行后可以获得的利益。据此，委托合同的当事人都有权随时解除委托合同，且解除合同无须任何理由。可见，选A项。《民法典》第787条规定，定作人在承揽人完成工作前可以随时解除合同，造成承揽人损失的，应当赔偿损失。据此，只有定作人有任意解除承揽合同的权利，而承揽人不享有任意解除权，不选B项。民法典没有赋予租赁合同出租人与赠与合同赠与人的任意解除权，故不选C、D项。

25. C

【解析】本题考查的是委托合同中的间接代理制度。《民法典》第926条第2款规定，受托人因委托人的原因对第三人不履行义务，受托人应当向第三人披露委托人，第三人因此可以选择受托人或者委托人作为相对人主张其权利，但是第三人不得变更选定的相对人。据此，本题表述中，丙为第三人，由于委托人甲不履行义务，乙不得不将甲披露给丙，此时第三人丙可以选择甲或乙作为相对人履行义务，此为第三人的选择权，第三人的选择权为形成权，所以一经选定相对人就不得变更。可见，选 C 项。

26. C

【解析】甲将货物存放于乙的仓库，乙取得货物的有权占有、直接占有，乙是占有人。《民法典》第 462 条规定，占有的不动产或者动产被侵占的，占有人有权请求返还原物；对妨害占有的行为，占有人有权请求排除妨害或者消除危险；因侵占或者妨害造成损害的，占有人有权依法请求损害赔偿。占有人返还原物的请求权，自侵占发生之日起 1 年内未行使的，该请求权消灭。据此，C 项表述正确，D 项表述错误。丙的行为不是自助行为，因为自助行为必须符合一定条件，包括：须为保护自己的合法权利；须情况紧迫而来不及请求有关国家机关的援助；自助方法须为保障请求权所必需；须为法律或公共道德所许可；不得超过必要限度。行为人实施自助行为后必须立即向有关机关申请援助，请求处理。行为人无故申请迟延，应立即释放债务人或把扣押的财产归还给债务人。可见，丙的行为不是自助行为，A 项表述错误。丙的行为并非行使留置权，因为行使留置权必须以占有为前提，且债权债务具有牵连关系，而丙的行为不符合行使留置权的条件，B 项表述错误。

27. A

【解析】善意取得制度是指无处分权人将他人所有的标的物非法转让给第三人，第三人在受让该标的物时若出于善意且符合其他条件，则可取得该标的物所有权的制度。物权区分占有委托物和占有脱离物。占有委托物是指占有人对物的占有是基于所有人的意思取得的，如交付给他人保管的古玩字画；占有脱离物是指非基于所有人的意思而丧失占有的物，如遗失物、盗赃物等。如果无处分权人转让的是占有委托物，则适用善意取得制度，如果无处分权人转让的是占有脱离物，则不适用善意取得制度。根据《民法典》第 314 条规定，拾得遗失物，应当返还权利人。据此，拾得人乙不能取得项链的所有权。丙盗走项链，不能取得项链的所有权。盗赃不适用善意取得，丁不能依据善意取得制度取得项链的所有权。可见，项链的所有权人仍然是甲，选 A 项。

28. C

【解析】要严格区分物权效力与合同效力。《民法典》第 136 条第 1 款规定，民事法律行为自成立时生效，但是法律另有规定或者当事人另有约定的除外。据此，甲、乙于 2015 年 3 月 1 日签订质押合同，因此，质押合同的生效日期为 2015 年 3 月 1 日。可见，C 项表述正确，选 C 项，而 D 项表述错误。《民法典》第 429 条规定，质权自出质人交付质押财产时设立。据此，甲于 4 月 1 日交付越野车，质权自 4 月 1 日设立。可见，A 项表述错误。成立质权须移转质物的占有，但是，随车工具箱并没有移转占有，因此，乙对随车工具箱不享有质权。可见，B 项表述错误。

29. B

【解析】《民法典》第 301 条规定，处分共有的不动产或者动产以及对共有的不动产或者动产作重大修缮、变更性质或者用途的，应当经占份额2/3以上的按份共有人或者全体共同共有人同意，但是共有人之间另有约定的除外。据此，甲、乙二人所占总份额为85%，远远超过2/3份额，因此对于挖掘机的转让，甲、乙二人同意即可，选B项。

30. C

【解析】甲所盖房屋虽然未办理房屋登记手续，但是，其在宅基地上盖楼的行为是经过政府主管部门批准的，因此，甲盖楼的行为属于合法的事实行为。《民法典》第231条规定，因合法建造、拆除房屋等事实行为设立或者消灭物权的，自事实行为成就时发生效力。据此，甲将楼房建造完成即取得房屋所有权，而不必经登记。《民法典》第230条规定，因继承取得物权的，自继承开始时发生效力。《民法典》第232条规定，处分依照本节规定享有的不动产物权，依照法律规定需要办理登记的，未经登记，不发生物权效力。据此，乙因继承取得房屋所有权。但是，由于该房屋并未办理登记，因此，乙将房屋所有权转移给丙的行为不发生物权效力，房屋所有权仍然属于乙。可见，选C项。

31. C

【解析】甲、乙二人赠与紫砂壶的合同在乙结婚时生效，由于乙何时结婚并不确定，因此是附条件民事法律行为，而不是附期限民事法律行为，因为期限是必然的、确定到来的，故排除A、B项。甲、乙约定的赠与合同自乙结婚时生效，因此是附延缓条件的合同，而非附解除条件的合同，故选C项，不选D项。

32. D

【解析】甲公司4月24日通知乙公司交付10吨货物，乙公司于4月25日按照双方的交易惯例发货，从这种表述可以得知，甲公司于4月24日发出的是要约，乙公司4月25日发货的行为是承诺。《民法典》第483条规定，承诺生效时合同成立，但是法律另有规定或者当事人另有约定的除外。据此，选D项。由于合同已经成立并生效，甲公司于4月26日的通知不生效力，甲公司应当履行合同，不选C项。

33. C

【解析】《民法典》第726条规定，出租人出卖租赁房屋的，应当在出卖之前的合理期限内通知承租人，承租人享有以同等条件优先购买的权利；但是，房屋按份共有人行使优先购买权或者出租人将房屋出卖给近亲属的除外。出租人履行通知义务后，承租人在15日内未明确表示购买的，视为承租人放弃优先购买权。据此，承租人乙享有优先购买权，但乙应当在收到通知后15日内行使优先购买权，否则视为放弃优先购买权，而乙在接到通知后20日内都未表态，这表明乙放弃了优先购买权。可见，不选D项。《民法典》第728条规定，出租人未通知承租人或者有其他妨害承租人行使优先购买权情形的，承租人可以请求出租人承担赔偿责任。但是，出租人与第三人订立的房屋买卖合同的效力不受影响。据此，倘若乙没有放弃优先购买权，乙都无权主张甲、丙之间的房屋买卖合同无效，更何况乙放弃了优先购买权，则乙更无权主张甲、丙之间的买卖合同无效。可见，不选A项。乙已经放弃了优先购买权，且不存在违约事由，因而不能请求甲承担违约责任，不选B项。《民法典》第725条规定，租赁物在承租人按照租赁合同占有期限内发生所有权变动的，不影响租赁合同的效力。此规定为“买卖不破租赁”原则。据此，选C项。

34. D

【解析】甲冒充乙公司的代理人的行为侵犯了乙公司的名称权，冒充法人或其他组织名称的行为是典型的侵犯名称权的侵权行为，选 D 项。其余选项明显错误。

35. B

【解析】本题表述中，虽然是甲的车将丙撞伤，但系因乙的违章驾驶所致。《民法典》第 1175 条规定，损害是因第三人造成的，第三人应当承担侵权责任。据此，选 B 项。

36. B

【解析】《民法典》第 1231 条规定，两个以上侵权人污染环境、破坏生态的，承担责任的大小，根据污染物的种类、浓度、排放量，破坏生态的方式、范围、程度，以及行为对损害后果所起的作用等因素确定。此规定即所谓环境污染和生态破坏责任中的"市场份额原则"。《民法典》第 1172 条规定，二人以上分别实施侵权行为造成同一损害，能够确定责任大小的，各自承担相应的责任；难以确定责任大小的，平均承担责任。根据上述规定，选 B 项。

37. B

【解析】《民法典》第 1098 条规定，收养人应当同时具备下列条件：（1）无子女或者只有 1 名子女；（2）有抚养、教育和保护被收养人的能力；（3）未患有在医学上认为不应当收养子女的疾病；（4）无不利于被收养人健康成长的违法犯罪记录；（5）年满 30 周岁。据此，收养人应当年满 30 周岁，才符合收养人条件。可见，A 项表述的收养关系不成立。《民法典》第 1099 条第 1 款规定，收养三代以内旁系同辈血亲的子女，可以不受本法第 1093 条第 3 项（生父母有特殊困难无力抚养的子女可以被收养）、第 1094 条第 3 项（有特殊困难无力抚养子女的生父母可以作送养人）和第 1102 条（无配偶者收养异性子女的，收养人与被收养人的年龄应当相差 40 周岁以上）规定的限制。据此，B 项表述中，乙与其亲侄子属于三代以内旁系血亲，乙收养其亲侄子的收养关系依法成立，选 B 项；D 项表述符合有关收养三代以内旁系同辈血亲的子女的条件，但不符合《民法典》第 1101 条（有配偶者收养子女，应当夫妻共同收养）规定，D 项表述的收养关系不成立。《民法典》第 1103 条规定，继父或者继母经继子女的生父母同意，可以收养继子女，并可以不受本法第 1093 条第 3 项（生父母有特殊困难无力抚养的子女可以被收养）、第 1094 条第 3 项（有特殊困难无力抚养子女的生父母可以作送养人）、第 1098 条（收养人应当同时具备的条件）和第 1100 条第 1 款（无子女的收养人可以收养 2 名子女；有子女的收养人只能收养 1 名子女）规定的限制。据此，C 项表述并未提及是否取得继女的生父母同意，因而收养关系不成立。

38. A

【解析】有权向人民法院就已办理结婚登记的婚姻申请宣告婚姻无效的主体，包括婚姻当事人及利害关系人。利害关系人包括：（1）以重婚为由申请宣告婚姻无效的，为当事人的近亲属及基层组织。（2）以未到法定婚龄为由申请宣告婚姻无效的，为未达法定婚龄者的近亲属。（3）以有禁止结婚的亲属关系为由申请宣告婚姻无效的，为当事人的近亲属。（4）以婚前患有医学上认为不应当结婚的疾病，婚后尚未治愈为由申请宣告婚姻无效的，为与患病者共同生活的近亲属。根据上述规定第 2 项，选 A 项。

39. A

【解析】甲村利用在乙村土地上兴建的水库取水，是利用他人土地的便利而使自己获得收益，且以有偿合同的方式设立，符合地役权的特征，因此，甲、乙设立的物权类型为地役权，属于取水地役权，选A项。甲村和乙村未必相邻，且相邻关系皆为无偿，不以合同方式设立，相邻关系只不过是民法对相邻各方权利义务关系最低限度调解的结果，可见，不选B项。租赁权的标的为非消耗物，而水为消耗物，不符合租赁权标的的特征，且租赁权本质上是债权，物权并没有规定租赁权，不选C项。甲村和乙村设定的物权并非土地承包经营权，因为任何一方当事人都不是集体经济组织，不符合土地承包经营权的主体特征，不选D项。

40. C

【解析】《民法典》第380条规定，地役权不得单独转让。土地承包经营权、建设用地使用权等转让的，地役权一并转让，但是合同另有约定的除外。据此，由于地役权具有从属性，甲村将A地发包给丙，则地役权随着土地承包经营权的设立而转让。《民法典》第382条规定，需役地以及需役地上的土地承包经营权、建设用地使用权等部分转让时，转让部分涉及地役权的，受让人同时享有地役权。据此，丙将部分承包地转包给丁，由于转让的需役地即A地涉及部分地役权，涉及的地役权也转让给丁。可见，丙、丁都有权取水，选C项。

二、多项选择题

41. BD

【解析】立法解释即全国人大常委会对刑法条文的解释，或刑法中对有关术语的专条解释，解释的对象是刑法条文，选B、D项。全国人大常委会《关于惩治骗购外汇、逃汇和非法买卖外汇犯罪的决定》并非针对刑法专门条文的立法解释，而是单行刑法，不选A项。在我国，立法解释权属于全国人大常委会，因此，C项表述的“全国人大常委会法制工作委员会刑法室”不享有立法权，其所作的《关于挪用资金罪有关问题的答复》不是立法解释，不选C项。

42. ABC

【解析】量刑制度包括累犯、自首、立功、数罪并罚和缓刑等，选A、B、C项。假释属于刑罚执行制度，而非量刑制度，不选D项。

43. BC

【解析】《最高人民法院关于审理单位犯罪案件具体应用法律有关问题的解释》第2条规定，个人为进行违法犯罪活动而设立的公司、企业、事业单位实施犯罪的，或者公司、企业、事业单位设立后，以实施犯罪为主要活动的，不以单位犯罪论处。据此，不选A项。单位犯罪一般表现为为本单位谋取非法利益或者以单位名义为本单位全体成员或多数成员谋取非法利益，B项表述的情形即将非法利益归单位所有，应当认定为单位犯罪，选B项。当然，如果B项表述的情形改为“乙与公司股东将非法利益私分”，则属于盗用单位名义实施的自然人犯罪。C项表述中，丙为其所在单位谋取不正当利益，向国有投资公司主管人员行贿，构成单位行贿罪，选C项。《最高人民法院关于审理单位犯罪案件具体应用法律有关问题的解释》第3条规定，盗用单位名义实施犯罪，违法所得由实施犯罪的个人私分的，依照刑法有关自然人犯罪的规定定罪处罚。据此，D 项表述构成自然人犯罪（非法吸收公众存款罪），不选 D 项。

44. ABD

【解析】非法拘禁罪是指非法拘禁他人或者以其他方法非法剥夺他人人身自由的行为。A 项表述中，甲出于私怨使用器械非法拘禁刘某，构成非法拘禁罪，选 A 项。根据《刑法》第 238 条第 3 款规定，为索取债务非法扣押、拘禁他人的，以非法拘禁罪定罪处罚，索取债务非法拘禁扣押、拘禁他人，致人重伤、死亡的，成立非法拘禁罪的结果加重犯；使用暴力致人伤残、死亡的，应定故意伤害罪、故意杀人罪。据此，选 B 项。C 项表述中，丙为了索要劳动报酬而偷走龙某出生不久的儿子，由于婴幼儿无行为能力，所以欠缺成为非法拘禁罪对象的条件，因此，C 项表述不构成非法拘禁罪，不选 C 项（但有的观点认为，非法拘禁罪的行为对象不应仅限于具有行为能力的人，故能够行走的幼儿、精神病患者、能够依靠轮椅或者其他工具移动身体的人，均可以成为非法拘禁罪的行为对象，依此观点，C 项表述也构成非法拘禁罪）。《最高人民法院关于对为索取法律不予保护的债务非法拘禁他人行为如何定罪问题的解释》指出，行为人为索取高利贷、赌债等法律不予保护的债务，非法扣押、拘禁他人的，依照非法拘禁罪定罪处罚。据此，D 项表述构成非法拘禁罪。

45. AC

【解析】诈骗罪是指以非法占有为目的，用虚构事实或者隐瞒真相的方法，骗取数额较大的公私财物的行为。A 项表述中，甲以伪造的名画冒充真迹卖给他人，以骗取财物，构成诈骗罪，选 A 项。B 项表述中，根据《最高人民法院 、最高人民检察院关于办理赌博刑事案件具体应用法律若干问题的解释》第 2 条规定，以营利为目的，在计算机网络上建立赌博网站，或者为赌博网站担任代理，接受投注的，以开设赌场罪定罪处罚。据此，不选 B 项。C 项表述中，丙以非法占有为目的，用冰糖冒充毒品出售，构成诈骗罪，选 C 项。D 项表述中，丁用欺骗手段将邻居从家中骗出，并乘机盗窃，丁的欺骗行为是实施盗窃的手段行为，不定诈骗罪，而是盗窃罪，不选 D 项。

46. ABCD

【解析】《民法典》第 43 条规定，财产代管人应当妥善管理失踪人的财产，维护其财产权益。失踪人所欠税款、债务和应付的其他费用，由财产代管人从失踪人的财产中支付。财产代管人因故意或者重大过失造成失踪人财产损失的，应当承担赔偿责任。上述规定第 2 款中规定的“其他费用”，包括赡养费、扶养费、抚育费和因代管财产所需的管理费等必要的费用。可见，备选项应全选。

47. AB

【解析】本题考查的是表见代理。本题表述中的“不予认可”，相当于事后“拒绝追认”。《民法典》第 172 条规定，行为人没有代理权、超越代理权或者代理权终止后，仍然实施代理行为，相对人有理由相信行为人有代理权的，代理行为有效。据此，服装公司员工超越代理权限与 L 公司订立买卖合同，但 L 公司不知情，为善意，构成表见代理，因此，服装公司员工与 L 公司订立的买卖合同对服装公司发生效力，故选 A 项。《民法典》第 505 条规定，当事人超越经营范围订立的合同的效力，应当依照本法第一编第六章第三

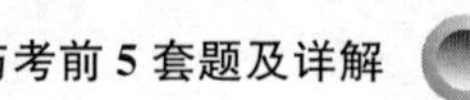

节和本编的有关规定确定，不得仅以超越经营范围确认合同无效。据此，服装公司员工超越公司经营范围与不知情的 M 公司订立的合同对服装公司发生效力，故选 B 项。有人认为，依据表见代理制度，应选 C 项，但一般而言，下列情形，相对人不得主张表见代理：（1）行为人伪造他人的公章、合同书或者授权委托书等，假冒他人的名义实施民事法律行为的。（2）被代理人的公章、合同书或者授权委托书等遗失、被盗，或者与行为人特定的职务关系已经终止，并且已经以合理方式公告或者通知，相对人应当知悉的。此外，构成表见代理必须客观上存在使相对人相信行为人有代理权的理由，即权利外观。在确定表见代理的构成要件时必须考虑到权利外观的形成是否与被代理人具有关联性，只要被代理人的行为与权利外观的形成具有一定的牵连性，被代理人就应当承受表见代理的后果；反之，如果权利外观的形成与被代理人毫无联系，被代理人就不应承受表见代理的后果。本题 C 项表述中，伪造公司印章，被代理人对此毫不知情也无法加以防范，所以被代理人就不承受这种代理的后果。可见，不选 C 项。《民法典》第 597 条第 1 款规定，因出卖人未取得处分权致使标的物所有权不能转移的，买受人可以解除合同并请求出卖人承担违约责任。据此可推知，无权处分合同为有效合同。D 项表述中，服装公司员工以自己的名义而不是以服装公司的名义将公司的电脑转让，属于无权处分，但买卖合同仍然有效，服装公司不得主张买卖合同无效，因此，不管服装公司是否认可，买卖合同都有效。可见，不选 D 项。

48. ABC

【解析】乙是甲的妻子，是第一顺序法定继承人，选 A 项。丁是甲的儿媳，丧偶，照顾甲的生活起居，尽了主要赡养义务，是第一顺序的法定继承人，选 B 项。戊是丙的女儿，丙作为甲的第一顺序的法定继承人，先于被继承人甲死亡，戊可以代位继承甲的遗产，代位继承性质属于替补继承，戊可以作为第一顺序法定继承人继承甲的遗产，选 C 项。庚不是甲的法定继承人，不能继承甲的遗产，不选 D 项。

49. ACD

【解析】《民法典》第 1201 条规定，无民事行为能力人或者限制民事行为能力人在幼儿园、学校或者其他教育机构学习、生活期间，受到幼儿园、学校或者其他教育机构以外的第三人人身损害的，由第三人承担侵权责任；幼儿园、学校或者其他教育机构未尽到管理职责的，承担相应的补充责任。幼儿园、学校或者其他教育机构承担补充责任后，可以向第三人追偿。据此，幼儿园老师余某外出打电话未能制止小明和小刚打闹，致使小明将小刚的头打伤，对于小刚的损害，幼儿园疏于管理，应当承担侵权责任，不选 B 项。小明的父母是小明的监护人，根据《民法典》第 1188 条规定，小明的父母应当对小明给他人造成的人身伤害承担侵权责任，但是承担监护人责任的条件是幼儿园没有过错，本题表述中，幼儿园有疏于管理的过错，因此，应当由幼儿园承担侵权责任。余某是学校老师，根据《民法典》第 1191 条第 1 款规定，对于用人单位的工作人员因执行工作任务造成他人损害的，由用人单位承担侵权责任，因此，余某不承担责任。综上分析，选 A、C、D 项。

50. ABCD

【解析】《民法典》第 1164 条规定，本编调整因侵害民事权益产生的民事关系。据此，生命权、身体权、健康权、姓名权、名称权、肖像权、名誉权、荣誉权、隐私权、个人信息权益、婚姻自主权、监护权、所有权、用益物权、担保物权、著作权、专利权、商标专用权、发现权、植物新品种权、商业秘密权、股权、继承权，以及死者的人格利益等，都受民法典侵权责任编保护。但是，民法债权、非实体性民事权利如抗辩权和宪法规定的某些权利，如选举权和被选举权、政治权利和自由、劳动权、休息权和受教育权等，不受民法典侵权责任编的保护。可见，备选项应全选。

三、简答题

51. 答案要点：

（1）被假释的犯罪分子，在假释考验期内没有法定撤销假释的情形，假释考验期满，就认为原判刑罚已经执行完毕。

（2）被假释的犯罪分子，在假释考验期内再犯新罪或者发现其在判决前还有其他犯罪没有判决的，应当撤销假释，对所犯罪行按刑法规定实行数罪并罚。

（3）被假释的犯罪分子，在假释考验期内有违反法律、法规的行为，尚未构成犯罪的，应当依据法定程序撤销假释，收监执行未执行完毕的刑罚。

52. 答案要点：

（1）客体是社会的公共安全，即不特定多数人的生命、健康和重大公私财产安全。

（2）客观方面表现为实施危及公共安全，已经造成严重后果，或者足以造成严重后果的行为。

（3）主体既有一般主体，又有特殊主体。

（4）主观方面既有故意，也有过失。

53. 答案要点：

停止侵害；排除妨碍；消除危险；返还财产；恢复原状；赔偿损失；赔礼道歉；消除影响、恢复名誉。

54. 答案要点：

（1）代理人无代理权。

（2）该无权代理人有被授予代理权的外表或假象。

（3）相对人有理由相信该无权代理人有代理权。

（4）相对人基于信任而与该无权代理人成立法律行为。

四、辨析题

55. 答案要点：

（1）该说法不完全正确。

（2）在单独犯罪的场合，任何人只需对自己的犯罪行为承担刑事责任，不为他人的犯罪行为承担刑事责任。

（3）在共同犯罪中，存在行为人要对他人犯罪行为负责的情形，如简单共同犯罪中，实施了部分实行行为的人，应按照“部分行为，全部责任”原则处断；犯罪集团的首要分子，即便没有亲自实行犯罪，也要对集团所犯的全部罪行负责。

56. 答案要点：

（1）该说法不完全正确。

（2）在我国，注册是取得商标权的条件。未注册的商标，一般不受商标法的保护。但是，当一个长期使用的标识具有识别作用，取得消费者的认可，享有一定声誉时，该未注册商标也可获得商标法一定程度的保护。

五、法条分析题

57. 答案要点：

（1）“交通运输肇事后逃逸”，是指行为人具有法定情形，在发生交通事故后，为逃避法律追究而逃跑的行为。

（2）“因逃逸致人死亡”，是指行为人在交通肇事后为逃避法律追究而逃跑，致使被害人因得不到救助而死亡的情形。

58. 答案要点：

（1）该条规定的是因无因管理产生的债。

（2）无因管理的构成要件包括：管理他人事务；有为他人谋利益的意思；无法律上的义务。

（3）必要费用，包括在管理或者服务活动中直接支出的费用，以及在该活动中受到的实际损失。

六、案例分析题

59. 答案要点：

（1）贪污罪和受贿罪。甲是负责扶贫工作的国家工作人员，利用职务上的便利，通过欺骗手段取得扶贫工程项目，非法占有了虚高工程款，其行为符合贪污罪的构成要件。甲负责验收时，公然索贿，在收受他人财物后才进行验收，其行为构成受贿罪。

（2）不构成行贿罪。乙为了促使甲验收工程，以获得工程余款，在甲索贿的情形下送给甲钱财，并不是为了谋取不正当利益，其行为不构成行贿罪。

（3）敲诈勒索罪。丙以非法占有为目的，利用甲的违法犯罪行为威胁甲使之产生恐惧，并向自己交付10万元，其行为构成敲诈勒索罪。

60. 答案要点：

（1）有效。乙、丙均具有完全民事行为能力，意思表示真实，且签订的合同内容合法，故该合同有效。

（2）享有抵押权。丙以汽车抵押，抵押权自抵押合同生效时设立，登记不是汽车抵押权的设立要件，而是对抗善意第三人的要件，故丁对丙的汽车享有抵押权。

（3）有权。乙不能交付标的物构成违约，致使合同目的不能实现，故丙有权解除合同。

2017 年综合课试题

一、单项选择题（第 1～45 小题，每小题 1 分，共 45 分。下列每题给出的四个选项中，只有一个选项是符合题目要求的。请在答题卡上将所选项的字母涂黑）

1. 下列关于不同法学流派的表述，正确的是（　　）。

A. 自然法学派强调人定法高于自然法

B. 历史法学派主张法是自由意志的体现

C. 社会法学派倡导法学应当关注法律现实的多种面向

D. 分析法学派认为法学应当研究法与道德的内在关系

2. 下列关于法系的表述，正确的是（　　）。

A. 中华法系体现礼法结合的精神

B. 大陆法系是在德国民法典的基础上产生的

C. 英美法系是以美国法为基础，以英国法为主导发展而来

D. 法系划分的主要依据是各国法律的外在形式和本质特征

3. 下列关于法律继承的理解，正确的是（　　）。

A. 法律继承与法系的形成之间没有关系

B. 法作为人类文明的成果决定了法律继承的必要性

C. 法律继承是指不同国家法律之间相互继受和影响

D. 法律继承仅体现本国法律传统和法律文化的延续

4. 甲影楼为乙拍摄婚纱照，后擅自将乙的婚纱照卖给丙杂志社做封面。乙得知后，与甲和丙交涉未果，提起诉讼。法院经审理认为，甲和丙侵犯了乙的肖像权，应承担相应的法律责任。关于此案涉及的法律关系，下列表述正确的是（　　）。

A. 法院与乙的关系是诉讼法律关系

B. 法院与甲、丙的关系是绝对法律关系

C. 甲和乙在诉讼中的关系是纵向法律关系

D. 甲和丙因照片使用产生的法律关系是调整性法律关系

5. “哪里没有法律，哪里就没有自由。”关于这句话，下列理解正确的是（　　）。

A. 人生而自由，因此自由与法律无关

B. 自由意味着人可以从事任何自己想做的事情

C. 法律以保障个人自由为唯一的价值和目标

D. 若没有法律的保障和约束，自由便荡然无存

6. 关于如何提高我国司法公信力，保证公正司法，下列说法正确的是（　　）。

A. 加强人权的司法保障，有助于提升司法公信力

B. 提升司法公信力要求法院在裁判前必须广泛征求社会意见

C. 提升司法公信力必须推进以侦查为中心的诉讼制度改革

D. 提升司法公信力需要检察权、审判权与执行权高度统一

7. 甲因琐事与乙发生冲突，将乙打伤。甲赶紧打120电话，并随救护车将乙送往医院，乙被诊断为轻伤，经及时救治痊愈出院。甲支付了乙的医疗费等费用。事后，甲未被追究法律责任。根据上述材料，甲被免责的原因是（　　）。

A. 有效补救免责　　B. 立功免责　　C. 协议免责　　D. 自助免责

8. 关于法律推理，下列说法正确的是（　　）。

A. 辩证推理是通过法官的主观想象获得合理裁判结论的推理过程

B. 英美法系国家一般采用归纳推理，不用演绎推理

C. “类似案件，类似处理”是类比推理的基本要求

D. 演绎推理的大前提通常是法律事实

9. 下列关于法律论证的理解，正确的是（　　）。

A. 法律论证与法律解释、法律推理之间不存在任何联系

B. 法律论证的过程主要是协商的过程，不包含逻辑推理

C. 法律论证的融贯性要求裁判过程中价值与事实相统一

D. 法律论证结论的可接受性与司法独立之间存在矛盾关系

10. 某市的城市规划方案频繁变更，导致一些企业的房地产项目无法按计划正常进行。该地方政府违反的执法原则是（　　）。

A. 讲求效率原则　　B. 诚实守信原则　　C. 正当程序原则　　D. 比例原则

11. 关于全面依法治国必须坚持的基本原则，下列理解正确的是（　　）。

A. 法律面前人人平等是全面依法治国的一项基本原则

B. 法治与德治相结合要求将道德统一到法律中来

C. 人民主体地位原则是指一切法律活动都应当交给全体公民来完成

D. 从中国实际出发原则就是要拒绝移植和借鉴其他国家的制度和经验

12. 下列关于法治思维的理解，正确的是（　　）。

A. 法治思维是实体思维而不是程序思维

B. 法治思维须以合法性判断作为其核心内容

C. 法治思维主要是立法机关采用的思维方式

D. 法治思维是一种认识思维而不是实践思维

13. 下列关于守法的表述，正确的是（　　）。

A. 守法的最低状态就是不违法犯罪

B. 守法的内容就是全面行使法定权利

C. 守法主体不包括无民事行为能力的人

D. 守法的范围包含宪法、法律及风俗习惯

14. 王某发现当地个别政府工作人员有违法行为，遂将收集的证据材料交给电视台。电视台报道后，引起广泛关注。当地政府为此组成调查组进行调查，认定报道反映的问题属实，依法对相关责任人进行了处理。该事件涉及的法律监督形式包括（　　）。

A. 社会舆论监督、政党监督和行政机关监督

B. 权力机关监督、人民群众监督和社会舆论监督

C. 人民群众监督、社会舆论监督和行政机关监督

D. 社会组织监督、社会舆论监督和人民群众监督

15. 我国《刑法》第 21 条第 1 款规定："为了使国家、公共利益、本人或者他人的人身、财产和其他权利免受正在发生的危险，不得已采取的紧急避险行为，造成损害的，不负刑事责任。"关于该法条中包含的法律规则的逻辑结构，下列表述正确的是（　　）。

A. 假定条件和法律后果

B. 假定条件、行为模式和法律后果

C. 法律后果和行为模式

D. 假定条件和行为模式

16. 关于制宪权和制宪机关，下列表述正确的是（　　）。

A. 制宪权和修宪权是同一层次的权力形态

B. 立宪实践中，宪法起草机构就是制宪机关

C. 在我国，制宪权主体是全国人民代表大会

D. 1954 年宪法是新中国成立后人民行使制宪权的产物

17. 关于宪法解释，下列表述正确的是（　　）。

A. 非正式的宪法解释可以具有宪法效力

B. 语义解释是从宪法制定的特定背景入手进行的解释

C. 法国宪法委员会对宪法的解释属于专门机关的解释

D. 我国人民法院对宪法规范的解释属于正式解释

18. 2004 年全国人民代表大会对宪法进行了修改。下列选项中，属于此次修改内容的是（　　）。

A. 国家尊重和保障人权

B. 中华人民共和国实行依法治国，建设社会主义法治国家

C. 县、市、市辖区的人民代表大会每届任期由 3 年改为 5 年

D. 中国共产党领导的多党合作和政治协商制度将长期存在和发展

19. 下列选项中，不属于宪法所调整的社会关系的是（　　）。

A. 国家与公民之间的关系

B. 公民与公民之间的关系

C. 国家机关之间的关系

D. 国家机关内部之间的关系

20. 我国现行宪法规定，公民在法律面前一律平等。下列关于"平等"的理解，正确的是（　　）。

A. 平等本质上是权利与义务的对等

B. 形式上的平等与实质上的平等是一回事

C. 平等指立法上的平等而非法律适用上的平等

D. 平等既是一项宪法原则，又是公民的一项基本权利

21. 下列选项中，属于我国现行宪法规定的公民政治权利的是（　　）。

A. 结社自由　　B. 通信自由

C. 劳动者休息的权利　　D. 受教育权

22. 根据现行宪法，下列人员中由全国人民代表大会选举产生的是（　　）。

A. 国家副主席　　B. 最高人民法院副院长

C. 国务院副总理　　D. 最高人民检察院副检察长

23. 根据现行宪法，有权批准省、自治区、直辖市的区域划分的机关是（　　）。

A. 全国人民代表大会　　B. 全国人大常委会

C. 国务院　　D. 民政部

24. 2015年8月29日，全国人大常委会决定：在中国人民抗日战争暨世界反法西斯战争胜利70周年之际，对部分服刑罪犯予以特赦。根据宪法，发布特赦令的是（　　）。

A. 国家主席　　B. 全国人大常委会委员长

C. 国务院总理　　D. 中央军委主席

25. 张某长期在外打工，返乡时恰逢乡人大换届选举。根据选举法，张某可以向法院起诉的情形是（　　）。

A. 选举委员会宣布张某当选无效

B. 选举委员会未将张某列入选民名单

C. 张某和其他选民联名提出代表候选人被拒绝

D. 选举委员会不同意张某委托其他选民代为投票

26. 根据我国地方组织法，下列关于地方各级审计机关的表述，不正确的是（　　）。

A. 县级以上地方各级人民政府设立审计机关

B. 省级审计机关的设立需要报请国务院批准

C. 地方各级审计机关只对本级人民政府负责

D. 地方各级审计机关依照法律规定独立行使审计监督权

27. 根据现行宪法和法律，下列关于民族区域自治制度的表述，正确的是（　　）。

A. 民族自治地方包括自治区、自治州、自治县和民族乡

B. 民族自治地方的人大常委会主任应当由实行区域自治的民族的公民担任

C. 自治州和自治县的自治条例和单行条例，均须报省级人大常委会批准后生效

D. 自治条例和单行条例不得对法律和行政法规的规定作出变通规定

28. 根据现行宪法和法律，下列关于村民委员会的表述，正确的是（　　）。

A. 乡镇政府可直接设立村民委员会，报县政府批准

B. 户籍在本村但不在本村居住的外嫁女，可以参加本村的村委会选举

C. 村民委员会可以制定和修改村民自治章程，并报乡镇政府备案

D. 乡镇政府领导、支持和帮助村民委员会的工作

29. 根据现行宪法和法律，下列关于人民法院的表述，正确的是（　　）。

A. 人民法院审判案件一律公开进行

B. 最高人民法院院长得连选连任，不受任期限制

C. 地方各级人民法院对上一级人民法院负责并报告工作

D. 人民法院依法独立行使审判权，不受行政机关、社会团体和个人的干涉

30. 根据现行宪法和立法法，下列关于宪法监督的表述，正确的是（　　）。

A. 全国人大及其常委会均有权监督宪法的实施

B. 全国人大法律委员会认为司法解释同宪法相抵触，可予以撤销

C. 公民认为地方性法规同宪法相抵触，可向全国人大书面提出审查要求

D. 全国人大常委会有权改变或撤销国务院制定的同宪法相抵触的行政法规

31.《左传》载，“昏、墨、贼，杀，皋陶之刑也”。其中“贼”指的是（　　）。

A. 掠人之美　　B. 杀人无忌　　C. 贪以败官　　D. 寇攘奸宄

32. 根据《周礼·秋官·司刺》的记载，西周法律规定，定罪量刑时须考虑行为人的主观动机。该规定是（　　）。

A. 三赦之法　　B. 三刺之法　　C. 三宥之法　　D. 五过之疵

33. 春秋时期，私人编修法律的事件是（　　）。

A. 子产“铸刑书于鼎”　　B. 赵鞅“铸刑鼎”

C. 邓析造“竹刑”　　D. 屈原制“宪令”

34.《法经》中规定对博戏行为进行处罚的篇目是（　　）。

A.《杂法》　　B.《网法》　　C.《盗法》　　D.《具法》

35. 秦简《法律答问》记载：“甲小未盈六尺，有马一匹自牧之，今马为人败，食人稼一石，问当论不当？不当论及偿稼。”依照该解答，秦律判断责任能力的标准是（　　）。

A. 智识　　B. 身高　　C. 年龄　　D. 财产

36. 西汉文帝刑制改革中，取代斩左趾的刑罚是（　　）。

A. 劓　　B. 弃市　　C. 城旦舂　　D. 笞五百

37. 根据现有史料考证，将廷尉改为大理寺，以大理寺卿为官名的朝代是（　　）。

A. 西晋　　B. 北齐　　C. 隋朝　　D. 唐朝

38. 根据《唐律·杂律》的规定，监临主司以外的其他官员“因事受财”构成的犯罪是（　　）。

A. 坐赃　　B. 受财枉法　　C. 受财不枉法　　D. 受所监临财物

39. 典卖契约是一种附有回赎条件的特殊类型的买卖契约。宋朝法律规定，以原价赎回标的物的最长期限是（　　）。

A. 10 年　　B. 20 年　　C. 30 年　　D. 40 年

40. 元朝统领吏、户、礼、兵、刑、工六部的中央国家机构是（　　）。

A. 尚书省　　B. 中书省　　C. 门下省　　D. 宣政院

41. 明太祖朱元璋为“防臣下之揽权专擅，交结党援”而增设的一项新罪名是（　　）。

A. 阿党罪　　B. 左官罪　　C. 腹诽罪　　D. 奸党罪

42. 清朝创立的发遣刑，其适用的对象是（　　）。

A. 犯强盗罪的民人　　B. 犯杀伤罪的军人

C. 犯徒罪以上的文武官员　　D. 犯徒罪以下的旗人

43. 在清末变法修律中，法理派和礼教派围绕《大清新刑律》等法典的修订原则产生了激烈争论，学界称之为“礼法之争”。下列选项中，法理派的主要代表人物是（　　）。

A. 张之洞　　B. 劳乃宣　　C. 刘坤一　　D. 沈家本

44. 中国近代以来首次确认无过错责任的民事法律文件是（　　）。

A.《钦定大清商律》　　B.《大清民律草案》

C.《民律第二次草案》　　D.《中华民国民法》

45. 人民民主政权时期，在解放区的刑事立法中创设的新刑种是（　　）。

A. 管制　　B. 拘役　　C. 没收　　D. 罚金

二、多项选择题（第46～63小题，每小题2分，共36分。下列每题给出的四个选项中，至少有两个选项是符合题目要求的。请在答题卡上将所选项的字母涂黑）

46. 在环境保护法修改过程中，全国人大常委会依照有关法律，向社会公众、环保组织、专家学者征集对该法的修改意见。此举体现的立法原则有（　　）。

A. 民主性原则　　B. 科学性原则　　C. 便民性原则　　D. 平等性原则

47. 下列有关人权的说法，不正确的有（　　）。

A. 只存在个体人权，不存在集体人权

B. 人权是指宪法中规定的公民基本权利

C. 马克思主义法学认为，人权是历史发展的产物

D. 人权具有超时代性，所以人权价值属于本源性价值

48. 下列关于我国法律职业的说法，正确的有（　　）。

A. 最高人民检察院检察长是首席大检察官

B. 法官的职责之一是参加合议庭审判案件或独任审判案件

C. 律师是依法取得律师执业证书，为社会提供法律服务的国家工作人员

D. 狭义的法律职业从业者包括法官、检察官、律师和法学教学研究人员四大类

49. 某法院在当地一所大学对被指控犯组织考试作弊罪的被告人依法进行审判，并作出有罪判决，很多学生参与旁听。在此，法律发挥的规范作用有（　　）。

A. 预测作用　　B. 教育作用　　C. 评价作用　　D. 强制作用

50. 对于法与经济的关系，下列认识正确的有（　　）。

A. 在封建社会，法律对经济没有什么影响

B. 古罗马商品经济的繁荣促进了古罗马法的发展和完善

C. 法律可以为经济发展提供保障，但有时也会阻碍经济发展

D. 当代中国法律对经济的影响主要体现在对市场经济的引导、促进和保障等方面

51. 关于不同法律之间的关系，下列表述正确的有（　　）。

A. 宪法与物权法是根本法与普通法的关系

B. 刑法与刑事诉讼法是实体法与程序法的关系

C. 公务员法与律师法是一般法与特别法的关系

D. 我国领海及毗连区法与联合国海洋法公约是国内法与国际法的关系

52. 根据全国人大常委会关于实行宪法宣誓制度的决定，下列人员中，在就职时应当进行宪法宣誓的有（　　）。

A. 中华人民共和国教育部部长　　B. 北京市人民检察院副检察长

C. 上海市人民政府办公厅会计　　D. 中华人民共和国驻外全权代表

53. 根据现行宪法，下列关于土地所有权、使用权的表述，正确的有（　　）。

A. 城市的土地属于国家所有
B. 宅基地和自留地、自留山属于集体所有
C. 土地的所有权可以依照法律规定转让
D. 国家可以依照法律或者法规对土地实行征收或者征用并给予赔偿

54. 关于公民基本权利的限制，下列表述正确的有（　　）。
A. 限制基本权利必须以宪法和法律为依据
B. 限制基本权利时需要严格遵守比例原则
C. 限制基本权利的主要目的是维护公共利益
D. 对基本权利的限制必须内容明确，使其可以成为公民行动的合理预期

55. 根据我国地方组织法，下列关于地方各级人民代表大会的表述，正确的有（　　）。
A. 省人民代表大会会议每年至少举行一次
B. 市人民代表大会举行会议的时候，由主席团主持
C. 县人民法院院长列席本级人民代表大会会议
D. 乡人大主席负责召集下一次本级人民代表大会会议

56. 根据我国宪法和国籍法，下列关于国籍的表述，正确的有（　　）。
A. 张某出生在中国，其母亲是中国人，父亲是法国人，张某具有中国国籍
B. 中国公民李某公派德国学习期间生下赵某，赵某具有中国国籍
C. 杨某为国家工作人员，其可以加入外国国籍
D. 秦某加入了加拿大国籍，其可以保留中国国籍

57. 根据澳门特别行政区基本法，下列表述正确的有（　　）。
A. 特别行政区行政长官在任职期内不得具有外国居留权
B. 特别行政区检察长由行政长官提名，报中央人民政府任命
C. 特别行政区境内的土地和自然资源，全部属于国家所有
D. 特别行政区永久性居民和非永久性居民都享有选举权和被选举权

58. 甲省乙市是设区的市。乙市政府依法制定公布了《乙市环境保护办法》。下列有关该办法的表述，正确的有（　　）。
A. 该办法应当报国务院、省人大常委会、省政府、市人大常委会备案
B. 该办法与环境保护部的规章具有同等效力，在各自权限范围内施行
C. 市人大常委会认为该办法的规定不适当，应当提请省人大常委会撤销
D. 如该办法与省政府规章不一致，应适用省政府规章

59. 西周统治者为维系以血缘关系为纽带的政权组织制度，在实践中逐渐形成的原则有（　　）。
A. 嫡长子继承　　B. 小宗服从大宗
C. 亲贵合一　　D. 选官时“任人唯贤”

60. 正式规定“官当”制度的律典有（　　）。
A.《九章律》　　B.《新律》　　C.《北魏律》　　D.《陈律》

61. 唐初创建了市舶制度，制定了中国历史上第一项外贸征税法令。对外商贩至中国的部分货物，官府抽取十分之一的实物税。下列属于应抽取实物税的货物有（　　）。

A. 丝绸　　B. 瓷器　　C. 龙香　　D. 沉香

62. 清朝民事立法中，民事主体地位发生了一定变化，人身依附关系有所削弱，表现为（　　）。

A. 允许良贱通婚　　B. 废除匠籍制度

C. 雇工人的地位有所改善　　D. 部分贱籍豁免为良

63. 下列关于抗日民主政权时期劳动立法内容的表述，正确的有（　　）。

A. 工人有组织工会的权利　　B. 实行安全生产防护

C. 雇主可以自行开除工人　　D. 雇主安排加班应征得工人同意

三、简答题（第64～66小题，每小题8分，共24分）

64. 简述法律全球化的主要表现。

65. 简述我国现行宪法规定的公民基本义务。

66. 简述《中华民国临时政府组织大纲》的性质及其历史意义。

四、分析题（第67～69小题，每小题10分，共30分）

67. 2015年新修订的《中华人民共和国食品安全法》第62条规定："网络食品交易第三方平台提供者应当对入网食品经营者进行实名登记，明确其食品安全管理责任；依法应当取得许可证的，还应当审查其许可证。"该法实施后，各地媒体仍然不断曝光网络外卖乱象。一些网络平台未能严格执行新规，无证餐厅成为外卖网站上的热销大户。

针对此现象，主要存在三种观点。观点一：外卖食品网站和外卖APP是新生事物，仍在不断发展，法律规定过于具体并不明智；观点二：虽然食品安全法对网络平台的监管义务有明确规定，但网络平台客观上无法做到对每个网络食品经营者进行实名登记和许可证查验，该法缺乏可行性；观点三：该规定本身是合理的，目前法律未能有效实施，主要原因是行政监管不到位，如果加大监管力度，该法还是能够发挥其应有作用的。

请运用法理学相关理论，回答下列问题：

（1）材料反映出法具有哪些局限性？

（2）三种观点中，你赞同哪一种？请说明理由。

68. 1993年2月，七届全国人大常委会接受中共中央提出的修宪建议，形成宪法修正案（草案），提请八届全国人大一次会议审议。1993年3月，八届全国人大一次会议期间，2 383名全国人大代表签名，以代表提案的方式向会议主席团提出"关于修改宪法部分内容的议案"。会议主席团将七届全国人大常委会的宪法修正案（草案）和该"代表修宪议案"合并成一份宪法修改案，交付大会表决。1993年3月29日，八届全国人大一次会议通过了《中华人民共和国宪法修正案》第3条至第11条。

请根据我国现行宪法及法律，结合上述材料，回答下列问题：

（1）有权向全国人大提议修改宪法的主体有哪些？

（2）全国人大表决宪法修改案与法律案，在通过程序上有何区别？

（3）我国修宪实践中，对宪法的部分修改采用过哪些方式？

69.【明】朱元璋：《教民榜文》："民间户婚、田土、斗殴相争，一切小事，不许辄便告官，务要经由本管里甲、老人理断。若不经由者，不问虚实，先将告人杖断六十，仍发回里甲、老人理断。"

根据上述材料，请运用中国法制史的知识，回答以下问题：

（1）明初处理民间词讼的诉前程序是什么？

（2）若违反这些程序，当如何处理？

（3）明初设定此种程序的意义何在？

五、论述题（第 70 题，15 分）

70. “法律是治国之重器，良法是善治之前提。”请论述良法的标准，并结合实际，谈谈如何打造良法。

2017 年综合课试题答案及解析

一、单项选择题

1. C

【解析】本题涉及西方三大法学流派，即自然法学派、历史法学派、分析法学派和社会法学派及其主要观点。自然法学派主张法是人的理性，强调自然法普遍永恒，且自然法高于人定法，人定法符合自然法时才是真正的法律。可见，A 项表述错误。历史法学派是 19 世纪在德国产生的一个有影响的法学派别，主张法是世代相传的民族精神的体现，B 项表述将同一时期在德国产生的哲理法学派的观点搬到了历史法学派的头上，哲理法学派代表人物黑格尔认为，法是自由意志的体现。可见，B 项表述错误。19 世纪末 20 世纪初产生的社会法学派倡导法学应关注法律现实的多种面向，即法律现实的各个方面，强调研究“现实的法律”或“现实法学”，其对于法律的来源、性质和作用的阐述，着重于宣扬法的社会性。可见，C 项表述是正确的。

2. A

【解析】中华法系体现了礼法结合、礼融于法的特点，A 项表述正确。大陆法系是在罗马法的基础上发展起来的，B 项表述错误。英美法系是以英国中世纪的法律，特别是英国的普通法为基础发展起来的，美国法只是后来发展出来的英美法系的一个分支，C 项表述错误。法系是按照世界上各个国家和地区法律的源流关系和历史传统以及形式上某些特点对法律所作的分类，法系并非通过法律的本质特征对法所作的分类，D 项表述错误。

3. B

【解析】法律继承是不同历史类型的法律之间的延续和继受，一般表现为旧法对新法的影响和新法对旧法的承接和继受。法律继承和法律移植对法系的形成有影响，例如，《德国民法典》就体现了对日耳曼法的继承。可见，A、C 项表述不正确。法作为人类文明成果的共同性决定了法律继承的必要性，任何后继的法律制度绝不可能是在世界法律文明发展之外产生的，而是人类以往法律思想、法律技术和法制经验的继续和发展。可见，B 项表述正确。法律继承不仅体现为对本国法律传统和法律文化的延续，对于外国法律传统和法律文化的承继也属于法律继承的应有之义。可见，D 项表述不正确。

4. A

【解析】诉讼法律关系既存在于诉讼程序中出现的各司法机关之间，也存在于各诉讼参与人之间，还存在于各司法机关和诉讼参与人之间，因此，法院与乙的关系是诉讼法律关系，A项表述正确。诉讼法律关系主体具有特定性，且属于程序性法律关系；绝对法律关系权利主体是特定的，而义务主体是不特定的，且绝对法律关系属于实体法律关系，故B项表述不正确。尽管当事人在诉讼中具有不同的权利和义务，但当事人在诉讼中享有平等的诉讼权利，因而甲和乙在诉讼中的关系是横向法律关系。民事法律关系和诉讼中当事人之间的关系是横向法律关系。可见，C项表述不正确。甲和丙因照片使用产生的法律关系属于民事侵权关系，民事侵权关系是保护性法律关系。民事侵权关系、刑事法律关系都是保护性法律关系，可见，D项表述错误。

5. D

【解析】本题考查的是法律价值中的法律与自由的关系。英国的洛克说："哪里没有法律，哪里就没有自由。"这句名言强调自由在法律的保护之下，没有法律的保护，自由无法真正实现。本题A、B、C三项表述都各执一词，具有片面性和不正确性。因为法学上的自由就是指主体的行为与法律的既有规定相一致或相统一。因此，自由意味着主体可以自主选择和从事法律所不禁止的行为，主体行为必须与既有的法律规定相一致。尽管自由对人而言非常重要，但自由并不是法律所要保护的唯一价值，法律除保障自由外，还要保护秩序、平等、正义、人权、效率等重要价值。因此，只有D项表述符合现代法律与自由关系的基本原理，故选D项。

6. A

【解析】依照我国司法改革的任务，提高司法公信力、保证公正司法在当前有六个方面的改革要求：(1) 完善确保依法独立公正行使审判权和检察权的制度。主要有：建立领导干部干预司法活动、插手具体案件处理的记录、通报和责任追究制度，健全尊重法院裁判制度，建立健全司法人员履行法定职责保护机制等举措。(2) 优化司法职权配置。主要有：推动实行审判权和执行权相分离的体制改革试点，统一刑罚执行体制，探索实行法院、检察院司法行政事务管理权和审判权、检察权相分离，最高人民法院设立巡回法庭，探索设立跨行政区划的人民法院和人民检察院，探索建立检察机关提起公益诉讼制度等举措。(3) 推进严格公正司法。主要有：推进以审判为中心的诉讼制度改革，实行办案质量个人负责制和错案责任倒查问责制等举措。(4) 保障人民群众参与司法。主要有：完善人民陪审员制度，构建开放、动态、透明、便民的阳光司法机制等举措。(5) 加强人权司法保障。主要有：健全落实罪刑法定、疑罪从无、非法证据排除等法律原则的法律制度。完善对限制人身自由司法措施和侦查手段的司法监督等举措。(6) 加强对司法活动的监督。主要有：完善检察机关行使监督权的法律制度，完善人民监督员制度。建立终身禁止从事法律职业制度等举措。根据上述第5项要求，A项表述正确，选A项。根据上述第1、4项要求，不选B项，因为B项表述不仅有违司法机关依法独立行使审判权的原则，而且也是对"保障人民群众参与司法"的曲解，"保障人民群众参与司法"并不意味着法院在裁判前要征询社会意见，B项表述不正确。根据上述第3项要求，不选C项，因为应当是"推进以审判为中心的诉讼制度改革"，而非"推进以侦查为中心的诉讼制度改革"，C项表述不正确。根据上述第 2 项要求，不选 D 项，因为优化司法职权配置，就要探索实行法院、检察院司法行政事务管理权和审判权、检察权相分离，而非“相统一”，D 项表述不正确。

7. A

【解析】本题考查的是法律责任的免除条件。在我国的法律规定和法律实践中，免责的条件和情况多种多样，主要包括时效免责、不诉免责、自首立功免责、有效补救免责、自助免责等。根据题干表述的内容，本题中甲被免责的主要原因，显然不是立功、协议或自助，更不是时效，而是甲采取的打急救电话、跟车救护、付费等一系列有效补救的行为。有效补救免责是指对于那些实施违法行为，造成一定损害，但在国家机关归责之前采取及时补救措施的人，免除其部分或全部责任。自助免责是指对自助行为所引起的法律责任的减轻或免除。自助行为通常是指权利人为保护自己的权利，在情势紧迫而又不能及时请求国家机关予以救助的情况下，对他人的财产或自由施加扣押、拘束或其他相应措施，而为法律或公共道德所认可的行为。时效免责是指违法者在其违法行为发生一定期限后不再承担强制性法律责任，如果没有法律的特别规定，违反法律的行为超过一定的期限将不再被追究法律责任，法律责任因时间的流逝而消失。自首、立功免责是指对那些违法之后有自首或立功表现的人，免除其部分或全部法律责任。本题表述中，甲打伤乙后，采取有效补救措施使乙得到及时救治，并康复痊愈，甲因有效补救免责，选 A 项。

8. C

【解析】法律推理可以分为形式推理和辩证推理两大类。形式推理又包括演绎推理、归纳推理和类比推理。本题备选项的表述故意混淆了其中的一些概念。辩证推理，学理上又称实质推理，是法官对法律或案件客观事实的辩证推理过程，它必须建立在事物的辩证法的客观基础之上，而绝不应该是从法官的主观想象中得出结论。可见，A 项表述错误。A 项表述还涉及以下知识：一般而言，法律推理着重于客观事实，而法律论证则着重于主观判断，当然，法律论证只能说是偏重于“主观判断”，而并非不需要客观依据。英美法系国家的法官因为有判例法传统，所以其推理过程比较复杂，虽然主要应用归纳推理，但也有演绎推理，B 项表述错误。D 项表述也违背常识，因为演绎推理是从一般到特殊的推理形式，在法律推理过程中，法院演绎推理的大前提是可以适用的法律规则和法律原则，而不是案件事实，故 D 项表述错误。只有 C 项表述正确，因为类比推理就是一种从个别到个别的推理，在法律推理中，其要求是“类似案件，类似处理”。可见，选 C 项。

9. C

【解析】本题考查的是法律论证的有关知识。法律论证主要是指在司法过程中对判决理由的正当性、合法性或合理性进行论证，即诉讼主体在诉讼过程中运用证据确定案件事实、得出结论的思维过程。法律论证的目的是从多种合理甚至合法的法律主张中论证出最佳选择。从这一原理出发，A、B 项表述都是错误的。就 A 项表述而言，法律论证与法律解释、法律推理具有重要的关联性，法律论证、法律解释和法律推理都是法律方法的运用，它们都涉及价值判断，法律论证、法律推理中的辩证推理和法律解释都具有填补法律漏洞的作用，法律论证的意义实际上也与法律解释中的目的解释和社会学解释以及辩证推理有异曲同工之处。可见，A 项表述不正确。就 B 项而言，法律论证的正当性要求本身包括内容的融贯性、程序的合理性、依据的客观性、逻辑的有效性、结论的可接受性。法律论证需要遵循基本的逻辑规则，这本身是"逻辑的有效性"的要求，因此，法律论证包括正当的逻辑推理过程。可见，B项表述错误。选C项，因为法律论证的融贯性要求在裁判过程中价值与事实相统一，使法律体系本身的价值与事实、整体与部分、规则与原则、原理与精神具有系统性、连贯性和一致性。可见，C项表述正确。不选D项，法律论证与司法独立存在矛盾的观点不成立。司法独立是司法公正的前提，也是法律论证能够具有客观性和可接受性的前提。只有坚持司法独立，才能保证法律论证的正当性，才能保证法律论证不偏离法治的轨道。可见，D项表述错误。

10. B

【解析】行政执法机关在执法时应坚持诚实守信原则，不得撤销、变更已经生效的行政决定；因国家利益、公共利益或者其他法定事由需要撤回或者变更行政决定的，应当依照法定权限和程序进行，并对行政管理相对人因此受到的财产损失依法予以补偿。本题表述中，某市的城市规划方案频繁变动，违反了诚实守信原则，选B项。

11. A

【解析】全面依法治国的基本原则包括如下五项：党的领导原则、人民主体地位原则、法律面前人人平等原则、依法治国和以德治国相结合原则、从中国实际出发原则。法律将平等确立为一项基本的法律原则，法律面前人人平等是全面依法治国必须坚持的五大基本原则之一。可见，A项表述正确。法治与德治相结合是全面依法治国坚持的基本原则之一，坚持该原则并非要求将道德统一到法律中来，因为法律与道德是不同性质的社会规范，各有优劣，不能混同。可见，B项表述不正确。人民主体地位原则是指坚持法治建设应以保障人民根本权益为出发点和落脚点，保证人民依法享有广泛的权利和自由、承担应尽的义务，维护社会公平正义，促进共同富裕，而并非指一切法律活动都应当交给全体公民来完成。可见，C项表述不正确。从中国实际出发原则就是要汲取中华法律文化精华，借鉴国外法治有益经验，但绝不照搬外国法治理念和模式。可见，D项表述不正确。

12. B

【解析】法治思维是程序思维，A项表述不正确。法治思维是将法律作为判断是非和处理事务的准绳，它要求崇尚法治、尊重法律，善于运用法律手段解决问题和推进工作。运用法治思维解决问题，都应始终关注目的是否合法、权限是否合法、内容是否合法、手段是否合法以及程序是否合法五个方面内容。可见，B项表述正确。法治思维并非仅是立法机关采用的思维方式，而是国家工作人员，特别是领导干部都要具备的思维方式。可见，C项表述不正确。法治思维是实践思维，是按照社会主义法治的逻辑来观察、分析和解决社会问题的思维方式，它是将法律规定、法律知识、法治理念付诸实施的认识过程。可见，D项表述不正确。

13. A

【解析】守法的最低状态是不违法犯罪。守法的中层状态是依法办事，形成统一的法律秩序。守法的高级状态是守法主体不论是外在行为，还是内在动机都符合法的精神和要求，严格履行法律义务，充分行使法律权利，从而真正实现法律调整的目的。可见，A项表述正确。守法内容包括履行法律义务和行使法律权利，B项表述不正确。守法的主体包括一切国家机关、武装力量、政党、社会团体、企业事业组织，我国公民，在我国领域内的外国组织、外国人和无国籍人。无民事行为能力人也是我国公民，也是守法的主体，C 项表述不正确。除了国家政策外，守法范围包括宪法、法律、行政法规、地方性法规、民族自治地方的自治条例和单行条例、特别行政区的法律、部门规章和地方政府规章，以及我国缔结加入或认可的国际条约、国际惯例（我国声明反对或保留的部分除外）。可见，D 项表述的守法范围过窄，且风俗习惯除非经国家认可，否则不是守法范围，因而 D 项表述是不正确的。

14. C

【解析】本题考查的是法律监督的形式。当代中国的法律监督可以分为国家监督与社会监督两大类。国家监督包括国家权力机关的监督、国家司法机关的监督和国家行政机关的监督。社会监督，即非国家的监督，是指各政党、各社会组织和人民群众依照宪法和有关法律，对各种法律活动的合法性进行的监督。在我国，根据社会监督的主体不同，可以将其分为政党的监督、社会组织的监督、社会舆论的监督、人民群众的监督。每一种监督形式都有其特定的内涵。本题表述中，A 项表述的“政党监督”在题干中明显没有反映，故不选 A 项。B 项表述的“权力机关监督”在题干中也没有出现，故不选 B 项。D 项表述中，“社会组织监督”在题干中也没有出现，故不选 D 项。C 项表述的人民群众监督、社会舆论监督和行政机关监督在题干中都有所体现。具体而言，王某将证据材料交给电视台，这属于人民群众监督。电视台进行报道，这属于社会舆论监督。当地政府组成调查组对相关问题进行调查，这属于行政机关监督。可见，C 项是正确答案。

15. B

【解析】法律规则具有严密的逻辑结构。一般认为，法律规则主要是由假定条件、行为模式和法律后果三个要素组成。假定条件是关于适用该规则的条件的规定，即法律规则在什么时间、空间对什么人适用以及在什么情境下对人的行为有约束力的问题；行为模式是指法律规则中关于行为的规定，即法律关于允许做什么、禁止做什么和必须做什么的规定；法律后果是指法律规则中对遵守规则或违反规则的行为予以肯定或否定评价的规定。本题中法律条文究竟包含了哪些要素，要做具体分析，实际上，题干中“为了使……权利免受正在发生的危险”就是为行为设定的前提条件；“不得已采取的紧急避险行为，造成损害的”是行为模式；法条中关于“不负刑事责任”的判断是法律后果。所以，A、C、D 项表述中所做的概括都不全面，只有 B 项表述是正确的。

16. D

【解析】制宪权和修宪权是不同层次的权力形态，制宪权高于修宪权，修宪权可以看作是制度化的制宪权。可见，A 项表述不正确。制宪机构不同于宪法起草机构：制宪机关享有制宪权，宪法起草机构是工作机关，不享有制宪权；制宪机关是常设机构，宪法起草机构是临时机构；制宪机构经选举产生，宪法起草机构经任命产生。可见，B 项表述不正确。在我国，制宪权主体是全体人民，制宪机关是全国人民代表大会。可见，C 项表述错误。1954 年 9 月 15 日，第一届全国人民代表大会第一次会议通过了 1954 年宪法，1954 年宪法是新中国成立后人民行使制宪权的产物，D 项表述正确。

17. C

【解析】非正式解释是指有解释权之外的机关或个人对宪法的解释，不具有法律效力，A项表述不正确。语义解释即文义解释、字面解释，是指根据宪法规范所使用的文字的字面意思而进行解释的方法，B项表述不正确。法国宪法委员会对宪法的解释属于专门机关的解释，C项表述正确。我国宪法解释机关是全国人大常委会，人民法院不具有宪法解释权限，因而人民法院对宪法规范的解释属于非正式解释或无权解释，D项表述不正确。

18. A

【解析】A项表述为2004年宪法修正案的内容。B项表述为1999年宪法修正案的内容。C、D项表述为1993年宪法修正案的内容。

19. B

【解析】宪法调整的社会关系主要包括如下四类：国家与公民之间的关系；国家与其他社会主体之间的关系；国家机关之间的关系；国家机关内部的关系。从上述四个关系中可以看出，宪法关系的主体通常总是国家或国家机关，没有国家或国家机关，就不会形成宪法关系。备选项中，只有B项表述不是宪法关系调整的对象，选B项。

20. D

【解析】本题考查的是宪法关于平等权的规定。《宪法》第33条第2款规定，中华人民共和国公民在法律面前一律平等。这是现行宪法规定的一般平等权条款。由此，公民享有平等权，这既是公民享有的一项基本权利，也是宪法的基本原则，D项表述正确，选D项。A项表述中"权利与义务的对等"，不问表述正确与否，反映的是权利与义务的关系，并非平等的本质。当然，A项表述本身也有问题，因为平等并不否认区别对待，平等和区别对待可以有条件地共存，平等也不意味着权利与义务的对等。总之，A项表述错误。B项表述涉及的是形式平等与实质平等的问题。形式平等指的是公民法律地位的平等，而实质平等除了对所有公民采取的无差别的待遇以外，还包括实行合理差别对待以保证不同主体间实质上的平等。可见，B项表述错误。C项表述涉及平等权的效力范围，也就是说，平等权既包括公民在法律内容方面享有平等的权利，即立法者不得制定违反平等原则的法律，也包括法律适用上的平等，此所谓"法律内容平等说"。可见，C项表述错误。

21. A

【解析】我国现行宪法规定的政治权利和自由包括选举权和被选举权，言论自由，出版自由，集会、游行、示威自由，结社自由。可见，选A项。B项表述的通信自由属于人身自由权的范畴。C、D项表述的休息权和受教育权属于社会文化权利的范畴。

22. A

【解析】根据现行《宪法》第62条规定，全国人大选举国家主席、副主席、中央军事委员会主席、国家监察委员会主任、最高人民法院院长、最高人民检察院检察长；根据国家主席的提名，决定国务院总理的人选；根据国务院总理的提名，决定国务院副总理、国务委员、各部部长、各委员会主任、审计长、秘书长的人选；根据中央军事委员会主席的提名，决定中央军事委员会其他组成人员的人选。由此可见，A项表述的国家副主席是由全国人大选举产生的，符合题意，选A项。根据现行《宪法》第67条第12项，最高人民法院副院长是根据最高人民法院院长的提请，由全国人大常委会任命，不选B项。根据

《宪法》第62条第5项，国务院副总理是根据总理提名由全国人大“决定”，而非选举产生，不选C项。根据现行《宪法》第67条第13项规定，最高人民检察院副检察长根据最高人民检察院检察长的提请，由全国人大常委会任命，不选D项。

23.C

【解析】《宪法》第89条第15项规定，国务院批准省、自治区、直辖市的区域划分，批准自治州、县、自治县、市的建置和区域划分。据此，选C项。

24.A

【解析】根据《宪法》第80条规定，国家主席发布特赦令，选A项。

25.B

【解析】《选举法》第28条规定，对于公布的选民名单有不同意见的，可以在选民名单公布之日起5日内向选举委员会提出申诉。选举委员会对申诉意见，应在3日内作出处理决定。申诉人如果对处理决定不服，可以在选举日的5日以前向人民法院起诉，人民法院应在选举日以前作出判决。人民法院的判决为最后决定。据此，张某可以向法院起诉的情形仅限于对公布的选民名单有意见。本题表述中，选举委员会未将张某列入选民名单，张某对此有意见，可以起诉，选B项。

26.C

【解析】《宪法》第109条规定，县级以上的地方各级人民政府设立审计机关。地方各级审计机关依照法律规定独立行使审计监督权，对本级人民政府和上一级审计机关负责。据此，A、D项表述正确，C项表述不正确。《地方各级人民代表大会和地方各级人民政府组织法》第64条第3款规定，省、自治区、直辖市的人民政府的厅、局、委员会等工作部门的设立、增加、减少或者合并，由本级人民政府报请国务院批准，并报本级人民代表大会常务委员会备案。据此，B项表述正确。

27.C

【解析】《民族区域自治法》第2条第2款规定，民族自治地方分为自治区、自治州、自治县。据此，民族自治地方包括自治区、自治州和自治县，民主乡不是民族自治地方，A项表述错误。《宪法》第113条第2款规定，自治区、自治州、自治县的人民代表大会常务委员会中应当有实行区域自治的民族的公民担任主任或者副主任。据此，B项表述错误。《宪法》第116条规定，民族自治地方的人民代表大会有权依照当地民族的政治、经济和文化的特点，制定自治条例和单行条例。自治区的自治条例和单行条例，报全国人民代表大会常务委员会批准后生效。自治州、自治县的自治条例和单行条例，报省或者自治区的人民代表大会常务委员会批准后生效，并报全国人民代表大会常务委员会备案。据此，C项表述正确。《立法法》第75条第2款规定，自治条例和单行条例可以依照当地民族的特点，对法律和行政法规的规定作出变通规定，但不得违背法律或者行政法规的基本原则，不得对宪法和民族区域自治法的规定以及其他有关法律、行政法规专门就民族自治地方所作的规定作出变通规定。据此，D项表述错误。

28.B

【解析】《村民委员会组织法》第3条第2款规定，村民委员会的设立、撤销、范围调整，由乡、民族乡、镇的人民政府提出，经村民会议讨论同意，报县级人民政府批准。据此，A项表述错误。《村民委员会组织法》第13条第2款规定，村民委员会选举前，应当对下列人员进行登记，列入参加选举的村民名单：（1）户籍在本村并且在本村居住的村民；（2）户籍在本村，不在本村居住，本人表示参加选举的村民；（3）户籍不在本村，在本村居住1年以上，本人申请参加选举，并且经村民会议或者村民代表会议同意参加选举的公民。据此规定第（2）项，B项表述正确。《村民委员会组织法》第27条第1款规定，村民会议可以制定和修改村民自治章程、村规民约，并报乡、民族乡、镇的人民政府备案。据此，C项表述错误。《村民委员会组织法》第5条规定，乡、民族乡、镇的人民政府对村民委员会的工作给予指导、支持和帮助，但是不得干预依法属于村民自治范围内的事项。村民委员会协助乡、民族乡、镇的人民政府开展工作。据此，乡镇政府与村民委员会的关系是"指导"关系，而非"领导"关系，D项表述错误。

29. D

【解析】《宪法》第130条规定，人民法院审理案件，除法律规定的特别情况外，一律公开进行。被告人有权获得辩护。这里的"特别情况"，指的是涉及国家机密、个人隐私和未成年人犯罪的案件，除上述案件外，人民法院审理案件一律公开进行。据此，A项表述错误。《宪法》第129条第2款规定，最高人民法院院长每届任期同全国人民代表大会每届任期相同，连续任职不得超过两届。据此，B项表述错误。《宪法》第133条规定，最高人民法院对全国人民代表大会和全国人民代表大会常务委员会负责。地方各级人民法院对产生它的国家权力机关负责。据此，C项表述错误。《宪法》第131条规定，人民法院依照法律规定独立行使审判权，不受行政机关、社会团体和个人的干涉。据此，上下级法院之间是指导与被指导、监督与被监督的关系。可见，D项表述正确。

30. A

【解析】《宪法》第62条第2项和第67条第1项规定，全国人大及其常委会是我国宪法监督机关，有权监督宪法的实施，A项表述正确。根据《司法解释备案审查工作程序》规定，全国人大常委会认为司法解释同宪法相抵触的，有权撤销。可见，B项表述错误。根据《立法法》第99条规定，国务院、中央军事委员会、最高人民法院、最高人民检察院和各省、自治区、直辖市的人民代表大会常务委员会认为地方性法规同宪法相抵触，可以向"全国人大常委会"（而不是全国人大）提出书面审查"要求"，但公民认为地方性法规同宪法相抵触的，可以向全国人大常委会提出书面审查"建议"（而不是"要求"）。可见，C项表述错误。《立法法》第97条第2项规定，全国人民代表大会常务委员会有权"撤销"同宪法和法律相抵触的行政法规。据此，全国人大常委会只能"撤销"（不能"改变"）同宪法和法律相抵触的行政法规，D项表述错误。

31. B

【解析】《左转·昭公十四年》记载："昏、墨、贼，杀，皋陶之刑也。"据春秋时期叔向的解释："己恶而掠美为昏，贪以败官为墨，杀人不忌为贼"，即对于行为恶劣而夺取善名的，为昏；贪婪败坏官纪的，为墨；肆无忌惮地杀人的，为贼，三者均处死刑。可见，选B项。

32. C

【解析】《周礼·秋官·司刺》记载有"三宥之法"，即对不识、过失和遗忘三种情形减免刑罚，这表明西周在定罪量刑时考虑到行为人的主观动机，即汉魏晋南北朝时期的原心定罪，选C项。西周时期有“三赦之法”，即对幼弱、老旄和蠢愚三者犯罪，除故意杀人罪外，一般赦免其罪。《周礼·秋官·小司寇》记载有“三刺制度”，即为慎重起见，防止错杀无辜，案件的审理要经过讯群臣、讯群吏、讯万民三道程序，这是“明德慎罚”立法指导思想的体现，也是罪疑从轻、罪疑从赦刑法原则的具体贯彻。西周时期的“五过之疵”是指官吏渎职犯罪的五种情形：惟官、惟反、惟内、惟货、惟来。

33. C

【解析】春秋时期郑国大夫邓析私刻“竹刑”，被当时的执政者杀死，这是春秋时期私人编修法律的事件，对于打破奴隶主贵族垄断法律的局面，具有积极意义。可见，选C项。

34. A

【解析】《法经》共6篇：《盗法》《贼法》《囚法》《捕法》《杂法》《具法》。其中，《杂法》是关于“盗贼”以外的其他犯罪与刑罚的法律规定，主要规定了“六禁”：淫禁（惩罚奸淫、通奸行为）、狡禁（惩罚危害国家政权行为）、城禁（惩罚偷越城墙行为）、嬉禁（惩罚赌博、博戏行为）、徒禁（惩罚聚集行为）和金禁（惩罚受贿行为）。可见，选A项。

35. B

【解析】《秦简·法律答问》的上述记载表明，依照秦朝法律的规定，未成年者犯罪，不负刑事责任或减轻刑事处罚，并确立以身高为承担刑事责任的标准。秦朝是我国历史上唯一以身高作为承担刑事责任标准的朝代。《秦简·法律答问》还记载有一例：“甲盗牛，盗牛时高六尺，系一岁，复丈，高六尺七寸，问甲何论？当完城旦。”参以《秦简·仓律》：“隶臣、城旦高不盈六尺五寸，隶妾、舂不盈六尺二寸，皆为小。”即男子六尺五寸、女子六尺二寸（秦代时尺寸比现在小，六尺约合现今1.38米）为成年人。达到此身高者开始负刑事责任，否则不负刑事责任。可见，选B项。

36. D

【解析】汉文帝刑制改革的主要内容是：将墨刑改为髡钳城旦舂，将劓刑改为笞三百，将刖刑中的斩左趾改为笞五百，将刖刑中的斩右趾改为弃市（死刑）。可见，选D项。

37. B

【解析】北齐首次将秦汉魏晋时期的廷尉改为大理寺，以大理寺卿作为最高长官，并扩大了大理寺的编制，大理寺正式成为中央最高审判机关。

38. A

【解析】唐律首次将六种非法攫取公私财物的行为归纳到一起，冠以“六赃”之名，即“受财枉法”“受财不枉法”“受所监临财物”“强盗”“窃盗”“坐赃”。其中，“坐赃”是指非监临官即监临主司以外的其他官员“因事受财”构成的犯罪，即利用不正当手段获取的本不当得的财物，选A项。“受财枉法”是指“受有事财而为曲法处断”的行为，即官吏收受当事人贿赂而利用职权曲法枉断，为其牟取不正当利益，或为其开脱罪责。“受财不枉法”是指“虽受有事人财，判断不为曲法”的行为。“受所监临财物”是指“监临之官不因公事而受监临内财物”的行为，一般是主管官员私下接受所监管的吏民的财物。“强盗”是指“以威若力而取其财”的行为，即以暴力或暴力威胁而取他人财物。“窃盗”

是指“潜形隐面而取”的行为，即秘密占有不属于自己的公私财物。

39. C

【解析】宋朝典卖契约的回赎期限可以由当事人约定，但约定的最长期限为30年。30年到期未回赎的，视为绝卖。可见，选C项。

40. B

【解析】元朝没有尚书省并罢门下省，仅保留中书省，元朝的中书省是元朝最高中央行政机构，下设吏、户、礼、兵、刑、工六部，选B项。宣政院为元朝主持全国佛教事务和统领吐蕃地区军民之政的中央机构。

41. D

【解析】明太祖朱元璋为“防臣下揽权专擅，交结党援”，增设了唐宋元刑法中所无的奸党罪，并在《大明律》中罗列了奸党罪的种种表现。仅洪武年间，以奸党罪被诛杀的达几万人，选D项。阿党罪、左官罪是汉武帝为加强中央集权而确定的罪名。腹诽罪是汉武帝为维护君主权威而罗织的有关思想言论方面的罪名。

42. C

【解析】清朝创立的发遣刑的主要适用对象是犯徒罪以上的文武官员，一般只限于本人，情节轻微的，还有机会放还，选C项。

43. D

【解析】清末“礼法之争”中，属于法理派的人物有沈家本、伍廷芳、刘坤一、杨度等，其中，沈家本是主要代表人物。

44. D

【解析】中国近代以来首次确认无过错责任的民事法律文件是《中华民国民法》，这是在1911年《大清民律草案》确立过错责任原则后，再一次以民法典的形式对归责原则予以确认。可见，选D项。

45. A

【解析】管制是解放战争时期创立的新刑种，即将已登记的反动分子交给当地政府及群众监督，限制其自由，责令其每隔一定时间必须向指定机关报告行踪的刑种。管制刑的创建为我国现代主刑五大刑种的最终确立奠定了基础。可见，选A项。

二、多项选择题

46. AB

【解析】本题考查的是我国立法的基本原则。我国立法应遵循合宪性原则、民主立法原则和科学立法原则。根据本题题干，环境保护法修改过程中，全国人大常委会依法向社会公众、环保组织和专家学者征集意见，既体现了合宪性原则（法治原则）、民主原则，也体现了科学原则。A项表述的“民主性原则”比较好理解也容易被认同，选A项。考生对B项表述的“科学性原则”可能会存在疑惑，题干中表述的向“专家学者征集对该法的意见”，就是科学精神的体现之一。因为专家在相关领域有长期的研究和思考，通常比一般人能更准确地把握其规律，所以符合科学性原则，选B项。如果备选项中有合宪性原则（法治原则），也应该选。便民性原则和平等性原则并非立法原则，较容易排除。

47. ABD

【解析】本题为选非题。根据现代人权理论，人权内容已经至少发展到了第三代，即从原来的个体人权时代，发展到承认集体人权的时代。据此，人权有个体人权和集体人权之分。可见，A 项表述不正确。B 项表述将人权的范围限定为宪法规定的公民的基本权利，这是不正确的，这不仅把人权和公民权这两个概念混淆，还缩小了人权的范围，即把人权限定在宪法规定的范围内，这是绝对错误的。可见，B 项表述错误。按照马克思主义的历史发展观和人权理论，人权是历史的产物，虽然是本源性权利，人权价值也属于本源性价值，但人权不具有超时代性特征。可见，C 项表述正确，D 项表述错误。

48. AB

【解析】《检察官法》第 27、28 条规定，检察官实行单独职务序列管理。检察官等级分为十二级，依次为首席大检察官、一级大检察官、二级大检察官、一级高级检察官、二级高级检察官、三级高级检察官、四级高级检察官、一级检察官、二级检察官、三级检察官、四级检察官、五级检察官。最高人民检察院检察长为首席大检察官。据此，A 项表述正确。《法官法》第 8 条第 1 款规定，法官的职责：（1）依法参加合议庭审判或者独任审判刑事、民事、行政诉讼以及国家赔偿等案件；（2）依法办理引渡、司法协助等案件；（3）法律规定的其他职责。据此规定第 1 项，B 项表述正确。《律师法》第 2 条规定，律师是指依法取得律师执业证书，接受委托或者指定，为当事人提供法律服务的执业人员。据此，C 项表述不正确。法律职业是指以法官、检察官、律师为代表的，受过专门的法律专业训练，具有娴熟的法律技能与法律伦理的法律人所构成的自治性共同体。从狭义上说，法律职业主要包括法官、检察官、律师三种具体的职业。从广义上说，法律职业还包括一切受过法律专业训练、从事法律工作的人员，如司法辅助人员、企业和行政机关里从事法律事务的人、法学教师、法学研究人员等。可见，D 项表述不正确。

49. BCD

【解析】法院通过对被告人适用刑罚，宣告被告人有罪，对包括被告人在内的一般的人起到教育作用，选 B 项。法院依据法律规范对被指控犯组织考试作弊罪的被告人依法审判，发挥了对他人行为的评价作用，选 C 项。法院通过法所具有的强制力对被告人实施制裁，体现了法的强制作用，选 D 项。预测作用的对象是人们之间的交互行为，即通过对本人及与他人的交互行为进行预测，以对自己的行为作出安排。本题表述中，法院对被告人的审判，不涉及对交互行为的预测并对自己的行为作出合理的安排，因而不体现预测作用，不选 A 项。

50. BCD

【解析】在封建社会，法仍然对经济具有反作用，A 项表述错误。古罗马商品经济的繁荣促进了古罗马法的发展和完善，B 项表述正确。法律对经济发展具有促进作用，对经济发展提供保障；法律同时对经济发展具有反作用，即有时会阻碍经济发展。可见，C 项表述正确。当代中国法律对经济的影响主要表现在对市场经济运行的引导、促进、保障和必要的制约方面。可见，D 项表述正确。

51. ABD

【解析】宪法是根本法，物权法是普通法，二者是根本法与普通法的关系，A 项表述正确。刑法是实体法，刑事诉讼法是程序法，二者是实体法与程序法的关系，B 项表述正确。一般法和特别法是共生概念，二者相对而言，公务员法和律师法并非相对共生的概念，二者不是一般法与特别法的关系，C项表述不正确。我国领海及毗连区法是国内法，联合国海洋法公约是国际法，D项表述正确。

52. ABD

【解析】本题考查的是宪法宣誓制度。宪法宣誓制度从2016年1月1日起开始实施，2018年宪法修正案正式将宪法宣誓制度写入宪法。根据《全国人民代表大会常务委员会关于实行宪法宣誓制度的决定》，凡经人大及其常委会选举或者决定任命的国家工作人员正式就职时公开向宪法宣誓。本题A、B、D项表述的教育部部长、人民检察院副检察长、驻外全权代表都是由全国人大及其常委会，或者由各级人大及其常委会选举或者决定任命的国家工作人员，在就职时都应当进行宪法宣誓，选A、B、D项。C项表述的人民政府办公厅会计不属于人大及其常委会选举或者决定任命的国家工作人员，不选C项。

53. AB

【解析】《宪法》第10条规定，城市的土地属于国家所有。农村和城市郊区的土地，除由法律规定属于国家所有的以外，属于集体所有；宅基地和自留地、自留山，也属于集体所有。国家为了公共利益的需要，可以依照法律规定对土地实行征收或者征用并给予补偿。任何组织或者个人不得侵占、买卖或者以其他形式非法转让土地。土地的使用权可以依照法律的规定转让。一切使用土地的组织和个人必须合理地利用土地。据此，A、B项表述正确，C项表述错误。D项表述错在：国家可以依照法律规定对土地实行征收或者征用并给予补偿，而非“赔偿”，且必须出于公共利益的目的。

54. ABCD

【解析】限制基本权利必须以宪法和法律为依据，即对基本权利的限制仅为宪法限制或法律限制，A项表述正确。限制基本权利需要严格遵守比例原则，即在为公共利益而限制公民基本权利的时候，必须要在手段和目的之间进行利益衡量，B项表述正确。限制基本权利的主要目的是维护公共利益，当然还有其他目的，如对权利冲突的规制或解决，C项表述正确。限制公民基本权利要遵循明确性原则，即限制公民基本权利的内容必须明确，可以成为公民行动的合理预期，D项表述正确。

55. ABC

【解析】《地方各级人民代表大会和地方各级人民政府组织法》第11条规定，地方各级人民代表大会会议每年至少举行一次。经过1/5以上代表提议，可以临时召集本级人民代表大会会议。据此，A项表述正确。《地方各级人民代表大会和地方各级人民政府组织法》第13条第3款规定，县级以上的地方各级人民代表大会举行会议的时候，由主席团主持会议。据此，B项表述正确。《地方各级人民代表大会和地方各级人民政府组织法》第17条规定，县级以上的地方各级人民政府组成人员和人民法院院长、人民检察院检察长，乡级的人民政府领导人员，列席本级人民代表大会会议；县级以上的其他有关机关、团体负责人，经本级人民代表大会常务委员会决定，可以列席本级人民代表大会会议。据此，C项表述正确。《地方各级人民代表大会和地方各级人民政府组织法》第15条规定，乡、民族乡、镇的人民代表大会举行会议的时候，选举主席团。由主席团主持会议，并负责召集下一次的本级人民代表大会会议。乡、民族乡、镇的人民代表大会主席、副主席为主席团的成员。据此，D 项表述错误。

56. AB

【解析】《国籍法》第 4 条规定，父母双方或一方为中国公民，本人出生在中国，具有中国国籍。据此，A 项表述正确。《国籍法》第 5 条规定，父母双方或一方为中国公民，本人出生在外国，具有中国国籍；但父母双方或一方为中国公民并定居在外国，本人出生时即具有外国国籍的，不具有中国国籍。据此，B 项表述正确。《国籍法》第 12 条规定，国家工作人员和现役军人，不得退出中国国籍。据此，C 项表述错误。《国籍法》第 3 条规定，中华人民共和国不承认中国公民具有双重国籍。《国籍法》第 9 条规定，定居外国的中国公民，自愿加入或取得外国国籍的，即自动丧失中国国籍。根据上述规定，D 项表述错误。

57. AB

【解析】依《澳门特别行政区基本法》第 46、49 条规定，澳门特别行政区行政长官由年满 40 周岁，在澳门通常居住连续满 20 年的澳门特别行政区永久性居民中的中国公民担任。在任职期内不得具有外国居留权。据此，A 项表述正确。《澳门特别行政区基本法》第 90 条规定，澳门特别行政区检察院独立行使法律赋予的检察职能，不受任何干涉。澳门特别行政区检察长由澳门特别行政区永久性居民中的中国公民担任，由行政长官提名，报中央人民政府任命。检察官经检察长提名，由行政长官任命。检察院的组织、职权和运作由法律规定。据此，B 项表述正确。《澳门特别行政区基本法》第 7 条规定，澳门特别行政区境内的土地和自然资源，除在澳门特别行政区成立前已依法确认的私有土地外，属于国家所有，由澳门特别行政区政府负责管理、使用、开发、出租或批给个人、法人使用或开发，其收入全部归澳门特别行政区政府支配。据此，C 项表述错误。《澳门特别行政区基本法》第 26 条规定，澳门特别行政区永久性居民依法享有选举权和被选举权。据此，澳门特别行政区居民有永久性居民和非永久性居民之分。永久性居民依法享有选举权和被选举权，有资格担任特区政府公务人员和立法会议员；非永久性居民除在法律有特别规定的情况下担任政府公务人员外，不能担任政府公务人员和立法会议员。可见，D 项表述错误。

58. ABD

【解析】《立法法》第 98 条第 4 项规定，部门规章和地方政府规章报国务院备案；地方政府规章应当同时报本级人民代表大会常务委员会备案；设区的市、自治州的人民政府制定的规章应当同时报省、自治区的人民代表大会常务委员会和人民政府备案。据此，A 项表述正确。《立法法》第 91 条规定，部门规章之间、部门规章与地方政府规章之间具有同等效力，在各自的权限范围内施行。据此，B 项表述正确。《立法法》第 97 条第 5 项规定，地方人民代表大会常务委员会有权撤销本级人民政府制定的不适当的规章。据此，C 项表述错误。《立法法》第 96 条规定，法律、行政法规、地方性法规、自治条例和单行条例、规章有下列情形之一的，由有关机关依照本法第 97 条规定的权限予以改变或者撤销：(1) 超越权限的；(2) 下位法违反上位法规定的；(3) 规章之间对同一事项的规定不一致，经裁决应当改变或者撤销一方的规定的；(4) 规章的规定被认为不适当，应当予以改变或者撤销的；(5) 违背法定程序的。根据上述规定第 2 项，若乙市政府制定的规章与省政府制定的规章不一致，由于省政府制定的规章属于“上位法”，而市政府规章属于“下位法”，对于下位法违反上位法的，应适用上位法即省政府规章，D项表述正确。

59. ABC

【解析】西周时期实行宗法制度，宗法制度是一种以血缘关系为纽带、家族组织与国家政权相结合的制度。宗法制度贯彻三个基本原则：其一，周天子、诸侯、卿大夫、士的宗祧都实行嫡长子继承制；其二，大宗、小宗之间权利义务关系明确，小宗服从大宗，大宗保护小宗；其三，家国一体，等级秩序分明，各级宗族构成一级国家政权，共同向周天子负责。综上所述，选A、B项。西周宗法等级制度的特征是家族组织与国家制度合而为一，即亲贵合一，家族观念、家族道德与国家法律、意识形态互为表里。可见，选C项。

60. CD

【解析】“官当”就是以官品折抵徒刑的制度，最早规定官当制度的封建成文法典是《北魏律》和《陈律》。《陈律》对官当制度规定得较为详尽。可见，选C、D项。

61. CD

【解析】唐太宗贞观十七年（公元643年）诏令，对外国商船贩至中国的龙香、沉香、丁香和白豆蔻四种货物，政府征收10%的实物税，这是中国历史上第一项外贸征税法令。可见，选C、D项。

62. BCD

【解析】随着经济的发展以及农民的反抗，清朝的人身依附关系有所削弱，具体表现为：（1）废除匠籍制度。清朝初期废除匠籍制度，代之以雇募工匠，手工业工人的人身权利得到了一定的保障。（2）雇工人地位改善。清律中规定雇工人不列贱籍，但对雇主有很强的人身依附关系，法律地位与雇主显著不平等。雇工人侵犯雇主及其期亲要加等处罚，而雇主侵犯雇工人则比照“凡人相犯”减罪三等。清朝因此多次修订条例。自乾隆晚期后，雇工人的人身隶属关系得以解除。（3）雍正豁贱为良。雍正元年下令，将名列贱籍的陕西、山西的“乐户”，河南的“丐户”，浙江的“惰户”，广东的“疍户”，豁出贱籍，除贱为良，一同编入甲户，不得借端欺凌。此外，雍正及乾隆年间，还陆续将江南的“丐户”、徽州府的“伴当”、宁国府的“世仆”等豁出贱籍，除贱为良，三代以后子孙准许应试科考。（4）奴婢可以开户为民。康熙五十三年（公元1714年）规定：“凡于康熙四十三年以后所买奴婢，若给原价，仍准赎出为民。”乾隆二十四年（公元1759年）制定《八旗家人赎身律》，规定：凡八旗户下家人，不分年代，只要本主情愿放出为民，即可呈明本旗，经过官府，而后收入民籍，但本人不准应考出仕，而子孙则无限制。此外，清代还禁止将佃户“欺压为奴”“随田买卖”，并禁止债权人强迫债务人“役身折酬”。可见，选B、C、D项。

63. ABD

【解析】抗日民主政权时期劳动立法的主要内容包括：（1）工人具有自由组织工会的权利。工会有权调解劳资纠纷，代表工人签订集体合同和向政府提出要求。（2）实行10小时工作制（陕甘宁边区为8小时），雇主安排加班应征得工人的同意，并支付加班工资。（3）按照各地的具体经济条件实行最低工资标准。（4）实行安全生产防护。综上所述，A、B、D项表述正确。

三、简答题

64. 答案要点：

（1）法律的“非国家化”。越来越多的法律出自各种经济联合体、非政府组织等“非国家”机构。

（2）法律的“标准化”。由联合国等国际组织制定的法律范本提供给各个国家作为立法的模本或参照。

（3）法律的“趋同化”。调整同类型社会关系的法律趋于一致，既包括不同国家国内法的趋同，也包括国内法与国际法的趋同。

（4）法律的“世界化”。国际法与国内法的界限变得模糊不清，有出现“全球性法律”和“世界法”的趋势。

65. 答案要点：

（1）维护国家统一和民族团结。

（2）遵守宪法和法律，保守国家秘密，爱护公共财产，遵守公共秩序，尊重社会公德。

（3）维护祖国的安全、荣誉和利益。

（4）依法服兵役和参加民兵组织。

（5）依法纳税。

（6）劳动的义务、受教育的义务、夫妻双方有实行计划生育的义务、父母有抚养教育未成年子女的义务、成年子女有赡养扶助父母的义务。

66. 答案要点：

（1）《中华民国临时政府组织大纲》（本题中简称《大纲》）是辛亥革命胜利后，由各省都督府代表会议通过的关于筹建中华民国临时政府的纲领性文件。

（2）《大纲》以法律的形式肯定了辛亥革命成果，为临时政府的成立提供了法律依据。《大纲》宣告废除封建帝制，第一次以法律的形式确认了总统制共和政体，成为制定《中华民国临时约法》的基础。

四、分析题

67. 答案要点：

（1）法有时会滞后于社会发展，法律的稳定性与社会发展的变动性之间往往存在矛盾；法律受制于人的因素，法制定后，需要人去遵守和执行；执法、司法和守法水平的高低直接影响法律作用的实现；法律的实施受制于经济、政治和文化等多种因素，法律规定有时会与客观实际不符，法律主体难以实际遵守法律。

（2）赞同观点一的理由：网络食品外卖是新兴社会现象，发展非常迅猛，法律如果规定得过细，可能会使法律的稳定性与网络食品外卖发展的快速性之间形成较大矛盾，影响法律效果的实现。

赞同观点二的理由：网络平台客观上无法全面履行其义务，新食品安全法的这一规定缺乏可行性，立法的科学性有待加强。

赞同观点三的理由：徒法不足以自行，执法机关执法力度不到位，执法人员执法活动不充分，法律效果必然不能实现。

68. 答案要点：

（1）宪法规定，宪法修改由全国人大常委会或者1/5以上全国人大代表提议。提议宪法修改的2 383名全国人大代表已经超过1/5的要求。

（2）宪法规定，宪法修改由全国人大以全体代表的2/3以上多数通过，法律由全国人大以全体代表的过半数通过。

（3）一是全国人大以决议的方式直接修改宪法条文，二是全国人大以修正案的方式增删宪法的内容。

69. 答案要点：

（1）必须先经由本管的里甲、老人理断，不服理断者，始可告官。

（2）不管案情是否属实，一律将告人处以杖六十的刑罚，案件仍须发回，由里甲、老人处理。

（3）明初设置此种程序，有利于发挥家族、宗族组织的纠纷调处功能，对乡民实行教化，以达到息讼的目的，稳定社会秩序。这一程序在一定程度上限制了民众的诉权。

五、论述题

70. 答案要点：

（1）良法的标准包括：①形式标准，法律体系完备、表述清晰、上下统一，内部无矛盾，不溯及既往等；②实质标准，法律应该体现人民的意志，维护人民的利益，尊重和保护人权，体现现代法治所追求的公平、自由、正义等价值。

（2）打造良法需要做到：①必须坚持民主立法，通过民主的立法程序，让社会各界均能在立法中表达自己的关切，从而吸收一切合理的意见；②必须坚持科学立法，立法要从社会现实和具体国情出发，法律的内容要符合社会发展规律，同时保持适当的前瞻性；③必须完善立法监督与审查制度，加强立法备案、批准，防止出现“恶法”或“劣法”。

2016 年专业基础课试题

一、单项选择题（第 1～40 小题，每小题 1 分，共 40 分。下列每题给出的四个选项中，只有一个选项是符合题目要求的。请在答题卡上将所选项的字母涂黑）

1. 从刑法的形式渊源来看，全国人大常委会《关于惩治骗购外汇、逃汇和非法买卖外汇犯罪的决定》是(　　)。

A. 狭义刑法　　B. 单行刑法　　C. 附属刑法　　D. 立法解释

2. “过失犯罪，法律有规定的才负刑事责任。”刑法的这一规定体现的原则是(　　)。

A. 罪刑法定　　B. 主客观相统一　　C. 罪责刑相适应　　D. 刑法适用平等

3. 甲挪用公款炒股亏损无力归还，被检察机关以贪污罪起诉，人民法院依法认定甲的行为构成挪用公款罪。人民法院对本案罪名的变更实现了刑法的(　　)。

A. 规制机能　　B. 保护机能　　C. 保障机能　　D. 威慑机能

4. 下列行为可以构成犯罪的是(　　)。

A. 参加传销组织　　B. 多次敲诈勒索他人财物

C. 雇用童工清理客房　　D. 拐卖 15 周岁的男孩

5. 甲在丈夫的水杯中投毒，意图杀害丈夫，丈夫中毒后呕吐不止，甲见状不忍，将丈夫送到医院，使之得救。甲的行为属于(　　)。

A. 犯罪预备　　B. 犯罪未遂　　C. 犯罪中止　　D. 犯罪既遂

6. 2014 年 6 月 20 日，甲持枪抢劫后逃至外地。同年 11 月 8 日，甲因琐事将他人殴打成重伤。对甲的抢劫犯罪(　　)。

A. 经过 20 年一般不再追诉

B. 从 2014 年 6 月 20 日起计算追诉期限

C. 因为甲逃避侦查，其追诉期限不受限制

D. 如果 20 年后认为必须追诉的，报请公安部核准

7. 甲、乙二人驾驶摩托车夺取吴某挎包，因车速过快将吴某带倒，致其重伤。甲、乙的行为应认定为(　　)。

A. 抢夺罪　　B. 故意伤害罪

C. 抢劫罪　　D. 抢夺罪和过失致人重伤罪

8. 甲因涉嫌受贿被逮捕，在受讯问时如实供述了受贿罪行，并举报同监室的一名犯罪嫌疑人企图脱逃，经查证属实。下列选项中，正确的是(　　)。

A. 甲具有自首情节，对其可以从轻处罚

B. 甲具有立功情节，对其可以免除处罚

C. 甲具有坦白情节，对其可以从轻处罚

D. 甲具有重大立功情节，对其应当免除处罚

9. 甲明知王某是逃犯，在公安人员前来抓捕王某时，给其 3 000 元帮他逃跑。甲的行为构成(　　)。

A. 窝藏罪　　B. 妨害公务罪　　C. 包庇罪　　D. 私放在押人员罪

10. 张某深夜撬门进入甲家，被甲安装在保险柜上的防盗装置击中头部受轻伤。甲的行为属于(　　)。

A. 事先防卫　　B. 正当防卫　　C. 假想防卫　　D. 防卫过当

11. 依据刑法规定，在道路上驾驶机动车追逐竞驶，情节恶劣的，“处拘役，并处罚金。”此处的法定刑属于(　　)。

A. 援引法定刑　　B. 绝对确定法定刑

C. 相对确定法定刑　　D. 绝对不确定法定刑

12. 甲在封闭的居民小区内醉酒驾驶，拐弯时因采取措施不当，将人行道上的 2 人撞成重伤。甲的行为应认定为(　　)。

A. 危险驾驶罪　　B. 交通肇事罪　　C. 故意伤害罪　　D. 过失致人重伤罪

13. 甲将面粉制作的小丸冒充消炎药卖给某药店，获利巨大。对甲的行为(　　)。

A. 应以诈骗罪定罪处罚

B. 只能以生产、销售假药罪定罪处罚

C. 只能以生产、销售伪劣产品罪定罪处罚

D. 应以生产、销售假药罪与生产、销售伪劣产品罪择一重罪处断

14. 法官甲违背事实和法律，判决赵某的儿子无罪。事后，赵某按照和甲事前的约定，将 5 万元现金送给甲的妻子乙，乙打电话向甲问明情况后收下现金。关于甲、乙的行为，判断正确的是(　　)。

A. 甲只构成徇私枉法罪，乙构成受贿罪

B. 甲只构成徇私枉法罪，乙构成利用影响力受贿罪

C. 甲构成徇私枉法罪和受贿罪，乙构成受贿罪

D. 甲构成受贿罪，乙不构成犯罪

15. 某组织采用暴力、威胁手段长期控制某地长途汽车客运业务。甲参加该组织后，按照组织的指令，将一名“不听话”的司机打成重伤。甲的行为应认定为(　　)。

A. 故意伤害罪　　B. 参加恐怖组织罪

C. 参加黑社会性质组织罪　　D. 参加黑社会性质组织罪和故意伤害罪

16. 下列选项中，应以一罪定罪处罚的是(　　)。

A. 运送他人偷越国境，并杀害检查人员的

B. 生产伪劣产品，并以威胁方法抗拒查处的

C. 收买被拐卖妇女，并非法限制其人身自由的

D. 走私毒品，并以暴力方法抗拒检查，情节严重的

17. 下列表述中，符合我国刑法关于盗窃罪规定的是（　　）。

A. 在长途汽车上显露匕首后窃取财物的，属于携带凶器盗窃

B. 在公共场所窃取他人所穿衣服口袋内财物的，属于扒窃

C. 一年之内在公共场所扒窃两次的，属于多次盗窃

D. 进入宾馆客房窃取财物的，属于入户盗窃

18. 质监局局长甲明知某食品加工厂违法使用食品添加剂，但未依法采取措施，致使食用该厂食品的多名消费者食物中毒，社会影响恶劣。甲的行为应认定为（　　）。

A. 食品监管渎职罪　　B. 玩忽职守罪

C. 放纵制售伪劣商品犯罪行为罪　　D. 滥用职权罪

19. 甲误将黄色染料当硫黄，制造了“炸弹”，并投掷到邻居刘某家，意图杀死刘某，但“炸弹”未能爆炸，刘家五口人安然无恙。甲的行为应认定为（　　）。

A. 投放虚假危险物质罪（既遂）　　B. 故意杀人罪（未遂）

C. 爆炸罪（未遂）　　D. 投放危险物质罪（未遂）

20. 甲在死刑缓期执行期间，因过失造成另一罪犯重伤。二年期满后，对甲应（　　）。

A. 减为无期徒刑　　B. 减为二十年有期徒刑

C. 执行死刑　　D. 减为二十五年有期徒刑

21. 2014年3月2日，甲、乙离婚并分割了共同财产。2015年3月8日，甲发现乙在离婚时将属于夫妻共有的40万元存款转移到了乙兄的银行账户中，遂向人民法院起诉，请求分割该40万元存款。本案的诉讼时效期间起算日为（　　）。

A. 2014年3月2日　　B. 2014年3月3日

C. 2015年3月8日　　D. 2015年3月9日

22. 下列民事法律关系中，需要两个法律事实才能产生的是（　　）。

A. 抵押关系　　B. 遗嘱继承关系　　C. 侵权赔偿关系　　D. 婚姻关系

23. 甲为精神病人乙的监护人。甲的下列行为中，属于依法履行监护职责的是（　　）。

A. 免除丙欠乙的1万元债务　　B. 撤销乙患病前低价卖表给丁的合同

C. 用乙的存款为乙支付医疗费　　D. 为防止乙出门用铁链将其锁在家里

24. 下列情形中，可引起诉讼时效中止的是（　　）。

A. 发生不可抗力　　B. 债权人起诉后又撤诉

C. 债权人向公安机关报案　　D. 债权人向债务人主张权利

25. 下列权利中，属于身份权的是（　　）。

A. 名誉权　　B. 名称权　　C. 隐私权　　D. 配偶权

26. 下列选项中，属于民事法律行为的是（　　）。

A. 甲到烈士陵园缅怀先烈　　B. 乙开车不慎将行人撞倒

C. 丙邀请朋友到自家聚餐　　D. 丁向同事转让一架钢琴

27. 甲将母亲的骨灰葬于乙村坟地时，将自己的一对手镯随葬。该手镯的所有权属于（　　）。

A. 甲母　　B. 甲　　C. 乙村　　D. 国家

28. 甲、乙、丙三人共同设立一会计师事务所，该事务所为特殊的普通合伙企业。甲、乙在办理一笔业务时，因重大过失造成客户损失10万元。该损失应由(　　)。

A. 甲、乙、丙承担按份责任

B. 甲、乙、丙承担无限连带责任

C. 甲、乙承担按份责任，丙承担补充责任

D. 甲、乙承担无限连带责任，丙承担有限责任

29. 甲委托乙购买某品牌新款手机并预付了购机款，乙又委托丙办理此事，但未将购机款交给丙，也未征求甲的意见。丙购得手机后交给甲，甲拒绝接受。对此，下列选项正确的是(　　)。

A. 丙系甲的指定代理人　　B. 乙的转委托行为有效

C. 甲有权要求乙返还购机款　　D. 丙有权要求甲支付购机款

30. 甲购得某画家创作的一幅油画。根据我国著作权法，甲获得该作品的(　　)。

A. 著作权　　B. 复制权　　C. 修改权　　D. 原件展览权

31. 某高校学生甲、乙在学校操场上打篮球时，乙投篮，篮球反弹将甲的头部砸伤。甲的损害应由(　　)。

A. 甲自己承担　　B. 乙承担全部责任

C. 该高校承担全部责任　　D. 该高校与乙共同承担责任

32. 甲向乙借款5万元，以自己的汽车作抵押并办理了抵押登记。抵押期间，丙向甲表示愿意购买该车。根据我国物权法，下列选项正确的是(　　)。

A. 甲通知乙后即有权转让该车　　B. 甲告知丙后即有权转让该车

C. 甲征得乙同意后有权转让该车　　D. 甲在任何情况下均无权转让该车

33. 甲、乙分别在山上伐木，为图方便各自将伐下的原木从山上滚下，不料其中一根木头砸伤了山下的行人丙，且无法确定是谁推下的这根木头。丙的损害应由(　　)。

A. 甲、乙承担按份责任　　B. 甲、乙承担连带责任

C. 甲、乙、丙分担　　D. 丙自己承担

34. 根据我国侵权责任法，侵害他人财产的，如果财产损失按照市场价格计算，则市场价格的确定时间为(　　)。

A. 损失发生时　　B. 被侵权人提起诉讼时

C. 侵权行为实施时　　D. 被侵权人知道损失发生时

35. 甲公司章程规定：公司的法定代表人为张某；公司签订金额100万元以上的合同须经董事会决议。后张某擅自以甲公司名义与不知情的乙公司签订了一份金额为150万元的合同。张某的代表行为(　　)。

A. 有效　　B. 可撤销　　C. 无效　　D. 效力待定

36. 甲、乙婚后开了一家便利店，由乙经营。2013年6月起二人分居，同年9月乙向丙借款用于便利店的经营，2014年12月甲、乙离婚。不久，丙请求乙偿还到期欠款，乙拒绝。该债务应由(　　)。

A. 甲、乙承担按份责任　　B. 甲、乙承担连带责任

C. 乙承担全部责任　　　　　　　　　　D. 乙承担责任，甲承担补充责任

37. 甲立有遗嘱，将其两幅字画留给好友乙。甲死后次日，乙表示接受遗赠。后乙在遗产分割前死亡。对此，下列表述正确的是(　　)。

A. 该遗赠失效　　　　　　　　　　　B. 两幅字画由乙的继承人继承

C. 该遗赠不生效　　　　　　　　　　D. 两幅字画由乙的晚辈直系血亲继承

38. 下列行为中，可引起不当得利之债的是(　　)。

A. 甲偿还 5 万元赌债

B. 乙清偿明知超过诉讼时效期间的债务

C. 丙被他人收养，成年后给付生父母生活费

D. 丁误将邻居的装修材料用于自己房屋的装修

根据以下案情，回答第 39、40 小题。

2014 年 3 月 12 日，甲、乙签订房屋买卖合同，并于当日办理了预告登记。合同约定，乙于 3 月 15 日支付全款，双方于 3 月 30 日前办理过户手续。乙依约支付房款后，因甲出差双方一直未办理过户手续。7 月 10 日甲又将该房屋卖给丙并办理了过户手续。

39. 关于两份房屋买卖合同的效力，下列选项正确的是(　　)。

A. 甲、乙之间的合同和甲、丙之间的合同均有效

B. 甲、乙之间的合同有效，甲、丙之间的合同无效

C. 甲、乙之间的合同无效，甲、丙之间的合同有效

D. 甲、乙之间的合同有效，甲、丙之间的合同效力待定

40. 2014 年 8 月 1 日，乙将甲诉至法院。此时(　　)。

A. 预告登记有效，但丙取得房屋所有权

B. 预告登记有效，丙不能取得房屋所有权

C. 预告登记失效，丙取得房屋所有权

D. 预告登记失效，但丙不能取得房屋所有权

二、多项选择题（第 41～50 小题，每小题 2 分，共 20 分。下列每题给出的四个选项中，至少有两个选项是符合题目要求的。请在答题卡上将所选项的字母涂黑。多选、少选或错选均不得分）

41. 下列关于刑法中法条竞合的说法，正确的有(　　)。

A. 法条竞合是指一个犯罪行为同时触犯数个罪名的犯罪形态

B. 处理法条竞合时一般适用特别法优于普通法的规则

C. 我国刑法中的法条竞合主要存在于刑法分则之中

D. 在竞合的数个法条中，仅应择一适用

42. 下列行为中，可以构成侵犯著作权罪的有(　　)。

A. 出售假冒某画家署名的油画

B. 出版某出版社享有专有出版权的考试辅导书

C. 未经某作家许可，复制发行其创作的历史小说

D. 未经某音像公司许可，复制发行其制作的音乐唱片

43. 下列选项中，应以故意毁坏财物罪定罪处罚的有(　　)。

A. 甲发现所盗手表是仿制品，将其丢弃

B. 乙偷开朋友的摩托车，导致车辆丢失

C. 丙为泄愤，将多辆大货车中的柴油偷偷放掉

D. 丁到某办公室盗窃时未发现现金，遂砸毁办公室内多台电脑

44. 下列情形中，属于事实认识错误的有（　　）。

A. 甲殴打张某时，失手打中了路人李某，致其重伤

B. 乙认为家长教训孩子天经地义，经常在家殴打孩子

C. 丙误以为前来抓捕自己的警察赵某是仇家，挥棍将其打成重伤

D. 丁开车欲撞死钱某，钱某被撞后倒地昏迷，丁误认为其已死亡于是离去

45. 甲（76周岁）因生活琐事与妻子发生争执，盛怒之下用水果刀将妻子一刀捅死。对于甲的刑事责任，下列选项中正确的有（　　）。

A. 对甲可以适用死刑

B. 对甲不能适用死刑

C. 对甲可以从轻或者减轻处罚

D. 对甲可以判处死刑缓期执行，同时决定对其限制减刑

46. 明知产品存在缺陷仍然实施某些行为，造成他人死亡或者健康严重损害的，被侵权人有权请求相应的惩罚性赔偿。这些行为包括（　　）。

A. 生产　　B. 销售　　C. 运输　　D. 保管

47. 下列行为中，构成侵犯商标权的有（　　）。

A. 甲销售伪造的注册商标标识

B. 乙擅自制造他人注册商标标识

C. 丙未经商标注册人同意，更换其注册商标并将该更换商标的商品又投入市场

D. 丁在类似商品上，将与他人注册商标近似的标志作为商品装潢使用，误导公众

48. 下列选项中，可以认定为建筑物区分所有权的业主的有（　　）。

A. 基于租赁合同使用房屋的承租人

B. 依法登记取得建筑物专有部分所有权的人

C. 根据人民法院的生效判决取得建筑物专有部分所有权的人

D. 基于与建设单位之间的商品房买卖合同已合法占有建筑物专有部分的人

49. 甲、乙系夫妻。在不损害债权人利益的情况下，甲请求分割夫妻共同财产能得到法院支持的理由有（　　）。

A. 乙伪造夫妻共同债务　　B. 乙挥霍夫妻共同财产

C. 乙隐藏夫妻共同财产　　D. 乙变卖夫妻共同财产

50. 甲公司买通乙公司员工，获得乙公司的产品制造方法及客户名单等保密信息。其后甲公司以乙公司的名义与乙公司客户进行交易。甲公司的行为侵害了乙公司的（　　）。

A. 专利权　　B. 商业秘密　　C. 名称权　　D. 隐私权

三、简答题（第51～54小题，每小题6分，共24分。请将答案写在答题卡指定位置的边框区域内）

51. 简述结合犯的特征。

52. 简述赌博罪的构成要件。

53. 简述宣告死亡的条件。

54. 简述我国专利权客体的具体类型。

四、辨析题（第 55～56 小题，每小题 8 分，共 16 分。请将答案写在答题卡指定位置的边框区域内）

55. 有人认为："没有杀人的目的，就不构成故意杀人罪。"请运用相关刑法理论和规定进行辨析。

56. 有人认为："物权的标的物不论辗转流入何人之手，物权人都有权追及物之所在而支配该物。"请运用相关民法理论和规定加以辨析。

五、法条分析题（第 57～58 小题，每小题 10 分，共 20 分。请将答案写在答题卡指定位置的边框区域内）

57. 我国《刑法》第 29 条规定："教唆他人犯罪的，应当按照他在共同犯罪中所起的作用处罚。教唆不满十八周岁的人犯罪的，应当从重处罚。

如果被教唆的人没有犯被教唆的罪，对于教唆犯，可以从轻或者减轻处罚。"

请分析：

(1)"教唆他人犯罪的"应如何理解？

(2)"教唆不满十八周岁的人犯罪的"包括哪些情形？

(3)"被教唆的人没有犯被教唆的罪"包括哪些情形？

58. 我国《合同法》第 39 条第 1 款规定："采用格式条款订立合同的，提供格式条款的一方应当遵循公平原则确定当事人之间的权利和义务，并采取合理的方式提请对方注意免除或者限制其责任的条款，按照对方的要求，对该条款予以说明。"

请分析：

(1) 何谓格式条款？

(2) 提供格式条款的一方负有哪些法定义务？

(3)"采取合理的方式"应如何认定？

六、案例分析题（第 59～60 小题，每小题 15 分，共 30 分。请将答案写在答题卡指定位置的边框区域内）

59. 甲谎称邢某欠自己 20 万元货款未还，请乙帮忙"要账"。乙信以为真，答应帮忙。二人遂强行劫持了邢某，驾车将其带至外地一宾馆捆绑起来，由乙看管。甲背着乙将邢某随身佩戴的手表、项链、戒指等贵重物品搜走，并两次给邢某的妻子打电话，勒索人民币 20 万元，称不给钱就杀人。邢某趁甲不在告诉乙，自己并不欠甲一分钱，请求乙将自己放走。乙不相信，要邢某老实点，还抽了邢某一巴掌。

请根据上述案情，回答下列问题并说明理由：

(1) 甲的行为应认定为何罪？

(2) 乙的行为应认定为何罪？

(3) 甲、乙的行为是否构成共同犯罪？

60. 2015 年 5 月 7 日，A 公司法定代表人甲吩咐员工乙将一台已损坏的旧电脑扔掉。乙将电脑扔到垃圾箱后，觉得与其扔了还不如修好后卖掉，遂返回将电脑带回家修好。乙的朋友丙得知上述情况后，在2015年6月5日找到乙，请求乙将电脑送给自己，乙答应，并与丙约定一周后交付。丁听说乙有一台旧电脑，在2015年6月8日向乙表示愿以合理价格购买，乙当即同意。因乙在电脑中的文件尚未完成备份，故双方约定乙借用电脑三天，三天后再交付给丁。2015年6月9日，乙通知丙撤销赠与。

请根据上述材料，回答下列问题并说明理由：

（1）A公司是否丧失了电脑的所有权？

（2）乙是否有权撤销赠与？

（3）丁是否取得了电脑的所有权？

2016年专业基础课试题答案及解析

一、单项选择题

1. B

【解析】刑法有刑法典（含刑法修正案）、单行刑法和附属刑法三种表现形式。附属刑法是指附带规定于经济法、行政法等非刑事法律中的罪刑规范，我国目前不存在严格意义上的附属刑法。单行刑法是指国家立法机关对刑法规定进行部分补充、修改或废除部分刑法规定的单行规范性法律文件。我国现行单行刑法仅有一部，即全国人大常委会于1998年12月29日颁布的《关于惩治骗购外汇、逃汇和非法买卖外汇犯罪的决定》，故选B项。

2. A

【解析】《刑法》第3条规定了罪刑法定原则，即法律明文规定为犯罪行为的，依照法律定罪处刑；法律没有明文规定为犯罪行为的，不得定罪处刑。据此，罪刑法定原则要求规定犯罪及其后果的只能是法律，这与“过失犯罪，法律有规定的才负刑事责任”的要求相吻合，故选A项。

3. C

【解析】刑法的机能包括规制机能、保护机能和保障机能。规制机能即维持社会秩序的机能。保护机能即保护法益的机能。保障机能即保障公民不受刑罚权的非法侵害并保障犯罪人不受刑法规定之外的刑罚处罚的功能，具言之，根据罪刑法定原则，只要行为人的行为不构成刑法所规定的犯罪，他就不受刑罚处罚，这便限制了国家对刑罚权的发动；对犯罪人也只能根据刑法规定给予处罚，不得超出刑法规定的范围科处刑罚，这便保障犯罪人免受不恰当的刑事处罚。本题中，甲的罪名依法由贪污罪变更为挪用公款罪，使甲免受贪污罪的刑事处罚，实现了刑法的保障机能，故选C项。

4. B

【解析】根据《刑法》第274条规定，敲诈勒索公私财物，数额较大或者多次敲诈勒索的，构成敲诈勒索罪，故选B项。《刑法》第224条之一规定了组织、领导传销活动罪，依据罪刑法定原则，参加传销组织不构成犯罪，故不选A项。《刑法》第244条之一规定了雇用童工从事危重劳动罪，即违反劳动管理法规，雇用未满16周岁的未成年人从事超强度体力劳动的，或者从事高空、井下作业的，或者在爆炸性、易燃性、放射性、毒害性等危险环境下从事劳动，情节严重的行为。清理客房的行为并非危重劳动行为，因而 C 项表述的不构成犯罪，故不选 C 项。《刑法》第 240 条规定了拐卖儿童罪，该条规定的“儿童”是指不满 14 周岁的男女。D 项表述的情形不构成拐卖儿童罪，但拐卖已满 14 周岁的男性公民的行为，符合其他犯罪构成的（如符合非法拘禁罪的犯罪构成），可按其他犯罪论处。可见，不选 D 项。

5. C

【解析】甲毒害丈夫，看其丈夫服毒后呕吐不止，遂心生怜悯，将其丈夫送往医院救治，使之得救。甲不仅自动放弃了杀死丈夫的念头，而且还客观有效地阻止了其丈夫死亡这个犯罪结果的发生，因而成立犯罪中止，故选 C 项。

6. A

【解析】《刑法》第 87 条规定，犯罪经过下列期限不再追诉：（1）法定最高刑为不满 5 年有期徒刑的，经过 5 年；（2）法定最高刑为 5 年以上不满 10 年有期徒刑的，经过 10 年；（3）法定最高刑为 10 年以上有期徒刑的，经过 15 年；（4）法定最高刑为无期徒刑、死刑的，经过 20 年。如果 20 年以后认为必须追诉的，须报请最高人民检察院核准。另据《刑法》第 263 条规定，对于持枪抢劫的，法定最高刑为死刑。因此，甲所犯抢劫罪的法定最高刑是死刑，其追诉时效须经过 20 年便不再追诉，若 20 年后必须追诉的，须报请最高人民检察院核准，故选 A 项，不选 D 项。《刑法》第 89 条第 2 款规定，在追诉期限以内又犯罪的，前罪追诉的期限从犯后罪之日起计算。据此，甲在所犯抢劫罪的追诉时效期间内又犯故意伤害罪，其所犯抢劫罪的追诉期间应从犯后罪即故意伤害罪之日起计算。可见，B 项表述错误。《刑法》第 88 条第 1 款规定，在人民检察院、公安机关、国家安全机关立案侦查或者在人民法院受理案件以后，逃避侦查或者审判的，不受追诉期限的限制。理解该规定需注意如下两个适用条件：（1）检察院、公安机关、国家安全机关已经立案侦查或者法院已经受理了案件；（2）行为人逃避侦查或者审判。据此，题干表述中所交代的情形是否符合上述适用条件并不明确，故不选 C 项。

7. C

【解析】《刑法》第 267 条第 1 款规定，抢夺公私财物，数额较大的，或者多次抢夺的，处 3 年以下有期徒刑、拘役或者管制，并处或者单处罚金；数额巨大或者有其他严重情节的，处 3 年以上 10 年以下有期徒刑，并处罚金；数额特别巨大或者有其他特别严重情节的，处 10 年以上有期徒刑或者无期徒刑，并处罚金或者没收财产。根据《最高人民法院、最高人民检察院关于办理抢夺刑事案件适用法律若干问题的解释》第 3 条的规定，抢夺公私财物，具有下列情形之一的，应当认定为《刑法》第 267 条规定的“其他严重情节”：（1）导致他人重伤的；（2）导致他人自杀的；（3）具有本解释第 2 条第 3 项至第 10 项规定的情形之一，数额达到本解释第 1 条规定的“数额巨大”50%的。但同时该解释第 6 条规定，驾驶机动车、非机动车夺取他人财物，具有下列情形之一的，应当以抢劫罪定罪处罚：（1）夺取他人财物时因被害人不放手而强行夺取的；（2）驾驶车辆逼挤、撞击或者强行逼倒他人夺取财物的；（3）明知会致人伤亡仍然强行夺取并放任造成财物持有人轻伤以上后果的。此题应作为飞车抢夺问题按照该解释第 6 条处理，故认定为抢劫罪。可见，选 C 项。

8. C

【解析】《刑法》第67条第1、2款规定，犯罪以后自动投案，如实供述自己的罪行的，是自首。被采取强制措施的犯罪嫌疑人、被告人和正在服刑的罪犯，如实供述司法机关还未掌握的本人其他罪行的，以自首论。本题表述中，甲不符合上述两种自首情节。《刑法》第68条规定，犯罪分子有揭发他人犯罪行为，查证属实的，或者提供重要线索，从而得以侦破其他案件等立功表现的，可以从轻或者减轻处罚；有重大立功表现的，可以减轻或者免除处罚。本题表述中，甲的举报行为属于一般立功，可以从轻或减轻处罚。甲如实供述自己罪行，符合坦白情节，可以从轻处罚。可见，C项表述正确。

9. A

【解析】根据《刑法》第310条规定，窝藏罪的行为方式包括：（1）为犯罪分子提供隐藏处所；（2）提供财物，资助或协助犯罪人逃匿；（3）为犯罪分子提供交通工具，指示行动路线或逃匿方向等。可见，甲的行为构成窝藏罪，选A项。

10. B

【解析】《刑法》第20条第1款规定，为了使国家、公共利益、本人或者他人的人身、财产和其他权利免受正在进行的不法侵害，而采取的制止不法侵害的行为，对不法侵害人造成损害的，属于正当防卫，不负刑事责任。据此，本题表述中，甲提前设置防卫装置，面对张某正在进行的不法侵害时防卫装置发挥作用，而且没有超过防卫限度，因此甲成立正当防卫，选B项。

11. C

【解析】法定刑可分为绝对确定的法定刑、绝对不确定的法定刑和相对确定的法定刑。相对确定的法定刑是指在刑法分则条文中对某种犯罪规定“一定”的刑种和刑罚幅度的法定刑。本题表述中，对于追逐竞驶的，仅规定“处拘役”（拘役刑期为1～6个月），而没有规定具体的刑期，因此是相对确定的法定刑，而非绝对确定的法定刑或绝对不确定的法定刑。可见，选C项。

12. D

【解析】交通肇事罪只能发生在公共交通管理范围内，即交通运输管理法规所能规范的范围，如公共道路、桥梁、广场等。本题表述中，封闭的居民小区不属于公共交通管理范围，因而不选B项。修正《刑法》第133条之一规定，在道路上驾驶机动车，有下列情形之一的，处拘役，并处罚金：（1）追逐竞驶，情节恶劣的；（2）醉酒驾驶机动车的；（3）从事校车业务或者旅客运输，严重超过额定乘员载客，或者严重超过规定时速行驶的；（4）违反危险化学品安全管理规定运输危险化学品，危及公共安全的。机动车所有人、管理人对前款第（3）项、第（4）项行为负有直接责任的，依照前款的规定处罚。有前两款行为，同时构成其他犯罪的，依照处罚较重的规定定罪处罚。据此，甲的行为触犯危险驾驶罪和过失致人重伤罪，应择一重罪处罚。可见，甲的行为应当认定为过失致人重伤罪，因为过失致人重伤罪的法定刑高于危险驾驶罪，选D项。

13. D

【解析】《刑法》第149条第2款规定，生产、销售假药，构成生产、销售假药罪，同时又构成生产、销售伪劣产品罪的，依照处罚较重的规定定罪处罚。可见，选D项。

14. C

【解析】依据《刑法》第 399 条规定，司法工作人员因受贿而枉法追诉、裁判的，应择一重罪处断，不实行数罪并罚。据此，甲既有徇私枉法行为，又有受贿的行为，所以甲构成徇私枉法罪与受贿罪，应按其中处罚较重的罪定罪处罚，而不适用数罪并罚。乙是受贿罪的共犯，因此乙构成受贿罪。可见，选 C 项。

15. D

【解析】《刑法》第 294 条第 4 款规定，犯组织、领导、参加黑社会性质组织罪，又有其他犯罪行为的，依照数罪并罚的规定处罚。据此，甲的行为构成参加黑社会性质组织罪和故意伤害罪，应当并罚，选 D 项。

16. D

【解析】《刑法》第 347 条第 2 款规定，走私、贩卖、运输、制造毒品，有下列情形之一的，构成走私、贩卖、运输、制造毒品罪，处 15 年有期徒刑、无期徒刑或者死刑，并处没收财产：(1) 走私、贩卖、运输、制造鸦片 1 000 克以上、海洛因或者甲基苯丙胺 50 克以上或者其他毒品数量大的；(2) 走私、贩卖、运输、制造毒品集团的首要分子；(3) 武装掩护走私、贩卖、运输、制造毒品的；(4) 以暴力抗拒检查、拘留、逮捕，情节严重的；(5) 参与有组织的国际贩毒活动的。据此规定第 (4) 项，选 D 项。《刑法》第 321 条规定，运送他人偷越国（边）境的，构成运送他人偷越国（边）境罪，处 5 年以下有期徒刑、拘役或者管制，并处罚金；有下列情形之一的，处 5 年以上 10 年以下有期徒刑，并处罚金：(1) 多次实施运送行为或者运送人数众多的；(2) 所使用的船只、车辆等交通工具不具备必要的安全条件，足以造成严重后果的；(3) 违法所得数额巨大的；(4) 有其他特别严重情节的。在运送他人偷越国（边）境中造成被运送人重伤、死亡，或者以暴力、威胁方法抗拒检查的，处 7 年以上有期徒刑，并处罚金。犯前两款罪，对被运送人有杀害、伤害、强奸、拐卖等犯罪行为，或者对检查人员有杀害、伤害等犯罪行为的，依照数罪并罚的规定处罚。根据上述规定，A 项表述构成运送他人偷运国境罪和故意杀人罪，应当数罪并罚，故不选 A 项。根据《最高人民法院、最高人民检察院关于办理生产、销售伪劣商品刑事案件具体应用法律若干问题的解释》第 11 条规定，实施生产、销售伪劣商品的犯罪，又以暴力、威胁方法抗拒查处，构成其他犯罪的，依照数罪并罚的规定处罚。据此，B 项表述的情形应当数罪并罚，故不选 B 项。根据修正《刑法》第 241 条规定，收买被拐卖的妇女，强行与其发生性关系的，依照收买被拐卖的妇女罪与强奸罪数罪并罚；收买被拐卖的妇女、儿童，非法剥夺、限制其人身自由或者有伤害、侮辱等犯罪行为的，依照数罪并罚的规定定罪处罚。据此，C 项表述的情形构成非法拘禁罪和收买被拐卖的妇女罪，应当数罪并罚，故不选 C 项。

17. B

【解析】《最高人民法院、最高人民检察院关于办理盗窃刑事案件适用法律若干问题的解释》第 3 条规定，2 年内盗窃 3 次以上的，应当认定为“多次盗窃”。非法进入供他人家庭生活，与外界相对隔离的住所盗窃的，应当认定为“入户盗窃”。携带枪支、爆炸物、管制刀具等国家禁止个人携带的器械盗窃，或者为了实施违法犯罪携带其他足以危害他人人身安全的器械盗窃的，应当认定为“携带凶器盗窃”。在公共场所或者公共交通工具上

盗窃他人随身携带的财物的，应当认定为“扒窃”。据此，B项表述的情形符合“扒窃”的规定，选B项。A项表述不符合携带凶器盗窃的规定，因为根据上述司法解释，携带凶器盗窃不需要犯罪嫌疑人或被告人向财物所有人、持有人等明示。如果行为人向财物所有人、持有人等故意展示其随身携带的凶器，则可能构成抢劫罪。可见，不选A项。C项表述不符合多次盗窃的规定，这个较为容易判断，不选C项。D项表述的情形不符合入户盗窃的规定，因为宾馆不是“户”，故不选D项。

18. A

【解析】食品监管渎职罪是指负有食品安全监督管理职责的国家机关工作人员，滥用职权或者玩忽职守，导致发生重大食品安全事故或者造成其他严重后果的行为。本罪与玩忽职守罪、滥用职权罪是法条竞合，应适用特别法优于一般法的原则，认定为食品监管渎职罪，选A项。

19. C

【解析】区分开爆炸罪和以爆炸的方法实施的针对特定个人或者公私财产犯罪的界限是解答本题的关键，区分的关键是行为人实施的爆炸行为是否危害公共安全。本题中，甲虽意图杀死刘某，但其投放“炸弹”的行为方式危及了“不特定多数人”的安全，应当构成爆炸罪而非故意杀人罪，犯罪形态是工具不能犯未遂，即爆炸罪（未遂）。可见，选C项。

20. A

【解析】修正《刑法》第50条第1款规定，判处死刑缓期执行的，在死刑缓期执行期间，如果没有故意犯罪，2年期满以后，减为无期徒刑；如果确有重大立功表现，2年期满以后，减为25年有期徒刑；如果故意犯罪，情节恶劣的，报请最高人民法院核准后执行死刑；对于故意犯罪未执行死刑的，死刑缓期执行的期间重新计算，并报最高人民法院备案。据此，本案中，甲只是过失犯罪，期满后应减为无期徒刑，选A项。

21. D

【解析】《民法典》第1092条规定，夫妻一方隐藏、转移、变卖、毁损、挥霍夫妻共同财产，或者伪造夫妻共同债务企图侵占另一方财产的，在离婚分割夫妻共同财产时，对该方可以少分或者不分。离婚后，另一方发现有上述行为的，可以向人民法院提起诉讼，请求再次分割夫妻共同财产。根据上述规定并结合《民法典》第188条第1款规定，向人民法院提起诉讼，请求再次分割夫妻共同财产的诉讼时效为3年，从当事人发现之次日起计算。据此，本题表述中，甲于2015年3月8日发现乙转移夫妻共有财产40万元的事实，则诉讼时效从发现该转移财产的事实的次日即2015年3月9日起计算诉讼时效期间。可见，选D项。

22. B

【解析】民事法律事实是指依法能够引起民事法律关系产生、变更和消灭的客观现象。民事法律关系的产生、变更和消灭，有的需要一个法律事实，有的需要两个或两个以上的法律事实。这种需要两个以上的法律事实的，称为民事法律关系的事实构成，只有在具备事实构成的情况下，才能引起民事法律关系的产生、变更或消灭。本题表述中，遗嘱继承关系即需要立遗嘱的行为和遗嘱人死亡这两个法律事实相结合才能够发生，故选B项。抵押关系的产生需要签订抵押合同，但因抵押物性质不同，有的需要登记，有的不需要登记。只有经过登记才能设立的抵押关系就需要两个法律事实，即签订抵押合同和登记；而无须经过登记就可设立的抵押关系则仅需签订抵押合同这一个法律事实。由此，并非所有的抵押关系都需要两个法律事实才能产生，故不选A项。侵权损害赔偿关系只需要侵权行为一个法律事实即可产生，婚姻关系的产生也只需要结婚（含实质要件和形式要件）一个法律事实，故不选C、D项。

23. C

【解析】《民法典》第35条第1款规定，监护人应当按照最有利于被监护人的原则履行监护职责。监护人除为维护被监护人利益外，不得处分被监护人的财产。据此，监护人处分被监护人财产的条件是为了被监护人的利益，这也是监护人依法应当履行的监护职责。备选项中，只有C项表述属于监护人为了被监护人的利益而依法履行监护职责的行为，故选C项。B项表述的买卖合同是乙在患病前订立的，是合法有效的买卖合同，甲不能撤销。

24. A

【解析】《民法典》第194条规定，在诉讼时效期间的最后6个月内，因下列障碍，不能行使请求权的，诉讼时效中止：（1）不可抗力；（2）无民事行为能力人或者限制民事行为能力人没有法定代理人，或者法定代理人死亡、丧失民事行为能力、丧失代理权；（3）继承开始后未确定继承人或者遗产管理人；（4）权利人被义务人或者其他人控制；（5）其他导致权利人不能行使请求权的障碍。自中止时效的原因消除之日起满6个月，诉讼时效期间届满。据此规定第1款第1项，选A项。《民法典》第195条规定，有下列情形之一的，诉讼时效中断，从中断、有关程序终结时起，诉讼时效期间重新计算：（1）权利人向义务人提出履行请求；（2）义务人同意履行义务；（3）权利人提起诉讼或者申请仲裁；（4）与提起诉讼或者申请仲裁具有同等效力的其他情形。据此，B、D项表述的情形可以引起诉讼时效中断，故不选B、D项。对于债权人向公安机关报案的，也可以引起诉讼时效中断。根据相关司法解释规定，权利人向公安机关、人民检察院、人民法院报案或者控告，请求保护其民事权利的，诉讼时效从其报案或者控告之日起中断。可见，不选C项。

25. D

【解析】身份权是指民事主体基于某种特定的身份而依法享有的维护一定社会关系的权利，包括配偶权和亲属权。可见，选D项。A、B、C项表述的权利都是人格权。

26. D

【解析】民事法律行为是指民事主体以意思表示的方式设立、变更或终止民事法律关系的行为。D项表述的情形引起所有权关系的变动，因此属于民事法律行为，选D项。A、C项表述属于一般的社会活动，而非民事法律行为，不能引起民事法律关系的变动，因而不是民事法律行为，故不选A、C项。B项表述的侵权行为属于事实行为，而非民事法律行为，故不选B项。

27. B

【解析】所有权的权能包括占有、使用、收益和处分。其中，使用权能是指在不损毁所有物或改变其性质的前提下，依照物的性能和用途加以利用，满足所有人需求的权利。本题中，甲将自己所有的一对手镯随葬，并非将手镯抛弃，而是甲自主决定使用其财产的一种方式，所以随葬后的手镯所有权仍归属于甲。可见，选B项。

28. D

【解析】《合伙企业法》第55条第1、2款规定，以专业知识和专门技能为客户提供有偿服务的专业服务机构，可以设立为特殊的普通合伙企业。特殊的普通合伙企业是指合伙人依照本法第57条的规定承担责任的普通合伙企业。根据《合伙企业法》第57条规定，在特殊的普通合伙企业中，根据合伙企业债务产生的原因，合伙人承担责任的方式有两种：(1) 合伙人在执业活动中因故意或者重大过失造成合伙企业债务的，有过错的合伙人应当承担无限连带责任，而其他合伙人以其在合伙企业中的财产份额为限承担责任。(2) 合伙人在执业活动中非因故意或者重大过失造成合伙企业债务及合伙企业的其他债务，由全体合伙人承担无限连带责任。本题表述中，甲、乙存在重大过失，而丙无过错，因此，甲、乙应对10万元的损失承担无限连带责任，丙则仅以其出资额为限承担有限责任。可见，选D项。

29. C

【解析】甲委托乙购买手机，乙将购买手机事宜转委托给丙。转委托要求事先征得被代理人的同意或者事后得到追认，否则代理人要对自己的转委托负责。甲事后拒绝接受丙购得的手机，这表明甲事后拒绝同意乙的转委托行为，乙的转委托行为无效，乙应自负其责。乙擅自转委托，构成违约，甲有权要求乙返还购机款。可见，选C项，不选B项。丙并非甲的指定代理人，不选A项。丙无权要求甲支付购机款，故不选D项。

30. D

【解析】《著作权法》第18条规定，美术等作品原件所有权的转移，不视为作品著作权的转移，但美术作品原件的展览权由原件所有人享有。据此，选D项。甲购得油画后，取得的仅是该油画作品的所有权，而非油画作品的著作权，此时的著作权人仍然是创作该油画作品的画家。复制权、修改权都属于著作权的内容，当然不能随油画所有权的转移而转移，故不选A、B、C项。

31. A

【解析】《民法典》第1176条规定，自愿参加具有一定风险的文体活动，因其他参加者的行为受到损害的，受害人不得请求其他参加者承担侵权责任；但是，其他参加者对损害的发生有故意或者重大过失的除外。活动组织者的责任适用本法第1198条至第1201条的规定（违反安全保障义务的侵权责任和学校、幼儿园等教育机构责任）。据此，乙投篮，球反弹将甲的头部砸伤，此为具有一定风险的文体活动，因此，对于甲的损害，乙不承担责任。可见，选A项。

32. 无

【解析】本题标准答案为C项，《民法典》通过后，本题无答案。《民法典》第406条规定，抵押期间，抵押人可以转让抵押财产。当事人另有约定的，按照其约定。抵押财产转让的，抵押权不受影响。据此，甲有权转让汽车，不必通知乙和丙，也不必取得乙的同意，故本题无答案。

33. B

【解析】甲、乙的行为属于共同危险行为。《民法典》第 1170 条规定，二人以上实施危及他人人身、财产安全的行为，其中一人或者数人的行为造成他人损害，能够确定具体侵权人的，由侵权人承担责任；不能确定具体侵权人的，行为人承担连带责任。据此，选 B 项。

34. A

【解析】《民法典》第 1184 条规定，侵害他人财产的，财产损失按照损失发生时的市场价格或者其他合理方式计算。据此，选 A 项。

35. A

【解析】《民法典》第 61 条第 3 款规定，法人章程或者法人权力机构对法定代表人代表权的限制，不得对抗善意相对人。据此，本题表述中，张某的代表行为不能对抗不知情的乙公司，因为乙公司并不了解甲公司章程有关限制张某代表权的规定。《民法典》第 505 条规定，当事人超越经营范围订立的合同的效力，应当依照本法第一编第六章第三节和本编的有关规定确定，不得仅以超越经营范围确认合同无效。据此，对于法定代表人超越权限订立的合同，应当认定为效力待定的合同，相对人不知道或不应当知道法定代表人超越权限时，他们之间订立的合同有效；否则，一般为无效，因为法律不宜保护恶意之人。本题中，相对人乙公司对甲公司法定代表人张某超越权限订立合同的事实并不知晓，因此，该合同应当认定为有效，选 A 项。

36. B

【解析】这道题考查的是夫妻共同债务的认定。夫妻共同债务，是指在婚姻关系存续期间，夫妻一方为共同生活或共同生产、经营活动需要所负的债务。夫妻共同债务具有两个特征：一是时间性，该债务形成于婚姻关系存续期间；二是目的性，该债务是为了夫妻共同生活或共同生产、经营活动。本案中，乙向丙借款完全符合上述两个特征，故属于夫妻共同债务。对于夫妻共同债务，夫妻二人应当承担连带责任。题干中提到的“分居”事实并不影响夫妻债务的认定，只要符合时间性和目的性即可，“分居”事实不是考虑的因素。此后，二人离婚，即使离婚了，这种连带责任也不能免除。因此，选 B 项。A、C、D 项表述都是错误的。

37. B

【解析】遗赠的生效时间为遗赠人死亡时，本案中，遗赠人甲死亡则意味着遗赠生效，因而不存在遗赠失效或不生效的问题，A、C 项表述错误。《民法典》第 1124 条规定，继承开始后，继承人放弃继承的，应当在遗产处理前，以书面形式作出放弃继承的表示；没有表示的，视为接受继承。受遗赠人应当在知道受遗赠后 60 日内，作出接受或者放弃受遗赠的表示；到期没有表示的，视为放弃受遗赠。据此，乙在甲死后次日（没有超过法定的 60 日期限）作出了接受遗赠的表示，则乙取得了两幅字画的所有权，即使乙在实际占有字画前死亡，也不影响两幅字画归属于乙所有的事实。乙在遗产分割前死亡，那么两幅字画就成为乙的遗产，由其法定继承人继承。可见，选 B 项。本案不具备代位继承的条件，故 D 项表述错误。

38. D

【解析】《民法典》第 985 条规定，得利人没有法律根据取得不当利益的，受损失的人可以请求得利人返还取得的利益，但是有下列情形之一的除外：（1）为履行道德义务进行的给付；（2）债务到期之前的清偿；（3）明知无给付义务而进行的债务清偿。据此，C项不能引起不当得利之债，不选C项。基于不法原因的给付，不能引起不当得利之债，A项表述的甲偿还赌债为不法之债，不能引起不当得利之债，不选A项。自然债务不能引起不当得利之债，超过诉讼时效的债务为自然债务，不受法律保护，对于超过诉讼时效的债务的清偿，不得依据不当得利之债请求返还，故不选B项。只有D项表述符合适用不当得利之债的条件，故选D项。

39. A

【解析】对于"一房二卖"的，两个买卖合同都是有效的，谁办理了房产过户登记，谁就取得房产的所有权，没有取得房产所有权的一方，有权依据有效的买卖合同追究卖方的违约责任。可见，选A项。

40. C

【解析】《民法典》第221条规定，当事人签订买卖房屋的协议或者签订其他不动产物权的协议，为保障将来实现物权，按照约定可以向登记机构申请预告登记。预告登记后，未经预告登记的权利人同意，处分该不动产的，不发生物权效力。预告登记后，债权消灭或者自能够进行不动产登记之日起90日内未申请登记的，预告登记失效。据此，甲、乙签订的房屋买卖合同办理的预告登记已经失效，甲又将房屋卖给丙并办理了过户手续，丙取得房屋所有权。可见，选C项。

二、多项选择题

41. BCD

【解析】法条竞合涉及数个罪名，但从其形态上看，是由于法规的错综复杂的规定即法规内容存在着包容或交叉关系，以致一个犯罪行为触犯数个刑法规范。法条竞合是法条之间具有重合关系，而非犯罪的竞合。想象竞合是指一个犯罪行为同时触犯数个罪名的犯罪形态。可见，A项表述错误。法条竞合时，依照特别法优于普通法等原则来解决。可见，B项表述正确。不仅刑法分则条文之间存在法条竞合关系，而且刑法总则与刑法分则之间也存在一些法条竞合现象，但法条竞合现象主要存在于刑法分则之中。可见，C项表述正确。行为符合数个法条规定的犯罪构成是由刑法错综复杂的规定所致，故不可能同时适用数个法条，只能适用其中一个法条。可见，D项表述正确。

42. ABCD

【解析】《刑法》第217条规定，以营利为目的，有下列侵犯著作权情形之一，违法所得数额较大或者有其他严重情节的，构成侵犯著作权罪：（1）未经著作权人许可，复制发行其文字作品、音乐、电影、电视、录像作品、计算机软件及其他作品的；（2）出版他人享有专有出版权的图书的；（3）未经录音录像制作者许可，复制发行其制作的录音录像的；（4）制作、出售假冒他人署名的美术作品的。据此，备选项应全选。

43. CD

【解析】《最高人民法院、最高人民检察院关于办理盗窃刑事案件适用法律若干问题的解释》第10条规定，偷开他人机动车的，按照下列规定处理：（1）偷开机动车，导致车辆丢失的，以盗窃罪定罪处罚；（2）为盗窃其他财物，偷开机动车作为犯罪工具使用后非法占有车辆，或者将车辆遗弃导致丢失的，被盗车辆的价值计入盗窃数额；（3）为实施其他犯罪，偷开机动车作为犯罪工具使用后非法占有车辆，或者将车辆遗弃导致丢失的，以盗窃罪和其他犯罪数罪并罚；将车辆送回未造成丢失的，按照其所实施的其他犯罪从重处罚。根据上述规定第1项，不选B项。故意毁坏财物罪是指故意毁灭或者损坏公私财物，数额较大或者情节严重的行为。认定是否构成故意毁坏财物罪，应以“数额较大”或者“情节严重”作为必要构成条件。据此，C项表述构成故意毁坏财物罪。《最高人民法院、最高人民检察院关于办理盗窃刑事案件适用法律若干问题的解释》第11条规定，盗窃公私财物并造成财物损毁的，按照下列规定处理：（1）采用破坏性手段盗窃公私财物，造成其他财物损毁的，以盗窃罪从重处罚；同时构成盗窃罪和其他犯罪的，择一重罪从重处罚；（2）实施盗窃犯罪后，为掩盖罪行或者报复等，故意毁坏其他财物构成犯罪的，以盗窃罪和构成的其他犯罪数罪并罚；（3）盗窃行为未构成犯罪，但损毁财物构成其他犯罪的，以其他犯罪定罪处罚。故意毁坏财物罪以“数额较大”或者“情节严重”作为必要构成条件，同时根据上述规定第3项，不选A项。根据上述规定第2项，D项表述构成盗窃罪（未遂）和故意毁坏财物罪，应当数罪并罚。可见，选D项。

44. ACD

【解析】刑法中的认识错误包括法律认识错误和事实认识错误。A项表述属于事实认识错误中的行为偏差，B项表述属于法律认识错误，C项表述的是事实认识错误中的对象错误，D项表述属于事实认识错误中的因果关系认识错误。

45. BC

【解析】《刑法》第17条之一规定，已满75周岁的人故意犯罪的，可以从轻或者减轻处罚；过失犯罪的，应当从轻或者减轻处罚。《刑法》第49条第2款规定，审判的时候已满75周岁的人，不适用死刑（包括不适用死缓），但以特别残忍手段致人死亡的除外。根据上述规定，选B、C项。

46. AB

【解析】《民法典》第1207条规定，明知产品存在缺陷仍然生产、销售，或者没有依据前条规定采取有效补救措施，造成他人死亡或者健康严重损害的，被侵权人有权请求相应的惩罚性赔偿。据此，选A、B项。

47. ABCD

【解析】《商标法》第57条规定，有下列行为之一的，均属侵犯注册商标专用权：（1）未经商标注册人的许可，在同一种商品上使用与其注册商标相同的商标的；（2）未经商标注册人的许可，在同一种商品上使用与其注册商标近似的商标，或者在类似商品上使用与其注册商标相同或者近似的商标，容易导致混淆的；（3）销售侵犯注册商标专用权的商品的；（4）伪造、擅自制造他人注册商标标识或者销售伪造、擅自制造的注册商标标识的；（5）未经商标注册人同意，更换其注册商标并将该更换商标的商品又投入市场的；（6）故意为侵犯他人商标专用权行为提供便利条件，帮助他人实施侵犯商标专用权行为的；（7）给他人的注册商标专用权造成其他损害的。此外，在同一种商品或者类似商品上将与他人注册商标相同或者近似的标志作为商品名称或者商品装潢使用，误导公众的，属于《商标法》第57条第2项规定的侵犯注册商标专用权的行为。据此，备选项应全选。

48. BCD

【解析】下列情形应当认定为业主：（1）依法登记取得或者取得建筑物专有部分所有权的人（含依人民法院的生效判决取得建筑物专有部分所有权的人）。（2）基于与建设单位之间的商品房买卖民事法律行为，已经合法占有建筑物专有部分，但是尚未依法办理所有权登记的人。（3）通过事实行为、继承等原因取得专有部分所有权的人。可见，选B、C、D项。A项表述的承租人是房屋的使用人，而非所有权人，不能成为业主，故不选A项。

49. ABCD

【解析】在婚姻关系存续期间，原则上不得析产，即夫妻原则上不得分割夫妻共同财产，以维持夫妻对财产的共有关系。但是，现实生活中有夫妻一方利用管理共有财产之便，大肆侵害另一方共同财产权之现象，对此，《民法典》第1066条规定，婚姻关系存续期间，有下列情形之一的，夫妻一方可以向人民法院请求分割共同财产：（1）一方有隐藏、转移、变卖、毁损、挥霍夫妻共同财产或者伪造夫妻共同债务等严重损害夫妻共同财产利益的行为；（2）一方负有法定扶养义务的人患重大疾病需要医治，另一方不同意支付相关医疗费用。据此，备选项应全选。

50. BC

【解析】甲公司从乙公司获取的产品制造方法及客户名单等保密信息，从性质上看，是商业秘密，而非专利权或隐私权，故选B项，不选A、D项。甲公司又冒充乙公司的名义与客户进行交易，侵犯了乙公司的名称权，故选C项。

三、简答题

51. 答案要点：

（1）结合犯中的犯罪行为是数个可以分别构成其他犯罪的行为结合而来的。

（2）数个独立的犯罪结合成为一个新罪。

（3）数个独立的犯罪结合成为一个新罪是根据刑法的明文规定。

52. 答案要点：

（1）客体是社会风尚和社会管理制度。

（2）客观上，行为人实施了聚众赌博、以赌博为业的行为。

（3）主体是一般主体。

（4）主观上是故意，且具有营利的目的。

53. 答案要点：

（1）自然人下落不明达到法定期间。

（2）须有利害关系人的申请。

（3）须由人民法院依照法定程序进行宣告。

54. 答案要点：

（1）发明，是指对产品、方法或者其改进所提出的新的技术方案。

（2）实用新型，是指对产品的形状、构造或者其结合所提出的适于实用的新的技术方案。

（3）外观设计，是指对产品的形状、图案或者其结合以及色彩与形状、图案的结合所做出的富有美感并适合工业上应用的新设计。

四、辨析题

55. 答案要点：

（1）这一说法是不正确的。

（2）故意杀人罪的主观罪过表现为直接故意和间接故意。明知自己的行为会发生致人死亡的结果，基于杀人的目的而实施该行为的，构成故意杀人罪；明知自己的行为会发生致人死亡的结果，虽然没有杀人目的，但实施该行为，放任死亡结果发生的，也构成故意杀人罪。

56. 答案要点：

（1）该说法不完全正确。

（2）该说法正确的一面是：物权具有追及力，该说法体现了物权的追及力。

（3）该说法不正确的一面是：物权的追及力不是绝对的，在善意取得或征收等特定情况下会被阻断。

五、法条分析题

57. 答案要点：

（1）“教唆他人犯罪的”是指明知他人没有犯罪意思，故意实施引起他人实行犯罪决意的行为。

（2）“教唆不满十八周岁的人犯罪的”包括：第一，教唆具有刑事责任能力的未成年人犯罪；第二，教唆没有刑事责任能力的未成年人犯罪。

（3）“被教唆的人没有犯被教唆的罪”包括：第一，被教唆者拒绝教唆；第二，被教唆者接受教唆，但未实施犯罪；第三，被教唆者实施犯罪，但实施的不是被教唆之罪；第四，行为人教唆时，被教唆者已有实行被教唆之罪的意思。

58. 答案要点：

（1）格式条款是当事人为了重复使用而预先拟定，并在订立合同时未与对方协商的条款。

（2）提供格式条款的一方负有公平拟约义务、提请对方注意义务、说明义务。

（3）提供格式条款的一方对格式条款中免除或者限制其责任的内容，在合同订立时采用足以引起对方注意的文字、符号、字体等特别标识，并按照对方的要求对该格式条款予以说明的，应当认定为“采取合理的方式”。

六、案例分析题

59. 答案要点：

（1）甲的行为应认定为绑架罪。理由是：①甲实施了劫持人质的行为和勒索财物的行为；②甲具有勒索他人财物的意思；③甲绑架邢某后搜走其财物，该行为同时触犯抢劫罪这一罪名，应依照重罪（绑架罪）定罪处罚。

（2）乙的行为应认定为非法拘禁罪。理由是：①乙实施了剥夺他人人身自由的行为；②乙剥夺他人自由是基于解决债务纠纷的目的，而不具有非法占有他人财物或者勒索财物的意图。

（3）甲、乙的行为在限制他人自由的范围内构成共同犯罪。甲请求乙帮助自己限制邢某的人身自由，乙基于为甲追偿债务的目的答应帮助其限制邢某的人身自由，二人形成了限制邢某人身自由的合意，并且实施了限制人身自由的行为。甲勒索财物的行为，超出了二人共同故意的范围。

60. 答案要点：

（1）A公司丧失了电脑的所有权。A公司有抛弃电脑的意思表示且脱离了对电脑的占有，故丧失了电脑的所有权。

（2）乙有权撤销赠与。乙未向丙交付电脑，电脑的所有权尚未发生转移，故乙有权撤销赠与。

（3）丁取得了电脑的所有权。乙以占有改定的方式将电脑交付给丁，所以丁取得了电脑的所有权。

2016 年综合课试题

一、单项选择题（第 1～45 小题，每小题 1 分，共 45 分。下列每题给出的四个选项中，只有一个选项是符合题目要求的。请在答题卡上将所选项的字母涂黑）

1. 下列关于法学与法理学的表述，正确的是(　　)。

A. 凡有法律的地方，就一定会有法学

B. 法理学对法律创制和法律适用没有直接价值

C. 法理学的研究应当为法治建设提供理论支持与指导

D. 法学的研究对象是有效的法律规范与现行的法律制度

2. 马克思在《哲学的贫困》中指出：“君主们在任何时候都不得不服从经济条件，并且从来不能向经济条件发号施令。无论是政治的立法或市民的立法，都只是表明和记载经济关系的要求而已。”对于这句话的理解，正确的是(　　)。

A. 君主制定的法律不能调整经济关系

B. 除经济因素外，立法不受其他因素的影响

C. 政治的立法和市民的立法具有完全相同的目的

D. 国家的立法在本质上决定于社会客观经济条件

3. 下列关于法律作用的表述，正确的是(　　)。

A. 强制作用不属于法律的规范作用

B. 只有公法才具有维护阶级统治的社会作用

C. 法律的规范作用通过法律的社会作用来实现

D. 法律的规范性与确定性特点使法律具有预测作用

4. 2014 年 5 月实施的《社会救助暂行办法》第 17 条规定：“乡镇人民政府、街道办事处应当及时了解掌握居民的生活情况，发现符合特困供养条件的人员，应当主动为其依法办理供养。”该法条所包含的法律规则的逻辑结构是(　　)。

A. 假定条件和法律后果　　B. 假定条件和行为模式

C. 行为模式和法律后果　　D. 假定条件、行为模式和法律后果

5. 下列选项中，属于我国正式法律渊源的是(　　)。

A. 《中国共产党章程》

B. 最高人民法院发布的指导性案例

C. 国务院颁布的《职工带薪年休假条例》

D. 某市滨湖区政府发布的《外来务工人员管理暂行办法》

6. 2013年5月，某外国人在我国境内运输毒品二千克，人民法院依据《中华人民共和国刑法》判处其无期徒刑。该案所体现的我国法律效力的原则是（　　）。

A. 属人主义　　B. 保护主义　　C. 属地主义　　D. 折中主义

7. 下列关于法律部门的表述，正确的是（　　）。

A. 法律部门划定后应保持相对稳定

B. 法律部门是构成法系的基本单位

C. 法律部门的划分与人的主观意志无关

D. 法律部门划分的首要标准是法律调整的方法

8. 下列关于法的历史演进的表述，正确的是（　　）。

A. 法的历史演进只受客观物质条件的影响

B. 封建制法是人类历史上第一种私有制的法律类型

C. 私有财产神圣不可侵犯是资本主义法的核心特征之一

D. 从规范性调整逐渐发展为个别调整是法起源的一般规律

9. 下列关于我国司法权的表述，正确的是（　　）。

A. 我国司法权包括审判权和检察权两种

B. 司法权独立意味着司法权不受一切机关和个人的监督

C. 司法权的终局性意味着一切纠纷最终都应由司法机关作出裁决

D. 司法权的专属性要求司法权只能由国家各级审判机关统一行使

10. 下列关于法律分类的表述，正确的是（　　）。

A. 公法和私法的界限在当代呈现出日益模糊的趋势

B. 普通法是在对衡平法修改和补充的基础上形成的

C. 公法和私法的划分最早由古罗马法学家盖尤斯提出

D. 一般而言，普通法相当于私法，衡平法相当于公法

11. 下列关于守法的理解，不正确的是（　　）。

A. 行使法定权利是守法行为

B. 守法通常是法律和道德的共同要求

C. 由于合同不是法律，因而遵守合同并非守法

D. 某企业及时、足额向国家纳税，属于积极的守法

12. 甲工作时不慎将手指切断，同事将其送往医院。医院拟为其行断指再植术，手术前发现断指已丢失。对此，下列分析正确的是（　　）。

A. 甲与医院之间的医疗合同法律关系的客体是人身

B. 按照法律关系客体的相关理论，该断指属于物的范畴

C. 甲的女友因其手指缺失而与其分手，这属于法律事实中的法律行为

D. 由于切断手指是甲个人疏忽所致，其工作单位不必承担任何法律责任

13. 下列关于法律解释的表述，正确的是（　　）。

A. 国家机关对法律所做的解释均为有权解释
B. 我国法律解释体系包括立法解释和司法解释两种形式
C. 历史解释方法既可用于正式解释，也可用于非正式解释
D. 按解释尺度的不同可以将法律解释分为文义解释与体系解释
14. 下列关于法治的表述，正确的是(　　)。
A. 制约权力与保障权利是法治的基本内涵
B. 全面推进依法治国，首先要规范公民权利的行使
C. 法律至上意味着推进法治要排除道德和宗教的作用
D. 法律的运行离不开人的作用，所以实现法治还要靠人治
15. 下列规范性文件中，属于宪法相关法的是(　　)。
A. 合同法　　B. 行政强制法
C. 民事诉讼法　　D. 各级人大常委会监督法
16. 下列关于我国 1999 年宪法修正案内容的表述，正确的是(　　)。
A. 明确了土地使用权可依法转让
B. 首次规定了公民合法的财产权受法律保护
C. 确立了按劳分配为主体、多种分配方式并存的分配制度
D. 增加了推动物质文明、政治文明和精神文明协调发展的内容
17. 下列关于宪法规范的表述，正确的是(　　)。
A. 宪法规范的效力高于法律、法规的效力
B. 宪法规范不调整国家和无国籍人之间的关系
C. 宪法规范因具有权威性而无须进行宪法解释
D. 宪法规范具有政治性，只能通过立法具体化
18. 下列关于各国宪法发展的表述，不正确的是(　　)。
A. 1958 年法国宪法设专章规定宪法委员会制度
B. 我国现行宪法是对七五宪法精神的继承和发展
C. 英国宪法在发展中形成了议会至上的体制特点
D. 通过普通法院解释宪法是美国宪法实践的创造
19. 下列关于全国人大专门委员会的表述，正确的是(　　)。
A. 全国人大专门委员会根据工作需要可聘请若干顾问，出席会议，参加表决
B. 全国人大专门委员会的委员人选，由主席团在代表中提名，大会通过
C. 全国人大现设有法律委员会、预算工作委员会等九个专门委员会
D. 全国人大专门委员会是全国人大的具体办事机构
20. 下列关于宪法修改的表述，正确的是(　　)。
A. 宪法的修改机关和宪法的制定机关相同
B. 由公民提议修宪是现代法治国家的通例
C. 宪法修正案一般需要由议会过半数通过
D. 我国宪法修改权由全国人民代表大会行使
21. 2014 年 9 月，王村举行村委会选举。下列人员中，应当列入参选村民名单的

是(　　)。

A. 王二，户籍在李村，半年前入赘王村

B. 王五，户籍在王村，在纽约唐人街打工，久无音讯

C. 王七，户籍在王村，嫁入李村，已登记和参加李村选举

D. 王九，户籍在王村，在北京经商，多次表示要参选村委会主任

22. 东风地质队在白兔村勘探时，发现高某承包的竹园地下有丰富的钨矿。此钨矿的所有权属于(　　)。

A. 国家　　B. 白兔村　　C. 高某　　D. 东风地质队

23. 根据我国宪法，下列关于中央军事委员会的表述，正确的是(　　)。

A. 中央军事委员会在中央国家机关体系中居于最高地位

B. 中央军事委员会主席由国家主席提名，全国人大决定

C. 中央军事委员会每届任期五年，连续任职不得超过两届

D. 中央军事委员会实行主席负责制，中央军委主席对全国人大及其常委会负责

24. 下列关于言论自由的表述，不正确的是(　　)。

A. 言论自由是公民政治权利的重要内容

B. 保障言论自由为各国宪法所普遍承认

C. 规制言论自由的方式主要有预防制和追惩制

D. 行使言论自由时侵害他人名誉权的，构成违宪

25. 根据香港特别行政区基本法，下列选项中，属于中央对特别行政区行使的权力是(　　)。

A. 在特别行政区征税

B. 任命特别行政区法院的法官

C. 批准特别行政区立法会通过的法律

D. 任命特别行政区行政机关的主要官员

26. 下列国家中，采用专门机关模式进行违宪审查的是(　　)。

A. 美国　　B. 德国　　C. 英国　　D. 日本

27. 根据我国宪法和法律，下列关于地方各级人民代表大会的表述，不正确的是(　　)。

A. 地方各级人民代表大会都是地方国家权力机关

B. 地方各级人民代表大会会议每年至少举行一次

C. 地方各级人民代表大会会议由本级人大常委会召集

D. 地方各级人大进行选举和通过决议，以全体代表过半数通过

28. 关于较大的市的人大及其常委会制定的地方性法规的备案，下列表述正确的是(　　)。

A. 直接报国务院备案

B. 报省、自治区政府备案

C. 报省、自治区人大常委会备案

D. 经省、自治区人大常委会批准后，报全国人大常委会和国务院备案

29. 根据我国宪法和法律，下列关于人民法院审判工作制度的表述，正确的是(   )。

A. 人民法院实行陪审制

B. 人民法院审判案件，实行两审终审制

C. 上级人民法院领导下级人民法院的审判工作

D. 人民法院设立审判监督庭，专门讨论重大疑难案件

30. 宋代文学家苏轼曾感叹“三风十愆古所戒，不必骊山可亡国。”其中，“三风十愆”指的是官吏中盛行的“巫风”、“淫风”和“乱风”三类恶劣风气以及与之相关的十种不良行为。我国古代已有针对“三风十愆”处墨刑的惩罚性规定，作出该规定的朝代是(   )。

A. 商朝　　B. 西周　　C. 秦朝　　D. 唐朝

31.《法经》是中国历史上第一部比较系统的成文法典，该法典中具有诉讼法性质的篇目是(   )。

A.《网法》与《捕法》　　B.《网法》与《杂法》

C.《杂法》与《具法》　　D.《捕法》与《具法》

32. 下列选项中，不属于秦朝法制指导思想的是(   )。

A. 缘法而治　　B. 法令由一统　　C. 严刑重法　　D. 明刑弼教

33. 秦律规定：“盗封啬夫可（何）论？廷行事以伪写印。”这里的“廷行事”是指(   )。

A. 制定法　　B. 司法成例　　C. 立法解释　　D. 司法解释

34. 汉成帝时，甲杀人，告之其养子乙，乙藏匿甲。问乙何论？(   )

A. 坐杀人共犯　　B. 坐窝藏　　C. 上请　　D. 不当坐

35. 汉律的罪名除沿袭秦制外，又增设了一些新罪名。“左官”便是其中危害中央集权的犯罪之一，具体是指(   )。

A. 诸侯国官吏与诸侯王结党，知其犯罪而不举奏

B. 朝廷大臣交通诸侯，助其获得非法利益

C. 朝廷官员“舍天子而仕诸侯”

D. 泄露朝廷机密事宜

36. 中国古代最早将法典的篇数简化为十二篇的是(   )。

A.《魏律》　　B.《晋律》　　C.《大业律》　　D.《北齐律》

37. 三国两晋南北朝时期的刑讯野蛮残酷。南陈创立了一种名为“测立”的刑讯方式。下列对于该刑讯方式的描述，正确的是(   )。

A. 用车辐粗杖夹压受审者的脚踝

B. 将铁犁烧红，令受审者立其上

C. 对受审者断绝饮食，三日后才许进食少量粥，循环使用

D. 对受审者先鞭笞，再令其负枷械刑具站立于顶部尖圆且仅容两足的一尺土垛上

38. 下列选项中，依唐律可以适用自首减免刑罚原则的犯罪行为是(   )。

A. 私习天文　　B. 偷渡关卡　　C. 侵害人身　　D. 脱漏户籍

39. 中国古代对一种刑罚有如下描述："既杖其脊，又配其人，而且刺其面，是一人之身，一事之犯，而兼受三刑也。"该材料描述的刑罚是（　　）。

A. 刺配　　B. 折杖　　C. 廷杖　　D. 发遣

40. 下列关于《元典章》的表述，不正确的是（　　）。

A. 《元典章》附载了五服图

B. 《元典章》为元朝第一部成文法典

C. 《元典章》开创了以六部分篇的编纂体例

D. 《元典章》是元朝地方官府自行汇编的法规大全

41. 明代负责全国行政监察工作、参与重大或疑难案件审理的中央机关是（　　）。

A. 御史台　　B. 大理寺　　C. 都察院　　D. 锦衣卫

42. 清时屡兴文字狱，但律例中并无关于惩治思想犯罪的规定。审理此类案件，一般比附的罪名是（　　）。

A. 妖书妖言　　B. 谋大逆　　C. 大不敬　　D. 谋叛

43. 1906年9月，清廷发布《宣示预备立宪谕》，将立宪指导原则确立为（　　）。

A. "浑道德与法律于一体"

B. "中外通行，有裨治理"

C. "大权统于朝廷，庶政公诸舆论"

D. "折中世界各国大同之良规，兼采近世最新之学说"

44. 1932年10月颁布的《中华民国法院组织法》规定，普通法院的审级是（　　）。

A. 三级三审制　　B. 四级三审制　　C. 三级二审制　　D. 四级二审制

45. "马锡五审判方式"是群众路线在司法实践中的具体运用，其产生于（　　）。

A. 工农民主政权时期　　B. 抗日民主政权时期

C. 人民民主政权时期　　D. 中华人民共和国成立初期

二、多项选择题（第46～63小题，每小题2分，共36分。下列每题给出的四个选项中，至少有两个选项是符合题目要求的。请在答题卡上将所选项的字母涂黑。多选、少选或错选均不得分）

46. 下列选项中，属于我国法的效力终止方式的有（　　）。

A. 由新法明确规定废止旧法

B. 法在完成特定的历史任务后不再适用

C. 新法中与旧法相抵触的条款自动终止效力

D. 有权的国家机关发布专门的决议、决定，废除某些法律

47. 下列关于法律推理的表述，正确的有（　　）。

A. 只有在执法和司法活动中，才存在法律推理

B. 辩证推理是解决司法疑难案件重要的推理方式

C. 英美法系国家司法活动中既会运用到归纳推理，也会运用到演绎推理

D. 在一起案件中，主审法官在法无明文规定时依据当地习惯审理了该案，则他运用的是类比推理

48. 2013年，全国人大常委会在旅游法草案提请审议表决前，邀请了部分全国人大代

表、旅游者、旅游经营者、法律专家召开座谈会，对法律草案内容的合宪性、可行性、法律出台时机以及实施后的社会效果等进行综合评估。该立法过程体现的立法原则有(　　)。

A. 合法性原则　　B. 科学性原则　　C. 民主性原则　　D. 效率性原则

49. 下列情形中，符合我国法定免责条件的有(　　)。

A. 14 周岁的刘某盗窃他人财物

B. 赵某犯罪后，有重大立功表现

C. 王某恶意诽谤孙某，孙某念及两人往日情谊没有起诉王某

D. 李某在火锅店用餐时被烫伤，两年后李某起诉火锅店要求民事赔偿

50. 下列关于法律实现与法律实施的理解，正确的有(　　)。

A. 法律实现是法律实施的目的

B. 法律实现受社会客观物质条件的限制

C. 法律实施是法从应然状态到实然状态的过程

D. 只要法律规范得到实施，就一定能够实现立法的理想与目的

51. 下列关于法与政治关系的表述，正确的有(　　)。

A. 政治的变迁可以影响法的发展变化

B. 法能够为政治行为提供合法律性依据

C. 政治可为法的实现提供必要的环境和条件

D. 法治社会需要法律与政治、权力保持适当的距离

52. 下列关于公民这一概念的表述，正确的有(　　)。

A. 公民概念通常在个体意义上使用　　B. 公民是享有基本权利的唯一主体

C. 公民与人民具有相同的内涵外延　　D. 凡具有中国国籍的人都是中国公民

53. 根据我国宪法，下列关于国务院的表述，正确的有(　　)。

A. 国务院实行集体负责制

B. 国务院是最高国家权力机关的执行机关

C. 国务院每届任期同全国人大每届任期相同

D. 国务院常务会议由总理、副总理、国务委员、秘书长、审计长组成

54. 根据我国宪法，下列关于非公有制经济的表述，正确的有(　　)。

A. 非公有制经济包括个体经济、私营经济和集体所有制经济

B. 非公有制经济是社会主义市场经济的重要组成部分

C. 国家对非公有制经济依法实行监督和管理

D. 国家保障非公有制经济的巩固和发展

55. 下列关于平等权的表述，正确的有(　　)。

A. 平等权是我国公民的基本权利

B. 国家对公民的平等权负有保障义务

C. 平等权意味着公民平等地享有权利、履行义务

D. 平等权反对特权和歧视，也不允许存在任何差别对待

56. 我国宪法规定，国家尊重和保障人权。下列关于该条款的表述，正确的有(　　)。

A. 该条款在八二宪法制定时予以明确规定

B. 该条款对于理解基本权利具有指导作用

C. 该条款为未列举基本权利提供了规范基础

D. 该条款为国家设定了尊重、保障和实现人权的义务

57. 下列关于中国人民政治协商会议的表述，正确的有（　　）。

A. 政协是中国人民的爱国统一战线组织

B. 政协是国家机关，属于国家机构体系的组成部分

C. 政协是人民团体开展民主自治、民主决策的重要形式

D. 政协具有政治协商、民主监督、参政议政的职能

58. 根据现行宪法，下列关于我国行政区域划分的表述，正确的有（　　）。

A. 全国分为省、自治区、直辖市、经济特区

B. 省、自治区、直辖市分为自治州、县、自治县、市

C. 民族自治地方包括自治区、自治州和自治县

D. 县、自治县分为乡、民族乡、镇

59. 下列关于春秋时期公布成文法历史意义的表述，正确的有（　　）。

A. 打破了“刑不可知，则威不可测”的传统

B. 开辟了一种全新的以法治世的统治模式

C. 为封建法律制度的确立奠定了基础

D. 为成文法典的出现提供了条件

60. 义绝指夫妻情义已绝，是唐代强制离婚的条件。下列选项中，构成义绝的有（　　）。

A. 夫妻不相安谐　　B. 夫殴妻之祖父母、父母

C. 妻殴詈夫之祖父母、父母　　D. 夫妻祖父母、父母自相杀

61. 宋朝为弥补律典之不足进行的立法活动有（　　）。

A. 编敕　　B. 编例　　C. 编修会典　　D. 编纂条法事类

62. 清末礼教派与法理派围绕新式法典的制定产生了理论争执，所涉及的主要问题有（　　）。

A. “干名犯义”条的存废　　B. “无夫奸”及“亲属相奸”

C. “子孙违反教令是否为罪”　　D. 关于“存留养亲”是否应编入刑律

63. 南京国民政府的成文法主要由六部法律及其相关单行法律构成，人们习惯将这一法律体系称为六法体系。下列关于六法体系的表述，正确的有（　　）。

A. 六法体系的构建实现了中国法律形式上的近代化

B. “六法全书”的编纂标志着国民政府六法体系的建构完成

C. 六法体系采取“以法典为纲，以相关法规为目”的编纂方式

D. 六法体系是仿照大陆法系国家构建的以法典为核心的法律体系

三、简答题（第64～66小题，每小题8分，共24分。请将答案写在答题卡指定位置的边框区域内）

64. 简述法律继承的根据。

65. 简述我国宪法对公民人身自由的规定。

66. 简述北洋政府立法活动的特点。

四、分析题（第 67～69 小题，每小题 10 分，共 30 分。请将答案写在答题卡指定位置的边框区域内）

67.2014 年 9 月，某基金公司总经理李某涉嫌内幕交易罪，Y 省 S 市人民检察院依照《刑事诉讼法》第 172 条提起公诉，S 市中级人民法院依照《刑事诉讼法》第 23 条的规定对该案进行了审理。法院认为：李某犯内幕交易罪，涉案金额 11.2 亿元，非法所得 1 832 万元，情节严重；依照《刑法》第 180 条的规定，应处 5 年以下有期徒刑或拘役；李某案发后，主动到公安机关投案，如实交代自己的罪行，有自首情节，可以从轻处罚。S 市中院判处李某有期徒刑 3 年，缓期 5 年执行。S 市人民检察院认为：李某涉案金额特别巨大，犯罪情节特别严重，依照《刑法》第 180 条的规定应处 5 五年以上 10 年以下有期徒刑；一审法院适用法律不当、量刑过轻。S 市人民检察院依照《刑事诉讼法》第 217 条提出抗诉。Y 省高级人民法院依照《刑事诉讼法》第 223 条的规定启动二审程序，最终对一审判决予以改判。

运用法理学的相关知识，回答下列问题：

（1）上述材料中，哪些司法活动体现了对于程序公正的追求？

（2）上述材料中，哪些司法活动体现了对于实体公正的追求？

（3）结合材料，分析司法活动中为何要兼顾实体公正和程序公正。

68. 知名民营企业家王某系海滨市城南区人大代表。2014 年 2 月，王某参加区民营经济工作会议，发言时辱骂同行李某，招致李某不满，二人发生严重冲突。《海滨晚报》对此以“人大代表语涉侮辱”为题进行报道。王某认为，《海滨晚报》侵犯其人大代表言论免责权，向区人民法院提起诉讼。另悉，《海滨晚报》记者在采写报道时，发现王某的朋友、区人大代表张某在 2011 年参加区人大代表选举时，曾以现金贿赂选民。

请根据我国宪法和法律，结合上述材料，回答下列问题：

（1）《海滨晚报》是否侵犯了王某的言论免责权？为什么？

（2）如果要罢免王某的区人大代表资格，应经过何种法律程序？

（3）如果 2011 年张某确有贿选行为，其当选区人大代表是否有效？为什么？

69.《宋会要辑稿》记载：“州狱翻异，则提刑司差官推勘；提刑司复翻异，则以次至转运、提举、安抚司。本路所差既遍，则又差邻路。”

请运用中国法制史的知识和理论，分析上述材料并回答下列问题：

（1）材料反映的是宋代司法中的何种制度？

（2）材料如何体现这一制度的运行？

（3）如何评价该制度在宋代司法活动中的意义？

五、论述题（第 70 题，15 分。请将答案写在答题卡指定位置的边框区域内）

70. 某省人大常委会在起草该省《道路交通管理办法》时，邀请专家和市民代表召开座谈会，征求意见。会上，甲指出，道路交通立法应保证机动车跑得动、开得快；乙指出，道路交通立法应预防交通事故的发生，让行人有安全感；丙指出，道路交通立法的目的是保障交通秩序，让全体道路使用者各有其道，各行其道，实现交通和谐。

结合材料，谈谈你对法的价值冲突及其解决的认识。

2016年综合课试题答案及解析

一、单项选择题

1. C

【解析】A项考查的是法学的有关知识，是关于法律与法学产生的关系。按照恩格斯关于法学产生的学说，法律是先于法学产生的，有法律不一定会有法学，只有当法律发达到一定程度时才可能产生法学。可见，A项表述过于武断，是错误的。B、C项考查的是法理学的意义或作用等，B项表述的关于“法理学对法的创制与适用没有直接作用”的观点过于武断，因为理论可以指导实践，法理学既是法的一般理论、基本理论，也是法的方法论，它对法的创制与适用等实践活动显然有直接或间接的作用。可见，B项表述错误。C项表述强调法理学的研究应服务于法治实践，为法治建设提供理论支持与指导，这无疑是正确的，选C项。D项考查的是法学的研究对象，显然，法学的研究对象不只是现行有效的法律规范和法律制度，而是还包括历史上曾存在过的法，甚至包括未来要产生的法等内容，因此，D项表述过于狭窄。

2. D

【解析】依照马克思主义法的本质观，法作为统治阶级意志的体现，它所体现的意志由一定的物质生活条件决定，同时也受经济以外诸多因素的影响。本题考查的是法与物质生活条件或经济条件的关系，是对法的内容具有决定作用的因素，而法的内容还受到经济以外的各种因素不同程度的影响。经济以外的各种因素的范围是很广泛的，主要包括政治、思想、道德、文化、历史传统、民族、宗教、习惯等。在分析法的本质时，不应忽略上述因素。可见，选D项。A、B、C项表述不仅是对马克思表述的错误理解，而且表述本身也是错误的。君主制定的法律也能调整经济关系，故A项表述错误。立法是以一定的客观经济关系为基础的人们的主观意志活动，并且受到其他社会因素的影响，故B项表述错误。政治的立法和市民的立法在立法目的上肯定不是完全相同的，故C项表述错误。

3. D

【解析】依照马克思主义关于法的作用的一般原理，无论公法与私法，都具有规范作用和社会作用。其中，规范作用包括指引、评价、教育、预测和强制作用，社会作用包括维护阶级统治的作用和服务社会经济发展等作用。而且规范作用和社会作用相辅相成，社会作用通过规范作用来实现。依照这些原理，A项表述否认强制作用是规范作用，是不正确的。B项表述认为只有公法才具有维护阶级统治的作用，这过于片面。C项表述颠倒了法的规范作用与社会作用之间的关系，也是不正确的。D项表述准确描述了法的特点与法的预测作用之间的关系，因而是正确的。

4. B

【解析】法律规则的逻辑结构通常由假定条件、行为模式、法律后果三要素组成。假定条件是规则中关于适用该规则的条件的规定，它既包括法律规则的适用条件，也包括行为主体的行为条件；行为模式是指法律规则中关于行为的规定，即法律关于允许做什么

（可以为）、禁止做什么（不得为）和必须做什么（应当为）的规定，它是从人们大量的实际行为中概括出来的法律行为要求；法律后果是指法律规则中对遵守规则或违反规则的行为予以肯定或否定评价的规定，即奖励或惩罚性规定。结合本题来看，《社会救助暂行办法》第 17 条规定的内容，显然没有关于“法律后果”的规定，而只是规定了“乡镇人民政府、街道办事处”这一主体的行为条件，以及它们“应当为”的行为模式。而本题 A、C、D 项表述均包括了“法律后果”这个错误项，显然都是不正确的。只有 B 项表述概括准确，选 B 项。

5. C

【解析】我国正式意义上的法律渊源包括宪法、法律、行政法规、地方性法规、自治条例和单行条例、特别行政区法律、行政规章、国际条约和国际惯例等。C 项表述的是行政法规，属于我国正式意义上的法律渊源，故选 C 项。A 项表述属于党的章程，而不是国家机关制定的具有普适性的国家法范畴，不选 A 项。B 项表述的最高人民法院发布的指导性案例，因我国不是判例法国家，判例目前只有指导意义，还不具有普遍的法的约束力，不是正式意义上的法的渊源，不选 B 项。D 项表述的“办法”，其发布的主体仅仅是某市滨湖区政府，即相当于一个县级政府发布的，依照立法法规定，这个“办法”在我国不具有正式法的地位，不选 D 项。

6. C

【解析】属人主义即法律只适用于本国人，不论其身在国内还是国外。对外国人，即便其身在国内也不适用。属地主义即不论本国人或外国人，凡居住在本国管辖领域内的人一律适用本国法律。保护主义即以维护本国利益为基础，不管是什么国籍的人，在什么地方的行为，只要侵害了本国的利益，就适用本国的法律。折中主义即以属地主义为主，与属人主义、保护主义相结合的原则。结合本题中的表述来分析，外国人在“我国境内”从事毒品犯罪依我国刑法被判刑，显然，不选 A、B 项。C、D 项表述都有一定道理，但就本题中的个案而言，可能更体现了属地主义原则。可见，选 C 项。

7. A

【解析】A 项表述涉及法律部门划分的原则问题，法律部门的划分原则包括合目的性原则、适当平衡原则、辩证发展原则、相对稳定原则和主次原则等，A 项表述正确。法律部门是指一个国家根据一定原则和标准划分的本国同类法律规范的总称，是构成一个国家法律体系的基本单元，而不是法系的构成单元。在我国法理学中，法系与法律体系是两个明显不同的概念。B 项表述将法律部门看成法系的构成单位是错误的。C 项表述也涉及法律部门划分的原则问题，法律部门的划分有客观因素，更有主观因素，C 项表述不正确。D 项表述涉及法律部门的划分标准，依照法学界一般观点，法律部门划分的标准有两个，一个是法律调整的对象（即社会关系），另一个是法律调整的方法。法律调整的对象即社会关系是划分法律部门的首要标准或第一位标准。离开了社会关系，就不会有任何法律规范的存在。法律调整的方法是第二位的标准，也叫辅助标准。可见，D 项表述不正确。

8. C

【解析】法的产生和演进，除了经济、政治原因外，还有人文、地理等因素的影响。可见，A 项表述错误。奴隶制法是人类历史上第一种私有制的法律类型。可见，B 项表述错误。私有财产神圣不可侵犯是所有资产阶级宪法确立的一项基本原则，也是资本主义法律制度的核心。可见，C项表述正确。由个别性调整逐步发展为规范性调整是法起源的一般规律。可见，D项表述错误。

9. A

【解析】根据我国宪法规定，我国的司法权包括审判权和检察权两种，A项表述正确。司法权独立并不意味着司法权不受一切机关和个人的监督，司法权不仅要接受党的领导和监督，还要接受国家权力机关的监督，司法机关的上、下级之间以及同级之间也存在着监督和约束，司法权也要接受行政机关、企业事业单位、社会团体、民主党派和人民群众的监督。可见，B项表述错误。司法权的终局性是指司法权在效力上具有终局性，这是相对于行政权而言的，因为行政权具有非终局性。司法权的终局性并不是指一切纠纷都由司法机关来解决。可见，C项表述错误。司法权的专属性是指司法职权只能由审判机关和检察机关行使，而不限于各级审判机关行使审判权。可见，D项表述错误。

10. A

【解析】在当代，公法和私法的界限日益模糊，出现了兼具公法和私法性质的法律，如经济法、劳动法等。可见，A项表述正确。普通法专指11世纪后由英格兰法官通过判决形式逐渐形成的适用于英格兰全境的一种判例法；衡平法是英国在14世纪后对普通法的修正和补充而出现的一种判例法。可见，B项表述错误。公法和私法的划分最早是由古罗马法学家乌尔比安首次提出的。可见，C项表述错误。公法和私法是大陆法系国家对法律的一种分类，普通法和衡平法是英美法系国家对法律的分类。公法主要是调整国家与普通公民之间关系的法律，私法主要是调整公民个人之间关系的法律。公法并非普通法，私法也不是衡平法。可见，D项表述错误。

11. C

【解析】守法包括行使权利和履行义务的活动，因此，行使法定权利的行为是守法。可见，A项表述正确。守法是公民的道德义务，每个社会成员都有守法的道德义务。通常违反法律的行为，也是违反道德要求的行为。可见，B项表述正确。合同属于私法范畴，遵守合同约定的权利和义务也是守法。可见，C项表述错误。守法中的义务履行，是指义务人依照法律规定作出或不作出一定的行为，以实现或保障权利人的利益。依法应当作出一定的行为，属于积极义务，如民事领域中的债务清偿、税法领域中的依法纳税义务。依法应当不作出一定行为，是法定的消极义务，如刑法领域中禁止杀人的行为。可见，D项表述正确。

12. B

【解析】甲与医院之间的医疗合同法律关系的客体是医疗行为。可见，A项表述错误。法律关系客体中的物是指存在于人体之外的、为法律关系主体支配的、在生产和生活上所需要的客观实体。手指在未与人体分离之前不属于物的范畴，但与人体分离后，则属于物的范畴。可见，B项表述正确。法律行为是指与当事人的意志有关的、能够引起法律关系产生、变更和消灭的客观现象。甲的女友与甲分手，不能引起任何法律关系的产生、变更和消灭，因而不是法律行为。可见，C项表述错误。本题表述的情形属于工伤事故责任，对于工伤事故责任，用人单位应当承担民事责任。可见，D项表述错误。

13. C

【解析】本题考查的是法律解释。正式解释，又称为法定解释或有权解释，是指由特定的国家机关、官员或其他有解释权的人对法律作出的具有法律上约束力的解释。并非所有国家机关对法律的解释都是有权解释，例如，司法解释属于正式解释，但只有最高人民法院和最高人民检察院才有权进行司法解释，所以 A 项表述错误。我国的法律解释体系包括立法解释、司法解释和行政解释三种，B 项表述中少了行政解释，因而也是错误的。在法律解释理论中，根据解释尺度的不同，法律解释可以分为限制解释、扩充解释与字面解释三种，因而 D 项表述也是错误的。文义解释、历史解释、目的解释与体系解释都是法律解释的方法，而法律解释的方法是解释者在进行法律解释时为了达到解释的目标所使用的方法。从这个意义上讲，C 项表述的关于历史解释方法既可用于正式解释，也可用于非正式解释的观点是正确的。

14. A

【解析】本题考查的是法治的有关理论。现代意义上的法治是一种治国方略，是依法办事的原则，是将国家权力的行使和社会成员的活动纳入完备的法律规则的系统，也是依法公平公正合理配置公权与私权的国家治理与社会治理状态。现代法治的核心原则包括法律至上、权力制约、人权保障、法律平等与正当程序等。从这些原理出发可以发现，A 项表述的“制约权力与保障权利是法治的基本内涵”的观点符合法治的原则精神，A 项表述正确，选 A 项。B 项表述的“依法治国首先要规范公民权利的行使”，颠倒了权力与权利的关系，依法治国首先应该规范公权力的行使，故 B 项表述错误。C 项表述的“法律至上意味着推进法治要排除道德和宗教的作用”的观点显然错误，因为法律至上并不排除道德、宗教、政治等其他正当社会规范的作用。D 项表述的“实现法治还要靠人治”的观点与法治的精神背道而驰，故 D 项表述错误。

15. D

【解析】宪法及其相关法，除了包括宪法典外，还包括国家机关组织法、选举法和代表法、国籍法、国旗法、特别行政区基本法、民族区域自治法、公民基本权利法、法官法、检察官法、立法法和授权法等处于附属层次的一些法律。各级人大常委会监督法属于国家机关组织法。可见，选 D 项。合同法属于民商法，行政强制法属于行政法，民事诉讼法属于程序法。

16. C

【解析】1999 年宪法修正案的主要内容有：(1) 将邓小平理论写入宪法序言。即明确把“我国将长期处于社会主义初级阶段”、“沿着建设有中国特色社会主义的道路”、在“邓小平理论指引下”、“发展社会主义市场经济”写进宪法。(2) 总纲中明确规定“中华人民共和国实行依法治国，建设社会主义法治国家”。(3) 增加规定“国家在社会主义初级阶段，坚持公有制为主体、多种所有制经济共同发展的基本经济制度，坚持按劳分配为主体、多种分配方式并存的分配制度”。(4) 增加规定“农村集体经济组织实行家庭承包责任制为主、统分结合的双层经营体制”。(5) 将国家对个体经济和私营经济的基本政策合并修改为“在法律规定范围内的个体经济、私营经济等非公有制经济，是社会主义市场经济的重要组成部分”“国家保护个体经济、私营经济的合法的权利和利益。国家对个体经济、私营经济实行引导、监督和管理”。(6) 将镇压“反革命活动”修改为镇压“危害国家安全的犯罪活动”。可见，C 项表述属于 1999 年宪法修正案的内容。A 项表述属于 1988 年宪法修正案的内容。B、D 项表述属于 2004 年宪法修正案的内容。

17. A

【解析】宪法规范具有最高法律效力，其效力高于法律、法规。可见，A 项表述正确。宪法规范调整的社会关系包括国家与公民之间的关系、国家与其他社会主体之间的关系、国家机关之间的关系和国家内部的关系。其中，宪法所调整的国家与公民之间关系中的“公民”，不仅包括我国公民，还包括外国人和无国籍人，例如，我国宪法在“公民的基本权利和义务”一章中对“外国人权利和利益的保护”作出了规定。可见，B 项表述错误。宪法规范的内容具有政治性，宪法规范可以通过立法具体化，成为法律、法规的立法依据；宪法规范也可以通过宪法解释实现其效力。可见，C 项表述错误。宪法规范的内容具有政治性和立法原则性等特征，宪法规范可以通过立法具体化，成为法律、法规的立法依据，但宪法也可以通过宪法解释实现其效力。可见，D 项表述错误。

18. B

【解析】1958 年法国宪法专章规定了宪法委员会制度，A 项表述正确。我国 1975 年宪法存在严重缺陷，现行宪法是对 1954 年宪法的继承和发展。可见，B 项表述错误。英国宪法在发展过程中形成了议会至上的体制特点。可见，C 项表述正确。司法机关行使宪法解释权源自美国，通过普通法院解释宪法是美国宪法实践的创造。可见，D 项表述正确。

19. B

【解析】《全国人民代表大会组织法》第 36 条第 2 款规定，各专门委员会可以根据工作需要，任命专家若干人为顾问；顾问可以列席专门委员会会议，发表意见。据此，顾问可列席会议，但只能发表意见，不能参与表决。可见，A 项表述错误。《全国人民代表大会组织法》第 35 条第 3 款规定，各专门委员会的主任委员、副主任委员和委员的人选由主席团在代表中提名，大会通过。在大会闭会期间，全国人民代表大会常务委员会可以补充任命专门委员会的个别副主任委员和部分委员，由委员长会议提名，常务委员会会议通过。据此，B 项表述正确。全国人民代表大会设立民族委员会、宪法和法律委员会、财政经济委员会、教育科技文化卫生委员会、外事委员会、华侨委员会、监察和司法委员会、环境与资源保护委员会、农业和农村委员会、社会建设委员会。专门委员会受全国人大领导，在全国人大闭会期间，受全国人大常委会领导。据此，全国人大专门委员会中没有预算委员会。可见，C 项表述错误。全国人大各专门委员会是从代表中选举产生的按照专业分工的工作机构。各专门委员会不是独立的行使职权的国家机关，对外不能发号施令，它只是帮助全国人大及其常委会研究、审议和拟订有关议案的辅助性机构。可见，D 项表述错误。

20. D

【解析】宪法制定不同于宪法修改。宪法的修改是以既存的宪法为前提，是依据宪法规定的修改程序来合法地修改宪法；宪法制定并不以既存的宪法为依据，也不以现行宪法为前提，恰恰是为了创造现行宪法。一般而言，新生政权或新政府产生之后首次制定宪法的活动视为宪法制定，而在宪法产生之后对宪法的变更活动称为宪法修改。宪法制定机关也不同于宪法修改机关。宪法制定机关是专门的制宪机构，如我国宪法是 1954 年 9 月 20 日在第一次全国人民代表大会第一次会议上制定通过的，而宪法修改机关是立法机关，如我国宪法修改机关是全国人大。因此，制定宪法属于原生性权力，修改宪法则是派生性权力。可见，修宪机关与宪法制定机关可能相同，也可能不同，故 A 项表述错误。各国宪法一般会对修宪提案权的主体作出特别规定，如有的规定由议会绝对多数提出，有的规定由总统提出，也有的规定达到法定数量的公民可以提出，B 项表述过于绝对，因而是不正确的。宪法修改一般要求议会 2/3 或 3/4 以上多数通过，有的国家甚至还要经全体公民投票才能最终形成议决，C 项表述不准确。《宪法》第 62 条第 1 项规定，全国人民代表大会行使宪法修改权。据此，D 项表述正确。

21. D

【解析】《村民委员会组织法》第 13 条规定，年满 18 周岁的村民，不分民族、种族、性别、职业、家庭出身、宗教信仰、教育程度、财产状况、居住期限，都有选举权和被选举权；但是，依照法律被剥夺政治权利的人除外。村民委员会选举前，应当对下列人员进行登记，列入参加选举的村民名单：（1）户籍在本村并且在本村居住的村民；（2）户籍在本村，不在本村居住，本人表示参加选举的村民；（3）户籍不在本村，在本村居住 1 年以上，本人申请参加选举，并且经村民会议或者村民代表会议同意参加选举的公民。已在户籍所在村或者居住村登记参加选举的村民，不得再参加其他地方村民委员会的选举。据此，A 项表述不符合上述规定第 2 项，B 项表述不符合上述规定第 1 项，C 项表述中村民已参加其他地方村委会选举，A、B、C 都不是本题正确选项。王九符合上述规定第 2 项，应列入参选村民名单，选 D 项。

22. A

【解析】《宪法》第 9 条第 1 款规定，矿藏、水流、森林、山岭、草原、荒地、滩涂等自然资源，都属于国家所有，即全民所有；由法律规定属于集体所有的森林和山岭、草原、荒地、滩涂除外。据此，钨矿作为矿藏属于国家所有，故选 A 项。

23. D

【解析】全国人民代表大会在国家机关体系中居于最高地位，中央军事委员会对全国人民代表大会及其常务委员会负责。可见，A 项表述错误。根据《宪法》第 62 条第 6 项规定，中央军委主席由全国人大选举产生，而非由国家主席提名产生。可见，B 项表述错误。根据《宪法》第 93 条第 4 款规定，中央军事委员会每届任期与全国人民代表大会每届任期相同（5 年），但中央军委主席连续任职不受限制。可见，C 项表述错误。根据《宪法》第 93 条第 3 款和第 94 条规定，中央军事委员会实行主席负责制，中央军委主席对全国人大及其常委会负责。据此，D 项表述正确。

24. D

【解析】言论自由属于公民政治权利的范畴，故 A 项表述正确。保障公民言论自由为各国宪法所普遍承认，故 B 项表述正确。规制言论自由的方式主要有预防制和追惩制两种，故 C 项表述正确。行使言论自由时侵害他人名誉权的，应由民法规范予以规制。可见，D 项表述错误，故选 D 项。

25. D

【解析】根据香港特别行政区基本法规定，中央对特别行政区行使的权力包括：负责管理与特别行政区有关的外交事务，负责管理特别行政区的防务，任命特别行政区的行政长官和行政机关的主要官员，决定特别行政区进入紧急状态，解释特别行政区基本法，修改特别行政区基本法等。可见，选D项。《香港特别行政区基本法》第106条第3款规定，中央人民政府不在香港特别行政区征税。据此，不选A项。《香港特别行政区基本法》第88条规定，香港特别行政区法院的法官，根据当地法官和法律界及其他方面知名人士组成的独立委员会推荐，由行政长官任命。据此，不选B项。《香港特别行政区基本法》第76条规定，香港特别行政区立法会通过的法案，须经行政长官签署、公布，方能生效。据此，不选C项。

26. B

【解析】德国采用专门机关进行违宪审查的模式，故选B项。美国和日本采取司法机关违宪审查模式，英国采取立法机关违宪审查模式。

27. C

【解析】《地方各级人民代表大会和地方各级人民政府组织法》第4条规定，地方各级人民代表大会都是地方国家权力机关。据此，A项表述正确。《地方各级人民代表大会和地方各级人民政府组织法》第11条第1款规定，地方各级人民代表大会会议每年至少举行一次。据此，B项表述正确。《地方各级人民代表大会和地方各级人民政府组织法》第12条规定，县级以上的地方各级人民代表大会会议由本级人民代表大会常务委员会召集。《地方各级人民代表大会和地方各级人民政府组织法》第15条规定，乡、民族乡、镇的人民代表大会举行会议的时候，选举主席团，由主席团主持会议，并负责召集下一次的本级人民代表大会会议。乡、民族乡、镇的人民代表大会主席、副主席为主席团的成员。根据上述规定，C项表述错误。《地方各级人民代表大会和地方各级人民政府组织法》第20条规定，地方各级人民代表大会进行选举和通过决议，以全体代表的过半数通过。据此，D项表述正确。

28. 无

【解析】根据修订前《立法法》第63条第2款和第89条第2项规定，较大的市的人民代表大会及其常务委员会制定的地方性法规，经省、自治区的人民代表大会常务委员会批准后，报全国人民代表大会常务委员会和国务院备案。本题是按照修订前的《立法法》命题的，题干表述已不符合修订后《立法法》的规定。按照修订后的《立法法》第98条第2项规定，省、自治区、直辖市的人民代表大会及其常务委员会制定的地方性法规，报全国人民代表大会常务委员会和国务院备案；设区的市、自治州的人民代表大会及其常务委员会制定的地方性法规，由省、自治区的人民代表大会常务委员会报全国人民代表大会常务委员会和国务院备案。据此，较大的市可以纳入设区的市的范畴，而依据新《立法法》第98条第2项规定，本题无答案。

29. B

【解析】根据《人民法院组织法》规定，人民法院实行合议制而非陪审制。人民法院审判的第一审案件，由审判员组成合议庭或者由审判员和人民陪审员组成合议庭进行。可见，A项表述错误。人民法院实行两审终审制，故B项表述正确。上级人民法院“监督”

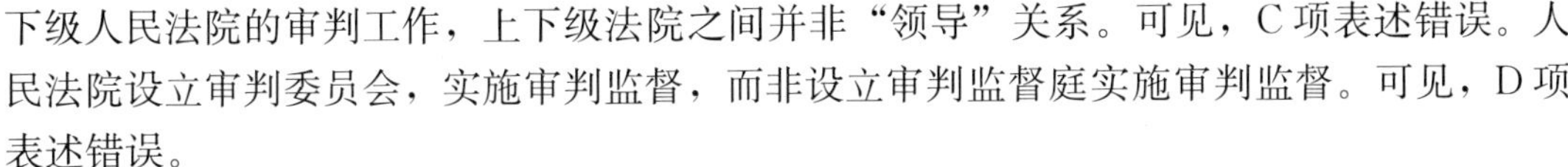

下级人民法院的审判工作，上下级法院之间并非“领导”关系。可见，C项表述错误。人民法院设立审判委员会，实施审判监督，而非设立审判监督庭实施审判监督。可见，D项表述错误。

30. A

【解析】商代有“三风十愆”之规定，即官吏有“巫风”、“淫风”和“乱风”三类恶劣风气以及与之相关的十种不良行为的，当处墨刑。“三风十愆”属于职官犯罪。可见，选A项。

31. A

【解析】《法经》由《盗》、《贼》、《网》（《囚》）、《捕》、《杂》、《具》6篇组成。《盗法》是关于侵犯官私财产所有权犯罪的法律规定。《贼法》是关于人身伤害、破坏社会秩序的法律规定。《网法》是关于囚禁和审判罪犯的法律规定。《捕法》是关于追捕盗、贼及其他犯罪者的法律规定。《网法》和《捕法》相当于诉讼法的篇目。《杂法》是关于“盗贼”以外的其他犯罪与刑罚的规定，主要规定了“六禁”。《具法》是关于定罪量刑中从轻从重等法律原则的规定，相当于近代刑法典的总则篇。可见，选A项。

32. D

【解析】秦朝立法指导思想包括缘法而治、法令由一统和严刑重法。明刑弼教是明朝的立法指导思想。可见，选D项。

33. B

【解析】秦朝的“廷行事”即司法机关判案的成例，在律文没有相关规定时，可以作为司法实践中同类案件判决的依据。可见，选B项。

34. D

【解析】根据亲亲得相首匿原则，对于“子为父隐”的，除谋反、大逆之罪外，隐匿者不负刑事责任，故乙“不当坐”。可见，选D项。

35. C

【解析】汉律规定的左官罪指官吏违犯法令私自到诸侯国任官，即“舍天子而仕诸侯”。可见，选C项。A项表述的是汉律规定的阿党罪，B项表述的是汉律规定的附益罪，二者合称为“阿党附益罪”。D项表述的是汉律规定的漏泄省中语罪。

36. D

【解析】中国古代最早将法典的篇数简化为12篇的法典是《北齐律》，《北齐律》首次使封建成文法典篇章体例定型化。可见，选D项。《魏律》《大业律》均为18篇。《晋律》为20篇。

37. D

【解析】南陈创立了测立之法，对受审者先鞭打二十，笞捶三十，再迫其负枷械刑具，站立于顶部尖圆、仅容两足的一尺高的土垛上，折磨逼供。可见，选D项。A、B项表述为北齐刑讯之法。C项表述为南梁的测罚之法。

38. D

【解析】依据唐律，对于侵害人身、毁坏贵重物品、偷渡关卡、私习天文等不适用自首。只有脱漏户籍可以适用自首，选D项。

39. A

【解析】刺配是将折杖、配役、刺面三刑同时施加于一人的复合刑罚，是“既杖其脊，又配其人，而且刺其面，是一人之身，一事之犯，而兼受三刑也”。宋朝创立此刑的目的是为了宽待死刑，但逐渐被滥用。可见，选A项。折杖是宋朝创立的刑罚，即将笞、杖折成臀杖，杖后释放；徒、流折成脊杖，徒刑折成脊杖，杖后释放；流刑折成脊杖后，就地配役1年；加役流折成脊杖后，就地配役3年。廷杖是明朝皇帝为滥施权威，在朝堂上杖责大臣的制度。发遣是清朝首创的仅次于死刑的重刑，即将罪犯发配边疆给驻防八旗兵为奴的刑罚。

40. B

【解析】元典章首次附载五服图，并为明清律典所附载，以供司法官查检。可见，A项表述正确。《元典章》并非法典，而是元代江西行省编撰的法律法规汇编。可见，B项表述错误、D项表述正确。《元典章》首创六部分篇的编纂体例，此编纂方式为明清法典所继承。可见，C项表述正确。

41. C

【解析】明太祖朱元璋将御史台改为都察院，作为全国最高司法和行政监察机关，负责全国司法和行政监察，并参与重大或疑难案件的审理。可见，选C项。御史台为汉代至元代的中央最高司法和行政监察机关。大理寺为北齐首创的中央最高审判机关，隋、唐、宋时期的大理寺为中央最高审判机关，明、清时期的大理寺为中央刑事案件复核机关。锦衣卫为明太祖朱元璋设立的特务机关，明朝宦官把持的东厂和锦衣卫并称“厂卫”。

42. B

【解析】清朝一再兴起文字狱，以压制反满思想和反专制主义思潮。但清朝的律例中并无关于惩治思想犯罪的规定。审理文字狱案件，一般以谋大逆比附定罪，极少数文字狱案件是依照谋反罪论处的。可见，选B项。

43. C

【解析】清朝在1906年9月发布的《宣示预备立宪谕》中，将“大权统于朝廷，庶政公诸舆论”作为清末预备立宪的指导思想。B项表述（“中外通行，有裨治理”）为清末修律的指导思想。A、D项表述为沈家本在阐述清末修律指导思想时提出的具体观点。

44. A

【解析】南京国民政府于1932年10月颁布《法院组织法》之前实行四级三审制，《法院组织法》颁布后，实行三级三审制。可见，选A项。

45. B

【解析】“马锡五审判方式”是群众路线在司法实践中的具体运用，其产生于抗日民主政权时期。可见，选B项。

二、多项选择题

46. ABD

【解析】法律效力的终止方式包括明示废止和默示废止。明示废止是指在新法或其他法律文件中明文规定废止旧法。默示废止是指在适用法律上出现新法和旧法冲突时，适用新法而使旧法在事实上废止。对于默示废止，只有立法机关所立新法客观上与原有的法律有矛盾，而立法时没有被发现的情况下，才采用“新法优于旧法”“后法优于前法”的原则默示废止。一般而言，法律效力终止的情况有如下五种：(1) 新法公布实施生效后，原有的相同内容的法律自行失去效力。(2) 新法中明文宣布原有的相同内容的法律自新法生效之日起终止效力。(3) 有权的国家机关颁布决定、命令等专门的法律文件，宣布某法律失效（废除）或修改其中的某些条款（使旧条款失效）。(4) 在法律中明文规定该法律的有效期限，期限届满时，该法律即自行终止效力。(5) 某些法律因其历史任务业已完成，其所依据的特定条件已消失或其所调整的社会关系不复存在而自然失效。可见，选 A、B、D 项。

47. BC

【解析】本题考查的是法律推理的有关理论。法律推理通常是指以法律与事实两个已知的判断为前提，运用科学的方法和规则，为法律适用提供正当理由的一种逻辑思维活动。法律推理的应用范围包括立法、执法、司法、法律监督乃至公民的法律意识与思维过程。可见，A 项认为法律推理只存在于执法与司法中的观点是错误的，不选 A 项。而法律推理又分为形式推理和实质推理（又称辩证推理）两大类。辩证推理的作用主要是为了解决因法律规定的复杂性而引起的疑难问题，因此，B 项表述正确，选 B 项。C 项表述的关于英美法系法律推理的描述也是正确的，因为其判例的形成过程既要运用归纳推理，也要运用演绎推理，选 C 项。D 项表述的关于某法官引用习俗判案是类比推理的观点不正确，因为它没有正确地理解类比推理，类比推理是一种从个别到个别的推理，它是根据两类对象的某些属性的相似性推出它们在另一些属性方面也具有相似性的推理活动，是一种或然性推理。在法律推理中，法院有时可以在确定两个案件相似性的情况下，推定两个案件适用的法律以及判决结果也应相似，这就是司法中比较典型的类比推理。可见，D 项表述将“法无明文规定”类比为“依据习惯”审理案件，这是对类比推理的误解，故 D 项表述错误。

48. ABC

【解析】立法作为法定的国家机关的专门活动，除了必须依照法定的职权和程序进行立法外，还必须遵循一系列的立法原则，立法原则包括合宪与法制统一原则（合法性原则）、民主原则和科学原则。从本题已知的情形来看，全国人大常委会在旅游法草案提请审议表决前，邀请部分全国人大代表、旅游者、旅游经营者、法律专家召开座谈会，对法律草案内容的合宪性、可行性、法律出台时机以及实施后的社会效果进行评估，这些活动正是立法的民主、科学和合宪与法制统一这三大原则的具体体现。公众参与立法前评价，这体现了立法的民主原则的要求；专家参与论证，这体现了立法科学原则的精神；邀请第三方主体参与立法前的论证与评估，本身也符合合宪与法制统一精神。可见，选 A、B、C 项。D 项表述的效率性原则本身并非立法原则，而是行政执法原则，而且民主与效率之间是有一定紧张关系的，因此，D 项表述不符合题意，不选 D 项。

49. BC

【解析】根据现代法学理论，法律中的免责，也称法律责任的减轻或免除，是指法律责任由于出现了某些法定条件而被部分或全部地免除。免责不同于“不负责任”或“无责任”，因为免责以法律责任的存在为前提，而后两者并不存在责任。不应把未到法定责任年龄、精神失常、正当防卫、紧急避险等不负法律责任的条件当作免除责任的条件。免责并不意味着被免责的违法行为是合理的、法律允许的或法律不管的，更不意味着被免责的行为是法律赞成或支持的。在我国的法律规定和法律实践中，免责的条件和情况是多种多样的。免责的条件主要包括时效免责、不诉免责、自首立功免责、有效补救免责、自助免责等。根据上述原理，A项表述中少年并不是因为其年龄而免责，而是法律没有规定这类少年的刑事责任，这属于未到法定年龄而不负刑事责任的情形。B、C、D项表述的情形分别符合不诉免责、立功免责与时效免责的法律规定，选B、C、D项。需要注意的是，本题原标准答案为B、C、D项，但根据《民法典》规定，人身伤害损害赔偿的诉讼时效为3年，因此，D项表述的情形已不能构成时效免责。

50. ABC

【解析】法律实现是法律实施活动的直接目的。可见，A项表述正确。法律实现受多种因素的制约，但归根到底受社会客观物质条件的限制。可见，B项表述正确。法律实施就是使法律从书本上的法律变成行动中的法律，使它从抽象的行为模式变成人们的具体行为，从应然状态进到实然状态。可见，C项表述正确。法律实施不一定能够使法律实现，只有将法律实施与对法的实效的追求结合起来，才能使法真正得到实现。可见，D项表述将法律实现与法律实施这两者的关系表述得过于片面，因而是不正确的。

51. ABCD

【解析】政治的变迁即政治活动和政治关系的发展变化必然在一定程度或意义上影响法律的内容或对价值追求的发展变化。可见，A项表述正确。法律对政治具有确认、规范和保障作用，因此，法能够为政治行为提供合法律性依据。可见，B项表述正确。政治可以影响法律的内容，政治也可以为法律的实现和发展提供必要的环境和条件。可见，C项表述正确。政治的核心是权力，而法律的核心是权利。虽然权力运用得当可以为权利的实现创造有利条件，但权力往往对权利构成威胁与侵害，因此，法治社会需要法律与政治、权力保持适当的距离。可见，D项表述正确。

52. AD

【解析】公民和人民的区别之一就是公民往往是作为个体概念使用的，而人民往往是作为群体概念使用的。可见，A项表述正确。虽然我国宪法第二章规定的是“公民”的基本权利和义务，但享有基本权利的主体不仅仅包括公民，还包括法人或其他社会组织。可见，B项表述错误。公民和人民具有不同的内涵，故C项表述错误。我国宪法规定，凡是具有中国国籍的人都是中国公民。可见，D项表述正确。

53. BC

【解析】国务院实行总理负责制，故A项表述错误。国务院是最高行政机关，是最高国家权力机关的执行机关。可见，B项表述正确。国务院每届任期与全国人大每届任期相同，为5年。可见，C项表述正确。根据《宪法》第88条第2款规定，总理、副总理、国务委员、秘书长组成国务院常务会议。据此，D项表述错误。

54. BC

【解析】非公有制经济包括个体经济、私营经济以及“三资经济”，集体所有制经济属于公有制经济。可见，A项表述错误。《宪法》第11条规定，在法律规定范围内的个体经济、私营经济等非公有制经济，是社会主义市场经济的重要组成部分。国家保护个体经济、私营经济等非公有制经济的合法的权利和利益。国家鼓励、支持和引导非公有制经济的发展，并对非公有制经济依法实行监督和管理。据此，B、C 项表述正确。根据《宪法》第 11 条规定，国家对非公有制经济的政策是“鼓励、支持和引导”，而非“巩固和发展”。可见，D 项表述错误。

55. ABC

【解析】我国《宪法》在第二章“公民的基本权利和义务”中规定了平等权，即在第 33 条第 2 款规定了一般平等权条款，因而，平等权是我国公民的基本权利。可见，A 项表述正确。平等权是公民的基本权利，也是国家对公民负有的义务，即国家对公民享有基本权利负有保障义务。可见，B 项表述正确。平等权意味着公民平等地享有权利、履行义务。可见，C 项表述正确。平等权反对特权和歧视，但这并不意味着不允许存在差别对待，只要存在差别对待的合理理由，就应当允许存在这种差别。可见，D 项表述错误。

56. BCD

【解析】八二宪法在制定时尚未规定人权保障条款，2004 年宪法修正案在八二宪法第 33 条规定中明确增加了“国家尊重和保障人权”条款。可见，A 项表述错误。人权条款对于理解宪法基本权利提供了指引，具有指导作用。可见，B 项表述正确。2004 年宪法修正案虽然增加了人权条款，但并未穷尽所有为现代文明国家和国际公约所承认的权利类型。可见，C 项表述正确。人权保障条款为国家设定了尊重、保障和实现人权的义务。可见，D 项表述正确。

57. AD

【解析】人民政协在性质上属于爱国统一战线组织。可见，A 项表述正确。人民政协并非国家机关，不属于国家机构体系的组成部分。可见，B 项表述错误。人民政协是爱国统一战线和多党合作的重要形式。可见，C 项表述错误。人民政协的职能是政治协商、民主监督、参政议政。可见，D 项表述正确。

58. CD

【解析】《宪法》第 30 条规定，中华人民共和国的行政区域划分如下：（1）全国分为省、自治区、直辖市；（2）省、自治区分为自治州、县、自治县、市；（3）县、自治县分为乡、民族乡、镇。直辖市和较大的市分为区、县。自治州分为县、自治县、市。自治区、自治州、自治县都是民族自治地方。据此，选 C、D 项。

59. ABCD

【解析】春秋时期公布成文法的历史意义有：（1）公布成文法是对旧的法律观念、法律制度以及社会秩序的一种否定，打破了“刑不可知，则威不可测”的信条，结束了法律的秘密状态，使法律制度逐步走向公开化，开创了古代法制建设的新纪元。（2）公布成文法在客观上为法律制度的进一步发展，为罪和刑对应的成文法典的出现提供了条件，也为各种新型社会关系的产生和发展提供了可靠保证。（3）春秋时期公布成文法，开辟了一种全新的以法治世的统治模式，为“法治”取代“礼治”拉开了序幕，也为战国及其后世法律制度的发展与完善积累了经验。（4）成文法的公布使奴隶制法律体系走向解体，为封建法律制度的确立奠定了基础。可见，备选项应全选。

60. BCD

【解析】依据《唐律疏议·户婚律》规定，构成义绝的情形有：夫殴妻之祖父母、父母及杀妻外祖父母、伯叔父母、兄弟、姑、姊妹；妻殴詈夫之祖父母、父母，杀伤夫外祖父母、伯叔父母、兄弟、姑、姊妹及与夫之缌麻以上亲，若妻通奸及欲害夫者；夫妻祖父母、父母、外祖父母、伯叔父母、兄弟、姑、姊妹自相杀者。可见，选B、C、D项。唐朝婚姻解除的条件包括七出、三不去、义绝与和离。义绝为强制离婚，而和离为自愿离婚。A项表述的是和离，而非义绝，故不选A项。

61. ABD

【解析】《宋刑统》编纂后，终世不改，因而，为了弥补律典规定的不足，宋朝进行了编敕、编例和编纂条法事类等立法活动。可见，选A、B、D项。宋朝没有进行会典的编纂活动，明清时期有会典编纂的立法活动，如明朝的《明会典》，清朝的“五朝会典”。可见，不选C项。

62. ABCD

【解析】清末“礼法之争”所涉及的争执主要集中在“干名犯义”条款的存废、“无夫奸”和“亲属相奸”是否论罪、“子孙违反教令”是否论罪、关于“存留养亲”条款是否编入刑律、对尊亲属有犯是否适用正当防卫等5个方面。可见，备选项应全选。

63. ABCD

【解析】“六法全书”的编纂完成标志着国民政府六法体系的建构完成，六法体系的构建实现了中国法律形式上的近代化。可见，A、B项表述正确。国民政府对六法体系的编纂采取“以法典为纲、以相关法规为目”的方式，将法典及相关法规汇编成“六法全书”。可见，C项表述正确。南京国民政府的法律体系属于传统的大陆法系，南京国民政府建立之初即开始仿照大陆法系国家建构中国的以法典为核心的法律体系。可见，D项表述正确。

三、简答题

64. 答案要点：

（1）社会生活条件的历史延续性决定了法律的继承性。

（2）法律的相对独立性决定了法发展过程的延续性和继承性。

（3）法作为人类文明成果决定了法律继承的必要性。

（4）法律演进的历史事实验证了法律的继承性。

65. 答案要点：

（1）公民的人身自由不受侵犯。

（2）任何公民，非经人民检察院批准或者决定或者人民法院决定，并由公安机关执行，不受逮捕。

（3）禁止非法拘禁和以其他方法非法剥夺或者限制公民的人身自由。

（4）禁止非法搜查公民的身体。

66. 答案要点：

（1）保留了清末法律改革的重要成果，其立法多以清末新订的法律为蓝本。

（2）引进西方法律原则，继续在清末法制改革未及之领域进行新的立法。

（3）制定颁行众多单行法规，其中大部分属于特别法。

（4）判例和解释例成为重要的法律渊源，以补充成文法的不足。

四、分析题

67. 答案要点：

（1）S 市人民检察院依法对犯罪嫌疑人提起公诉；S 市中级人民法院依法审理该案；S 市人民检察院依法提出抗诉；Y 省高级人民法院依法启动二审程序。

（2）S 市中级人民法院根据李某的犯罪情节和法律规定作出判决；S 市人民检察院以一审法院适用法律不当、量刑过轻，提起抗诉；Y 省高级人民法院对一审判决予以改判。

（3）程序公正是实体公正的前提和保障，没有程序公正，实体公正就无法实现。有程序公正也未必就有实体公正，实体公正是程序公正的目标和追求。

68. 答案要点：

（1）没有侵犯。人大代表享有言论免责权，目的是保障代表正常履职。人大代表言论免责权限于人大代表在人大各种会议上的发言与表决。王某的发言系在区民营经济工作会议上发表，不属于言论免责的范围，故《海滨晚报》的报道没有侵犯王某的言论免责权。

（2）原选区选民 50 人以上联名，向区人大常委会书面提出罢免要求，由区人大常委会派有关负责人员主持表决，并经原选区过半数的选民通过。

（3）如果张某确有贿选行为，其当选无效。根据选举法规定，以金钱或其他财物贿赂选民，妨害选民自由行使选举权和被选举权的，其当选无效，并给予治安管理处罚，构成犯罪的，追究刑事责任。

69. 答案要点：

（1）翻异别勘（推），即犯人推翻原口供的，交由其他机构或者司法官重新审理。

（2）材料具体反映的是州狱案件应当如何适用翻异别勘。犯人推翻口供时，先由提刑司官员重审；犯人再翻供的，交由本路转运、提举、安抚司等机构依次重审；本路机构均参与重审后，犯人又翻供的，改由相邻路的司法机关重审。

（3）翻异别勘在一定程度上减少了冤假错案的发生，有利于司法公正的实现，体现了宋代司法的慎刑精神。

五、论述题

70. 答案要点：

（1）法的价值主要包括秩序、自由、平等、正义、效率等。甲的观点主要反映出对效率的追求，乙的观点主要反映出对自由与正义的追求，丙的观点主要反映出对平等与秩序的追求。

（2）从主体角度来看，法的价值冲突常常出现于三种场合：法律所确认的个体价值之间的冲突，如个人自由与他人利益相冲突；共同体之间的价值冲突，如人类共同利益与一国主权利益之间的冲突；个体与共同体之间的价值冲突，如个人自由与社会秩序之间的冲突。材料中甲、乙、丙的观点主要反映出个体与个体之间的价值冲突以及个体与共同体之间的价值冲突。

（3）解决价值冲突的原则一般有：①价值位阶原则，即不同位阶的法律价值发生冲突时，高位阶的价值优于低位阶的价值；②个案平衡原则，即个案中同一位阶的法律价值之间发生冲突时，综合考虑主体之间的特定情形、需求和利益，适当兼顾双方的利益，促进个案的解决；③比例原则，即“为保护某种较为优越的法律价值而须侵害某一法益时，不得逾越达此目的所必要的程度”；④人民根本利益原则，即以满足最广大人民群众的根本利益为标准，解决一些重大疑难的法律价值冲突问题，可作为价值位阶原则的补充和保障。

2015 年专业基础课试题

一、单项选择题（第 1～40 小题，每小题 1 分，共 40 分。下列每题给出的四个选项中，只有一个选项是符合题目要求的。请在答题卡上将所选项的字母涂黑）

1. 原铁道部部长刘某因受贿罪、滥用职权罪被追究刑事责任。有人认为，在对刘某量刑时“应考虑他对中国高铁建设的贡献”。这种说法违背了我国刑法中的（　　）。

A. 罪刑法定原则　　B. 刑法适用平等原则

C. 罪责刑相适应原则　　D. 主客观相统一原则

2. 下列选项中，属于犯罪对象的是（　　）。

A. 赌博的筹码　　B. 抢夺的财物

C. 行贿的财物　　D. 运输毒品的车辆

3. 甲欲杀死赵某，掐赵某脖子致其休克后，甲以为赵某死亡，将其投入河中，赵某溺水而亡。甲的行为构成（　　）。

A. 故意伤害罪（致人死亡）　　B. 过失致人死亡罪

C. 故意杀人罪（未遂）　　D. 故意杀人罪（既遂）

4. 甲涉嫌犯聚众斗殴罪，在 2010 年 8 月 9 日被抓捕时逃跑。2014 年 6 月 5 日，甲抢夺他人财物，数额特别巨大。下列选项中，正确的是（　　）。

A. 甲所犯抢夺罪的追诉期限为 5 年

B. 甲所犯聚众斗殴罪因其逃跑而不受追诉期限的限制

C. 甲所犯聚众斗殴罪的追诉期限从 2010 年 8 月 9 日起计算

D. 甲所犯聚众斗殴罪的追诉期限从 2014 年 6 月 5 日起计算

5. 针对吸毒后在道路上驾驶汽车的现象，有人认为，虽然刑法未规定吸毒驾驶构成犯罪，但是吸毒驾驶和醉酒驾驶具有相同的社会危害性，故而应以危险驾驶罪论处。这种观点属于（　　）。

A. 扩大解释　　B. 文理解释　　C. 类推解释　　D. 当然解释

6. 关于故意的认识内容，下列选项中正确的是（　　）。

A. 成立受贿罪，要求行为人认识到自己是国家工作人员

B. 成立聚众淫乱罪，要求行为人认识到自己行为的违法性

C. 成立故意毁坏财物罪，要求行为人认识到毁坏财物的数额较大

D. 成立传播淫秽物品罪，要求行为人认识到传播的是淫秽物品

7. 甲17周岁时因运输毒品被判处3年有期徒刑，刑满释放后不久，又因参加黑社会性质组织贩卖毒品被逮捕。甲属于（　　）。

A. 再犯　　B. 初犯　　C. 一般累犯　　D. 特别累犯

8. 甲在某机场到达大厅出口外引爆自制爆炸装置，造成一人轻伤。甲的行为应认定为（　　）。

A. 爆炸罪　　B. 寻衅滋事罪

C. 故意伤害罪　　D. 以危险方法危害公共安全罪

9. 某私营健身机构经理安排会计甲将收取的50万元会员费存入甲的存折，供单位日常开支。三个月后，甲取走存折中全部资金潜逃。甲的行为构成（　　）。

A. 盗窃罪　　B. 职务侵占罪　　C. 侵占罪　　D. 挪用资金罪

10. 甲公司将3 000公斤生产废料直接倒入河中，该废料遇水反应生成毒气，毒气随风飘至附近数个村庄，致上百名村民呼吸系统受损，并造成直接经济损失100多万元。甲公司的行为构成（　　）。

A. 污染环境罪　　B. 重大责任事故罪

C. 投放危险物质罪　　D. 以危险方法危害公共安全罪

11. 空姐甲长期在国外购买化妆品，经无申报通道携带入境，交由其表妹在网店销售，偷逃高额海关关税，获利数额巨大。甲的行为应认定为（　　）。

A. 逃税罪　　B. 走私普通货物、物品罪

C. 非法经营罪　　D. 为亲友非法牟利罪

12. 甲男将女同事汪某骗至宾馆，要求与之发生性关系，否则在网上散布汪某的不雅照。汪某对甲破口大骂，甲觉得无趣，遂打消奸淫念头离去。甲的行为属于（　　）。

A. 犯罪预备　　B. 犯罪未遂　　C. 犯罪中止　　D. 犯罪既遂

13. 下列情形中，不得适用假释的是（　　）。

A. 因诈骗罪被判处12年有期徒刑　　B. 因叛逃罪被判处15年有期徒刑

C. 因放火罪被判处13年有期徒刑　　D. 因故意杀人罪被判处5年有期徒刑

14. 下列犯罪中，属于结果犯的是（　　）。

A. 放火罪　　B. 故意毁坏财物罪

C. 私放在押人员罪　　D. 参加黑社会性质组织罪

15. 甲因侵占科研经费被捕。在侦查期间，甲主动供述自己曾和同事一起套取另一科研项目经费19万元用于自己房屋装修。甲供述与他人套取科研经费的行为属于（　　）。

A. 坦白　　B. 立功　　C. 自首　　D. 准自首

16. 甲遇红灯停车时，与路人孙某发生口角，甲下车将孙某打倒在地，驾车离去。孙某坐在马路上，不听他人劝导，拒绝离开。十分钟后，乙超速驾车经过此处，来不及刹车，将孙某撞死。下列选项中，正确的是（　　）。

A. 甲构成故意伤害罪（致人死亡）　　B. 甲构成寻衅滋事罪

C. 甲和乙共同构成交通肇事罪　　D. 乙构成交通肇事罪

17. 下列行为中，可以认定为妨害信用卡管理罪的是（　　）。

A. 拾得他人信用卡并使用　　B. 窃得他人信用卡并使用

C. 使用虚假的居民身份证骗领信用卡　　D. 使用以虚假居民身份证骗领的信用卡

18. 甲冒充公安干警，将正在赌博的张某等四人用手铐铐住，拿走其赌资及随身携带的财物 2 万余元。甲的行为应认定为（　　）。

A. 诈骗罪　　B. 抢劫罪　　C. 招摇撞骗罪　　D. 敲诈勒索罪

19. 甲在医院缴费单上加盖自己私刻的收费章，逃避支付妻子透析治疗费用 17 万余元。甲的行为（　　）。

A. 按诈骗罪定罪处罚　　B. 按伪造事业单位印章罪定罪处罚

C. 按合同诈骗罪定罪处罚　　D. 成立紧急避险

20. 甲秘密窃取他人持有的枪支，该行为同时符合盗窃罪和盗窃枪支罪的犯罪构成。按照我国刑法理论，这种情形属于（　　）。

A. 牵连犯　　B. 法条竞合　　C. 想象竞合犯　　D. 结果加重犯

21. 下列民事权利中，属于支配权的是（　　）。

A. 甲对无权代理的追认权

B. 乙对自身肖像的使用权

C. 丙因受欺诈享有的撤销合同的权利

D. 丁被他人打伤享有的请求赔偿的权利

22. 下列选项中，具备法人资格的是（　　）。

A. 合伙企业　　B. 个体工商户

C. 个人独资企业　　D. 一人有限责任公司

23. 下列行为中，属于从法律行为的是（　　）。

A. 行纪合同　　B. 协议离婚　　C. 履行行为　　D. 抵押合同

24. 甲系精神病人，有亲属如下：母亲，75 周岁，瘫痪在床；弟弟，48 周岁，工人；儿子，20 周岁，在校大学生；女儿，17 周岁，无业。甲的监护人应为（　　）。

A. 甲母　　B. 甲弟　　C. 甲子　　D. 甲女

25. 甲出差，委托同事乙照看其 9 周岁儿子丙。某日，乙将丙单独留在家中，自己出去打麻将。丙在玩耍时将邻居小孩丁打伤。丁的损害应由（　　）。

A. 甲单独承担责任　　B. 乙单独承担责任

C. 甲、乙承担连带责任　　D. 甲承担责任，乙承担相应的补充责任

26. 甲将一批货物存放于乙的仓库，提货时发现部分货物丢失。甲要求乙赔偿损失的诉讼时效期间是（　　）。

A. 6 个月　　B. 1 年　　C. 2 年　　D. 4 年

27. 甲欠乙 10 万元，时效期间届满未还。乙索要时，甲承诺 2 个月内偿还，但事后只给付了 2 万元。乙索要余款时，甲以 10 万元欠款已超过诉讼时效期间为由拒绝，并要求乙返还之前给付的 2 万元。下列选项中，正确的是（　　）。

A. 甲应偿还剩余的 8 万元

B. 甲承诺偿还引起诉讼时效中断

C. 甲给付的2万元属于不当得利，乙应返还

D. 甲无权要求乙返还2万元，但剩余的8万元可以不偿还

28. 甲16周岁，无业，依靠父母生活。某日，甲向朋友乙借款2万元，用其中的1万元买了名牌包送给男友丙，用200元为自己的手机充值，用余款购买了一张美发店的消费卡。下列选项中，正确的是（　　）。

A. 甲与乙之间的借款合同有效　　B. 甲与丙之间的赠与合同无效

C. 甲为手机充值的行为可撤销　　D. 甲购买消费卡的行为效力待定

29. 下列选项中，属于所有权继受取得方式的是（　　）。

A. 添附　　B. 先占　　C. 生产　　D. 遗赠

30. 甲下班时误将同事的同款电脑当成自己的电脑带回家。甲对该电脑的占有属于（　　）。

A. 有权占有　　B. 间接占有　　C. 善意占有　　D. 他主占有

31. 甲上晚自习时拾得一个单反相机，后相机被乙借走。乙看到悬赏200元的寻物启事，未经甲同意将相机还给了失主。下列选项中，正确的是（　　）。

A. 甲、乙均有权要求失主支付报酬　　B. 仅甲有权要求失主支付报酬

C. 仅乙有权要求失主支付报酬　　D. 甲、乙均无权要求失主支付报酬

32. 甲向某电脑公司购买一批电脑送给母校。甲指示电脑公司将电脑交给学校，并将订货情况通知了学校。后电脑公司委托某快递公司将电脑运至学校，运输过程中两台电脑毁坏。下列选项中，正确的是（　　）。

A. 甲有权要求电脑公司承担违约责任　　B. 甲有权要求快递公司承担违约责任

C. 学校有权要求电脑公司承担侵权责任　　D. 学校有权要求快递公司承担侵权责任

33. 甲将住房出租给乙。签订合同前乙来看房，发现室内有很浓的装修气味。甲告诉乙，开开窗，过几天味道就没了。乙住了两个月后，气味依然很浓。经检测，该房屋有害气体严重超标。对此，乙（　　）。

A. 无权主张任何权利　　B. 有权解除合同

C. 有权请求确认合同无效　　D. 有权要求甲承担侵权责任

34. 甲在《雾都》杂志发表了一部小说，未作版权声明。某读者阅读后十分喜欢，遂推荐给《传奇文摘》杂志社。《传奇文摘》杂志社若转载该小说，则（　　）。

A. 不必经甲同意，但应向甲支付稿酬

B. 必须经甲同意，但不必向甲支付稿酬

C. 不必经《雾都》杂志社同意，但应向其支付稿酬

D. 必须经《雾都》杂志社同意，但不必向其支付稿酬

35. 甲公司擅自使用电视剧《华妃传》中华妃扮演者的剧照为某化妆品做广告，甲公司的行为侵害了（　　）。

A. 华妃扮演者的肖像权　　B. 华妃扮演者的名誉权

C. 《华妃传》著作权人的著作权　　D. 《华妃传》著作权人的邻接权

36. 甲在某饭店醉酒闹事，饭店员工和就餐顾客纷纷躲闪，顾客乙躲闪不及被甲打伤。乙的损害应由（　　）。

A. 甲单独承担责任

B. 甲和饭店承担连带责任

C. 饭店承担责任，甲承担相应的补充责任

D. 甲承担责任，饭店承担相应的补充责任

37. 甲超速驾驶汽车，乙逆行骑摩托车。两车相撞，摩托车飞至人行道，将行人丙砸伤。丙的损害应由（　　）。

A. 甲单独承担责任　　B. 乙单独承担责任

C. 甲、乙承担连带责任　　D. 甲、乙承担按份责任

38. 甲承租乙的房屋。某日，甲在阳台上修剪花草，顺手将剪刀放在阳台边上，不料剪刀被大风吹落，扎伤行人丙。丙的损害应由（　　）。

A. 甲单独承担责任　　B. 乙单独承担责任

C. 丙自行承担　　D. 甲、乙共同承担责任

39. 甲向乙银行贷款，以其别墅设定抵押。之后，甲在别墅院内建造了独立车库。贷款到期，甲无力偿还。乙银行享有优先受偿权的财产（　　）。

A. 仅限于别墅　　B. 包括别墅、车库

C. 包括别墅、建设用地使用权　　D. 包括别墅、车库及建设用地使用权

40. 某公安局官方微博公布了演员甲因容留他人吸毒被抓的消息，一知名记者在其博客上转载该消息，并上传了甲与艺人乙、丙一起赌博的照片。该记者的行为（　　）。

A. 侵害了甲的隐私权　　B. 侵害了乙、丙的肖像权

C. 侵害了乙、丙的隐私权　　D. 不构成侵权

二、多项选择题（第 41～50 小题，每小题 2 分，共 20 分。下列每题给出的四个选项中，至少有两个选项是符合题目要求的。请在答题卡上将所选项的字母涂黑。多选、少选或错选均不得分）

41. 下列犯罪中，属于我国刑法所规定的告诉才处理的有（　　）。

A. 重婚罪　　B. 侮辱罪

C. 暴力干涉婚姻自由罪　　D. 遗弃罪

42. 下列选项中，属于法律认识错误的有（　　）。

A. 甲以为在网上窃取“Q 币”不犯罪而为之

B. 乙以为杀死他人可以驱除恶灵而杀死他人

C. 丙以为夜间在道路上追逐竞驶不犯罪而为之

D. 丁把他人灌醉后拿走其随身财物，辩称自己犯的是盗窃罪

43. 下列选项中，依法不得适用死刑的有（　　）。

A. 审判时怀孕的妇女　　B. 审判时已满七十五周岁的人

C. 犯罪时不满十八周岁的人　　D. 犯罪时又聋又哑的人

44. 下列行为中，应以非法经营罪（不考虑数额或者情节）定罪处罚的有（　　）。

A. 甲在生产的饲料中添加“瘦肉精”

B. 乙私设转接设备，擅自经营国际电信业务

C. 丙组织多人出卖人体器官，并从中获取介绍费

D. 丁用POS机为他人刷信用卡套取现金，赚取手续费

45. 甲在某学校附近利用“地沟油”生产“食用油”，被刘某举报。甲因此被判处有期徒刑1年，缓刑2年，同时宣告禁止令。关于该禁止令的适用，正确的有（　　）。

A. 禁止甲接触刘某

B. 禁止甲进入学校

C. 禁止甲从事食用油生产经营行业

D. 禁止令的执行期限从缓刑考验期满之日起计算

46. 甲离家出走，下落不明已满5年。下列人员中，可向人民法院申请甲为失踪人的有（　　）。

A. 甲的妻子　　B. 甲的姐姐

C. 甲的债权人　　D. 甲的外祖父

47. 甲、乙系对门邻居，同时装修房屋。某日，在甲家装修的丙公司工人丁误将乙堆放在公共过道上的瓷砖当成甲所有，贴到甲家厨房墙壁。乙可以要求（　　）。

A. 甲返还原物　　B. 甲返还不当得利

C. 丙公司赔偿损失　　D. 丙公司与丁承担连带责任

48. 甲、乙约定，甲租住乙的别墅15年。租赁期间，甲将房屋加高，使邻居丙的房屋采光受到严重影响。对此，丙（　　）。

A. 可以侵害相邻权为由要求甲排除妨碍

B. 可以侵害相邻权为由要求乙排除妨碍

C. 无权要求乙排除妨碍，因为将房屋加高系甲所为

D. 可以侵害建筑物区分所有权为由要求乙排除妨碍

49. 甲医院误将患者乙的左肾切除。甲医院有义务赔偿乙的（　　）。

A. 精神损害　　B. 后续治疗费用

C. 护理费和交通费　　D. 因误工减少的收入

50. 甲与妻子乙协议离婚，约定8周岁的儿子由乙抚养，甲支付抚养费。后甲与有一女儿的丙再婚，并在婚后继续给付儿子抚养费。十年后，丙因病去世。丙去世时，其近亲属还有姐姐丁。有权继承丙遗产的人有（　　）。

A. 甲　　B. 甲的儿子　　C. 丙的女儿　　D. 丁

三、简答题（第51～54小题，每小题6分，共24分。请将答案写在答题卡指定位置的边框区域内）

51. 简述缓刑的适用条件。

52. 简述组织、领导、参加恐怖组织罪的构成要件。

53. 简述职务发明创造的具体类型。

54. 简述滥用代理权的主要情形及其效力。

四、辨析题（第55～56小题，每小题8分，共16分。要求对命题进行判断并着重阐明理由。请将答案写在答题卡指定位置的边框区域内）

55. 请对“没有因果关系，就没有刑事责任”这一说法加以辨析。

56. 请对“不动产物权不经登记不得设立”这一说法加以辨析。

五、法条分析题（第 57～58 小题，每小题 10 分，共 20 分。要求符合立法原意和刑法/民法理论。请将答案写在答题卡指定位置的边框区域内）

57.《中华人民共和国刑法》第 397 条第 1 款规定："国家机关工作人员滥用职权或者玩忽职守，致使公共财产、国家和人民利益遭受重大损失的，处三年以下有期徒刑或者拘役；情节特别严重的，处三年以上七年以下有期徒刑。本法另有规定的，依照规定。"

请分析：

（1）本条款中"滥用职权"的含义。

（2）本条款中"玩忽职守"的含义。

（3）本条款中"本法另有规定的，依照规定"的含义。

58.《中华人民共和国婚姻法》第 11 条规定："因胁迫结婚的，受胁迫的一方可以向婚姻登记机关或人民法院请求撤销该婚姻。受胁迫的一方撤销婚姻的请求，应当自结婚登记之日起一年内提出。被非法限制人身自由的当事人请求撤销婚姻的，应当自恢复人身自由之日起一年内提出。"

请问：

（1）本条所称"胁迫"应如何理解？

（2）有权以胁迫为由请求撤销婚姻的主体是谁？

（3）本条中的"1 年"是何种性质的期间？

六、案例分析题（第 59～60 小题，每小题 15 分，共 30 分。请将答案写在答题卡指定位置的边框区域内）

59.2010 年 3 月 1 日，甲（男，1992 年 12 月 10 日出生）和乙（女，1995 年 8 月 1 日出生）为购买高档手机骗走邻居家 3 岁的小孩，准备将其卖出。两人将孩子关在城郊一处废弃库房后，甲去外地寻找买主，并安排乙看管孩子。孩子哭闹不休，乙难以忍受，离开库房，弃之不顾。甲得知乙不在库房，就要求乙返回，乙不予理会，最终导致孩子饿死。

请根据上述案情，回答下列问题并说明理由：

（1）甲的行为如何定罪？

（2）乙的行为如何定罪？

（3）甲和乙是否构成共同犯罪？

60.2012 年 4 月初，甲与乙、丙签订借款合同，约定：甲借给乙 120 万元，期限 2 年，乙每月偿还 5 万元；丙承担保证责任，如乙到期无力还款，由丙向甲偿还全部借款。

合同签订后，乙请求甲再多借给自己 20 万元，甲表示同意，并于 2012 年 4 月 28 日将 140 万元借款交给乙。乙出具借据，载明收到 140 万元，还款期限顺延。丙对此不知情。

2012 年 5 月至 2012 年 12 月底，乙共计还款 40 万元。2013 年 1 月，甲与丁签订债权转让合同，将甲对乙的债权转让给丁。合同签订后，甲向乙、丙发出债权转让通知书，乙收到后明确表示不同意，丙则未置可否。

请根据上述案情，回答下列问题并说明理由：

（1）甲与乙之间的借款合同何时生效？

（2）丙的担保属于何种保证方式？对甲多借给乙的 20 万元，丙是否应承担保证责任？

（3）甲与丁之间的债权转让合同是否因乙不同意而无效？

2015年专业基础课试题答案及解析

一、单项选择题

1. C

【解析】罪责刑相适应原则要求刑罚的轻重应与犯罪分子所犯罪行和承担的刑事责任相适应。本题表述中，原铁道部部长刘某因受贿罪、滥用职权罪被追究刑事责任，这意味着在对刘某量刑时，应当与其所犯的受贿罪、滥用职权罪及承担的刑事责任相适应，不能因他对中国高铁建设有贡献就减轻罪责，这不符合罪责刑相适应原则，故选C项。

2. B

【解析】犯罪对象是刑法规定的犯罪行为所侵犯或直接指向的具体事物。备选项中，B项表述中的“抢夺的财物”是抢夺罪的犯罪对象，故选B项。犯罪对象不同于组成犯罪之物，A、C项表述中“赌博的筹码”“行贿的财物”是组成犯罪之物，而非犯罪对象，故不选A、C项。犯罪对象不同于犯罪所用之物，D项表述中的“运输毒品的车辆”是犯罪所用之物，而非犯罪对象，故不选D项。

3. D

【解析】本题表述的情形属于因果关系认识错误，即甲掐赵某脖子致其休克，甲误以为赵某死亡，但实际上赵某并没有死亡。为了逃避罪责，甲将被害人溺死。殊不知，后实施的抛“尸”河中的行为淹死了被害人。在这种因果关系认识错误的情况下，甲主观上存在杀害赵某的故意，客观上实施了杀人行为，被害人死亡结果的发生也确实是由他的行为直接造成的，因而因果关系的错误认识不影响其刑事责任，甲仍应负故意杀人罪既遂的刑事责任。可见，选D项。

4. B

【解析】本题考查的是追诉时效的延长。追诉时效的延长是指在追诉期限内，因发生法定事由而使追究犯罪人的刑事责任不受追诉期限限制的制度。《刑法》第88条第1款规定，在人民检察院、公安机关、国家安全机关立案侦查或者在人民法院受理案件以后，逃避侦查或者审判的，不受追诉期限的限制。据此，追诉时效的延长必须具备两个条件：(1) 人民检察院、公安机关、国家安全机关已立案侦查或者人民法院受理了案件；(2) 行为人逃避侦查或者审判。具备这两个条件的，不论经过多长时间，任何时候都可以追诉。在司法机关立案侦查或者受理案件以后，行为人并没有逃避侦查与审判的，仍然受追诉期限的限制。本案中，甲在被抓捕时逃跑，从而不受追诉时效的限制。可见，B项表述正确，A、C、D项表述错误。

5. C

【解析】有人认为，毒驾与酒驾具有相同的社会危害性，因而应以危险驾驶罪论处。但我国《刑法》尚未将毒驾列为危险驾驶罪的客观表现，因而对于行为人有毒驾行为的，依据罪刑法定原则，尚不能认定为犯罪。可见，对于毒驾应以危险驾驶罪论处的观点，属于类推解释，故选C项。不选A、B、D项，因为无论是扩大解释、文理解释，还是当然解释，都属于不能超出罪刑法定原则的解释方法。

6. D

【解析】本题考查的是故意的认识内容。故意的认识内容包括：(1) 对犯罪构成事实所属情况的认识；(2) 对行为及其结果具有社会危害性的认识。犯罪主体的特殊身份是犯罪行为导致构成要件事实以前就存在的，是行为人事实特定犯罪的前提，并非行为人本身需要认识的内容。因此，A 项错误。对社会危害性的认识与对自己行为的违法性的认识通常是一致的，违法性认识究竟是否属于故意的成立要素，在理论上尚存争议，但通常认为违法性认识不属于故意认识内容，因此 B 项错误。犯罪数额属于客观处罚条件或客观超过要素，超出了故意认识范围，因此 C 项错误。淫秽物品是传播淫秽物品罪的犯罪对象，属于故意认识的内容，因此选 D 项。

7. A

【解析】根据《刑法》第 356 条规定，因走私、贩卖、运输、制造、非法持有毒品罪被判过刑，又犯分则第六章第七节规定之罪的，从重处罚。此为毒品再犯制度。可见，选 A 项，不选 B 项。甲不构成一般累犯，因为甲犯前罪时不满 18 周岁。可见，不选 C 项。甲不构成特别累犯，因为特别累犯要求前后两罪都必须是危害国家安全犯罪、恐怖活动犯罪、黑社会性质的组织犯罪的任一类犯罪，而甲所犯前罪为运输毒品罪，并非上述任一类犯罪。可见，不选 D 项。

8. A

【解析】甲故意引爆爆炸装置，危害了公共安全，符合爆炸罪的构成特征，构成爆炸罪，故选 A 项。《刑法》第 293 条第 1 款规定，下列行为构成寻衅滋事罪：(1) 随意殴打他人，情节恶劣的；(2) 追逐、拦截、辱骂、恐吓他人，情节恶劣的；(3) 强拿硬要或者任意损毁、占用公私财物，情节严重的；(4) 在公共场所起哄闹事，造成公共场所秩序严重混乱的。甲的行为不符合上述构成寻衅滋事罪的行为特征，故不选 B 项。甲的行为危害了公共安全，应当以爆炸罪论处，如果甲的行为没有危害公共安全，且甲针对特定的人实施伤害行为，才认定为故意伤害罪。可见，不选 C 项。以危险方法危害公共安全罪属于“兜底”条款，只有在行为人的行为危害了公共安全但不构成其他具体犯罪的情形下，才能认定为以危险方法危害公共安全罪。由于甲的行为构成爆炸罪，故不应再认定为以危险方法危害公共安全罪，故不选 D 项。

9. B

【解析】从行为对象上分析，甲的存折中的 50 万元存款属于私营健身机构的资金；从主体分析，甲是私营健身机构的从业人员，该健身机构属于“其他单位”。甲利用职务上的便利，将本单位资金非法据为己有，符合职务侵占罪的构成特征，构成职务侵占罪，故选 B 项。甲作为会计，与私营健身机构经理之间是上下主从关系，且二者之间存在高度的信赖关系，甲作为下位者在此情形下取走全部资金潜逃，不应认定为盗窃罪，如果不存在高度信赖关系，则应当认定为盗窃罪。可见，不选 A 项。侵占罪的行为对象是自己代为保管的他人财物、他人的遗忘物或埋藏物，侵占罪的“代为保管”是指受委托而占有，但这种委托占有并不包括辅助性占有他人财物。本题表述中，甲作为单位会计，仅是辅助占有人，且甲是特殊主体，而非一般主体，因而甲的行为不能认定为侵占罪。可见，不选 C

项。挪用资金罪中的“挪用”即行为人暂时占有、使用本单位资金，打算日后归还。而本题表述中，甲携带资金潜逃，具有非法占有的目的，丧失了打算日后归还的可能性，因而甲的行为不构成挪用资金罪。可见，不选D项。

10. A

【解析】 污染环境罪是指违反国家规定，排放、倾倒或者处置有放射性的废物、含传染病病原体的废物、有毒物质或者其他有害物质，严重污染环境的行为。本罪原本为过失犯罪，但《刑法修正案（八）》通过后，本罪的责任形式为故意。重大责任事故罪是指在生产、作业中违反有关安全管理的规定，发生重大伤亡事故或者造成严重后果的行为。本罪为过失犯罪。本案中，甲公司故意倾倒废料导致严重后果，不应认定为重大责任事故罪。投放危险物质罪和以危险方法危害公共安全罪的犯罪主体是自然人，故甲公司的行为不构成上述二罪。甲公司违反规定，倾倒废料，严重污染环境并造成严重后果，构成污染环境罪。可见，只有A项正确。

11. B

【解析】 甲违反海关法规，经无申报通道非法携带化妆品入境销售，偷逃高额海关关税，其行为符合走私普通货物、物品罪的特征，构成走私普通货物、物品罪，故选B项。甲的行为不构成逃税罪，因为逃税罪的犯罪主体是身份犯，仅限于纳税人或扣缴义务人，而甲并非纳税人或扣缴义务人。可见，不选A项。成立非法经营罪，前提是违反国家规定，即违反全国人大及其常委会制定的法律和发布的决定，国务院制定的行政法规、规定的行政措施、发布的决定和命令。没有违反国家规定的，即使在某种意义上属于非法经营，也不得认定为非法经营罪。根据《刑法》第225条及司法解释有关构成非法经营罪的规定（详见2018年专业基础课试题第43题解析中所列构成非法经营罪的情形——编者注），本题表述中，甲的行为不符合非法经营罪的客观表现，不构成非法经营罪，故不选C项。为亲友非法牟利罪是指国有公司、企业、事业单位的工作人员，利用职务便利，损公肥私，将本单位的盈利业务交由自己的亲友经营的，或者以明显高于市场价格向自己的亲友经营管理的单位采购商品或者以明显低于市场价格向自己的亲友经营管理的单位销售商品的，或者向自己的亲友经营管理的单位采购不合格商品，致使国家利益遭受重大损失的行为。可见，甲的行为不符合为亲友非法牟利罪的客观表现，不构成为亲友非法牟利罪，故不选D项。

12. C

【解析】 犯罪预备是指为了犯罪，准备工具、制造条件，但因意志以外的原因而未能着手实行的犯罪形态。犯罪中止是指在犯罪过程中，自动放弃犯罪或者自动有效地防止犯罪结果发生的形态。犯罪未遂是指已经着手实行犯罪，由于犯罪分子意志以外的原因而未得逞的犯罪形态。本案中，甲男已经采取胁迫手段要求与汪某发生性关系，属于犯罪着手实行，不能成立犯罪预备。汪某“破口大骂”的行为并非甲无法得逞的原因，故不属于犯罪未遂。甲“打消奸淫念头离去”符合时间性、自动性、客观有效性的条件，属于犯罪中止。可见，选C项。

13. C

【解析】《刑法》第81条第2款规定，对累犯以及因故意杀人、强奸、抢劫、绑架、放火、爆炸、投放危险物质或者有组织的暴力性犯罪被判处10年以上有期徒刑、无期徒刑的犯罪分子，不得假释。据此，只有C项表述的情形不得适用假释，故选C项。

14. B

【解析】故意毁坏财物罪是结果犯，故选B项。放火罪是危险犯，私放在押人员罪和参加黑社会性质组织罪是行为犯。

15. A

【解析】甲因侵占科研经费被捕后，如实供述与他人套取科研经费19万元的罪行，构成坦白，故选A项。立功是犯罪人犯罪后揭发他人犯罪行为，查证属实，或者提供重要线索，从而得以侦破其他案件的行为。而本题表述的情形，甲与他人套取科研经费的行为并非是他人的行为，因为甲本人也参与了经费的套取。可见，甲的行为不构成立功，不选B项。坦白与自首的关键区别在于是否自动投案，自首是犯罪人主动投案后，如实供述自己的罪行；坦白是被动归案后如实供述自己的罪行。坦白与准自首的关键区别在于是否如实供述司法机关还未掌握的本人其他罪行，如实供述司法机关还未掌握的本人其他罪行的，是准自首；如实供述司法机关已经掌握的本人其他罪行的，是坦白。本题表述中，甲的行为不构成自首或准自首，因为甲被动归案后，所供述的伙同他人套取科研经费的行为属于司法机关已经掌握的本人其他罪行即“侵占科研经费”事实的范畴。可见，不选C、D项。

16. D

【解析】乙超速驾车将孙某撞死，乙的行为符合交通肇事罪的构成特征，构成交通肇事罪，选D项。甲的行为不构成故意伤害罪（致人死亡），因为孙某死亡的结果与甲的行为之间不存在因果关系，故不选A项。《刑法》第293条第1款规定，下列行为构成寻衅滋事罪：(1) 随意殴打他人，情节恶劣的；(2) 追逐、拦截、辱骂、恐吓他人，情节恶劣的；(3) 强拿硬要或者任意损毁、占用公私财物，情节严重的；(4) 在公共场所起哄闹事，造成公共场所秩序严重混乱的。甲的行为不符合上述构成寻衅滋事罪的行为特征，故不选B项。甲、乙之间不存在意思联络，无法构成交通肇事罪的共犯，且交通肇事罪的主观构成要件为过失，故不选C项。

17. C

【解析】《刑法》第177条之一规定，有下列情形之一，妨害信用卡管理的，构成妨害信用卡管理罪：(1) 明知是伪造的信用卡而持有、运输的，或者明知是伪造的空白信用卡而持有、运输，数量较大的；(2) 非法持有他人信用卡，数量较大的；(3) 使用虚假的身份证明骗领信用卡的；(4) 出售、购买、为他人提供伪造的信用卡或者以虚假的身份证明骗领的信用卡的。根据上述规定第(3)项，选C项。《刑法》第196条第1款规定，有下列情形之一，进行信用卡诈骗活动，数额较大的，构成信用卡诈骗罪：(1) 使用伪造的信用卡，或者使用以虚假的身份证明骗领的信用卡的；(2) 使用作废的信用卡的；(3) 冒用他人信用卡的；(4) 恶意透支的。根据上述规定第(1)项，D项表述构成信用卡诈骗罪。根据《最高人民法院、最高人民检察院关于办理妨害信用卡管理刑事案件具体应用法律若干问题的解释》第5条第2款规定，《刑法》第196条第1款第3项所称的“冒用他人信用卡”，包括以下情形：(1) 拾得他人信用卡并使用的；(2) 骗取他人信用卡并使用的；(3) 窃取、收买、骗取或者以其他非法方式获取他人信用卡信息资料，并通过互联网、通讯终端等使用的；(4) 其他冒用他人信用卡的情形。根据上述规定，A、B项表述构成信用卡诈骗罪。

18. B

【解析】甲冒充公安干警，使用暴力手段使正在赌博的张某等四人不能反抗，拿走赌资及随身携带的财物，构成抢劫罪。可见，选B项。甲的行为不构成诈骗罪，因为甲并不是利用虚构事实或隐瞒真相的方法诈骗张某等人的财物，而是利用暴力的方式劫财。可见，不选A项。甲的行为不构成招摇撞骗罪，虽然甲冒充公安干警，但甲是以暴力手段劫财，如果甲并未采取暴力手段，而抓赌并没收赌资或罚款的，才构成招摇撞骗罪（或诈骗罪）。可见，不选C项。甲的行为不构成敲诈勒索罪，因为敲诈勒索罪的成立，不要求暴力、胁迫手段达到足以压制他人反抗的程度；如果暴力、胁迫手段足以压制他人反抗，应以抢劫罪论处。本题表述中，甲将张某等人用手铐铐住，这足以压制被害人反抗，应定抢劫罪，而不定敲诈勒索罪。可见，不选D项。

19. A

【解析】甲通过在医院缴费单上加盖自己私刻的收费章这种欺骗手段，使自己不缴纳治疗费17万余元，成立诈骗罪。可见，选A项。行为人为了骗取财物，往往使用法律所禁止的手段，如本题表述的甲伪造并使用伪造的印章进行欺诈，在此情形下，应从一重罪处断，即应按诈骗罪论处，而不定伪造事业单位印章罪。可见，不选B项。诈骗罪与合同诈骗罪之间存在法条竞合关系，根据特别法条优于普通法条适用的原则，对符合合同诈骗罪构成要件的行为，应当认定为合同诈骗罪。根据《刑法》第224条规定，有下列情形之一，以非法占有为目的，在签订、履行合同过程中，骗取对方当事人财物，数额较大的，构成合同诈骗罪：(1) 以虚构的单位或者冒用他人名义签订合同的；(2) 以伪造、变造、作废的票据或者其他虚假的产权证明作担保的；(3) 没有实际履行能力，以先履行小额合同或者部分履行合同的方法，诱骗对方当事人继续签订和履行合同的；(4) 收受对方当事人给付的货物、货款、预付款或者担保财产后逃匿的；(5) 以其他方法骗取对方当事人财物的。本题表述的情形不符合上述合同诈骗罪的客观表现，仍应定普通的诈骗罪。可见，不选C项。甲的行为不成立紧急避险，因为根本不存在正在发生的现实危险，也不存在不得已损害另一方合法权益的情况。可见，不选D项。

20. B

【解析】甲秘密窃取他人持有的枪支，该行为既符合盗窃罪的构成要件，也符合盗窃枪支罪的构成要件。甲的同一行为同时触犯两个法条，这两个法条之间存在法条竞合，且两个法条之间存在包容关系。可见，选B项。牵连犯的成立要求行为人实施数行为，且触犯不同罪名，而甲仅实施了一行为，甲的行为不构成牵连犯，故不选A项。想象竞合犯的成立要求行为人实施一行为触犯数罪名，且数罪名之间不存在包容关系。而本题表述中，甲所犯盗窃罪和盗窃枪支罪之间存在包容关系，因而不成立想象竞合犯，故不选C项。结果加重犯的成立要求行为人实施基本犯罪构成的行为，同时还存在一个基本犯罪构成之外的重结果，且该重结果不属于基本犯罪构成的范围。本题表述中，甲实施的窃取他人枪支的行为符合盗窃罪和盗窃枪支罪两罪的基本犯罪构成，属于基本犯罪构成的范围，因而甲的行为不构成结果加重犯。可见，不选D项。

21. B

【解析】根据权利的作用，可以将民事权利分为支配权、请求权、抗辩权、形成权。支配权是对物的直接支配并排除他人干涉的权利，B 项表述中，乙对自身肖像的使用是乙行使支配权的表现，故选 B 项。A 项表述的追认权、C 项表述的撤销权是形成权。D 项表述的是请求权，而非支配权。

22. D

【解析】法人的典型表现是有限公司，包括有限责任公司和股份有限公司，我国《公司法》规定的有限责任公司包括一人有限责任公司。一人有限责任公司具有独立的财产并承担独立的责任，因而一人有限责任公司也是法人。可见，选 D 项。合伙企业、个体工商户、个人独立企业的财产和责任与合伙人、个体工商户、个人的财产与责任尚未完全分离，因而都不具有法人资格，故不选 A、B、C 项。

23. D

【解析】法律行为依据主从关系，可以分为主法律行为和从法律行为，从法律行为必须以其他法律行为的存在为前提。抵押合同从属于所担保的主债权的主合同，因而是从法律行为。可见，选 D 项。行纪合同、协议离婚、履行行为都不依赖其他法律行为可独立存在，因而都是主法律行为，故不选 A、B、C 项。

24. C

【解析】《民法典》第 28 条规定，无民事行为能力或者限制民事行为能力的成年人，由下列有监护能力的人按顺序担任监护人：（1）配偶；（2）父母、子女；（3）其他近亲属；（4）其他愿意担任监护人的个人或者组织，但是须经被监护人住所地的居民委员会、村民委员会或者民政部门同意。据此，受到监护人顺序的限制，应选择甲母、甲子和甲女作为监护人，甲弟不能作为监护人，不选 B 项。甲母瘫痪在床，不具有监护能力，不能作为监护人，不选 A 项。甲女无业，不仅没有监护能力，而且尚未成年，不能担任监护人，不选 D 项。只有甲子符合监护条件，选 C 项。

25. 无

【解析】本题考查的是委托监护责任的承担。本题原标准答案为 C 项，《民法典》生效后，本题无答案。《民法典》第 1189 条规定，无民事行为能力人、限制民事行为能力人造成他人损害，监护人将监护职责委托给他人的，监护人应当承担侵权责任；受托人有过错的，承担相应的责任。据此，甲作为监护人，应当承担侵权责任。甲将监护职责委托给乙，乙将丙单独留在家中，自己出去打麻将，这表明，作为受托人乙有过错，应当承担“相应的责任”，而不是“相应的补充责任”。“相应的责任”不同于“相应的补充责任”，二者主要区别在于，“相应的补充责任”在性质上为不真正连带责任，承担相应的补充责任的责任主体可以向被侵权人追偿；而承担“相应的责任”的责任主体不能向他人追偿。可见，本题无答案。

26. 无

【解析】本题原标准答案为 B 项，《民法典》通过后，本题无答案。根据原《民法通则》的规定，寄存货物丢失的，适用 1 年短期诉讼时效期间。但依据《民法典》第 188 条第 1 款规定，向人民法院请求保护民事权利的诉讼时效期间为 3 年。据此，本题无答案。

27. A

【解析】《民法典》第192条规定，诉讼时效期间届满的，义务人可以提出不履行义务的抗辩。诉讼时效期间届满后，义务人同意履行的，不得以诉讼时效期间届满为由抗辩；义务人已经自愿履行的，不得请求返还。此外，义务人作出分期履行、部分履行、提供担保、请求延期履行、制定清偿债务计划等承诺或者行为的，应当认定为当事人“同意履行义务”。据此，本题表述中，甲欠乙的债务虽然超过了诉讼时效期间，但是，甲承诺2个月内偿还，该承诺发生诉讼时效“再次”中断的效力，尽管甲仅偿还了2万元，但是部分履行也应当认定为同意履行全部义务。因此，甲应当偿还剩余的8万元。可见，A项是正确答案，选A项，而D项表述错误。根据民法关于诉讼时效的一般原理，诉讼时效因权利人主张权利或者义务人同意履行义务而中断后，权利人在新的诉讼时效期间内，再次主张权利或者义务人“再次”同意履行义务的，可以认定为诉讼时效“再次”中断。因此，甲承诺偿还引起诉讼时效“再次”中断，而不是引起诉讼时效中断。可见，B项表述错误。对于超过诉讼时效的债务，债务人清偿后不得以不当得利主张返还，因此C项表述错误。

28. D

【解析】甲为限制民事行为能力人。《民法典》第145条规定，限制民事行为能力人实施的纯获利益的民事法律行为或者与其年龄、智力、精神健康状况相适应的民事法律行为有效；实施的其他民事法律行为经法定代理人同意或者追认后有效。相对人可以催告法定代理人自收到通知之日起30日内予以追认。法定代理人未作表示的，视为拒绝追认。民事法律行为被追认前，善意相对人有撤销的权利。撤销应当以通知的方式作出。据此，甲与乙订立的借款合同、甲与丙订立的赠与合同和甲用余款购买消费卡的买卖合同都是效力待定合同。可见，A、B项表述错误，D项表述正确。甲能够认知充值200元的行为性质，且交易额不大，因此甲为手机充值200元的行为有效，而不是可撤销（不存在欺诈、胁迫、重大误解、显失公平等可撤销事由）。可见，C项表述错误。

29. D

【解析】通过遗赠方式取得所有权的为所有权的继受取得，故选D项。添附、先占（我国民法典没有规定先占）和生产都是所有权的原始取得方式，故不选A、B、C项。

30. C

【解析】由于甲对电脑没有所有权，因而对电脑的占有为无权占有，而不是有权占有，故不选A项。甲误以为对电脑有所有权而带电脑回家，因而甲对电脑的占有为直接占有，而非间接占有，故不选B项。甲虽然对电脑没有所有权，但误以为对电脑有所有权而占有，因而对电脑的占有是善意占有。可见，选C项。甲虽然对电脑没有所有权，但却以所有的意思占有电脑，因而是自主占有，而非他主占有，故不选D项。

31. B

【解析】《民法典》没有承认拾得人的报酬请求权，而是在第317条第2款规定，权利人悬赏寻找遗失物的，领取遗失物时应当按照承诺履行义务。《民法典》第499条规定，悬赏人以公开方式声明对完成特定行为的人支付报酬的，完成该行为的人可以请求其支付。可见，只有悬赏人承诺支付报酬的，拾得人才享有报酬请求权，且享有报酬请求权的主体限于拾得人。本题表述中，甲为拾得人，因而只有甲享有报酬请求权。

32. A

【解析】合同具有相对性。《民法典》第 593 条规定，当事人一方因第三人的原因造成违约的，应当依法向对方承担违约责任。当事人一方和第三人之间的纠纷，依照法律规定或者按照约定处理。据此，甲只能请求电脑公司承担违约责任，而不能请求快递公司承担违约责任，因为快递公司并非合同当事人。可见，选 A 项，不选 B 项。本题表述不存在承担侵权责任的情形，因为不论是甲，还是学校，在电脑尚未交付前，还不能享有对电脑的所有权。对于债权受到侵害的，民法典侵权责任编也不予调整。可见，不选 C、D 项。

33. B

【解析】《民法典》第 731 条规定，租赁物危及承租人的安全或者健康的，即使承租人订立合同时明知该租赁物质量不合格，承租人仍然可以随时解除合同。据此，选 B 项，不选 A 项。乙无权请求确认合同无效，因为合同在订立时不存在《民法典》第六章第三节规定的民事法律行为无效的情形，故不选 C 项。本题表述中不存在乙的人身或者财产受到损害的事实，因而乙不能主张侵权责任，故不选 D 项。

34. A

【解析】《著作权法》第 33 条第 2 款规定，作品刊登后，除著作权人声明不得转载、摘编的外，其他报刊可以转载或者作为文摘、资料刊登，但应当按照规定向著作权人支付报酬。据此，选 A 项。

35. A

【解析】《民法典》第 1018 条第 2 款规定，肖像是通过影像、雕塑、绘画等方式在一定载体上所反映的特定自然人可以被识别的外部形象。《民法典》第 1019 条第 1 款规定，任何组织或者个人不得以丑化、污损，或者利用信息技术手段伪造等方式侵害他人的肖像权。未经肖像权人同意，不得制作、使用、公开肖像权人的肖像，但是法律另有规定的除外。据此，甲公司使用华妃扮演者的剧照为化妆品做广告，是未经肖像权人同意而擅自使用他人肖像的行为，侵犯了华妃扮演者的肖像权。可见，选 A 项。《民法典》第 1024 条规定，民事主体享有名誉权。任何组织或者个人不得以侮辱、诽谤等方式侵害他人的名誉权。名誉是对民事主体的品德、声望、才能、信用等的社会评价。据此，甲公司擅自使用他人剧照为化妆品做广告的行为并没有给华妃扮演者的社会评价造成影响，不构成对名誉权的侵害，故不选 B 项。甲公司擅自以剧照做广告的行为与《华妃传》的著作权人无关，不可能侵犯《华妃传》著作权人的著作权，故不选 C 项。本题表述中，《华妃传》著作权人的邻接权主要涉及的是表演者权，表演者对其表演享有邻接权，但这种邻接权的内容限于表明表演者身份，保护表演形象不受歪曲，以及获得报酬等权利。本题表述中，甲公司的行为并未侵犯表演者的上述任何一项涉及邻接权的内容的权利，因而不构成对邻接权的侵害，故不选 D 项。

36. D

【解析】本题考查的是违反安全保障义务的侵权责任。《民法典》第 1198 条规定，宾馆、商场、银行、车站、机场、体育场馆、娱乐场所等经营场所、公共场所的经营者、管理者或者群众性活动的组织者，未尽到安全保障义务，造成他人损害的，应当承担侵权责任。因第三人的行为造成他人损害的，由第三人承担侵权责任；经营者、管理者或者组织者未尽到安全保障义务的，承担相应的补充责任。经营者、管理者或者组织者承担补充责任后，可以向第三人追偿。据此，选D项。

37. C

【解析】《民法典》第1168条规定，二人以上共同实施侵权行为，造成他人损害的，应当承担连带责任。据此，共同侵权行为是指二人以上共同故意或者共同过失侵害他人民事权益的行为。共同侵权行为的构成要件有：主体的复数性，意思上的联络性，损害结果的单一性。本题表述中，甲、乙均违章驾驶，才造成两车相撞并致使行人丙受伤，据此可以认定甲、乙主观上均具有过失，其行为构成共同侵权，故甲、乙对丙的损害应当承担连带责任。由此，A、B、D项表述都是错误的，只有C项表述正确，选C项。

38. A

【解析】《民法典》第1253条规定，建筑物、构筑物或者其他设施及其搁置物、悬挂物发生脱落、坠落造成他人损害，所有人、管理人或者使用人不能证明自己没有过错的，应当承担侵权责任。所有人、管理人或者使用人赔偿后，有其他责任人的，有权向其他责任人追偿。据此，本题表述中，丙的损害是由承租人甲造成的，因而应由甲单独承担侵权责任，故选A项，不选C项。出租人乙对丙的损害无过错，乙不承担责任，故不选B、D项。

39. C

【解析】《民法典》第397条规定，以建筑物抵押的，该建筑物占用范围内的建设用地使用权一并抵押。以建设用地使用权抵押的，该土地上的建筑物一并抵押。抵押人未依据前款规定一并抵押的，未抵押的财产视为一并抵押。《民法典》第417条规定，建设用地使用权抵押后，该土地上新增的建筑物不属于抵押财产。该建设用地使用权实现抵押权时，应当将该土地上新增的建筑物与建设用地使用权一并处分。但是，新增建筑物所得的价款，抵押权人无权优先受偿。根据上述规定，享有优先受偿权的财产包括别墅和建设用地使用权，而车库是新增建筑物，不属于抵押财产。可见，只有C项符合题意，选C项。

40. D

【解析】本题表述中，记者的行为并未侵犯甲、乙、丙的隐私权，因为新闻、报刊对社会不良现象的揭露，必要时可以涉及某些个人的隐私，这不构成对隐私权的侵犯。可见，不选A、C项。《民法典》第1020条规定，合理实施下列行为的，可以不经肖像权人同意：（1）为个人学习、艺术欣赏、课堂教学或者科学研究，在必要范围内使用肖像权人已经公开的肖像；（2）为实施新闻报道，不可避免地制作、使用、公开肖像权人的肖像；（3）为依法履行职责，国家机关在必要范围内制作、使用、公开肖像权人的肖像；（4）为展示特定公共环境，不可避免地制作、使用、公开肖像权人的肖像；（5）为维护公共利益或者肖像权人合法权益，制作、使用、公开肖像权人的肖像的其他行为。据此规定第2项，记者为实施新闻报道，不可避免地公开了甲、乙、丙的肖像，不构成侵犯甲、乙、丙肖像权的侵权行为，故不选B项。综上分析，该记者的行为不构成侵权，故选D项。

二、多项选择题

41. BC

【解析】我国刑法规定的告诉才处理的犯罪有如下 5 个：侮辱罪、诽谤罪、虐待罪、暴力干涉婚姻自由罪和侵占罪，其中，侵占罪是绝对的告诉才处理，而其余 4 个犯罪是相对告诉才处理，即一般情况下是告诉才处理，在特定情形下则不适用告诉才处理。上述 5 个告诉才处理的犯罪称为“亲告罪”。可见，选 B、C 项。

42. ACD

【解析】法律上的认识错误包括假想犯罪、假想非罪和误以为此罪、刑为彼罪、刑三种情形。A 项表述的情形构成盗窃罪，但甲以为不构成犯罪，这是假想非罪；C 项表述的情形构成危险驾驶罪，这是假想非罪；D 项表述的情形构成抢劫罪，但丁误以为是盗窃罪，这是误以为此罪为彼罪。A、C、D 项表述都是法律上的认识错误，故选 A、C、D 项。B 项表述的情形构成故意杀人罪，乙在杀死他人时不存在认识上的错误，故不选 B 项。

43. AC

【解析】《刑法》第 49 条第 1 款规定，犯罪的时候不满 18 周岁的人和审判的时候怀孕的妇女，不适用死刑。据此，选 A、C 项。《刑法》第 49 条第 2 款规定，审判的时候已满 75 周岁的人，不适用死刑，但以特别残忍手段致人死亡的除外。据此，不选 B 项。《刑法》第 19 条规定，又聋又哑的人或者盲人犯罪，可以从轻、减轻或者免除处罚。据此，不选 D 项。

44. ABD

【解析】根据《刑法》第 225 条及司法解释有关构成非法经营罪的规定（具体详见 2018 年专业基础课试题第 43 题解析中所列构成非法经营罪的情形——编者注），A、B、D 项表述构成非法经营罪，故选 A、B、D 项。根据《刑法》第 234 条之一规定，C 项表述的情形构成组织出卖人体器官罪，故不选 C 项。

45. AC

【解析】禁止令是人民法院对犯罪分子宣判管制、宣告缓刑的同时，判令禁止其从事特定活动，进入特定区域、场所，接触特定的人的命令。并非所有判处管制、宣告缓刑的罪犯都适用禁止令，人民法院宣告禁止令，应当充分考虑犯罪分子与所犯罪行的关联程度，具有针对性。例如，对于利用从事特定生产经营活动实施犯罪的，禁止其从事相关生产经营活动；对于犯危险驾驶罪的罪犯，可以禁止驾驶汽车；对于犯寻衅滋事罪的罪犯，可以禁止进入夜总会、酒吧、迪厅等娱乐场所。本题表述中，刘某是举报人，刘某当然属于甲禁止接触的人员。可见，选 A 项。禁止令中规定禁止进入的特定区域、场所一般包括夜总会、酒吧、迪厅、网吧，大型群众性场所，中小学校区、幼儿园园区及周边地区等。据此，B 项表述中，学校特别是中小学和幼儿园，属于禁止令规定的禁止进入的区域，但适用禁止令的条件之一是罪犯与其所犯罪行应当具有关联性和针对性，而甲利用“地沟油”生产“食用油”的犯罪活动与进入学校并不具有关联性，因而学校并非刘某禁止进入的场所、区域。可见，不选 B 项。甲利用“地沟油”生产“食用油”，这是利用从事特定生产经营活动实施犯罪的行为，根据禁止令应当具有针对性和关联性的适用条件，当然要禁止甲从事食用油生产、经营活动。可见，选 C 项。《最高人民法院、最高人民检察院、公安部、司法部关于对判处管制、宣告缓刑的犯罪分子适用禁止令有关问题的规定（试行）》第6条第3款规定，禁止令的执行期限，从管制、缓刑执行之日起计算。据此，D项表述错误。

46. ABCD

【解析】《民法典》第40条规定，自然人下落不明满2年的，利害关系人可以向人民法院申请宣告该自然人为失踪人。这里的"利害关系人"，包括被申请宣告失踪人的配偶、父母、子女、兄弟姐妹、祖父母、外祖父母、孙子女、外孙子女以及其他与被申请人有民事权利义务关系的人。"其他与被申请人有民事权利义务关系的人"如债权人、债务人、合伙人、有限责任公司的股东等。可见，备选项应全选。

47. BC

【解析】适用返还原物请求权的条件之一是原物能够返还，但是本题表述中，由于乙的瓷砖已经贴到甲家厨房的墙壁上，因而返还原物已不经济或者已不可能。可见，不选A项。不当得利可因第三人的行为而产生，正如本题所述，第三人丙公司的工人丁误将乙堆放在公共过道上的瓷砖当成甲所有，从而在甲、乙之间产生不当得利之债的关系，乙可以请求甲返还不当得利。可见，选B项。丙公司的工人丁将乙的瓷砖贴到甲家厨房的墙壁上，侵犯了乙对瓷砖的所有权，且原物已不能返还。《民法典》第1191条第1款规定，用人单位的工作人员因执行工作任务造成他人损害的，由用人单位承担侵权责任。用人单位承担侵权责任后，可以向有故意或者重大过失的工作人员追偿。据此，丁的失误行为造成他人损失的，应由其用人单位丙公司承担侵权责任，乙可以请求丙公司赔偿损失。可见，选C项，不选D项。

48. AB

【解析】《民法典》第293条规定，建造建筑物，不得违反国家有关工程建设标准，不得妨碍相邻建筑物的通风、采光和日照。据此，甲将房屋加高，影响了邻居丙的采光，侵害了丙的相邻权，丙可以要求不动产相邻的所有权人乙或使用权人甲排除妨害。可见，选A、B项，不选C项。甲、乙与丙之间是邻居，甲加高房屋影响了邻居的采光，甲、乙与丙之间形成相邻关系，不涉及业主建筑物区分所有权的问题，故不选D项。

49. ABCD

【解析】《民法典》第1183条第1款规定，侵害自然人人身权益造成严重精神损害的，被侵权人有权请求精神损害赔偿。据此，乙的健康权遭受侵害，甲医院有义务赔偿乙的精神损害，选A项。《民法典》第1179条规定，侵害他人造成人身损害的，应当赔偿医疗费、护理费、交通费、营养费、住院伙食补助费等为治疗和康复支出的合理费用，以及因误工减少的收入。造成残疾的，还应当赔偿辅助器具费和残疾赔偿金；造成死亡的，还应当赔偿丧葬费和死亡赔偿金。据此，选B、C、D项。B项表述的"后续治疗费用"，也就是上述规定中"为治疗和康复支出的合理费用"。

50. AC

【解析】丙去世时，其配偶甲和其女儿作为第一顺序的法定继承人，当然享有继承丙遗产的权利，故选A、C项。甲的儿子不属于丙的法定继承人，自然不享有继承丙的遗产的权利，故不选B项。丁是丙的姐姐，是第二顺序的法定继承人，在有第一顺序法定继承人的情形下，第二顺序的法定继承人不享有继承权，故不选D项。

三、简答题

51. 答案要点：

（1）犯罪分子被判处拘役或者3年以下有期徒刑的刑罚。

（2）犯罪分子的犯罪情节较轻，有悔罪表现，没有再犯罪的危险，且宣告缓刑不会对所居住社区产生重大的不良影响。

（3）犯罪分子不是累犯或者犯罪集团的首要分子。

52. 答案要点：

（1）客体是社会的公共安全。

（2）客观方面表现为组织、领导、积极参加恐怖活动组织的行为，恐怖活动组织是指为实施恐怖活动而组成的犯罪集团。

（3）犯罪主体为一般主体。

（4）主观方面是故意，应具有恐怖活动的目的。

53. 答案要点：

（1）在本职工作中作出的发明创造。

（2）履行本单位交付的本职工作之外的任务所作出的发明创造。

（3）退职、退休或者调动工作后1年内作出的，与其在原单位承担的本职工作或者原单位分配的任务有关的发明创造。

54. 答案要点：

（1）自己代理。自己代理即代理人以被代理人名义与自己进行民事活动的行为。从效力上看，自己代理为无效行为，但经被代理人同意或者追认的为有效。

（2）双方代理。双方代理是指代理人以被代理人名义与自己代理的其他人进行民事活动的行为。从效力上看，双方代理行为原则上无效，但经被代理人同意或者追认的，应为有效。

（3）代理人与相对人恶意串通。此种行为属于无效民事行为。代理人和相对人恶意串通，损害被代理人合法权益的，代理人和相对人应当承担连带责任。

（本题依据《民法典》规定对原标准答案进行了修正——编者注）

四、辨析题

55. 答案要点：

（1）这种说法不完全正确。

（2）根据刑法理论，危害结果是犯罪的选择要件，即危害结果并不是所有犯罪的构成要件。对于行为犯而言，行为人只要实施了特定行为，其行为就构成犯罪，应负刑事责任。

（3）因果关系是结果犯承担刑事责任的客观基础，如果行为和结果没有因果关系，就不能认为危害行为产生了危害结果，行为人就不对相应的危害结果承担刑事责任（对于过失犯罪和间接故意犯罪而言），或者不承担犯罪既遂的刑事责任（对于直接故意犯罪而言）。

56. 答案要点：

（1）这种说法不完全正确。

（2）基于法律行为设立不动产物权的，原则上必须经过登记，如设立房屋所有权、建

设用地使用权、不动产抵押权等。有些则无须登记，登记只是对抗要件，如设立土地承包经营权、地役权等。

（3）基于法律行为之外的事实设立不动产物权的，登记并非设立要件，如基于人民法院判决、人民政府征收决定、继承或者受遗赠、合法建造等事实而设立的不动产物权。

五、法条分析题

57. 答案要点：

（1）"滥用职权"是指国家机关工作人员超越职权，违法决定、处理其无权决定、处理的事项，或者违反规定处理公务的行为。

（2）"玩忽职守"是指国家机关工作人员严重不负责任，不履行或者不认真履行职责的行为。

（3）"本法另有规定的，依照规定"是解决法条竞合的处理原则，在此具体是指国家机关工作人员的滥用职权、玩忽职守行为，在刑法其他条文有另外规定时按照另外规定处理。

58. 答案要点：

（1）"胁迫"是指行为人以给另一方当事人或者其近亲属的生命、身体健康、名誉、财产等方面造成损害为要挟，迫使另一方当事人违背真实意愿结婚的情况。

（2）受胁迫一方的婚姻关系当事人本人。

（3）除斥期间。

六、案例分析题

59. 答案要点：

（1）甲的行为构成拐卖儿童罪。甲年满16周岁，具有刑事责任能力，以出卖为目的将儿童置于自己的控制之下，其行为符合拐卖儿童罪的犯罪构成。甲在拐卖过程中，过失造成被拐卖人死亡，属于拐卖儿童罪加重处罚的情形。

（2）乙的行为构成故意杀人罪。乙未满16周岁，对拐卖儿童的行为不承担刑事责任。乙明知不看管3岁儿童可能导致死亡结果，却放任死亡结果发生，其行为构成故意杀人罪。

（3）甲和乙的行为不构成共同犯罪。乙对拐卖儿童的行为不承担刑事责任，因此二人不构成拐卖儿童罪的共同犯罪；对于被害人的死亡，甲为过失，乙为故意，二人不构成故意杀人罪的共同犯罪。

60. 答案要点：

（1）在甲提供借款时（即2012年4月28日）生效。因为自然人之间的借款合同，自贷款人提供借款时生效。

（2）丙的担保是一般保证。借款合同约定，丙在乙到期无力还款时承担保证责任，此种约定应依法认定为一般保证。对甲多借给乙的20万元，丙不承担保证责任，因为这20万元未经保证人同意加重保证责任，保证人依法对加重的部分不承担保证责任。

（3）不因此而无效。债权人转让债权的，应当通知债务人，但无须征得债务人同意。

2015 年综合课试题

一、单项选择题（第 1～45 小题，每小题 1 分，共 45 分。下列每题给出的四个选项中，只有一个选项是符合题目要求的。请在答题卡上将所选项的字母涂黑）

1. 下列关于法学的表述，正确的是（　　）。

A. 法学是社会科学，不具有人文科学的性质

B. 马克思主义法学认为，超阶级的法学是不存在的

C. 法学在资产阶级革命胜利后成为一门独立的学科

D. 作为法学的一般理论和基础理论，法理学不是方法论

2. 下列关于法系的表述，正确的是（　　）。

A. 法律移植是法系形成和发展的重要途径

B. 法系是以法律赖以存在的经济基础为划分标准的

C. 英国威尔士和加拿大魁北克省的法律属于大陆法系

D. 当前两大法系之间的差异逐渐缩小，对各国法律进行法系划分已失去意义

3. 甲故意杀人后畏罪潜逃，归案后法院依法判处甲无期徒刑，剥夺政治权利终身。根据法的作用理论，下列表述正确的是（　　）。

A. 甲畏罪潜逃体现了法的指引作用

B. 法院的判决体现了法的强制作用，而非法的教育作用

C. 法院的判决既体现了法的规范作用，也体现了法的社会作用

D. 有人认为甲畏罪潜逃应罪加一等，该观点体现了法的预测而非评价作用

4. 某市打算引进大型化工项目，引发社会争议。赞同者认为该项目将促进本市经济发展；反对者认为该项目会造成严重环境污染，损害民众健康。该市综合考量后，决定终止引进该项目。根据法的价值冲突理论，该市的最终决定体现出（　　）。

A. 效率优于自由　　　　B. 效率优于平等

C. 人权高于效率　　　　D. 秩序高于正义

5. 下列关于立法的表述，正确的是（　　）。

A. 立法包括法律的创制、认可、修改和解释，不包括法律的废止

B. 邓析制“竹刑”，说明立法主体不仅限于特定的国家机关

C. 现代国家权力体系中，立法权是最重要、最核心的权力

D. 国家结构形式对一国立法体制形成的影响不大

6. 下列选项中，不属于我国行政执法基本原则的是（　　）。

A. 合理性原则　　B. 正当程序原则　　C. 合法性原则　　D. 协商性原则

7. 2011年，以缅甸人糯康为首的武装犯罪集团在湄公河流域劫持我国商船并杀害了13名中国船员。中国政府与泰国、缅甸和老挝三国联合采取抓捕行动，在境外将糯康等人抓捕归案。2013年，糯康等人被我国最高人民法院依法核准执行死刑。该案体现的法对人的效力原则是（　　）。

A. 属人主义　　B. 属地主义　　C. 折中主义　　D. 保护主义

8. 下列关于法律部门的表述，正确的是（　　）。

A. 行政法部门是由国务院制定的行政法规构成的

B. 划分法律部门的主要标准是法律所调整的社会关系

C. 部门法的名称总是与某一规范性法律文件的名称相对应

D. 法律部门的划分以客观因素为基础，不受主观因素的影响

9. 下列关于法律监督的表述，正确的是（　　）。

A. 某检察院对同级法院的判决提起抗诉，属于国家监督

B. 政协委员张某在"两会"期间对地方政府提出批评，属于行政监督

C. 某省纪律检查委员会对有贪污嫌疑的赵某进行调查，属于司法监督

D. 某省人大常委会工作人员孙某举报其领导以权谋私，属于权力机关监督

10. 某市出租车司机甲为了将病重的高中生及时送往医院，连闯两个红灯。按照交通法规，对其闯红灯行为应予以扣分并罚款，但市公安交管部门认为，甲的做法系救人之举，决定免除对甲的处罚。对此，下列说法正确的是（　　）。

A. 甲为救人而闯红灯的行为并不违法

B. 甲不受法律制裁并不意味着他没有法律责任

C. 公安交管部门作出免除处罚的决定运用的是演绎推理

D. 公安交管部门作出免除处罚的决定违反了法律面前人人平等原则

11. 下列关于权利的相关表述，正确的是（　　）。

A. 法律关系主体的权利就是权利能力

B. 一般而言，法律权利的主体不能主动放弃权利

C. 通常情况下，有权利即有义务，有义务即有权利

D. 权利的强制性是直接的，权力的强制性是间接的

12. 下列关于法律解释的表述，正确的是（　　）。

A. 法官对法律规范的解释是有权解释

B. 体系解释是不同于系统解释的一种解释方法

C. 目的解释是根据司法者的主观意图所作的解释

D. 文义解释是按照法律规范的字面含义所作的解释

13.《中华人民共和国刑法》第93条第2款规定："国有公司、企业、事业单位、人民团体中从事公务的人员和国家机关、国有公司、企业、事业单位委派到非国有公司、企

业、事业单位、社会团体从事公务的人员，以及其他依照法律从事公务的人员，以国家工作人员论。”下列关于该法律条文的认识，正确的是（　　）。

A. 该条文规定的是技术性内容，没有强制力

B. 该条文表述的既非法律原则，也非法律规则

C. 该条文不能够与其他条文共同表达某个法律规则

D. 该条文包括了假定条件、行为模式和法律后果三个要素

14. 法治是与人治相对应的治国方略。关于法治，下列说法错误的是（　　）。

A. 法治以民主政治为基础　　B. 法治要求“良法”之治

C. 法治排斥和反对德治　　D. 法治要求加强对权力的制约和监督

15. 美国1803年马伯里诉麦迪逊案（Marbury v. Madison）所确立的制度是（　　）。

A. 联邦制　　B. 司法独立　　C. 议会至上　　D. 司法审查

16. 关于宪法规范，下列说法正确的是（　　）。

A. 宪法规范比普通法律规范更具原则性、概括性

B. 宪法规范内容上的政治性决定了违宪主体不承担法律后果

C. 宪法规范主要调整国家与公民之间、公民与公民之间的关系

D. 宪法规范在我国的表现形式主要有宪法典、宪法相关法、宪法惯例和宪法判例

17. 根据我国宪法，下列关于非公有制经济的表述，不正确的是（　　）。

A. 国家保护非公有制经济的合法的权利和利益

B. 非公有制经济是我国国民经济中的主导力量

C. 非公有制经济是社会主义市场经济的重要组成部分

D. 国家鼓励、支持和引导非公有制经济的发展，并对非公有制经济依法实行监督和管理

18. 根据2004年宪法修正案，爱国统一战线中增加的社会群体是（　　）。

A. 全体社会主义劳动者　　B. 社会主义事业的建设者

C. 拥护社会主义的爱国者　　D. 拥护祖国统一的爱国者

19. 根据我国宪法和法律，下列关于紧急状态的表述，正确的是（　　）。

A. 特别行政区进入紧急状态由全国人大常委会决定

B. 个别省、自治区、直辖市进入紧急状态由国务院决定

C. 全国或个别省、自治区、直辖市进入紧急状态由全国人大决定

D. 省、自治区、直辖市的范围内部分地区进入紧急状态由全国人大常委会决定

20. 下列选项中，属于民族自治地方自治机关的是（　　）。

A. 内蒙古自治区人民检察院

B. 青海省门源回族自治县人民代表大会

C. 湖南省湘西土家族苗族自治州中级人民法院

D. 广西壮族自治区桂林市雁山区草坪回族乡人民政府

21. 某县举行人大代表换届选举，甲欲通过选民联名推荐的方式参选人大代表，其须获得联名推荐的最低选民人数要求是（　　）。

A. 3人以上　　B. 10人以上　　C. 20人以上　　D. 30人以上

22. 根据我国选举法，设区的市的人大代表提出辞职，正确的做法是（　　）。

A. 向本级人大常委会口头提出

B. 向本级人大会议主席团书面提出

C. 向选举他的人民代表大会口头提出

D. 向选举他的人民代表大会的常委会书面提出

23. 根据我国特别行政区基本法，下列表述正确的是（　　）。

A. 特别行政区的立法须报全国人大常委会和国务院备案

B. 特别行政区享有高度自治权，行政长官只对特别行政区负责

C. 对特别行政区终审法院的判决不服，可以上诉至最高人民法院

D. 中央人民政府授权特别行政区依照基本法自行处理有关的对外事务

24. 下列关于城市居民委员会的说法，不正确的是（　　）。

A. 居民委员会一般在100户至700户的范围内设立

B. 居民委员会每届任期3年，其成员不得连选连任

C. 居民委员会可根据需要，设立人民调解、治安保卫、公共卫生等委员会

D. 居民委员会是城市居民自我管理、自我教育、自我服务的基层群众性自治组织

25. 根据我国立法法，下列事项尚未制定法律的，全国人大及其常委会可授权国务院先行制定行政法规的是（　　）。

A. 犯罪和刑罚

B. 对公民政治权利的剥夺

C. 对非国有财产的征收

D. 限制人身自由的强制措施和处罚

26. 国家主席无须根据全国人大和全国人大常委会的决定独立行使的职权是（　　）。

A. 发布特赦令

B. 宣布战争状态

C. 接受外国使节

D. 任免国务院组成人员

27. 下列选项中，不符合宪法发展的世界性趋势的是（　　）。

A. 甲国修改宪法以扩大公民基本权利的范围

B. 乙国国会拒绝将国际人权法作为本国的宪法渊源

C. 丙国为维护宪法的最高权威设立专门违宪审查机构

D. 丁国最高法院判决，为应对经济危机而扩大政府权力的某部法律合宪

28. 下列关于我国司法制度的表述，正确的是（　　）。

A. 人民检察院属于司法行政机关

B. 最高人民法院院长由全国人大常委会任免

C. 人民法院上下级之间是指导与被指导关系

D. 人民检察院上下级之间是领导与被领导关系

29. 2014年春节期间，县人大代表刘某因酒后交通肇事逃逸，涉嫌犯罪，县公安局拟对其实施逮捕。对此，下列做法中正确的是（　　）。

A. 公安局可自行决定并实施逮捕

B. 公安局经县人民法院决定后可实施逮捕

C. 公安局经县人民检察院批准后可实施逮捕

D. 非经县人大常委会许可，公安局不得实施逮捕

30. 西周初期统治者总结了历史经验教训，对夏商的“天罚”思想进行了修正，在此基础上提出的立法思想是（　　）。

A. 天命天罚　　B. 明刑弼教　　C. 明德慎罚　　D. 德主刑辅

31. 战国时期李悝作《法经》六篇，其内容属于诉讼法制度的篇章是（　　）。

A. 盗法　　B. 杂法　　C. 网法　　D. 具法

32. 下列选项中，属于耻辱刑的刑罚是（　　）。

A. 髡刑　　B. 隶臣妾　　C. 赀刑　　D. 城旦舂

33. 明清时期被称为“风宪衙门”的中央机构是（　　）。

A. 都察院　　B. 大理寺　　C. 尚书省　　D. 刑部

34. 京兆府民人张三与邻人李四因琐事发生口角，进而发展成为殴斗，张三被李四打伤。当夜，张三持利刃潜入李四家，将李四及其家人共五口全部杀死。三天后，张三被官府缉捕归案。若此案发生于唐玄宗天宝年间，依照唐律关于“十恶”的规定，张三的行为构成的罪名是（　　）。

A. 恶逆　　B. 不道　　C. 不义　　D. 谋大逆

35. 汉朝法律规定，被告人及其亲属不服官府判决的，可申请重审。这一诉讼程序称为（　　）。

A. 录囚　　B. 乞鞫　　C. 举劾　　D. 读鞫

36. 中国刑律中最早规定“准五服以制罪”，使法律成为“峻礼教之防”的法典是（　　）。

A. 北齐律　　B. 开皇律　　C. 贞观律　　D. 泰始律

37. 据某著名武侠小说：北宋年间，有人向官府告发称，丐帮帮主乔某杀害其师父。经官府审理，控告属实。又查明乔某系辽国人，其师傅系北宋人。根据宋朝法律，对乔某的行为应适用的法律是（　　）。

A. 宋刑统　　B. 辽国法律

C. 宋刑统或辽国法律　　D. 被告人可选择的第三国法律

38. “民人典当田房，契载统以十年为率，限满听赎。”作出这一法律规定的朝代是（　　）。

A. 汉朝　　B. 唐朝　　C. 明朝　　D. 清朝

39. “八议”是中国古代优待官僚贵族的法律制度，即指八种人犯罪可经议罪减免刑罚。“八议”中“议宾”的对象是指（　　）。

A. 皇亲国戚　　B. 贤人能臣

C. 前朝皇室宗亲　　D. 三品以上职事官

40. 北洋政府时期负责行政诉讼案件审判的机构是（　　）。

A. 大理院　　B. 平政院　　C. 司法院　　D. 参政院

41. 下列关于 1935 年《中华民国刑法》内容与特点的表述，不正确的是（　　）。

A. 在时间效力上取“从新从重主义”

B. 采取社会防卫主义，增设保安处分

C. 继受了西方国家通行的刑事法律原则

D. 对侵害直系尊亲属的犯罪行为采取加重处罚原则

42. 清末为“预备立宪”，仿照近代西方国家的议会制度设立了中央咨询机关。该机关是（　　）。

A. 参议会　B. 参政院　C. 谘议局　D. 资政院

43. 中国历史上第一部具有近代意义的法院组织法是（　　）。

A. 裁定官制谕　B. 大理院审判编制法

C. 法院编制法　D. 暂行法院编制法

44. 依照《中华民国训政时期约法》的规定，训政时期中华民国最高的训政者是(　　)。

A. 国民全体　B. 国民大会　C. 国民党　D. 立法院

45. 革命根据地时期，工农民主政权制定的最重要的土地法是（　　）。

A. 中国土地法大纲　B. 兴国土地法

C. 井冈山土地法　D. 中华苏维埃共和国土地法

二、多项选择题（第46～63小题，每小题2分，共36分。下列每题给出的四个选项中，至少有两个选项是符合题目要求的。请在答题卡上将所选项的字母涂黑。多选、少选或错选均不得分）

46. 下列选项中，属于法的基本特征的有（　　）。

A. 规范性　B. 普遍性　C. 国家意志性　D. 国家强制性

47. 下列思想家中，将法的本质归结为人的理性的有（　　）。

A. 英国的洛克　B. 美国的庞德

C. 荷兰的格劳秀斯　D. 德国的萨维尼

48. 下列关于“公法”和“私法”的论述，正确的有（　　）。

A. 公法调整国家利益，私法调整个人利益

B. 保险法属于私法，食品安全法属于公法

C. 公法和私法是普通法系国家的基本法律分类

D. 公法和私法的分类源于古罗马法学家乌尔比安

49. 下列关于法律渊源的表述，正确的有（　　）。

A. 法律的正式渊源通常包括制定法、习惯法、判例法等

B. 在大陆法系国家中，判例一般不是法律的正式渊源

C. 公共政策与习惯属于非正式法律渊源

D. 我国的法律渊源中不包含国际惯例

50.《中华人民共和国水污染防治法》第29条第1款规定：“禁止向水体排放油类、酸液、碱液或者剧毒废液。”该条文表达的法律规则属于（　　）。

A. 义务性规则　B. 构成性规则　C. 确定性规则　D. 强行性规则

51. 下列关于法律实施的表述，正确的有（　　）。

A. 法律实施是使法律从书本上的法律变成行动中的法律

B. 公安机关对涉嫌嫖娼的黄某采取强制措施属于法的执行

C. 某省人大常委会对该省地方性法规进行解释属于法律监督

D. 某出租车司机向公安机关举报宁某吸毒的行为属于法的适用

52. 在我国，宪法的根本法地位表现在（　　）。

A. 法律效力上，宪法具有最高法律效力

B. 修改程序上，宪法比普通法律更为严格

C. 内容上，宪法规定国家最根本、最重要的制度

D. 宪法的解释上，宪法只能由全国人大进行解释

53. 下列选项中，可以向全国人大提出法律案的有（　　）。

A. 全国人大财经委员会　　B. 全国人大主席团

C. 30 名以上全国人大代表联名　　D. 全国人大解放军代表团

54. 根据我国宪法，下列自然资源既可属于国家所有，也可属于集体所有的有（　　）。

A. 矿藏　　B. 水流　　C. 森林　　D. 草原

55. 根据我国宪法关于公民私有财产的规定，下列表述正确的有（　　）。

A. 公民的合法的私有财产不受侵犯

B. 国家机关不得没收任何公民的私有财产

C. 公民的私有财产受法律保护，并可依法继承

D. 国家为了公共利益的需要，可依法对公民的私有财产实行征收或征用并给予补偿

56. 下列选项中，属于我国人民法院审判工作原则的有（　　）。

A. 两审终审原则　　B. 群众路线原则

C. 平等适用法律原则　　D. 被告人有权获得辩护原则

57. 根据我国宪法和法律，下列职务中只能由实行区域自治的民族的公民担任的有（　　）。

A. 自治区主席　　B. 自治州人大常委会主任

C. 自治州人民检察院检察长　　D. 自治县县长

58. 下列关于全国人大常委会组成人员的表述，正确的有（　　）。

A. 全国人大常委会由委员长、副委员长、秘书长和委员组成

B. 全国人大常委会组成人员中应有适当名额的少数民族代表

C. 全国人大常委会组成人员不得担任国家行政机关、审判机关和检察机关的职务

D. 全国人大常委会组成人员得连选连任，但委员长、副委员长连续任职不得超过两届

59. 下列选项中，属于汉代选拔和任用官吏方法的有（　　）。

A. 征召　　B. 察举　　C. 辟举　　D. 科举

60. 明朝初年在乡间创设的申明亭，具有基层司法组织的功能。通常可以由申明亭受理和调处的案件包括（　　）。

A. 贼盗　　B. 婚姻　　C. 田土　　D. 斗殴

61. 清朝中央政府除制定全国统一的基本法典之外，还制定了一系列适用于少数民族聚居区的专门法规，其中包括（　　）。

A. 回疆则例　　B. 蒙古律例　　C. 理藩院则例　　D. 钦定西藏章程

62. 下列关于《中华民国临时约法》内容与特点的表述，正确的有（　　）。

A. 实行三权分立的原则

B. 确立责任内阁制的政权组织形式

C. 立法权由参议院和众议院共同行使

D. 规定中华民国之主权属于国民全体

63. 与《大清现行刑律》相比，《大清新刑律》的主要变化包括（　　）。

A. 采用了罪刑法定原则

B. 删除了“十恶”重罪等内容

C. 改变了律例合编的法典编纂体例

D. 采用了西方国家通行的缓刑、假释等制度

三、简答题（第64～66小题，每小题8分，共24分。请将答案写在答题卡指定位置的边框区域内）

64. 简述我国司法机关依法独立行使职权原则的内涵。

65. 简述我国宪法关于公民宗教信仰自由的规定。

66. 简述中国古代法典从《唐律疏议》到《大清律例》篇章体例的发展演变。

四、分析题（第67～69小题，每小题10分，共30分。要求结合所学知识分析材料回答问题。请将答案写在答题卡指定位置的边框区域内）

67. 2013年7月，W市某区人民法院审理了一起父母诉请子女“常回家看看”的民事案件。该院判决：被告人应自判决生效之日起，每两个月至少到父母居住处看望、问候一次；法定节假日均须履行探望义务。这是新修订的《中华人民共和国老年人权益保障法》施行后的全国首例判决。

对此，有人认为，该判决保护了老年人权益，维护了传统伦理道德；有人则认为，不应当将道德法律化，探望父母虽符合伦理道德，但不应成为法律上的强制义务。

请根据上述材料，运用相关法理学知识，回答下列问题：

（1）如何看待上述两种不同的观点？

（2）如何理解法律与道德的相互关系？

68. 2013年3月，某省会城市人民政府拟出台《关于全面推进民营经济健康发展的若干办法》（以下简称《办法》）的规章。该《办法》规定：“凡上一年度本市前100名纳税民营企业的企业主，其子女参加高中入学考试，总成绩可加20分。”该《办法》在征求社会各界意见的过程中引起争议。《办法》起草部门负责人在接受媒体采访时说：“此举是为了鼓励民营企业发展，为民营企业主创造更好的条件。既然纳税大户为社会作出了很大贡献，社会为何不能投桃报李？”

请结合我国宪法和法律的相关规定，回答下列问题：

（1）该《办法》侵犯了公民的何种宪法权利？

（2）根据我国立法法，若该《办法》得以通过，应当报哪些国家机关备案？

（3）接受备案的机关如果认为该《办法》与上位法相抵触，可作出何种审查意见？

69. 材料一：

材料一：《唐律疏议·杂律》：诸负债违契不偿，一匹以上，违二十日，笞二十，二十

日加一等，罪止杖六十。三十匹，加二等；百匹，又加三等。各令备（赔）偿。

材料二：《唐杂令》：诸公私以财物出举者，任依私契，官不为理。每月取利不得过六分，积日虽多，不得过一倍……又不得回利为本。

诸以粟麦出举，还为粟麦者，任依私契，官不为理。仍以一年为断，不得因旧本更令生利，又不得回利为本。

请运用中国法制史的知识和理论，分析上述材料并回答下列问题：

（1）根据材料一，违契不偿者应承担哪些法律责任？

（2）根据材料二，为保护借贷契约债务人的权利，唐朝法律确立了哪些规则？

（3）唐朝法律如何维护和规范借贷关系？

五、论述题（第 70 题，15 分。请将答案写在答题卡指定位置的边框区域内）

70. 近年来，全国每年发生交通事故 40 多万起，近 10 万人死亡。司机的酒驾、超载和超速驾驶，行人无视红绿灯的“中国式过马路”等行为都是导致交通事故发生的重要原因。

西方思想家曾言，最重要的法律，既不是刻在大理石上，也不是刻在铜表上，而是铭刻在公民的心中。

请根据上述材料，谈谈良好的法律意识对法治的意义以及培养法律意识的措施。

要求：观点明确，说理充分，条理清晰，语言规范、流畅。

2015 年综合课试题答案及解析

一、单项选择题

1. B

【解析】法学是一种存在于社会科学和人文科学之间的形态。可见，A 项表述错误。马克思主义法学认为，超阶级的法学是不存在的，法学总是为一定的阶级利益和对一定阶级有利的社会制度服务的。可见，B 项表述正确。法学在古罗马共和国时期就已经发展成为一门独立的学科。可见，C 项表述错误。法理学是法学的一般理论、基础理论和方法论。可见，D 项表述错误。

2. A

【解析】法律移植是法系形成和发展的重要途径，例如，普通法和衡平法借助于英国的殖民征服而在世界范围内广泛传播，从而形成英美法系；法国和德国民法典凭借其声望而为他国或地区移植，从而形成大陆法系。可见，A 项表述正确。法系并非是按照法律赖以存在的经济基础为划分标准的，而是按照世界上各个国家和地区法律的源流关系和历史传统以及形式上某些特点对法律所作的分类。法的历史类型才是以法律赖以存在的经济基础为划分标准的。可见，B 项表述错误。加拿大魁北克省的法律属于大陆法系，英国的苏格兰法律属于大陆法系，而威尔士法律则属于英美法系。C 项表述错误。当前两大法系之间的差异逐渐缩小，有融合趋势，但因传统不同，两大法系的差异还将长期存在，对各国法律进行法系的划分也仍将产生深远影响。可见，D 项表述错误。

3. C

【解析】甲畏罪潜逃体现了法的强制作用，而非法的指引作用。可见，A项表述错误。法院的判决既体现了法的强制作用，也体现了法的教育作用。可见，B项表述错误。法院的判决既体现了法的强制、教育等规范作用，也体现了稳定社会秩序、维持社会治安、保障人身安全等方面的社会作用。可见，C项表述正确。有人认为，甲畏罪潜逃应罪加一等，该观点体现的是对他人行为的评价作用。可见，D项表述错误。

4. C

【解析】本题表述中，赞成引进项目的观点是从效率优先的角度考虑问题的，而反对引进项目的观点则是从保障公民健康权这一人权价值方面考虑问题的。当人权、秩序、效率、正义、自由、平等等基本价值发生冲突时，应当按照人权、正义价值高于其他基本价值的原则来处理。可见，选C项。

5. C

【解析】立法是创制、认可、修改和废止法律和其他规范性法律文件的专门性活动，而不仅仅指上述某一项活动。可见，A项表述错误。立法主体仅限于特定的国家机关，即享有立法权的机关，其他机关和个人不能立法。可见，B项表述错误。现代国家权力体系包括立法权、行政权和司法权，而立法权是国家权力体系中最重要、最核心的权力。可见，C项表述正确。一国立法体制的形成，主要是由这个国家的国家性质、国家结构形式和文化传统等因素决定的，而国家结构形式对立法体制形成的影响最为明显，如在单一制国家，一般采用一元立法体制，而在联邦制国家，一般采用二元或多元立法体制。可见，D项表述错误。

6. D

【解析】我国的行政执法原则包括依法行政原则（合法性原则）、合理性原则、讲求效率原则、正当程序原则、比例原则（包括妥当性原则、必要性原则和比例性原则）、诚实守信原则（包括行政信息真实原则和保护公民信赖利益原则）和权责统一原则（包括行政效能原则和行政责任原则）。备选项中，A、B、C项表述的是行政执法的基本原则，只有D项表述的协商性原则不是行政执法的基本原则，故选D项。

7. D

【解析】我国法院判决糯康死刑，该判决是以维护本国利益和本国公民的权益为基础的，因而体现的是保护主义。故选D项。

8. B

【解析】行政法不同于行政法规。行政法作为一个法律部门，是规范和调整行政法律关系的法律的总称。行政法规是国务院制定的规范性法律文件的总称。可见，A项表述错误。划分法律部门的标准包括法律调整的对象（社会关系）和法律调整的方法，其中，法律调整的对象是划分法律部门的主要标准，而法律调整方法则是辅助性标准。可见，B项表述正确。部门法的名称并不总是与某一规范性法律文件的名称相对应，例如行政法部门、经济法部门就没有一个相同名称的规范性法律文件与之相对应。可见，C项表述错误。法律部门的划分应以客观因素为基础，但也受到主观因素的影响。可见，D项表述错误。

9. A

【解析】法律监督包括国家监督和社会监督，国家监督包括国家权力机关的监督、国家司法机关的监督和国家行政机关的监督。国家司法机关的监督包括检察的监督和审判的监督。A 项表述中，某检察院对同级法院的判决提出抗诉，这属于国家监督中的检察监督。可见，A 项表述正确。行政监督是以国家行政机关为主体的监督，B 项表述中，政协委员张某并非行政机关，其对地方政府的批评当然不是行政监督，故 B 项表述错误。C 项表述中，纪律检查委员会并非司法机关，因而不是司法监督。可见，C 项表述错误。权力机关监督是各级人大及其常委会对由它产生的国家机关实施法律的监督，D 项表述中，省人大常委会工作人员孙某并非权力机关，因而孙某的举报不是权力机关监督。可见，D 项表述错误。

10. B

【解析】甲闯红灯的行为违反了交通法规，属于违法行为。可见，A 项表述错误。甲要对其闯红灯的违法行为承担法律责任，但法律责任不等于法律制裁，有法律责任未必就有法律制裁。可见，B 项表述正确。公安交管部门作出免除处罚的决定运用的法律推理形式是辩证推理，而非演绎推理。可见，C 项表述错误。公安交管部门作出免除处罚的决定并没有违反法律面前人人平等原则，因为公安交警是在价值判断与推理的基础上作出免除处罚决定的，而对案件进行价值判断在解决疑难案件时是必不可少的，是符合法律要求的。可见，D 项表述错误。

11. C

【解析】权利和权利能力是有区别的，权利作为法律关系的内容，与义务相对应，而权利能力作为主体参加法律关系的资格，也可以称为义务能力。可见，A 项表述错误。一般而言，权利是可以放弃的，而义务是不能放弃的。可见，B 项表述错误。权利和义务相辅相成，有权利即有义务，有义务即有权利，没有无义务的权利，也没有无权利的义务。可见，C 项表述正确。权利的强制性是以权力为中介的，是间接的；权力的强制性是直接的。可见，D 项表述错误。

12. D

【解析】法官对法律规范的解释是无权解释，故 A 项表述错误。体系解释就是系统解释，故 B 项表述错误。目的解释是从制定某一法律的目的来解释法律，故 C 项表述错误。文义解释是严格遵循法律规范的字面含义的一种以尊重立法者意志为特征的解释，故 D 项表述正确。

13. B

【解析】《刑法》第 93 条第 2 款并非法律的技术性规定，而是关于法律概念或术语的规定，具有强制力。可见，A 项表述错误。该条文表述的既非法律原则，也非法律规则，而是法律概念。可见，B 项表述正确。该条文能够与其他条文共同表达某个法律规则，例如，《刑法》第 382 条第 2 款规定，受国家机关、国有公司、企业、事业单位、人民团体委托管理、经营国有财产的人员，利用职务上的便利，侵吞、窃取、骗取或者以其他手段非法占有国有财物的，以贪污论。可见，C 项表述错误。法律规则的逻辑结构包括假定条件、行为模式和法律后果，《刑法》第 93 条第 2 款表述的是法律概念，而法律概念不具有法律规则所具有的完整的逻辑结构。可见，D 项表述错误。

14. C

【解析】法治以民主政治为基础，民主化是实现法治的先决条件，法治必须建立在民主政治的基础之上。可见，A项表述正确。法治要求“良法”之治，强调法律的至高权威，强调法律的公正性、稳定性、普遍性、公开性和平等性，以及对权力的制约和对人权的保障。可见，B项表述正确。法治不排斥德治的作用，法治和德治作为社会控制的两种手段，具有各自独特的优势和局限，并且这种优势和局限往往呈现一种互补的关系。可见，C项表述错误。法治要求加强对权力的制约和监督，权力制约原则正是法治的基本原则之一。可见，D项表述正确。

15. D

【解析】1803年，美国通过马伯里诉麦迪逊案，开创了美国普通法院审查联邦法律的先例，开创了美国式的司法审查制度。可见，选D项。

16. A

【解析】和普通法律规范相比，宪法规范具有原则性和概括性特点，这是与宪法规范所调整的内容具有广泛性相联系的。可见，A项表述正确。宪法规范的内容具有政治性，但这并不否认宪法规范的法律规范性质，法律规范是由假定条件、行为模式和法律后果构成的具有内在逻辑的规范，这决定了宪法规范也是由上述三要素构成的具有内在逻辑的规范，违反宪法规范，违宪主体也要承担法律后果。可见，B项表述错误。宪法规范调整的社会关系包括国家与公民之间、国家与其他社会主体之间、国家机关之间和国家机关内部的关系，但不包括公民与公民之间的关系。可见，C项表述错误。宪法规范在我国的表现形式主要有宪法典、宪法修正案、宪法相关法和宪法惯例，但宪法判例并非我国宪法规范的表现形式。可见，D项表述错误。

17. B

【解析】《宪法》第11条第2款规定，国家保护个体经济、私营经济等非公有制经济的合法的权利和利益。国家鼓励、支持和引导非公有制经济的发展，并对非公有制经济依法实行监督和管理。据此，A、D项表述正确。《宪法》第7条规定，国有经济，即社会主义全民所有制经济，是国民经济中的主导力量。国家保障国有经济的巩固和发展。《宪法》第11条第1款规定，在法律规定范围内的个体经济、私营经济等非公有制经济，是社会主义市场经济的重要组成部分。根据上述规定，B项表述错误，C项表述正确。

18. B

【解析】2004年宪法修正案在爱国统一战线中增加了社会主义事业的建设者这一社会群体，选B项。此外，2018年宪法修正案又增加了“致力于中华民族伟大复兴的爱国者”这一社会群体。现阶段我国的爱国统一战线在宪法中的表述是：在长期的革命、建设、改革过程中，已经结成由中国共产党领导的，有各民主党派和各人民团体参加的，包括全体社会主义劳动者、社会主义事业的建设者、拥护社会主义的爱国者、拥护祖国统一和致力于中华民族伟大复兴的爱国者的广泛的爱国统一战线，这个统一战线将继续巩固和发展。

19. A

【解析】《香港特别行政区基本法》第18条中规定，全国人民代表大会常务委员会决定宣布战争状态或因香港特别行政区内发生香港特别行政区政府不能控制的危及国家统一或安全的动乱而决定香港特别行政区进入紧急状态。《澳门特别行政区基本法》第 18 条也有相应规定。可见，A 项表述正确。《宪法》第 67 条第 20 项规定，全国人大常委会决定全国或者个别省、自治区、直辖市进入紧急状态。据此，B、C 项表述错误。《宪法》第 89 条第 16 项规定，国务院依照法律规定决定省、自治区、直辖市的范围内部分地区进入紧急状态。据此，D 项表述错误。

20. B

【解析】《宪法》第 112 条规定，民族自治地方的自治机关是自治区、自治州、自治县的人民代表大会和人民政府。据此，选 B 项。自治地区的司法机关并非自治机关，故不选 A、C 项。民族乡人民政府并非自治机关，故不选 D 项。

21. B

【解析】《选举法》第 29 条第 2 款中规定，各政党、各人民团体，可以联合或者单独推荐代表候选人。选民或者代表，10 人以上联名，也可以推荐代表候选人。据此，选 B 项。

22. D

【解析】《选举法》第 54 条第 1 款规定，全国人民代表大会代表，省、自治区、直辖市、设区的市、自治州的人民代表大会代表，可以向选举他的人民代表大会的常务委员会书面提出辞职。常务委员会接受辞职，须经常务委员会组成人员的过半数通过。接受辞职的决议，须报送上一级人民代表大会常务委员会备案、公告。据此，选 D 项。

23. D

【解析】《香港特别行政区基本法》第 17 条第 2 款中规定，香港特别行政区的立法机关制定的法律须报全国人民代表大会常务委员会备案。备案不影响该法律的生效。《澳门特别行政区基本法》第 17 条也有相应规定。可见，A 项表述错误。《香港特别行政区基本法》第 2 条规定，全国人民代表大会授权香港特别行政区依照本法的规定实行高度自治，享有行政管理权、立法权、独立的司法权和终审权。《香港特别行政区基本法》第 43 条第 2 款规定，香港特别行政区行政长官依照本法的规定对中央人民政府和香港特别行政区负责。《澳门特别行政区基本法》第 2 条、第 45 条也有相应规定。根据上述规定，B 项表述错误。《香港特别行政区基本法》第 82 条规定，香港特别行政区的终审权属于香港特别行政区终审法院。《澳门特别行政区基本法》第 84 条中也有相应规定。根据上述规定，C 项表述错误。《香港特别行政区基本法》第 13 条第 3 款规定，中央人民政府授权香港特别行政区依照本法自行处理有关的对外事务。《澳门特别行政区基本法》第 13 条也有相应规定。根据上述规定，D 项表述正确。

24. B

【解析】《城市居民委员会组织法》第 6 条规定，居民委员会根据居民居住状况，按照便于居民自治的原则，一般在 100 户至 700 户的范围内设立。居民委员会的设立、撤销、规模调整，由不设区的市、市辖区的人民政府决定。据此，A 项表述正确。《城市居民委员会组织法》第 8 条中规定，居民委员会每届任期 5 年，其成员可以连选连任。据此，B 项表述错误。《城市居民委员会组织法》第 13 条规定，居民委员会根据需要设人民调解、治安保卫、公共卫生等委员会。据此，C 项表述正确。《城市居民委员会组织法》第 2 条第 1 款规定，居民委员会是居民自我管理、自我教育、自我服务的基层群众性自治组织。据此，D项表述正确。

25. C

【解析】《立法法》第9条规定，本法第8条规定的事项尚未制定法律的，全国人民代表大会及其常务委员会有权作出决定，授权国务院可以根据实际需要，对其中的部分事项先制定行政法规，但是有关犯罪和刑罚、对公民政治权利的剥夺和限制人身自由的强制措施和处罚、司法制度等事项除外。据此，选C项。

26. C

【解析】《宪法》第80条和第81条规定了国家主席的职权。《宪法》第80条规定，中华人民共和国主席根据全国人民代表大会的决定和全国人民代表大会常务委员会的决定，公布法律，任免国务院总理、副总理、国务委员、各部部长、各委员会主任、审计长、秘书长，授予国家的勋章和荣誉称号，发布特赦令，宣布进入紧急状态，宣布战争状态，发布动员令。可见，《宪法》第80条规定的国家主席的职权需要根据全国人大和全国人大常委会的决定行使，故不选A、B、D项。《宪法》第81条规定，中华人民共和国主席代表中华人民共和国，进行国事活动，接受外国使节；根据全国人民代表大会常务委员会的决定，派遣和召回驻外全权代表，批准和废除同外国缔结的条约和重要协定。据此，国家主席进行国事活动，接受外国使节是国家主席独立行使的职权，无须根据全国人大和全国人大常委会的决定行使。可见，选C项。

27. B

【解析】宪法发展的世界性趋势表现在：（1）各国宪法越来越强调对人权的保障，不断扩大公民权利范围。（2）政府权力的扩大成为社会发展的必然。（3）各国越来越重视建立违宪审查制度来维护宪法的最高权威。（4）宪法领域从国内法扩展到国际法。A项表述符合宪法发展的世界性趋势的第（1）点表现，B项表述不符合宪法发展的世界性趋势的第（1）点表现，C项表述符合宪法发展的世界性趋势的第（3）点表现，D项表述符合宪法发展的世界性趋势的第（2）点表现。可见，选B项。

28. D

【解析】人民检察院是我国司法机关，而不是司法行政机关，司法部（厅、局）才是我国的司法行政机关。可见，A项表述错误。《宪法》第62条第8项和第63条第5项规定，全国人大选举和罢免最高人民法院院长。可见，B项表述错误。《宪法》第132条第2款规定，最高人民法院监督地方各级人民法院和专门人民法院的审判工作，上级人民法院监督下级人民法院的审判工作。据此，上下级人民法院之间是监督与被监督的关系。可见，C项表述错误。《宪法》第137条第2款规定，最高人民检察院领导地方各级人民检察院和专门人民检察院的工作，上级人民检察院领导下级人民检察院的工作。据此，D项表述正确。

29. D

【解析】《全国人民代表大会和地方各级人民代表大会代表法》第32条第1、2款规定，县级以上的各级人民代表大会代表，非经本级人民代表大会主席团许可，在本级人民代表大会闭会期间，非经本级人民代表大会常务委员会许可，不受逮捕或者刑事审判。如果因为是现行犯被拘留，执行拘留的机关应当立即向该级人民代表大会主席团或者人民代表大会常务委员会报告。对县级以上的各级人民代表大会代表，如果采取法律规定的其他限制人身自由的措施，应当经该级人民代表大会主席团或者人民代表大会常务委员会许可。据此，本题表述中，县人大代表刘某酒后交通肇事发生于人大闭会期间，因此，公安局非经县人大常委会许可，不得实施逮捕，故选 D 项。

30. C

【解析】西周初期的统治者对夏商时期的“天罚”“神判”思想进行了修正，提出了“明德慎罚”的立法指导思想，故选 C 项。A 项表述为夏商时期的立法指导思想，B 项表述为明朝的立法指导思想，D 项表述为汉朝汉武帝之后确立的立法指导思想。

31. C

【解析】战国时期李悝制定的《法经》共 6 篇：《盗法》、《贼法》、《网法》（《囚法》）、《捕法》、《杂法》、《具法》，其中体现诉讼法制度内容的篇目是《网法》，故选 C 项。《盗法》是关于侵犯官私财产所有权犯罪的法律规定。《杂法》是关于“盗贼”以外的其他犯罪与刑罚的规定，主要规定了“六禁”。《具法》是关于定罪量刑中从重从轻等法律原则的规定，类似于近代刑法典的总则篇。

32. A

【解析】秦汉时期的耻辱刑包括髡刑（剃去犯人头发）、耐刑（剃去犯人胡须）和完刑（保留发肤免髡剃）。可见，选 A 项。隶臣妾（为官府服役）为作刑，而非耻辱刑，故不选 B 项。赀刑（类似于罚金）为财产刑，而非耻辱刑，故不选 C 项。城旦舂（男子筑城墙、修城池，女子舂米）为作刑，而非耻辱刑，故不选 D 项。

33. A

【解析】明清时期的“风宪衙门”指的是都察院，都察院是明清时期的中央最高监察机关。可见，选 A 项。大理寺为明清时期的中央刑事案件的复核机关。尚书省为隋唐宋时期的三省之一，尚书省在元朝就被裁撤，明清时期没有尚书省。明清时期的刑部为中央刑事案件的主审机关。

34. B

【解析】唐律“十恶”大罪中的“不道”是指“杀一家非死罪三人，支解人，造畜蛊毒、厌魅”，即杀死罪不至死的一家三人，肢解人或以巫术杀人的行为。本题表述中，张三杀死李四及其家人共五口，构成“不道”。可见，选 B 项。“恶逆”为“殴及谋杀祖父母、父母，杀伯叔父母、姑、兄姊、外祖父母、夫、夫之祖父母、父母”。“不义”为“杀本属府主、刺史、县令、见受业师，吏、卒杀本部五品以上官长；及闻夫丧匿不举哀，若作乐，释服从吉及改嫁”。“谋大逆”为“谋毁宗庙、山陵及宫阙”。

35. B

【解析】汉朝法律规定，被告人及其亲属不服官府判决的，可以申请重审，该诉讼程序称为“乞鞫”，故选 B 项。汉代的录囚是指皇帝或上级司法机关通过对囚徒的复核审录，监督和检查下级司法机关的决狱情况，以平反冤狱，梳理滞狱的制度。汉代的举劾是指官吏代表国家纠举犯罪，类似于现代的“公诉”。读鞫是指向被告及其亲属宣读判决书。

36. D

【解析】中国古代刑律中，最早规定“准五服以制罪”的法典是《泰始律》（《晋律》），

“准五服以制罪”是法律儒家化的重要标志之一，使法律成为“峻礼教之防”的工具。可见，选D项。

37. A

【解析】《宋刑统·名例律·化外人相犯》规定：诸化外人同类自相犯者，各依本俗法，异类相犯者，以法律论。可见，《宋刑统》沿用了《唐律疏议》有关化外人相犯的处断原则，即同一国侨民自相犯者，依本国法律处断；不同国家侨民相犯或北宋人与外国人相犯，按照宋律处断。在宋代，辽、金、吐蕃等应认定为是与宋朝并立的政权，因此，本题选A项。

38. D

【解析】在我国古代，规定民人出典房屋和土地的回赎期限为10年的朝代只有清朝，故选D项。典卖制度虽在唐朝就已经出现，但唐朝尚未有回赎期限的规定，宋、元、明规定典卖的回赎期限为30年，这不同于清朝。

39. C

【解析】八议为议亲、议故、议贤、议能、议功、议贵、议勤、议宾。议宾的对象是前朝皇室宗亲，故选C项。议亲的对象是皇亲国戚，议故的对象是皇帝故旧，议贤的对象是有大德行与影响的人，议能的对象是有大才能的人，议功的对象是有大功勋的人，议贵的对象是贵族官僚，议勤的对象是为国家勤劳服务的人。

40. B

【解析】北洋政府时期负责行政诉讼案件审判的机构是平政院，故选B项。大理院为清末和北洋政府的中央最高审判机关，但不受理行政诉讼案件。司法院是南京国民政府设立的国家最高司法机关，下辖司法行政部、最高法院、行政法院和官吏惩戒委员会。参政院是北洋袁世凯政权设立的代行立法院职权的总统咨询机关，参政院曾在袁世凯的授意下炮制《修正大总统选举法》。

41. A

【解析】1935年《中华民国刑法》在时间效力上采取“从新从轻主义”，但保安处分采取“从新主义”和裁判后的“附条件从新主义”。可见，A项表述不正确。1935年《中华民国刑法》采取社会防卫主义，并专章规定保安处分制度。可见，B项表述正确。1935年《中华民国刑法》继受了西方国家通行的刑事法律原则，如在立法原则上继受了罪刑法定、罪刑相适应以及刑罚人道主义等原则，在罪名体系和刑罚制度上一准西方国家通行良规。可见，C项表述正确。1935年《中华民国刑法》为了适应传统的宗法伦理精神，注重吸纳西方刑事立法中对亲属犯罪的特别规定，如对侵害直系亲属的犯罪行为，采取加重处罚的原则，从而体现了对与传统宗法伦理原则相适应的法律制度的采纳和关切。可见，D项表述正确。

42. D

【解析】清末为“预备立宪”，仿照近代西方国家的议会制度设立资政院，作为预备立宪的中央咨询机关，资政院具有近代议会的性质。可见，选D项。参议会是南京临时政府的立法机关。参政院是北洋袁世凯政权设立的代行立法院职权的总统咨询机关。谘议局是清末为预备立宪设立的地方咨询机关，谘议局具有地方议会的性质。

43. B

【解析】中国历史上第一部具有近代意义的法院组织法是清末修律过程中于 1906 年制定的《大理院审判编制法》，故选 B 项。清末于 1906 年公布的《裁定官制谕》为清末官制改革的指导性文件，依据该文件，改刑部为法部，主司法行政，改大理寺为大理院，主最高审判。《裁定官制谕》并非法院组织法，故不选 A 项。《法院编制法》也是法院组织法，但公布于《大理院审判编制法》之后不久，它并非是第一部法院组织法，故不选 C 项。《暂行法院编制法》是北洋政府在清末《法院编制法》基础上稍加删改而制定的，其内容基本沿用《法院编制法》。可见，不选 D 项。

44. C

【解析】依照《中华民国训政时期约法》的规定，训政时期由中国国民党全国代表大会代表及其中央执行委员会代替国民大会行使政权，该规定意味着训政时期的最高训政者是国民党，国民大会则处于虚位。可见，选 C 项。

45. D

【解析】革命根据地时期，工农民主政权制定了多部土地法，包括《井冈山土地法》《兴国土地法》《中华苏维埃共和国土地法》，但《中华苏维埃共和国土地法》是当时制定的最重要的土地法，故选 D 项。《中国土地法大纲》虽然比《中华苏维埃共和国土地法》更为重要，内容也更为成熟，但该部土地法制定于解放区人民民主政权时期，而非工农民主政权时期，故不选 A 项。

二、多项选择题

46. ABCD

【解析】法的基本特征包括：（1）法的规范性和普遍性。（2）法的国家意志性和权威性。（3）法的权利和义务的一致性。（4）法的国家强制性和程序性。备选项表述的都是法的基本特征，应全选。

47. AC

【解析】将法的本质归结为人的理性的思想家主要有古罗马的西塞罗，荷兰的格劳秀斯、斯宾诺莎，英国的霍布斯、洛克，德国的普芬道夫，法国的孟德斯鸠、卢梭等。可见，选 A、C 项。美国的庞德将法的本质归结为社会控制，德国的萨维尼将法的本质归结为民族精神。

48. ABD

【解析】古罗马法学家乌尔比安首次提出了“公法”和“私法”的划分，认为调整国家利益的法律是公法，调整个人利益的法律是私法。可见，A、D 项表述正确。保险法属于商法，而商法是典型的私法，食品安全法属于行政法范畴，而行政法属于公法。可见，B 项表述正确。公法和私法是大陆法系国家的基本法律分类，普通法和衡平法是英美法系国家的基本法律分类。可见，C 项表述错误。

49. ABC

【解析】法律的正式渊源通常包括制定法、习惯法、判例法和国际条约等，故 A 项表述正确。在大陆法系国家中，判例一般不能成为正式意义上的法律渊源，故 B 项表述正确。法律的非正式渊源包括正义标准、理性原则、公共政策、习惯、学说等，故 C 项表述正确。我国的法律渊源包括宪法、法律、行政法规、地方性法规、自治条例和单行条例、特别行政区法律、行政规章、国际条约和国际惯例，故D项表述错误。

50. ACD

【解析】题干表述的条款体现了对义务主体行为的约束，因而是义务性规则，且属于义务性规则中的禁止性规则。可见，选A项。依据法律规则功能的不同，法律规则有调整性规则和构成性规则之分，题干表述的条款主要功能在于控制行为，而不是依据条款规定的行为指引行事，因而是调整性规则而不是构成性规则，故不选B项。题干表述的条款内容已经明确，无须援引或参照其他规则即可确定其内容，因而是确定性规则，故选C项。题干表述的条款具有强制性，行为人不得选择或协商确定其内容，因而是强行性规则，故选D项。

51. AB

【解析】法律实施就是使法律从书本上的法律变成行动中的法律，使它的抽象行为模式变成人们的具体行为，从应然状态进到实然状态。可见，A项表述正确。法的执行即行政执法，公安机关对涉嫌嫖娼的黄某采取强制措施是典型的行政执法。可见，B项表述正确。某省人大常委会对该省地方性法规进行解释并非法律监督，而是广义上的法律解释，是法律方法的运用。可见，C项表述错误。某出租车司机向公安机关举报宁某吸毒的行为并非法律适用，因为适用法律的机关必须是司法机关。可见，D项表述错误。

52. ABC

【解析】在我国，宪法作为根本法地位表现在三点上：内容的根本性、效力的最高性和制定、修改程序的特殊性。可见，选A、B、C项。在我国，有权对宪法进行解释的机关是全国人大常委会，因而D项并非是宪法的根本法地位的表现。

53. ABCD

【解析】《立法法》第14条规定，全国人民代表大会主席团可以向全国人民代表大会提出法律案，由全国人民代表大会会议审议。全国人民代表大会常务委员会、国务院、中央军事委员会、最高人民法院、最高人民检察院、全国人民代表大会各专门委员会，可以向全国人民代表大会提出法律案，由主席团决定列入会议议程。据此，选A、B项。《立法法》第15条规定，1个代表团或者30名以上的代表联名，可以向全国人民代表大会提出法律案，由主席团决定是否列入会议议程，或者先交有关的专门委员会审议、提出是否列入会议议程的意见，再决定是否列入会议议程。专门委员会审议的时候，可以邀请提案人列席会议，发表意见。据此，选C、D项。

54. CD

【解析】《宪法》第9条第1款规定，矿藏、水流、森林、山岭、草原、荒地、滩涂等自然资源，都属于国家所有，即全民所有；由法律规定属于集体所有的森林和山岭、草原、荒地、滩涂除外。据此，除了矿藏、水流为国家专属外，森林、山岭、草原、荒地、滩涂等自然资源，既可以由国家所有，也可以由集体所有，故选C、D项。

55. ACD

【解析】《宪法》第13条第1款规定，公民的合法的私有财产不受侵犯。据此，A项表述正确。《宪法》仅规定了对私有财产的征收和征用，并没有规定“没收”，征收和征用的对象是合法的私有财产，而没收的对象是不合法财产，因此没收并非属于我国宪法关于公民私有财产的规定，故不选 B 项。《宪法》第 13 条第 2 款规定，国家依照法律规定保护公民的私有财产权和继承权。据此，C 项表述正确。《宪法》第 13 条第 3 款规定，国家为了公共利益的需要，可以依照法律规定对公民的私有财产实行征收或者征用并给予补偿。据此，选 D 项。

56. CD

【解析】我国人民法院的审判工作原则有：依法独立审判原则、审判案件在适用法律上一律平等原则（平等适用法律原则）、被告人有权获得辩护原则、使用本民族语言文字进行诉讼原则。可见，选 C、D 项。两审终审制是人民法院的审判制度，而非工作原则，故不选 A 项。群众路线原则并非人民法院的工作原则，故不选 B 项。

57. AD

【解析】《宪法》第 114 条规定，自治区主席、自治州州长、自治县县长由实行区域自治的民族的公民担任。据此，选 A、D 项。《宪法》第 113 条第 2 款规定，自治区、自治州、自治县的人民代表大会常务委员会中应当有实行区域自治的民族的公民担任主任或者副主任。据此，不选 B 项。司法机关并非自治机关，且自治州人民检察院检察长并非只能由实行区域自治的民族的公民担任，故不选 C 项。

58. ABCD

【解析】《宪法》第 65 条第 1 款规定，全国人民代表大会常务委员会由下列人员组成：委员长，副委员长若干人，秘书长，委员若干人。据此，A 项表述正确。该条第 2 款规定，全国人民代表大会常务委员会组成人员中，应当有适当名额的少数民族代表。据此，B 项表述正确。该条第 4 款规定，全国人民代表大会常务委员会的组成人员不得担任国家行政机关、监察机关、审判机关和检察机关的职务。据此，C 项表述正确。《宪法》第 66 条第 2 款规定，委员长、副委员长连续任职不得超过两届。据此，D 项表述正确。

59. ABC

【解析】汉代选拔和任用官吏的方法有察举、征召、辟举、任子和太学补官。可见，选 A、B、C 项。科举始于隋朝，汉代无科举，故不选 D 项。

60. BCD

【解析】明太祖朱元璋为“申明教化”“明刑弼教”，特设立申明亭。通常可以由申明亭受理和调处的案件包括有关婚姻、田土、斗殴等民事纠纷和轻微的刑事案件。可见，选 B、C、D 项。贼盗案件属于重大刑事案件，申明亭不能受理，故不选 A 项。

61. ABCD

【解析】清朝制定的适用于少数民族的法规主要包括《蒙古律例》、《理藩院则例》、《回律》（又称为《回疆则例》）、《苗汉杂居章程》、《湘苗事宜》、《西宁番子治罪条例》（又称为《西宁青海番夷成例》《番例条款》）、《钦定西藏章程》、《西藏禁约十二事》、《台湾善后事宜》等，但《钦定八旗则例》不属于清朝制定的适用于少数民族的法规。综上所述，备选项应全选。

62. ABD

【解析】《临时约法》规定实行三权分立的政府组织原则。可见，A 项表述正确。《临时约法》改总统制为责任内阁制，以限制袁世凯的政治权力。可见，B 项表述正确。《临时约法》规定，参议院是立法机关，立法权由参议院行使。可见，C项表述错误。《临时约法》明确宣示中华民国为统一的民主共和国。“中华民国由中华人民组织之”“中华民国之主权，属于国民全体”。可见，D项表述正确。

63. ABCD

【解析】《大清新刑律》删除了《大清现行刑律》的比附制度，采用罪刑法定原则。可见，选A项。《大清新刑律》删除了《大清现行刑律》仍然保留的“十恶”“八议”“良贱有别”“服制定罪”等重要内容。可见，选B项。《大清新刑律》改变了《大清现行刑律》中仍然保留的自明神宗万历以来实行的律例合编体例，将法典分为总则和分则两部分，并在其后附上《暂行章程》。可见，选C项。《大清新刑律》引入了西方的刑法原则和刑法学的通用术语，如法律面前人人平等原则、罪刑法定原则、既遂、未遂、缓刑、假释、时效、正当防卫等，这些原则和术语为《大清现行刑律》所无。可见，选D项。

三、简答题

64. 答案要点：

（1）司法权的专属性。国家的司法权只能由国家各级审判机关和检察机关依法行使，其他任何机关、团体和个人无权行使此项权力。

（2）行使职权的独立性。人民法院、人民检察院依照法律独立行使自己的职权，不受行政机关、社会团体和个人的干涉。

（3）行使职权的合法性。司法机关审理案件必须严格依照法律规定，正确适用法律，不得滥用职权，枉法裁判。

65. 答案要点：

（1）中华人民共和国公民有宗教信仰自由。

（2）任何国家机关、社会团体和个人不得强制公民信仰宗教或者不信仰宗教，不得歧视信仰宗教的公民和不信仰宗教的公民。

（3）国家保护正常的宗教活动。任何人不得利用宗教进行破坏社会秩序、损害公民身体健康、妨碍国家教育制度的活动。

（4）宗教团体和宗教事务不受外国势力的支配。

66. 答案要点：

（1）《唐律疏议》采用12篇体例，以名例律为首篇。

（2）《宋刑统》沿袭《唐律疏议》12篇体例，但是采用“刑律统类”的形式，在篇内分门。

（3）元代地方政府自行汇编的《元典章》以六部划分法规体例，对后世法典的编纂有直接影响。

（4）《大明律》改变了唐宋律的传统体例，按六部官制分六律，仍以名例律冠于篇首，共7篇。

（5）《大清律例》承用《大明律》的编纂方法，但采用律、例合编的体例。

四、分析题

67. 答案要点：

（1）第一，某些道德上的要求可以上升为法律，并以强制力保障执行。在这起案件中，“常回家看看”是我国伦理道德的要求，通过立法将其上升为法律规范，并在司法中予以确认，不仅有助于老年人权益的保障，也有助于弘扬关爱老人这一伦理道德。

第二，并非所有的道德都应上升为法律。有些道德在条件不成熟的情况下上升为法律，反而可能损害法律的权威。良好社会秩序的形成，需要法律调整与道德调整的相互协调。

（2）第一，道德是法律的基础和评价标准：道德是法律的理论基础；道德是法律的价值基础；道德是法律运行的社会基础；道德是法律的补充，可以弥补法律的漏洞。

第二，法律是传播道德、保障道德实施的有效手段：法律通过立法，将社会中的道德理念、信念、基本原则和要求法律化、制度化、规范化，赋予社会的道德价值观念以法律的强制力；法律是道德的承载者；法律是形成新的道德风貌、新的精神文明的强大力量。

68. 答案要点：

（1）该《办法》侵犯了我国公民在宪法上的平等权与受教育权。

（2）该《办法》应当报国务院备案，同时报该市人大常委会、省人大常委会和省人民政府备案。

（3）国务院和省人民政府如认为该《办法》与上位法相抵触，有权予以改变或撤销。该市人人常委会、省人大常委会如认为该《办法》与上位法相抵触，有权予以撤销。

69. 答案要点：

（1）借贷契约债务人违约，既要承担刑事责任，又要承担民事责任。刑事责任依照债务人违约的时间长短和违约债务数额多少加减刑罚；刑罚有最高刑限制，总体处罚较轻。民事责任是违约的债务人必须偿还债务。

（2）限制利率；一本一利；不得回利为本。

（3）对待借贷契约关系，原则上依从当事人的约定，官方不予干预。唐朝法律既保护债权人合法权益，追究违契不偿者的法律责任，又保护债务人的合法权益，如限制高利率，规定一本一利和不得回利为本等。

五、论述题

70. 答案要点：

（1）法律的生命在于实施，法律实施的效果与公民的法律意识密切相关。上述材料说明，良好的法律意识对于法律实施具有重要意义，当前我国公民的法律意识有待提高。

（2）良好的法律意识对于法治具有重要意义。良好的法律意识，有助于保障公民的普遍守法；有助于推进依法行政；有助于维护司法公正和司法权威；有助于加强法律监督，保障法律的有效实施。

（3）为了培养公民的法律意识，需要积极采取有效的普法措施：开展学校法律教育，提高学生的法律意识；加强社会法律宣传，尤其是媒体应承担普法宣传的责任；司法机关通过群众参与司法、司法公开等形式，宣传法律知识，普及法治意识。

第二部分　考前5套题及详解

专业基础课模拟试题（一）

一、单项选择题（第 1～40 小题，每小题 1 分，共 40 分。下列每题给出的四个选项中，只有一个选项是符合题目要求的）

1. 下列犯罪行为中，我国行使刑事管辖权的做法，正确的是（　　）。

A. A 国公民甲携带贩卖的毒品乘坐 B 国飞机在我国机场换乘时，被我国司法机关抓获，我国可以依据普遍管辖权追究甲的刑事责任

B. C 国公民汤姆等人在 D 国领海劫持了一艘 E 国游艇后，驾驶该游艇途经我国领海回 C 国时，被我国警方抓获。我国可以依据属地管辖权追究汤姆等人的刑事责任

C. 中国公民李某在美国强奸了中国公民郑某（女），被美国法院以强奸罪追究刑事责任。李某回到中国后，对李某仍然可以依据我国刑法追究其刑事责任

D. 外国公民阿姆杜拉将一枚炸弹邮寄到我国某市，致使二人被炸死，五人被炸伤。对阿姆杜拉应适用属人管辖追究其刑事责任

2. 甲赌博成瘾，欠乙赌债 5 万元，乙多次催要未果，遂私自扣留了甲的妻子，并威胁称，如果甲再不还钱的话就使甲妻难做人。三天后乙见甲妻精神异常遂放人回去。后甲妻被诊断为因惊吓患上精神分裂症。乙的行为构成（　　）。

A. 非法拘禁罪　　B. 故意伤害罪

C. 非法拘禁罪与故意伤害罪并罚　　D. 绑架罪

3. 下列犯罪中，其犯罪主体既可以是自然人又可以是单位的是（　　）。

A. 伪造、变造、买卖身份证件罪　　B. 组织考试作弊罪

C. 虚假诉讼罪　　D. 扰乱法庭秩序罪

4. 下列犯罪行为中，不以受贿罪论处的是（　　）。

A. 吴某自幼出家，后成为某佛教协会的一名工作人员，曾经长期帮助信众杨某、胡某等人反映、解决一些实际问题，后接受杨某、胡某等人送给的字画价值 3 万元

B. 卫某系一地税局干部，多次帮助私营企业主李某偷漏税款，并接受李某送的 5 万元现金。后李某被查处，卫某为掩饰自己的行为而将 5 万元退还给李某的家人

C. 陈某系某县工商局的一名干部，受其小学同学潘某所托为其开办公司等提供方便，并与潘某以“合办”公司的名义获取“利润”，实际上陈某并未出资也未参加经营管理

D. 王某为某小学校长，连续三年收受熟人巩某的节日费等6万元，并从巩某口中得知其儿子小童欲在4年后择校上该小学之事，但小童5岁时却因车祸身亡

5. 甲于2016年初在其租住的屋内，按书中教的方法自制“阴阳平衡丸”“互补相生丸”等胶囊350余瓶，每瓶为100粒装。甲对外宣称胶囊能治疗肾虚腰疼、肠胃不适等症，通过QQ联系买家，以每瓶30元至50元不等的价格出售给他人。后被药监部门查获案发。经鉴定，甲生产的胶囊铬含量超标180余倍。甲的行为构成(　　)。

A. 非法经营罪　　B. 诈骗罪

C. 生产、销售假药罪　　D. 生产、销售伪劣产品罪

6. 下列选项中，应当认定为诈骗罪的是(　　)。

A. 甲冒充人民警察招摇撞骗，骗取财物

B. 乙使用伪造的信用卡，骗取数额较大的财物

C. 丙以假报出口的欺骗手段，骗取数额较大的国家出口退税款

D. 丁以欺诈、伪造证明材料或其他手段骗取社会保险金，数额较大

7. 甲系某村村民委员会主任，在协助镇政府处理土地征用事宜时，利用职务上的便利，采取作废收款收据等手段，套取征地补偿费9万元，据为己有。甲的行为构成(　　)。

A. 侵占罪　　B. 贪污罪　　C. 诈骗罪　　D. 职务侵占罪

8. 甲因吸毒而债台高筑，一日，甲将村里一台正在使用的变压器偷走卖掉，以偿还部分债务。甲的行为属于(　　)。

A. 结合犯　　B. 吸收犯　　C. 想象竞合犯　　D. 牵连犯

9. 甲叫乙去偷摩托车，并代为销售，乙偷了一辆八成新的摩托车给甲，甲卖得赃款4 000元，分给乙1 000元。甲的行为(　　)。

A. 构成掩饰、隐瞒犯罪所得、犯罪所得收益罪

B. 构成盗窃罪

C. 构成盗窃罪和掩饰、隐瞒犯罪所得、犯罪所得收益罪，应数罪并罚

D. 不构成犯罪

10. 甲窃得某公司的银行账户密码，在办公室利用互联网将该公司账上的5万元钱转入自己的账户。后被一同事发现，对甲极力规劝，甲悔悟，遂将5万元转回该公司的账户。甲的行为属于(　　)。

A. 犯罪中止　　B. 犯罪既遂　　C. 犯罪未遂　　D. 不构成犯罪

11. 甲系车主乙雇用的七人座专拉游客的小车的司机，一日满载乘客在路途中将横穿马路的孙某撞翻。乙为逃避责任，乘客为赶路，纷纷要求甲离开现场。甲也因内心惧怕而将车开走。孙某终因抢救不及时死亡。关于本案，甲、乙、乘客行为的认定，正确的是(　　)。

A. 甲、乙和乘客构成交通肇事罪的共犯

B. 甲、乙、乘客构成故意杀人罪的共犯

C. 甲、乙、乘客构成过失致人死亡罪的共犯

D. 甲、乙构成交通肇事罪的共犯，乘客不构成犯罪

12. 甲将妇女乙拐卖，乙的丈夫丙长期寻妻未果，悲愤交加，卧轨自杀。甲的行为与

丙的死亡之间(　　)。

A. 不存在因果关系，甲对丙的死亡不负刑事责任

B. 存在必然因果关系，甲对丙的死亡应当负刑事责任

C. 存在条件因果关系，甲对丙的死亡应当负刑事责任

D. 存在偶然因果关系，但甲对丙的死亡不负刑事责任

13. 患者甲在住院治疗期间，当班药剂师乙发药时只看包装盒，未核对药品名称，错将氯化琥珀胆碱作为乙酰胺发给治疗医生丙，丙以为氯化琥珀胆碱是乙酰胺的别名，没有核查便将药配好给患者打肌肉注射，导致甲死亡。乙、丙对甲的死亡所持的心理态度是(　　)。

A. 直接故意　　B. 间接故意　　C. 疏忽大意过失　　D. 过于自信过失

14. 甲因犯集资诈骗罪被法院判处无期徒刑并处没收财产，在以没收的财产偿还债务时应当(　　)。

A. 只偿还立案以前所负的正当债务　　B. 只偿还侦查终结以前所负的正当债务

C. 只偿还没收财产以前所负的正当债务　　D. 只偿还查封财产以前所负的正当债务

15. 下列行为中，属于共同犯罪的是(　　)。

A. 甲、乙互不相识，于同一段时间在一仓库内行窃

B. 甲、乙商议共同强奸妇女，并准备刀具和面罩

C. 甲教唆 13 岁的乙投毒杀人

D. 甲、乙同时基于过失构成犯罪

16. 甲为某法院民庭审判员，在审理一起贸易纠纷案件时故意违背事实和法律作出被告胜诉的判决，使原告损失货款近 40 万元。事后甲按事先约定从被告处收受 5 万元人民币。对甲的行为应当(　　)。

A. 以徇私枉法罪论处

B. 以民事、行政枉法裁判罪论处

C. 以受贿罪论处

D. 以民事、行政枉法裁判罪和受贿罪中处罚较重的犯罪论处

17. 甲于某日晨在路边捡回一名被遗弃的男婴，抚养了 3 个月后，声称是自己的亲生儿子，以 5 000 元卖给无儿子的乙。甲的行为构成(　　)。

A. 遗弃罪　　B. 拐骗儿童罪　　C. 诈骗罪　　D. 拐卖儿童罪

18. 甲欲杀死仇人乙。一日，甲谎称进城购物，半路返回，在乙家大门对面树丛中守候。入夜，甲见乙家开门出来一人，便开枪射击，未料到被打死的是乙的兄弟。甲的行为属于(　　)。

A. 意外事件　　B. 故意杀人罪（未遂）

C. 故意杀人罪（既遂）　　D. 过失致人死亡罪

19. 甲在乙家做客时，无意间发现乙家抽屉里有一张他人出具给乙的借条，金额为 6 000 元。甲于是将该借条盗走。后甲找到债务人，称乙让自己来收钱。债务人知道他是乙的好朋友，于是将 6 000 元现金支付给甲。甲的行为构成(　　)。

A. 诈骗罪　　B. 盗窃罪

C. 盗窃罪和诈骗罪两罪　　　　　　　　D. 侵占罪

20. 下列属于我国刑法中规定的共同犯罪的主犯的是（　　）。

A. 甲受人胁迫加入某盗窃集团，为集团提供作案工具及进行销赃

B. 乙为聚众扰乱社会秩序罪的参与者，没有组织、策划、指挥该犯罪

C. 丙为抢劫集团的“军师”，集团的每次犯罪均由其组织策划，但其从未亲自参与行动

D. 丁受“大哥”约请与另外四人一起参与殴打廖某，打了两拳即离开，其他人竟将廖某殴打致死

21. 下列关于各类物的关系及其实例的表述，正确的是（　　）。

A. 当事人对于法定孳息归属没有约定的，应当按照交易习惯决定归属

B. 赵某的汽车和钱某的汽车备胎构成主物和从物的关系

C. 不动产不能成为担保物权的客体，而动产可以成为担保物权的客体

D. 在交易中，特定物的所有权只能在交付之后转移，而种类物所有权的转移时间可由当事人约定

22. 甲公司在A市设立乙分公司。乙分公司与丙公司签订购买100台电脑的买卖合同，合同约定货到后3个月内，乙分公司向丙公司支付全部货款。但乙分公司到期无力支付货款。丙公司（　　）。

A. 只能请求乙分公司承担付款责任

B. 可以请求甲公司承担付款责任

C. 有权选择甲公司或者乙分公司承担付款责任

D. 应当先请求乙分公司承担清偿货款的责任，若乙分公司无力承担责任，才有权请求甲公司承担责任

23. 下列情形中，应当办理登记才能设立的物权是（　　）。

A. 甲将汽车抵押给银行

B. 承包户甲将其土地经营权租给乙经营，经营期限为8年

C. 甲将其一套住宅给乙居住，二人签订居住权合同约定，乙对此住宅享有永久居住权

D. 甲为观瞻海景，请求乙不得在甲房屋前面修建5层以上建筑，甲为此每年向乙支付1万元费用作为补偿

24. 下列选项中，能够引起不当得利之债发生的是（　　）。

A. 借款人向贷款人提前偿贷　　　　　　B. 遗失人向遗失物拾得人支付报酬

C. 养子女向亲生父母支付“赡养费”　　　D. 为回赎绑票而向绑匪交付赎金

25. 旅行社导游甲带旅游团游览一处地势险峻的景点时，众人争相拍照，甲未提示注意安全，该旅游团游客乙不慎将丙撞下陡坡摔伤。对丙的人身伤害（　　）。

A. 乙承担侵权责任，甲承担相应的补充责任

B. 甲、乙承担连带侵权责任

C. 乙承担侵权责任，旅行社承担相应的补充责任

D. 甲承担连带侵权责任，乙、丙承担连带补充责任

26. 下列选项中，不构成侵犯民事主体人格权益的行为是(　　)。

A. 甲网游公司未经影星乙同意，利用信息技术手段将其肖像动漫化

B. 甲的妻子依照其遗嘱将甲的人体器官捐献给某器官获取组织

C. 甲以言语挑逗和肢体碰触方式对其女同事进行性骚扰

D. 记者甲在实施新闻报道时捏造乙受贿的事实

27. 下列选项中，属于捐助法人的是(　　)。

A. 某有限责任公司　　B. 某出版社

C. 某基金会　　D. 某农村集体经济组织

28. 甲公司取得某无居民海岛的开发利用权和与该海岛毗邻的海域的使用权。甲公司提供的下列财产中，不能设定抵押的是(　　)。

A. 无居民海岛　　B. 海域使用权　　C. 捕捞的水产品　　D. 一套机械设备

29. 根据《民法典》的有关规定，下列合同类型中，只有一方当事人有权依法行使随时解除合同权利的是(　　)。

A. 委托合同　　B. 承揽合同　　C. 买卖合同　　D. 行纪合同

30. 2015 年 7 月，甲、乙、丙、丁合伙开了一间休闲会所，甲、乙分别以 100 万元出资，丙以其所有的房产和所需设备出资，丁以担任会计主管的劳务出资。2016 年 4 月，该休闲会所欠债 50 万元。后甲因与其他合伙人发生矛盾，于 2016 年 8 月退伙。乙在 2016 年 9 月经营会所期间被会所内脱落的天花板砸伤，花去医疗费 4 万元。则下列关于本案的处理正确的是(　　)。

A. 丁不能以担任会计主管的劳务出资

B. 乙因被天花板砸伤的费用应由乙一人承担

C. 乙因被天花板砸伤的费用应由甲、乙、丙、丁四人共同承担

D. 休闲会所所欠 50 万元债务应由甲、乙、丙、丁四人承担连带责任

31. 甲、乙签订买卖合同约定，甲向乙支付定金 8 万元，任何一方违约，另一方都必须向对方支付违约金 10 万元。后乙违约，则甲获得(　　)才能最大限度地保护自己的利益。

A. 16 万元　　B. 18 万元　　C. 10 万元　　D. 26 万元

32. 甲价值 1 万元的债券被盗，甲认为此事系乙所为，乙害怕此事张扬出去会有损自己的名誉，故私下给甲 1 万元，要求甲不要将此事散布出去，甲同意乙的请求后将此 1 万元存入银行，得利息 1 000 元。后盗窃犯丙被捕交代了盗窃甲的债券 1 万元的事实。现乙得知此事，欲主张权利，则其(　　)。

A. 有权请求甲返还 1.1 万元　　B. 只能请求甲返还 1 万元

C. 只能请求丙返还债券　　D. 无权请求甲返还 1 万元及所生利息

33. 下列行为中，构成无因管理的是(　　)。

A. 误将他人的病羊当作自己的病羊进行救治

B. 修缮与邻居共用的承重墙

C. 替朋友招待客人

D. 将邻居池塘的鱼引到自己的池塘进行喂养

34. 根据我国商标法规定，下列选项中，可以作为商标注册的是(　　)。

A. “青岛”啤酒　　B. “娃啥啥”矿泉水

C. “燕麦”糕点　　D. “小三”女式包

35. 农户甲获取为期30年的家庭土地承包经营权。甲实施的下列行为中，符合《民法典》规定的是(　　)。

A. 甲将土地承包经营权抵押

B. 甲将土地承包经营权转让给北京居民乙

C. 甲将土地经营权投资入股

D. 甲用其土地承包经营权与另一村的村民乙的土地承包经营权互换

36. 根据《专利法》的规定，外观设计专利的保护期限是(　　)。

A. 5年　　B. 20年　　C. 10年　　D. 15年

37. 甲隐瞒自己患有严重乙肝的事实而与乙结婚。结婚6个月后，乙才知道甲患有乙肝。对此，下列表述正确的是(　　)。

A. 甲、乙之间的婚姻为无效婚姻

B. 乙可以向婚姻登记机关申请撤销该婚姻

C. 乙自婚姻成立之日起1年内有权请求撤销婚姻

D. 乙请求撤销婚姻的，有权请求损害赔偿

38. 甲公司主营家电和电脑销售业务。甲公司章程规定，法定代表人处理公司资产或对外签订标的额为100万元以上的合同，须经董事会决定。甲公司董事长为解决公司财政拮据状况，将公司资产售卖给不知情的乙公司。该买卖合同的效力为(　　)。

A. 有效　　B. 无效　　C. 可撤销　　D. 效力待定

39. 某甲是某乙的继承人，某丙是某丁的受遗赠人，则(　　)。

A. 某甲必须在某乙死亡后60日内以书面形式作出是否接受继承的意思表示，否则视为抛弃继承权

B. 某丙必须在某丁死亡后60日内作出是否放弃受遗赠的意思表示，否则视为接受遗赠

C. 如果某甲在某乙之前死亡，则某甲继承的遗产份额应当转由某甲的继承人继承

D. 如果某丙在某丁之前死亡，则某丙的受遗赠权消灭

40. 某小区物业服务公司疏于管理，小区内经常发生高空抛物事件。某日，A栋高层住宅楼某房间突然抛出一菜板将过路人甲的头部砸伤，但经调查难以确定侵权人。对于甲的损害(　　)。

A. 由A楼全体住户和物业服务公司承担连带责任

B. A楼全体住户承担侵权责任，物业服务公司承担相应的责任

C. 由住户中可能加害的A楼使用人给予补偿，物业服务公司承担未履行安全保障义务的侵权责任

D. 由住户中可能加害的A楼使用人给予补偿，物业服务公司承担相应的补充责任

二、多项选择题（第41～50小题，每小题2分，共20分。下列每题给出的四个选项中，至少有两个选项是符合题目要求的。多选、少选或错选均不得分）

41.《刑法》第92条对“公民私人所有的财产”的解释、第94条对“司法工作人员”的解释，属于(　　)。

A. 司法解释　　B. 学理解释　　C. 文理解释　　D. 立法解释

42. 甲教唆某仓库保管员乙为其提供一些仓库货物信息，后潜入仓库，盗得大批财物，销赃后分了一部分赃款给乙。甲、乙的行为性质是(　　)。

A. 甲的行为构成盗窃罪，乙的行为构成贪污罪

B. 两人的行为构成盗窃共同犯罪

C. 甲是盗窃罪主犯，乙是盗窃罪从犯

D. 两人的行为构成贪污共同犯罪

43. 我国刑法规定：不得适用死刑的对象是(　　)。

A. 犯罪的时候不满18周岁的人

B. 审判的时候怀孕的妇女

C. 犯罪的时候已满75周岁的人，但以特别残忍手段致人死亡的除外

D. 审判的时候已满75周岁的人，但以特别残忍手段致人死亡的除外

44. 下列情形中应按数罪并罚处理的是(　　)。

A. 挪用公款进行非法活动构成其他犯罪的

B. 犯雇用童工从事危重劳动罪又造成重大责任事故的

C. 参加黑社会性质组织又实施杀人、爆炸犯罪的

D. 刑讯逼供将被害人殴打致死的

45. 甲、乙二人瓜地中的瓜经常被偷，于是二人决定晚上埋伏，欲抓到小偷揍一顿。当晚，同村人丙前来偷瓜，甲、乙二人上前殴打丙，丙亦与二人对打，一时三人扭做一团。其间，甲掏出偷偷带在身上的匕首，对丙胸部猛刺数刀，致其心脏破裂，当即死亡。下列说法正确的是(　　)。

A. 甲构成故意杀人罪，乙构成故意伤害罪

B. 甲、乙构成故意杀人罪的共犯

C. 乙不构成故意杀人罪，甲、乙构成故意伤害罪的共犯

D. 甲构成故意杀人罪，甲、乙二人仅在故意伤害的限度内成立共犯

46. 甲遇台风下落不明满3年，不知生死。根据民法典规定，下列表述错误的有(　　)。

A. 甲的配偶乙既可以向法院申请宣告甲失踪，也可以向法院申请宣告甲死亡

B. 甲的配偶乙向法院申请宣告甲死亡后，就可以再婚

C. 甲的配偶乙向法院提出宣告甲失踪的申请，就不能再行提出宣告甲死亡的申请

D. 甲的配偶乙不能未经申请宣告失踪就直接向法院提出宣告甲死亡的申请

47. 根据我国商标法规定，认定驰名商标应予考虑的因素有(　　)。

A. 商标使用的持续时间　　B. 商标使用人的生产、经营规模

C. 商标宣传工作的持续时间和程度　　D. 相关公众对商标的知晓程度

48. 下列属于民事权利公力救济方式的是(　　)。

A. 申请仲裁　　B. 依法向侵权行为人提出请求

C. 提起诉讼　　D. 依法要求当事人承担违约责任

49. 甲、乙签订一份承揽合同，约定由甲制作家具。甲的下列行为中，属于履行附随义务的是(　　)。

A. 甲按期交付家具

B. 甲通知乙一定要按期收货

C. 甲交付家具后告知乙使用家具的注意事项

D. 甲依约接受乙提供的家具制作木料

50. 下列选项中，权利人可以主张精神损害赔偿的有(　　)。

A. 某照相馆为甲拍照后，私自将照片卖给某商场做橱窗广告

B. 某医院将性病患者乙的照片刊登在预防性病传播的宣传栏上

C. 某超市怀疑丙盗窃了超市的商品而对其进行搜身检查

D. 某诊所在给丁拔牙时，错将槽牙拔错一颗

三、简答题（第51～54小题，每小题10分，共40分）

51. 简述集合犯的概念和构成要件。

52. 简述贪污贿赂罪的概念和共同特征。

53. 简述民事法律行为的概念和实质要件。

54. 简述格式条款无效的情形。

四、法条分析题（第55～56小题，每小题10分，共20分。要求符合立法原意和刑法/民法理论）

55.《刑法》第23条规定："已经着手实行犯罪，由于犯罪分子意志以外的原因而未得逞的，是犯罪未遂。

对于未遂犯，可以比照既遂犯从轻或者减轻处罚。"

请分析：

(1)"已经着手实行犯罪"的含义。

(2)"犯罪分子意志以外的原因"的含义。

(3)"犯罪未得逞"的含义。

56.《民法典》第311条第1款规定："无处分权人将不动产或者动产转让给受让人的，所有权人有权追回；除法律另有规定外，符合下列情形的，受让人取得该不动产或者动产的所有权：

（一）受让人受让该不动产或者动产时是善意；

（二）以合理的价格转让；

（三）转让的不动产或者动产依照法律规定应当登记的已经登记，不需要登记的已经交付给受让人。"

请运用民法原理分析：

(1) 如何认定"善意"？判断是否善意的时间点是什么？

(2) 如何认定是否为"合理的价格"？

（3）认定不动产受让人知道转让人无处分权而不适用善意取得的情形有哪些？

五、案例分析题（第 57～58 小题，每小题 15 分，共 30 分）

57. 甲是一家知名电子公司的业务经理，男，35 岁。甲 12 年前大学本科毕业后参加工作。甲为了获得更大的发展机会，于 2015 年 10 月报考了某校的 MBA。但因离校 10 多年，甲对自己即将参加的考试心中没底，于是报名后便在网上找到了某替考机构，并与该替考机构的乙签订了“合作协议”。按照协议，甲向替考机构总共支付 8.5 万元，由替考机构寻找合适的替考人代替甲参加考试。后替考机构在网上找到了大学本科毕业三年之后无固定职业的丙替考。替考机构的乙与丙约定考试完毕后支付 800 元至 3 500 元的替考费，最后以考试成绩再确定具体支付丙的实际费用。丙于 2015 年 11 月被甲带到某考场学校进行了信息确认并现场采集了照片。在准考证上，信息是真实考生甲，而照片则是替考人丙。

2015 年 12 月 26 日是 2016 年全国硕士研究生招生考试的第一天，在考生入场前进行信息核对时，丙身份证照片与准考证照片不符的情况引起了监考人员的怀疑。监考人员随即询问了丙。考试中，监考人员再次与其他监考老师对考生信息进行了核对，并于第一场考试结束后将丙带至办公室再次进行询问。此时，丙当场承认代替甲考试一事。随后丙被公安机关带走。丙到案后，公安机关电话询问甲是否找人替考，甲在电话中承认并主动向公安机关自首。公安机关查出该替考机构及乙还有 5 起类似事件，遂抓获乙并取缔该机构。

阅读分析上述案例后，请回答以下问题：

（1）对甲、乙、丙的行为如何认定？并简要说明理由。

（2）对甲、乙、丙的行为如何处理？并简要说明理由。

58. 2015 年 11 月 6 日，甲委托乙出售红富士苹果 10 吨，乙在为甲出售苹果时，因有丙公司需购买 20 吨，乙就以甲的名义与丙公司订立了 20 吨苹果的买卖合同，并约定甲交货后丙公司在 2 个月内结清货款。甲在得知此事后便通知丙公司将在 12 月 4 日交货，但在 12 月 1 日，甲得知丙公司已经将银行账户的全部存款无偿划到丁公司的银行账户上，现丙公司无力按照合同的约定给付款项。为此甲中止了合同的履行。

阅读分析上述案例后，请回答以下问题：

（1）乙与丙公司在签订合同时，该合同的效力如何认定？为什么？

（2）甲得知乙与丙公司签订的合同后，其效力如何认定？为什么？

（3）甲得知丙公司转移银行存款的目的是逃债，则甲应当如何维护自己的权益？为什么？

（4）如果甲交货后发现丙公司将银行全部存款转移，且丙公司无力偿还债务，则甲应当如何维护自己的权益？为什么？

专业基础课模拟试题（一）答案及解析

一、单项选择题

1. C

【解析】 A 项：甲的行为属于贩卖毒品罪未遂或者非法持有毒品罪，根据“遍在说”，由于在我国机场被抓获，对 A 国公民甲适用属地管辖原则追究其刑事责任。B 项：对 C 国公民汤姆等人应适用普遍管辖原则追究其刑事责任。B 项表述的情形不能适用“遍在说”，因为行为和结果都没有发生在我国领域，在途经我国领域时，其劫持行为已经结束，因而不能适用属地管辖原则，这不同于 A 项表述的情形，A 项表述中，甲在途经我国领域时，至少可以认定为在我国境内存在非法持有毒品的行为，或者认定为在我国境内存在贩卖毒品的预备行为。C 项：从维护国家司法主权角度出发，我国刑法规定外国法院的刑事判决对我国没有约束力，因而可以按照我国刑法对行为人追究刑事责任。不过，考虑到在外国已经受到刑事审判，可以对被告人免除或者减轻处罚（《刑法》第 10 条）。D 项：犯罪结果地在我国领域，因而对阿姆杜拉应按照属地管辖原则追究其刑事责任。

2. A

【解析】根据《刑法》第 238 条第 3 款规定，为索取债务非法扣押、拘禁他人的，依照非法拘禁罪论处。据此，乙的行为属于非法拘禁行为，而非绑架行为，不选 D 项。根据《刑法》第 238 条第 2 款规定，犯非法拘禁罪致人重伤的，属于非法拘禁罪的结果加重犯。据此，债务人甲的妻子因被拘禁造成精神分裂症，构成重伤，属于非法拘禁罪的结果加重犯，选 A 项。甲的妻子所受的伤害并非乙暴力所致，因而不是转化犯，不构成故意伤害罪，不选 B、C 项。

3. C

【解析】伪造、变造、买卖身份证件罪，组织考试作弊罪和扰乱法庭秩序罪的犯罪主体都是一般主体即自然人，只有虚假诉讼罪的犯罪主体包括自然人和单位，选 C 项。

4. A

【解析】受贿罪是指国家工作人员利用职务上的便利，索取他人财物，或者非法收受他人财物，为他人谋取利益的行为。A 项：吴某接受价值 3 万元字画的行为不构成受贿罪，因为收受贿赂者构成犯罪，必须要具备收受他人财物和为他人谋取利益的要素，只收受他人财物而没有为他人谋取利益的，不构成受贿罪。吴某帮助信众的行为并非谋取利益的行为，不构成受贿罪，选 A 项。B 项：卫某是地税局干部，是国家工作人员，符合受贿罪的主体要件，且卫某非法收受李某财物 5 万元为其谋取利益，构成受贿罪，至于事后将收受的财物退还的，因收受贿赂的行为已经完成，构成受贿罪的既遂，事后退还行为不影响受贿罪的认定，不选 B 项。C 项：陈某是国家工作人员，符合受贿罪的主体要件，其所收受的“利润”就是非法收受的他人财物，并为其小学同学提供开办公司等便利条件，其行为符合受贿罪的构成特征，构成受贿罪，不选 C 项。D 项：王某为小学校长，是国家工作人员，王某明知巩某的儿子 4 年后想上其所在的小学而收受贿赂即节日费等利益，符合受贿罪的构成要件，构成受贿罪。至于巩某的儿子因车祸身亡，因王某收受节日费等费用的行为已经完成，故不影响受贿罪的认定，不选 D 项。

5. C

【解析】本题考查的是生产、销售假药罪。生产、销售假药罪是指生产者、销售者违反国家药品管理法规，生产、销售假药的行为。本题中，甲生产的“阴阳平衡丸”“互补相生丸”等胶囊的铬含量严重超标，不符合国家药品标准规定的成分，属于假药，甲的行为构成生产、销售假药罪，选 C 项。根据《最高人民法院、最高人民检察院关于办理危害药品安全刑事案件适用法律若干问题的解释》的规定，违反国家药品管理法律法规，未取得或者使用伪造、变造的药品经营许可证，非法经营药品，情节严重的，以非法经营罪论处。以提供给他人生产、销售为目的，违反国家规定，生产、销售不符合药用要求的非药品原料、辅料，情节严重的，以非法经营罪论处。行为同时构成生产、销售伪劣产品罪的，属于想象竞合犯，从一重罪处罚。实施生产、销售假药犯罪，同时构成非法经营罪的，依照处罚较重的规定定罪处罚。据此，甲的行为构成非法经营罪和生产、销售假药罪的想象竞合犯，择一重罪处罚，而生产、销售假药罪重于非法经营罪，因而甲的行为构成生产、销售假药罪，不选A项。甲生产、销售假药，本身也存在诈骗，构成生产、销售假药罪和诈骗罪的想象竞合犯，择一重罪处断，甲的行为应当认定为生产、销售假药罪，不选B项。甲的行为构成生产、销售假药罪和生产、销售伪劣产品罪的法条竞合犯，按照特别法条优先于一般法条适用的原则，生产、销售假药罪属于特别法条，对甲应以生产、销售假药罪定罪处罚，不选D项。

6. D

【解析】甲冒充人民警察招摇撞骗，构成招摇撞骗罪，而非诈骗罪，因为构成诈骗罪须以数额较大为客观方面的必备构成要素，而A项表述中并没有“数额较大”的表述，仅表述为“骗取财物”，因而对甲只能以招摇撞骗罪定罪处罚，不选A项。总之，行为人在冒充国家机关工作人员招摇撞骗的过程中，骗取财物不影响招摇撞骗罪的认定；但冒充国家机关工作人员骗取数额较大、巨大或者特别巨大的财物的，则是招摇撞骗罪与诈骗罪的想象竞合犯，应从一重罪处罚。根据《刑法》第196条的规定，有下列情形之一，进行信用卡诈骗活动，数额较大的，构成信用卡诈骗罪：(1) 使用伪造的信用卡，或者使用以虚假的身份证明骗领的信用卡的；(2) 使用作废的信用卡的；(3) 冒用他人信用卡的；(4) 恶意透支的。信用卡诈骗罪和诈骗罪是特别法条和一般法条的关系。本题中，乙使用伪造的信用卡，骗取数额较大的财物，构成信用卡诈骗罪，而非诈骗罪，不选B项。根据《刑法》第204条规定，以假报出口或者其他欺骗手段，骗取国家出口退税款，数额较大的，构成骗取出口退税罪。据此，本题中，丙的行为构成骗取出口退税罪，而不是诈骗罪，不选C项。根据相关立法解释的规定，以欺诈、伪造证明材料或者其他手段骗取养老、医疗、工伤、失业、生育等社会保险金或者其他社会保障待遇的，成立诈骗罪。据此，D项表述构成诈骗罪，选D项。

7. B

【解析】贪污罪的犯罪主体是国家工作人员。本题中，甲系某村村委会主任，并不具有国家工作人员身份，不能成为贪污罪的犯罪主体。但是，根据《全国人民代表大会常务委员会关于〈中华人民共和国刑法〉第九十三条第二款的解释》，村民委员会等村基层组织人员协助人民政府从事下列行政管理工作，属于《刑法》第93条第2款规定的“其他依照法律从事公务的人员”，以国家工作人员论：(1) 救灾、抢险、防汛、优抚、扶贫、移民、救济款物的管理；(2) 社会捐助公益事业款物的管理；(3) 国有土地的经营和管理；(4) 土地征收、征用补偿费用的管理；(5) 代征、代缴税款；(6) 有关计划生育、户籍、征兵工作；(7) 协助人民政府从事的其他行政管理工作。据此，甲协助镇政府处理土地征用事宜，属于从事“国有土地的经营和管理”工作，此时甲属于国家工作人员，对甲利用职务上的便利，采取作废收款收据等手段，套取征地补偿费9万元，据为己有的行为，应当以贪污罪定罪处罚，选B项。虽然贪污罪的行为方式也包括侵吞、骗取，这与侵占罪中的“侵吞”、诈骗罪中的“骗取”，并无二致，但贪污罪的犯罪主体是国家工作人员，且利用职务便利，而侵占罪和诈骗罪的犯罪主体是一般主体，且谈不上利用职务便利的情形。本题中，甲认定为国家工作人员，利用职务便利侵吞征地补偿费，构成贪污罪，不选A、C项。甲是以国家工作人员的身份套取征地补偿款的，而职务侵占罪的犯罪主体是非国家工作人员，因而甲的行为不构成职务侵占罪，不选D项。

8. C

【解析】甲将村里一台正在使用的变压器偷走卖掉，构成破坏电力设备罪和盗窃罪的想象竞合犯，应择一重罪处罚，选C项。

9. B

【解析】甲、乙事前通谋，由乙盗窃，由甲销赃，甲、乙构成盗窃罪共犯，选B项。甲的事后销赃行为是盗窃财物变现的延续，为事后不可罚行为，因而甲的行为不能认定为掩饰、隐瞒犯罪所得、犯罪所得收益罪。

10. B

【解析】盗窃罪是结果犯，以给公私财产所有权造成直接损害结果为构成要件齐备的标志，因此，从对客体的损害着眼，以财物的所有人或持有人失去对被盗财物的控制，且行为人控制财物作为既遂的标准。本题中，某公司已经对其账户上的5万元失去控制，甲已经控制财物，因此，甲的行为构成盗窃罪的既遂，选B项。至于事后归还所盗财物的行为，不影响既遂的认定。

11. A

【解析】根据《最高人民法院关于审理交通肇事刑事案件具体应用法律若干问题的解释》第5条第2款的规定，交通肇事后，单位主管人员、机动车辆所有人、承包人或者乘车人指使肇事人逃逸，致使被害人因得不到救助而死亡的，以交通肇事罪的共犯论处。据此，选A项。

12. A

【解析】刑法中的因果关系是危害行为与危害结果之间的一种引起与被引起的联系。本题中，乙的丈夫丙卧轨自杀这一死亡结果的发生并非由甲的行为引起，因此，甲的行为与丙的死亡之间并不存在因果关系，选A项。由于不存在因果关系，则无所谓必然因果关系、条件因果关系或者偶然因果关系的认定，不选B、C、D项。

13. C

【解析】本案中，乙发错药，丙用错药，乙、丙分别构成医疗事故罪。乙和丙属于从事诊疗业务的医务人员，其违反的是诊疗护理规范中特别加以规定的注意义务，属于业务过失。一般而言，如果过失发生在职务、业务工作中，行为人是特种职务、业务从业者，行为人的行为违反了职务、业务方面的规范、规章、管理，则存在疏忽大意过失，选C项。

14. C

【解析】《刑法》第60条规定，没收财产以前犯罪分子所负的正当债务，需要以没收的财产偿还的，经债权人请求，应当偿还。据此规定，以没收的财产清偿债务的条件有3个：（1）该债务是在没收财产以前犯罪分子所负的正当债务。（2）需要以没收的财产偿还。（3）经债权人请求。可见，选C项。

15. B

【解析】甲、乙互不相识，于同一段时间在一仓库内行窃，属于“同时犯”，对于“同时犯”，因缺乏共同故意，因而不成立共同犯罪，不选A项。甲、乙共谋强奸，并准备刀具和面罩，具有共同犯意，属于共谋预备行为，构成共同犯罪，选B项。甲教唆未到刑事责任年龄、不具有刑事责任能力的人投毒杀人，不构成共同犯罪，甲是间接正犯，不选C项。共同犯罪是二人以上共同故意犯罪，过失不构成共同犯罪，不选D项。

16. D

【解析】民事、行政枉法裁判罪是指司法工作人员在民事、行政审判活动中故意违背事实和法律作枉法裁判，情节严重的行为。徇私枉法罪是指司法工作人员徇私枉法、徇情枉法，在刑事诉讼中，对明知是无罪的人而使其受到追诉，对明知是有罪的人而故意包庇使其不受追诉，或者在刑事审判活动中故意违背事实和法律作枉法裁判的行为。民事、行政枉法裁判罪和徇私枉法罪的区别在于，民事、行政枉法裁判罪发生在民事诉讼、行政诉讼的审判活动中，而徇私枉法罪限于发生在刑事诉讼活动中。本题中，甲作为民庭审判员，在审理一起贸易纠纷案件时故意违背事实和法律作出被告胜诉的判决，这发生在民事审判过程中，因而构成民事、行政枉法裁判罪，而非徇私枉法罪。根据《刑法》第399条规定，司法工作人员贪赃枉法，犯徇私枉法罪或民事、行政枉法裁判罪，同时又构成受贿罪的，依照处罚较重的规定定罪处罚。可见，选D项。

17. D

【解析】本题考查的是拐卖儿童罪。拐卖儿童罪是指以出卖为目的，拐骗、绑架、收买、贩卖、接送、中转儿童的行为。甲拐骗儿童，3个月后，又将被拐骗的儿童出卖。由于拐卖儿童罪属于典型的目的犯，即以出卖为目的，因而甲事前的“拐骗”行为成为拐卖儿童罪的手段行为，甲的行为成立拐卖儿童罪，选D项，不选B项。对于年老、年幼、患病或者其他没有独立生活能力的人，负有扶养义务而拒绝扶养，情节恶劣的，构成遗弃罪。遗弃罪的犯罪主体是对被遗弃者负有法律上的扶养义务而且有扶养能力的人，犯罪对象是具有法定抚养或赡养义务而又无独立生活能力的人，本题中，甲对弃婴并没有法定抚养义务，故不构成遗弃罪，不选A项。诈骗罪的对象是他人的公私财物，而人身权不能成为诈骗罪的对象，不选C项。

18. C

【解析】本题考查的是认识错误。本题中，甲无论杀死乙，还是杀死乙的兄弟，都没有超出故意杀人罪的同一犯罪构成，因而属于对象错误。对于对象错误，应以犯罪既遂论处，甲的行为成立故意杀人罪的既遂，选C项。

19. B

【解析】首先，甲的行为不构成侵占罪，因为甲是在没有占据6 000元现金之前产生将现金据为己有的故意的，且该笔现金也并非委托占有物、他人的遗忘物或者埋藏物，不选D项。本题的难点在于，甲的行为属于盗窃罪还是诈骗罪？诈骗罪须行为人通过虚构事实或者隐瞒真相的办法使被害人陷于错误认识，并基于错误认识仿佛自愿地处分财产，但从本题表述的情况分析，甲虽有欺骗成分（谎称乙让甲来收钱），但债务人欠乙6 000元钱却是事实，关于这一点，甲并没有虚构事实，因而不成立诈骗罪，只能认定甲的行为构成盗窃罪，选B项。

20. C

【解析】主犯有两种：（1）组织、领导犯罪集团进行犯罪活动的首要分子；（2）在犯罪集团或者一般共同犯罪中起主要作用的犯罪分子。甲的行为不符合上述两种主犯适用的情形。甲受胁迫参加犯罪集团，肯定不是首要分子。甲在加入犯罪集团后，为集团提供作案工具及进行销赃，这说明甲的行为并非在犯罪集团中起主要作用，不选A项。乙参与聚众犯罪（聚众扰乱社会秩序罪），对于聚众扰乱社会秩序罪，只处罚首要分子和积极参加者，不处罚其他参与者。由于乙只是参与者，不构成犯罪，也无所谓共同犯罪中的主犯，不选B项。丙虽然从未亲自参与行动，但作为犯罪集团的“军师”，其起到了组织策划作用，是典型的主犯，选C项。在一般共同犯罪中起主要作用的犯罪分子是主犯，D项表述的共同犯罪类型是一般共同犯罪，其中“大哥”是主犯，而丁打了两拳就离开了，这表明丁虽然是实行犯，但属于次要的实行犯，而次要的实行犯是从犯而不是主犯，不选D项。

21. A

【解析】《民法典》第321条规定，天然孳息，由所有权人取得；既有所有权人又有用益物权人的，由用益物权人取得。当事人另有约定的，按照其约定。法定孳息，当事人有约定的，按照约定取得；没有约定或者约定不明确的，按照交易习惯取得。据此，A项表述正确，选A项。主物和从物的所有权人须为同一人，如果主物和从物分别属于不同的人，则不属于主物和从物的关系。可见，B项表述错误。动产和不动产都可以成为担保物权的客体，如不动产抵押权、动产抵押权、动产质权等。可见，C项表述错误。D项表述把特定物和种类物在交易中的意义说反了，应当表述为“在交易中，种类物的所有权只能在交付后转移，而特定物所有权的转移时间可由当事人约定”。可见，D项表述错误。

22. B

【解析】《民法典》第74条第2款规定，分支机构以自己的名义从事民事活动，产生的民事责任由法人承担；也可以先以该分支机构管理的财产承担，不足以承担的，由法人承担。据此，乙分公司是甲公司设立的分支机构，因乙分公司到期无力支付货款，丙公司只能请求甲公司承担支付货款的责任。可见，选B项。

23. C

【解析】《民法典》第403条规定，以动产抵押的，抵押权自抵押合同生效时设立；未经登记，不得对抗善意第三人。据此，以动产抵押的，登记是对抗性要件，而不是生效要件。因此，甲将汽车抵押给银行，不必办理登记，故不选A项。《民法典》第341条规定，流转期限为5年以上的土地经营权，自流转合同生效时设立。当事人可以向登记机构申请土地经营权登记；未经登记，不得对抗善意第三人。据此，设立土地经营权的，登记为对抗性要件，而不是生效要件，因此不必办理登记，故不选B项。《民法典》第368条规定，居住权无偿设立，但是当事人另有约定的除外。设立居住权的，应当向登记机构申请居住权登记。居住权自登记时设立。据此，居住权的设立需办理登记，否则不发生物权效力。

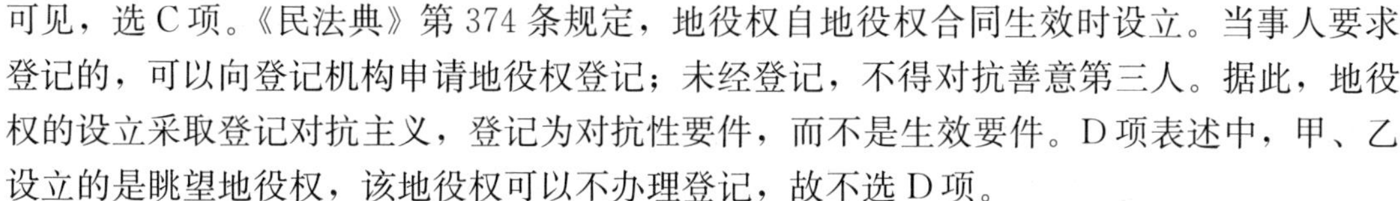

可见，选C项。《民法典》第374条规定，地役权自地役权合同生效时设立。当事人要求登记的，可以向登记机构申请地役权登记；未经登记，不得对抗善意第三人。据此，地役权的设立采取登记对抗主义，登记为对抗性要件，而不是生效要件。D项表述中，甲、乙设立的是眺望地役权，该地役权可以不办理登记，故不选D项。

24. D

【解析】本题考查的是不当得利的发生原因。不当得利之债可因给付而发生，也可非因给付而发生，对于因给付而发生的不当得利中，有一些情形不适用不当得利，A项表述的提前清偿债务（期前清偿），因给付而发生，但不适用不当得利，即当事人不得依据不当得利主张返还，不选A项。根据《民法典》的规定，拾得人不得要求遗失人支付报酬，如果遗失人（失主）给付报酬的，拾得人也可以接受，《民法典》对此并不禁止。但失主支付报酬后，不能要求返还，因为这属于履行道德义务性质的给付，这种给付是不能依据不当得利主张返还的，不选B项。C项表述也属于履行道德义务性质的给付，当事人也不能依据不当得利主张返还，不选C项。不当得利可因给付而发生，但不法原因的给付，不适用不当得利。但是，基于不法原因的给付仅存在于受让人一方时，适用不当得利。例如，D项表述的情形，能够引起不当得利之债的发生。类似的例子如，经营者为顺利经营而向黑社会组织支付的“保护费”，可以依据不当得利主张返还。可见，选D项。

25. C

【解析】本题考查的是违反安全保障义务的侵权责任。《民法典》第1198条规定，宾馆、商场、银行、车站、机场、体育场馆、娱乐场所等经营场所、公共场所的经营者、管理者或者群众性活动的组织者，未尽到安全保障义务，造成他人损害的，应当承担侵权责任。因第三人的行为造成他人损害的，由第三人承担侵权责任；经营者、管理者或者组织者未尽到安全保障义务的，承担相应的补充责任。经营者、管理者或者组织者承担补充责任后，可以向第三人追偿。据此，本题表述中，旅行社是群众性活动的组织者，甲是旅行社的工作人员，游客丙的人身伤害是由第三人乙的行为所致，乙是直接侵权责任人，乙应当承担侵权责任；但是，甲未提示注意安全，即未尽到安全保障义务，因而旅行社应当承担相应的补充责任。可见，选C项。

26. B

【解析】《民法典》第1019条规定，任何组织或者个人不得以丑化、污损，或者利用信息技术手段伪造等方式侵害他人的肖像权。未经肖像权人同意，不得制作、使用、公开肖像权人的肖像，但是法律另有规定的除外。未经肖像权人同意，肖像作品权利人不得以发表、复制、发行、出租、展览等方式使用或者公开肖像权人的肖像。据此，甲网游公司未经乙同意，将其肖像动漫化，这是利用信息技术手段伪造方式侵害乙的肖像权，这并非合理使用，而是肖像侵权。可见，不选A项。《民法典》第1006条规定，完全民事行为能力人有权依法自主决定无偿捐献其人体细胞、人体组织、人体器官、遗体。任何组织或者个人不得强迫、欺骗、利诱其捐献。完全民事行为能力人依据前款规定同意捐献的，应当采用书面形式，也可以订立遗嘱。自然人生前未表示不同意捐献的，该自然人死亡后，其配偶、成年子女、父母可以共同决定捐献，决定捐献应当采用书面形式。据此，甲可以遗嘱形式捐献其人体细胞、人体组织、人体器官、遗体。甲的妻子依照甲的遗嘱进行人体捐献，也符合上述规定。可见，B项表述属于合理处分民事主体的人格权益，选B项。《民法典》第1010条规定，违背他人意愿，以言语、文字、图像、肢体行为等方式对他人实施性骚扰的，受害人有权依法请求行为人承担民事责任。机关、企业、学校等单位应当采取合理的预防、受理投诉、调查处置等措施，防止和制止利用职权、从属关系等实施性骚扰。据此，甲的行为属于性骚扰，侵犯了女同事合法的民事权益。可见，不选C项。《民法典》第1025条规定，行为人为公共利益实施新闻报道、舆论监督等行为，影响他人名誉的，不承担民事责任，但是有下列情形之一的除外：（1）捏造、歪曲事实；（2）对他人提供的严重失实内容未尽到合理核实义务；（3）使用侮辱性言辞等贬损他人名誉。据此，甲的行为侵犯了乙的名誉权，故不选D项。

27. C

【解析】《民法典》根据法人存在的目的，将法人分为营利法人、非营利法人和特别法人。捐助法人属于非营利法人。捐助法人是指具备法人条件，为公益目的以捐助财产设立的基金会、社会服务机构等，经依法登记成立，取得捐助法人资格的法人。可见，选C项。A项表述的有限责任公司属于营利法人，B项表述的出版社属于事业单位法人（有的出版社属于营利法人），D项表述的农村集体经济组织属于特别法人。

28. A

【解析】《民法典》第248条规定，无居民海岛属于国家所有，国务院代表国家行使无居民海岛所有权。据此，无居民海岛属于国家所有，不能设定抵押。可见，选A项。《民法典》第395条第1款规定，债务人或者第三人有权处分的下列财产可以抵押：（1）建筑物和其他土地附着物；（2）建设用地使用权；（3）海域使用权；（4）生产设备、原材料、半成品、产品；（5）正在建造的建筑物、船舶、航空器；（6）交通运输工具；（7）法律、行政法规未禁止抵押的其他财产。据此，B、C、D项表述的财产都可以设定抵押，故不选B、C、D项。

29. B

【解析】《民法典》第787条规定，定作人在承揽人完成工作前可以随时解除合同，造成承揽人损失的，应当赔偿损失。据此，承揽合同的定作人可以随时解除承揽合同，但是，承揽人没有任意解除权。可见，选B项。《民法典》第933条规定，委托人或者受托人可以随时解除委托合同。因解除合同造成对方损失的，除不可归责于该当事人的事由外，无偿委托合同的解除方应当赔偿因解除时间不当造成的直接损失，有偿委托合同的解除方应当赔偿对方的直接损失和合同履行后可以获得的利益。据此，委托合同双方当事人都有任意解除权，故不选A项。民法典没有规定买卖合同和行纪合同的任何一方当事人的任意解除权，故不选C、D项。

30. D

【解析】本题考查的是合伙经营中责任的承担和合伙对外债务的承担。题干表述中并未指明合伙类型，应当认定为普通合伙企业。合伙企业出资形式是多种多样的，包括资金、实物、劳务、技术、建设用地使用权等，都可以成为合伙企业的出资形式，但不能以信用和人格出资。可见，A项表述错误，不选A项。合伙人乙被天花板砸伤，属于合伙经营期间所受损失，该损失（医疗费）应由全体合伙人承担。全体合伙人包括乙、丙、丁，因为此时甲已经退伙，甲对此医疗费不承担责任。可见，B、C项表述错误，不选B、C项。休闲会所所欠50万元债务应由全体合伙人甲、乙、丙、丁四人共同承担无限连带责任，该笔债务是发生在甲退伙之前，所以甲也必须承担。可见，D项表述正确。

31. B

【解析】定金条款和违约金条款只能选择适用，不能同时适用，不选D项。在乙违约的情况下，如果甲主张定金条款，乙作为收受定金的一方，应当双倍返还定金，则应当返还定金16万元；如果甲主张违约金条款，则乙应当支付违约金10万元，算到这里，似乎A项是正确答案。但要注意：这还不能使甲最大限度地保护自己的利益，实际上，甲主张18万元才能最大限度地维护自己的利益，理由在于：甲主张违约金条款，获得10万元，同时，甲可以依据不当得利要求乙再返还定金8万元，总计18万元，这是甲的最大利益。可见，选B项。

32. D

【解析】本题考查的是不当得利。不当得利可因给付而发生，但属于明知不欠债而为的给付或清偿的，当事人不得依据不当得利主张返还，所以只能选D项。需要注意的是，倘若该题表述的情形构成不当得利，则应在A、B项中选择，如果获利人是善意，选B项，因为在获利人善意的情况下，仅返还本金，不用返还利息；如果获利人是恶意，则选A项。

33. B

【解析】A项表述不构成无因管理，因为无因管理中所管理的事务必须是他人的事务，对本人事务的管理不构成无因管理。至于何为本人事务，应当依据本人主观意思判断，而不能依据客观情况判断，A项表述中，误将他人的病羊当作自己的病羊进行救治，即本人主观上认为是自己的病羊，即便客观上病羊不属于本人，也不能成立无因管理，不选A项。无因管理的客观构成要件是：管理行为必须使他人受益，如果管理的事务仅使自己受益，不能成立无因管理，但如果管理的事务在使他人受益的同时，也使自己受益的，则成立无因管理，如B项表述的情形，类似的例子诸如邻居家失火，害怕殃及池鱼而实施救火的，就构成无因管理。可见，选B项。无因管理所管理的事务不能是生活中的一般事务，而C项表述的情形纯属于日常生活中的一般事务，因而不能成立无因管理，不选C项。D项表述构成侵权，因为必须有为他人谋利益的意思才能成立无因管理。这是无因管理的主观要件，也是无因管理阻却违法性的根本原因，谋利益的意思是无因管理和无权代理、侵权行为的关键区别所在。D项表述中，根本不存在为他人谋利益的意思，因而没有适用无因管理的余地，不选D项。

34. A

【解析】备选项中，只有A项表述的“青岛”啤酒，可以作为商标注册，选A项。《商标法》第30条规定，申请注册的商标，凡不符合本法有关规定或者同他人在同一种商品或者类似商品上已经注册的或者初步审定的商标相同或者近似的，由商标局驳回申请，不予公告。据此规定，B项表述中的“娃啥啥”实际上和“娃哈哈”矿泉水所注册的商标类似，很容易造成误认，因此不予注册。《商标法》第11条规定，下列标志不得作为商标注册：（1）仅有本商品的通用名称、图形、型号的；（2）仅直接表示商品的质量、主要原料、功能、用途、重量、数量及其他特点的；（3）其他缺乏显著特征的。前款所列标志经过使用取得显著特征，并便于识别的，可以作为商标注册。C项表述仅直接表示了商品的主要原料——燕麦，因此不能注册，不选C项。根据《商标法》第10条规定的商标注册的绝对禁止条件，对于有害于社会主义道德风尚或者有其他不良影响的标志，不得作为商标。可见，不选D项。

35. C

【解析】《民法典》第334条规定，土地承包经营权人依照法律规定，有权将土地承包经营权互换、转让。未经依法批准，不得将承包地用于非农建设。据此，土地承包经营权的流转方式限于互换和转让，不包括抵押。可见，A项表述不符合民法典规定，不选A项。家庭土地承包经营权可以转让，但是转让行为只能发生于本集体经济组织内的成员之间，或者只能发生于土地承包经营权人和本集体经济组织以外的其他集体经济组织成员，但是土地承包经营权不能转让给城市居民。可见，B项表述不符合民法典规定，不选B项。《民法典》第339条规定，土地承包经营权人可以自主决定依法采取出租、入股或者其他方式向他人流转土地经营权。据此，甲可以将土地经营权通过投资入股方式流转。可见，C项表述符合民法典规定，选C项。家庭土地承包经营权可以互换，但是，互换只能发生于同一集体经济组织成员之间，因此甲不能用其土地承包经营权与另一村的村民乙的土地承包经营权互换。可见，不选D项。

36. C

【解析】根据《专利法》的规定，发明专利的保护期限为20年，实用新型和外观设计专利的保护期限是10年。注意千万要记准，尤其是实用新型。

37. D

【解析】《民法典》第1053条规定，一方患有重大疾病的，应当在结婚登记前如实告知另一方；不如实告知的，另一方可以向人民法院请求撤销婚姻。请求撤销婚姻的，应当自知道或者应当知道撤销事由之日起1年内提出。据此，甲、乙之间的婚姻为可撤销婚姻，而不是无效婚姻。撤销婚姻应通过诉讼方式进行，换言之，乙应当向人民法院申请撤销婚姻，而不能向婚姻登记机关申请撤销婚姻。乙应当自知道甲患有乙肝的事实之日起1年内向法院申请撤销婚姻，而不是自婚姻成立之日起1年内申请撤销婚姻。可见，A、B、C项表述都是错误的。《民法典》第1054条第2款规定，婚姻无效或者被撤销的，无过错方有权请求损害赔偿。据此，D项表述正确，选D项。

38. A

【解析】《民法典》第61条第3款规定，法人章程或者法人权力机构对法定代表人代表权的限制，不得对抗善意相对人。据此，甲公司章程有关规定不能对抗善意第三人乙公司。《民法典》第505条规定，当事人超越经营范围订立的合同的效力，应当依照本法第一编第六章第三节和本编的有关规定确定，不得仅以超越经营范围确认合同无效。据此，甲公司和乙公司签订的合同虽然超越经营范围，但是并未违反国家特许经营和限制经营，因而甲公司和乙公司签订的买卖合同为有效合同。可见，选A项。

39. D

【解析】遗嘱继承和遗赠有别，就意思表示方式而言，二者对意思表示的要求不同。

遗嘱继承人接受继承既可以采用明示方式，也可以采用默示方式，但放弃继承必须采用明示方式；受遗赠人接受遗赠只能采用明示方式，但放弃受遗赠则采用明示和默示方式皆可。《民法典》第 1124 条规定，继承开始后，继承人放弃继承的，应当在遗产处理前，以书面形式作出放弃继承的表示；没有表示的，视为接受继承。受遗赠人应当在知道受遗赠后 60 日内，作出接受或者放弃受遗赠的表示；到期没有表示的，视为放弃受遗赠。据此，A、B 项表述都是错误的。C 项表述混淆了代位继承和转继承的区别，C 项表述的情形应当是代位继承，而不是转继承，C 项表述错误。遗赠和遗嘱继承的区别之一就是受遗赠人具有不可替代性，如果受遗赠人在遗赠人之前死亡的，就不存在受遗赠人，受遗赠人的继承人不得要求分割遗产，而遗嘱继承则不同，如果遗嘱继承人先于立遗嘱人死亡的，其应当继承的份额转由其继承人继承。可见，D 项表述正确。

40. C

【解析】《民法典》第 1254 条第 1、2 款规定，禁止从建筑物中抛掷物品。从建筑物中抛掷物品或者从建筑物上坠落的物品造成他人损害的，由侵权人依法承担侵权责任；经调查难以确定具体侵权人的，除能够证明自己不是侵权人的外，由可能加害的建筑物使用人给予补偿。可能加害的建筑物使用人补偿后，有权向侵权人追偿。物业服务企业等建筑物管理人应当采取必要的安全保障措施防止前款规定情形的发生；未采取必要的安全保障措施的，应当依法承担未履行安全保障义务的侵权责任。据此，本题表述中，对于甲的损害，当然应由居住于 A 楼中扔菜板的人承担侵权责任。但是，经调查难以确定侵权人，因此，应由可能加害的建筑物使用人给予补偿。由于小区物业服务公司疏于管理，致使小区内经常有高空抛物现象，这表明物业服务公司也有过错，因此应当依法承担未履行安全保障义务的侵权责任。可见，只有 C 项表述符合题意，故选 C 项。

二、多项选择题

41. CD

【解析】立法解释是立法机关对刑法条文的解释，司法解释是最高司法机关对刑法条文的解释。关于《刑法》第 92 条和第 94 条的解释，是刑法典中对有关术语的专条解释，属于立法解释，选 D 项，不选 A 项。学理解释是指有权对刑法进行立法解释和司法解释的机构之外的机关、团体和个人对刑法条文含义的解释。文理解释是根据条文的字面含义进行的说明，其解释既不扩大、也不缩小范围，是对法律规范文、词、字、句进行字面解释。《刑法》第 92 条对“公民私人所有的财产”的解释、第 94 条对“司法工作人员”的解释，是立法机关直接对法律规范文、词、字、句进行的字面解释，属于文理解释，而非学理解释，选 C 项，不选 B 项。

42. BC

【解析】甲教唆乙盗窃，构成盗窃罪共同犯罪，甲是主犯，乙是从犯（帮助犯），选 B、C 项。甲、乙都不属于国家工作人员，不构成贪污罪，不选 A、D 项。

43. ABD

【解析】根据《刑法》第 49 条的规定，犯罪的时候不满 18 周岁的人和审判的时候怀孕的妇女，不适用死刑。审判的时候已满 75 周岁的人，不适用死刑，但以特别残忍手段致人死亡的除外。据此，选 A、B、D 项。

44. ABC

【解析】根据《刑法》及相关司法解释的规定，挪用公款进行赌博、走私等其他非法活动构成其他犯罪的，应当按照挪用公款罪和赌博罪、走私罪等相关犯罪实行数罪并罚。挪用公款同时索取、收受贿赂的，应当按照挪用公款罪和受贿罪实行数罪并罚。可见，选A项。因雇用童工从事危重劳动又造成重大责任事故的，应当按照数罪并罚的原则处理。可见，选B项。犯组织、领导、参加黑社会性质组织罪又有其他犯罪行为的，如利用该组织实施杀人、伤害、绑架等具体犯罪的，应以组织、领导、参加黑社会性质组织罪和这些罪实行数罪并罚。可见，选C项。D项表述构成故意杀人罪，即刑讯逼供致人死亡的，刑讯逼供罪转化为故意杀人罪，不实行数罪并罚，不选D项。

45. ACD

【解析】对于实施犯罪时故意的内容不同的，不成立共同犯罪。本题中，甲、乙二人打丙，甲出于杀人故意，乙出于伤害故意，不成立共犯；不过，甲、乙二人可对故意伤害的重合部分成立共同犯罪，即甲、乙成立故意伤害罪的共同犯罪。甲、乙和丙在扭打的过程中，甲又对丙猛刺数刀致其死亡，则甲构成故意杀人罪，但乙没有杀人的故意，因此选A、C、D项。

46. BCD

【解析】从题干表述的情形看，甲遇台风下落不明满3年，符合申请宣告失踪的条件；同时，甲也符合宣告死亡的条件，因为公民离开住所地下落不明满4年，或者因意外事故下落不明满2年，就符合宣告死亡的条件。对于既符合宣告失踪条件又符合宣告死亡条件的公民，利害关系人既可以申请宣告失踪，也可以申请宣告死亡，至于是宣告失踪还是宣告死亡，这完全取决于利害关系人的意思。可见，A项表述正确，C项表述错误。宣告失踪不是宣告死亡的必经程序，因此D项表述也不对。B项表述也是错误的，因为甲的配偶乙申请宣告甲死亡后，法院还得依照民事诉讼法规定的特别程序发出寻找失踪人的公告，待公告期届满后才能宣告死亡，在此期间甲的配偶乙还不能再婚。

47. ACD

【解析】《商标法》第14条第1款规定，认定驰名商标应当考虑下列因素：（1）相关公众对该商标的知晓程度；（2）该商标使用的持续时间；（3）该商标的任何宣传工作的持续时间、程度和地理范围；（4）该商标作为驰名商标受保护的记录；（5）该商标驰名的其他因素。据此，选A、C、D项。

48. AC

【解析】民事权利的救济方式包括公力救济方式和私力救济方式两种。公力救济方式包括起诉、申请仲裁、依法请求有关国家机关予以保护。私力救济方式包括提出请求或者称为积极向当事人行使请求权（如D项表述的要求当事人承担违约责任）、从事自卫行为、正当防卫等。可见，选A、C项。

49. BC

【解析】合同义务有合同义务（主合同义务、从合同义务）和附随义务之分。主合同义务是合同当事人按照合同的约定应当履行的主给付义务。从合同义务是指根据合同的性质或当事人的约定产生的，并不影响合同的成立和当事人订约目的的义务。附随义务是基于诚实信用原则和交易习惯所产生的各种附随于合同义务的义务，包括合同履行中的附随义务（《民法典》第509条第2款）和合同权利义务关系终止后的附随义务（《民法典》第558条）。附随义务包括通知、协助、保密、旧物回收等义务。通知义务如使用方法的告知义务、重要情势的告知义务，协助义务如指示义务、提供履行条件义务、履行债务的必要准备义务、协助办理特定手续的义务、按时接受交付的义务等。A项表述的交付义务是典型的主合同义务，而不是附随义务，交付义务基本上都是主合同义务。B项表述的是通知义务，是典型的附随义务。C项表述的使用方法的告知义务实际上也属于通知义务，也是附随义务。D项表述的是主合同义务，因为承揽合同中，提供承揽材料，这是承揽合同的必备条款，肯定是主合同义务，而不是附随义务，故不选D项。

50. ABCD

【解析】在人格权遭受非法侵害，造成权利人精神损害的，权利人可以主张精神损害赔偿。A项表述中，照相馆的行为侵犯了甲的肖像权，故选A项。B项表述中，医院的行为侵犯了乙的隐私权，故选B项。C项表述中，超市的行为侵犯了丙的人格尊严权，故选C项。D项表述中，诊所的行为侵犯了丁的健康权，故选D项。

三、简答题

51. 答案要点：

集合犯是指行为人以实施不定次数的同种犯罪行为为目的，实施了数个同种犯罪行为，刑法规定作为一罪论处的犯罪形态。(4分)

集合犯的构成要件有：

(1) 行为人以实施不定次数的同种犯罪行为为目的。行为人不是意图实施一次犯罪行为即行结束，而是预计实施不定次数的同种犯罪行为。(2分)

(2) 行为人实施了数个同种犯罪行为，即刑法要求行为人具有多次实施同种犯罪行为的意图，并且行为人一般也是实施了数个同种犯罪行为。(2分)

(3) 刑法将数个同种犯罪行为规定为一罪，集合犯是法定的一罪。(2分)

52. 答案要点：

贪污贿赂罪是指国家工作人员（行贿罪除外）利用职务上的便利，非法占有、使用公共财物，索取、收受贿赂或者取得其他非法利益，破坏职务廉洁性的行为。(2分)

贪污贿赂罪的共同特征有：

(1) 侵犯的客体是公务活动的廉洁性。(2分)

(2) 客观方面表现为贪污、挪用公款、受贿、行贿、利用影响力受贿、对有影响力的人行贿、巨额财产来源不明等行为。(2分)

(3) 犯罪主体多数是特殊主体，即国家工作人员和国家机关、国有公司、企业、事业单位、人民团体；少数犯罪由一般主体构成。个别犯罪可由单位构成。(2分)

(4) 主观方面表现为故意，过失不构成本类犯罪。(2分)

53. 答案要点：

民事法律行为是指民事主体以意思表示的方式设立、变更或者终止民事法律关系的行为。(4分)

民事法律行为的实质要件有：

（1）行为人合格：行为人应当具有相应的民事行为能力。（2分）

（2）行为人意思表示真实：行为人的外部表示与其内心的真实意思相一致。（2分）

（3）行为内容合法和不违背公序良俗。不违法包括内容和形式都不违法，公序良俗是社会公共秩序和善良风俗，违背公序良俗的行为无效。（2分）

54. 答案要点：

有下列情形之一的，该格式条款无效：

（1）具有民事法律行为无效的情形和具有无效免责条款的情形。（3分）

（2）提供格式条款一方不合理地免除或者减轻其责任、加重对方责任、限制对方主要权利。（4分）

（3）提供格式条款一方排除对方主要权利。（3分）

四、法条分析题

55. 答案要点：

（1）“已经着手实行犯罪”是指犯罪分子已经开始实行刑法分则条文所规定的某种犯罪的基本构成要件的行为。（4分）

（2）“犯罪分子意志以外的原因”是指违背犯罪分子本意的原因。（2分）

（3）“犯罪未得逞”是指犯罪没有既遂，即犯罪行为尚未完整地满足刑法分则规定的全部犯罪构成事实。（4分）

56. 答案要点：

（1）受让人受让不动产或者动产时，不知道转让人无处分权，且无重大过失的，应当认定受让人为“善意”。判断是否善意的时间点为“受让人取得该动产或者不动产时”。（3分）

（2）是否为“合理的价格”应当根据转让标的物的性质、数量以及付款方式等具体情况，参考转让时交易地市场价格以及交易习惯等因素综合认定。（3分）

（3）具有下列情形之一的，应当认定不动产受让人知道转让人无处分权：①登记簿上存在有效的异议登记；②预告登记有效期内，未经预告登记的权利人同意；③登记簿上已经记载司法机关或者行政机关依法裁定、决定查封或者以其他形式限制不动产权利的有关事项；④受让人知道登记簿上记载的权利主体错误；⑤受让人知道他人已经依法享有不动产物权。（4分）

五、案例分析题

57. 答案要点：

（1）甲、丙的行为构成代替考试罪，乙的行为构成组织考试作弊罪。（2分）本案中，甲的行为符合让他人代替自己参加法律规定的国家考试，丙的行为符合代替他人参加法律规定的国家考试，这两种行为均符合代替考试罪的构成特征，故甲、丙的行为构成代替考试罪。（3分）

本案中，乙的行为符合组织考试作弊罪的构成要件，因为乙在专门替考机构中从事的是帮助、组织考试作弊工作。乙在法律规定的国家考试中，与甲签订“合作协议”并收取巨额钱款后寻找到丙代替甲进行考试，又答应支付少量费用给丙，而为替考机构谋得暴利，故乙的行为构成组织考试作弊罪。（3分）

（2）甲、丙各犯代替考试罪，应在法定刑、并处或者单处罚金的规定中进行判处。（2

分）鉴于丙到案后如实供认自己的罪行，甲有自首情节，对甲、丙可以考虑从轻处罚。（3分）乙犯组织考试作弊罪，且有多起犯罪行为，属于情节严重，故应在法定刑、并处罚金的规定中进行判处。（2分）

58. 答案要点：

（1）买卖合同效力待定。（2分）因为乙只有代理出售10吨苹果的代理权，其签订出售20吨苹果的合同超越了代理权限，构成无权代理。（2分）

（2）合同由效力待定状态转化为有效合同。（1分）因为甲在事后1个月内以其行为追认了该合同的效力。（2分）

（3）甲可以行使不安抗辩权。（2分）因为丙公司为了逃避债务而转移全部资金，丧失了履约能力，甲可以行使不安抗辩权。（2分）

（4）甲可以行使撤销权。（2分）因为丙公司将全部财产无偿转让而丧失履约能力，对甲的债权造成损害，甲可以行使撤销权。（2分）

综合课模拟试题（一）

一、单项选择题（第 1～40 小题，每小题 1 分，共 40 分。下列每题给出的四个选项中，只有一个选项是符合题目要求的）

1. 中国特色社会主义法治核心价值理论的核心内容是（　　）。

A. 依法治国，建设社会主义法治国家

B. “人民主体地位”和“公正是法治的生命线”

C. 党的领导、人民当家作主和依法治国的有机统一

D. “一个共同推进”和“一个一体建设”

2. 我国《刑事诉讼法》规定，“当事人”是指被害人、自诉人、犯罪嫌疑人、被告人、附带民事诉讼的原告人和被告人。这里对“当事人”的解释是（　　）。

A. 限制解释　　B. 字面解释　　C. 扩充解释　　D. 系统解释

3. 下列关于法律移植的表述，正确的是（　　）。

A. 法律移植是不同历史类型的法律制度之间的延续和继受

B. 法律移植可以促进组建现代司法制度和确立司法理念

C. 法院落实改善裁判文书的举措，是我国从判例法国家移植先进法律制度的体现

D. 在法律移植过程中，要考虑供体与受体之间的兼容性，但不必考虑法律移植的优选性

4. 下列关于法与道德之间关系的表述，正确的是（　　）。

A. 法与道德是两种社会调整机制，互不相关

B. 道德是法律的基础和评价标准

C. 法的内容决定于道德

D. 道德必须由法律保障实现

5. 最高人民法院《关于互联网法院审理案件若干问题的规定》于 2018 年 9 月 7 日起施行。互联网法院应当建设互联网诉讼平台，作为法院办理案件和当事人及其他诉讼参与人实施诉讼行为的专用平台。对此，下列表述正确的是（　　）。

A. 互联网法院建设提高了新科技对法律调整和司法运用的实际功效

B. 互联网法院是司法被动适应互联网发展大趋势的一项重大制度创新

C. 互联网法院在审级上相当于中级人民法院

D.《关于互联网法院审理案件若干问题的规定》属于我国正式法律渊源形式

6. 下列关于法律全球化的表述，能够成立的是(　　)。

A. 法律全球化是全球各类法律规范采取相同的调整方式

B. 法律全球化是整个法律体系在全球范围内的统一

C. 法律全球化使法律趋同化，调整相同类型社会关系的法律规范和法律制度趋向一致

D. 不具有涉外性、国际性的地方性法律可以成为世界性法律

7. 下列选项中，属于狭义的执法活动的是(　　)。

A. 某市工商局对全局人员进行法律培训

B. 税务人员认为某人有逃税嫌疑而查办该案件

C. 检察机关根据群众检举对某人的受贿行为进行侦查

D. 法官出差办案途中发现两个人发生口角，便依事实和法律对其进行劝解

8. 下列关于法律原则的表述，不正确的是(　　)。

A. 法律原则不仅着眼于行为及条件的共性，而且关注它们的个别性

B. 法律原则在适用上容许法官有较大的自由裁量余地

C. 法律原则是以“全有或全无的方式”应用于个案当中的

D. 相互冲突的法律原则可以共存于一部法律之中

9. 2018 年，最高人民法院印发《关于加强和规范裁判文书释法说理的指导意见》。关于“释法说理”的理解，下列表述正确的是(　　)。

A. 裁判文书释法说理的目的是通过阐明裁判结论的形成过程和正当性理由，提高裁判的可接受性

B. 裁判文书释法说理损害了法律的权威性和公正性

C. 释法说理要求法官在行使自由裁量权时，不必论证运用自由裁量权的依据

D. 释法说理裁判文书可以直接使用“没有事实及法律依据，本院不予支持”之类的表述作为结论性论断

10. 下列选项中，属于保证公正司法、提高司法公信力的改革举措是(　　)。

A. 实行办案质量终身负责制和错案责任倒查问责制

B. 完善守法诚信褒奖机制和违法失信行为惩戒机制

C. 完善多元纠纷解决机制

D. 深化律师管理制度改革

11. 下列关于各类法的价值的表述，能够成立的是(　　)。

A. 法具有平等价值意味着法律在权利义务分配方面不能作出差别对待的规定

B. 法具有效率价值决定了法在处理效率和公平的矛盾时要以效率优先，舍弃公平

C. 法具有人权价值是因为“天赋人权”

D. 作为社会基本结构的社会体制的正义是社会的首要正义

12. 下列关于法律责任的表述，不能成立的是(　　)。

A. 未达到法定责任年龄是不负法律责任的条件

B. 责任与处罚相称原则是法律公正精神在法律责任归结上的具体体现

C. 责任自负原则不是绝对的，在某些特殊情况下，为了法律秩序特别是财产保护的需要，也产生责任的转承

D. 法律责任和法律制裁相辅相成，有法律责任就有法律制裁，没有法律责任就没有法律制裁

13. 下列关于大陆法系和英美法系区别的表述，正确的是(　　)。

A. 大陆法系以公法和私法作为法的基本分类；英美法系以普通法和衡平法作为法的基本分类

B. 大陆法系以制定法为正式的法律渊源；英美法系以判例法为正式的法律渊源，制定法不是正式意义上的法律渊源

C. 大陆法系具有经验主义的哲学倾向；英美法系具有理性主义的哲学倾向

D. 大陆法系采取当事人主义的诉讼模式；英美法系采取职权主义的诉讼模式

14. 下列关于监察委员会组织和职权的表述，正确的是(　　)。

A. 国家监察委员会主任、副主任和委员由全国人民代表大会选举产生

B. 地方各级监察委员会只对本级人民代表大会及其常务委员会负责，并接受其监督

C. 监察机关有权对国有企业管理人员进行监察

D. 被调查人涉嫌职务犯罪，监察机关可以对其进行讯问

15. 制定世界上第一部成文宪法的国家是(　　)。

A. 美国　　B. 法国　　C. 英国　　D. 德国

16. 下列关于我国基本制度的表述，正确的是(　　)。

A. 人民代表大会制度是我国的根本制度

B. 民族自治地方包括自治区、自治州、自治县和民族乡

C. 特别行政区是在单一制国家结构形式下享有高度自治权的区域

D. 基层群众性自治组织包括居民委员会、村民委员会、街道办事处和区公所

17. 宪法规定，我国行使宪法解释权的机关是(　　)。

A. 全国人民代表大会　　B. 全国人民代表大会常务委员会

C. 最高人民法院　　D. 全国人民代表大会宪法和法律委员会

18. 根据我国立法法规定，对于税收事项只能制定法律。就该规定而言，下列表述正确的是(　　)。

A. 税收属于法律保留事项

B. 征税机关可以制定税收法律

C. 纳税义务是我国宪法规定的附带条件的公民的基本义务

D. 税收事项只能制定法律体现了宪法优位

19. 下列关于澳门特别行政区行政长官任职条件的说法，正确的是(　　)。

A. 行政长官须年满45周岁

B. 行政长官须在外国无居留权

C. 行政长官任期5年，可连任一次

D. 行政长官通常在特别行政区连续居住满25年

20. 下列职务中，全国人大常委会的组成人员不得兼任的是(　　)。
A. 教育部部长　　B. 国家主席
C. 全国妇女联合会主席　　D. 大学校长
21. 下列选项中，不属于我国宪法规定的公民获得物质帮助权的情形是(　　)。
A. 公民在年老时　　B. 公民在疾病时
C. 公民在遭受自然灾害时　　D. 公民在丧失劳动能力时
22. 下列关于世界各国违宪审查制的表述，正确的是(　　)。
A. 德国是最早成立宪法法院作为专门机关实施违宪审查的国家
B. 宪法诉愿是具有事先预防性的违宪审查模式
C. 美国联邦最高法院在马伯里诉麦迪逊一案中创立了司法机关的违宪审查制
D. 我国实施违宪审查的专门机关是法规审查备案室
23. 根据《村民委员会组织法》的规定，下列表述正确的是(　　)。
A. 村务监督机构成员向村民委员会负责
B. 村民委员会范围的调整，由乡级人民政府提出，经村民会议讨论同意，报县级人民政府批准
C. 有过半数的村民代表提议，应当召集村民代表会议
D. 村民委员会有权决定征地补偿费的使用、分配方案
24. 下列关于监察委员会的表述，正确的是(　　)。
A. 国家监察委员会主任、副主任连续任职不得超过两届
B. 国家监察委员会主任、副主任由全国人大选举产生
C. 监察委员会副主任由国家监察委员会主任任命
D. 省级监察委员会对国家监察委员会和本级人大及其常委会负责
25. 有权提出对国务委员、各部部长、各委员会主任罢免案的主体是(　　)。
A. 全国人大常委会、1 个以上的代表团、2/3 以上的全国人大代表
B. 全国人大常委会、3 个以上的代表团、1/3 以上的全国人大代表
C. 全国人大主席团、3 个以上的代表团、1/10 以上的全国人大代表
D. 全国人大主席团、1 个以上的代表团、1/5 以上的全国人大代表
26. 我国宪法规定，决定个别省、自治区、直辖市进入紧急状态的职权属于(　　)。
A. 中央军事委员会　　B. 全国人大常委会
C. 国务院　　D. 国家主席
27. 首次将“诉讼”篇作为独立篇目的是(　　)。
A.《元典章》　　B.《宋刑统》　　C.《大明律》　　D.《唐律疏议》
28. 下列关于秋冬行刑的表述，不正确的是(　　)。
A. 秋冬行刑理论源于西周时期的“阴阳五行说”
B. 董仲舒“天人感应”学说是秋冬行刑理论的进一步规范化
C. 秋冬行刑作为死刑执行制度始于汉代
D. 秋冬行刑制度是清朝秋审制度的直接历史渊源
29. 宋神宗官制改革前，宋朝中央最高行政机关是(　　)。

A. 中书门下　　B. 中书省　　C. 尚书省　　D. 门下省

30. 下列关于唐朝十恶制度的表述，正确的是(　　)。

A. 对于犯谋反、谋大逆、谋叛、恶逆罪的一般要实施连坐

B. 唐朝首创十恶制度并被后世沿用

C. 犯十恶者不享有八议、上请、减刑、赎刑和官当特权

D. 唐朝十恶制度体现了重刑轻礼的特点

31. 唐朝要求有关官员共同审案判决，共同承担错判责任的制度称为(　　)。

A. 鞫谳分司制　　B. 换推制　　C. 会审制　　D. 同职连署制

32. 下列关于宋朝继承制度的表述，正确的是(　　)。

A. 宋朝承认在室女与兄弟享有同等的继承权

B. 宋朝承认遗腹子与亲生子享有同等的继承权

C. 宋朝绝户财产的继承方式包括立继、命继和嫡继三种

D. 宋朝对奸生子的继承份额作出了具体规定

33. 下列古代刑罚中，为汉朝独创的是(　　)。

A. 女徒顾山　　B. 髡刑　　C. 城旦舂　　D. 弃市

34. 下列关于元朝法律制度的表述，正确的是(　　)。

A. 元朝的强奸幼女罪是指强奸 14 岁以下的幼女

B. 大宗正府是元朝专理蒙古王公贵族案件的中央司法机关

C. 元朝制定的《风宪宏纲》是元朝的第一次汉化立法

D. 元朝中央最高行政机关是中书门下

35. 据《历代判例判牍》记载："李春阳所犯，合依'不应得为而为之事理重者'律，杖八十"，但依律对李春阳处以杖七十的刑罚，并照例纳米折价赎罪。对李春阳减等处刑的依据是(　　)。

A. 《宋刑统》　　B. 《大元通制》　　C. 《大诰》　　D. 《教民榜文》

36. 清朝乾隆年间，四川重庆府某甲"因戏而误杀旁人"，被判处绞监候。依据清代的会审制度，对某甲戏杀案的处理，适用的程序是(　　)。

A. 上报中央列入朝审复核定案　　B. 上报中央列入秋审复核定案

C. 移送京师列入热审复核定案　　D. 上报中央列入三司会审复核定案

37. 下列罪名中，属于汉代发展的罪名是(　　)。

A. 诽谤妖言罪　　B. 腹诽罪　　C. 非所宜言罪　　D. 盗徙封罪

38. 中国历史上第一部正式颁行的宪法制定于(　　)。

A. 南京临时政府时期　　B. 南京国民政府时期

C. 北洋政府时期　　D. 工农民主政权时期

39. 南京国民政府普通司法系统中，最高一级的司法机构是(　　)。

A. 最高法院　　B. 行政院　　C. 司法行政部　　D. 司法院

40. 唐律规定的"八议"中"议贤"的对象是指(　　)。

A. 有大才能的人　　B. 有大德行与影响的人

C. 有大功勋的人　　D. 为国家勤劳服务的人

二、多项选择题（第41～50小题，每小题2分，共20分。下列每题给出的四个选项中，至少有两个选项是符合题目要求的。多选、少选或错选均不得分）

41. 下列关于科学技术对立法的影响的表述，能够成立的是（　　）。

A. 科学技术的发展增强了证据的认定能力

B. 科学技术促进了“委托立法”范围的扩大

C. 科学技术为立法提供了新的技术和手段

D. 科学技术的发展影响了立法的调整范围

42. 下列关于法与社会关系的表述，能够成立的是（　　）。

A. 社会性质决定着法律的性质　　B. 社会是法律的基础

C. 法律是社会关系的调整器　　D. 法律不是社会控制的唯一手段

43. 下列人员中，不符合取得国家统一法律职业资格条件的是（　　）。

A. 甲，获得全日制法律硕士学历及相应学位，但因交通肇事罪受过刑事处罚

B. 乙，通过国家法律统一资格考试，但因患有间歇性精神病而接受长期治疗

C. 丙，曾是公证员，但已被吊销公证员执业证书

D. 丁，已加入美国国籍

44. 下列有关法律原则的表述，正确的是（　　）。

A. 法律原则不预先设定明确的、具体的假定条件，更没有设定明确的法律后果，在适用时具有较大的余地供法官选择和灵活适用

B. 法律原则根源于社会的政治、经济、文化现实，是法律价值的基本承担者

C. 法律原则不具有强制的作用

D. 法律原则是一种衡平性的规定

45. 关于规范性法律文件的适用，下列表述正确的是（　　）。

A. 部门规章的效力高于地方政府规章

B. 全国人民代表大会常务委员会有权撤销同宪法和法律相抵触的行政法规

C. 法律之间对同一事项的新的一般规定与旧的特别规定不一致，不能确定如何适用时，由全国人民代表大会常务委员会裁决

D. 地方性法规可以依法对法律、行政法规作变通规定

46. 八二宪法修正后，在爱国统一战线中新增的社会阶层有（　　）。

A. 社会主义事业的建设者　　B. 致力于中华民族伟大复兴的爱国者

C. 拥护社会主义的爱国者　　D. 全体社会主义劳动者

47. 要对全国人民代表大会负责并报告工作的国家机构是（　　）。

A. 国务院　　B. 最高人民法院

C. 最高人民检察院　　D. 中央军事委员会主席

48. 根据唐律的规定，下列共同犯罪行为，不区分首犯和从犯的是（　　）。

A. 两人共同犯强盗罪

B. 两人共同犯强奸罪

C. 主管官员和外部人员共同犯坐赃之罪

D. 聚众斗殴犯伤害罪

49. 下列属于明清时期出现的地方行政或司法监察机关的是（　　）。

A. 肃政廉访司　　B. 提刑按察司　　C. 提点刑狱司　　D. 提法使司

50.《大清现行刑律》废除的传统刑罚包括（　　）。

A. 凌迟刑　　B. 发遣刑　　C. 刺字刑　　D. 戮尸刑

三、简答题（第 51～53 小题，每小题 10 分，共 30 分）

51. 简述法律规则的特点。

52. 简述我国公民平等权的含义和判断政府采取合理差别的标准。

53. 简述“天坛宪草”的内容特点。

四、分析题（第 54～56 小题，每小题 10 分，共 30 分。要求结合所学知识分析材料回答问题）

54. 材料 1：某日，在甲市公共体育场内，武警荷枪实弹，数千市民正被组织围观一场特别公审公判。陈某是一名犯罪嫌疑人，其胸前挂着 70 厘米长、50 厘米宽的木牌，1 斤多重。上面白底黑字写着“犯罪嫌疑人陈某”，其他被示众者亦如此。甲市法院院长认为公审公判能够起到震慑作用。

材料 2：乙市在市直机关开展了一场普法宣传和一系列普法讲座，使市直机关的工作人员的法律知识水平有了一定的提高。一名市直机关干部丙在接受采访时表示“普法宣传和普法讲座提高了工作人员的法律意识，因为一个人只有具备了一定的法律理论知识，才具有法律意识”。

请结合上述材料回答下列问题：

(1) 材料 1 中，甲市的做法侵犯了何种法律价值？试从法律意识角度分析材料 1 中甲市公审公判的行为。

(2) 材料 2 中，市直机关干部丙的说法是否正确？请从法律意识的角度进行分析。

(3) 结合材料 1、2 分析培养法律意识的途径。

55. 材料 1：消费者陈女士为在外地大学读书的女儿通过甲快递公司快递一封信件，第 3 天陈女士接到女儿电话，问为什么还没有收到信件。陈女士很奇怪，便致电甲快递公司，快递公司承认工作人员开封检查了，但对陈女士和其女儿提出的赔偿要求予以拒绝，理由是快递公司有规定，即“本公司拥有绝对权利对每票快件开封检查是否符合有关政府机关规定或者航空限制，如发现寄件违法、违禁，有权退回或拒收。本公司有权在未事先通知寄件人的情况下开封检查交寄的物品”。陈女士怀疑信件被拆开偷看后丢弃了，于是报了警。

材料 2：近些年，一些街头小广告成为我国现代城市的公害。小广告内容涉及办理证件、刻章、疏通管道、开锁等各种五花八门的内容，被随处张贴在树木、居民楼、电线杆等处。这些小广告的特征还表现在特别留下电话、手机或寻呼机等通信方式。为有效治理这种“城市牛皮癣”，近年来全国有近 20 个城市通过地方立法来治理乱贴、乱写并公布其通信方式的行为，利用 24 小时不间断呼叫、暂停或终止其通讯工具的使用等手段来治理此类违法行为。对此有人认为这一地方立法行为已经侵害到了公民所享有的通信自由的基本权利。

请结合我国宪法的规定及相关知识，回答下列问题：

（1）材料 1 中甲快递公司的做法是否合法？为什么？

（2）材料 2 中有关地方立法是否侵害了公民所享有的通信自由？为什么？

56. 材料 1：《唐律疏议·杂律》（卷二十六）：诸坐赃致罪者，一尺笞二十，一疋加一等；十疋徒一年，十疋加一等，罪止徒三年。（谓非监临主司，而因事受财者。）与者，减五等。【疏】议曰：赃罪正名，其数有六，谓：受财枉法、不枉法、受所监临、强盗、窃盗并坐赃。然坐赃者，谓非监临主司，因事受财，而罪由此赃，故名“坐赃致罪”。犯者，一尺笞二十，一疋加一等；十疋徒一年，十疋加一等，罪止徒三年。假如被人侵损，备（赔）偿之外，因而受财之类，两和取与，于法并违，故与者减取人五等，即是“彼此俱罪”，其赃没官。

材料 2：《大明律集解附例·刑律》“官吏受财”条：凡官吏受财者，计赃科断。无禄人，各减一等，官追夺除名，吏罢役，俱不叙。有禄人，枉法赃各主者通算全科，谓受有事人财而曲法处断者，如十人财，一时事发，通算作一处，全科定罪。

请运用中国法制史的知识和理论，分析上述材料并回答下列问题：

（1）何为“六赃”？

（2）根据材料 1 说明何为“坐赃致罪”？唐律对坐赃致罪是如何处罚的？

（3）根据材料 2 说明对犯赃罪的处理原则，并指出和唐律相比在处罚上的关键变化。

五、论述题（第 57～58 小题，每小题 15 分，共 30 分）

57. 联系我国法治建设的实际，谈谈全面推进依法治国坚持的基本原则。

58. 试论社会保障权的内容及其在我国宪法中的体现。

综合课模拟试题（一）答案及解析

一、单项选择题

1. B

【解析】中国特色社会主义法治理论主要有以下内容：（1）社会主义民主制度化、法律化和程序化理论。（2）依法治国、建设社会主义法治国家理论。（3）中国特色社会主义法治的核心价值论。（4）“三统一”理论。（5）依法治国和以德治国相结合理论。（6）推进法治中国建设，促进国家治理体系和治理能力及其现代化理论。（7）中国特色社会主义法治体系理论。（8）良法善治理论。（9）依法治国与改革开放的关系理论。备选项中，A 项表述的“依法治国，建设社会主义法治国家”是上述第 2 项内容。B 项表述的“人民主体地位”和“公正是法治的生命线”属于上述第 3 项内容的核心内容。可见，选 B 项。C 项表述的“党的领导、人民当家作主和依法治国的有机统一”就是上述第 4 项表述的“三统一”理论。D 项表述的“一个共同推进”和“一个一体建设”属于上述第 2 项内容的核心内容，所谓“一个共同推进”，是指依法治国、依法执政、依法行政共同推进；所谓“一个一体建设”，是指法治国家、法治政府、法治社会一体建设。

2. C

【解析】根据解释尺度的不同，法律解释可以分为限制解释、扩充解释与字面解释三种。限制解释是指在法律条文的字面含义显然比立法原意广时，作出比字面含义窄的解释。扩充解释是指在法律条文的字面含义显然比立法原意窄时，作出比字面含义广的解释。字面解释是指严格按照法律条文字面的通常含义解释法律，既不缩小，也不扩大。本题中，“当事人”一般是指原告人和被告人，但《刑事诉讼法》规定的“当事人”，包括被害人、自诉人、犯罪嫌疑人、被告人、附带民事诉讼的原告人和被告人，这显然对“当事人”作了扩大性解释，因此选C项。

3. B

【解析】法律移植是指在鉴别、认同、调适、整合的基础上，引进、吸收、采纳、摄取、同化外国法，使之成为本国法律体系中的有机组成部分。法律移植体现的是一国同一时代（横向）对其他国家法律制度的吸收与借鉴，法律继承是不同历史类型的法律制度之间的延续和继受，法律继承体现的是旧法对新法（纵向）的影响和新法对旧法的继受。可见，A项表述错误。现代司法制度和司法理念是法治现代化的重要组成部分，法律移植则是法治现代化的一个过程和途径，因此，法律移植可以促进组建现代司法制度和确立司法的基本理念（司法独立、司法公正等）。可见，B项表述正确。我国司法面临着一系列难题，因此，司法机关制定了各种措施进行司法改革尝试，包括落实改善裁判文书、落实公开审判、加强诉讼指导、在裁判文书中附加“判后语”、在裁判文书中进行释法说理等；但是，法院落实改善裁判文书的举措，并非是从判例法国家引进判例的体现，因为判例不是我国的法律渊源，判例还不能成为正式的法律。可见，C项表述错误。在法律移植过程中，既要考虑国外法（供体）与本国法（受体）之间的兼容性，又要考虑法律移植的优选性，即选择优越的法律制度，为本国所用。可见，D项表述错误。

4. B

【解析】道德与法律作为两种社会调整机制，有紧密关联，法律与道德的关系也是法理学讨论的经久不衰的话题，A项表述错误。法与道德的联系体现为两点：（1）道德是法律的基础和评价标准。（2）法律是传播道德、保障道德实施的有效手段。可见，B项表述正确。法的内容决定于物质生活条件，而不是决定于道德，C项表述错误。道德是内在强制力，依靠社会舆论、社会评价的力量，依靠人们的内心信念、内在修养、传统、风俗习惯和社会教育的力量来维持，而不是依靠法律来维持，D项表述错误。

5. A

【解析】互联网法院建设提高了新科技对法律调整和司法运用的实际功效，A项表述正确。互联网法院是司法“主动”适应互联网发展大趋势的一项重大制度创新，B项表述错误。互联网法院集中管辖所在市的辖区内应当由基层人民法院受理的特定类型互联网案件，C项表述错误。《关于互联网法院审理案件若干问题的规定》属于司法解释，司法解释不能成为我国正式的法律渊源形式，D项表述错误。

6. C

【解析】法律全球化并不意味着全球各类法律规范采取相同的调整方式，A项表述错误。法律全球化并不意味着整个法律体系在全球范围内的统一，法律全球化只是一个进程，一个趋势，B项表述错误。所谓法律的趋同化，是指调整相同类型社会关系的法律规范和法律制度趋向一致，既包括不同国家的国内法的趋向一致，也包括国内法与国际法的趋向一致。世界范围内的法律趋同首先表现在民商法领域。在商务、金融、知识产权等领域，法律的趋同速度之快、程度之高，超出了人们的预料和想象。可见，C 项表述正确。法律全球化目前只是一个进程，一个过程，一种趋势。法律全球化并不是所有法律的全球化，那些不具有涉外性、国际性的地方性法律不可能、也没有必要化为“全球性”或“世界性”法律；法律全球化并不意味着国家主权概念的过时或消失，而只是意味着主权概念的进步和丰富，各国之间的法律仍将呈现多样性、多元化；各个国家均应当警惕和制止少数或个别国家借助法律全球化的名义而推行政治霸权主义和法律帝国主义。可见，D 项表述错误。

7. B

【解析】狭义上的执法专指国家行政机关和法律法规授权、行政主体委托的组织及其公职人员依照法定职权和程序行使行政管理职权、履行职责、实施法律的活动。狭义执法活动须为行使行政管理职权的活动，而市工商局对全局人员进行法律培训并非行使行政管理职权的活动，不是执法活动，不选 A 项。税务人员对逃税案件的查办，属于行政主体依照法定职权和程序行使行政管理职权的活动，为执法活动，选 B 项。检察机关是司法机关，检察机关对受贿案件的侦查活动属于司法活动，不选 C 项。法官对有争议的双方进行的劝解行为，既不是司法活动，也不是执法活动，不选 D 项。

8. C

【解析】本题为选非题。法律原则不仅着眼于行为及其条件的共性，而且还关注它们的个别性，这不同于法律规则，法律规则更侧重于关注个别性。可见，A 项表述正确。法律原则不预先设定明确的、具体的假定条件，更没有设定明确的法律后果，其要求比较笼统、模糊，这为法官行使自由裁量权留下了较大余地，而法律规则则不同，法律规则的规定是明确具体的。可见，B 项表述正确。法律原则不是以“全有或全无的方式”应用于个案当中的，不同强度的原则甚至冲突的原则都可能存在于一部法律之中。当两个原则在具体的个案中冲突时，法官必须根据案件的具体情况及有关背景在不同强度的原则间作出权衡。而法律规则是以“全有或全无的方式”应用于个案当中的，如果一条规则所规定的事实是既定的，或者这条规则是有效的，在这种情况下，必须接受该规则所提供的解决办法。可见，C 项表述错误，D 项表述正确。

9. A

【解析】《最高人民法院关于加强和规范裁判文书释法说理的指导意见》指出：裁判文书释法说理的目的是通过阐明裁判结论的形成过程和正当性理由，提高裁判的可接受性，实现法律效果和社会效果的有机统一。可见，A 项表述正确。裁判文书释法说理，要求立场正确、内容合法、程序正当，符合社会主义核心价值观的精神和要求，且释法说理毕竟不是法律适用，因而不会损害法律的权威性和公正性。可见，B 项表述错误。《最高人民法院关于加强和规范裁判文书释法说理的指导意见》指出：法官行使自由裁量权处理案件时，应当坚持合法、合理、公正和审慎的原则，充分论证运用自由裁量权的依据，并阐明自由裁量所考虑的相关因素。可见，C 项表述错误。《最高人民法院关于加强和规范裁判文书释法说理的指导意见》指出：裁判文书释法说理应当避免使用主观臆断的表达方式、不恰当的修辞方法和学术化的写作风格，不得使用贬损人格尊严、具有强烈感情色彩、明显有违常识常理常情的用语，不能未经分析论证而直接使用“没有事实及法律依据，本院不予支持”之类的表述作为结论性论断。可见，D项表述错误。

10. A

【解析】本题考查的是司法改革主要任务中的相关举措。司法改革的任务之一是保证公正司法、提高司法公信力。重点包括：推进以审判为中心的诉讼制度改革，改革法院案件受理制度，探索建立检察机关提起公益诉讼制度，实行办案质量终身负责制和错案责任倒查问责制，完善人民陪审员和人民监督员制度等。探索设立跨行政区划的人民法院和人民检察院，办理跨地区案件。完善行政诉讼体制机制，合理调整行政诉讼案件管辖制度，切实解决行政诉讼立案难、审理难、执行难等突出问题。可见，A项表述正确。司法改革的任务之一是增强全民法治观念、推进法治社会建设。重点包括：发展中国特色的社会主义法治理论，把法治教育纳入国民教育体系和精神文明创建内容，完善守法诚信褒奖机制和违法失信行为惩戒机制，推进公共法律服务体系建设，构建对维护群众利益具有重大作用的制度体系，完善多元化纠纷解决机制等。可见，B、C项表述没有问题，但并非属于保证公正司法、提高司法公信力的举措。司法改革的任务之一是加强法治队伍建设。重点包括：完善法律职业准入制度，加快建立符合职业特点的法治工作人员的管理制度，建立法官、检察官逐级遴选制度，健全法治工作部门和法学教育研究机构人员双向交流与互聘机制，深化律师管理制度改革。可见，D项表述没有问题，但并非属于保证公正司法、提高司法公信力的举措。

11. D

【解析】法具有平等价值并不意味着法律在权利义务分配方面不能作出差别对待的规定，因为平等和差别对待是有条件共存的。平等有形式平等和实质平等之分，所谓形式平等就是指人与人之间在人格和主体资格上的普遍平等是绝对的，这就是形式平等；所谓实质平等就是指因人与人之间存在差异导致人们在权利义务方面存在差异，因此在权利享有和义务承担方面也存在差异，承认合理差别，有助于实质平等的实现。可见，A项表述不能成立。法具有效率价值决定了法在处理效率和公平矛盾的时候要因地制宜，至少在坚持效率优先的同时要兼顾公平，而不能舍弃公平。可见，B项表述不能成立。法具有人权价值是因为人权是本源性权利，但这并非意味着天赋人权，因为人权不是天赋的，而是历史地产生的。可见，C项表述不能成立。正义作为法律价值，其内容方方面面，但社会体制的正义是首要的正义，因此D项表述正确。

12. D

【解析】未达到法定责任年龄、精神失常、正当防卫、紧急避险等属于不负法律责任的条件，A项表述成立。责任与处罚相称原则是法律公正精神在法律责任归结上的具体体现，B项表述成立。在某些特殊情况下，为了法律秩序特别是财产保护上的需要，也产生责任转承问题，比如监护人对被监护人承担替代责任、用工责任中的替代责任、上级对下级承担替代责任等，C项表述成立。法律责任并不等于法律制裁，有法律责任并不一定就有法律制裁。例如，刑法中存在定罪免责方式；民法中存在善意侵犯专利权但不承担侵权责任的情形。可见，D项表述不成立。

13. A

【解析】大陆法系以公法和私法作为法的基本分类，英美法系以普通法和衡平法作为法的基本分类，A 项表述正确。大陆法系以制定法为正式的法律渊源，而英美法系制定法和判例法都是正式意义的法律渊源，B 项表述错误。大陆法系具有理性主义的哲学倾向，英美法系具有经验主义的哲学倾向，C 项表述错误。大陆法系采取职权主义的诉讼模式，英美法系采取当事人主义的诉讼模式，D 项表述错误。

14. C

【解析】《宪法》第 62 条第 7 项规定，国家监察委员会主任由全国人大选举产生。《宪法》第 67 条第 11 项规定，全国人大常委会根据国家监察委员会主任的提请，任免国家监察委员会副主任、委员。根据上述规定，A 项表述错误。《监察法》第 9 条第 4 款规定，地方各级监察委员会对本级人民代表大会及其常务委员会和上一级监察委员会负责，并接受其监督。据此，B 项表述错误。《监察法》第 15 条规定，监察机关对下列公职人员和有关人员进行监察：（1）中国共产党机关、人民代表大会及其常务委员会机关、人民政府、监察委员会、人民法院、人民检察院、中国人民政治协商会议各级委员会机关、民主党派机关和工商业联合会机关的公务员，以及参照《中华人民共和国公务员法》管理的人员；（2）法律、法规授权或者受国家机关依法委托管理公共事务的组织中从事公务的人员；（3）国有企业管理人员；（4）公办的教育、科研、文化、医疗卫生、体育等单位中从事管理的人员；（5）基层群众性自治组织中从事管理的人员；（6）其他依法履行公职的人员。据此规定第 3 项，C 项表述正确，选 C 项。《监察法》第 20 条第 2 款规定，对涉嫌贪污贿赂、失职渎职等职务犯罪的被调查人，监察机关可以进行讯问，要求其如实供述涉嫌犯罪的情况。据此，并非任何职务犯罪监察机关都有权讯问，监察机关进行讯问，涉嫌的职务犯罪限于贪污贿赂、失职渎职等。可见，D 项表述错误。

15. A

【解析】美国是世界上第一个制定成文宪法的国家，选 A 项。

16. C

【解析】社会主义制度是我国的根本制度，A 项表述错误。民族自治地方包括自治区、自治州和自治县，民族乡不是民族自治地方，B 项表述错误。特别行政区是在单一制国家结构形式下享有高度自治权的区域，C 项表述正确。基层群众性自治组织包括居民委员会和村民委员会，街道办事处和区公所属于政府派出机构，而不是基层群众性自治组织，D 项表述错误。

17. B

【解析】《宪法》第 67 条第 1 项规定，全国人大常委会解释宪法，监督宪法的实施。据此，选 B 项。

18. A

【解析】宪法原则包括人民主权原则、基本人权原则、法治原则和权力制衡原则。其中，法治原则包括宪法优位、法律保留和司法独立。法律保留即关于公民基本权利的限制等专属立法事项，应当由立法机关通过法律来规定，行政机关不得代为规定。根据《立法法》的规定，对于公民政治权利的剥夺、限制公民人身自由的强制措施以及税收等事项只能制定法律，这就意味着税收属于法律保留事项（专属立法事项）。可见，A项表述正确。税收属于法律保留事项，征税机关不能制定税收法律，有关税种、税率、税收征管等方面的法律只能由全国人大及其常委会以法律的形式制定。可见，B项表述错误。公民纳税义务是宪法规定的公民基本义务，这是无条件的，C项表述错误。税收事项只能制定法律，这体现的是法律保留，而不是宪法优位，不选D项。

19. C

【解析】根据特别行政区基本法的规定，特别行政区行政长官的任职条件是：行政长官由年满40周岁，在香港或澳门通常连续居住满20年，并在外国无居留权（《澳门特别行政区基本法》没有此项规定）的特别行政区永久性居民中的中国公民担任。行政长官通过选举或者协商产生，由中央人民政府任命。任期5年，可连任一次。

20. A

【解析】《宪法》第65条第4款规定，全国人民代表大会常务委员会的组成人员不得担任国家行政机关、审判机关和检察机关的职务。据此，教育部部长属于行政机关职务，全国人大常委会的组成人员不得兼任，选A项。

21. C

【解析】《宪法》第45条第1款规定，中华人民共和国公民在年老、疾病或者丧失劳动能力的情况下，有从国家和社会获得物质帮助的权利。国家发展为公民享受这些权利所需要的社会保险、社会救济和医疗卫生事业。据此，C项表述不属于我国宪法规定的公民获得物质帮助权的情形，选C项。

22. C

【解析】最早建立宪法法院的国家是奥地利，而不是德国，A项表述错误。违宪审查模式有事先审查和事后审查两种模式，而宪法诉愿属于一种事后审查模式，而不是事先审查模式，B项表述错误。我国实施违宪审查的专门机关是全国人大及其常委会，而法规审查备案室是2004年5月全国人大常委会成立的，隶属于全国人大常委会法制工作委员会，是负责法规备案的机构，其重要职责包括对公民审查建议进行先期研究，确定是否需要启动审查程序，以及审查下位法是否和上位法，尤其是否和宪法存在冲突和抵触。法规审查备案室虽然对于我国的违宪审查制具有重要意义，但它并不是一个独立机构，而是一个附属机构，没有违宪审查的决定权。可见，D项表述错误。美国在1803年通过马伯里诉麦迪逊一案确立了普通司法机关进行违宪审查的宪政体制，该违宪审查制被日本及拉美的国家效法。可见，C项表述正确。

23. B

【解析】《村民委员会组织法》第32条规定，村民委员会成员及其近亲属不得担任村务监督机构成员。村务监督机构成员向村民会议和村民代表会议负责，可以列席村民委员会会议。据此，A项表述错误。《村民委员会组织法》第3条第2款规定，村民委员会的设立、撤销、范围调整，由乡、民族乡、镇的人民政府提出，经村民会议讨论同意，报县级人民政府批准。据此，B项表述正确。《村民委员会组织法》第26条规定，村民代表会议由村民委员会召集。村民代表会议每季度召开1次。有1/5以上的村民代表提议，应当召集村民代表会议。村民代表会议有2/3以上的组成人员参加方可召开，所作决定应当经到会人员的过半数同意。据此，C 项表述错误。《村民委员会组织法》第 24 条规定，涉及村民利益的下列事项，经村民会议讨论决定方可办理：(1) 本村享受误工补贴的人员及补贴标准；(2) 从村集体经济所得收益的使用；(3) 本村公益事业的兴办和筹资筹劳方案及建设承包方案；(4) 土地承包经营方案；(5) 村集体经济项目的立项、承包方案；(6) 宅基地的使用方案；(7) 征地补偿费的使用、分配方案；(8) 以借贷、租赁或者其他方式处分村集体财产；(9) 村民会议认为应当由村民会议讨论决定的涉及村民利益的其他事项。据此，D 项表述错误。

24. D

【解析】根据《宪法》第 124 条的规定，国家监察委员会主任连续任职不得超过两届。据此，A 项表述错误。根据《宪法》第 62、67 条的规定，国家监察委员会主任由全国人大选举产生，全国人大常委会根据国家监察委员会主任的提请，任免国家监察委员会副主任、委员。据此，B、C 项表述错误。根据《宪法》第 126 条的规定，国家监察委员会对全国人民代表大会和全国人民代表大会常务委员会负责。地方各级监察委员会对产生它的国家权力机关和上一级监察委员会负责。据此，D 项表述正确。

25. C

【解析】《全国人民代表大会组织法》第 15 条规定，全国人民代表大会 3 个以上的代表团或者 1/10 以上的代表，可以提出对于全国人民代表大会常务委员会的组成人员，中华人民共和国主席、副主席，国务院和中央军事委员会的组成人员，最高人民法院院长和最高人民检察院检察长的罢免案，由主席团提请大会审议。《全国人民代表大会议事规则》第 39 条规定，主席团、3 个以上的代表团或者 1/10 以上的代表，可以提出对于全国人民代表大会常务委员会的组成人员，中华人民共和国主席、副主席，国务院的组成人员，中央军事委员会的组成人员，最高人民法院院长和最高人民检察院检察长的罢免案，由主席团交各代表团审议后，提请大会全体会议表决。根据上述规定，选 C 项。

26. B

【解析】根据《宪法》第 67 条第 21 项规定，全国人大常委会决定全国或者个别省、自治区、直辖市进入紧急状态。据此，选 B 项。

27. A

【解析】元朝诉讼制度有所发展，突出表现为“诉讼”在法典中开始独立成篇。《元史·刑法志》《元典章》中，“诉讼”已经独立出现，对诉讼的程序、步骤、诉状的格式等，都作了详细规定，反映出实体法和程序法开始逐步分离。

28. D

【解析】秋冬行刑理论源于西周时期，在《礼记》和《周礼》中都有有关秋冬行刑不成熟的规定，而先秦阴阳家“赏以春夏，刑以秋冬”的理论，则是秋冬行刑这种思想的最完整的体现，A 项表述正确。到了汉代，秋冬行刑思想进一步规范化，汉代的桓宽就明确提出：“春夏生长，利以行仁，秋冬生杀，利以施刑”。而董仲舒更是秋冬行刑的大力倡导者，他将先秦的阴阳五行学说进一步神化，并予以规范。自此，秋冬行刑制度到了汉代正式确立，作为死刑执行的定制。B、C 项表述正确。清朝的秋审制度最远的渊源可以追溯到秋冬行刑，但秋冬行刑并非秋审的直接历史渊源，秋审制度的直接历史渊源是明朝的朝审，D项表述错误。

29. A

【解析】宋神宗官制改革前，宋朝中央最高行政机关是中书门下，宋神宗进行官制改革后，恢复了三省六部的职权。可见，选A项。中书省是隋唐时期三省之一（尚书省、中书省、门下省），不选B项。元朝罢门下省，以中书省作为国家最高行政机关，1380年，明太祖朱元璋借左丞相胡惟庸谋反一案废除中书省和丞相制度，结束了中书省的历史。

30. C

【解析】唐朝对于犯十恶重罪的，只有三谋犯罪，即谋反、谋叛和谋大逆三罪才可以适用连坐，其他重罪不得适用连坐。可见，A项表述错误。十恶制度为隋朝首创，并为唐、宋、元、明、清等朝沿用。可见，B项表述错误。犯十恶重罪的，不能适用八议、上请、减刑、赎刑和官当制度。可见，C项表述正确。唐朝的十恶重罪体现了重刑主义，但并非轻视礼的作用，而十恶中的恶逆、不孝、不睦、不义、内乱等罪，恰恰体现了一准乎礼的特点，体现了隆礼重刑的特点。可见，D项表述错误。

31. D

【解析】唐朝确立了同职连署制度，即有关官员共同审案判决，共同承担错判的责任，以利于监督，避免错判。如果是因公错判，承办人承担主要责任，其他人则逐级降等处罚；如果是因私错判，其他人也有失察之责。可见，选D项。鞫谳分司制是指审理与判决分立的制度，该制度为宋朝独有，唐朝没有该制度，不选A项。换推制在唐朝指的是司法官的回避制度，不选B项。会审制度包括三司推事、三司会审等，不同朝代名称不一，不选C项。

32. B

【解析】宋朝虽然承认在室女享有继承权，但因宋朝实行诸子均分制，在室女只能享有男子财产继承权的一半，A项表述错误。宋朝承认遗腹子与亲生子享有同等的继承权，B项表述正确。宋朝绝户（户绝）财产的继承方式包括立继和命继两种方式，没有嫡继这种继承方式，C项表述错误。对于奸生子继承份额最早有规定的是在元朝，而不是宋朝，D项表述错误。

33. A

【解析】汉代在刑罚上增设“女徒顾山”，属于赎刑的范围，即允许被判处徒刑的女犯回家，但需每月缴纳官府三百钱，由官府雇人上山砍伐木材或从事其他劳作，以代替女犯的劳役刑。髡刑属于耻辱刑，在秦代就已经出现。城旦舂属于作刑，在秦代就已经存在。弃市即死刑，商朝就存在弃市。

34. B

【解析】元朝的强奸幼女罪是指强奸10岁以下的幼女，A项表述错误。大宗正府是元朝专门负责蒙古王公贵族案件的中央司法机关，大宗正府的地位高于刑部，B项表述正确。元朝入主中原前，蒙古国由郭宝玉制定的《条画五章》是蒙古国的第一次汉化立法，C项表述错误。元朝中央最高行政机关是中书省，宋朝在宋神宗元丰改制前，中央最高行政机关是中书门下，D项表述错误。

35. C

【解析】据《历代判例判牍》记载，李春阳所犯罪行，符合不应为罪之规定（做了法律上虽然没有明文规定但事理上不许可做的事），应处杖八十，但依律减等处刑，即杖七十，并照例纳米赎罪。这里依律减等处刑的依据是《大诰》。《大诰》规定："一切官民诸色人等，户户有此一本，若犯笞、杖、徒、流罪名，每减一等。"可见，选C项。

36. B

【解析】清朝秋审的对象是全国各省上报的斩监候和绞监候案件，某甲"因戏而误杀旁人"，被判处绞监候，应当上报中央列入秋审复核定案，选B项。

37. B

【解析】汉代沿用了秦代的诽谤妖言罪、非所宜言罪等罪，在惩治思想言论犯罪方面有所发展。比较典型的是腹诽罪。腹诽罪属于思想言论犯罪。据《史记》记载，大司农严异在别人谈及国政时，未答，仅"微反唇"，即被御史大夫张汤以"见令不便，不入言而腹诽，论死，自是之后有腹诽之法［比］，而公卿大夫多谄谀取容矣"。可见，选B项。盗徙封罪是秦代偷偷移动田界标志企图侵占他人田产的犯罪。

38. C

【解析】中国历史上第一部正式颁行的宪法是1923年北洋政府统治时期由直系军阀曹锟政权颁布的《中华民国宪法》，选C项。

39. D

【解析】南京国民政府的司法系统包括普通司法系统和特种刑事法庭，普通司法系统最高一级的司法机构是司法院，其下设四个直属机构：司法行政部、最高法院、行政法院和官吏惩戒委员会。可见，选D项。至于B项表述的行政院是南京国民政府设立的五院之一，五院是根据"五权宪法"而设立的机构，包括立法院、司法院、行政院、考试院、监察院。

40. B

【解析】"八议"是指贵族官僚中的八种人犯罪后，须"议其所犯"，对其所犯罪行实行减免刑罚。"八议"制度源于西周的"八辟之议"，曹魏时期首次正式入律。"八议"即议亲（皇亲国戚）、议故（皇帝故旧）、议贤（有封建德行与影响的人）、议能（有大才能的人）、议功（有大功勋的人）、议贵（贵族官僚）、议勤（为封建国家勤劳服务的人）、议宾（前朝皇室宗亲）。自曹魏以后，"八议"遂成为历代封建法律的重要内容。该制度被后世继承，一直沿用到清末。清末修律，该制度被废除。可见，选B项。

二、多项选择题

41. BCD

【解析】科学技术的发展增强了证据的认定能力，这个论断没有错误，但这属于科学技术的发展对司法的影响，而非对立法的影响，因而不选A项。随着科技的发展，科学技术知识内容的立法所占的比重不断增加，而这类专业性、技术性比较强的立法任务要求立法者具备一定的专门性的科学文化知识，需要将这类立法工作委托给专门的机关或人员，这导致"委托立法"范围的不断扩大。可见，B项表述成立。科学技术的发展完善了法律调整机制，为立法和执法提供了新的技术和手段，对法的制定和实施产生了重大影响。可见，C项表述成立。科学技术的发展扩展了法律调整的领域，在科学技术的研究发明和推广应用的实践活动中出现的大量的新的社会关系需要法律规范的调整。可见，D项表述成立。

42. ABCD

【解析】社会是法律产生和形成的基础，法是社会的产物，社会性质决定法律性质，社会物质生活条件最终决定着法律的本质，A、B项表述成立。法律是社会关系的调整器，特别是近代以来，法律已成为对社会进行调整的首要工具。所有其他的社会手段必须从属于法律调整手段或者与之相配合，并在法律确定的范围内行使。可见，C项表述成立。法律不是万能的，在某些社会关系领域，法律的控制不是唯一的手段，或者说不是最佳的手段。可见，D项表述成立。

43. BCD

【解析】以下人员不得享有从事法律职业的资格：（1）因故意犯罪受过刑事处罚的；（2）曾被开除公职或者曾被吊销律师执业证书、公证员执业证书的；（3）被吊销法律职业资格证书的；（4）被给予2年内不得报名参加国家统一法律职业资格考试（国家司法考试）处理期限未满或者被给予终身不得报名参加国家统一法律职业资格考试（国家司法考试）处理的；（5）因严重失信行为被国家有关单位确定为失信联合惩戒对象并纳入国家信用信息共享平台的；（6）因其他情形被给予终身禁止从事法律职业处理的。取得国家统一法律职业资格必须同时具备下列条件：（1）具有中华人民共和国国籍。（2）拥护中华人民共和国宪法，享有选举权和被选举权。（3）具有良好的政治、业务素质和道德品行。（4）具有完全民事行为能力。（5）具备全日制普通高等学校法学类本科学历并获得学士及以上学位；全日制普通高等学校非法学类本科及以上学历，并获得法律硕士、法学硕士及以上学位；全日制普通高等学校非法学类本科及以上学历并获得相应学位且从事法律工作满3年。参加国家统一法律职业资格考试并获得通过，法律法规另有规定的除外。可见，选B、C、D项，不选A项。

44. ABD

【解析】法律原则不预先设定明确的、具体的假定条件，更没有设定明确的法律后果，其要求比较笼统、模糊，这不同于法律规则，这就使法官在适用时具有较大的余地去选择和灵活适用。可见，A项表述正确。法律原则根源于社会的政治、经济、文化现实，是法律价值的基本承担者，就政治而言，四项基本原则；就经济而言，如民法中的意思自治原则等，这些都承担了法律价值。可见，B项表述正确。法律原则也具有强制作用，如罪刑法定原则。可见，C项表述错误。法律原则可以作为疑难案件的断案依据，以纠正执法可能带来的不公，因此具有衡平作用。可见，D项表述正确。

45. BC

【解析】《立法法》第91条规定，部门规章之间、部门规章与地方政府规章之间具有同等效力，在各自的权限范围内施行。据此，A项表述错误。《立法法》第97条第2项规定，全国人民代表大会常务委员会有权撤销同宪法和法律相抵触的行政法规，有权撤销同宪法、法律和行政法规相抵触的地方性法规，有权撤销省、自治区、直辖市的人民代表大会常务委员会批准的违背宪法和本法第75条第2款规定的自治条例和单行条例。据此，B

项表述正确。《立法法》第 94 条第 1 款规定，法律之间对同一事项的新的一般规定与旧的特别规定不一致，不能确定如何适用时，由全国人民代表大会常务委员会裁决。据此，C 项表述正确。《立法法》第 90 条第 1 款规定，自治条例和单行条例依法对法律、行政法规、地方性法规作变通规定的，在本自治地方适用自治条例和单行条例的规定。据此，有权依法对法律、行政法规、地方性法规作变通规定的规范性文件，仅限于自治条例和单行条例，其他规范性文件不能对法律、行政法规、地方性法规作变通规定。可见，D 项表述错误。

46. AB

【解析】社会主义事业的建设者为 2004 年宪法修正案新增的社会阶层，致力于中华民族伟大复兴的爱国者为 2018 年宪法修正案新增的社会阶层。具体表述为：在长期的革命、建设、改革过程中，已经结成由中国共产党领导的，有各民主党派和各人民团体参加的，包括全体社会主义劳动者、社会主义事业的建设者、拥护社会主义的爱国者、拥护祖国统一和致力于中华民族伟大复兴的爱国者的广泛的爱国统一战线，这个统一战线将继续巩固和发展。

47. ABC

【解析】根据宪法和相关法的规定，国务院、最高人民法院和最高人民检察院对全国人大及其常委会负责并报告工作，中央军事委员会主席只对全国人大及其常委会负责，但不报告工作。

48. AB

【解析】根据《唐律疏议》规定，共同犯罪以造意为首，随从者减一等。在特定情况下，共同犯罪并不都是以造意犯为首犯。一家之中所进行的共同犯罪，不论谁造意，只坐男性尊长。主管官员和外部人员共同犯罪，虽由外部人员造意，但仍以负责官员为首犯，外部人员为从犯。对于聚众斗殴者，以下手重者为首犯，下手轻者为从犯，只有在分不清谁下手重时，才以造意者为首犯，其余为从犯。对于共犯谋反、谋大逆、谋叛、强盗、强奸等重罪，则不分首从，一律按正犯处理。可见，本题选 A、B 项。

49. BD

【解析】肃政廉访司是元朝在行御史台下设的地方监察机关，不选 A 项。提刑按察司为明朝设置的省级地方监察机关，选 B 项。提点刑狱司是宋朝在路一级设置的地方监察机关，不选 C 项。提法使司是清末司法改革后设置的地方监察机关，由提刑按察司改革而来，选 D 项。

50. ACD

【解析】《大清现行刑律》颁布于 1910 年，是清政府为修律活动而制定的一部过渡性刑法典，该部刑法废除了诸多传统残酷刑罚，包括凌迟刑、刺字刑、戮尸刑、枭首刑和缘坐制度，选 A、C、D 项。1911 年颁布的《大清新刑律》废除了发遣刑，不选 B 项。

三、简答题

51. 答案要点：

（1）法律规则是一种一般的行为规则，它使用同一标准，对处于其效力范围内的主体行为进行指导和评价，这一特点使它有别于任何个别性调整措施。（2 分）

（2）法律规则规定了一定的行为模式，是一种命令式的必须遵守的行为规则，这使它区别于不包含确定行为的方案或仅具有倡导性的口号或建议。（2 分）

（3）法律规则是由国家制定或认可的行为规范，具有强烈的国家意志性，这是它区别于其他社会规范的最基本特征。（2 分）

（4）法律规则规定了社会关系参加者在法律上的权利和义务以及违反规范要求时的法律责任和制裁措施。（2 分）

（5）法律规则有明确的、肯定的行为模式，有特殊的构成要素和结构，是一种高度发达的社会行为规则。（2 分）

52. 答案要点：

（1）我国公民平等权具有下列含义：①平等权的主体是全体公民，它意味着全体公民法律地位的平等。②平等权是公民的基本权利，是国家的基本义务。公民有权利要求国家给予平等保护，国家有义务无差别地保护每一个公民的平等地位。国家不得剥夺公民的平等权，也不能允许其他组织和个人侵害公民的平等权。③平等权意味着公民平等地享有权利、履行义务。平等不能和特权并存，平等也不允许歧视现象存在。④平等权是贯穿于公民其他权利的一项权利，它通过其他权利，如男女平等、民族平等、受教育权平等而具体化。（8 分）

（2）判断政府的措施是合理差别还是违反平等保护的歧视性做法的标准如下：①政府进行区别对待的目的必须是实现正当的而且是重大的利益。②这种区别对待必须是实现其所宣称的正当目的的合理的乃至必不可少的手段。③政府负有举证责任。（2 分）

53. 答案要点：

（1）在政权体制上，“天坛宪草”继续肯定责任内阁制，国务总理的任命须经众议院的同意，国务员对众议院负责，而不是对总统负责。行政权力实际由总理和各部部长行使，总统处于虚权国家元首的地位。（3 分）

（2）“天坛宪草”规定了国会对总统行使诸如解散国会、任命总理等重大权力的牵制权，国会不仅有立法权，而且有弹劾权和对被弹劾的总统、副总统和国务员的审判权。为防止总统利用紧急处分权实行独裁，增设国会的常设机关国会委员会。（3 分）

（3）“天坛宪草”严格限制总统任期，规定总统任期 5 年，而且只能连选连任一次。（2 分）

（4）设立独立于行政机关的审计院，负责审核国家财政收入和支出的决算，核准国家岁出之支付命令。审计员由参议院选举产生，总统无权任免。（2 分）

四、分析题

54. 答案要点：

（1）甲市的做法侵犯了法律的人权价值。甲市对诸犯罪嫌疑人采取公审公判的做法，是法律意识缺失的表现。司法工作人员的法律意识水平直接关系到司法工作人员能否公正审理案件和准确适用法律，能否有效地维护公民权利。如果司法工作人员法律意识缺失，会使审判结果的公正性受到质疑，公民权利也得不到维护，从而不利于法治建设。（3 分）

（2）丙的说法不正确。理由在于：①一个人不具备法律理论知识，也可能具有法律意识。②对于低级阶段的法律心理，不需要有法律理论知识，而对于高级阶段的法律思想体

系，则需要有法律理论知识。(3 分)

(3) 要消除材料中出现的违反人权价值的公审公判行为，应当提高基层司法工作人员的法律意识，积极培养司法工作人员的人权观，消除落后的封建法律意识的影响。法律意识培养的途径包括：法律意识需要有意识地教育、培养，使法律意识水平得以提高；宣传和灌输马克思主义的法律观；开展普法教育；提高司法工作人员和公民的权利意识和法治观念。(4 分)

55. 答案要点：

(1) 甲快递公司的做法不合法。根据宪法规定，中华人民共和国公民的通信自由受法律的保护。除因国家安全或者追查刑事犯罪的需要，由公安机关或者检察机关依照法律规定的程序对通信进行检查外，任何组织或者个人不得以任何理由侵犯公民的通信自由。据此，甲快递公司依据其公司的规定对陈女士的信件进行开拆毁弃，侵犯了陈女士的通信自由。(5 分)

(2) 地方立法并未侵害公民的通信自由权。因为：①滥发小广告的根本目的在于商业经营，而并非个人通信之间的交流，这一通信方式并不具有通信自由保护的目的性，只是具有手段性，因此不具备通信自由保护的必要条件。②通信自由的核心在于通信秘密，保护信息交流过程中的个人隐私是通信自由确立的最重要的权利价值。如果一项交流并不存在隐私问题，也就无所谓对其交流隐私性的保护。滥发小广告者恰恰将其通信方式大白于天下，并非视为对隐私权加以保留，因而也就无所谓对通信自由的侵犯。(5 分)

56. 答案要点：

(1) 六赃即一切不法所得所构成的 6 种赃罪，包括受财枉法、受财不枉法、受所监临财物、强盗、窃盗和坐赃。(2 分)

(2) 坐赃致罪是指监临主司以外的其他一般官员利用不正当手段获取本不当获得的财物，从而构成赃罪的行为。对于坐赃致罪者，处以笞二十至徒 3 年的各等刑罚。参与坐赃的其他人员，减五等处刑，赃物没入官府。(3 分)

(3) 对犯赃罪的，应作如下处理：①以赃值作为定罪量刑的标准；②受刑之外，犯罪人还须退还赃款赃物；③官吏犯赃，还要对为官者追夺除名，为吏者罢役不用。和唐律比较，明律在处理赃罪的一个关键变化是，所有犯赃罪的官员，除了官除名、吏罢役之外，还永不叙用，这比唐律因赃免官经过一定年限仍可降级使用的规定更加严厉。(5 分)

五、论述题

57. 答案要点：

(1) 坚持中国共产党的领导。党的领导是社会主义法治最根本的保证。把党的领导贯彻到依法治国的全过程和各方面。必须坚持党领导立法、保证执法、支持司法、带头守法，把依法治国基本方略同依法执政基本方式统一起来，把党总揽全局、协调各方同人大、政府、政协、审判机关、检察机关依法依章程履行职能、开展工作统一起来，把党领导人民制定和实施宪法法律同党坚持在宪法法律范围内活动统一起来。(3 分)

(2) 坚持人民主体地位。人民是依法治国的主体和力量源泉，人民代表大会制度是保证人民当家作主的根本政治制度。必须坚持法治建设为了人民、依靠人民、造福人民、保护人民，以保障人民根本权益为出发点和落脚点，保证人民依法享有广泛的权利和自由、

承担应尽的义务，维护社会公平正义，促进共同富裕。（3分）

（3）坚持法律面前人人平等。平等是社会主义法律的基本属性。任何组织和个人都必须尊重宪法法律权威，都必须在宪法法律范围内活动，都必须依照宪法法律行使权力或权利、履行职责或义务，都不得有超越宪法法律的特权。（3分）

（4）坚持依法治国和以德治国相结合。必须坚持一手抓法治、一手抓德治，既重视发挥法律的规范作用，又重视发挥道德的教化作用，以法治体现道德理念、强化法律对道德建设的促进作用，以道德滋养法治精神、强化道德对法治文化的支撑作用，实现法律和道德相辅相成、法治和德治相得益彰。（3分）

（5）坚持从中国实际出发。必须从我国基本国情出发，同改革开放不断深化相适应，总结和运用党领导人民实行法治的成功经验，围绕社会主义法治建设重大理论和实践问题，推进法治理论创新。汲取中华法律文化精华，借鉴国外法治有益经验，但决不照搬外国法治理念和模式。（3分）

58. 答案要点：

（1）社会保障权作为一项基本人权，是指社会成员为了维护人的有尊严的生活而向国家要求给付的权利。社会保障权有广义和狭义之分。狭义的社会保障权认为社会保障权主要属于社会弱势群体的权利，重点在于社会救助、国家对年老体弱者的物质帮助等权利；广义的社会保障权认为，社会保障权属于一般性的权利，只要符合条件的公民都可以无条件享有，权能领域范围比较广，涉及医疗、养老、保险、基本住房等基本生活领域。（5分）

（2）2004年宪法修正案增加了“国家建立健全同经济发展水平相适应的社会保障制度”的条款，这一规定体现了以人为本，经济与社会协调发展的基本思想。社会保障权包括社会保险、社会救济、社会福利、优抚安置等各项制度。社会保障制度的建立与健全对于公民物质帮助等社会经济文化权利的实现具有重要的意义。（5分）

（3）我国宪法规定的社会保障权包括退休人员的生活保障权和物质帮助权等方面的内容。我国现行宪法规定，国家依照法律规定实行企业事业组织的职工和国家机关工作人员的退休制度。退休人员的生活受到国家和社会的保障。国家实行离退休制度，对离退休职工和国家机关工作人员的生活作妥善的安排。我国已颁布了一系列法律、法规，对退休的年龄、条件和退休后的工资待遇、生活待遇作了详细规定，这些规定使我国宪法规定的退休制度得到了具体切实的贯彻落实。物质帮助权是公民因失去劳动能力或者暂时失去劳动能力而不能获得必要的物质生活资料时有从国家和社会获得生活保障，享受集体福利的一种权利。我国现行宪法规定，中华人民共和国公民在年老、疾病或者丧失劳动能力的情况下，有从国家和社会获得物质帮助的权利。（5分）

专业基础课模拟试题（二）

一、单项选择题（第 1～40 小题，每小题 1 分，共 40 分。下列每题给出的四个选项中，只有一个选项是符合题目要求的）

1. 下列情形构成不作为犯罪的是（　　）。

A. 甲男与乙女系恋人，后来乙女提出分手，甲男声称如果分手就自杀，但乙女执意分手，甲男便跳河自杀身亡。乙女构成不作为故意杀人罪

B. 赵男与梁女系夫妻，梁女明知赵男受贿数额巨大而不加制止，梁女构成不作为受贿罪

C. 游泳教练丙带着初学游泳的学员丁到河流游泳，当丁游入深水区时，丙不加制止导致丁被淹死

D. 武某正在河中游泳，突然发现何某在深水中挣扎，但武某并未及时救助，导致何某溺水死亡

2. 甲因诈骗罪被法院判处有期徒刑 3 年，考虑其有积极退赃并检举他人犯罪的情节，决定宣告缓刑 3 年。考验期满后，社区矫正机构发现甲又犯交通肇事罪。对甲应当（　　）。

A. 不撤销原判宣告的缓刑，以交通肇事罪处罚

B. 不撤销原判宣告的缓刑，以累犯从重处罚

C. 撤销原判宣告的缓刑，前罪与后罪数罪并罚

D. 撤销原判宣告的缓刑，以惯犯从重处罚

3. 依照我国刑法相关规定，以下情形中构成犯罪的是（　　）。

A. 甲，1986 年 5 月出生，于 2001 年 6 月伙同施某等三人（另案处理）绑架邻居家的小孩勒索赎金

B. 乙，依法配备有公务用枪，一日醉酒后开车回家，见有一拖拉机因故障停在路中，下车与拖拉机司机争执而产生口角，遂拔出枪支向其射击致人死亡

C. 丙，坐火车回家，因患有精神病，怀疑邻座要迫害自己、抢劫自己财物，将邻座打成轻伤

D. 丁，1985 年 11 月出生，1999 年 9 月盗窃他人钻石戒指一枚，价值人民币 3.5 万

元，2000年6月又从事盗窃，窃得他人钱包一个，内有人民币70元

4. 甲从邻居男孩手中骗得房门钥匙一把，即作了模压并仿制，后还了钥匙。一日，甲拿着仿制的钥匙去邻居家行窃，因钥匙仿制不准，未能得逞。甲正准备回家加工后继续作案，被人抓获。甲的行为属于(　　)。

A. 犯罪预备　　B. 愚昧犯　　C. 对象不能犯　　D. 工具不能犯

5. 甲盗窃附近某油气站的油气时，造成油气管线爆炸，损失达200万元。对甲应当(　　)。

A. 以盗窃罪论处

B. 以破坏易燃易爆设备罪论处

C. 按盗窃罪与破坏易燃易爆设备罪二罪并罚

D. 构成盗窃罪和破坏易燃易爆设备罪，依照刑法处罚较重的规定定罪处罚

6. 甲与有夫之妇乙勾搭成奸，后乙因受丈夫责骂，与甲中断了关系，甲怀恨在心。一天下午，甲将乙骗至自己的住处将其杀害，当晚又潜入乙家将其丈夫杀害。甲的行为属于(　　)。

A. 想象竞合犯　　B. 继续犯　　C. 连续犯　　D. 牵连犯

7. 马某因犯赌博罪被判处7个月有期徒刑，并处罚金，同时宣告缓刑，则其缓刑考验期限应当是(　　)。

A. 7个月以上3年以下　　B. 7个月以上1年以下

C. 1年以上3年以下　　D. 1年以上5年以下

8. 甲见他人贩卖毒品获得暴利，遂起贩毒之意，但苦于无毒品来源，便制造了大量假鸦片出售给他人，获赃款2万余元。甲的行为属于(　　)。

A. 贩卖毒品罪　　B. 非法经营罪　　C. 诈骗罪　　D. 制造毒品罪

9. 汽车司机甲开车时突然被公路边小孩投掷的石块击中眼部，血流不止，慌乱中失去对方向盘的控制，将正在路边行走的乙撞死。甲的行为构成(　　)。

A. 交通肇事罪　　B. 过失致人死亡罪

C. 玩忽职守罪　　D. 意外事件

10. 下列关于刑事责任能力的认定，说法正确的是(　　)。

A. 甲欲强奸乙（女）而大量饮酒，甲在无意识状态下将乙强奸，甲的行为构成强奸罪

B. 甲偷偷在乙的水杯中放入致幻剂，乙在丧失意识后将丙杀死，乙的行为构成故意杀人罪

C. 甲教唆精神病人乙杀死丙，但乙将丙打成重伤，甲、乙构成故意杀人未遂的共同犯罪

D. 甲第一次吸毒后产生幻觉，误以为乙在追杀自己，便用木棍将乙打死。甲的行为构成故意杀人罪

11. 下列表述中，不符合我国刑法规定的不溯及既往原则的有(　　)。

A. 对行为时不受处罚的行为，不能适用事后法给予处罚

B. 对行为时受处罚的行为，不能适用比行为时更重的处罚

C. 对行为人定罪量刑应以刑法的明文规定为限

D. 按照审判监督程序重新审判的案件，适用裁判时法律

12. A 国间谍甲，结识了我国国家机关要员乙。甲谎称来华投资建厂需了解政策动向，让乙借工作之便为其搞到密级为“机密”的《内参报告》六份。甲拿到文件后送给乙 10 万美元。乙的行为构成(　　)。

A. 非法获取国家秘密罪和受贿罪，择一重罪处罚

B. 为境外非法提供国家秘密罪与受贿罪，实行数罪并罚

C. 故意泄露国家秘密罪和间谍罪，择一重罪处罚

D. 非法获取国家秘密罪和受贿罪，实行数罪并罚

13. 甲是某出版社的一位负责人。2015 年 9 月，乙为牟利找甲帮其出版一部淫秽书籍，并送给甲 5 万元现金。甲收下钱后，接了书稿，但是害怕出事，没有给乙出版。甲(　　)。

A. 不构成犯罪

B. 构成受贿罪

C. 构成非国家工作人员受贿罪

D. 构成出版淫秽物品牟利罪的共犯

14. 下列行为中，构成侵占罪的是(　　)。

A. 甲出差时让其同事乙帮忙照看房子，乙在翻看甲家的杂志时发现其中夹有 1 万元现金，即将其拿走，后又伪造被盗现场掩盖罪行

B. 某国有公司司机甲拉该公司出纳乙去银行存款，乙下车去银行时忘拿皮包（内有现金 30 万元），甲趁机将其藏在电瓶盒中，乙回来发现皮包不见问甲是否知情，甲假装不知，并帮乙寻找，之后将皮包拿回家中

C. 甲发现租车只需身份证即可，想借此机会搞钱，遂用捡来的身份证从乙那里租赁来一辆奔驰汽车，当即转手将车卖给他人，得钱 20 万元后逃走

D. 甲受某画院委托为其装裱一幅估价为 300 万元的名画，甲用一张赝品将其调包，在赝品上装裱后冒充真迹归还画院

15. 甲为赖掉欠乙的巨额债务，将乙杀害，并将尸体肢解，用塑料编织袋打包，对丙谎称是毒品，托其运至某市，并称事成后必有重酬。丙将该塑料编织袋打成包裹运至某市，存放在火车站小件寄存处。以下说法正确的是(　　)。

A. 甲构成故意杀人罪，丙不构成犯罪

B. 甲构成故意杀人罪，丙构成运输毒品罪（未遂）

C. 甲构成故意杀人罪，丙构成运输毒品罪（既遂）

D. 甲构成故意杀人罪，丙构成包庇罪

16. 下列选项中，应当认定为结果加重犯的是(　　)。

A. 甲强制猥亵妇女赵某导致赵某自杀身亡

B. 乙因强奸被害人而致被害人重伤

C. 丙将其父遗弃致使其父得不到救助而死亡

D. 丁组织卖淫并对被组织者有强奸行为

17. 下列犯罪行为中，构成生产、销售有毒、有害食品罪的是(　　)。

A. 甲用地沟油加工成劣质油后销售给食用油经销商和大量客户食用

B. 乙大量生产并销售禁止用于食品的非食品原料

C. 丙明知是失去效用的农药和兽药而予以大量销售

D. 丁明知其圈养的猪染有非洲猪瘟，仍屠宰并冒充合格猪肉销售

18. 下列行为中，不构成犯罪的是（　　）。

A. 拐卖已满14岁的男童

B. 非以出卖牟利为目的，拐骗不满14岁的儿童脱离家庭或监护人

C. 对被买儿童没有虐待行为，不阻碍对其进行解救

D. 杀死正在实施强奸行为的犯罪人

19. 甲向朋友乙借钱，并告诉乙是去南方购买一批走私品，回内地待销完后，就分给乙一笔钱。甲事后如约而行，则乙的行为（　　）。

A. 不构成犯罪　　B. 构成行贿罪　　C. 构成受贿罪　　D. 构成走私罪共犯

20. 甲正在追击逃跑之窃贼时，猛然被别人拉住。因事情紧急甲并未回头看，而误认为是窃贼的同伙，便顺手用手中的木棒砸向对方，将其砸倒在地，造成重伤。结果发现，砸倒的竟是自己的邻居，邻居是要来帮自己的。则甲的行为构成（　　）。

A. 正当防卫　　B. 紧急避险　　C. 假想防卫　　D. 偶然防卫

21. 下列关于特定物和种类物的判断，正确的是（　　）。

A. 鲁迅先生的一页手稿可以复制，因而是种类物

B. 买卖法律关系的标的物只能是种类物

C. 所有权法律关系只能以特定物为客体

D. 在交易中，特定物在交付前意外灭失的，义务人可以替代履行

22. 甲继承乙的财产后，则乙欠甲的债务因继承导致消灭。导致这一债的关系消灭的法律事实是（　　）。

A. 混同　　B. 免除　　C. 抵销　　D. 提存

23. 甲、乙二公司签订服装买卖合同，约定甲公司先行提供服装1万套，乙公司于收到服装1个月后全额付款。签订合同不到半个月，甲公司尚未履行合同便得知乙公司因经营危机导致债台高筑，乙公司为了逃债，将仅存的财产赠给了丙公司。则下列表述正确的是（　　）。

A. 甲公司可以行使合同撤销权　　B. 甲公司可以行使不安抗辩权

C. 甲公司只能主张预期违约　　D. 甲公司可以行使先履行抗辩权

24. 孩童甲、乙在自家门口打纸三角玩耍，另外三个孩童丙、丁、戊在距离3米远处互相用秸秆对刺。甲扭头时被一根秸秆飞出的碎刺刺中右眼，但是由于情况混乱，不知是谁所刺。次日，甲的父母将甲送往医院治疗，花去费用2万余元。对甲的损害（　　）。

A. 甲的父母承担

B. 丙、丁、戊的父母承担主要责任，甲的父母承担相应的责任

C. 丙、丁、戊的父母承担连带责任

D. 丙、丁、戊的父母承担按份责任

25. 下列选项中，应当由民法调整的社会关系是（　　）。

A. 甲请求税务机关退还多缴的个人所得税

B. 乙手机丢失后发布寻物启事称："拾得者送还手机，本人当面酬谢"

C. 丙对女友书面承诺："如我在上海找到工作，则陪你去欧洲旅游"

D. 丁作为青年志愿者定期去福利院帮工

26. 甲、乙系夫妻。在甲、乙婚姻关系存续期间，属于甲或乙的个人债务的是(　　)。

A. 甲以个人名义向朋友借款 50 万元购置住房

B. 甲、乙共同签名向甲的同事借款 10 万元

C. 甲欠丙公司货款 20 万元，乙事后对该笔债务予以追认

D. 乙瞒着甲以个人名义借款 10 万元购置美容卡

27. 甲借用乙的名义购买房屋后，将房屋登记在乙的名下。双方约定该房屋归甲所有，房屋由甲使用，产权证由甲保存。后甲、乙因房屋所有权归属发生争议。关于甲的权利主张，下列表述不正确的是(　　)。

A. 甲可以向登记机构申请异议登记

B. 甲可以向法院请求确认其为所有权人

C. 甲可以依据法院确认其为所有权人的判决请求登记机关变更登记

D. 甲可以直接向登记机构申请更正登记

28. 甲向乙借款 20 万元，由丙作保证人。在保证期间，乙通知甲后将该笔债权转让给丁，当事人对丙是否继续承担保证责任未作约定。对此，下列表述正确的是(　　)。

A. 丙不再承担保证责任

B. 乙转让债权后通知了丙，丙应继续承担保证责任

C. 乙转让债权并取得丙的书面同意后，丙应继续承担保证责任

D. 丙应在原保证担保的范围内继续承担保证责任

29. 甲、乙、丙系好友。甲有电脑一部，借给乙使用，乙使用期间忘记丢在何处，实际上乙到丙家喝酒时落在丙家被丙拾得。甲得知后，碍于情面一直未主张返还，4 年后，甲、丙因琐事断交，甲提出丙的电脑为甲所有，要求丙返还。对此，下列表述正确的是(　　)。

A. 甲的返还原物请求权不受诉讼时效的限制

B. 丙可以提出诉讼时效已经经过而拒绝返还电脑

C. 甲可基于占有物返还请求权要求丙返还电脑

D. 丙可以提出除斥期间已经经过而拒绝返还电脑

30. 甲男与乙女系夫妻。下列婚后所得财产，属于甲与乙夫妻共同财产的是(　　)。

A. 甲用婚前的 50 万元投资期货，获利 10 万元

B. 乙婚前购置房屋一套，婚后该套房屋升值 100 万元

C. 甲婚前承包的果园，婚后果树上结的果实

D. 乙婚前获得的稿酬 10 万元

31. 甲不慎将电脑丢失后，在媒体上发布悬赏广告，称"若有归还者，给付酬金 800 元"。乙拾得电脑后看到甲发布的悬赏广告便找到甲，要求甲支付 800 元酬金后便将电脑归还，甲拒绝。则下列表述正确的是(　　)。

A. 甲有权拒绝向乙支付 800 元酬金

B. 若甲拒绝向乙支付800元酬金，乙对电脑享有留置权

C. 乙无权请求甲支付800元酬金，因为乙的允诺行为尚未成就

D. 乙有义务将电脑归还给甲并请求甲支付800元酬金

32. 当事人就有关合同内容的约定不明确，不能达成补充协议，按照合同相关条款或者交易习惯不能确定。则（　　）。

A. 质量要求不明确的，按照行业标准履行

B. 履行费用的负担不明确的，由履行义务的一方和债权人分担

C. 履行方式不明确的，按照有利于实现合同目的的方式履行

D. 履行期限不明确的，债权人有权请求债务人即时履行债务

33. 在下列所有权的取得方式中，属于原始取得的是（　　）。

A. 甲在商店买得手表1块　　B. 乙通过继承获得其父遗留的财产

C. 丙在天然池塘里钓得草鱼3条　　D. 丁用汽车换取笔记本电脑20台

34. 下列选项中属于基于事实行为引发物权变动的情形是（　　）。

A. 甲合法建造房屋一栋　　B. 乙赠给丙一台电脑

C. 丁继承其父遗留的汽车一辆　　D. 国家征收戊的担架一副以应急救灾

35. 根据《专利法》的规定，下列有关专利权的表述，正确的是（　　）。

A. 对主要起标识作用的平面印刷品图案的设计可以授予专利权

B. 专利权的强制许可制度仅适用于发明和实用新型，而不适用于外观设计

C. 实用新型专利权的保护期限是20年

D. 授予外观设计专利权的最实质性的条件是具备实用性

36. 甲、乙以婚后感情不和为由诉讼离婚，法院判决二人不准离婚。2年后，乙又向法院起诉离婚，乙提出的下列理由中，受诉法院应当采纳并可以据此判决甲、乙离婚的是（　　）。

A. 甲有伪造夫妻共同债务的行为　　B. 甲、乙分居满1年

C. 甲拒不赡养老人　　D. 甲有猥亵儿童的行为

37. 甲使用手机号码注册登录乙短视频社交平台APP后，被推荐一些“可能认识的人”，其中包括多年未联系的同学、朋友。乙平台还收集甲的姓名、手机号码、社交关系、地理位置等信息并存储。对此，下列表述正确的是（　　）。

A. 乙平台推荐“可能认识的人”对甲的生活安宁构成侵扰

B. 乙平台收集甲的社交关系信息侵犯了甲的隐私权

C. 乙平台收集并存储甲的地理位置信息侵犯了甲的个人信息权益

D. 乙平台收集并存储甲的有关信息不构成侵权

38. 甲公司以一块地的建设用地使用权作抵押向乙银行借款1亿元，办理了抵押登记。其后，甲公司在该地块上开发建设高层住宅，由丙公司承建。甲公司在取得预售许可后与丁订立了商品房买卖合同，丁交付了90%购房款。现住宅楼已竣工验收，但甲公司未能按期偿还乙银行借款，并欠付丙公司工程款5 000万元。关于本案，下列说法正确的是（　　）。

A. 乙银行对建设用地使用权的抵押权优先于丙公司对工程价款的优先受偿权

B. 乙银行对住宅楼拍卖所得价款享有优先受偿权

C. 丙公司对工程价款享有的优先受偿权可以对抗买受人丁

D. 乙银行对建设用地使用权拍卖所得价款享有优先受偿权

39. 甲因负伤在乙医院接受手术治疗，却因输血染上 HBV 病毒，后查明血液是由丙血站提供的。对于甲因感染 HBV 病毒造成的损害，其(　　)。

A. 可以请求丙血站承担赔偿责任

B. 只能请求乙医院承担赔偿责任

C. 有权请求乙医院和丙血站承担连带赔偿责任

D. 只能请求丙血站承担赔偿责任

40. 景某有甲、乙、丙、丁四子女。2019 年 1 月，景某立有录像遗嘱，指定将其财产全部由甲继承，有其三位朋友在场见证。3 月，景某又立公证遗嘱，指定乙继承其全部遗产。5 月，景某病危之际在医院立口头遗嘱，指定其财产全部由丙继承，有护士三人在场见证。景某出院后立自书遗嘱，指定其财产全部由丁继承。2020 年 5 月，景某去世。有权继承景某遗产的是(　　)。

A. 甲　　　B. 乙　　　C. 丙　　　D. 丁

二、多项选择题（第 41～50 小题，每小题 2 分，共 20 分。下列每题给出的四个选项中，至少有两个选项是符合题目要求的。多选、少选或错选均不得分）

41. 下列犯罪行为中，应当按照数罪并罚的规定处理的是(　　)。

A. 甲拐卖妇女张某并将其强奸后又出卖的

B. 法官乙收受陈某的贿赂后作出枉法裁判的

C. 丙组织多人偷越国境又将被组织者中的吴某强奸的

D. 丁从韩某手中抢劫毒品后将毒品出卖的

42. 下列行为属于犯罪未遂的是(　　)。

A. 甲潜入本单位财务室撬保险柜，忽听门外有人走动，以为被发现，跳窗逃走

B. 乙用猎枪瞄准正在骑马的周某，欲将其打死，枪响后即逃走，结果将马打死，周某负轻伤

C. 丙煽动群众抗拒国家法律的实施，被群众扭送到公安机关

D. 丁在旅馆内偷得同室乙的存物牌，欲冒领乙所存物品，后遇乙正寻找存物牌，丁恐事情败露，遂说自己刚刚捡到一个存物牌，随即从口袋中取出交给乙

43. 我国刑法规定：适用禁止令的情形有(　　)。

A. 被判处管制的犯罪分子　　　B. 被宣告缓刑的犯罪分子

C. 被单处罚金的犯罪分子　　　D. 被宣告假释的犯罪分子

44. 拒不履行信息网络安全管理义务罪的客观方面表现的情形有(　　)。

A. 致使违法信息大量传播的

B. 致使用户信息泄露，造成严重后果的

C. 致使刑事案件证据灭失，情节严重的

D. 为实施诈骗等违法犯罪活动发布信息，情节严重的

45. 甲于某日晚持刀拦路劫走女青年乙的手机、项链等物，随后又推倒乙欲图强奸，乙拼命反抗，甲将乙扎成重伤，致乙失血过多而死亡。甲的行为构成（　　）。

A. 故意伤害罪　　B. 抢劫罪　　C. 强奸罪　　D. 过失致人死亡罪

46. 根据《著作权法》的规定，下列情形属于著作权合理使用的是（　　）。

A. 某一档案馆为保存版本的需要，复制本馆收藏的档案材料

B. 某大学为课堂教学需要，少量出版发行了孙某已经发表的作品

C. 某出版社将张某已经发表的作品改成盲文出版

D. 某录像公司在取得赵某同意后，将赵某已有的作品进行了改编，并向赵某支付了报酬

47. 根据《民法典》规定，下列情形属于无效民事法律行为的是（　　）。

A. 甲与开发商签订商品房买卖合同，为了逃避缴纳税款，将部分价款抵作装修款

B. 乙将青花梅瓶的单价15万元错标为10万元，卖给了一位古文物收藏家

C. 丙花大价钱购置一批手枪

D. 丁超越代理权限购买蔗糖1吨

48. 下列选项中，被侵权人有权请求相应的惩罚性赔偿的有（　　）。

A. 甲未经刘某同意，在其生产的商品上使用与刘某注册商标相同的商标，获利巨大

B. 乙核电站发生核材料运出泄漏事故，核辐射造成多人健康严重受损

C. 汽车销售商丙明知汽车存在产品缺陷仍然销售，致使消费者王某健康严重受损

D. 丁厂违反国家规定超标排污，导致鱼类大量灭绝，且水源污染严重，居民饮水困难

49. 甲公司向乙银行借款100万元，甲公司将房产抵押给乙银行作为借款合同的担保并办理了抵押登记。丙公司作为保证人对借款合同承担全额连带责任保证。当事人就担保的实现方式没有约定。后甲公司将该笔借款连同抵押的房产转让给丁公司。对此，下列表述正确的是（　　）。

A. 甲公司将借款转让给丁公司须取得乙银行的同意

B. 甲公司将借款转让给丁公司后，丙公司应当继续承担保证责任

C. 甲公司将房产转让给丁公司须取得乙银行同意

D. 在担保的实现方式上，乙银行应先就甲公司提供的房产实现债权

50. 处理个人信息的，应当遵循合法、正当、必要原则，不得过度处理，并且应当符合的条件有（　　）。

A. 征得该自然人或者其监护人同意，但是法律、行政法规另有规定的除外

B. 公开处理信息的规则

C. 明示处理信息的目的、方式和范围

D. 不违反法律、行政法规的规定和双方的约定

三、简答题（第51～54小题，每小题10分，共40分）

51. 简述正当防卫的成立条件。

52. 简述执行判决、裁定滥用职权罪的概念和构成要件。

53. 简述地役权和相邻关系的区别。

54. 简述所有权保留契约中出卖人行使标的物取回权的条件。

四、法条分析题（第 55～56 小题，每小题 10 分，共 20 分。要求符合立法原意和刑法/民法理论）

55.《刑法》第 264 条规定："盗窃公私财物，数额较大的，或者多次盗窃、入户盗窃、携带凶器盗窃、扒窃的，处三年以下有期徒刑、拘役或者管制，并处或者单处罚金；数额巨大或者有其他严重情节的，处三年以上十年以下有期徒刑，并处罚金；数额特别巨大或者有其他特别严重情节的，处十年以上有期徒刑或者无期徒刑，并处罚金或者没收财产。"

试说明：

（1）"多次盗窃"的含义。

（2）"入户盗窃"的含义。

（3）"携带凶器盗窃"的含义。

（4）"扒窃"的含义。

56.《民法典》第 146 条规定："行为人与相对人以虚假的意思表示实施的民事法律行为无效。

以虚假的意思表示隐藏的民事法律行为的效力，依照有关法律规定处理。"

请分析：

（1）"虚假的意思表示实施的民事法律行为"的含义。其效力如何认定？

（2）"隐藏的民事法律行为"的含义。其效力应如何认定？

五、案例分析题（第 57～58 小题，每小题 15 分，共 30 分）

57. 甲、乙深夜侵入丙宅行窃时，被丙发现，于是甲顺手拿起丙宅厨房的菜刀逼迫丙交出现金，丙无奈将家中仅有的 1 万元交给甲。当甲、乙二人转身要走时，甲为了不留后患突然举起菜刀将丙砍死，乙则始料未及，目瞪口呆。后乙自首并告发了甲。

阅读分析上述案例后，请回答以下问题：

（1）甲、乙构成何种犯罪？并简要说明理由。

（2）对甲、乙应如何处罚？并简要说明理由。

58. 甲和乙银行签订借款合同，双方约定：借款金额为 200 万元，借款期限自 2015 年 5 月起至 2016 年 5 月止。甲同时提供自己的一幢别墅作为抵押，双方于 6 月签订了书面抵押合同，并于 7 月办理了抵押登记。同时，甲的朋友丙为甲的借款提供全额连带保证责任。8 月，甲将已经办理抵押登记的别墅出卖给丁，丁支付了价款 210 万元，但甲并未告知丁该别墅已经抵押的情况，该别墅出卖后也未办理登记过户手续。后甲到期没有清偿银行借款，乙银行诉至法院。

根据上述案情，请回答：

（1）如何认定甲和乙银行签订的借款合同和抵押合同的效力？为什么？

（2）如果乙银行欲实现抵押权并要求保证人丙承担连带保证责任，乙银行应当如何行使上述权利？为什么？

（3）甲、丁之间签订的别墅买卖合同是否有效？丁支付的价款如何处理？为什么？

专业基础课模拟试题（二）答案及解析

一、单项选择题

1. C

【解析】A项：甲男的自杀风险并非乙女本人创设，也不存在乙女引起的先前行为，因而乙女不构成不作为故意杀人罪。B项：基于法律地位或法律行为所产生的义务属于不作为构成犯罪的义务来源，这种地位或行为存在于父母与子女、监护人与被监护人、保姆与婴儿等之间，但夫妻之间、成年兄弟姐妹之间，因系平等主体，并不存在这种法律地位或者法律行为所产生的不作为的义务来源，因而也就不存在不作为犯罪。C项：C项表述的情形属于因先前行为产生的不作为犯罪。D项：何某陷于危险，非武某造成，不存在先前行为引起的义务；何某与武某也不存在法律地位上的特殊关系，我国刑法又没有规定"见危不救"罪，武某亦无法律规定的救助义务，因而武某不构成不作为犯罪。

2. A

【解析】从本题表述的情形看，既然缓刑考验期满，原判的刑罚就不再执行。既然原判刑罚不再执行，也就谈不上缓刑撤销的问题，所以对甲应当不撤销原判宣告的缓刑。在缓刑考验期满后，甲犯交通肇事罪，当然要以交通肇事罪论处。可见，选A项。交通肇事罪是过失犯罪，而累犯前后两罪都要求是故意犯罪，所以不能以累犯从重处罚，不选B项。C、D两项则明显错误，因为本题不撤销缓刑。即便将C项表述改为"不撤销原判宣告的缓刑，前罪与后罪数罪并罚"，那么也不能选C项，因为适用缓刑的刑罚已经执行完毕，不存在数罪并罚的适用情形。D项表述中的惯犯，目前刑法理论称为集合犯，属于法定的一罪。

3. B

【解析】因为甲、丁都未满16周岁，对绑架罪、盗窃罪不负刑事责任，不选A、D项。B项表述中，乙犯有故意杀人罪，乙的行为构成犯罪是不言而喻的。根据《刑法》的规定，精神病人在不能辨认或者不能控制自己行为的时候造成危害结果，经法定程序鉴定确认的，不负刑事责任，不选C项。

4. D

【解析】本题中，甲已经开始着手犯罪，进入了实行阶段（开始行窃，但未得逞），因此不是犯罪预备。甲的行为属于犯罪未遂，而且属于工具不能犯未遂，选D项。

5. D

【解析】本题中，甲的行为构成盗窃罪和破坏易燃易爆设备罪，系一个行为触犯数个罪名，属于想象竞合犯，择一重罪处罚，选D项。

6. C

【解析】甲杀完了乙，又杀了乙的丈夫，是连续犯，选C项。其他选项都无法和题干的表述相符。

7. D

【解析】《刑法》第 73 条规定，拘役的缓刑考验期限为原判刑期以上 1 年以下，但是不能少于 2 个月。有期徒刑的缓刑考验期限为原判刑期以上 5 年以下，但是不能少于 1 年。据此，有期徒刑缓刑考验期限不能少于 1 年，且 5 年以下。可见，选 D 项。

8. C

【解析】本题中，甲以假毒品当作真毒品出卖，非法获得赃款 2 万余元，构成诈骗罪，选 C 项。甲并没有实施制造和贩卖毒品的行为，缺少制造毒品罪和贩卖毒品罪的客观必备要素，不构成制造毒品罪和贩卖毒品罪，不选 A、D 项。甲的行为不符合《刑法》第 225 条规定的非法经营罪的构成要件，不选 B 项。

9. D

【解析】《刑法》第 16 条规定，行为在客观上虽然造成了损害结果，但是不是出于故意或者过失，而是由于不能抗拒或者不能预见的原因所引起的，不是犯罪。意外事件中，行为人虽然造成了损害结果，但行为人对造成的损害结果既无故意也无过失，而且这种损害结果的发生是由于不能预见的原因引起的。所谓不能预见的原因，是指行为人没有预见，而且根据当时客观情况和行为人的主观认识能力，也不可能预见的原因。就本题来说，甲对该交通事故案的发生既不具有故意也不是出于过失，而是由于被公路边小孩投掷的石块击中眼部，血流不止，慌乱中失去对方向盘的控制这一不能预见的原因所致，结果将正在路边行走的乙撞死。那么甲的行为不构成犯罪，选 D 项。

10. A

【解析】A 项：《刑法》第 18 条第 4 款规定，醉酒的人犯罪，应当负刑事责任。据此，甲的行为构成强奸罪。甲承担强奸罪责的理论根据是原因自由行为，即甲作为具有辨认、控制能力的人，故意或者过失使自己陷入丧失或者尚未丧失辨认、控制能力的状态，并在该状态下实施了符合构成要件的行为。由于甲是故意使自己陷入无责任能力状态的，因而成立故意犯罪，A 项表述正确，选 A 项。B 项：乙丧失意识并非是自己陷入无责任能力状态的，而是甲的行为所致，因此，乙对自己丧失责任能力、对损害结果的发生都不存在过错，因而乙的行为不构成犯罪，B 项表述错误。C 项：甲教唆精神病人乙杀死丙，但乙将丙打成重伤，乙是无刑事责任能力人，不构成犯罪，甲是间接正犯，单独构成故意伤害罪，C 项表述错误。D 项：对于原因自由行为，其责任形式可能是故意，也可能是过失，甲客观上实施杀人行为，但“第一次吸毒”提示甲清醒时对于致人死亡的结果没有预见而应当预见，只具有过失，故而甲的行为应当成立过失致人死亡罪，而不是故意杀人罪，D 项表述错误。不过，倘若题干表述的不是“第一次吸毒”，而是“多次吸毒”，那么就意味着甲通过吸毒使自己陷入无意识状态，那么对于杀人行为应当承担故意罪责。

11. D

【解析】这道题是选非题，因此不选 A、B、C 项：根据罪刑法定原则的要求，定罪量刑应以行为时有刑法的明文规定为限。因此，对行为时不受处罚的行为，不能适用事后刑法给予处罚；在刑罚法规有变更时，对行为时受处罚的行为，不能适用比行为时更重的刑法；对行为时虽被禁止但法律没有规定法定刑的行为，不能事后科处刑罚。这些内容都可以概括为不溯及既往原则。选 D 项：按照审判监督程序重新审判的案件，适用行为时法律，而不是裁判时法律，因此D项表述不符合刑法不溯及既往原则。

12. B

【解析】非法获取国家秘密罪是指没有合法掌管国家秘密权的人通过非法途径获取国家秘密。本案中，乙具有保管国家秘密的权力，不构成非法获取国家秘密罪，可见，不选A、D项。乙的主观故意的内容中包含了明知甲是境外人员的内容，明知对象为境外人员还为其提供国家秘密，构成为境外非法提供国家秘密罪。此外，对于利用职务便利构成受贿罪，并为他人谋取利益，谋取利益行为本身构成其他犯罪的，除非刑法明确规定择一重罪处罚，一般都应数罪并罚。可见，乙的行为构成为境外非法提供国家秘密罪与受贿罪，实行数罪并罚，选B项。故意泄露国家秘密罪是有合法掌管秘密权的人故意泄露国家秘密，乙的行为也触犯故意泄露国家秘密罪，但故意泄露国家秘密罪与为境外非法提供国家秘密罪之间存在法条竞合关系，故本案应以为境外非法提供国家秘密罪定罪处罚，不再定故意泄露国家秘密罪。此外，间谍罪的构成要件要求行为人主观认识到对方是间谍组织或者代理人，本案中，乙并未认识到，欠缺构成间谍罪的故意而不能构成间谍罪。可见，不选C项。

13. A

【解析】对于受贿类犯罪，诸如受贿罪、非国家工作人员受贿罪等，必须以“利用职务上的便利，为他人谋取利益”为客观构成要件，如果只是收受他人财物而没有为他人谋取利益的，不构成犯罪，选A项（当然，索贿只需要利用职务上的便利就成立受贿罪，不要求为他人谋取利益，但本题交代的情形并非索贿）。假如甲收取5万元现金后给乙出版该淫秽书籍，则甲的行为应当构成非国家工作人员受贿罪，因为甲是出版社负责人，属于非国家工作人员。甲没有牟利，不构成出版淫秽物品牟利罪的共犯，不选D项。

14. D

【解析】A项表述中，房子里的财物归屋主占有，照看者充其量仅为辅助占有人，因而乙的行为构成盗窃罪，而非侵占罪，不选A项。B项表述中，物主暂时离开，物仍归其占有，司机充其量仅为辅助占有人，因而甲的行为构成盗窃罪，而非侵占罪，不选B项。C项表述中，甲通过隐瞒非法占有的真相，骗取他人转移占有，构成诈骗罪，而非侵占罪，不选C项。D项表述中，甲基于装裱而合法占有，非法所有构成侵占罪，选D项。

15. B

【解析】甲构成故意杀人罪，这一点毫无疑问，关键是要判断丙运输行为的性质。丙不构成故意杀人罪或包庇罪，故意杀人罪和包庇罪都必须以主观故意为构成特征，但丙根本不知道塑料编织袋中是乙的尸体，也没有包庇甲犯罪的故意，不选A、D项。丙以为运输的是毒品，但实际上塑料编织袋中根本就不是毒品，因此构成对象不能犯未遂，属于运输毒品罪的犯罪未遂，选B项，不选C项。

16. B

【解析】结果加重犯是指行为人实施了基本犯罪构成的行为，同时又在基本犯罪构成之外造成了一个重结果，刑法从而对其加重法定刑的情况。基于罪刑法定原则，结果加重犯必须以刑法分则明文规定为限。选B项：《刑法》第236条第3款规定，强奸妇女、奸淫幼女，有下列情形之一的，处10年以上有期徒刑、无期徒刑或者死刑：（1）强奸妇女、奸淫幼女情节恶劣的；（2）强奸妇女、奸淫幼女多人的；（3）在公共场所当众强奸妇女的；（4）2人以上轮奸的；（5）致使被害人重伤、死亡或者造成其他严重后果的。可见，B项表述的情形属于结果加重犯。不选A项：《刑法》第237条规定，以暴力、胁迫或者其他方法强制猥亵他人或者侮辱妇女的，构成强制猥亵、侮辱罪。可见，依照罪刑法定原则，刑法分则并没有规定强制猥亵、侮辱妇女致人死亡属于结果加重犯。更何况，结果加重犯的重结果必须与危害行为之间具有因果关系，可是，A项表述中赵某的死亡与甲的强制猥亵行为之间并不具有因果关系。不选C项：依照罪刑法定原则，是否属于结果加重犯取决于刑法分则的规定，《刑法》第261条并没有将C项表述的情形规定为结果加重犯（第261条规定：对于年老、年幼、患病或者其他没有独立生活能力的人，负有扶养义务而拒绝扶养，情节恶劣的，处5年以下有期徒刑、拘役或者管制）。不选D项：D项表述的情形，刑法分则规定的是数罪并罚，而不是结果加重犯。

17. A

【解析】生产、销售有毒、有害食品罪，是指违反国家食品安全管理法规，在生产、销售的食品中掺入有毒、有害的非食品原料，或者销售明知掺有有毒、有害的非食品原料的行为。A项表述构成生产、销售有毒、有害食品罪，选A项，理由在于：地沟油是指用餐厨垃圾、废弃油脂、各类肉及肉制品加工废弃物等非食品原料，生产、加工的“食用油”。既然地沟油已经认定为非食品原料，则A项表述构成生产、销售有毒、有害食品罪。有关司法解释也能佐证：根据《最高人民法院、最高人民检察院、公安部关于依法严惩“地沟油”犯罪活动的通知》，对于利用“地沟油”生产“食用油”的，以及明知是利用“地沟油”生产的“食用油”而予以销售的，以生产、销售有毒、有害食品罪论处。对于利用“地沟油”生产的“食用油”，已经销售出去没有实物，但是有证据证明系已被查实生产、销售有毒、有害食品犯罪事实的上线提供的，以销售有毒、有害食品罪追究刑事责任。此外，根据《最高人民检察院关于印发第四批指导性案例的通知》，明知对方是食用油经销者，仍将用餐厨废弃油（即“地沟油”）加工而成的劣质油脂销售给对方，导致劣质油脂流入食用油市场供人食用的，构成生产、销售有毒、有害食品罪。总之，本题选A项。不选B项：B项表述虽然含有“非食品原料”字样，但不构成生产、销售有毒、有害食品罪，而构成非法经营罪。因为B项表述的乙仅仅是生产并销售非食品原料，而并非在生产、销售的食品中掺入非食品原料，也不是将非食品原料直接当作食品销售。根据《最高人民法院、最高人民检察院关于办理危害食品安全刑事案件适用法律若干问题的解释》，以提供给他人生产、销售食品为目的，违反国家规定，生产、销售国家禁止用于食品生产、销售的非食品原料，情节严重的，以非法经营罪定罪处罚。不选C项：根据《刑法》第147条规定，C项表述构成销售伪劣农药、兽药罪。不选D项：D项表述构成生产、销售不符合安全标准的食品罪。生产、销售有毒、有害食品罪与生产、销售不符合安全标准的食品罪的区别在于：（1）生产、销售食品的性质不同。前罪造成危害的是“有毒、有害的非食品原料”，包括本身就不是食品的物质，如用工业酒精甲醇兑制假白酒，也包括在食品中掺入有毒、有害的物质，如白酒中加敌敌畏冒充茅台酒，使用工业用油加工饼干、糕点等；后罪的食品，则通常是食品的物质，因为变质而产生毒害。（2）生产、销售有毒、有害食品罪是行为犯（或者抽象危险犯），行为人实施了生产、销售有毒、有害食品的行为，就构成生产、销售有毒、有害食品罪；生产、销售不符合安全标准的食品罪是危险犯，除了实施生产、销售不符合安全标准的食品外，还要足以造成严重食物中毒事故或者其他严重食源性疾病，才能构成犯罪。

18. D

【解析】 A项表述不构成拐卖儿童罪，因为拐卖儿童罪中的儿童是指不满14周岁的男、女儿童，但拐卖已满14岁的男童，视具体情况可以以非法拘禁罪论处。B项表述构成拐骗儿童罪，拐骗儿童罪是指拐骗不满14周岁的未成年人，脱离家庭或者监护人的行为。根据《刑法修正案（九）》的规定，收买被拐卖的妇女、儿童，对被买儿童没有虐待行为，不阻碍对其进行解救的，可以从轻处罚；按照被买妇女的意愿，不阻碍其返回原居住地的，可以从轻或者减轻处罚。可见，C项表述的情形构成犯罪，不选C项。D项表述的情形属于正当防卫，不负刑事责任，选D项。

19. D

【解析】 根据《刑法》第156条的规定，与走私罪犯通谋，为其提供贷款、资金、账号、发票、证明，或者为其提供运输、保管、邮寄或者其他方便的，以走私罪的共犯论处。据此，选D项。

20. C

【解析】 甲的行为构成假想防卫，选C项。正当防卫中的不法侵害的存在具有现实性，如果行为人反击了主观臆测的“正在进行不法侵害”的人，则其行为构成假想防卫。对于假想防卫，依据事实认识错误的办法处理，即如果行为人应当预见到对方的行为可能不是不法侵害，那么他在主观上有过失，应对其假想防卫所造成的损害负过失犯罪的刑事责任；如果行为人在当时的情况下不应预见到对方的行为不是不法侵害，那么他在主观上无罪过，其实施的假想防卫行为造成的损害属于意外事件，不负刑事责任。因此本题可排除A项。本题表述的情形并非紧急避险，因为没有危险发生，紧急避险中的“危险”必须是现实存在的，而不是主观臆测的，因此不选B项。偶然防卫不是正当防卫，因为不符合正当防卫的主观条件，不选D项。

21. C

【解析】 根据物是否具有独有的特征或是否被特定化，物可以分为特定物和种类物。特定物包括世界上独一无二的物和种类物经当事人指定而被特定化了的物。种类物是可以通过品种、规格、型号等加以确定或者能够替代的物。鲁迅先生的一页手稿尽管可以复制，但原稿肯定是独一无二的，因而属于特定物而不是种类物，A项表述错误。买卖法律关系的标的物既可以是特定物，也可以是种类物，特定物买卖如买卖明代的一个古董绝品，种类物买卖如购买大米的合同，B项表述错误。所有权法律关系的客体是所有的物，而所有的物只能是特定物，绝对不能是种类物，因为所有权是绝对权，具有排他性，不能以种类物替代，C项表述正确。在交易中，特定物在交付前意外灭失的，因特定物具有不可替代性，因此义务人不能也无法替代履行，只能负损害赔偿责任；而种类物意外灭失的，因其可以替代履行，不能免除交付义务，D项表述错误。

22. A

【解析】 混同就是债权债务归于一人的事实，题干表述符合混同这一债消灭的原因，故选 A 项。

23. B

【解析】《民法典》第 527 条第 1 款规定，应当先履行债务的当事人，有确切证据证明对方有下列情形之一的，可以中止履行：（1）经营状况严重恶化；（2）转移财产、抽逃资金，以逃避债务；（3）丧失商业信誉；（4）有丧失或者可能丧失履行债务能力的其他情形。据此，本题表述中，乙公司作为后履行方，经营状况严重恶化，甲公司作为先履行方可以行使不安抗辩权，选 B 项。在履行顺序上，同时履行抗辩权不分先后，双方应当同时履行；先履行抗辩权和不安抗辩权都有先后顺序，但是享有同时履行抗辩权的主体包括当事人双方，享有先履行抗辩权的主体是后履行方，而享有不安抗辩权的主体仅限于先履行方。本题表述中，甲公司是先履行方，其行使的是不安抗辩权，而不能是先履行抗辩权，故不选 D 项。甲公司“可以”主张预期违约，因为乙公司已经用行为表明不履行债务，但是不能说甲公司“只能”主张预期违约，因为甲公司还可以行使不安抗辩权，不选 C 项。甲公司不能行使合同撤销权，因为甲公司作为先履行方，尚未履行合同，即甲公司还没有提供服装，乙公司处分财产的行为并不涉及甲公司和乙公司之间的债权债务关系，乙公司的行为还不能认定为“影响甲公司债权的实现”，因此，甲公司不能行使撤销权。可见，不选 A 项。

24. C

【解析】本题考查的是共同危险行为。《民法典》第 1170 条规定，二人以上实施危及他人人身、财产安全的行为，其中一人或者数人的行为造成他人损害，能够确定具体侵权人的，由侵权人承担责任；不能确定具体侵权人的，行为人承担连带责任。据此，本题表述中，甲的损害不能确定是由丙、丁、戊中何人所致，因此属于共同危险行为，应由丙、丁、戊承担连带责任。但是，丙、丁、戊是无民事行为能力人。《民法典》第 1188 条第 1 款规定，无民事行为能力人、限制民事行为能力人造成他人损害的，由监护人承担侵权责任。监护人尽到监护职责的，可以减轻其侵权责任。据此，应由丙、丁、戊的监护人即父母承担连带责任。可见，只有 C 项符合题意，选 C 项。

25. B

【解析】《民法典》第 2 条规定，民法调整平等主体的自然人、法人和非法人组织之间的人身关系和财产关系。据此，甲和税务机关并非平等民事主体，二者不能形成民事法律关系，因而该社会关系不能由民法调整。A 项表述涉及的是行政法律关系，由行政法调整，不选 A 项。《民法典》第 317 条第 2 款规定，权利人悬赏寻找遗失物的，领取遗失物时应当按照承诺履行义务。据此，B 项表述中，乙发布的寻找遗失物的寻物启事属于典型的悬赏广告，属于民法调整范围，选 B 项。C、D 项表述中，丙的陪同旅游承诺虽然通过书面形式作出，但是与丁在福利院定期做义工相同，均属于社会生活中的“情谊行为”，未产生法律规范的人身关系或财产关系，均由道德规范调整，民法不予调整，故不选 C、D 项。需要注意的是，如果不以民事权利和民事义务为内容的社会关系，如爱情关系、友谊关系，一般社会性事务如请朋友参加生日宴会、替朋友斟酒、邀请朋友打高尔夫球、到教堂做礼拜等，民法都不调整。

26. D

【解析】《民法典》第1064条规定，夫妻双方共同签名或者夫妻一方事后追认等共同意思表示所负的债务，以及夫妻一方在婚姻关系存续期间以个人名义为家庭日常生活需要所负的债务，属于夫妻共同债务。夫妻一方在婚姻关系存续期间以个人名义超出家庭日常生活需要所负的债务，不属于夫妻共同债务；但是，债权人能够证明该债务用于夫妻共同生活、共同生产经营或者基于夫妻双方共同意思表示的除外。据此，A项表述中，甲以个人名义所欠的债务用于夫妻共同生活，应当认定为夫妻共同债务，不选A项。B项表述中，甲、乙为借债共同签名，这是典型的夫妻共同债务，不选B项。C项表述中，甲欠债20万元，但是乙事后对该笔债务予以追认，故属于夫妻共同债务，不选C项。D项表述中，乙瞒着甲以个人名义举债购置美容卡，该笔债务并未用于家庭日常生活或者夫妻共同生活，而是用于自己美容，应当认定为乙的个人债务，故选D项。

27. D

【解析】《民法典》第234条规定，因物权的归属、内容发生争议的，利害关系人可以请求确认权利。可以请求确认权利的“利害关系人”，既包括物权人及其争议相对人，还包括债权人等有利害关系的人。本题表述中，甲、乙因房屋所有权归属发生争议，当事人可以向法院请求确认其为所有权人。可见，B项表述正确。《民法典》第220条规定，权利人、利害关系人认为不动产登记簿记载的事项错误的，可以申请更正登记。不动产登记簿记载的权利人书面同意更正或者有证据证明登记确有错误的，登记机构应当予以更正。不动产登记簿记载的权利人不同意更正的，利害关系人可以申请异议登记。登记机构予以异议登记，申请人自异议登记之日起15日内不提起诉讼的，异议登记失效。异议登记不当，造成权利人损害的，权利人可以向申请人请求损害赔偿。据此，本题表述中，因登记权利人并不承认登记错误，双方对所有权归属存在争议，因此甲无权直接申请更正登记，但是可以申请异议登记。可见，A项表述正确，D项表述不正确，选D项。根据上述规定，若有证据证明登记确有错误的，登记机构应当予以更正。法院判决确认甲为所有权人，即足以证明将该房屋登记于乙名下确实存在错误，甲有权请求变更登记，故C项表述正确。

28. B

【解析】《民法典》第696条规定，债权人转让全部或者部分债权，未通知保证人的，该转让对保证人不发生效力。保证人与债权人约定禁止债权转让，债权人未经保证人书面同意转让债权的，保证人对受让人不再承担保证责任。据此，债权转让后，应当通知保证人丙，未经通知的，丙不再承担保证责任。可见，只有B项表述符合题意，选B项。

29. B

【解析】《民法典》第196条规定，下列请求权不适用诉讼时效的规定：（1）请求停止侵害、排除妨碍、消除危险；（2）不动产物权和登记的动产物权的权利人请求返还财产；（3）请求支付抚养费、赡养费或者扶养费；（4）依法不适用诉讼时效的其他请求权。据此规定第2项，登记的动产物权的权利人请求返还财产不适用诉讼时效，反之可以这样理解：未登记的动产的返还原物请求权受诉讼时效限制。此为诉讼时效适用于物权请求权的特别规定。可见，甲的返还原物请求权受到3年诉讼时效的限制，丙可以提出诉讼时效已经经过而拒绝返还电脑。可见，A 项表述错误，B 项表述正确，选 B 项。《民法典》第 462 条第 2 款规定，占有人返还原物的请求权，自侵占发生之日起 1 年内未行使的，该请求权消灭。据此，本题表述中，甲是所有权人，乙是占有权人。甲享有的权利是所有物返还请求权，而非占有物返还请求权，因而与除斥期间无关。可见，C、D 项表述错误。

30. A

【解析】《民法典》第 1062 条第 1 款规定，夫妻在婚姻关系存续期间所得的下列财产，为夫妻的共同财产，归夫妻共同所有：(1) 工资、奖金、劳务报酬；(2) 生产、经营、投资的收益；(3) 知识产权的收益；(4) 继承或者受赠的财产，但是本法第 1063 条第 3 项规定的除外；(5) 其他应当归共同所有的财产。据此规定第 1 项，甲用婚前的 50 万元婚后投资期货获利 10 万元，这属于甲投资取得的收益，应当认定为夫妻共同财产。可见，选 A 项。《民法典》第 1063 条规定，下列财产为夫妻一方的个人财产：(1) 一方的婚前财产；(2) 一方因受到人身损害获得的赔偿或者补偿；(3) 遗嘱或者赠与合同中确定只归一方的财产；(4) 一方专用的生活用品；(5) 其他应当归一方的财产。据此规定第 1 项，一方的婚前财产属于个人财产。需要注意的是，投资收益不同于孳息和自然增值，对于婚前财产所生孳息或者自然增值，仍然属于个人财产。据此，乙婚前购买的房屋婚后升值属于婚前财产的自然增值，应当认定为乙的个人财产，故不选 B 项。甲婚前承包的果园，婚后果树上长出的果实属于孳息，也属于甲的个人财产，故不选 C 项。由于一方的婚前财产属于个人财产，因此乙婚前获得的稿酬 10 万元仍然属于个人财产，故不选 D 项。

31. D

【解析】《民法典》第 317 条第 2 款规定，权利人悬赏寻找遗失物的，领取遗失物时应当按照承诺履行义务。《民法典》第 499 条规定，悬赏人以公开方式声明对完成特定行为的人支付报酬的，完成该行为的人可以请求其支付。根据上述规定，甲无权拒绝向乙支付 800 元酬金，A 项表述不正确。即使甲拒绝向乙支付酬金，乙也不享有所拾得的电脑的留置权，故 B 项表述不正确。从题干表述的情形分析，乙的允诺行为已经完成，而不是尚未成就，故 C 项表述不正确。乙有义务归还电脑并请求甲支付 800 元酬金。可见，只有 D 项表述是正确的，选 D 项。

32. C

【解析】《民法典》第 510 条规定，合同生效后，当事人就质量、价款或者报酬、履行地点等内容没有约定或者约定不明确的，可以协议补充；不能达成补充协议的，按照合同相关条款或者交易习惯确定。《民法典》第 511 条规定，当事人就有关合同内容约定不明确，依据前条规定仍不能确定的，适用下列规定：(1) 质量要求不明确的，按照强制性国家标准履行；没有强制性国家标准的，按照推荐性国家标准履行；没有推荐性国家标准的，按照行业标准履行；没有国家标准、行业标准的，按照通常标准或者符合合同目的的特定标准履行。(2) 价款或者报酬不明确的，按照订立合同时履行地的市场价格履行；依法应当执行政府定价或者政府指导价的，依照规定履行。(3) 履行地点不明确，给付货币的，在接受货币一方所在地履行；交付不动产的，在不动产所在地履行；其他标的，在履行义务一方所在地履行。(4) 履行期限不明确的，债务人可以随时履行，债权人也可以随时请求履行，但是应当给对方必要的准备时间。(5) 履行方式不明确的，按照有利于实现合同目的的方式履行。(6) 履行费用的负担不明确的，由履行义务一方负担；因债权人原因增加的履行费用，由债权人负担。据此，只有C项表述符合合同内容的履行要求，选C项。A、B、D项都不符合合同内容的履行要求，故不选A、B、D项。

33. C

【解析】所有权的原始取得方式包括生产（如收割庄稼）、收益（如收取孳息、取得利息）、先占（如在天然池塘钓鱼、拾得他人抛弃矿泉水瓶或电视机，我国民法典没有规定先占，但是在民法理论上承认先占为所有权原始取得方式之一）、添附（包括附合、混合、加工）、拾得遗失物、发现埋藏物、善意取得、时效取得、国有化和没收。所有权继受取得的主要方式有买卖合同、赠与、互易、继承遗产、接受遗赠、征收等。本题中，A项为买卖合同，为继受取得；B项为继承，为继受取得；C项为先占，为原始取得；D项为互易，为继受取得。

34. A

【解析】《民法典》第231条规定，因合法建造、拆除房屋等事实行为设立或者消灭物权的，自事实行为成就时发生效力。据此，甲合法建造房屋的行为是事实行为，建造房屋的事实行为成就，则甲取得房屋的所有权。可见，A项表述的情形为因事实行为引起的物权变动，选A项。B项表述的是因赠与引起的物权变动，赠与为法律行为，而不是事实行为，故不选B项。C项表述的是因继承引起的物权变动，继承不是事实行为，故不选C项。D项表述的是因行政征收引起的物权变动，行政征收不是事实行为，故不选D项。

35. B

【解析】根据《专利法》第25条的规定，对下列各项，不授予专利权：(1) 科学发现；(2) 智力活动的规则和方法；(3) 疾病的诊断和治疗方法；(4) 动物和植物品种；(5) 用原子核变换方法获得的物质；(6) 对平面印刷品的图案、色彩或者二者的结合作出的主要起标识作用的设计。对前款第 (4) 项所列产品的生产方法，可以依照专利法规定授予专利权。根据上述规定第6项，A项表述不能授予专利权，不选A项。专利权的强制许可制度仅适用于发明和实用新型，而不适用于外观设计，B项表述正确，选B项。发明专利权的保护期限为20年，实用新型和外观设计专利权的保护期限是10年，C项表述错误。授予外观设计的最实质性的条件是具备新颖性，而不是实用性，D项表述错误。

36. B

【解析】《民法典》第1079条第3、5款规定，有下列情形之一，调解无效的，应当准予离婚：(1) 重婚或者与他人同居；(2) 实施家庭暴力或者虐待、遗弃家庭成员；(3) 有赌博、吸毒等恶习屡教不改；(4) 因感情不和分居满2年；(5) 其他导致夫妻感情破裂的情形。经人民法院判决不准离婚后，双方又分居满1年，一方再次提起离婚诉讼的，应当准予离婚。据此，选B项。

37. C

【解析】《民法典》第1032条第2款规定，隐私是自然人的私人生活安宁和不愿为他人知晓的私密空间、私密活动、私密信息。据此，私人生活安宁属于隐私范畴，乙平台推荐有限的"可能认识的人"，或许会造成一定的滋扰，但是还不构成对甲的生活安宁的侵扰，故A项表述错误。《民法典》第1034条第2款规定，个人信息是以电子或者其他方式记录的能够单独或者与其他信息结合识别特定自然人的各种信息，包括自然人的姓名、出生日期、身份证件号码、生物识别信息、住址、电话号码、电子邮箱、健康信息、行踪信息等。据此，乙平台收集甲的姓名、手机号码、社交关系、地理位置等信息并存储，这侵犯了甲的个人信息权益，但因不具有私密性，不构成对隐私权的侵害。可见，B项表述错误，C项表述正确。由于乙平台的行为构成侵权，故D项表述错误。

38. D

【解析】建筑工程的承包人的优先受偿权在性质上属于特种债权，其效力优先于抵押权和其他债权。因此，承包人丙公司就其工程价款对建设用地使用权的优先受偿权优先于乙银行的抵押权。可见，A项表述错误。《民法典》第417条规定，建设用地使用权抵押后，该土地上新增的建筑物不属于抵押财产。该建设用地使用权实现抵押权时，应当将该土地上新增的建筑物与建设用地使用权一并处分。但是，新增建筑物所得的价款，抵押权人无权优先受偿。据此，甲公司以建设用地使用权设定抵押，新增的建筑物即住宅楼并非抵押财产，故乙银行只能就建设用地使用权拍卖所得价款优先受偿。可见，B项表述错误，D项表述正确。参照相关司法解释规定，消费者交付购买商品房的全部或者大部分款项后，承包人就该商品房享有的工程价款优先受偿权不得对抗买受人。据此，丁订立商品房买卖合同，并交付了90%购房款，承包人就该商品房享有的工程价款优先受偿权不得对抗买受人丁。可见，C项表述错误。

39. A

【解析】《民法典》第1223条规定，因药品、消毒产品、医疗器械的缺陷，或者输入不合格的血液造成患者损害的，患者可以向药品上市许可持有人、生产者、血液提供机构请求赔偿，也可以向医疗机构请求赔偿。患者向医疗机构请求赔偿的，医疗机构赔偿后，有权向负有责任的药品上市许可持有人、生产者、血液提供机构追偿。据此，被侵权者既可以请求血站承担侵权责任，也可以请求医院承担侵权责任，被侵权者对此有选择权。可见，选A项，不选B、D项。对于输入不合格血液造成损害的侵权责任，血站和医院之间不承担（真正）连带责任，故不选C项。

40. D

【解析】《民法典》第1137条规定，以录音录像形式立的遗嘱，应当有两个以上见证人在场见证。遗嘱人和见证人应当在录音录像中记录其姓名或者肖像，以及年、月、日。据此，录像遗嘱合法有效。《民法典》第1139条规定，公证遗嘱由遗嘱人经公证机构办理。据此，公证遗嘱合法有效。《民法典》第1138条规定，遗嘱人在危急情况下，可以立口头遗嘱。口头遗嘱应当有两个以上见证人在场见证。危急情况消除后，遗嘱人能够以书面或者录音录像形式立遗嘱的，所立的口头遗嘱无效。据此，景某在病危之际所立口头遗嘱有效；但是，危急情况解除后，其所立的口头遗嘱无效。《民法典》第1134条规定，自书遗嘱由遗嘱人亲笔书写，签名，注明年、月、日。据此，自书遗嘱合法有效。《民法典》第1142条规定，遗嘱人可以撤回、变更自己所立的遗嘱。立遗嘱后，遗嘱人实施与遗嘱内容相反的民事法律行为的，视为对遗嘱相关内容的撤回。立有数份遗嘱，内容相抵触的，以最后的遗嘱为准。据此，景某先后立录像遗嘱、公证遗嘱、口头遗嘱和自书遗嘱，其中口头遗嘱已经归于无效，而自书遗嘱为最后所立遗嘱，所以，应当以最后所立的自书遗嘱为准。因此，景某的遗产应由丁全部继承，选D项。

二、多项选择题

41. CD

【解析】不选A项：对于收买被拐卖的妇女并将其强奸的，以收买被拐卖的妇女罪和强奸罪实行数罪并罚，但收买被拐卖的妇女又出卖的，收买行为被吸收，只定拐卖妇女罪一罪。同时，在拐卖妇女罪中有强奸行为的，强奸行为也被吸收，此时不能数罪并罚。注意：是否数罪并罚，关键要看与收买被拐卖的妇女罪并罚的数罪是否能够被拐卖妇女的行为吸收，如果能吸收，只定拐卖妇女罪，如果不能吸收，则还得数罪并罚。不选B项：司法工作人员枉法裁判又受贿的，从一重罪处罚。选C项：《刑法》第318条规定，组织他人偷越国（边）境的，处2年以上7年以下有期徒刑，并处罚金；有下列情形之一的，处7年以上有期徒刑或者无期徒刑，并处罚金或者没收财产：（1）组织他人偷越国（边）境集团的首要分子；（2）多次组织他人偷越国（边）境或者组织他人偷越国（边）境人数众多的；（3）造成被组织人重伤、死亡的；（4）剥夺或者限制被组织人人身自由的；（5）以暴力、威胁方法抗拒检查的；（6）违法所得数额巨大的；（7）有其他特别严重情节的。犯前款罪，对被组织人有杀害、伤害、强奸、拐卖等犯罪行为，或者对检查人员有杀害、伤害等犯罪行为的，依照数罪并罚的规定处罚。选D项：对于抢劫违禁品后又以违禁品实施其他犯罪的，应以抢劫罪与具体实施的其他犯罪实行数罪并罚。

42. ABD

【解析】A项表述构成犯罪未遂，甲之所以未得逞是因为甲害怕其犯罪行为被发现。B项表述构成犯罪未遂，因为乙欲杀周某，但仅造成周某轻伤，犯罪未得逞，属于犯罪未遂。D项表述构成犯罪未遂，因为丁想要冒领乙所存物品，因害怕事情败露而未得逞，属于犯罪未遂。可见，选A、B、D项。C项构成煽动暴力抗拒法律实施罪（既遂）。煽动暴力抗拒法律实施罪是举动犯，一经煽动，即行既遂，而不是未遂，故不选C项。

43. AB

【解析】禁止令仅适用于被判处管制的犯罪分子和被宣告缓刑的犯罪分子，其他情形并不适用禁止令，选A、B项。

44. ABC

【解析】拒不履行信息网络安全管理义务罪的客观方面表现为网络服务提供者不履行法律、行政法规规定的信息网络安全管理义务，经监管部门责令采取改正措施而拒不改正，有法定情形的行为。根据《刑法》第286条之一的规定，有下列情形之一的，构成拒不履行信息网络安全管理义务罪：（1）致使违法信息大量传播的；（2）致使用户信息泄露，造成严重后果的；（3）致使刑事案件证据灭失，情节严重的；（4）有其他严重情节的。据此，选A、B、C项。D项表述构成非法利用信息网络罪。根据《刑法》第287条之一的规定，非法利用信息网络罪包括三种类型：（1）设立用于实施诈骗、传授犯罪方法、制作或者销售违禁物品、管制物品等违法犯罪活动的网站、通讯群组，情节严重的；（2）发布有关制作或者销售毒品、枪支、淫秽物品等违禁物品、管制物品或者其他违法犯罪信息，情节严重的；（3）为实施诈骗等违法犯罪活动发布信息，情节严重的。

45. BC

【解析】本题中，甲当场劫取女青年乙的财物，构成抢劫罪，事后甲又意图实施奸淫之事，构成抢劫罪和强奸罪（未遂），选 B、C 项。不选 A、D 项，因为根据《刑法》第 236 条第 3 款规定，强奸妇女、奸淫幼女，有下列情形之一的，处 10 年以上有期徒刑、无期徒刑或者死刑：(1) 强奸妇女、奸淫幼女情节恶劣的；(2) 强奸妇女、奸淫幼女多人的；(3) 在公共场所当众强奸妇女的；(4) 2 人以上轮奸的；(5) 致使被害人重伤、死亡或者造成其他严重后果的。据此，故意伤害、过失致人死亡等情形属于强奸罪加重处罚情节，不另行定罪，只定强奸罪。

46. AC

【解析】根据《著作权法》的规定，图书馆、档案馆、纪念馆、博物馆、美术馆等为陈列或者保存版本的需要，复制本馆收藏的作品，属于合理使用，选 A 项。根据《著作权法》的规定，为学校课堂教学或者科学研究，翻译或者少量复制已经发表的作品，供教学或者科研人员使用，但不得出版发行，这属于合理使用。这里所说的“少量”，是指整个作品被使用的比例，使用人和使用目的仅限于教学科研人员为了教学和科学研究，但不得出版发行，更不得用于学生的学习使用。根据此项规定，不选 B 项。根据《著作权法》的规定，将已经发表的作品改成盲文出版属于合理使用。据此，选 C 项。D 项属于著作权的正常使用，而非合理使用，不选 D 项。

47. AC

【解析】《民法典》第 146 条规定，行为人与相对人以虚假的意思表示实施的民事法律行为无效。以虚假的意思表示隐藏的民事法律行为的效力，依照有关法律规定处理。据此，选 A 项。B 项表述中，乙存在重大误解，属于可撤销的民事法律行为，不选 B 项。《民法典》第 153 条规定，违反法律、行政法规的强制性规定的民事法律行为无效。但是，该强制性规定不导致该民事法律行为无效的除外。违背公序良俗的民事法律行为无效。据此，选 C 项。D 项表述中，丁超越代理权限购买蔗糖，为无权代理，其行为属于效力待定的民事法律行为，不选 D 项。

48. ACD

【解析】适用惩罚性赔偿应有相应的法律规定。根据《商标法》第 57 条第 1 项规定，未经商标注册人的许可，在同一种商品上使用与其注册商标相同的商标的，属于侵犯他人商标专用权的侵权行为。《民法典》第 1185 条规定，故意侵害他人知识产权，情节严重的，被侵权人有权请求相应的惩罚性赔偿。据此，甲未经刘某同意，在其生产的商品上使用与刘某注册商标相同的商标，获利巨大，此为严重商标侵权行为，刘某有权请求惩罚性赔偿。可见，选 A 项。《民法典》第 1237 条规定，民用核设施或者运入运出核设施的核材料发生核事故造成他人损害的，民用核设施的营运单位应当承担侵权责任；但是，能够证明损害是因战争、武装冲突、暴乱等情形或者受害人故意造成的，不承担责任。据此，乙核电站应当因核泄漏事故造成多人损害承担侵权责任，但是，本条并未规定惩罚性赔偿，故不选 B 项。《民法典》第 1207 条规定，明知产品存在缺陷仍然生产、销售，或者没有依据前条规定采取有效补救措施，造成他人死亡或者健康严重损害的，被侵权人有权请求相应的惩罚性赔偿。据此，汽车销售商丙明知汽车存在产品缺陷仍然销售，致使消费者王某健康严重受损，王某有权请求相应的惩罚性赔偿。可见，选C项。《民法典》第1232条规定，侵权人违反法律规定故意污染环境、破坏生态造成严重后果的，被侵权人有权请求相应的惩罚性赔偿。据此，丁厂违反规定超标排污的行为导致环境污染严重，应当承担相应的惩罚性赔偿。可见，选D项。

49. AD

【解析】《民法典》第551条第1款规定，债务人将债务的全部或者部分转移给第三人的，应当经债权人同意。据此，债务人甲公司将债务转移给丁公司，须经债权人乙银行同意。可见，A项表述正确，选A项。《民法典》第697条第1款规定，债权人未经保证人书面同意，允许债务人转移全部或者部分债务，保证人对未经其同意转移的债务不再承担保证责任，但是债权人和保证人另有约定的除外。据此，在乙银行同意甲公司移转债务的情况下，丙公司是否继续承担保证责任，取决于保证人是否书面同意。可见，B项表述错误，不选B项。《民法典》第406条第1款规定，抵押期间，抵押人可以转让抵押财产。当事人另有约定的，按照其约定。抵押财产转让的，抵押权不受影响。据此，甲公司转让房产无须经抵押权人乙银行同意。可见，C项表述错误，不选C项。《民法典》第392条规定，被担保的债权既有物的担保又有人的担保的，债务人不履行到期债务或者发生当事人约定的实现担保物权的情形，债权人应当按照约定实现债权；没有约定或者约定不明确，债务人自己提供物的担保的，债权人应当先就该物的担保实现债权；第三人提供物的担保的，债权人可以就物的担保实现债权，也可以请求保证人承担保证责任。提供担保的第三人承担担保责任后，有权向债务人追偿。据此，在担保的实现方式上，债权人乙银行应先就债务人甲公司提供的房产抵押实现其债权。可见，D项表述正确，选D项。

50. ABCD

【解析】《民法典》第1035条第1款规定，处理个人信息的，应当遵循合法、正当、必要原则，不得过度处理，并符合下列条件：（1）征得该自然人或者其监护人同意，但是法律、行政法规另有规定的除外；（2）公开处理信息的规则；（3）明示处理信息的目的、方式和范围；（4）不违反法律、行政法规的规定和双方的约定。据此，备选项应全选。

三、简答题

51. 答案要点：

（1）起因条件：有不法侵害行为发生。（2分）

（2）时间条件：只能对正在进行的不法侵害进行防卫。（2分）

（3）对象条件：防卫行为必须是针对不法侵害者本人实行。（2分）

（4）主观条件：防卫必须是基于保护合法权利免受不法侵害的目的。（2分）

（5）限度条件：正当防卫不能明显超过必要限度造成重大损害。（2分）

52. 答案要点：

执行判决、裁定滥用职权罪是指人民法院从事执行工作的人员，在执行生效判决、裁定活动中，滥用职权，致使当事人或者其他人的利益遭受重大损失的行为。（2分）

执行判决、裁定滥用职权罪的构成要件有：

（1）侵犯客体是人民法院正常的执行活动。（2分）

（2）客观方面表现为在执行判决、裁定活动中滥用职权，违反法律规定的条件和程

序，采取诉讼保全措施、强制执行措施，致使当事人或者其他人的利益遭受重大损失的行为。（2分）

（3）犯罪主体是特殊主体，限于司法工作人员。（2分）

（4）主观方面表现为故意。（2分）

53. 答案要点：

（1）性质不同。地役权是一项独立的用益物权；相邻关系体现的则是所有权的延伸与限制。（3分）

（2）产生依据不同。地役权基于当事人之间的合同而产生；相邻关系基于法律的规定而产生。（2分）

（3）内容不同。地役权是当事人超出相邻关系的限度而设定的权利，可以有偿，也可以无偿；相邻关系则是对相邻各方权利义务的最小限度的调节，通常是无偿的。（3分）

（4）前提条件不同。地役权不以不动产相邻为条件；相邻关系则以此为条件。（2分）

54. 答案要点：

买受人有下列情形之一，造成出卖人损害的，除当事人另有约定外，出卖人有权取回标的物：

（1）未按照约定支付价款，经催告后在合理期限内仍未支付。（4分）

（2）未按照约定完成特定条件。（3分）

（3）将标的物出卖、出质或者作出其他不当处分。（3分）

四、法条分析题

55. 答案要点：

（1）2年内盗窃3次以上的，应当认定为“多次盗窃”。（2分）

（2）非法进入供他人家庭生活，与外界相对隔离的住所盗窃的，应当认定为“入户盗窃”。（3分）

（3）携带枪支、爆炸物、管制刀具等国家禁止个人携带的器械盗窃，或者为了实施违法犯罪携带其他足以危害他人人身安全的器械盗窃的，应当认定为“携带凶器盗窃”。（3分）

（4）在公共场所或者公共交通工具上盗窃他人随身携带的财物的，应当认定为“扒窃”。（2分）

56. 答案要点：

（1）“虚假的意思表示实施的民事法律行为”是指行为人与相对人之间共同通谋实施虚伪意思表示的民事法律行为。虚假的意思表示实施的民事法律行为属于无效的民事法律行为。（5分）

（2）“隐藏的民事法律行为”是指表意人为虚假的意思表示，但其真意为发生另外法律效果的意思表示。隐藏行为中的虚假意思表示无效，真实意思表示有效。（5分）

五、案例分析题

57. 答案要点：

（1）甲与乙构成抢劫罪（共同犯罪），甲还单独构成故意杀人罪。（3分）甲、乙深夜侵入丙家行窃的行为，涉及非法侵入住宅和盗窃财物，通常从一重处断，以盗窃罪论处。

二人行窃时尚未偷到财物即被发现，临时由盗窃的犯意转化为抢劫的犯意，并实施了抢劫1万元的行为，故构成了抢劫罪，应以抢劫罪论处。（3分）对于抢劫后甲突生杀人故意并杀死丙的行为，乙始料不及，无杀人的共同故意也无杀人的行为，甲单独构成故意杀人罪。（3分）

（2）甲、乙共同承担抢劫罪的刑事责任，但乙有自首行为，可以从轻或者减轻处罚。（2分）对甲的故意杀人罪行乙有检举揭发的重大立功表现，故对乙适用犯罪后有重大立功表现的可以减轻或者免除处罚的原则处理。（2分）对甲按抢劫罪和故意杀人罪适用数罪并罚原则处理。（2分）

58. 答案要点：

（1）甲和乙银行签订的借款合同有效，因为行为人主体合格、意思表示真实、合同内容和形式都不违反法律规定，因而该借款合同有效。（2分）甲和乙银行签订的抵押合同有效，因为行为人主体合格、意思表示真实、合同内容包括抵押标的合法有效、行为形式符合法律规定，因此该抵押合同有效。（2分）

（2）乙银行有权要求丙承担连带保证责任。（2分）因为当事人之间对承担担保方式的顺序没有约定，乙银行应先就别墅行使抵押权，如果别墅的价值不足以弥补乙银行的损失，乙银行有权要求丙承担连带保证责任。（3分）

（3）甲、丁之间签订的买卖合同有效，因为买卖合同的主体合格、意思表示真实，且不违反法律、行政法规的规定，也不违背公序良俗，因而有效。（3分）甲将房产转让给丁并没有办理登记过户手续，丁不能取得房屋的所有权；但是，丁有权请求甲返还支付的价款和利息，并请求甲承担相应的违约责任。（3分）

综合课模拟试题（二）

一、单项选择题（第1～40小题，每小题1分，共40分。下列每题给出的四个选项中，只有一个选项是符合题目要求的）

1. 李某驾车违章，交通警察对其罚款200元，他们之间构成的法律关系属于（　　）。

A. 平权型法律关系　　B. 绝对法律关系

C. 经济法律关系　　D. 行政法律关系

2. 下列关于法律推理的表述，能够成立的是（　　）。

A. 演绎推理是一种或然性推理

B. 归纳推理是从一般知识推出个别知识的推理

C. 类比推理是判例法国家运用的一种基本的法律推理方法

D. 辩证推理实际上是一种立法活动

3. 行政行为不仅对于实现行政目标、目的要适当，而且行政行为的实施应衡量其目的达到的利益与侵犯相对人的权益二者孰轻孰重，这体现的行政执法的原则是（　　）。

A. 合理性原则　　B. 比例原则

C. 正当程序原则　　D. 诚实守信原则

4. 下列关于法律移植和法律继承的表述，能够成立的是（　　）。

A. 法律移植是社会和法律发展的不平衡性决定的

B. 法律继承就是对本国法进行鉴别、调适、整合、认同的过程

C. 法律移植反映了旧法对新法的影响和新法对旧法的承接

D. 法律可以移植，但不可以继承

5. 要深化司法体制综合配套改革，应当全面落实司法责任制。下列关于司法责任制的理解，不正确的是（　　）。

A. 落实司法责任制，明确要求法官、检察官对案件质量终身负责

B. 落实司法责任制，以法官、检察官依法独立办案为前提

C. 落实司法责任制，推广科学分案办法，以指定分案为主、随机分案为辅

D. 落实司法责任制，需要加强司法队伍建设

6. 下列表述能够成立的是（　　）。

A. 宪法规定的经济、社会和文化权利属于人权中的集体人权

B. 形式平等是考虑主体本身自然的、社会的、历史的和现实的具体情况而适用同一评价标准

C. 划分法律部门的首要标准是法律调整的方法

D. 我国法学研究中“法律渊源”的概念指的是法的效力渊源

7. 下列关于法律全球化的表述，不正确的是（　　）。

A. 法律的趋同化是法律全球化的一种趋势

B. 国际法的许多强行性规范成为任意性规范是法律全球化取得重大进展的体现

C. 法律全球化意味着主权概念的进步和丰富

D. 国际法的国内化、地方化是法律全球化的主要途径之一

8. 下列关于资本主义国家法律制度的表述，不能成立的是（　　）。

A. 英美法系国家的法院有通过具体案件确定是否符合宪法规定的司法审查权

B. 法国资产阶级法律体系的创立为大陆法系的形成奠定了基础

C. 资本主义法律制度的核心是私有财产神圣不可侵犯

D. 资产阶级国家政权的建立是资产阶级法律产生的前提

9. 下列关于法律关系的表述，不能成立的是（　　）。

A. 人的自然死亡所引起的婚姻法律关系的消灭属于法律事件中的相对事件

B. 法律关系可以不通过人的意志而产生

C. 法律关系主体的权利和义务具有现实性

D. 法律规范是法律关系产生的前提

10. 我国《刑法》第358条第1款规定，“组织、强迫他人卖淫的，处五年以上十年以下有期徒刑，并处罚金”。某地检察机关在办理一起涉嫌组织同性恋卖淫案时，将法律规定的“他人”理解为既指女性，也包括男性。这一解释属于（　　）。

A. 扩大解释　　B. 限制解释　　C. 字面解释　　D. 自由解释

11. 下列有关法律部门与规范性法律文件的关系表述，不正确的是（　　）。

A. 一个规范性法律文件就是一个部门法

B. 一个规范性法律文件可以包括不同法律部门的法律规范

C. 一个规范性法律文件按照其规范的性质，可以归属于不同的法律部门

D. 《刑法典》是“刑法”这一部门法的主要组成部分

12. 下列关于法律要素的表述，不能成立的是（　　）。

A. 法律规则并不都是由法律条文来表述的，并非所有的法律条文都规定法律规则

B. 法律概念可以提高法律的明确化和专业化程度

C. 法律原则具有比法律规则强度大的显示性特征

D. 和法律概念与法律原则相比，法律规则更具有微观指导性和可预测性

13. 关于我国人大代表候选人的产生程序，下列表述正确的是（　　）。

A. 选民或者代表，30人以上联名，也可以推荐代表候选人

B. 直接选举中，代表候选人提名推荐后，代表候选人名单及代表候选人的基本情况应当在选举日的20日以前公布

C. 直接选举中，需要通过预选确定正式代表候选人名单

D. 间接选举中，代表候选人不限于各该级人民代表大会的代表

14. 我国宪法规定，中华人民共和国公民的住宅不受侵犯。该规范属于（　　）。

A. 组织权限规范　　B. 宪法指示规范

C. 权利义务规范　　D. 宪法委托规范

15. 根据我国立法法，下列事项尚未制定法律的，全国人大及其常委会可授权国务院先行制定行政法规的是（　　）。

A. 限制人身自由的强制措施　　B. 犯罪与刑罚

C. 司法制度　　D. 财政基本制度

16. 自治区的自治条例和单行条例须经报批生效的机关是（　　）。

A. 国务院　　B. 全国人民代表大会

C. 全国人民代表大会常务委员会　　D. 国家主席

17. 下列宪法格言所引出处，正确的是（　　）。

A. 法国思想家卢梭：当立法权和行政权集中在同一个人或同一个机关手中，自由便不复存在了；因为人们将要担心这个国王或者议会制定暴虐的法律，并暴虐地执行这些法律

B. 法兰西制宪之父——西耶斯《第三等级是什么?》：如果我们没有宪法，那就必须制定一部；唯有国民拥有制宪权

C. 1787 年《美国宪法》序言：我们认为这些真理是不言自明的：人人生而平等，他们都从“造物主”那里被赋予了某些不可转让的权利，其中包括生命权、自由权和追求幸福的权利

D. 1776 年美国《独立宣言》：凡权利无保障和分权未确立的社会，就没有宪法

18. 依照宪法规定，中华人民共和国主席、副主席都缺位的时候，由全国人民代表大会补选。在补选以前，暂时代理主席职位的是（　　）。

A. 最高人民法院院长　　B. 中央军事委员会主席

C. 全国人民代表大会常务委员会委员长　　D. 国务院总理

19. 关于人民检察院的组织、职权和领导体制，下列表述正确的是（　　）。

A. 专门人民检察院的组织和职权，由全国人民代表大会决定

B. 地方各级人民检察院检察长与副检察长由本级人民代表大会选举和罢免

C. 地方各级人民检察院对产生它的国家权力机关和上级检察院负责

D. 最高人民检察院和地方各级人民检察院可以发布指导性案例

20. 规定“国家建立健全同经济发展水平相适应的社会保障制度”的是（　　）。

A. 1988 年宪法修正案　　B. 1993 年宪法修正案

C. 1999 年宪法修正案　　D. 2004 年宪法修正案

21. 现行宪法规定，处理全国人大常委会的重要日常工作的是（　　）。

A. 常委会办公厅　　B. 委员长会议

C. 专门委员会　　D. 法制工作委员会

22. 下列关于特别行政区及其法律制度的表述，正确的是（　　）。

A. 特别行政区的政治体制实行行政长官制

B. 特别行政区行政长官由立法会任命

C. 全国人大常委会对特别行政区基本法享有修改权

D. 在立法会举行会议时，特别行政区行政长官应当列席会议并在会议上发言

23. 我国上级人民法院与下级人民法院之间是(　　)。

A. 领导关系　　B. 监督关系　　C. 指导关系　　D. 协调关系

24. 在一起行政诉讼案件中，对被告进行处罚的依据是国务院某部制定的一个行政规章，原告认为该行政规章违反了有关法律。根据我国宪法规定，有权改变或者撤销该违法的行政规章的机关是(　　)。

A. 国务院　　B. 全国人民代表大会常务委员会

C. 最高人民法院　　D. 全国人民代表大会

25. 根据选举法，下列关于县级以上地方各级人大代表的选举，正确的是(　　)。

A. 县级以上地方各级人大代表的选举由选举委员会主持

B. 县级以上地方各级人大主席团确认代表的资格或者确定代表的当选无效

C. 县级以上地方各级人大代表选举，代表候选人获得全体代表过半数的选票时始得当选

D. 县级以上地方各级人大代表选举，代表候选人限于各该级人大的代表

26. A省政府出台一项规定，省民营企业前500名的纳税大户的控股企业主的子女中考可享受加20分的照顾。对此，下列表述正确的是(　　)。

A. A省政府制定的加分政策体现了在受教育权上的差别待遇，具有合理性

B. 国家可以以受教育权为回馈手段，对纳税大户的子女给予优待

C. A省政府在受教育权方面采取差别情况差别对待，存在正当理由

D. 受教育权属于公民基本权利，A省政府无权出台涉及公民基本权利的规定

27. 秦朝规定惩治偷偷移动田界标志企图侵占他人田产的犯罪是(　　)。

A. 盗徙封罪　　B. 腹诽罪　　C. 出界罪　　D. 失刑罪

28. “其五刑之目：凡七下至五十七，谓之笞刑；凡六十七至一百七，谓杖刑；其徒法，年数杖数，相附丽为加减，盐徒盗贼既决而又镣之；流则南人迁于辽阳迤北之地，北人迁于南方湖广之乡；死刑，则有斩而无绞，恶逆之极者，又有凌迟处死之法焉。”该史料记载的五刑之法，作出上述规定的朝代是(　　)。

A. 唐朝　　B. 宋朝　　C. 元朝　　D. 明朝

29. 汉代司法中用来比照判案的成例被称为(　　)。

A. 廷行事　　B. 科　　C. 决事比　　D. 格例

30. 下列关于我国古代中央审判机关历史沿革的表述，正确的是(　　)。

A. 夏商西周时期的中央司法机关是司寇

B. 秦汉魏晋南北朝时期的中央司法机关是廷尉

C. 唐朝是中国历史上第一个以大理寺作为中央主审机关的朝代

D. 明朝中央最高审判机关是刑部

31. 汉文帝、景帝的刑制改革没有涉及的刑种是(　　)。

A. 黥刑　　B. 斩右趾　　C. 劓刑　　D. 宫刑

32. 据《旧唐书·李朝隐传》记载，唐玄宗开元十年（公元722年），开国元勋裴寂的曾孙武强令裴景仙“犯乞取赃积五千匹，事发逃走。上大怒，令集众杀之”。经李朝隐奏请减免刑罚，裴景仙仍决杖一百，流岭南恶处。依据唐律，裴景仙减免刑罚适用的原则是(　　)。

A. 八议　　B. 上请　　C. 存留养亲　　D. 官当

33. 1917年，洪述祖因涉嫌主谋暗杀宋教仁被上海地方检察厅提起公诉，被告洪述祖对判决不服上诉，其上诉的司法机构应为(　　)。

A. 大理院　　B. 平政院　　C. 司法院　　D. 军政执法处

34. 清朝道光年间，龚某因其妻子与人通奸而争吵，龚某拿剪刀向妻子戳去，刚好龚某的父亲赶来劝解，龚某措手不及将其父戳伤。依据清律，对龚某判处的刑罚应为(　　)。

A. 充军　　B. 发遣　　C. 斩立决　　D. 斩监候

35. 下列关于民国时期颁布的修正《大总统选举法》的表述，错误的是(　　)。

A. 修正《大总统选举法》是曹锟政权制定并修正的

B. 修正《大总统选举法》是由参政院制定并修正的

C. 修正《大总统选举法》规定大总统任期为10年，可连选连任

D. 修正《大总统选举法》规定现任大总统可以推荐继承人

36. 下列关于近代刑事立法的表述，正确的是(　　)。

A.《大清现行刑律》是中国历史上第一部具有近代意义的专门刑法典

B.《中华民国刑法》(旧刑法）首次引进了保安处分制度

C.《暂行新刑律》首次从西方引进缓刑制度

D.《大清新刑律》附则《暂行章程》中规定了无夫妇女通奸罪

37. 金朝“兼采隋唐之制，参辽宋之法”，以《唐律疏议》为蓝本而制定的最完备的成文法典是(　　)。

A.《泰和律义》　　B.《皇统制》

C.《重熙条例》　　D.《天盛改旧新定律令》

38. 南京国民政府“六法”分类包括(　　)。

A. 宪法、民法、商法、刑法、民事诉讼法、刑事诉讼法

B. 宪法、民法、刑法、行政法、民事诉讼法、刑事诉讼法

C. 宪法、民法、军法、刑法、民事诉讼法、刑事诉讼法

D. 宪法、民法、刑法、经济法、民事诉讼法、刑事诉讼法

39. 南京国民政府在中央设置的行使行政诉讼审判权的机构是(　　)。

A. 行政法院　　B. 行政院　　C. 平政院　　D. 普通法院

40. 创立了“三三制”政权组织形式和保障人权等崭新内容的宪法或者宪法性文件是(　　)。

A.《中华苏维埃共和国宪法大纲》　　B.《抗日救国十大纲领》

C.《陕甘宁边区宪法原则》　　D.《陕甘宁边区施政纲领》

二、多项选择题（第41～50小题，每小题2分，共20分。下列每题给出的四个选项中，至少有两个选项是符合题目要求的。多选、少选或错选均不得分）

41. 下列各项法律规定，属于法律原则的有(　　)。

A. 刑法规定，对任何人犯罪，在适用法律上一律平等。不允许任何人有超越法律的特权

B. 行政处罚法规定，设定和实施行政处罚必须以事实为依据，与违法行为的事实、性质、情节以及社会危害程度相当

C. 民法典规定，国家对不动产实行统一登记制度。统一登记的范围、登记机构和登记办法，由法律、行政法规规定

D. 民法典规定，要约是希望与他人订立合同的意思表示

42. 法理学与部门法学的主要区别在于(　　)。

A. 法理学以法律现象为研究对象

B. 法理学提供的是法律的一般理论，而不是法律的具体知识

C. 法理学探讨法的普遍原理或最高原理

D. 法理学概括和阐述法学的基本范畴

43. 在我国，法律责任的归责原则主要有(　　)。

A. 责任法定原则　　B. 责任与处罚相称原则

C. 因果关系原则　　D. 责任自负原则

44. 根据我国立法法，设区的市和自治州可以制定地方性法规，但地方性法规涉及的事项限于(　　)。

A. 城乡建设与管理　　B. 环境保护

C. 历史文化保护　　D. 地方财政

45. 下列选项中属于香港特别行政区司法机关的是(　　)。

A. 终审法院　　B. 行政法院　　C. 高等法院　　D. 律政司

46. 根据我国法律规定，可以向全国人大常委会提出违宪审查要求的是(　　)。

A. 国务院　　B. 最高人民检察院

C. 全国人大各专门委员会　　D. 直辖市的人大常委会

47. 某青年妇女甲在家中通过视频网络聊天室，与多人共同进行“裸聊”活动，而她们进行“裸聊”的目的主要是寻求性刺激，“裸聊”引起了司法机关的介入，甲被逮捕。对此，下列说法正确的是(　　)。

A. 警方介入“裸聊”事件，没有侵犯甲的住宅权

B. 为了社会公共利益的需要，有必要对甲的“裸聊”行为予以制止

C. 甲被逮捕意味着甲的“裸聊”行为构成犯罪

D. “裸聊”行为是对宪法规定的人身自由权利的滥用

48. 下列关于汉朝罪名的表述，正确的是(　　)。

A. 汉朝所谓“舍天子而仕诸侯”构成的犯罪称为阿党附益罪

B. 汉律规定，三人以上群饮，罚金四两

C. 汉朝出界罪是有关危害中央集权方面的犯罪

D. 汉朝对治安官吏得知贼盗犯罪真情，不及时举告者，构成蔽匿盗贼罪

49. 依照唐律规定，下列行为构成“十恶”罪中“不义”罪的有（　　）。

A. 闻父母丧匿不举哀　　B. 闻夫丧匿不举哀

C. 殴夫　　D. 杀本属府主

50. 清朝人身依附关系有所减弱，民事主体的地位发生变化，这体现在（　　）。

A. 废除匠籍制度　　B. 雇工人的地位有所改善

C. 部分贱籍豁免为良　　D. 奴婢可以开户为民

三、简答题（第 51～53 小题，每小题 10 分，共 30 分）

51. 简述科技对法的影响。

52. 简述我国宪法上的政治权利的内容。

53. 简述清末修律的特点。

四、分析题（第 54～56 小题，每小题 10 分，共 30 分。要求结合所学知识分析材料回答问题）

54. 近年来，我国一些城市在道路两侧设置了摄像头，监控车辆行驶的情况。发现违章行为，就根据摄像头拍摄的录像，直接作出交通行政处罚决定。有人认为这是在驾驶者不知情的情况下进行的秘密执法，是交通管理部门单方面实施的处罚，而且没有给当事人为自己辩护的机会，违反了法律适用公开、公正的原则。

请运用相关法理学知识对此作出分析。

55. 2016 年 8 月，甲某驾驶机动车超速行驶，被交警乙某拦住，乙某对甲某的超速违章行为进行了罚款，但并未出具罚单。甲某要求出具罚单，乙某认为甲某态度不好，遂加罚人民币 1 000 元，并告诉甲某，如果再狡辩，将再加重处罚。事后，甲某向公安局督察队进行举报，声称乙某态度蛮横，粗暴执法。督察队收到举报后，认为甲某是有意找茬，于是对甲某进行了严肃处理。公安局根据《治安管理处罚法》的规定，以甲某捏造事实、抗拒执法为由进行了治安管理处罚。

请结合我国宪法的规定及相关知识，回答下列问题：

（1）乙某对甲某超速行驶实施处罚是否合法？为什么？

（2）督察队的处理意见和公安局对甲某实施行政拘留的做法是否合法？为什么？

（3）公安机关在执法活动中应遵循的基本原则是什么？

56.《历代名臣奏议》（卷二一八）：宋高宗时周林上《推司不得与法司议事札子》曰：狱司推鞫，法司检断，各有司存，所以防奸也。然而推鞫之吏，狱案未成，先与法吏议其曲折，若非款状显然，如法吏之意，则谓难以出手。故于结案之时，不无高下迁就，非本情去处。臣愿严法立案，推司公事，未曾结案以前，不得辄与法司商议。

请运用中国法制史的知识和理论，分析上述文字材料并回答下列问题：

（1）材料体现的是宋代何种特色的司法审判制度？

（2）宋代实行该司法审判制度的目的是什么？

（3）如何评价该司法审判制度？

五、论述题（第 57～58 小题，每小题 15 分，共 30 分）

57. 联系实际，论述我国的司法原则。

58. 试论人身自由在我国宪法中的体现。

综合课模拟试题（二）答案及解析

一、单项选择题

1. D

【解析】交通警察对李某进行罚款，罚款属于行政处罚，因而形成的法律关系属于行政法律关系，选D项。交警和李某地位肯定是不平等的，不是平权型法律关系，而是隶属型法律关系，不选A项。绝对法律关系和相对法律关系在民法中运用较广，不选B项。经济法律关系是指经济法主体在国家干预和协调经济运行过程中根据经济法律规范规定所形成的权利和义务关系。据此可知，本题表述的情形并非经济法律关系，不选C项。

2. C

【解析】演绎推理是一种必然性推理，而归纳推理和类比推理才是或然性推理，A项表述不能成立。归纳推理是从个别知识推出一般知识的推理，而演绎推理才是一般到特殊的推理，B项表述不能成立。类比推理是一种从个别到个别的推理，它是根据两类对象的某些属性的相似性推出它们在另一些属性方面也具有相似性的推理活动，是一种或然性推理。在法律推理中，法院有时可以在确定两个案件的事实存在相似性的情况下，推定两个案件适用的法律以及判决结果也应相似。这就是所谓的"类似案件，类似处理"。在判例法国家，这是一种基本的法律推理方法。可见，C项表述成立，选C项。当作为推理前提的是两个或两个以上的相互矛盾的法律命题时，借助于辩证思维，从中选择出最佳的命题，以解决法律问题，此时就要借助实质推理。一般而言，归纳推理实质是一种立法活动，但辩证推理并非是一项立法活动，D项表述不成立。

3. B

【解析】行政执法原则包括依法行政原则、合理性原则、讲求效率原则、正当程序原则、比例原则、诚实守信原则和权责统一原则。其中，比例原则是指行政机关实施行政行为应兼顾行政目标的实现和保护相对人的权益，如果为了实现行政目标可能对相对人权益造成某种不利影响时，应使这种不利影响限制在尽可能小的范围和限度，使二者处于适度的比例。比例原则的内涵包括3个方面内容：(1) 妥当性（适当性）原则。妥当性原则是指行政行为对于实现行政目的、目标是适当的。(2) 必要性原则。必要性原则是指行政行为应以达到行政目的、目标为限，不能给相对人权益造成过度的不利影响，即行政的行使只能限于必要的度，以尽可能使相对人的权益遭受最小的侵害。(3) 比例性原则。比例性原则是指行政行为的实施应衡量其目的达到的利益与侵犯相对人的权益二者孰轻孰重。只有前者重于后者时，其行为才具有合理性，行政行为在任何时候不应给予相对人权益以超过行政目的、目标本身价值的损害。可见，选B项。

4. A

【解析】社会发展和法律发展的不平衡性决定了法律移植的必然性，A项表述成立。法律移植是对外国法进行鉴别、调适、整合、认同的过程，法律继承是不同历史类型的法律之间的延续和继受，一般表现为旧法对新法的影响和新法对旧法的承接和继受，B、C项表述不成立。法律移植和法律继承都是法律现象，法律可以移植，也可以继承，D项表述不成立。

5. C

【解析】司法责任制改革明确要求法官、检察官对案件质量终身负责。通过改革，形成以法官、检察官依法独立办案为前提，以法官、检察官员额为配套，以完善法官、检察官职业保障为条件，以主客观相统一为追责原则的司法权力运行机制。可见，A、B项表述正确。深化司法体制改革，应当完善一系列配套措施，如推广科学分案办法，以随机分案为主、指定分案为辅，C项表述不正确，选C项。司法公正的实现，离不开德才兼备的高素质司法队伍；全面落实司法责任制改革的各项要求，也需要加强司法队伍建设。可见，D项表述正确。

6. D

【解析】A项表述不能成立：人权按照主体角度可以分为集体人权和个体人权，其中的个体人权又分为公民权利和政治权利以及经济、社会和文化权利。B项表述不能成立：法具有平等价值，平等有形式平等和实质平等之分，形式平等是在不考虑主体本身自然的、社会的、历史的和现实的具体情况而普遍存在人与人之间的平等，而实质平等则是在考虑主体本身自然的、社会的、历史的和现实的具体情况而予以差别对待的平等。C项表述不能成立：划分法律部门的标准包括法律调整对象和法律调整方法，其中，法律调整对象是划分法律部门的首要标准和第一位标准。D项表述正确：法的渊源的多种内涵有法的历史渊源、法的理论渊源、法的形式渊源、法的文件渊源、法的实质渊源、法的形式渊源等。法学中的法的渊源，是指法的效力来源，或称为形式意义上的渊源。

7. B

【解析】法律全球化是指法律跨越国家的疆界，在世界范围传播、流动。具体而言，是指法律的各种要素如法律原则、法律理念、法律价值观、法律制度、执法标准与原则等在全球范围内的趋同，并在全球范围形成一个法治的标准或模范。法律全球化是全球化的重要组成部分，与科技和经济的全球化密不可分。A项表述正确：法律全球化的趋势有：(1) 法律的“非国家化”。(2) 法律的“标本化”或“标准化”。(3) 法律的“趋同化”。(4) 法律的“世界化”。B项表述错误：法律全球化的重大进展体现在：(1)《联合国宪章》是世界共同遵守的基本规范。(2) 国际法的许多任意性规范成为强制性规范。(3) 国际司法机制正在强化。C项表述正确：法律全球化目前只是一个进程，一个过程，一种趋势。法律全球化并不是所有法律的全球化，那些不具有涉外性、国际性的地方性法律不可能、也没有必要化为“全球性”或“世界性”法律；法律全球化并不意味着国家主权概念的过时或消失，而只是意味着主权概念的进步和丰富，各国之间的法律仍将呈现多样性、多元化；各个国家均应当警惕和制止少数或个别国家借助法律全球化的名义而推行政治霸权主义和法律帝国主义。D项表述正确：法律全球化的主要途径有：(1) 国际法的国内化、地方化。(2) 地方法或国内法的全球化。

8. A

【解析】英美法系分为英国法系和美国法系，美国法院有通过具体案件确定是否符合宪法规定的司法审查权，而英国法院则无审查权，因此，A项表述不能成立。B、C、D项表述都成立。

9. A

【解析】法律事实可以分为法律事件和法律行为，法律事件有绝对事件与相对事件之分。绝对事件不是由人的行为而是由某种自然原因引起的，而相对事件是由人们的行为引起的，但它的出现在该法律关系中并不以权利主体的意志为转移。绝对事件和相对事件的划分不是绝对的，例如，死亡有可能属于绝对事件，如自然死亡，也可能是相对事件，如因凶杀而引起的死亡。事件和行为的区分也不是绝对的，例如，交通事故，对于肇事者所直接引起的保护性法律关系而言是行为，肇事者应当承担相应的法律责任；但对由于交通事故而死亡的，从而使死者与其生前所在单位的劳动法律关系解除而言，则属于事件。可见，A项表述不能成立，选A项。有的法律关系的产生可以不通过人的意志，而是由于某种不以当事人的意志为转移的事件如出生、死亡、自然灾害等。可见，B项表述成立。法律规范中的权利和义务是一种可能性的、抽象的权利和义务，而法律关系中的权利和义务则是一种现实性的、具体的权利和义务。可见，C项表述成立。法律规范是法律关系产生的前提。没有相应的法律规范就不能产生法律关系。可见，D项表述成立。

10. C

【解析】根据解释尺度的不同，法律解释可以分为限制解释、扩充解释与字面解释三种。限制解释是指在法律条文的字面含义显然比立法原意广时，作出比字面含义窄的解释。扩充解释是指在法律条文的字面含义显然比立法原意窄时，作出比字面含义广的解释。字面解释是指严格按照法律条文字面的通常含义解释法律，既不缩小，也不扩大。本题中表述的“他人”，理解为既指女性，也包括男性，这是字面解释，选C项。

11. A

【解析】A项表述中，“一个规范性法律文件就是一个部门法”这一说法是不正确的，在许多情况下，部门法的名称与规范性法律文件的名称并不对应。例如，行政法部门、经济法部门等就没有一个相同名称的规范性法律文件与之相对应，因此，选A项。B项表述正确，例如，一个规范性法律文件《产品质量法》就存在刑法规范（承担刑事责任的条款）。C项表述正确，例如，一个规范性法律文件《商标法》，属于民法部门，但也有行政法部门的规范。D项表述正确，《刑法典》是“刑法”这一部门法的主要组成部分。

12. C

【解析】A项表述成立：法律规则并不都是以法律条文来表述的，例如不成文法（判例法）也是法律规则，但并不是以法律条文来表述。此外，并不是所有的法律条文都是直接规定法律规则的，例如，《公司法》第218条规定，本法自2006年1月1日起施行。该法律条文不是法律规则，而是立法技术性规定，因为该条文并没有规定具体的权利义务。又如，《刑法》第3条规定的罪刑法定原则，这是法律原则的规定，而不是法律规则的规定。再如，《民法典》关于法人概念的规定，属于法律概念的规定，而不是法律规则的规定。可见，法律条文和法律规则不是一回事。B项表述成立：法律概念可以提高法律的明确化程度和专业化程度，使法律成为专门的工具，使法律工作成为独立的职业。C项表述不能成立：C项表述反了。法律规则具有比法律原则强度大的显示性特征，它形成了法律制度中坚硬的部分，没有规则，法律制度就缺乏硬度。法律原则是法律规则的本源和基础，它们可以协调法律体系中规则之间的矛盾，弥补法律规则的不足与局限，它们甚至可以直接作为法官裁判的法律依据。D项表述成立：法律规范有明确的、肯定的行为模式，有特殊的构成要素和结构，是一种高度发达的社会行为规则。

13. D

【解析】《选举法》第29条第2款规定，各政党、各人民团体，可以联合或者单独推荐代表候选人。选民或者代表，10人以上联名，也可以推荐代表候选人。据此，A项表述错误。《选举法》第31条第1款规定，由选民直接选举人民代表大会代表的，代表候选人由各选区选民和各政党、各人民团体提名推荐。选举委员会汇总后，将代表候选人名单及代表候选人的基本情况在选举日的15日以前公布，并交各该选区的选民小组讨论、协商，确定正式代表候选人名单。如果所提代表候选人的人数超过本法第30条规定的最高差额比例，由选举委员会交各该选区的选民小组讨论、协商，根据较多数选民的意见，确定正式代表候选人名单；对正式代表候选人不能形成较为一致意见的，进行预选，根据预选时得票多少的顺序，确定正式代表候选人名单。正式代表候选人名单及代表候选人的基本情况应当在选举日的7日以前公布。据此，B项表述错误。根据《选举法》第30条第1款规定，确定正式代表候选人名单，不一定通过预选产生，故C项表述错误。《选举法》第32条规定，县级以上的地方各级人民代表大会在选举上一级人民代表大会代表时，代表候选人不限于各该级人民代表大会的代表。据此，D项表述正确，选D项。

14. C

【解析】宪法规范可以分为组织权限规范、宪法指示规范、权利义务规范和宪法委托规范。组织权限规范，宪法中用大部分条文去处理国家机关的组织、权限和职权行使的程序，或者至少规定其原则。权利义务规范，是宪法在调整公民基本权利和基本义务的过程中形成的，是公民行使权利、履行义务的宪法基础。宪法委托规范，只是规定了国家的义务，而没有赋予人民任何主观权利。广义的宪法委托规范包含宪法中所有的要求特定机关具体行为的规定，一般仅限于狭义的对立法机关为立法委托。宪法指示规范，即宪法指示强制国家为一定行为，和宪法委托不同，原则上所有公权力机关直接或间接的都是其规范对象，行为也不以立法机关为限，公权力机关可以根据国家发展的实际情况决定履行宪法指示的具体方式和先后顺序。我国宪法中基本国策的条款多属于此类规范。题干表述的是住宅权，属于人身自由权的内容，属于公民的基本权利，规定公民基本权利的宪法规范肯定是权利义务规范，因此选C项。

15. D

【解析】《立法法》第8条规定，下列事项只能制定法律：(1) 国家主权的事项；(2) 各级人民代表大会、人民政府、人民法院和人民检察院的产生、组织和职权；(3) 民族区域自治制度、特别行政区制度、基层群众自治制度；(4) 犯罪和刑罚；(5) 对公民政治权利的剥夺、限制人身自由的强制措施和处罚；(6) 税种的设立、税率的确定和税收征收管理等税收基本制度；(7) 对非国有财产的征收、征用；(8) 民事基本制度；(9) 基本经济制度以及财政、海关、金融和外贸的基本制度；(10) 诉讼和仲裁制度；(11) 必须由全国人民代表大会及其常务委员会制定法律的其他事项。《立法法》第9条规定，本法第8条规定的事项尚未制定法律的，全国人民代表大会及其常务委员会有权作出决定，授权国务院可以根据实际需要，对其中的部分事项先制定行政法规，但是有关犯罪和刑罚、对公民政治权利的剥夺和限制人身自由的强制措施和处罚、司法制度等事项除外。根据《立法法》第9条规定，备选项中只有D项表述的财政基本制度可以授权制定行政法规，故选D项。

16. C

【解析】《宪法》第116条规定，民族自治地方的人民代表大会有权依照当地民族的政治、经济和文化的特点，制定自治条例和单行条例。自治区的自治条例和单行条例，报全国人民代表大会常务委员会批准后生效。自治州、自治县的自治条例和单行条例，报省或者自治区的人民代表大会常务委员会批准后生效，并报全国人民代表大会常务委员会备案。据此，选C项。

17. B

【解析】B项表述正确，选B项。A项表述错误：A项表述出自法国思想家孟德斯鸠，而不是卢梭。C项表述错误：C项表述出自1776年美国《独立宣言》，而不是《美国宪法》。D项表述错误：D项表述出自1789年法国《人权宣言》，而不是美国《独立宣言》。

18. C

【解析】《宪法》第84条规定，中华人民共和国主席缺位的时候，由副主席继任主席的职位。中华人民共和国副主席缺位的时候，由全国人民代表大会补选。中华人民共和国主席、副主席都缺位的时候，由全国人民代表大会补选；在补选以前，由全国人民代表大会常务委员会委员长暂时代理主席职位。据此，选C项。

19. C

【解析】根据《人民检察院组织法》的规定，专门人民检察院的设置、组织、职权和检察官任免，由全国人民代表大会常务委员会规定。可见，A项表述错误。地方各级人民检察院检察长由本级人民代表大会选举和罢免，副检察长、检察委员会委员和检察员由检察长提请本级人民代表大会常务委员会任免。可见，B项表述错误。人民检察院实行双重从属制，地方各级人民检察院都应当对产生它的权力机关负责并报告工作，人民检察院上下级之间是领导关系，因此地方各级人民检察院需要对上级人民检察院负责。可见，C项表述正确，选C项。最高人民检察院可以发布指导性案例，地方各级人民检察院没有发布指导性案例的职权。可见，D项表述错误。

20. D

【解析】2004年宪法修正案首次规定，国家建立健全同经济发展水平相适应的社会保障制度，选D项。

21. B

【解析】《宪法》第68条第2款规定，委员长、副委员长、秘书长组成委员长会议，处理全国人民代表大会常务委员会的重要日常工作。据此，选B项。

22. A

【解析】特别行政区在政治体制上实行行政长官制，A项表述正确，选A项。特别行政区行政长官由中央人民政府任命，B项表述错误。全国人大对特别行政区基本法享有修改权，全国人大常委会对特别行政区基本法享有解释权，C 项表述错误。在立法会举行会议时，特别行政区行政长官未必列席会议，D 项表述错误。

23. B

【解析】我国上下级法院之间的关系是监督关系，而不是领导关系，这不同于行政机关和检察机关，这一点一定要注意，故选 B 项。

24. A

【解析】根据《宪法》第 89 条第 13 项规定，国务院有权改变或者撤销各部、各委员会发布的不适当的命令、指示和规章。据此，选 A 项。

25. C

【解析】《选举法》第 38 条规定，县级以上的地方各级人民代表大会在选举上一级人民代表大会代表时，由各该级人民代表大会主席团主持。据此，A 项表述错误。《选举法》第 46 条第 2 款规定，县级以上的各级人民代表大会常务委员会或者乡、民族乡、镇的人民代表大会主席团根据代表资格审查委员会提出的报告，确认代表的资格或者确定代表的当选无效，在每届人民代表大会第一次会议前公布代表名单。据此，B 项表述错误。《选举法》第 44 条第 2 款规定，县级以上的地方各级人民代表大会在选举上一级人民代表大会代表时，代表候选人获得全体代表过半数的选票时，始得当选。据此，C 项表述正确，选 C 项。《选举法》第 32 条规定，县级以上的地方各级人民代表大会在选举上一级人民代表大会代表时，代表候选人不限于各该级人民代表大会的代表。据此，D 项表述错误。

26. D

【解析】D 项表述正确，选 D 项，理由在于：受教育权属于公民基本权利，应由宪法和法律制定，地方法规、部门规章以及规范性文件不能进行创设性规定。因此，A 省政府及其教育部门无权出台涉及教育权问题的规定。A、B、C 项表述错误，因为在受教育权方面，差别情况要差别对待，但是需要有正当理由。A 省政府的加分规定是基于纳税大户对当地经济的贡献，从而对纳税大户的子女中考加分。这个差别待遇的理由不但不成立，反而破坏了受教育权的平等性。对这些人在经济上的贡献，社会可以从其他途径给予回馈，应该奖励其本人而非其子女。

27. A

【解析】秦朝规定了盗徙封罪，即惩治偷偷移动田界标志企图侵占他人田产的犯罪，选 A 项。汉朝规定了腹诽罪，腹诽罪属于思想言论方面的犯罪，不选 B 项。出界罪是汉朝规定的罪名，所谓出界，就是诸侯违反规定越界，出界罪属于危害中央集权方面的犯罪，不选 C 项。失刑罪是秦朝规定的罪名，即对过失导致司法官处刑不当，失其轻重的，构成失刑罪，不选 D 项。

28. C

【解析】元世祖忽必烈为标榜仁政，规定对于犯人“天饶他一下，地饶他一下，我饶他一下”，因此将唐宋以来以十为尾数的笞杖刑改为以七为尾数的笞杖刑，笞刑改为十下决七下，二十至三十决一十七下，四十至五十决二十七下；杖刑六十至七十决三十七下，八十至九十决四十七下，一百决五十七下；徒刑，一年至一年半，决六十七下，二年至二年半，决七十七下，三年，决八十七下，四年，决九十七下，五年，决一百零七下。对于贩卖私盐的盗贼，决杖并加镣。对于处流刑的，南人迁于辽阳迤北，北人迁于湖广之地。死刑有斩和凌迟，没有绞刑。规定上述五刑之法的朝代是元朝，选C项。

29. C

【解析】汉朝的法律形式包括律、令、科、比四种：律是基本的律典和单行法律；令是皇帝发布的诏令，法律效力最高；科是律以外规定犯罪与刑罚以及行政管理方面的单行行政法规；比（决事比）是指在律无正条规定时，比照援引典型判例作为裁判案件的依据。可见，选C项。A项表述的廷行事为秦朝的法律形式，D项表述的格例为元朝的法律形式。

30. D

【解析】夏朝中央司法机关称为大理，商朝称为大司寇或者司寇，西周沿用，仍然称为司寇，A项表述错误。秦汉魏晋南北朝北齐以前的司法机关称为廷尉，北齐称为大理寺，北周垂涎于周朝天下800载，将北齐大理寺改为秋官大司寇，隋朝又改为大理寺，可见，北齐是中国历史上第一个以大理寺作为中央主审机关的朝代，该设置一直沿用至宋代，B、C项表述错误。元朝撤销大理寺，以刑部作为中央主审机关（不能称为最高审判机关，因为大宗正府权力在刑部之上，但大宗正府并非主审机关），明朝沿用，以刑部作为中央最高审判机关，清朝沿用；明朝虽然恢复大理寺设置，但此时已经不是中央最高审判机关，而是刑事案件的复核机构，清朝沿用，D项表述正确。

31. D

【解析】汉文帝刑制改革的具体内容就是对奴隶制五刑进行改革，即将墨刑改为髡钳城旦舂，将劓刑改为笞三百，将剕刑中的斩左趾改为笞五百，将剕刑中的斩右趾改为弃市(死刑)。但宫刑未改。可见，选D项。

32. B

【解析】唐朝开国元勋裴寂的曾孙裴景仙索取钱财，累计达五千匹，事发后畏罪逃走。皇帝大怒，召集百官，欲将其当众处斩。本案中，裴景仙累计获赃数量巨大，应当按照“坐赃”罪减一等论处，依律最高只能徒3年，而不应当判处死刑。且裴景仙为开国元勋裴寂之后，裴寂属于八议中的“议功”人员，《唐律疏议·名例律》第九条“请章”规定：“诸皇太子妃大功以上亲，应议者期以上亲及孙若官爵五品以上，犯死罪者，上请，流罪以下，减一等。”同样，《唐律疏议·名例律》第九条“请章”亦对不适用的行为作了明确规定：“其犯十恶，反逆缘坐杀人，监守内奸，盗，略人，受财枉法者，不用此律。”据此，裴景仙曾祖为开国元勋，可以适用“八议”中的“议功”，因此对裴景仙可以适用“请”。同时其所犯为“坐赃”，不在“请”的例外之列，所以可以从轻处罚。综上分析，选B项。

33. A

【解析】1913年宋教仁被刺杀，主谋是北洋政府内务部秘书洪述祖。1917年，洪述祖因涉嫌主谋暗杀宋教仁被上海地方检察厅提起公诉，被告洪述祖对判决不服上诉，其上诉的司法机构应为大理院，大理院改判死刑，保持了司法独立的精神。可见，选A项。B项表述的平政院为北洋政府设立的专门受理行政诉讼的中央司法机关。C项表述的司法院是南京国民政府设立的最高司法机关。D项表述的军政执法处是北洋政府统治时期各派军阀在各控制地方设置的专门司法机构。

34. D

【解析】首先需要明确的是，本案属于过失杀伤他人案件，倘若属于常人过失杀伤，可以收赎，以替代直接的刑罚，但子孙过失杀伤父母，不但不得收赎，且处以重刑。其次，唐宋以来，对于尊亲属杀伤卑幼等减等治罪，而卑幼杀伤尊亲属则加重处罚，对于杀伤尊长的，不论故意还是过失，均入"十恶"重罪（咒骂即构成"不孝"，杀伤即构成"恶逆"）。本案中，由于明清时期的充军一般适用于军人犯罪以及江洋大盗、贩卖私盐、搅扰商税、放牧牲畜践踏庄稼等经济犯罪，而对于十恶犯罪一般不适用，不选 A 项。清朝的发遣刑适用的对象主要是犯徒罪以上的文武官员，一般只限于官员本人，而平民犯罪不适用发遣刑，不选 B 项。杀伤父母属于重罪，但毕竟属于过失，情有可原，应判处斩监候，选 D 项。

35. A

【解析】修正《大总统选举法》是袁世凯政权制定的，而不是曹锟政权制定的，A 项表述错误，选 A 项。1914 年 12 月，参政院炮制了修正《大总统选举法》，规定大总统任期 10 年，可连选连任，实际上承认了总统可以世袭。修正《大总统选举法》规定现任大总统可以推荐继承人，因此，修正《大总统选举法》的制定公布为袁世凯总统世袭制和实现复辟提供了法律依据。可见，B、C、D 项表述都是正确的。

36. D

【解析】《大清新刑律》是中国历史上第一部具有近代意义的专门刑法典，A 项表述错误。南京国民政府于 1928 年制定的《中华民国刑法》被称为"旧刑法"，1935 年制定的《中华民国刑法》被称为"新刑法"，首次引进保安处分制度的是新刑法，B 项表述错误。《大清新刑律》首次从西方引进缓刑制度，C 项表述错误。《大清新刑律》附则《暂行章程》中规定了无夫妇女通奸仍然论罪，D 项表述正确。

37. A

【解析】选 A 项、不选 B 项：金朝保持女真旧制，兼采宋辽制度。熙宗皇统三年（1143 年），"以本朝旧制，兼采隋唐之制，参辽宋之法"，制定了金朝第一部成文法典《皇统制》。其后，法制的汉化进一步加深，至章宗泰和二年（1202 年）颁行《泰和律令敕条格式》，包括《泰和律义》12 篇、《律令》20 卷、《新定敕条》3 卷及《六部格式》30 卷。至此，金朝形成了如宋朝一样的律、令、格、式、编敕体系，从形式到内容实现了全面汉化。不选 C 项：《新定条例》是辽朝第一部比较完整的法典，也是辽朝基本的成文法典，史称《重熙条例》。不选 D 项：西夏仁宗天盛年间正式制定《天盛改旧新定律令》，其详细程度古今中外法令之最。

38. B

【解析】南京国民政府的"六法"是指宪法、民法、刑法、行政法、民事诉讼法和刑事诉讼法，故选 B 项。

39. A

【解析】南京国民政府最高司法机关是司法院，总揽各项司法事务。司法院下设四个直属机构，其中司法行政部掌管司法行政事务（后改为行政院统辖），最高法院行使最高审判权，行政法院行使行政诉讼案件的审判权，官吏惩戒委员会掌管文官和法官的惩戒事宜。可见，选A项。B项表述的行政院是与司法院平级的机构；C项表述的平政院是北洋政府设置的审理行政诉讼案件的司法机构，南京国民政府没有此司法机构。

40. D

【解析】《陕甘宁边区施政纲领》创立了“三三制”的政权组织形式，即共产党员占1/3，非党左派进步人士占1/3，中间派占1/3，选D项。关于革命根据地时期的政权组织形式，应当注意如下发展变化：《中华苏维埃共和国宪法大纲》规定的政权组织形式是工农兵代表大会。《陕甘宁边区施政纲领》规定的政权组织形式是“三三制”和参议会。《陕甘宁边区宪法原则》规定的政权组织形式是人民代表会议制。《华北人民政府施政方针》提出要健全人民代表大会制度。

二、多项选择题

41. AB

【解析】A项表述的是法律原则中的适用刑法人人平等原则，选A项。B项表述的行政处罚法的基本原则之一——处罚与责任相称原则，选B项。C项表述的是法律规则，而不是法律原则，不选C项。D项表述的是法律概念，即民法典上合同制度中的要约概念，不选D项。

42. BCD

【解析】法理学和部门法学都是以法律现象为研究对象，不选A项。法理学研究的是一般理论，即法理学从总体上研究法和法律现象的一般规律，研究法的产生、本质、特征、作用、形式、发展、实施等基本知识、概念和原理，研究法的创制和实施的一般理论。可见，B、C、D项表述都是正确的。

43. ABCD

【解析】法律责任的归责原则包括责任法定原则、因果关系原则、责任与处罚相称原则和责任自负原则。可见，备选项应全选。

44. ABC

【解析】根据《立法法》第72条的规定，有权制定地方性法规的机构有：省、自治区、直辖市的人民代表大会及其常务委员会；设区的市的人民代表大会及其常务委员会；自治州的人民代表大会及其常务委员会。《立法法》第73条规定，地方性法规可以就下列事项作出规定：（1）为执行法律、行政法规的规定，需要根据本行政区域的实际情况作具体规定的事项；（2）属于地方性事务需要制定地方性法规的事项。但根据《立法法》第72条的规定，设区的市、自治州只能就城乡建设与管理、环境保护、历史文化保护等方面的事项制定地方性法规。可见，选A、B、C项。D项表述的事项属于财政基本制度，属于《立法法》第8条规定的专属立法事项。

45. AC

【解析】香港特别行政区的司法机关包括终审法院、高等法院、区域法院、裁判署法庭和其他专门法庭。可见，选A、C项。香港属于英美法系，没有行政法院，不选B项。香港有律政司设置，隶属于香港特别行政区政府，律政司虽然主管刑事检察工作，但不属于司法机关，而是行政机关，不选D项。

46. ABD

【解析】《立法法》第 99 条规定，国务院、中央军事委员会、最高人民法院、最高人民检察院和各省、自治区、直辖市的人民代表大会常务委员会认为行政法规、地方性法规、自治条例和单行条例同宪法或者法律相抵触的，可以向全国人民代表大会常务委员会书面提出进行审查的要求，由常务委员会工作机构分送有关的专门委员会进行审查、提出意见。前款规定以外的其他国家机关和社会团体、企业事业组织以及公民认为行政法规、地方性法规、自治条例和单行条例同宪法或者法律相抵触的，可以向全国人民代表大会常务委员会书面提出进行审查的建议，由常务委员会工作机构进行研究，必要时，送有关的专门委员会进行审查、提出意见。有关的专门委员会和常务委员会工作机构可以对报送备案的规范性文件进行主动审查。据此，选 A、B、D 项。

47. ABD

【解析】我国宪法明确规定，公民的住宅不受侵犯。禁止非法搜查或者非法侵入公民的住宅。但出于对公共利益的维护和追查刑事犯罪的需要（当然，是否构成犯罪有待法院的判定），司法机关的介入是必要的，司法机关并没有侵犯甲的住宅权，A、B 项表述正确，选 A、B 项。虽然甲的“裸聊”行为侵犯了公共利益和社会道德秩序，但基于罪刑法定原则，甲的行为并不构成犯罪，C 项说法错误，不选 C 项。“裸聊”行为说明宪法规定的人身自由权的行使是有边界的，不能滥用，要受到社会公共利益的限制。当然，对于基本权利的限制，需要通过立法形式予以明确。可见，D 项表述正确，选 D 项。

48. BC

【解析】汉朝所谓“舍天子而仕诸侯”构成的犯罪称为左官罪，A 项表述错误。汉律规定，三人以上群饮，罚金四两，此为群饮酒罪，B 项表述正确。汉朝出界罪是有关危害中央集权方面的犯罪，所谓出界，即诸侯越界。为了防止诸侯越界串通以对抗中央，汉武帝时期制定《出界律》，打击对抗中央的行为，C 项表述正确。汉朝对治安官吏得知贼盗犯罪真情，不及时举告者，构成见知故纵罪，而非蔽匿盗贼罪，D 项表述错误。这里的“蔽匿盗贼”，即根据汉武帝制定的《沈命法》，地方官吏隐瞒盗窃消息不上报朝廷的行为。

49. BD

【解析】“十恶”是指谋反、谋大逆、谋叛、恶逆、大不敬、不道、不孝、不睦、不义和内乱十罪。其中构成不义的情形包括：谓杀本属府主、刺史、县令、见受业师，吏、卒杀本部五品以上官长；及闻夫丧匿不举哀，若作乐，释服从吉及改嫁。依据唐律的上述规定，选 B、D 项。A 项（闻父母丧匿不举哀）表述的情形构成“不孝”，不选 A 项。C 项（殴夫）表述的情形构成“不睦”，不选 C 项。

50. ABCD

【解析】清朝的人身依附关系有所削弱，具体表现为：（1）废除匠籍制度。清朝初期废除匠籍制度，代之以雇募工匠，手工业工人的人身权利得到了一定的保障。（2）雇工人地位改善。自乾隆末叶后，雇工人的人身隶属关系获得了解放。（3）雍正豁贱为良。雍正及乾隆年间，陆续将贱民豁出贱籍，除贱为良。（4）奴婢可以开户为民。可见，备选项应全选。

三、简答题

51. 答案要点：

（1）科学技术影响法的内容，成为法律规定的重要依据。（2分）

（2）科学技术的发展扩展了法律调整的领域。（2分）

（3）科学技术的发展引起了有关传统法律概念和原则的变化。（2分）

（4）科学技术的发展完善了法律调整机制，为立法和执法提供了新的技术和手段，对法的制定和实施产生了重大影响。（2分）

（5）科学技术的发展影响了法学教育、法制宣传和法学研究的方式和内容，促进其方式和内容的更新和发展。（2分）

52. 答案要点：

（1）选举权和被选举权。选举权和被选举权就是公民享有选举与被选举为国家权力机关的代表或其他国家机关公职人员的权利。（2分）

（2）言论自由。言论自由是公民通过口头等形式表达其意见和观点的自由。（2分）

（3）出版自由。出版自由是公民在宪法和法律规定的范围内，通过出版物系统地表达自己的意见和思想的权利。（2分）

（4）集会、游行、示威自由。集会是聚集于露天公共场所，发表意见、表示意愿的活动；游行是在公共道路、露天公共场所列队行进、表达共同意愿的活动；示威是在露天场所或者公共道路上以集会、游行、静坐等方式，表达要求、抗议或者支持、声援等共同意思的活动。（2分）

（5）结社自由。结社自由是公民为了一定的宗旨而组织成社会团体的自由。（2分）

53. 答案要点：

（1）在立法指导思想上，清政府迫于激变的时局，不得不“改弦更张”，“参酌各国法律”进行变法修律，但在根本问题上又坚持修律应“不戾乎中国数千年相传之礼教民情”。因此，借用西方近代法律制度的形式，坚持中国固有的制度内容，即成为清朝统治者变法修律的基本宗旨。（3分）

（2）在内容上，一方面，清末修律坚持君主专制及伦理纲常“不可率行改变”，在新修新订的法律中继续保持肯定和维护专制统治的传统；另一方面，又标榜“吸收世界各国大同之良规、兼采近世最新之学说”，大量引入西方法律理论、原则、制度和法律术语，使得保守的内容与先进的近代法律形式同时显现于新订的法律法规之中。（3分）

（3）在法典编纂形式上，修律改变了中国传统的“诸法合体”的形式，明确了实体法之间、实体法与程序法之间的差别，分别制定、颁行或起草了有关宪法、民法、商法、诉讼法、法院组织法等方面的法典或法规，形成了近代法律体系的雏形。（2分）

（4）在实质上，清末修律是在保持君主政体的前提下进行的，既不能反映人民群众的要求和愿望，也没有真正的民主形式，清末修律的实质是为了维护清王朝摇摇欲坠的统治。（2分）

四、分析题

54. 答案要点：

（1）司法是被动的，而行政执法主体有权进行主动单方面的管理行为。（2分）

（2）行政执法由于涉及日常管理活动，必须及时处理问题，保障社会正常运转，因此必须迅速处理问题，讲求效率。（3 分）

（3）与司法不同，行政处罚并不是终局裁判，当事人如不服处罚，还可以要求行政复议或行政诉讼，通过正式、公开的司法程序解决纠纷，认定和归结责任。（3 分）

（4）驾驶者从事的是可能给社会带来危害的驾驶行为，应当自驾驶行为一开始就负有特殊义务，严格遵守交通法规，无论其是否明知受到监控。（2 分）

55. 答案要点：

（1）首先，乙某对甲某超速行驶实施行政处罚是合法的，因为甲某违反了道路交通安全法的规定。其次，乙某对甲某加重处罚是不合法的，因为根据依法行政原则，执法机关不能由于行政相对人的申辩而加重处罚。（4 分）

（2）督察队的处理意见和公安局对甲某实施行政拘留的做法不合法。根据我国宪法规定，中华人民共和国公民对于任何国家机关和国家工作人员，有提出批评和建议的权利；对于任何国家机关和国家工作人员的违法失职行为，有向有关国家机关提出申诉、控告或者检举的权利，但是不得捏造或者歪曲事实进行诬告陷害。据此，监督权作为公民甲某依法享有的基本权利，任何人不得以此为由进行打击报复。（4 分）

（3）公安机关在执法活动中应遵循的基本原则包括依法行政原则、合理性原则、讲求效率原则、正当程序原则、比例原则、诚实守信原则和权责统一原则。（2 分）

56. 答案要点：

（1）材料体现的是鞫谳分司制。（2 分）

（2）根据材料，实行鞫谳分司制的目的是“防奸”，推司为规避风险，“案成”之前与法司商议，并揣摩法司心思，这造成一味顺从法司意见，致使本应有的牵制、制约制度名存实亡。（4 分）

（3）宋朝实行鞫谳分司制，有利于防止司法官因缘为奸，保证审判质量；有利于维护司法公正与为民申冤，防止冤假错案；有利于皇帝控制司法权。但实行鞫谳分司制不能从根本上杜绝司法腐败，而审、判分立也不符合司法原则。（4 分）

五、论述题

57. 答案要点：

（1）以事实为根据、以法律为准绳原则。以事实为根据，就是指司法机关审理一切案件，都只能以与案件有关的事实作为依据而不能以主观臆断作为依据。以事实为根据的“事实”包括被合法证据证明了的事实和依法推定的事实。以法律为准绳，就是指司法机关在司法过程中，要严格按照法律规定办事，把法律作为处理案件的唯一标准和尺度。为了贯彻实行该原则，必须坚持实事求是、从实际出发的思想路线，重证据，重调查研究，不轻信口供。坚持维护社会主义法律的权威和尊严，要严格遵守实体法和程序法的规定。（3 分）

（2）公民在适用法律上一律平等原则。该原则要求法律对于全体公民都统一适用，所有公民依法享有同等的权利并承担同等的义务；任何权利受到侵犯的公民一律平等地受到法律保护；在民事和行政诉讼中，要保证诉讼当事人享有平等的诉讼权利，不能偏袒任何一方；在刑事诉讼中，要切实保障诉讼参与人依法享有的诉讼权利。对任何公民的违法犯罪行为，都必须追究法律责任，依法给予相应的法律制裁，不允许有不受法律约束或凌驾于法律之上的特殊公民。实行该原则是发展社会主义市场经济的必然要求，是建设社会主义民主政治的重要保证，是社会主义精神文明的必要条件，是建设社会主义法治国家的要求。在司法实践中贯彻该原则，要坚决反对封建特权思想；司法工作者在司法活动中必须忠实于事实，忠实于法律，忠实于人民。（3分）

（3）司法机关依法独立行使职权原则。该原则意味着司法权具有专属性和独立性，该原则还要求行使职权必须具有合法性。专属性即国家的司法权只能由国家各级审判机关和检察机关统一行使，其他任何机关、团体和个人都无权行使此项权力；独立性即人民法院、人民检察院依照法律独立行使自己的职权，不受行政机关、社会团体和个人的非法干涉；行使职权的合法性即司法机关审理案件必须严格依照法律规定，正确适用法律，不得滥用职权，枉法裁判。实行该原则对于发扬社会主义民主、维护国家法制统一、保证司法机关正确适用法律和维护社会主义司法公正，具有重要意义。（3分）

（4）司法责任原则。司法责任原则是指司法机关和司法人员在行使司法权过程中侵犯了公民、法人和其他社会组织的合法权益，造成严重后果而应承担的一种责任制度。司法责任原则是根据权力与责任相统一的法治原则而提出的权力约束机制。司法机关和司法人员接受人民权力的委托，行使国家的司法权，有着重大的权力。按照权力与责任相一致的原则，一方面对司法机关和司法人员行使国家司法权给予法律保障，另一方面对司法机关及其司法人员的违法和犯罪行为给予严惩。只有将司法权力与司法责任结合起来，才能更好地增强司法机关和司法人员的责任感，防止司法过程中的违法行为，并对违法行为进行法律制裁，以更好地维护社会主义司法的威信和社会主义法制的权威和尊严。（3分）

（5）司法公正原则。司法公正原则是指司法机关及其司法人员在司法活动的过程和结果中应坚持和体现公平和正义的原则。司法公正是社会正义的重要组成部分，它包括实体公正和程序公正，其中实体公正主要是指司法裁判的结果公正，当事人的权益得到了充分的保障，违法犯罪者受到了应得的惩罚和制裁；程序公正主要是指司法过程的公正，司法程序具有正当性，当事人在司法过程中受到公平的对待。司法活动的合法性、独立性、有效性，裁判人员的中立性，当事人地位的平等性以及裁判结果的公正性，都是司法公正的必然要求和体现。司法公正是司法的生命和灵魂，是司法的本质要求和终极价值准则。追求司法公正是司法的永恒主题，也是民众对司法的期望。当今中国正在进行司法改革，它包括制度、程序和体制改革以及建立现代司法制度，其最终目的就是实现司法公正，并通过司法公正维护和促进社会公正。（3分）

58. 答案要点：

（1）人身自由是指与主体人身不可分离的宪法规定的基本权利。人身自由权是公民参加各种社会活动、参加国家政治生活和享受其他权利自由的先决条件，也是公民最基本、最起码的权利，是其他一切权利和自由的基础。我国宪法规定的人身自由包括公民的人身自由不受侵犯、公民的住宅不受侵犯和公民的通信自由与秘密受法律保护。（3分）

（2）公民的人身和行动不受非法搜查、拘禁、逮捕、剥夺、限制和侵害。我国宪法规定，中华人民共和国公民的人身自由不受侵犯。任何公民，非经人民检察院批准或者决定或者人民法院决定，并由公安机关执行，不受逮捕。禁止非法拘禁和以其他方法非法剥夺

或者限制公民的人身自由，禁止非法搜查公民的身体。(3分)

(3) 人格权是和人格尊严紧密联系的一种宪法权利。公民的人格权包括姓名权、肖像权、名誉权和隐私权等，公民人格权是我国宪法的内容之一。我国宪法规定，公民的人格尊严不受侵犯。禁止用任何方法对公民进行侮辱、诽谤和诬告陷害。(3分)

(4) 住宅权是指公民居住、生活及保存私人财产的场所不受非法侵辱和搜查。住宅权保护的核心法益是居住安全和生活安宁。住宅是公民的起居生活之处，是公民个人的私密空间，也是公民借以进行各种社会活动不可缺少的条件。我国宪法规定，中华人民共和国公民的住宅不受侵犯。禁止非法搜查或者非法侵入公民的住宅。据此，公民住宅权应当包括如下3方面的含义：公民的住宅不得随意进入；公民的住宅不得随意搜查；公民的住宅不得随意查封。(3分)

(5) 通信自由是指公民有根据自己的意愿自由进行通信不受他人干涉的自由。通信秘密是指公民通信的内容受国家法律保护，任何人不得非法私拆、毁弃、偷阅他人的信件。公民的通信涉及公民的个人生活、思想活动、社会交流等切身利益，因此，保障公民通信自由和通信秘密不受非法侵犯，是公民一项不可缺少的基本自由。我国宪法规定，中华人民共和国公民的通信自由和通信秘密受法律的保护。除因国家安全或者追查刑事犯罪的需要，由公安机关或者检察机关依照法律规定的程序对通信进行检查外，任何组织或者个人不得以任何理由侵犯公民的通信自由和通信秘密。(3分)

专业基础课模拟试题（三）

一、单项选择题（第1～40小题，每小题1分，共40分。下列每题给出的四个选项中，只有一个选项是符合题目要求的）

1. 甲为一外国人，在其国内娶了中国女留学生乙为妻子，后又娶一越南女子丙为妻。后甲杀乙未遂，被该国警方逮捕，其间还查出甲有抢劫中国游客、伪造中国货币的犯罪行为。对甲的上述行为，我国刑法无权管辖的是(　　)。

A. 故意杀人罪　　B. 重婚罪　　C. 伪造货币罪　　D. 抢劫罪

2. 治安联防队员甲在夜间巡逻，抓到可疑人乙，怀疑其为小偷，即把其叫进室内讯问。乙否认偷了东西，甲便把乙高吊起来，强迫其承认，结果吊绳断开致乙死亡。甲的行为构成(　　)。

A. 刑讯逼供罪　　B. 过失致人死亡罪

C. 绑架罪　　D. 故意伤害（致死）罪

3. 甲14岁生日那天，邀集几个朋友到一饭馆吃饭。饭后回家途中，甲看到一行人手拿一个提包，即掏出随身携带的弹簧刀将持包人刺伤并把包抢走，包内有手提电话1部(价值7 600元)、现金6 000余元。则甲14岁生日那天的行为(　　)。

A. 构成抢劫罪　　B. 构成盗窃罪

C. 不构成犯罪　　D. 负有限的刑事责任

4. 既能以作为形式实施也能以不作为形式实施的犯罪为(　　)。

A. 赌博罪　　B. 故意杀人罪　　C. 伪证罪　　D. 侮辱罪

5. 依据罪刑法定原则，下列说法正确的是(　　)。

A. 派出所民警甲怀疑乙嫖娼，将乙限制在派出所内达3日之久。为了让乙交代嫖娼情节，还将其打成轻伤，甲不构成刑讯逼供罪

B. 某国家机关保管印章的乙，利用职务之便偷国家机关印章，用于制作国家机关证件，并大量贩卖，社会影响极坏，乙不构成犯罪

C. 一公司女老板丙，以开除公司员工孙某为要挟，逼迫孙某与其发生性关系，则丙构成强奸罪

D. 丁因国家工作人员周某向其索贿而不得不将10万元款项打入周某指定的账户，丁

构成行贿罪

6. 乙欠甲 5 万元，久拖未还。某日，甲到乙家，持刀威逼乙写下欠甲 50 万元的借条一张，并扬言当日持借条来乙家取钱，若乙不答应则杀之。下列说法正确的是(　　)。

A. 甲构成抢劫罪

B. 甲构成敲诈勒索罪

C. 甲构成抢劫罪与敲诈勒索罪，数罪并罚

D. 甲是索要债务不当的行为，不构成犯罪

7. 甲夜入民宅行窃，被主人发现，甲即将主人打昏，携带赃物逃出后，唯恐主人醒后报案，又返回将主人杀死。甲的行为构成(　　)。

A. 抢劫罪

B. 故意杀人罪

C. 非法侵入他人住宅罪、抢劫罪、故意杀人罪

D. 抢劫罪、故意杀人罪

8. 甲男将乙女绑架，意图带到外地卖掉。在去外地的途中，甲对乙产生好感，爱护有加。二人到海南旅游半个多月后，各自回家。甲的行为属于(　　)。

A. 绑架罪的既遂　　B. 绑架罪的中止

C. 拐卖妇女罪的既遂　　D. 拐卖妇女罪的中止

9. 下列犯罪行为中，应当以包庇罪定罪处罚的是(　　)。

A. 甲帮助盗窃犯毁灭罪证

B. 乘车人乙在交通肇事后指示肇事人逃逸，致使被害人得不到救助而死亡

C. 丙明知其朋友任某强奸周某的犯罪事实，而向司法机关声称二人系恋人

D. 丁向其情夫汪某通报公安机关抓捕汪某的消息，并提供汽车让汪某逃跑

10. 甲欲杀乙，故意将装好子弹的枪支交给丙，并骗丙说是空枪，叫丙向乙瞄准射击恐吓乙，结果乙中弹身亡。下列说法正确的是(　　)。

A. 甲、丙构成共同犯罪　　B. 甲构成间接正犯

C. 甲、丙构成共同过失犯罪　　D. 丙单独构成犯罪

11. 甲在街上趁乙不备，将其手机（价值 3 000 元）夺走。随后甲反复使用该手机拨打国际长途电话，致使乙损失话费 5 000 元。甲的行为构成(　　)。

A. 抢夺罪和盗窃罪择一重罪论处　　B. 抢劫罪和盗窃罪择一重罪论处

C. 抢夺罪和盗窃罪数罪并罚　　D. 抢劫罪和盗窃罪数罪并罚

12. 2014 年 7 月，洪某以别人名字租用服务器，在互联网上建立并管理维护含有色情淫秽内容的网站“免费电影”。经公安机关鉴定确认“免费电影”网站的淫秽影片 20 部，色情电影链接的点击率达到数万次。洪某的行为构成(　　)。

A. 传播淫秽物品牟利罪　　B. 拒不履行信息网络安全管理义务罪

C. 传播淫秽物品罪　　D. 帮助信息网络犯罪活动罪

13. 关于假释，下列选项正确的是(　　)。

A. 被假释的犯罪分子，未经执行机关批准，不得行使言论、出版、集会、结社、游行、示威自由的权利

B. 对于犯故意杀人、强奸、抢劫、绑架、放火、爆炸、投放危险物质或者有组织的暴力性犯罪的犯罪分子，且被判处12年以上有期徒刑的，不得假释

C. 对于累犯或者犯罪集团的首要分子，不得假释

D. 贪污数额特别巨大，并使国家和人民利益遭受重大损失，被判处死刑缓期执行的犯罪分子，在依法减为无期徒刑后，人民法院可以决定对其终身监禁，不得假释

14. 甲爱好游泳，且技术高超，一日，甲声称愿意帮助乙学会游泳，乙欣然答应。甲遂将乙带到河流深水处去游。在乙刚学会游时，甲即弃之不顾，独自游回河岸，乙无力游回，面临被淹死的危险状态。此时，丙站在河岸上旁观，虽然游泳技术很好，但因不认识甲、乙二人，不愿意跳入河中救人。本案中，甲和丙的行为(　　)。

A. 构成共同犯罪　　B. 应分别以故意杀人罪论处

C. 均不构成犯罪　　D. 甲的行为构成犯罪，丙不构成犯罪

15. 某地税局局长甲利用职务上的便利非法为乙的独资企业减税。随后，乙送给甲一张2万元、使用期限为1个月的购物卡。甲收下购物卡后忘记使用，导致购物卡过期作废，卡内的2万元被退回到乙的企业。关于甲的行为，下列选项正确的是(　　)。

A. 甲的行为不构成受贿罪　　B. 甲的行为构成受贿罪（预备）

C. 甲的行为构成受贿罪（未遂）　　D. 甲的行为构成受贿罪（既遂）

16. 甲窃得信用卡一张，使用一段时间后欲出卖。乙以欺骗手段骗取了该信用卡，并在多家商场柜台前购物，造成信用卡所有人重大经济损失。下列说法正确的是(　　)。

A. 甲构成盗窃罪，乙构成诈骗罪

B. 甲、乙构成信用卡诈骗罪

C. 甲构成盗窃罪，乙构成信用卡诈骗罪

D. 甲构成盗窃罪，乙构成妨害信用卡管理罪

17.《刑法》第24条第2款规定：对于中止犯，没有造成损害的，应当免除处罚。该刑罚处理方式属于(　　)。

A. 消灭处理方式　　B. 定罪免刑方式

C. 定罪判刑方式　　D. 转移处理方式

18. 下列选项中，构成累犯的有(　　)。

A. 甲因盗窃罪被判服刑5年，刑满释放后第3年因驾车不慎撞死行人

B. 乙于2007年因间谍罪被判有期徒刑4年，刑满释放后，于2018年又犯故意杀人罪

C. 丙15周岁时因犯抢劫罪被判有期徒刑5年，刑满释放后的第2年又因敲诈勒索数额巨大构成犯罪

D. 丁2002年因诈骗被判有期徒刑12年，2014年初刑满释放后，无事可做，多次入室盗窃，2018年在一次销赃时被当场抓获，人民法院判其有期徒刑5年

19. 根据刑法原理，下列适用数罪并罚的情形是(　　)。

A. 犯罪行为在一定时间内处于继续状态的犯罪

B. 以一个故意或过失，实施一个犯罪行为，同时触犯数个罪名的犯罪

C. 出于数个故意，多次实施犯罪行为，触犯不同罪名的犯罪

D. 以某一犯罪为目的，而其犯罪方法行为或者结果行为又触犯其他罪名的犯罪

20. 某日晚，甲和朋友聚会，喝了很多洋酒。聚会结束后，没有喝酒的朋友开甲的车将甲送回其居住的小区。由于是自家小区，甲便让朋友离开，自行驾车入库。在倒车时，因喝酒过多（血液中酒精含量达到155毫克/100毫升以上），甲的动作和反应都比平常差，结果将邻近的乙的轿车撞坏。甲的行为构成（　　）。

A. 交通肇事罪　　B. 危险驾驶罪

C. 以危险方法危害公共安全罪　　D. 重大责任事故罪

21. 甲、乙签订为期1年的租赁合同，约定乙承租甲的房屋，并分两期支付租金，每半年支付一次，但乙在支付第一期租金后拒不支付第二期到期租金。则甲要求乙按期支付租金的诉讼时效期间是（　　）。

A. 1年　　B. 3年　　C. 2年　　D. 4年

22. 甲为了逃避法院的强制执行，与乙通谋，以赠与为幌子将其房产出卖给乙。甲、乙的行为效力为（　　）。

A. 无效　　B. 有效　　C. 效力待定　　D. 可撤销

23. 甲、乙二人约定，甲如果考上研究生，甲就将房屋出卖给乙。对于该约定，下列表述正确的是（　　）。

A. 是附解除条件的民事法律行为

B. 是附期限的民事法律行为

C. 如果该民事法律行为所附事实一直没有成就，则会维持成立状态

D. 该民事法律行为一直处于生效状态

24. 下列为胎儿从事的行为中，胎儿视为具有民事权利能力的是（　　）。

A. 支付胎儿性别鉴定所支付的医疗费用　　B. 接受好友赠与的一台电脑

C. 准父母给胎儿起名字　　D. 准妈妈为胎儿购置婴儿用品

25. 根据我国专利法规定，实用新型专利具有创造性的要求是（　　）。

A. 同申请日以前已有的技术相比，有突出的实质性特点和显著的进步

B. 能够制造或者使用，并且能够产生积极效果

C. 同申请日以前已有的技术相比，有实质性特点和进步

D. 与现有设计或者现有设计特征的组合相比，应当具有明显的区别

26. 下列客体不属于知识产权保护范围的是（　　）。

A. 地理标志　　B. 动物品种

C. 商业秘密　　D. 集成电路布图设计

27. 下列关于收养关系的成立和解除的判断，正确的是（　　）。

A. 甲（女，48岁，单身）可以收养1名15岁的男孩

B. 乙（男，35岁）可以收养其年满10岁的外甥女

C. 甲、乙成立收养关系后，收养人甲不得解除收养关系

D. 甲、乙成立收养关系后，养父甲与养子乙的关系恶化、无法共同生活的，可以协议解除收养关系

28. 依据《专利法》的有关规定，下列选项中，可以授予专利权的是（　　）。

A. 甲发明了用以躲避监控机动车超速行驶的雷达的预警电子猫

B. 乙对两种平面印刷品的图案的结合作出的主要起标识作用的设计

C. 丙利用并依赖遗传基因资源完成的克隆人的发明创造

D. 丁发明了某植物新品种的生产方法

29. 著名画家甲将自绘的一幅肖像画遗赠给乙，后甲死亡。则下列选项表述正确的是(　　)。

A. 乙应当在甲死亡后60日内以明示的方式表示是否接受遗赠

B. 如果乙接受遗赠，乙就享有对该美术作品的修改权

C. 如果乙接受遗赠，乙仍然不能享有该美术作品的展览权

D. 如果乙表示接受遗赠，则乙有权继承甲生前因展览该肖像画获取的报酬

30. 甲是A公司的实际控制人，为逃避债务，甲将A公司财产与自己的财产混同，并乘机将混同财产转移至自己名义下，致使B公司的债权无法实现。对于所欠B公司的债务(　　)。

A. 由A公司承担清偿责任

B. 由甲承担清偿责任

C. 由A公司承担清偿责任，甲承担相应的补充责任

D. 由A公司和甲承担连带责任

31. 甲电器销售公司的安装工人李某在为消费者吕某安装空调的过程中，不慎从高处掉落安装工具，将路人王某砸成重伤。李某是乙公司的劳务派遣人员，此前曾多次发生类似小事故，甲公司曾要求乙公司另派他人，但乙公司未予换人。对王某的损害(　　)。

A. 李某承担赔偿责任，吕某承担补充责任

B. 甲公司承担赔偿责任，乙公司承担相应的补充责任

C. 甲公司承担赔偿责任，乙公司承担相应的责任

D. 甲公司、李某、乙公司、吕某承担连带赔偿责任

32. 某月2日，甲公司向乙银行贷款100万元购买精密医疗设备，5日，为了获取更多的融通资金，甲公司将购置的精密医疗设备先后抵押给丙公司、丁公司和戊公司，丙公司和丁公司办理了抵押登记，但是戊公司没有办理抵押登记。8日，甲公司又将该精密医疗设备抵押给乙银行以担保借款。则对精密医疗设备享有价款债权抵押权的超级优先权的是(　　)。

A. 乙银行　　B. 丙公司　　C. 丁公司　　D. 戊公司

33. 某小区甲业主委员会与乙物业服务公司签订物业服务合同。在合同履行期限届满前，小区业主对乙公司提供的物业服务不满，遂决定解除物业服务合同。对此，下列表述正确的是(　　)。

A. 小区业主决定解聘乙公司，应当由专有部分面积占比3/4以上的业主且人数占比3/4以上的业主参与表决，并应当经参与表决专有部分面积过半数的业主且参与表决人数过半数的业主同意

B. 合同履行期限未届满，小区业主无权解除物业服务合同，否则承担违约责任

C. 业主决定解聘的，应当提前30日书面通知物业服务人，但是合同对通知期限另有约定的除外

D. 业主解除合同造成物业服务人损失的，除不可归责于业主的事由外，业主应当赔偿损失

34. 下列选项中，应当认定为承诺的是(　　)。

A. 甲向乙发出要约，要求乙应当在 2 个月内予以答复，超过该期限未能答复的视为承诺。则 2 个月期限过后，乙未能答复视为承诺

B. 丙向丁发出购买空调 10 台的要约，丁回复为：同意你方条件，但交货时间应推迟 4 个月。丁的回复视为承诺

C. 某高档时装店橱窗展示某模特穿过的高档服装一件，陈某看到后立即进入时装店要求时装店将展示的服装卖给他。时装店立即表示同意。时装店表示同意的意思表示属于承诺

D. 某大商场广告宣称：现有 50 台“康佳”牌彩电已上市，每台售价 3 000 元，购买者享受“三包”服务，并送货上门，欲购从速

35. 根据我国商标法规定，下列标志可以作为商标注册的是(　　)。

A. 商品装潢　　B. 气味　　C. 商务通用标识　　D. 手机铃声

36. 制片方甲创作的电影《迷雾》是根据真实故事改编的，该电影的女主角原型乙表示，影片虚构的下跪、陪睡等情节遭受社会非议，使其深受打击，正常生活遭到破坏。经查，影片中确实存在上述虚构情节。甲的行为(　　)。

A. 侵犯了乙的名誉权　　B. 侵犯了乙的隐私权

C. 侵犯了乙的肖像权　　D. 不构成侵权

37. 甲、乙、丙、丁组成的合伙企业欠戊 70 万元债务，则下列表述正确的是(　　)。

A. 戊有权要求甲偿还其中的 50 万元债务

B. 乙有权按照合伙企业内部债务承担比例的约定对抗债权人

C. 丙有权以退伙为由不承担合伙企业的债务

D. 甲、丁对合伙企业的债务承担按份责任

38. 根据《专利法》的有关规定，下列表述的情形，行为人不承担专利侵权赔偿责任的是(　　)。

A. 某国捕鲸船在临时通过中国领海时使用了中国的专利技术加工其鲸鱼制品

B. 某厂在一国际贸易洽谈会上订购了一批侵权的专利设备用于生产

C. 某公司在不知情时销售了能够证明合法来源的侵犯专利权的产品

D. 某一生产厂家假冒他人专利生产其产品

39. 甲、乙系亲兄弟，乙早逝，留有一子丙。丙自幼深得甲喜爱，甲立遗嘱指定由丙继承其全部家产。丙成家后生子丁。某日，丙意外遭遇车祸不幸去世。甲悲伤过度突发脑淤血随后去世，留有遗产。甲之子戊与丁就遗产分割发生纠纷。对此，甲的遗产(　　)。

A. 由丁代位继承全部遗产　　B. 由戊继承全部遗产

C. 由丁、戊各继承一半遗产　　D. 丙的应继份转由丁继承

40. 甲向乙借款并将自己的一台电脑出质给乙，乙又擅自将该电脑借给其妹妹丙使用，丙搬动电脑的过程中不慎将其摔坏。对于电脑的毁坏(　　)。

A. 乙承担赔偿责任

B. 丙承担赔偿责任

C. 乙、丙承担连带赔偿责任

D. 乙承担赔偿责任，丙承担相应的补充责任

二、多项选择题（第41～50小题，每小题2分，共20分。下列每题给出的四个选项中，至少有两个选项是符合题目要求的。多选、少选或错选均不得分）

41. 下列情形构成信用卡诈骗罪的有（　　）。

A. 张某使用已经作废的信用卡购物

B. 李某借用杨某的信用卡买房

C. 詹某在使用信用卡时明知钱已不多仍透支使用

D. 孙某拾得刘某的信用卡并以刘某的名义使用

42. 甲多次从事盗窃和贩卖毒品的犯罪活动。下列选项中，属于甲故意的认识内容的是（　　）。

A. 成立盗窃罪，要求甲认识到自己实施了“多次”盗窃活动

B. 成立盗窃罪，要求甲认识到自己实施的盗窃行为具有社会危害性

C. 成立贩卖毒品罪，要求甲认识到自己贩卖的是毒品

D. 成立贩卖毒品罪，要求甲认识到贩卖毒品是违法的

43. 下列犯罪中，“告诉才处理”的有（　　）。

A. 虐待罪　　B. 暴力干涉婚姻自由罪

C. 重婚罪　　D. 遗弃罪

44. 下列涉医的危害行为，构成犯罪的有（　　）。

A. 甲以受他人委托处理医疗纠纷为名实施敲诈勒索，强行索取数额较大的公私财物

B. 乙对为自己诊治牙病的马医生不满，故意伤害她，致其右耳失聪

C. 丙因不满意为自己住院老母亲服务的护士甘某，将其锁在值班室以限制其人身自由

D. 丁对为自己怀孕妻子进行产检的医生刘某不满，采用暴力及辱骂方法公然侮辱刘某，致其自杀未遂

45. 下列行为中，属于犯罪未遂的有（　　）。

A. 甲试图杀死妻子，便在饭碗中下毒，甲的妻子中毒后被邻居发现送往医院获救

B. 乙为制造火车颠覆事故，试图在铁轨上安放定时炸弹，在安放之际，被巡道员发现制止

C. 丙乘夜抢劫乙，但发现乙是熟人，便以开玩笑为由放弃抢劫

D. 丁入室行窃，听到门外有脚步声，误认为有人回家不能盗窃而逃走，实际上是风吹物落的声音

46. 下列情形中，可以经过有关权利人追认生效的是（　　）。

A. 甲以被代理人的名义与自己签订房屋买卖合同

B. 乙以被代理人的名义与乙代理的赵某签订房屋租赁合同

C. 丙超越代理权限与A公司签订购买木料的合同

D. 丁（15 岁）与 B 商场签订购买摩托车的合同

47. 除合伙协议另有约定外，合伙企业的下列事项应当经全体合伙人一致同意的是(　　)。

A. 改变合伙企业的名称

B. 转让合伙企业的商标专用权

C. 处分合伙企业的房产

D. 选任某一合伙人担任合伙企业的经营管理人员

48. 甲以 3 万元的价格向乙出售五台电脑，双方约定五个月内付清货款，每月支付 6 000 元，在全部价款付清前电脑的所有权不转移。合同生效后，甲将电脑交付乙使用。对此，下列说法正确的有(　　)。

A. 在乙未付清全部货款前，电脑的所有权属于甲

B. 若乙将五台电脑出质，甲有权取回五台电脑

C. 若乙未支付购置五台电脑货款达 9 000 元，甲可以请求乙一次性支付剩余货款

D. 甲应对其保留的五台电脑的所有权办理登记，未经登记，所有权保留条款不生效

49. 下列情形能够引起诉讼时效中断的是(　　)。

A. 权利人向义务人提出履行请求　　B. 义务人同意履行义务

C. 权利人提起诉讼或申请仲裁　　D. 权利人被义务人或其他人控制

50. 甲、乙签订借款合同，甲向乙借款 20 万元，借款期限为 1 年，丙为甲提供全额连带保证责任，但未约定保证期间。合同签订不到 1 个月，甲、乙又达成补充协议，将借款期限延长 6 个月，但丙对该补充协议并不知情。则(　　)。

A. 因履行期限的变动未经丙书面同意，丙不再承担保证责任

B. 丙应自补充协议约定的还款期限届满之日起开始承担保证责任

C. 丙应自原合同约定的还款期限届满之日起开始承担保证责任

D. 乙应自原合同履行期限届满之日起 6 个月内要求丙承担保证责任

三、简答题（第 51～54 小题，每小题 10 分，共 40 分）

51. 简述在共同犯罪中成立中止的条件。

52. 简述骗取贷款、票据承兑、金融票证罪的概念和构成要件。

53. 简述发明和实用新型的区别。

54. 简述债权的特征。

四、法条分析题（第 55～56 小题，每小题 10 分，共 20 分。要求符合立法原意和刑法/民法理论）

55.《刑法》第 246 条第 1 款规定：“以暴力或者其他方法公然侮辱他人或者捏造事实诽谤他人，情节严重的，处三年以下有期徒刑、拘役、管制或者剥夺政治权利。”

请分析：

（1）侮辱的含义。

（2）诽谤的含义。

（3）侮辱罪和诽谤罪的区别。

56.《民法典》第726条第1款规定："出租人出卖租赁房屋的，应当在出卖之前的合理期限内通知承租人，承租人享有以同等条件优先购买的权利；但是，房屋按份共有人行使优先购买权或者出租人将房屋出卖给近亲属的除外。"

请分析：

（1）如何认定"同等条件"？

（2）出租人履行通知义务后，承租人多长期限内未明确表示购买，视为放弃优先购买权？

（3）出租人委托拍卖人拍卖租赁房屋的，应当在拍卖多少日前通知承租人？

（4）出租人未通知承租人行使优先购买权的，承租人是否可以请求赔偿损失和主张出租人与第三人签订的买卖合同无效？

五、案例分析题（第57～58小题，每小题15分，共30分）

57. 甲通过电话与百公里之外的贩毒人员乙联系购买毒品海洛因。乙同丙携带850克海洛因乘坐火车到达甲所在的城市后入住一宾馆。随后，乙与甲电话联系交易毒品。甲给开小型货车的堂弟丁打电话（丁知道甲吸食毒品），要丁次日中午驾车到甲的住处。第二天，丁开车到甲住处，甲给丁3 000元现金让其开车陪同他接两个送"货"的人。丁将车开至甲指定的宾馆门口，甲将乙、丙叫上车，其中丙手中提一个黑色书包。甲让丁将车开回甲的住处，丁看见甲、乙、丙三人蹲在地上，地上铺着报纸，上面放着白色粉末状东西，甲用电子秤对白色粉末进行称重。5分钟后，乙、丙离开甲的住处。半小时后，甲的女友送来现金20万元，丁当场帮助甲清点现金17万元，甲将钱放入随身携带的皮包内。甲又让丁开车将其送到乙、丙下榻的宾馆，甲让丁在车上等候，甲独自一人进入宾馆。5分钟后甲将一个提袋放在车后座，让丁送回其住处。交易当日晚上，甲、乙、丙、丁全被抓获。

在本案中，对甲、乙、丙的定性没有争议，但对于丁的行为如何认定存在分歧。

阅读分析上述案例中丁的行为后，请回答以下问题：

（1）认定丁的行为构成运输毒品罪，其根据是什么？

（2）认定丁的行为构成转移毒品罪，其根据是什么？

（3）认定丁的行为构成贩卖毒品罪，其根据是什么？

58. 李某明知其朋友刘某没有驾驶证，但碍于情面不得不将其轿车借给刘某使用。刘某无证驾驶该轿车沿A公路向东行驶，因超速行驶，加之清晨雾气较大，在发现路边有人影闪动时，已经来不及刹车，刘某为躲避该人影而强行将车向右拐，但还是将该行人吴某撞伤。因躲避吴某，刘某不慎冲入附近100米处的施工路段，导致车毁人伤。经公安机关交通管理部门调查得知，该路段施工队未在距离施工作业点来车方向安全距离处设置明显的安全警示标志，也未采取安全防护措施。

阅读分析上述案例后，请回答以下问题：

（1）刘某对于无证驾驶车辆的行为，是否应当承担责任？该责任是否属于侵权责任？为什么？

（2）对于吴某被撞伤的人身伤害，应如何确定侵权责任？为什么？

（3）对于刘某的人身伤害，施工队是否应当承担责任？为什么？

专业基础课模拟试题（三）答案及解析

一、单项选择题

1. B

【解析】这道题考查的是保护管辖原则。根据《刑法》第 8 条的规定，外国人在中华人民共和国领域外对中华人民共和国国家或者公民犯罪，而按本法规定的最低刑为 3 年以上有期徒刑的，可以适用本法，但是按照犯罪地的法律不受处罚的除外。另据《刑法》第 258 条规定，有配偶而重婚的，或者明知他人有配偶而与之结婚的，处 2 年以下有期徒刑或者拘役。根据上述规定，对于甲所犯故意杀人罪、抢劫罪、伪造货币罪，可依保护管辖原则适用我国刑法。只有重婚罪，我国刑法无管辖权，选 B 项。

2. B

【解析】刑讯逼供罪的犯罪主体是司法工作人员，而本题中，甲是治安联防队员，并不具有国家工作人员身份，也并非司法工作人员，因而甲的行为不构成刑讯逼供罪，不选 A 项。绑架罪是指以勒索财物为目的绑架他人，或者绑架他人作为人质，或者以勒索财物为目的偷盗婴幼儿的行为。甲的行为明显与绑架罪的构成要件不符，不选 C 项。甲不构成故意伤害罪，因为甲只是将乙吊起，既没有殴打甲，更没有伤害甲，这表明甲没有伤害乙的故意，不选 D 项。甲对乙的死亡主观上存在过失，甲的行为构成过失致人死亡罪，选 B 项。

3. C

【解析】不满 14 周岁的人，不负刑事责任。根据有关司法解释，刑法所规定的年龄，是指实足年龄，刑法特别使用“周岁”一词，旨在限定为实足年龄，而不是指虚岁。周岁按照公历的年、月、日计算，从周岁生日的第 2 天起算。本案中，甲 14 岁生日当天，仍然不满 14 周岁，其行为不构成犯罪。

4. B

【解析】备选项中，只有 B 项表述的故意杀人罪既能以作为方式实施，也能以不作为方式实施，选 B 项。其他选项表述的罪名只能以作为方式实施。

5. A

【解析】刑讯逼供罪的主体为特殊主体，即司法工作人员，且该司法工作人员为具有侦查、检察、审判、监管职责的工作人员。A 项表述中，民警并非司法工作人员，不符合刑讯逼供罪的犯罪主体条件，故甲的行为不构成刑讯逼供罪，A 项表述的定性符合罪刑法定原则要求，选 A 项。B 项表述中，乙的行为构成伪造、变造、买卖国家机关公文、证件、印章罪，而 B 项表述定性为乙不构成犯罪，B 项表述错误。C 项表述中，丙系女性，不能单独构成强奸罪的实行犯，因而 C 项表述对丙的定性错误。受贿罪有索取贿赂和收受贿赂之分，对于国家工作人员一方索贿的，另一方不构成行贿罪，D 项表述不符合罪刑法定原则要求。

6. A

【解析】本案中，甲作为债权人窜至乙家用刀威逼乙，即使用暴力方法逼迫债务人乙写下欠50万元的欠条，当场要求乙当日交出财物，构成抢劫罪，而非不构成犯罪，A项表述正确，D项表述错误。敲诈勒索罪的成立，不要求暴力、胁迫手段达到足以压制他人反抗的程度；如果暴力、胁迫手段达到足以压制他人反抗的程度，应定抢劫罪。本案中，甲的暴力行为足以压制乙的反抗，因而应当认定为抢劫罪，而非敲诈勒索罪，B、C项表述错误。

7. D

【解析】本案中，甲夜入民宅行窃，属于入户盗窃；甲在户内将主人打昏，构成转化型抢劫罪；事后，甲为了杀人灭口又返回将主人杀死，属于另起犯意，构成故意杀人罪，对甲应当以抢劫罪和故意杀人罪实行数罪并罚，选D项，不选A、B项。甲入户盗窃，其非法侵入他人住宅的行为被盗窃、抢劫行为所吸收，不再独立评价，因而甲的行为不构成非法侵入他人住宅罪，不选C项。

8. C

【解析】拐卖妇女、儿童是指以出卖为目的，有拐骗、绑架、收买、贩卖、接送、中转妇女、儿童的行为之一的。据此规定，以出卖为目的绑架妇女的，构成拐卖妇女罪，不另定绑架罪，不选A、B项。拐卖妇女、儿童罪属于行为犯，只要行为人具有出卖的目的，实施了拐骗、绑架、收买、贩卖、接送、中转妇女、儿童的六种行为之一的，就构成拐卖妇女、儿童罪的既遂，因此，选C项，不选D项。

9. C

【解析】所谓帮助毁灭、伪造证据罪，是指帮助诉讼的当事人毁灭、伪造证据，情节严重的行为。A项表述中，甲帮助盗窃犯毁灭罪证，甲的行为构成帮助毁灭、伪造证据罪，不选A项。《最高人民法院关于审理交通肇事刑事案件具体应用法律若干问题的解释》第5条第2款规定，交通肇事后，单位主管人员、机动车辆所有人、承包人或者乘车人指使肇事人逃逸，致使被害人因得不到救助而死亡的，以交通肇事罪的共犯论处。此为“过失共犯”。据此，B项表述中，乙的行为构成交通肇事罪。包庇罪是指作假证明包庇的行为。C项表述中，丙作虚假证明，包庇任某强奸的事实，构成包庇罪，选C项。D项表述中，丁为情夫汪某通风报信，并提供汽车让汪某逃跑，构成窝藏罪，而非包庇罪，不选D项。窝藏罪具体包括3种情形：(1) 为犯罪分子提供隐藏处所；(2) 提供财物，资助或协助犯罪人逃匿；(3) 为犯罪分子提供交通工具，指示行动路线或逃匿方向等。

10. B

【解析】甲杀乙，并利用丙作为杀人工具，对于甲的利用行为，丙并不知情，丙缺少构成故意杀人罪的主观要件，丙不构成犯罪，甲构成故意杀人罪的间接正犯，选B项。

11. C

【解析】甲趁乙不备将乙的手机夺走，甲的行为构成抢夺罪。另外，《刑法》第265条规定，以牟利为目的，盗接他人通信线路、复制他人电信码号或者明知是盗接、复制的电信设备、设施而使用的，依照盗窃罪定罪处罚。据此，甲反复使用抢夺的手机拨打国际长途电话，致使乙损失话费5 000元，数额较大，符合秘密窃取他人财物的特征，构成盗窃罪。对于甲，应当以抢夺罪和盗窃罪实行数罪并罚，选 C 项。

12. C

【解析】本题表述的情形属于使用互联网传播淫秽电子信息。洪某免费提供色情电影，主观上不具有牟利的故意，因此不构成传播淫秽物品牟利罪，不选 A 项。《最高人民法院、最高人民检察院关于办理利用互联网、移动通讯终端、声讯台制作、复制、出版、贩卖、传播淫秽电子信息刑事案件具体应用法律若干问题的解释》第 1、3 条规定，不以牟利为目的，利用互联网传播的淫秽电子信息，实际被点击数达到 2 万次以上的，按照传播淫秽物品罪定罪处罚。据此，选 C 项。拒不履行信息网络安全管理义务罪是指网络服务提供者不履行法律、行政法规规定的信息网络安全管理义务，经监管部门责令采取改正措施而拒不改正，有法定情形的行为。据此，不选 B 项。帮助信息网络犯罪活动罪是指明知他人利用信息网络实施犯罪，为其犯罪提供互联网接入、服务器托管、网络存储、通信传输等技术支持，或者提供广告推广、支付结算等帮助，情节严重的行为。据此，不选 D 项。

13. D

【解析】《刑法》第 84 条规定，被宣告假释的犯罪分子，应当遵守下列规定：（1）遵守法律、行政法规，服从监督；（2）按照监督机关的规定报告自己的活动情况；（3）遵守监督机关关于会客的规定；（4）离开所居住的市、县或者迁居，应当报经监督机关批准。据此，对被假释的犯罪分子，没有 A 项表述情形的限制，不选 A 项。这里容易将管制犯、缓刑犯等遵守的规定混淆出题，因此应当注意《刑法》第 39 条、第 75 条和第 84 条规定的差异。《刑法》第 81 条第 2 款规定，对累犯以及因故意杀人、强奸、抢劫、绑架、放火、爆炸、投放危险物质或者有组织的暴力性犯罪被判处 10 年以上有期徒刑、无期徒刑的犯罪分子，不得假释。可见，B 项表述错误，不选 B 项。对于累犯，不得假释，但对于犯罪集团的首要分子，符合假释的条件的，可以假释。注意：不要将一般缓刑的适用条件和假释的适用条件混淆。对于累犯或者犯罪集团的首要分子，不适用缓刑。可见，C 项表述错误，不选 C 项。犯贪污罪，有《刑法》第 383 条第 1 款第 3 项规定情形被判处死刑缓期执行的，人民法院根据犯罪情节等情况可以同时决定在其死刑缓期执行 2 年期满依法减为无期徒刑后，终身监禁，不得减刑、假释。据此，D 项表述正确。

14. D

【解析】甲、丙的行为不构成共同犯罪，因为没有犯罪的故意，不选 A 项。甲的行为构成犯罪，因为甲将乙带到河水深处游泳，这属于因先前行为引起的义务，由于甲的先前行为导致乙有被淹死的危险，甲负有救助义务，但甲应当救助而不救助，构成不作为犯罪，对甲应以故意杀人罪论处，但是，丙对乙不负有救助义务，丙不救助的行为不构成犯罪。可见，选 D 项，不选 B、C 项。

15. D

【解析】甲的行为构成受贿罪，因为甲已经收下购物卡且利用职务上的便利非法为乙减税，符合受贿罪的构成要件。此外，受贿罪属于行为犯，收受贿赂者构成犯罪，必须同时具备收受他人财物和为他人谋取利益两方面的内容。本题表述中，甲已经收受购物卡，对于收受购物卡的，即使还没有购物，也应当认定为受贿罪既遂。至于甲事后忘记使用购物卡导致购物卡过期作废，由于受贿行为已经既遂，该情形对受贿罪的既遂没有影响，故选 D 项。

16. C

【解析】《刑法》第 196 条第 3 款规定，盗窃信用卡并使用的，以盗窃罪定罪处罚。故甲构成盗窃罪，而非信用卡诈骗罪。根据《刑法》第 196 条第 1 款的规定，信用卡诈骗罪的客观表现有：（1）使用伪造的信用卡，或者使用以虚假的身份证明骗领的信用卡的；（2）使用作废的信用卡的；（3）冒用他人信用卡的；（4）恶意透支的。其中，冒用他人信用卡的情形包括：①拾得他人信用卡并使用的；②骗取他人信用卡并使用的；③窃取、收买、骗取或者以其他非法方式获取他人信用卡信息资料，并通过互联网、通讯终端等使用的；④其他冒用他人信用卡的情形。本题表述的情形为骗取他人信用卡并使用，属于冒用他人信用卡的情形，乙的行为构成信用卡诈骗罪，选 C 项。根据《刑法》第 177 条之一的规定，妨害信用卡管理罪的客观表现包括：（1）明知是伪造的信用卡而持有、运输的，或者明知是伪造的空白信用卡而持有、运输，数量较大的；（2）非法持有他人信用卡，数量较大的；（3）使用虚假的身份证明骗领信用卡的；（4）出售、购买、为他人提供伪造的信用卡或者以虚假的身份证明骗领的信用卡的。妨害信用卡管理罪和信用卡诈骗罪区别的关键是：信用卡诈骗罪以非法占有为目的，而妨害信用卡管理罪并不以非法占有为目的，行为人的行为只是妨害信用卡的管理。据本题表述的情形看，乙在骗取他人信用卡后并使用，明显具有非法占有的目的，构成信用卡诈骗罪，而非妨害信用卡管理罪，不选 D 项。

17. B

【解析】刑事责任的解决方式包括定罪判刑方式、定罪免刑方式、消灭处理方式和转移处理方式。定罪判刑即人民法院在判决中对犯罪人作出有罪宣告的同时确定对其适用相应的刑罚。定罪免刑即人民法院在判决中对犯罪人作出有罪宣告，但同时决定免除刑罚处罚。消灭处理，是指行为人的行为本已成立犯罪而应负刑事责任，但由于存在法律的规定而实际阻却追究刑事责任的事实，如犯罪已过追诉时效期限，告诉才处理的犯罪中的被害人没有告诉或者在判决确定前撤回告诉，犯罪嫌疑人死亡或者被赦免等，使行为人的刑事责任归于消灭。转移处理是指享有外交特权和外交豁免权的外国人的刑事责任不由我国司法机关处理，而是根据《刑法》第 11 条的规定通过外交途径解决。《刑法》第 24 条第 2 款规定：对于中止犯，没有造成损害的，应当免除处罚。该规定表明，中止犯应当认定为犯罪，但应当免除处罚，因而属于定罪免刑方式，选 B 项。

18. D

【解析】甲犯盗窃罪，刑满释放 3 年后又犯交通肇事罪，交通肇事罪属于过失犯罪，而累犯必须是前后两罪都是故意犯罪，因而甲的行为不符合构成累犯主观条件，故不选 A 项。乙 2007 年犯间谍罪，4 年后（2011 年）刑满释放，又过 7 年（2018 年）犯故意杀人罪，不符合累犯的时间条件，因为累犯所犯后罪必须是在刑满释放后 5 年内再犯应当判处有期徒刑以上刑罚之罪，而乙犯后罪却是在 7 年以后，所以不构成累犯，故不选 B 项。构成累犯的主体条件是犯罪时已满 18 周岁，构成累犯者应当是前罪和后罪发生时犯罪人均已满 18 周岁，如果犯罪人前罪发生时不满 18 周岁，后罪发生时已满 18 周岁的，也不应当认定为累犯，故丙的行为因不符合累犯的主体条件而不构成累犯，不选 C 项。只有 D 项表述符合累犯条件，选 D 项。

19. C

【解析】A项表述属于继续犯，继续犯属于实质的一罪，对于继续犯，不实行数罪并罚，不选A项。B项表述属于想象竞合犯，想象竞合犯属于实质的一罪，对于想象竞合犯，不实行数罪并罚，不选B项。C项表述符合数罪的特征，即出于数个犯罪故意，实施数个犯罪行为，触犯不同罪名，罪名之间既无同一性、概括性，也无牵连性或者具有吸收关系，是数罪，应当实行数罪并罚，选C项。D项表述的情形构成牵连犯，牵连犯属于处断的一罪，对于牵连犯，不实行数罪并罚，不选D项。

20. B

【解析】甲的行为构成危险驾驶罪，理由在于：(1) 小区的道路以及车库都是经常有车辆和行人通行的，属于公共交通范围内的"道路"，所以甲的行为发生在道路上。(2) 甲在倒车时血液中酒精含量达到醉驾标准。(3) 甲单纯倒车的行为也属于驾驶机动车。可见，甲的行为已具有侵犯小区内不特定人的生命财产安全和公共安全的危险，符合危险驾驶罪的本质属性，因而构成危险驾驶罪。

21. B

【解析】《民法典》第188条规定：向人民法院请求保护民事权利的诉讼时效期间为3年。法律另有规定的，依照其规定。诉讼时效期间自权利人知道或者应当知道权利受到损害以及义务人之日起计算。法律另有规定的，依照其规定。但是，自权利受到损害之日起超过20年的，人民法院不予保护，有特殊情况的，人民法院可以根据权利人的申请决定延长。据此，对于延付或者拒付租金的，适用3年的诉讼时效期间，选B项。

22. A

【解析】甲为了逃避法院的强制执行，与乙通谋，以赠与为幌子将其房产出卖给乙，这实际上是以合法形式掩盖非法目的的民事法律行为，以合法形式掩盖非法目的的民事法律行为属于隐藏的民事法律行为。《民法典》第146条规定，行为人与相对人以虚假的意思表示实施的民事法律行为无效。以虚假的意思表示隐藏的民事法律行为的效力，依照有关法律规定处理。据此，对于隐藏行为的效力，可能有效，也可能无效，但以合法形式掩盖非法目的的民事法律行为是无效的，选A项。

23. C

【解析】甲、乙二人约定，甲如果考上研究生，甲就将房屋出卖给乙。甲、乙二人的约定成就民事法律行为的事实是甲考上研究生，而甲是否考上研究生是不确定的，因而甲、乙二人的约定属于附条件的民事法律行为，而非附期限的民事法律行为，不选B项。甲、乙二人的约定以甲考上研究生作为民事法律行为发生效力的条件，因而属于延缓条件，而非解除条件，不选A项。附延缓条件的民事法律行为的效力表现在，该民事法律行为已经成立，但未生效，条件成就，该民事法律行为生效；条件不成就，则一直不生效。可见，C项表述正确，选C项。D项表述属于附解除条件的民事法律行为效力的表现，因而不选D项。

24. B

【解析】胎儿不具有民事权利能力，但为了保护胎儿的利益，《民法典》第16条规定，涉及遗产继承、接受赠与等胎儿利益保护的，胎儿视为具有民事权利能力。但是，胎儿娩出时为死体的，其民事权利能力自始不存在。据此，选B项。

25. C

【解析】授予专利的发明、实用新型应当具备的实质条件包括新颖性、创造性和实用性。《专利法》对发明和实用新型的创造性要求不同。对发明而言，必须同申请日以前已有的技术相比，具有突出的实质性特点和显著的进步；对实用新型而言，要求同申请日以前已有的技术相比，具有实质性特点和进步。可见，选C项。A项表述的是授予发明专利创造性的要求，不选A项。B项表述的是授予发明和实用新型专利新颖性的要求，不选B项。D项表述的是授予外观设计专利的实质条件，不选D项。

26. B

【解析】《民法典》第123条规定，民事主体依法享有知识产权。知识产权是权利人依法就下列客体享有的专有的权利：(1)作品；(2)发明、实用新型、外观设计；(3)商标；(4)地理标志；(5)商业秘密；(6)集成电路布图设计；(7)植物新品种；(8)法律规定的其他客体。据此，只有B项表述的动物品种不属于民法典规定的知识产权的保护范围，选B项。

27. B

【解析】《民法典》第1102条规定，无配偶者收养异性子女的，收养人与被收养人的年龄应当相差40周岁以上。据此，甲与其收养的15岁的男孩相差33岁，不符合收养条件，故A项表述错误。《民法典》第1099条规定，收养三代以内旁系同辈血亲的子女，可以不受本法第1093条第3项（生父母有特殊困难无力抚养的子女可以被收养）、第1094条第3项（有特殊困难无力抚养子女的生父母可以作送养人）和第1102条（无配偶者收养异性子女的，收养人与被收养人的年龄应当相差40周岁以上）规定的限制。据此，B项表述符合收养条件，故选B项。《民法典》第1114条第1款规定，收养人在被收养人成年以前，不得解除收养关系，但是收养人、送养人双方协议解除的除外。养子女8周岁以上的，应当征得本人同意。据此，收养人在被收养人"成年"以前不得解除收养关系，故C项表述错误。《民法典》第1115条规定，养父母与成年养子女关系恶化、无法共同生活的，可以协议解除收养关系。不能达成协议的，可以向人民法院提起诉讼。据此，只有养父母与"成年"养子女关系恶化、无法共同生活的，才可以协议解除收养关系，故D项表述错误。

28. D

【解析】《专利法》第5条第1款规定，对违反法律、社会公德或者妨害公共利益的发明创造，不授予专利权。据此，A项表述不能授予专利权。《专利法》第25条规定，对下列各项，不授予专利权：(1)科学发现；(2)智力活动的规则和方法；(3)疾病的诊断和治疗方法；(4)动物和植物品种；(5)用原子核变换方法获得的物质；(6)对平面印刷品的图案、色彩或者二者的结合作出的主要起标识作用的设计。对前款第4项所列产品的生产方法，可以依照本法规定授予专利权。据此，B项表述不能授予专利权、D项表述能够授予专利权。《专利法》第5条第2款规定，对违反法律、行政法规的规定获取或者利用遗传资源，并依赖该遗传资源完成的发明创造，不授予专利权。据此，C项表述不能授予专利权。

29. A

【解析】《民法典》第 1124 条规定，继承开始后，继承人放弃继承的，应当在遗产处理前，以书面形式作出放弃继承的表示；没有表示的，视为接受继承。受遗赠人应当在知道受遗赠后 60 日内，作出接受或者放弃受遗赠的表示；到期没有表示的，视为放弃受遗赠。据此，继承和遗赠在意思表示方式的要求上是不同的，即继承人接受继承既可以采用明示方式，也可以采用默示方式，但放弃继承必须采用明示方式；受遗赠人接受遗赠只能采用明示方式，但放弃受遗赠则采用明示和默示方式皆可。总之，A 项表述正确。《著作权法》第 18 条规定，美术等作品原件所有权的转移，不视为作品著作权的转移，但美术作品原件的展览权由原件所有人享有。据此，著作权和物权是分离的，但是美术作品的展览权随着作品原件所有权的转移而转移，除了展览权外，包括修改权在内的其他著作权不能随着物权的转移而转移。可见，B、C 项表述都是错误的。尽管展览权随着作品原件的物权转移，但是甲生前因展览获得的报酬不应当归乙，因为此时展览权尚未转移，甲基于对展览权的享有当然有权获取报酬。可见，D 项表述错误。

30. D

【解析】本题考查的是营利法人出资人的责任。《民法典》第 83 条规定，营利法人的出资人不得滥用出资人权利损害法人或者其他出资人的利益；滥用出资人权利造成法人或者其他出资人损失的，应当依法承担民事责任。营利法人的出资人不得滥用法人独立地位和出资人有限责任损害法人债权人的利益；滥用法人独立地位和出资人有限责任，逃避债务，严重损害法人债权人的利益的，应当对法人债务承担连带责任。据此，甲作为 A 公司的实际控制人，通过财产混同的方式逃避债务，致使 B 公司的债权无法实现，从而损害了债权人 B 公司的利益，对此，甲应和 A 公司对 B 公司的债务承担连带责任，选 D 项。

31. C

【解析】《民法典》第 1191 条第 2 款规定，劳务派遣期间，被派遣的工作人员因执行工作任务造成他人损害的，由接受劳务派遣的用工单位承担侵权责任；劳务派遣单位有过错的，承担相应的责任。据此，甲公司是接受劳务派遣的用工单位，应当承担侵权责任。但是，乙公司的劳务派遣人员李某此前曾多次发生类似小事故，甲公司也请求乙公司另派他人，而乙公司未予换人，存在过错，应当承担“相应的责任”，而不是“相应的补充责任”。可见，选 C 项。

32. A

【解析】价款债权抵押权是指动产抵押担保的主债权是抵押物的价款，该价款担保的抵押权人具有优先于买受人的其他担保物权人优先受偿的抵押权。《民法典》第 416 条规定，动产抵押担保的主债权是抵押物的价款，标的物交付后 10 日内办理抵押登记的，该抵押权人优先于抵押物买受人的其他担保物权人受偿，但是留置权人除外。据此，乙银行是价款债权的抵押权人，其享有对精密医疗设备的超级优先权，故选 A 项。

33. D

【解析】《民法典》第 278 条规定，下列事项由业主共同决定：（1）制定和修改业主大会议事规则；（2）制定和修改管理规约；（3）选举业主委员会或者更换业主委员会成员；（4）选聘和解聘物业服务企业或者其他管理人；（5）使用建筑物及其附属设施的维修资金；（6）筹集建筑物及其附属设施的维修资金；（7）改建、重建建筑物及其附属设施；（8）改变共有部分的用途或者利用共有部分从事经营活动；（9）有关共有和共同管理权利的其他重大事项。业主共同决定事项，应当由专有部分面积占比2/3以上的业主且人数占比2/3以上的业主参与表决。决定前款第6项至第8项规定的事项，应当经参与表决专有部分面积3/4以上的业主且参与表决人数3/4以上的业主同意。决定前款其他事项，应当经参与表决专有部分面积过半数的业主且参与表决人数过半数的业主同意。据此，对于小区业主决定解聘乙公司，应当由专有部分面积占比2/3以上的业主且人数占比2/3以上的业主参与表决，并应当经参与表决专有部分面积过半数的业主且参与表决人数过半数的业主同意。可见，A项表述错误。《民法典》第946条规定，业主依照法定程序共同决定解聘物业服务人的，可以解除物业服务合同。决定解聘的，应当提前60日书面通知物业服务人，但是合同对通知期限另有约定的除外。依据前款规定解除合同造成物业服务人损失的，除不可归责于业主的事由外，业主应当赔偿损失。据此，B、C项表述错误，D项表述正确，选D项。

34. C

【解析】承诺权是受要约人的法定权利。受要约人有权在要约的有效期限内作出接受要约的答复，而不必负有必须承诺的义务。即使受要约人不承诺，也没有通知要约人的义务。因此，凡“受要约人未在承诺期限内作出的承诺视为承诺”的此类约定对受要约人不具有约束力。可见，A项表述并非承诺，故不选A项。《民法典》第488条规定，承诺的内容应当与要约的内容一致。受要约人对要约的内容作出实质性变更的，为新要约。有关合同标的、数量、质量、价款或者报酬、履行期限、履行地点和方式、违约责任和解决争议方法等的变更，是对要约内容的实质性变更。据此，B项表述并非承诺，而是新要约，故不选B项。C项表述是典型的承诺，选C项。D项表述的情形为要约，而不是承诺，故不选D项。

35. D

【解析】《商标法》第8条规定，任何能够将自然人、法人或者其他组织的商品与他人的商品区别开的标志，包括文字、图形、字母、数字、三维标志、颜色组合和声音等，以及上述要素的组合，均可以作为商标申请注册。据此，选D项。商品装潢不同于商标，商品装潢不能申请商标注册，不选A项。申请商标注册的标志必须是可视性标志，不具有可视性的标志，如气味，就不能申请商标注册。非可视性标志中，根据修订的商标法，只有声音可以申请商标注册，其他非可视性标志都不能申请商标注册。可见，不选B项。商务通用标识、商务标语都不能申请商标注册，就商务通用标识而言，因为其通用性不能申请商标注册，因为申请商标注册的标志必须具有识别性，“通用”则意味着不具有识别性，因此不能申请商标注册。可见，不选C项。

36. A

【解析】根据《著作权法》规定，电影《迷雾》的著作权归制片方甲所有。《民法典》第1027条规定，行为人发表的文学、艺术作品以真人真事或者特定人为描述对象，含有侮辱、诽谤内容，侵害他人名誉权的，受害人有权依法请求该行为人承担民事责任。行为人发表的文学、艺术作品不以特定人为描述对象，仅其中的情节与该特定人的情况相似的，不承担民事责任。据此，电影《迷雾》中采取虚构事实的方式贬损乙的名誉，导致乙的社会评价降低，侵害了乙的名誉权。可见，选 A 项，不选 D 项。甲在影视作品中采取了虚构事实的方式，因而不可能侵害乙的隐私权，故不选 B 项。甲在电影中并未使用乙的肖像，也没有丑化、污损或者利用信息技术手段伪造乙的肖像，没有侵犯乙的肖像权，故不选 C 项。

37. A

【解析】根据《合伙企业法》的规定，各合伙人应承担无限连带清偿责任。每个合伙人都负有用自己的全部财产清偿全部合伙债务的义务，而不受各合伙人对合伙财产的出资比例或合伙协议中约定的债务承担份额的限制。也就是说，合伙人不能以其内部按份或者比例的约定对抗债权人。即便退伙人已经分担其退伙前的合伙债务的，也不影响该无限连带责任的承担。可见，A 项表述正确，B、D 项表述错误。退伙人应当对其参加合伙组织时的债务承担无限连带责任，C 项表述错误。

38. C

【解析】本题考查的是专利的善意侵权和不视为侵犯专利权的行为。根据《专利法》的规定，为生产经营目的使用或者销售不知道是未经专利权人许可而制造并售出的专利产品或者依照专利方法直接获得的产品，能够证明其产品合法来源的，不承担赔偿责任。据此，善意侵权是指在不知情的状态下销售、许诺销售或者使用了侵犯专利权产品的行为。善意侵权构成专利侵权，只不过不承担赔偿责任。可见，选 C 项。A 项表述的情形不适用临时过境原则，即对于临时通过中国领陆、领水、领空的外国运输工具，依照其所属国同中国签订的协议或者共同参加的国际条约，或者依照互惠原则，为运输工具自身需要而在其装置和设备中使用有关专利的，不视为侵犯专利权。适用临时过境原则的条件是：（1）仅限于交通工具临时过境。如果不属于交通工具，而是捕捞船、军舰、战机、坦克等，不适用临时过境原则。（2）船舶、飞机以及陆上交通工具进入一国领域时，为交通工具自身需要而在其设备或装置中使用有关专利技术的，不视为侵权。可见，A 项表述构成专利侵权，应当承担侵权责任，不选 A 项。根据《专利法》的规定，专利侵权表现为：发明和实用新型专利权被授予后，除另有规定的以外，任何单位或者个人未经专利权人许可，为生产经营目的制造、使用、许诺销售、销售、进口其专利产品，或者使用其专利方法以及使用、许诺销售、销售、进口依照专利方法直接获得的产品，均构成侵权；外观设计专利权被授予后，任何单位或者个人，未经专利权人许可，为生产经营目的制造、销售、进口、许诺销售其外观设计专利产品，同样构成侵权。可见，B 项表述构成专利侵权，应当承担侵权责任，不选 B 项。根据《专利法》的规定，假冒他人专利的，属于专利侵权。可见，D 项表述构成专利侵权，应当承担侵权责任，不选 D 项。

39. B

【解析】《民法典》第 1154 条规定，有下列情形之一的，遗产中的有关部分按照法定继承办理：（1）遗嘱继承人放弃继承或者受遗赠人放弃受遗赠；（2）遗嘱继承人丧失继承权或者受遗赠人丧失受遗赠权；（3）遗嘱继承人、受遗赠人先于遗嘱人死亡或者终止；（4）遗嘱无效部分所涉及的遗产；（5）遗嘱未处分的遗产。据此规定第 3 项，丙意外遭遇车祸不幸去世，此为遗嘱继承人先于遗嘱人死亡，甲的遗产应按法定继承办理，因此应由甲的继承人戊继承甲的全部遗产，故选B项。

40. A

【解析】本题考查的是妥善保管质押财产的义务。《民法典》第432条规定，质权人负有妥善保管质押财产的义务；因保管不善致使质押财产毁损、灭失的，应当承担赔偿责任。质权人的行为可能使质押财产毁损、灭失的，出质人可以请求质权人将质押财产提存，或者请求提前清偿债务并返还质押财产。据此，选A项。

二、多项选择题

41. AD

【解析】根据《刑法》第196条规定，信用卡诈骗罪的表现方式有：(1) 使用伪造的信用卡，或者使用以虚假的身份证明骗领的信用卡的。(2) 使用作废的信用卡的。(3) 冒用他人信用卡的。“冒用他人信用卡”包括以下情形：①拾得他人信用卡并使用的。②骗取他人信用卡并使用的。③窃取、收买、骗取或者以其他非法方式获取他人信用卡信息资料，并通过互联网、通讯终端等使用的。④其他冒用他人信用卡的情形。(4) 恶意透支的。根据上述规定，A、D项表述构成信用卡诈骗罪。B项属于正常使用信用卡的行为，不构成犯罪。C项表述尚不能构成恶意透支。

42. BC

【解析】故意认识的内容包括行为、结果、行为与结果的因果关系、行为对象、社会危害性等，但数额、犯罪次数、犯罪对象的种类（如毒品的种类）、违法性认识等，不能成为故意认识的内容。主观目的和动机也不能成为故意认识的内容。可见，选B、C项。

43. AB

【解析】“告诉才处理”的又称为“亲告”罪。《刑法》第98条规定，本法所称告诉才处理，是指被害人告诉才处理。如果被害人因受强制、威吓无法告诉的，人民检察院和被害人的近亲属也可以告诉。告诉才处理的犯罪包括侮辱罪、诽谤罪、虐待罪、暴力干涉婚姻自由罪和侵占罪，选A、B项。

44. ABCD

【解析】A项表述中，甲的行为构成敲诈勒索罪，选A项。B项表述中，乙的行为构成故意伤害罪，选B项。C项表述中，丙的行为构成非法拘禁罪，选C项。D项表述中，丁的行为构成侮辱罪，选D项。

45. ABCD

【解析】犯罪未遂是因犯罪分子意志以外的原因而未得逞的犯罪形态，意志以外的原因很多。A、B项表述中，甲、乙的行为都因为第三者的介入致使犯罪未遂，选A、B项。C项表述中，丙的行为由于丙发生认识错误而导致犯罪未遂，选C项。D项表述中，丁的行为由于丁的主观认识错误及自然力的原因导致犯罪未遂，选D项。

46. ABCD

【解析】A项表述中，甲的行为属于自己代理，构成代理权的滥用。B项表述中，乙的行为属于双方代理，也构成代理权的滥用。《民法典》第168条规定，代理人不得以被代理人的名义与自己实施民事法律行为，但是被代理人同意或者追认的除外。代理人不得以被代理人的名义与自己同时代理的其他人实施民事法律行为，但是被代理的双方同意或者追认的除外。据此，对于自己代理和双方代理的，可以经过被代理人追认生效，选 A、B 项。C 项表述中，丙的行为构成无权代理。《民法典》第 171 条规定，行为人没有代理权、超越代理权或者代理权终止后，仍然实施代理行为，未经被代理人追认的，对被代理人不发生效力。相对人可以催告被代理人自收到通知之日起 30 日内予以追认。被代理人未作表示的，视为拒绝追认。行为人实施的行为被追认前，善意相对人有撤销的权利。撤销应当以通知的方式作出。行为人实施的行为未被追认的，善意相对人有权请求行为人履行债务或者就其受到的损害请求行为人赔偿。但是，赔偿的范围不得超过被代理人追认时相对人所能获得的利益。相对人知道或者应当知道行为人无权代理的，相对人和行为人按照各自的过错承担责任。据此，对于无权代理行为，可以经过权利人追认生效，选 C 项。D 项表述中，丁为限制民事行为能力人，其实施的民事法律行为效力待定。《民法典》第 145 条规定，限制民事行为能力人实施的纯获利益的民事法律行为或者与其年龄、智力、精神健康状况相适应的民事法律行为有效；实施的其他民事法律行为经法定代理人同意或者追认后有效。相对人可以催告法定代理人自收到通知之日起 30 日内予以追认。法定代理人未作表示的，视为拒绝追认。民事法律行为被追认前，善意相对人有撤销的权利。撤销应当以通知的方式作出。据此，丁的行为须经法定代理人追认才能生效，选 D 项。此外，对于转委托或复代理的，也可经追认生效。《民法典》第 169 条规定，代理人需要转委托第三人代理的，应当取得被代理人的同意或者追认。转委托代理经被代理人同意或者追认的，被代理人可以就代理事务直接指示转委托的第三人，代理人仅就第三人的选任以及对第三人的指示承担责任。转委托代理未经被代理人同意或者追认的，代理人应当对转委托的第三人的行为承担责任；但是，在紧急情况下代理人为了维护被代理人的利益需要转委托第三人代理的除外。

47. ABC

【解析】《合伙企业法》第 31 条规定，除合伙协议另有约定外，合伙企业的下列事项应当经全体合伙人一致同意：（1）改变合伙企业的名称；（2）改变合伙企业的经营范围、主要经营场所的地点；（3）处分合伙企业的不动产；（4）转让或者处分合伙企业的知识产权和其他财产权利；（5）以合伙企业名义为他人提供担保；（6）聘任合伙人以外的人担任合伙企业的经营管理人员。据此，选 A、B、C 项。根据上述规定第 6 项，对于“聘任合伙人以外的人担任合伙企业的经营管理人员”的，须经全体合伙人一致同意，但 D 项表述的是“选任某一合伙人担任合伙企业的经营管理人员”，而非“合伙人以外的人”，不选 D 项。

48. ABC

【解析】《民法典》第 641 条第 1 款规定，当事人可以在买卖合同中约定买受人未履行支付价款或者其他义务的，标的物的所有权属于出卖人。据此，甲、乙签订电脑买卖合同，虽然按照合同约定交付了电脑，但是因双方特别约定了所有权保留条款，故乙在付清全部货款前无法取得电脑的所有权，甲仍为所有权人。可见，A 项表述正确，选 A 项。《民法典》第 642 条第 1 款规定，当事人约定出卖人保留合同标的物的所有权，在标的物所有权转移前，买受人有下列情形之一，造成出卖人损害的，除当事人另有约定外，出卖人有权取回标的物：（1）未按照约定支付价款，经催告后在合理期限内仍未支付；（2）未按照约定完成特定条件；（3）将标的物出卖、出质或者作出其他不当处分。据此，乙将五台电脑出质，这会给出卖人造成损害，因此出卖人甲有权取回五台电脑。可见，B项表述正确，选B项。《民法典》第634条规定，分期付款的买受人未支付到期价款的数额达到全部价款的1/5，经催告后在合理期限内仍未支付到期价款的，出卖人可以请求买受人支付全部价款或者解除合同。出卖人解除合同的，可以向买受人请求支付该标的物的使用费。这里的"分期付款"，是指买受人将应付的总价款在一定期间内至少分三次向出卖人支付。据此，甲、乙约定分五次支付价款，这属于分期付款买卖合同。如果乙未支付到期价款达9 000元，超过了总价款的1/5（3万元×1/5=6 000元），出卖人甲有权请求一次性支付剩余价款，也可以请求解除合同，并请求乙支付一定的使用费。可见，C项表述正确，选C项。《民法典》第641条第2款规定，出卖人对标的物保留的所有权，未经登记，不得对抗善意第三人。据此，保留所有权可以办理登记，但是登记只是对抗性要件，而不是物权变动要件。可见，D项表述错误，不选D项。

49. ABC

【解析】《民法典》第195条规定，有下列情形之一的，诉讼时效中断，从中断、有关程序终结时起，诉讼时效期间重新计算：(1)权利人向义务人提出履行请求；(2)义务人同意履行义务；(3)权利人提起诉讼或者申请仲裁；(4)与提起诉讼或者申请仲裁具有同等效力的其他情形。据此，选A、B、C项。《民法典》第194条规定，在诉讼时效期间的最后6个月内，因下列障碍，不能行使请求权的，诉讼时效中止：(1)不可抗力；(2)无民事行为能力人或者限制民事行为能力人没有法定代理人，或者法定代理人死亡、丧失民事行为能力、丧失代理权；(3)继承开始后未确定继承人或者遗产管理人；(4)权利人被义务人或者其他人控制；(5)其他导致权利人不能行使请求权的障碍。自中止时效的原因消除之日起满6个月，诉讼时效期间届满。据此，D项表述引起诉讼时效中止，不选D项。

50. CD

【解析】《民法典》第695条第2款规定，债权人和债务人变更主债权债务合同的履行期限，未经保证人书面同意的，保证期间不受影响。据此，甲、乙变更借款合同的履行期限，这并未取得保证人丙的书面同意，因此丙承担保证责任的期间仍为原保证合同的期间。《民法典》第692条规定，保证期间是确定保证人承担保证责任的期间，不发生中止、中断和延长。债权人与保证人可以约定保证期间，但是约定的保证期间早于主债务履行期限或者与主债务履行期限同时届满的，视为没有约定；没有约定或者约定不明确的，保证期间为主债务履行期限届满之日起6个月。债权人与债务人对主债务履行期限没有约定或者约定不明确的，保证期间自债权人请求债务人履行债务的宽限期届满之日起计算。据此，因乙、丙并未约定保证期间，因此，丙承担保证责任的期间自原合同履行期限届满之日起开始计算。保证期间为6个月。可见，C、D项表述正确，选C、D项。

三、简答题

51. 答案要点：

全体共犯人一致中止犯罪的，所有共犯人都成立犯罪中止。(1分)但在共同犯罪中，某一共同犯罪人成立犯罪中止，必须具备如下条件：

(1)必须具备有效性。共同犯罪中的部分共犯人退出或放弃犯罪的，可以成立犯罪中止。但除必须具备犯罪中止的一般要件外，还必须具备“有效性”，即有效地阻止共同犯罪结果发生或者有效地消除自己先前参与行为对共同犯罪的作用。（3 分）

（2）中止的效力仅及于本人，不及于其他人。部分共同犯罪人自动放弃犯罪且具备有效性的，单独成立犯罪中止，但是其中止的效力不及于其他共同犯罪人。（3 分）

（3）缺乏有效性不能单独成立犯罪中止。在共同犯罪中，共同犯罪人消极退出犯罪或自动放弃犯罪、阻止共同犯罪结果未奏效的，不能单独成立犯罪中止。（3 分）

52. 答案要点：

骗取贷款、票据承兑、金融票证罪是指以欺骗手段取得银行或者其他金融机构贷款、票据承兑、信用证、保函等，给银行或者其他金融机构造成重大损失或者有其他严重情节的行为。（2 分）

骗取贷款、票据承兑、金融票证罪的构成要件有：

（1）侵犯客体是金融秩序与安全。（2 分）

（2）客观方面表现为行为人以欺骗手段取得银行或者其他金融机构贷款、票据承兑、信用证、保函等，给银行或者其他金融机构造成重大损失或者有其他严重情节的行为。（2 分）

（3）犯罪主体是一般主体，包括自然人和单位。（2 分）

（4）主观方面表现为故意。但主观上不具有非法占有目的。（2 分）

53. 答案要点：

（1）发明所包含的范围大于实用新型。发明是对产品、方法或其改进所作出的新的技术方案；实用新型是对产品的形状、构造或者其结合所提出的适于实用的新的技术方案。实用新型的范围小于发明，不包括物品的制造方法。

（2）发明的创造性强于实用新型。发明应当具有突出的特点和显著的进步；而实用新型只强调实质性特点和进步。

（3）实用新型的审批程序比发明简便。发明须经实质审查；而实用新型比发明的审批手续简单，无须经过实质审查。

（4）发明与实用新型的保护期限不同。发明专利的保护期限为 20 年；而实用新型的保护期限为 10 年。二者都是自申请日起算保护期。

（答对 3 点给 9 分，全部答对给 10 分）

54. 答案要点：

（1）债权为请求权。债权是债权人得请求债务人为特定行为的权利，在债务人作出给付前，债权人不能直接支配债务人应给付的标的物，也不能以支配债务人的人身来强制债务人作出给付，只能请求债务人履行债务来实现利益。（2 分）

（2）债权为相对权。债权人只能向债务人主张权利，请求债务人履行债务，除法律有明确规定外，即使因第三人的原因致使债权不能实现，债权人也只能以债之关系为基础向债务人主张权利。（2 分）

（3）债权具有任意性。当事人在不违反强行法规定的情况下可以任意设定债的关系，法律并不加以限制；即使是法定之债，当事人也可以通过协商确定债的内容。（2 分）

（4）债权具有非排他性。债权人仅能够向债务人提出给付的请求，不能对债务人应交付的标的物或者债务人的行为予以直接支配，而且，以同一给付为标的而成立的数个内容相同的债权相互之间不发生权利上的冲突，尽管此种情形下可能只有一个债权最终得以实现，但其他债权仍然有效，债权人可以债务不履行为由向债务人主张违约责任。(2分)

(5) 债权具有平等性。对于同一债务人先后成立的数个债权，效力一律平等。在该债务人陷入破产时，数个债权人则根据债权数额的比例接受清偿。(2分)

四、法条分析题

55. 答案要点：

(1) 侮辱是指使用暴力或者其他方法，公然败坏他人名誉的行为。(3分)

(2) 诽谤是指散布捏造的事实，败坏他人名誉的行为。(3分)

(3) 侮辱的方法既可以是口头、文字的，也可以是暴力的、动作的；诽谤的方法只能是口头或文字的。侮辱既可以不用具体事实，也可以用真实事实损害他人名誉；诽谤罪必须有散布损害他人名誉的虚假事实的行为。(4分)

56. 答案要点：

(1) 同等条件，主要是指出价条件，包括价格、交付房价期限、方式等。是否为同等条件，应当综合考虑房屋转让价格、价款履行方式及期限等因素确定。(2分)

(2) 出租人履行通知义务后，承租人在15日内未明确表示购买的，视为承租人放弃优先购买权。(2分)

(3) 出租人委托拍卖人拍卖租赁房屋的，应当在拍卖5日前通知承租人。承租人未参加拍卖的，视为放弃优先购买权。(2分)

(4) 出租人未通知承租人或者有其他妨害承租人行使优先购买权情形的，承租人可以请求出租人承担赔偿责任。但是，出租人与第三人订立的房屋买卖合同的效力不受影响。(4分)

五、案例分析题

57. 答案要点：

(1) 认定丁的行为构成运输毒品罪，根据是：丁明知甲与乙、丙在交易毒品，仍然为甲提供并驾驶车辆在不同地点之间运送毒品，并得到甲3 000元运输毒品的酬劳，故丁的行为构成了运输毒品罪。(4分)

(2) 认定丁的行为构成转移毒品罪，根据是：丁明知甲购买了乙、丙的毒品，仍为甲交易毒品的行为提供交通工具，将毒品转移至安全地点，逃避司法审查和毒品监管，显然符合了转移毒品罪的构成。(4分)

(3) 认定丁的行为构成贩卖毒品罪，根据是：丁与甲、乙、丙一起构成了贩卖毒品罪的共同犯罪，当然丁起到的是帮助作用，是贩卖毒品罪的帮助犯。从客观上分析，丁为甲贩卖毒品活动提供了交通运输工具，帮助运送犯罪分子、毒品、毒资，为犯罪分子进行毒品交易提供了便利条件。从主观上分析，丁知道甲是吸食毒品之人，并在当天全程参与了甲检验毒品、过秤的过程，并帮助清点毒资，这均证明丁在主观上应当知道甲、乙、丙是在贩卖毒品，而在拿到3 000元酬劳的情况下帮助甲、乙、丙顺利完成毒品交易活动，符合“明知”的特点。当丁的行为在主观、客观上均符合了贩卖毒品罪的构成特点时，应当定性为贩卖毒品罪，而不是简单的将毒品运输、转移的性质。在该案中，丁的行为显然是

帮助行为，属于从犯，处罚时应当比照主犯从轻、减轻或者免除处罚。(7 分)

58. 答案要点：

(1) 刘某应当对无证驾驶车辆的行为承担责任，但该责任并非侵权责任，而是行政责任。(3 分)

(2) 对于吴某的人身伤害，首先，应由刘某承担赔偿责任，因为刘某是轿车的使用人，是直接侵权责任人。其次，李某也应当承担相应的赔偿责任。因为李某明知刘某没有驾驶证，仍然将轿车借给刘某使用，存在主观过错。(8 分)

(3) 施工队应当承担侵权责任。因为施工队未在施工作业点来车方向安全距离处设置明显的安全警示标志，也未采取安全防护措施，导致刘某车毁人伤，应当推定施工队有过错，施工队应当承担侵权责任。(4 分)

综合课模拟试题（三）

一、单项选择题（第1～40小题，每小题1分，共40分。下列每题给出的四个选项中，只有一个选项是符合题目要求的）

1. 不属于法律责任的减轻和免除的条件是（　　）。

A. 自首立功　　B. 正当防卫　　C. 自助行为　　D. 有效补救

2.《中华人民共和国刑法》第94条规定："本法所称司法工作人员，是指有侦查、检察、审判、监管职责的工作人员。"下列关于该法律条文的理解，正确的是（　　）。

A. 该条文是法律技术性规定，具有强制力

B. 该条文在逻辑结构上包括假定条件、行为模式和法律后果三要素

C. 该条文用以表达法律关系主体间的权利、义务关系

D. 该条文有助于认识法律和理解司法工作人员的范围

3. 根据不同的标准，可以对法律作不同的分类。下列关于法律分类的表述，正确的是（　　）。

A. 按照法律的创制与适用主体的不同，法律可分为成文法与不成文法

B.《中华人民共和国刑法》为根本法

C. 公法与私法的划分在普通法系国家被普遍采用

D. 实体法与程序法的划分并不是绝对的，实体法中也可能包含一些程序问题

4. 下列关于法律责任的表述，正确的是（　　）。

A. 法律责任都是过错责任　　B. 惩罚是法律责任的最主要功能

C. 法律责任是法律制裁的前提　　D. 法律责任必然导致法律制裁

5. 我国的《公司法》规定，经国务院证券管理部门批准，公司股票可以到境外上市，具体办法由国务院作出特别规定。该规范属于（　　）。

A. 义务性规范　　B. 准用性规范　　C. 确定性规范　　D. 委任性规范

6. 下列表述能够成立的是（　　）。

A. 程序正义在于通过对实体权利义务的安排，为社会提供一种秩序

B. 责任自负原则是法律责任归责原则要坚持的首要原则

C. 法律行为是一种客观事实，是行为人以积极的、直接的对客体发生作用的方式进行的活动

D. 国家法以社会法为基础，“纸上的法”以“活法”为基础

7. 下列选项中，能够形成法律关系的是（　　）。

A. 研究生李某与大学四年级的黄某租房同居

B. 小王欠老代赌博款 1 200 元

C. 陈律师对叶工程师说他要去抢银行

D. 小刘贩卖黄色光碟的行为

8. 田某打架斗殴，公安机关依据《中华人民共和国治安管理处罚法》的规定对其罚款 50 元，这种处罚属于（　　）。

A. 刑事制裁　　B. 行政制裁　　C. 违宪制裁　　D. 民事制裁

9. 下列关于我国法律解释及其解释方法的表述，能够成立的是（　　）。

A. 我国的司法解释是指司法机关对司法工作中具体应用法律问题所作的解释

B. 我国的行政解释是指立法机关对行政法所作的解释

C. 最高人民法院对军事法院就审判工作中具体应用法律问题的请示所作的批复属于司法解释

D. 为了准确认定寻衅滋事罪，我国立法机关在制定刑法典时借鉴了旧刑法规定的流氓罪，在此基础上对寻衅滋事罪的本质进行了系统解释说明，这属于一种体系解释方法

10. 下列关于《监察法》的表述，不能成立的是（　　）。

A. 《监察法》属于基本法律

B. 《监察法》是一部对专门法律监督工作起统领性和基础性作用的法律

C. 《监察法》坚持科学立法、民主立法和依法立法的原则

D. 《监察法》坚持党内监督和国家监督的有机统一

11. 下列表述中，能够成立的是（　　）。

A. 法律规范与宗教规范在适用原则上具有一致性

B. 法治思维就是运用法律方法解决待处理案件的思维方式

C. 法律论证应当建立在对结论的绝对性和唯一性的认知上

D. 法对政治角色行为和活动的程序性和规范性具有控制和调整作用

12. 下列关于法律实施的表述，不能成立的是（　　）。

A. 法律实施就是使法律从应然状态进入到实然状态的过程

B. 法律规范所规定的权利和义务必须有国家机关的参与才能最终实施

C. 司法具有被动性、中立性、非服从性和程序性的特征

D. 法律实施是实现立法者的立法目的、实现法律的作用的前提

13. 根据我国宪法规定，下列说法正确的是（　　）。

A. 省级人大常委会可以要求全国人大常委会解释法律和审查行政法规的合法性

B. 省高级人民法院可以提议省人大制定地方性法规

C. 在省级人大闭会期间，省级人大常委会有权任免省级人民检察院检察长

D. 省人大专门委员会可以提议省人大罢免省长

14. 下列关于我国公民社会文化权利的表述，正确的是(　　)。

A. 我国公民在年老、疾病、丧失劳动能力时有从国家或者社会获得物质帮助的权利

B. 我国公民有劳动的权利和义务，我国公民都有休息的权利

C. 我国宪法规定，我国逐步建立完善的社会保障制度

D. 我国宪法对发展公民社会保障权所需要的社会保险和社会救济事业未作规定

15. 根据立法法规定，行政法规的报备机关是(　　)。

A. 全国人民代表大会　　B. 全国人大宪法和法律委员会

C. 全国人大常委会　　D. 最高人民法院

16. 根据我国宪法和立法法规定，有权决定撤销同宪法、法律相抵触的地方性法规的机关是(　　)。

A. 全国人大常委会　　B. 全国人民代表大会

C. 国务院　　D. 全国人大宪法和法律委员会

17. 现行宪法规定，下列自然资源中既可为国家所有，也可以由法律规定属于集体所有的是(　　)。

A. 矿藏　　B. 水流　　C. 森林　　D. 宅基地

18. 任命特别行政区行政长官的权力属于(　　)。

A. 全国人大　　B. 全国人大常委会

C. 国务院　　D. 全国人大主席团

19. 根据我国宪法规定，下列关于地方国家机关及其职权的表述，正确的是(　　)。

A. 街道办事处是县、自治县人民政府的派出机关

B. 地方政府规章可以就属于本行政区域的具体行政管理事项作出规定

C. 县级以上地方各级人大常委会有权制定地方性法规

D. 乡级以上的地方各级人大常委会设立代表资格审查委员会

20. 在全国人大遇到不能进行选举的非常情况，有权决定推迟选举的是(　　)。

A. 全国人大主席团　　B. 全国人大常委会

C. 全国人大宪法和法律委员会　　D. 全国人大常委会委员长会议

21. 下列关于宪法解释体制的表述，错误的是(　　)。

A. 在采取司法机关解释宪法体制的国家，司法机关对宪法的解释具有普遍约束力

B. 对于不成文的宪法解释，有的具有约束力，有的则不具有约束力

C. 在采取立法机关解释宪法体制的国家，司法机关无权解释宪法，也无权推翻议会所制定的法律

D. 在采取专门机关解释宪法体制的国家，普通机关对宪法的解释属于无权解释

22. 在我国，决定省、自治区、直辖市的范围内部分地区进入紧急状态的机关是(　　)。

A. 全国人民代表大会常务委员会　　B. 公安部

C. 省、自治区、直辖市的人大常委会　　D. 国务院

23. 根据我国宪法和法律规定，自治州的人民代表大会常务委员会有权制定的规范性

法律文件有（　　）。

A. 地方性法规　　B. 地方政府规章　　C. 非基本法律　　D. 单行条例

24. 下列选项中，不是由全国人民代表大会选举产生，而是由国家主席提名决定的是（　　）。

A. 国家副主席　　B. 最高人民法院副院长

C. 国务院总理　　D. 中央军事委员会主席

25. 我国《立法法》第2条第1款规定：法律、行政法规、地方性法规、自治条例和单行条例的制定、修改和废止，适用本法。关于该款条文及其相关术语的理解，正确的是（　　）。

A. 该款规定中的“法律”专指全国人大常委会制定的法律

B. 该款所列规范性法律文件都是我国法律渊源的表现形式

C. 该款所列规范性法律文件在效力等级上是相同的

D. 该款没有对规章作出规定表明规章并非我国正式意义上的法律渊源

26. 某村有年满18周岁的村民1 100人，在一次县人大选举中作为一个选区，应选人大代表3人，第一次投票中，5名代表候选人只有2人得票超过参加投票选民的过半数，于是进行再次选举。在这次选举中，参加投票的选民有900人，其中赵某当选。赵某当选为县人大代表的最低得票数是（　　）。

A. 501票　　B. 451票　　C. 300票　　D. 301票

27. 根据西周时期婚姻礼制，下列情形不得休妻的是（　　）。

A. 妻子与丈夫一同为公婆服过一年丧期　　B. 妻子被休弃后无家可归

C. 丈夫谋害妻子　　D. 丈夫将妻子贬为妾

28. 下列选项中是《法经》中“六禁”内容的是（　　）。

A. 边禁　　B. 迁禁　　C. 宫禁　　D. 嬉禁

29. 下列属于秦朝作刑并附加适用耻辱刑的刑罚是（　　）。

A. 髡钳城旦舂　　B. 赎耐　　C. 鬼薪白粲　　D. 黥配

30. 下列关于魏晋南北朝时期刑事立法的表述，正确的是（　　）。

A.《北魏律》首次规定“重罪十条”制度，促进了礼与法的结合

B. 曹魏最终下诏废宫刑，促进了新的封建五刑体系的形成

C. 北齐定律以死、徒、笞、罚金、赎刑当古五刑体系，五刑之名逐渐恢复

D.《晋律》首次规定“准五服以制罪”制度，使法律成为“峻礼教之防”的工具

31. 唐朝的婚姻制度中所称的“义绝”是指（　　）。

A. 男方单方面解除婚姻，休弃妻子

B. 在“违律为婚”或“嫁娶违律”的情况下，由官府判离

C. 夫妻一方对另一方或其一定范围内的亲属或双方一定范围内的亲属有殴打、通奸、杀害等情况，经官府判决强制解除婚姻关系

D. 男女双方自愿协议解除婚姻

32. 下列有关古代科举制度的表述，正确的是（　　）。

A. 明朝创立了八股取士的科举制度

B. 宋朝首创以程朱理学为内容的经义取士制度

C. 唐朝的科举制度侧重于对策论的考查

D. 元朝的科举每年举行一次

33. 宋朝负责对中枢决策、行政措施和官员任免等事提出意见的监察机构是（　　）。

A. 御史台　　B. 谏院　　C. 殿院　　D. 察院

34. 唐高宗永徽年间，华州刺史萧岭之因为在任广州都督时贪赃的事情被发觉，唐高宗将案件交付群臣议定。在议奏之时，唐高宗非常恼火，决定要处以重刑。但有大臣奏请唐高宗应对萧岭之以“八议”之条减刑。唐高宗听从了建议，将萧岭之流放岭外。萧岭之减等处刑符合八议中的情形是（　　）。

A. 议亲　　B. 议能　　C. 议贵　　D. 议勤

35. 明朝在各州县及乡为张贴榜文、以利教化而设立的机构是（　　）。

A. 僧录司　　B. 申明亭　　C. 官廨　　D. 慎刑司

36. 晚清起草完成的诉讼法律中，标志着中国古代重实体、轻程序传统终结的法律是（　　）。

A.《大理院审判编制法》　　B.《大清刑事民事诉讼法草案》

C.《大清民事诉讼律草案》　　D.《大清刑事诉讼律草案》

37. 清末“预备立宪”时期清政府设立的具有地方议会性质的咨询机关称为（　　）。

A. 参政院　　B. 立法院　　C. 资政院　　D. 谘议局

38. 下列关于《中华民国民法》的表述，正确的是（　　）。

A.《中华民国民法》采取个人本位的立法原则

B.《中华民国民法》表现出新的历史条件下继受法与固有法结合的特点

C.《中华民国民法》将不能并入民法典的商事法律规范另行制定统一的商法典

D.《中华民国民法》首次确立了过失致人损害赔偿责任

39. 在名义上实行地方自治，并对国权和地方制度作出专门规定的宪法或宪法性文件是（　　）

A.《中华民国约法》　　B.《中华民国宪法》（1947年）

C.《中华民国宪法》（1923年）　　D.《中华民国训政时期约法》

40. 下列选项中，不属于《中国土地法大纲》规定的内容的是（　　）。

A. 确定土地改革的合法执行机关为各个边区政府

B. 宣布废除封建性、半封建性剥削的土地制度

C. 实行耕者有其田的制度

D. 确认保护工商业原则

二、多项选择题（第41～50小题，每小题2分，共20分。下列每题给出的四个选项中，至少有两个选项是符合题目要求的。多选、少选或错选均不得分）

41. 下列关于法律关系的表述，正确的是（　　）。

A. 法律规范是产生法律关系的前提

B. 法律关系是以法律上的权利和义务为内容的社会关系

C. 法律关系只能是自然人之间合法的社会关系

D. 法律关系就是法律规范所要调整的现实社会关系本身

42. “法治”一词具有多层含义，这些含义包括(　　)。

A. 法治是以一定形式的民主政治为内容的治国方略

B. 法治是一种“依法办事”的理性原则

C. 法治是一种根据依法治国、依法办事原则形成的法律秩序

D. 法治是一种包含着内在价值性规定的法律精神

43. 下列关于法的程序性的表述，能够成立的是(　　)。

A. 法的程序性特征表明法律是只注重程序的规范

B. 法的程序性不仅是法的基本特征之一，而且程序的正当性原则也是法治的基本原则之一

C. 程序的正当性原则主要是针对公民行使私权利而言的

D. 法的程序的正当性不仅体现在司法程序中，而且体现在行政执法的过程中

44. 在我国，有权对法律作出规范性解释的国家机关包括(　　)。

A. 全国人民代表大会

B. 全国人民代表大会常务委员会

C. 最高人民检察院

D. 全国人民代表大会常务委员会法制工作委员会

45. 下列选项中，属于我国宪法规定的土地制度内容的是(　　)。

A. 土地使用权可以依照法律的规定转让

B. 国家为了公共利益的需要，可以依照法律规定对土地实行征收或者征用并给予补偿

C. 城市的土地属于国家所有

D. 一切使用土地的组织和个人必须合理地利用土地

46. 根据我国宪法规定，下列关于社会保障权的表述，正确的是(　　)。

A. 2004 年宪法修正案首次规定了“国家建立健全同经济发展水平相适应的社会保障制度”条款

B. 社会保障权是一项基本人权

C. 社会保障权包括退休人员的生活保障权和物质帮助权

D. 社会保障权是保障公民享有的休假和休养的权利

47. 根据我国有关法律规定，可以向全国人大常委会书面提出违宪审查要求的主体是(　　)。

A. 国务院

B. 国家主席

C. 最高人民法院

D. 省、自治区、直辖市的人民代表大会常务委员会

48. 根据《唐律疏议》的规定，下列人员中，可以适用上请的有(　　)。

A. 适用“八议”人员的子孙，但犯有恶逆重罪

B. 五品官员，但犯有应处死刑的重罪

C. 四品官员，但犯有受所监临财物的赃罪

D. 皇太子妃大功以上亲属，但犯有应处死刑的重罪

49. 下列选项中，属于《十九信条》规定的内容的是（　）。

A. 预决算由皇帝审核批准　　B. 规定了人民的权利和义务

C. 采行君主立宪政体　　D. 内阁对国会负责

50. 下列关于明朝法律制度的表述，正确的是（　）。

A. 明朝提出"明礼以导民，定律以绳顽"，使礼律相结合

B. 明朝中后期在税制上实行一条鞭法，从实物税征收转向货币税征收

C. 明朝设置市舶提举司主管朝贡贸易事务

D. 明朝设置提点刑狱司执掌地方监察事务

三、简答题（第51～53小题，每小题10分，共30分）

51. 简述司法体制改革的方向和原则。

52. 简述全国人大常委会的监督权。

53. 简述《大清民律草案》的特点。

四、分析题（第54～56小题，每小题10分，共30分。要求结合所学知识分析材料回答问题）

54. 李某乘坐旅客列车期间与对面座位的旅客许某搭话后相识。夜间23时许，许某去厕所，李某尾随进入厕所抢得现金990元及价值2 300余元的手机一部。后许某向乘警报案，李某被抓获。

参照法条：《中华人民共和国刑法》第263条规定："以暴力、胁迫或者其他方法抢劫公私财物的，处三年以上十年以下有期徒刑，并处罚金；有下列情形之一的，处十年以上有期徒刑、无期徒刑或者死刑，并处罚金或者没收财产：……（二）在公共交通工具上抢劫的……"

争议：甲法官认为：由于在列车上抢劫具有公然性，影响了公共安全，所以才会成为加重情节。但是李某在列车厕所内实施的抢劫不具备公然性，因此不适用加重处罚。

乙法官认为：刑法只规定在公共交通工具上抢劫就是加重情节，即使是在列车厕所抢劫也应适用这个规定。

请结合上述材料，运用法理学相关知识，回答下列问题：

（1）请分析《刑法》第263条前半部分的逻辑结构。

（2）甲、乙法官的观点分别属于哪种解释？为什么？

（3）你认为哪种观点更加具有合理性？并说明理由。

55. 为了缓解日益严重的交通拥堵状况，某直辖市政府制定了《××市小客车数量调控暂行规定》（以下简称《调控规定》），开始实施小客车数量调控措施，以摇号方式分配小客车配置指标。根据《调控规定》，住所地在本市的个人，名下没有本市登记的小客车，持有效的机动车驾驶证，可以办理摇号登记。这里在公民办理摇号登记的资格上进行了差别对待，具体区分可否参加摇号的标准有三个——有无户籍、有无车辆、有无驾照。有无车辆，是指一个人如果已经购买了车辆，就不能再参加摇号。有无驾照，是指只有持有有效的机动车驾驶证的个人，才能申请参加摇号。有无户籍，是指只有住所地在本市的个

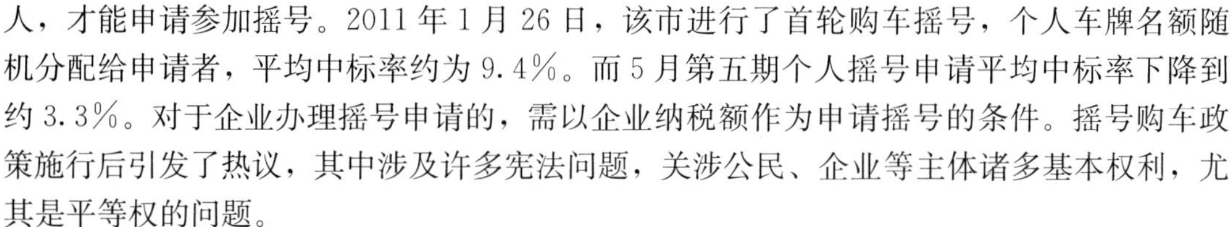

人，才能申请参加摇号。2011 年 1 月 26 日，该市进行了首轮购车摇号，个人车牌名额随机分配给申请者，平均中标率约为 9.4%。而 5 月第五期个人摇号申请平均中标率下降到约 3.3%。对于企业办理摇号申请的，需以企业纳税额作为申请摇号的条件。摇号购车政策施行后引发了热议，其中涉及许多宪法问题，关涉公民、企业等主体诸多基本权利，尤其是平等权的问题。

请结合材料，根据宪法理论和法律的相关规定，回答下列问题：

（1）《××市小客车数量调控暂行规定》属于何种形式的法律渊源？其备案机关有哪些？

（2）摇号购车中是否存在差别对待？如果存在差别对待，请指明。

（3）以有无驾照、有无户籍和企业纳税额作为申请摇号的资格，该规定是否合理？为什么？

（4）该市对摇号申请资格的限定是否违反了宪法基本原则和宪法对公民基本权利限制的原则？为什么？

56. 材料 1：《唐律疏议・名例律》（卷六）：诸化外人，同类自相犯者，各依本俗法；异类相犯者，以法律论。【疏】议曰："化外人"，谓蕃夷之国，别立君长者，各有风俗，制法不同。其有同类自相犯者，须问本国之制，依其俗法断之。异类相犯者，若高丽之与百济相犯之类，皆以国家法律，论定刑名。

材料 2：《大明律・吏律》"化外人有犯（第三十六条）"：凡化外人犯罪者，并依律拟断。

请运用中国法制史的知识和理论，分析上述材料并回答下列问题：

（1）何为"化外人"？

（2）唐律关于"化外人"相犯规定的主要内容。

（3）明律关于"化外人"相犯规定的主要内容。

（4）对比材料 1、2 说明明律在化外人相犯处理原则的变化及说明的问题。

五、论述题（第 57～58 小题，每小题 15 分，共 30 分）

57. 联系我国法治建设的实际论述认定和归结法律责任的原则。

58. 试论人民法院的工作原则。

综合课模拟试题（三）答案及解析

一、单项选择题

1. B

【解析】免责是指法律责任由于出现法定条件被部分或全部地免除。免责条件主要包括时效免责、不诉免责、自首立功免责、有效补救免责、自助免责等。免责不同于"不负责任"或"无责任"，因为免责以法律责任的存在为前提，而后两者并不存在责任。不应把未达到法定责任年龄、精神失常、正当防卫、紧急避险等不负法律责任的条件当作免除责任的条件。可见，选 B 项。

2. D

【解析】这道题考查的是法律规范（规则）、法律条文、法律概念等的区别。该条文是法律概念的规定，而不是法律的技术性规定，A项表述错误。法律规范（规则）有逻辑三要素，即法律规则在逻辑上是由假定（条件）、行为模式和法律后果三要素构成的，但法律概念没有完整的逻辑结构，B项表述错误。只有法律规范才能表达法律关系主体的权利和义务，法律概念由于没有完整逻辑结构，因此不能确定权利义务关系，C项表述错误。《刑法》第94条规定有助于认识法律和理解司法工作人员的范围，D项表述正确，选D项。

3. D

【解析】成文法和不成文法是以法律创制方式和表达形式的不同为标准对法律进行的分类；国内法和国际法才是按照法律的创制主体和适用主体的不同而作的分类。可见，A项表述不正确。刑法是普通法而非根本法，宪法是根本法。可见，B项表述不正确。公法和私法是大陆法系国家法的基本分类，普通法和衡平法是英美法系国家法的基本分类。可见，C项表述不正确。实体法与程序法的划分并不是绝对的，实体法中也有程序性规定，例如民法典中有关调解的规定。可见，D项表述正确。

4. C

【解析】法律责任归责原则中不仅包括过错责任，还有无过错责任，A项表述错误。刑事责任以惩罚为主，但民事责任以救济为主，B项表述错误。法律责任是法律制裁的前提，法律制裁是具体承担法律责任的结果或体现，没有法律责任就没有法律制裁，C项表述正确。法律责任并不等于法律制裁，有法律责任并不一定就有法律制裁。例如，刑法中存在定罪免责方式；民法中存在善意侵犯专利权但不承担侵权责任的情形。可见，D项表述错误。

5. D

【解析】按照法律规则内容的确定性程度不同，可以将法律规则分为确定性规则、委任性规则和准用性规则。确定性规则是指内容已明确肯定，无须再援引或参照其他规则来确定其内容的法律规则。委任性规则是指内容尚未确定，而只规定某种概括性指示，由相应国家机关通过相应途径或程序加以确定的法律规则。准用性规则是指内容本身没有规定人们具体的行为模式，而是可以援引或参照其他相应内容规定的规则。本题表述的法律规则是委任性规则，即将公司股票境外上市的具体办法委托给国务院作出特别规定，因而选D项。委任性规则和准用性规则的区别：委任性规则只是指出某一法律规则应当由哪个机关制定，在委任性规则出台之前，委托的某个机关尚未制定法律规则；而准用性规则所援引的法律规则实际上已经存在。本题表述中，由于《公司法》已经出台，但委托的机关即国务院尚未制定具体的法律规则，因而不是准用性规则，不选B项。

6. D

【解析】实体正义而非程序正义在于通过对实体权利义务的安排，为社会提供一种秩序，A项表述错误。法律责任的归责原则包括责任法定原则、因果关系原则、责任与处罚相称原则和责任自负原则，其中，责任法定原则是法律责任归责原则要坚持的首要原则。可见，B项表述错误。法律行为是指与当事人意志无关的，且能够引起法律关系产生、变更或消灭的客观事实。因而，法律行为是一种客观事实，这没有错，但是，法律行为有作为和不作为两种方式，以积极的、直接的对客体发生作用的方式进行的活动属于作为的法律行为。可见，C 项表述错误。社会是法律的基础，其中一层含义就是制定、认可法律的国家以社会为基础，国家权力以社会力量为基础；同时还可以说，国家法以社会法为基础，“纸上的法”以“活法”为基础。可见，D 项表述成立，选 D 项。

7. D

【解析】 A 项表述中，同居不可能在研究生李某与大学四年级的黄某之间形成具有权利义务内容的任何法律关系，不选 A 项。法律关系必须是合法社会关系，而赌博之债不是合法的债权债务关系，不能形成法律关系，不选 B 项。陈律师的表示仅仅是犯意流露，甚至还没有进入犯罪预备阶段，无法形成刑事法律关系，不选 C 项。D 项表述形成行政法律关系，甚至形成刑事法律关系，选 D 项。

8. B

【解析】 刑事制裁是司法机关对于犯罪者根据其所应承担的刑事责任而确定和实施的强制性惩罚措施。民事制裁是由人民法院确定并实施，对民事责任主体依其所应承担的民事责任而给予的强制性惩罚措施。行政制裁是指国家行政机关对行政违法者实施的强制性惩罚措施。违宪制裁是指对违宪行为所实施的一种强制措施。田某打架斗殴，公安机关依据《中华人民共和国治安管理处罚法》的规定对其罚款 50 元，这种处罚属于行政制裁，选 B 项。

9. C

【解析】 我国的司法解释是指“最高”司法机关对司法工作中具体应用法律问题所作的解释，而不能泛泛地说就是司法机关所作的解释，因为只有最高人民法院和最高人民检察院才有权进行司法解释。可见，A 项表述不能成立。我国的行政解释是指国务院及其主管部门对有关法律法规所作的解释。这里要注意区分行政法和行政法规，行政法由立法机关制定，而行政法规是国务院制定的。由于行政法是由立法机关制定的，因此立法机关对行政法的解释属于立法解释而不是行政解释。可见，B 项表述不能成立。司法解释使用的公文形式很多，最高司法机关就有关具体应用法律问题对各级司法机关所作的批复、意见等属于司法解释的表现形式。可见，C 项表述成立。法律解释方法包括文义解释、历史解释、体系解释、目的解释、社会学解释和比较法解释等。D 项表述的情形是历史解释，而不是体系解释，体系解释是将规范或条文放在整个规范体系中进行的解释，以便使整个法典条文规定之间达到协调，例如对刑法中猥亵儿童中猥亵的解释，猥亵儿童包括猥亵男童和猥亵女童，如果是猥亵女童，则不包括奸淫行为，这是放在整个刑法规范中进行的解释，以此区别于强奸罪。可见，D 项表述不能成立。

10. B

【解析】《监察法》是由第十三届全国人大第一次会议通过的，属于基本法律，A 项表述成立。制定《监察法》是坚持和加强党对反腐败工作的领导，构建集中统一、权威高效的国家监察体系的必然要求。《监察法》是反腐败工作国家立法成果，是一部对“国家监察工作”（而非专门针对法律监督工作，否则与检察机关的监督职责相混淆）起统领性和基础性作用的法律。为整合反腐败资源力量，加强党对反腐败工作的集中统一领导，实现对所有行使公权力的公职人员监察全覆盖提供法律依据。可见，B 项表述不能成立，选 B 项。监察立法工作遵循以下思路和原则：一是坚持正确的政治方向。二是坚持与宪法修改保持一致。三是坚持问题导向。四是坚持科学立法、民主立法、依法立法。可见，C 项表述成立。制定《监察法》是坚持党内监督与国家监察有机统一，坚持走中国特色监察道路的创制之举。通过立法方式保证依规治党与依法治国、党内监督与国家监察有机统一，将党内监督同国家机关监督、民主监督、司法监督、群众监督、舆论监督贯通起来，不断提高党和国家的监督效能。可见，D 项表述成立。

11. D

【解析】法律规范与宗教规范在适用原则上不同，宗教规范是以属人主义原则为标准，只对教徒具有约束力，不同于法律的属地主义和属人主义相结合的原则。可见，A 项表述不能成立。法治思维是指按照社会主义法治的逻辑来观察、分析和解决社会问题的思维方式，它是将法律规定、法律知识、法律理念付诸实施的认识过程。法治思维不同于运用法律解释、法律推理和法律论证等的具体方法，法律方法是法律实施的过程，而法治思维仍然是法律思维。可见，B 项表述不能成立。法律论证的正当性标准之一就是程序的合理性，所以，法律论证理论建立在对结论的非绝对性、非唯一性认知上，论证过程的合理、公正决定着结论的正当性。可见，C 项表述不能成立。法对政治具有确认和调整作用，就法与政治角色的行为的关系而言，法对于国家机构、政治组织、利益集团等政治角色行为和活动的程序性和规范性控制，以及 20 世纪初期开始的政党法治化趋势，都表明了法对重要政治角色行为控制、调整的必然性和必要性。可见，D 项表述成立，选 D 项。

12. B

【解析】法律实施就是使法律从书本上的法律变成行动中的法律，使它从抽象的行为模式变成人们的具体行为，从应然状态进到实然状态。可见，A 项表述成立。法律关系参加者的意志对法律关系的建立和实现有重要作用。在法律关系产生或实现的过程中，国家意志和法律关系参加者的意志是相互作用的，一方面，法律关系参加者的意志必须符合国家意志；另一方面，国家意志只有通过法律关系参加者的意志才能得到实现。可见，B 项表述不能成立，选 B 项。司法具有被动性、中立性、非服从性、程序性、专属性等特点，C 项表述成立。法律实施是实现立法者的立法目的、实现法律的作用的前提，是实现法的价值的必由之路。可见，D 项表述成立。

13. A

【解析】《立法法》第 46 条规定，国务院、中央军事委员会、最高人民法院、最高人民检察院和全国人民代表大会各专门委员会以及省、自治区、直辖市的人民代表大会常务委员会可以向全国人民代表大会常务委员会提出法律解释要求。《立法法》第 99 条第 1 款规定，国务院、中央军事委员会、最高人民法院、最高人民检察院和各省、自治区、直辖市的人民代表大会常务委员会认为行政法规、地方性法规、自治条例和单行条例同宪法或者法律相抵触的，可以向全国人民代表大会常务委员会书面提出进行审查的要求，由常务委员会工作机构分送有关的专门委员会进行审查、提出意见。根据上述规定，A 项表述正确，选 A 项。根据《地方各级人民代表大会和地方各级人民政府组织法》第 18 条的规定，地方各级人民代表大会举行会议的时候，主席团、常务委员会、各专门委员会、本级人民政府，可以向本级人民代表大会提出属于本级人民代表大会职权范围内的议案。县级以上的地方各级人民代表大会代表 10 人以上联名，乡、民族乡、镇的人民代表大会代表 5 人以上联名，可以向本级人民代表大会提出属于本级人民代表大会职权范围内的议案。据此，省高级人民法院无权提出制定地方性法规的提案，B 项表述错误。根据《宪法》第 67 条第 13 项的规定，全国人大常委会根据最高人民检察院检察长的提请，任免最高人民检察院副检察长、检察员、检察委员会委员和军事检察院检察长，并且批准省、自治区、直辖市的人民检察院检察长的任免。根据《地方各级人民代表大会和地方各级人民政府组织法》第 44 条第 11 项的规定，省级人大常委会任免省级人民法院副院长、庭长、副庭长、审判委员会委员、审判员，任免省级人民检察院副检察长、检察委员会委员、检察员，批准任免下一级人民检察院检察长；省、自治区、直辖市的人民代表大会常务委员会根据主任会议的提名，决定在省、自治区内按地区设立的和在直辖市内设立的中级人民法院院长的任免，根据省、自治区、直辖市的人民检察院检察长的提名，决定人民检察院分院检察长的任免。根据上述规定，省级人大常委会无权任免省级人民检察院检察长，C 项表述错误。根据《地方各级人民代表大会和地方各级人民政府组织法》第 26 条第 1 款的规定，县级以上的地方各级人民代表大会举行会议的时候，主席团、常务委员会或者 1/10 以上代表联名，可以提出对本级人民代表大会常务委员会组成人员、人民政府组成人员、人民法院院长、人民检察院检察长的罢免案，由主席团提请大会审议。据此，省人大专门委员会无权提议省人大罢免省长，D 项表述错误。

14. A

【解析】《宪法》第 45 条第 1 款规定，中华人民共和国公民在年老、疾病或者丧失劳动能力的情况下，有从国家和社会获得物质帮助的权利。国家发展为公民享受这些权利所需要的社会保险、社会救济和医疗卫生事业。据此，A 项表述正确，D 项表述错误。《宪法》第 42 条第 1 款规定，中华人民共和国公民有劳动的权利和义务。但根据《宪法》第 43 条第 1 款规定，中华人民共和国劳动者有休息的权利。据此，我国宪法规定的休息权的主体是劳动者，而非全体公民，B 项表述错误。《宪法》第 14 条第 4 款规定，国家建立健全同经济发展水平相适应的社会保障制度。据此，C 项表述错误。

15. C

【解析】《立法法》第 98 条规定，行政法规、地方性法规、自治条例和单行条例、规章应当在公布后的 30 日内依照下列规定报有关机关备案：（1）行政法规报全国人民代表大会常务委员会备案。（2）省、自治区、直辖市的人民代表大会及其常务委员会制定的地方性法规，报全国人民代表大会常务委员会和国务院备案；设区的市、自治州的人民代表大会及其常务委员会制定的地方性法规，由省、自治区的人民代表大会常务委员会报全国人民代表大会常务委员会和国务院备案。（3）自治州、自治县的人民代表大会制定的自治条例和单行条例，由省、自治区、直辖市的人民代表大会常务委员会报全国人民代表大会常务委员会和国务院备案；自治条例、单行条例报送备案时，应当说明对法律、行政法规、地方性法规作出变通的情况。（4）部门规章和地方政府规章报国务院备案；地方政府规章应当同时报本级人民代表大会常务委员会备案；设区的市、自治州的人民政府制定的规章应当同时报省、自治区的人民代表大会常务委员会和人民政府备案。（5）根据授权制定的法规应当报授权决定规定的机关备案；经济特区法规报送备案时，应当说明对法律、行政法规、地方性法规作出变通的情况。根据上述规定，选C项。

16. A

【解析】《宪法》第67条第8项规定，全国人大常委会有权撤销省、自治区、直辖市国家权力机关制定的同宪法、法律和行政法规相抵触的地方性法规和决议。据此，选A项。

17. C

【解析】《宪法》第9条第1款规定，矿藏、水流、森林、山岭、草原、荒地、滩涂等自然资源，都属于国家所有，即全民所有；由法律规定属于集体所有的森林和山岭、草原、荒地、滩涂除外。据此，矿藏、水流为国家专有财产，不选A、B项。森林、山岭、草原、荒地、滩涂等自然资源既可以为国有，也可以为集体所有。可见，选C项。《宪法》第10条第2款规定，农村和城市郊区的土地，除由法律规定属于国家所有的以外，属于集体所有；宅基地和自留地、自留山，也属于集体所有。据此，宅基地为集体所有。可见。不选D项。

18. C

【解析】根据特别行政区基本法的规定，行政长官由中央人民政府任命，即由国务院任命，因此选C项。

19. B

【解析】县、自治县的派出机关是区公所，市辖区、不设区的市的派出机关是街道办事处，注意差别。可见，A项表述错误。《立法法》第82条规定，省、自治区、直辖市和设区的市、自治州的人民政府，可以根据法律、行政法规和本省、自治区、直辖市的地方性法规，制定规章。地方政府规章可以就下列事项作出规定：（1）为执行法律、行政法规、地方性法规的规定需要制定规章的事项；（2）属于本行政区域的具体行政管理事项。设区的市、自治州的人民政府根据本条第1款、第2款制定地方政府规章，限于城乡建设与管理、环境保护、历史文化保护等方面的事项。可见，B项表述正确。《立法法》第72条规定，省、自治区、直辖市的人民代表大会及其常务委员会根据本行政区域的具体情况和实际需要，在不同宪法、法律、行政法规相抵触的前提下，可以制定地方性法规。设区的市的人民代表大会及其常务委员会根据本市的具体情况和实际需要，在不同宪法、法律、行政法规和本省、自治区的地方性法规相抵触的前提下，可以对城乡建设与管理、环境保护、历史文化保护等方面的事项制定地方性法规，法律对设区的市制定地方性法规的事项另有规定的，从其规定。设区的市的地方性法规须报省、自治区的人民代表大会常务委员会批准后施行。省、自治区的人民代表大会常务委员会对报请批准的地方性法规，应当对其合法性进行审查，同宪法、法律、行政法规和本省、自治区的地方性法规不抵触的，应当在4个月内予以批准。据此，C项表述错误。县级以上的地方各级人大常委会设立代表资格审查委员会，D项表述错误。

20. B

【解析】《宪法》第60条第2款规定，全国人民代表大会任期届满的2个月以前，全国人民代表大会常务委员会必须完成下届全国人民代表大会代表的选举。如果遇到不能进行选举的非常情况，由全国人民代表大会常务委员会以全体组成人员的 2/3 以上的多数通过，可以推迟选举，延长本届全国人民代表大会的任期。在非常情况结束后 1 年内，必须完成下届全国人民代表大会代表的选举。据此，选 B 项。

21. A

【解析】在采取司法机关解释宪法体制的国家，司法机关对宪法的解释仅仅对审理的案件具有约束力。可见，A 项表述错误，选 A 项。对于不成文的宪法解释，有的具有约束力，如英国议会对英国宪法性法律的解释，具有约束力；有的不具有约束力，如有关组织和个人对于不成文的宪法解释，则不具有约束力。可见，B 项表述正确。在采取立法机关解释宪法体制的国家，司法机关无权解释宪法，也无权推翻议会所制定的法律。可见，C 项表述正确。在采取专门机关解释宪法体制的国家，由宪法法院或者宪法委员会解释宪法，其他普通机关对宪法的解释属于无权解释。可见，D 项表述正确。

22. D

【解析】《宪法》第 89 条第 16 项规定：国务院依照法律规定决定省、自治区、直辖市的范围内部分地区进入紧急状态。据此，选 D 项。注意对比《宪法》第 67 条第 21 项规定：全国人大常委会决定全国或者个别省、自治区、直辖市进入紧急状态。

23. A

【解析】根据立法法规定，自治州的人大及其常委会有权制定地方性法规，选 A 项。根据《立法法》第 80 条、第 82 条规定，国务院各部、委员会、中国人民银行、审计署和具有行政管理职能的直属机构，可以根据法律和国务院的行政法规、决定、命令，在本部门的权限范围内，制定规章；省、自治区、直辖市和设区的市、自治州的人民政府，可以根据法律、行政法规和本省、自治区、直辖市的地方性法规，制定规章；设区的市、自治州的人民政府制定地方政府规章，限于城乡建设与管理、环境保护、历史文化保护等方面的事项。已经制定的地方政府规章，涉及上述事项范围以外的，继续有效。据此，不选 B 项。非基本法律的制定权归属于全国人大常委会，不选 C 项。根据《宪法》第 116 条规定，自治州的人大有权制定自治条例和单行条例，不选 D 项。

24. C

【解析】根据《宪法》第 62 条第 4 项、第 5 项规定，全国人民代表大会选举中华人民共和国主席、副主席；根据中华人民共和国主席的提名，决定国务院总理的人选；根据国务院总理的提名，决定国务院副总理、国务委员、各部部长、各委员会主任、审计长、秘书长的人选。据此，选 C 项。国家副主席由全国人大选举产生，不选 A 项。根据《宪法》第 67 条第 12 项规定，最高人民法院副院长由最高人民法院院长提请，全国人大常委会任免，不选 B 项。根据《宪法》第 62 条第 6 项，中央军委主席由全国人大选举产生，不选 D 项。

25. B

【解析】该款规定的法律是指全国人大及其常委会制定的法律，A 项表述错误。我国法律渊源的表现形式有宪法、法律、行政法规、地方性法规、自治条例和单行条例、特别行政区法律、行政规章、国际条约和国际惯例。可见，B 项表述正确，选 B 项。《立法法》第 2 条所列规范性法律文件在效力等级上是不同的，宪法的效力高于法律，法律的效力高于行政法规。可见，C项表述错误。规章也是我国正式意义上的法律渊源，D项表述错误。

26. C

【解析】《选举法》第44条规定，在选民直接选举人民代表大会代表时，选区全体选民的过半数参加投票，选举有效。代表候选人获得参加投票的选民过半数的选票时，始得当选。获得过半数选票的当选代表的人数少于应选代表的名额时，不足的名额另行选举。另行选举时，根据在第一次投票时得票多少的顺序，按照本法第30条规定的差额比例，确定候选人名单。如果只选一人，候选人应为2人。依照前款规定另行选举县级和乡级的人民代表大会代表时，代表候选人以得票多的当选，但是得票数不得少于选票的1/3；县级以上的地方各级人民代表大会在另行选举上一级人民代表大会代表时，代表候选人获得全体代表过半数的选票，始得当选。根据上述规定，本题表述中，应选代表为3人，但只选出2人，不足的名额只能另行选举，另行选举时，代表获得的选票数不得少于选票的1/3，故选C项。

27. B

【解析】西周时期婚姻解除的条件（七出、三不去）。七出就是丈夫或公婆可以休妻的七种法定情形：不顺父母去；无子去；淫去；妒去；有恶疾去；多言去；盗窃去。但七出要受到三不去的限制，即如果有下列情形之一的，丈夫不能休妻：有所取无所归不去（若妻子被休弃后无家可归的不能休弃）；与更三年丧不去（与丈夫一同为公婆服过三年大丧的不能休弃）；前贫贱后富贵不去（娶妻时贫贱而经夫妻同甘苦后来变得富贵的，不能休弃）。可见，只有B项表述的情形，属于三不去的情形之一，不得休妻，选B项。

28. D

【解析】《法经》中的《杂法》是关于“盗贼”以外的其他犯罪与刑罚的法律规定，主要规定了“六禁”：淫禁、狡禁、城禁、嬉禁、徒禁和金禁。可见，只有D项表述的嬉禁属于“六禁”之一，选D项。

29. A

【解析】秦朝作刑包括城旦舂、鬼薪白粲、隶臣妾、司寇、候等。秦朝的作刑经常附加耻辱刑，秦朝的耻辱刑包括髡刑、耐刑和完刑，例如城旦舂附加髡刑，称为髡钳城旦舂，即戴铁钳服役；还有耐为鬼薪、耐为司寇、完为城旦等。可见，选A项。赎耐是秦汉时期的刑罚，即判处耐刑（剃去犯人胡须）并可以适用赎刑，而赎刑不是作刑，而是财产刑，故不选B项。鬼薪白粲是独立的刑种，属于作刑，不选C项。黥配即刺字后发配，即刺配刑，正式出现于宋代，不选D项。

30. D

【解析】《北齐律》首次规定重罪十条，而不是《北魏律》，A项表述错误。西魏和北齐下诏废宫刑，但北齐最终废宫刑，宫刑退出历史舞台，B项表述错误。魏晋南北朝时期是奴隶制五刑向封建制五刑过渡的重要时期，晋代定律以死、徒、笞、罚金、赎刑当古之五刑，C项表述错误。《晋律》首次规定“准五服以制罪”制度，使法律成为“峻礼教之防”的工具，D项表述正确，选D项。

31. C

【解析】唐朝的婚姻解除制度包括七出、三不去、官府强制离婚、义绝和和离。唐朝婚姻制度中的“义绝”是指夫妻情义已绝。A 项表述的是七出，不选 A 项。B 项表述的是违法婚姻，即嫁娶违反唐律规定，官府强制离婚，不选 B 项。D 项表述的是唐朝婚姻制度中的和离，即夫妻双方自愿离婚，不选 D 项。只有 C 项表述的情形为义绝，唐朝的义绝注重夫妻及其亲属间的相互殴、杀伤，即夫妻一方对另一方或其一定范围内的亲属或双方一定范围内的亲属有殴打、通奸、杀害等情况，经官府判决强制解除婚姻关系，选 C 项。

32. A

【解析】明朝创立了八股取士的科举制度，使考生文章完全脱离社会实际，选 A 项。元朝首创以程朱理学为内容的经义取士制度，从而结束了唐宋以来以诗赋取士的历史，B 项表述错误。宋朝在科举考试中仍然注重诗赋的考查，但对策论的考查开始受到重视，C 项表述错误。元朝的科举每三年举行一次，D 项表述错误。

33. B

【解析】宋朝中央最高监察机关是御史台，宋朝沿袭唐朝，御史台下设台院、殿院和察院。在中央，宋朝还有谏院，谏院不隶属于御史台，而是将中书、门下两省的谏官抽出一部分人组成的，负责对中枢决策、行政措施和官员任免等事提出意见。可见，选 B 项。

34. C

【解析】“八议”是指贵族官僚中的八种人犯罪后，普通司法机关无权处理，须在大臣“议其所犯”后，由皇帝对其所犯罪行实行减免刑罚的制度。“八议”即议亲（皇亲国戚）、议故（皇帝故旧）、议贤（有封建德行与影响的人）、议能（有大才能的人）、议功（有大功勋的人）、议贵（贵族官僚）、议勤（为封建国家勤劳服务的人）、议宾（前朝皇室宗亲）。本题表述中，萧岭之具有贵族身份，当为“议贵”，选 C 项。

35. B

【解析】明太祖朱元璋为了申明教化，在各级州县及乡张贴榜文，为此设立了申明亭，选 B 项。A 项表述的僧录司是元朝在诸路、府、州、县设立的管理各地僧侣狱讼的审判机构。C 项表述的官廨指的是官府办公的房舍。D 项表述的慎刑司是清朝的内务府所属机构。

36. D

【解析】晚清起草完成的诉讼法律中，《大清刑事诉讼律草案》标志着中国古代重实体、轻程序传统终结，选 D 项。《大理院审判编制法》是中国历史上第一部具有近代意义的法院编制法，该法确立了民刑分别受理的体制，首次确立了司法独立原则，不选 A 项。《大清刑事民事诉讼法草案》制定时间稍微早于《大清刑事诉讼律草案》，但这部法律只不过是引进了西方近代诉讼原则和制度，还不能将其认定为中国古代重实体、轻程序传统终结的标志，不选 B 项。《大清民事诉讼律草案》制定时间稍微晚于《大清刑事诉讼律草案》，这部法律是中国民事诉讼立法近代化的开端，不选 C 项。

37. D

【解析】谘议局是清政府为了“预备立宪”而在地方建立的具有地方议会性质的咨询机关，其宗旨为“指陈通省利病，筹计地方治安”，其权限为讨论本省兴革事宜、决算预算、税收、公债以及选举资政院议员、申复资政院或本省督抚的咨询等。可见，选 D 项。

参政院是北洋政府袁世凯在取消国会后设立的总统咨询机关，袁世凯取消国会后，设立有名无实的立法院，在立法院设立以前，由参政院代行职权。可见，不选A项。在北洋政府时期，立法院是袁世凯在取消国会后拟定的行使立法权的机构（但未来得及设立）；在南京国民政府统治时期，立法院是行使立法权的机构。可见，不选B项。资政院是清政府为了预备立宪而在中央成立的咨询机关，具有近代国家议会的性质，其权限为决议国家的年度预决算，税法与公债，法典的修订、修改以及余奉特旨交议的事项。可见，不选C项。

38. B

【解析】《中华民国民法》采取社会本位的立法原则，在民法的基本价值方面摒弃个人主义，转而注重社会公共利益，对私人所有权、契约自由、遗产继承加以一定的限制，强调只有个人利益不违背社会公共利益始予保护。可见，A项表述错误。《中华民国民法》以旧民律草案为基础对其作了大量修正，并着力参照德国、日本、瑞士等国民法，表现出新的历史条件下继受法与固有法结合的特点。可见，B项表述正确。南京国民政府民商事立法采取民商合一的立法体例，即民法典之外不再编纂商法典，而是将不宜纳入民法典的商事规范以单行法的形式加以规定，作为民法的特别法。可见，C项表述错误。《大清民律草案》首次确立了过失致人损害赔偿责任，而《中华民国民法》首次确立了无过失致人损害赔偿责任。可见，D项表述错误。

39. C

【解析】《中华民国宪法》（1923年）是北洋政府统治时期由直系军阀曹锟炮制的宪法，该部宪法名义上规定实行地方自治，为了平衡各派军阀和大小军阀之间的关系，巩固曹锟和吴佩孚控制的中央大权，该部宪法还对国权和地方制度作了专门规定。可见，选C项。《中华民国宪法》（1947年）形式上规定采取中央与地方分权体制，赋予省、县两级地方政府以自治权。

40. A

【解析】《中国土地法大纲》是革命根据地时期制定的最为成熟的土地法规，其内容是：（1）宣布废除封建、半封建剥削的土地制度，实行耕者有其田制度。（2）规定土地改革须遵守的原则是依靠贫雇农，团结中农，保护工商者，正确对待地主、富农。（3）确定以乡村为单位，按人口平均分配一切土地的土地分配办法。地主及其家属、国民党官兵家属也可分得与农民同样的土地和财产。（4）确认人民对所分得的土地的所有权。（5）确定土地改革的合法执行机关为乡村农民大会、贫农团大会、区县省级农民代表大会。规定对一切对抗战或土地改革的罪犯，组织人民法庭予以审判。（6）确认保护工商业原则。可见，只有A项表述不是《中国土地法大纲》的内容，其他选项表述的都是《中国土地法大纲》的内容。

二、多项选择题

41. AB

【解析】法律规范是法律关系产生的前提，法律关系就是根据法律规范产生的，以主体之间的权利义务关系的形式表现出来的特殊社会关系，A、B项表述正确。法律关系不仅在自然人之间产生，如民事法律关系，也可以在自然人与国家之间产生，如刑事法律关系，刑事责任就是当事人对国家所负的责任，宪法法律关系中的一方也始终是国家机关。

可见，C 项表述错误。法律关系并非法律规范所调整的现实社会关系本身，社会关系的范畴要广于法律关系，法律关系只是社会关系的一部分，有些社会关系是不能通过法律关系调整的。可见，D 项表述错误。

42. ABCD

【解析】法治具有多重内涵。法治是一种以民主宪政为核心的政治法律制度，因此法治是以一定形式的民主政治为内容的治国方略，A 项表述概括了法治内涵，选 A 项。法治是一种依法办事的原则，法治作为一个动态的或能动的社会范畴，其基本的意义是依法办事，B 项表述概括了法治的内涵，选 B 项。法治意指良好的法律秩序，无论是作为治国方略，还是作为依法办事的原则，法治最终要表现为一种良好的法律秩序，C 项表述概括了法治的内涵，选 C 项。法治代表着某种包含特定价值规定性的社会生活方式，法治不是单纯的法律秩序，而是有特定价值基础和价值目标的法律秩序，D 项表述概括了法治的内涵，选 D 项。

43. BD

【解析】法的程序性特征并不意味着法律只强调程序，而且程序性特征仅仅是法律特征之一，法律还有其他特征；法律的程序性特征重在强调法律注重程序以保证实体正义的实现。可见，A 项表述不能成立。法律的特征中有程序性特征（规范性和普遍性；国家意志性和权威性；权利义务的一致性；国家强制性和正当程序性），而且也是法治原则（法律至上原则、权力制衡原则、权利保障原则、正当程序原则）之一。可见，B 项表述成立。法治原则中的正当程序原则主要是针对公权力而言的，C 项表述不成立。执法原则包括依法行政原则、讲求效率原则、合理性原则、正当程序原则、比例原则、诚实守信原则和权责统一原则。可见，D 项表述成立。

44. BC

【解析】全国人大常委会有权进行法律解释，此为立法解释，选 B 项。最高司法机关即最高人民法院和最高人民检察院也有权针对法律适用问题对法律进行解释，此为司法解释，选 C 项。其他任何机关都无权对法律作出具有法律效力的解释。

45. ABCD

【解析】我国宪法规定的土地制度的内容体现在《宪法》第 10 条中，即：城市的土地属于国家所有。农村和城市郊区的土地，除由法律规定属于国家所有的以外，属于集体所有；宅基地和自留地、自留山，也属于集体所有。国家为了公共利益的需要，可以依照法律规定对土地实行征收或者征用并给予补偿。任何组织或者个人不得侵占、买卖或者以其他形式非法转让土地。土地的使用权可以依照法律的规定转让。一切使用土地的组织和个人必须合理地利用土地。可见，备选项应全选。

46. ABC

【解析】2004 年宪法修正案首次规定，国家建立健全同经济发展水平相适应的社会保障制度，A 项表述正确。社会保障权的内容包括医疗、养老、保险、基本住房等生活领域，所以是一项基本人权，B 项表述正确。社会保障权包括退休人员的生活保障权和物质帮助权。生活保障权的内容规定在《宪法》第 44 条中：国家依照法律规定实行企业事业组织的职工和国家机关工作人员的退休制度。退休人员的生活受到国家和社会的保障。物质帮助权的内容规定在《宪法》第45条第1款中：中华人民共和国公民在年老、疾病或者丧失劳动能力的情况下，有从国家和社会获得物质帮助的权利。国家发展为公民享受这些权利所需要的社会保险、社会救济和医疗卫生事业。可见，C项表述正确。根据我国《宪法》关于社会保障权的规定，D项表述对社会保障权的界定太过狭窄，因而不选D项。

47. ACD

【解析】《立法法》第99条第1款规定，国务院、中央军事委员会、最高人民法院、最高人民检察院和各省、自治区、直辖市的人民代表大会常务委员会认为行政法规、地方性法规、自治条例和单行条例同宪法或者法律相抵触的，可以向全国人民代表大会常务委员会书面提出进行审查的要求，由常务委员会工作机构分送有关的专门委员会进行审查、提出意见。据此，选A、C、D项。国家主席不能提出违宪审查要求，故不选B项。

48. BD

【解析】《唐律疏议·名例律》（卷二）规定："诸皇太子妃大功以上亲、应议者期以上亲及孙，若官爵五品以上，犯死罪者，上请；（请，谓条其所犯及应请之状，正其刑名，别奏请。）流罪以下，减一等。其犯十恶，反逆缘坐，杀人，监守内奸、盗、略人、受财枉法者，不用此律。"根据该规定，适用上请的对象包括诸皇太子妃大功以上亲、应议者期以上亲及孙，若官爵五品以上，犯死罪者，上请；流罪以下，减一等。但犯十恶，反逆缘坐，杀人，监守内奸、盗、略人、受财枉法者，不适用上请。A项表述中，恶逆属于十恶重罪，不适用上请，不选A项。官爵五品以上官员犯死罪适用上请，选B项。四品官员若犯受财枉法的赃罪，不适用上请，但犯受所监临财物，且没有犯死罪，谈不上适用上请的问题，对此应当依律惩处即可，因而不选C项。对于皇太子妃大功以上亲属，犯死罪，适用上请，选D项。

49. CD

【解析】《十九信条》是一部临时宪法，采行君主立宪政体，规定皇帝权力限于宪法所规定；宪法由资政院起草议决，由皇帝颁布之；内阁对国会负责；总理大臣由国会公举、皇帝任命，其他国务大臣由总理大臣推荐、皇帝任命；皇族不得为总理大臣及其他国务大臣并各省行政长官；军队对内使用时应依国会议决之特别条件；不得以命令代替法律；预决算由国会审核批准等。可见，选C、D项。根据《十九信条》规定，预决算由国会审核批准，不选A项。《十九信条》仍然强调"大清帝国皇统万世不易""皇帝神圣不可侵犯"，但对于人民的权利只字未提。《十九信条》作为一种应急的政治策略，显然并不可能挽回清朝大厦将倾的败局。据此，不选B项。

50. ABC

【解析】明太祖朱元璋提出"明礼以导民，定律以绳顽"，使礼律相结合，即将伦理道德的预防犯罪职能与法律的镇压犯罪职能相结合，以实现王朝的长治久安。可见，A项表述正确。明朝中后期在税制上实行一条鞭法，从实物税征收转向货币税征收，结束了历代以征收实物为主的国家税收方式。可见，B项表述正确。明朝的朝贡贸易立法规定，海外诸国与明贸易必须以朝贡作为先决条件，明朝设置市舶提举司主管朝贡贸易事务。可见，C项表述正确。明朝在省一级地方设置提刑按察司执掌地方监察事务，提点刑狱司是宋朝设置的地方监察机构。可见，D项表述错误。

三、简答题

51. 答案要点：

（1）坚持正确的政治方向。坚持党的领导是我国社会主义司法制度的根本特征和政治优势。深化司法体制改革，必须在党的统一领导下进行，坚持党的领导，关键是坚持党对政法工作的领导，坚持党管政法干部的原则，坚持走中国特色社会主义司法改革之路，努力创造更高水平的社会主义司法文明。（3分）

（2）坚持以宪法为根本遵循。我国宪法以国家根本法的形式确立了司法制度的基本框架和司法活动的基本规矩，是组织实施司法体制改革的根本遵循。深化司法体制改革，不仅不能违反宪法的规定，更重要的是把宪法的规定落实到位。（3分）

（3）坚持以提高司法公信力为根本尺度。推进司法体制改革，必须坚持以提高司法公信力为根本尺度，以矛盾纠纷得到公正的解决、合法权益得到有效的维护为目标，确保取得人民满意的改革实效。（2分）

（4）坚持符合国情和遵循规律相结合，坚持依法有序推进。凡是同现行法律规定不一致的改革举措，必须先提请立法机关修改现行法律规定，然后再开展改革。修改现行法律规定的条件尚不成熟的，应及时提请立法机关进行授权，在授权范围内进行改革试点。（2分）

52. 答案要点：

全国人大常委会对其他由全国人大产生的中央国家机关都有权进行监督，主要有三种方式：

（1）在全国人大常委会会议期间，常委会组成人员10人以上联名，可以向国务院及其各部委、最高人民法院、最高人民检察院提出书面质询案。（4分）

（2）国务院、最高人民法院、最高人民检察院在全国人大常委会会议上，围绕本单位职权范围内的事务向全国人大常委会作工作汇报。（3分）

（3）全国人大常委会开展对法律实施工作进行考察的执法检查。（3分）

53. 答案要点：

（1）民律前三编以“模范列强”为主。草案以德国、日本、瑞士民法典为参照，体例结构取自德国民法典。在总则编中，采取了私有财产不可侵犯、契约自由和过失致人损害应予赔偿等基本原则。债权编规定了债的标的、效力、让与、承认、消灭以及各种形式债的意义和有关当事人的权利和义务等。物权编主要规定了对各种形式的财产权的保护及财产使用等内容。（5分）

（2）民律后两编以“固守国粹”为主。根据民律草案的起草原则，所有涉及亲属关系以及与亲属关系相关联的财产关系，均以中国传统为主。这两编主要参照现行法律、经义和道德，虽也采纳了一些资产阶级的法律规定，但更注重吸收中国传统社会历代相沿的礼教民俗。亲属编对亲属关系的种类和范围、家庭制度、婚姻制度、未成年人和成年人的监护、亲属间的抚养等作了规定。继承编对自然继承的范围和顺序、遗嘱继承的办法和效力以及对债权人和受遗人利益的法律保护等作了规定。（5分）

四、分析题

54. 答案要点：

（1）法律规则的逻辑结构包括假定条件、行为模式和法律后果。《刑法》第263条规定的假定条件省略；行为模式为以暴力、胁迫或者其他方法抢劫公私财物；法律后果为处三年以上十年以下有期徒刑，并处罚金。（2分）

（2）甲法官的观点属于目的解释，目的解释是从制定某一法律的目的来解释法条。甲法官是从在公共交通工具上抢劫的目的来解释对李某不应加重处罚。乙法官的观点属于文义解释，文义解释是严格遵循法律规范的字面含义的一种以尊重立法者意志为特征的解释。乙法官认为，对“在公共交通工具上抢劫”应当探求立法本意，从“在公共交通工具上抢劫”的字面含义理解“在公共交通工具上”的范围，由于旅客列车的厕所并未脱离公共交通工具的范围，事实上也不能分离，因此，应当将在列车厕所内抢劫的行为认定为属于“在公共交通工具上抢劫”。（4分）

（3）甲法官的观点具有合理性：在高速运输中的旅客列车实施抢劫容易导致旅客人身及公私财物损失的扩大，且在列车上抢劫具有公然性，会严重扰乱正常的司乘秩序。但是，李某不应适用加重处罚情节，理由在于：①在列车的厕所内实施抢劫不具有公然性。李某的抢劫行为仅针对被害人一人实施，其他乘客均不知晓。②在列车厕所内实施抢劫并没有影响司乘秩序，也没有影响司机的正常驾驶。③任何一种犯罪行为都不可避免使得民众对社会的安全的信赖有所破坏，但程度各有不同，所以，应就具体影响的大小来区分行为的社会危害性。李某在列车厕所内抢劫的危害性远远小于在车厢内实施抢劫，因而不能认定为“在公共交通工具上抢劫”，不应对李某加重处罚。

乙法官的观点具有合理性：①在公共交通工具上抢劫中的公共交通工具，包括从事旅客运输的各种公共汽车，大、中型出租车，火车，地铁，轻轨，轮船，飞机等。李某的行为发生在火车上，火车属于交通工具，李某的行为自然属于在公共交通工具上抢劫。②抢劫罪中的“公然性”针对的是被害人，而非旁观的公众，其他人是否知晓抢劫罪的事实不影响“在公共交通工具上抢劫”的认定。③不能将厕所从火车这一公共交通工具中分离出来对待。（4分）

（选择两种观点作答的，只对其中一种观点量分，其他观点言之成理者，亦可——编者注）

55. 答案要点：

（1）《××市小客车数量调控暂行规定》属于地方政府规章。该规章的备案机关有：国务院、××市人民代表大会常务委员会。（2分）

（2）摇号购车中存在差别对待，这些差别对待主要表现在，以有无驾照、有无户籍和企业纳税额作为申请摇号的资格。（2分）

（3）对于个人的摇号资格，依据有无驾照、有无户籍等标准实行了差别对待，由于是否持有驾照的标准进行差别对待，对于普通人而言不具有适当性，对于残疾人等特殊群体来说不具有正当性和合理性；依据户籍的标准进行差别对待，对住所地在该市的居民实行特殊保护并没有正当的理由，这种不平等不具有正当的目的，因此，这两种差别对待都侵害了平等权，不具有合宪性。在摇号购车政策中，对于企业的摇号资格依据纳税额实行了差别对待，这种差别对待并不违反平等权，因为企业规模不同，用车数量也不相同，差别对待具有合理性，且摇号资格也并非平等权的应有内容，因而并不违反平等权。（3分）

（4）该市对摇号申请资格的限定违反了宪法法治原则中的法律保留原则。理由：平等权属于宪法规定的基本权利，对于该基本权利的限制，属于法律保留事项，政府规章不得代为规定。该市对摇号申请资格的限定违反了宪法对公民基本权利限制的比例原则。理由：限制摇号是为了实现公共利益所必需，有其正当性和合理性，但该正当性和合理性，是以牺牲住所地在该市之外的其他人利益的，因而其正当性和合理性与公共利益之间存在比例失调，其所采取的手段对基本权利的影响较大，因而违反了比例原则的要求。特别针对因残疾等原因无法考取驾照的人，确实具有减少摇号人数的适当性，这种差别对待涉及残疾人的固有特征，对残疾人的尊严是一种侵害，因此也不符合狭义比例原则。(3分)

56. 答案要点：

(1)“化外人”指的是外国人。(2分)

(2) 唐律规定，同属一国侨民之间的犯罪，按其本国法律处断；不同国家侨民相犯，则依据唐律处断。(3分)

(3) 明律规定，凡外国人犯罪，一律按明律处断。(2分)

(4) 唐律在化外人相犯上采取属人主义和属地主义相结合的原则。明律在化外人相犯上采取属地主义原则。明律采取属地主义原则处理化外人相犯案件，体现了国家主权意识的增强和刑事司法的排他管辖权。(3分)

五、论述题

57. 答案要点：

法律责任的认定和归结简称“归责”，它是指对违法行为所引起的法律责任进行判断、确认、归结、缓减以及免除的活动。(3分)

法律责任的归责一般必须遵循以下法律原则：

(1) 责任法定原则。责任法定原则是指法律责任作为一种否定的法律后果应当由法律规范预先规定，包括在法律规范的逻辑结构之中，当出现违法行为或法定事由的时候，按照事先规定的责任性质、责任范围、责任方式追究行为人的责任。责任法定原则的内容包括：刑事法律是追究刑事责任的唯一法律根据，罪刑法定；由特定的国家机关或国家授权的机构归责；反对责任擅断；反对有害追溯；同时，允许人民法院行使自由裁量权，准确认定和归结行为人的法律责任。(3分)

(2) 因果联系原则。因果联系原则是指在认定行为人违法责任之前，应当首先确认行为与危害或损害结果之间的因果联系；在认定行为人违法责任之前，应当首先确认意志、思想等主观方面因素与外部行为之间的因果联系；在认定行为人违法责任之前，应当区分这种因果联系是必然的还是偶然的，直接的还是间接的。(3分)

(3) 责任与处罚相称原则。责任与处罚相称原则是法律公正精神在法律责任归结上的具体表现，其含义是指，法律责任的性质与违法行为的性质应当相适应。法律责任的轻重和种类应当与违法行为的危害或者损害相适应。法律责任的轻重和种类应当与行为人的主观恶性相适应。(3分)

(4) 责任自负原则。责任自负原则是指，违法行为人应当对自己的违法行为负责；不能让没有违法行为的人承担法律责任，即反对株连或变相株连。要保证责任人受到法律追究，也要保证无责任者不受法律追究，做到不枉不纵。在某些特殊情况下，为了法律秩序特别是财产保护上的需要，也产生责任转承问题，比如监护人对被监护人承担替代责任，

上级对下级承担替代责任等。（3分）

58. 答案要点：

（1）依法独立审判原则。《宪法》和《人民法院组织法》规定，人民法院依照法律规定独立行使审判权，不受行政机关、社会团体和个人的干涉。这一原则要求人民法院在审判工作中以事实为根据、以法律为准绳，独立进行审判，实事求是地对案件作出公正判决和裁定，不受任何组织、领导及其他个人的干涉。人民法院在办理各种案件的活动中，只服从法律，严格依法办事，在职权范围内的活动必须独立进行。依法独立审判原则，是社会主义法制的一项重要原则。审判工作贯彻这一原则有利于保证国家审判权的统一行使，保证国家法律的统一执行，保证审判工作的正常进行，保证案件正确判决。人民法院独立审判，并不是不受任何监督。在我国，人民法院要向同级人大负责并报告工作，接受同级人大常委会的监督。人民检察院是法律监督机关，人民法院执行法律要接受人民检察院依法进行的监督。此外，人民法院独立审判还应接受人民群众的监督。

（2）审判案件在适用法律上一律平等原则。人民法院审判案件在适用法律上一律平等，禁止任何形式的歧视。要求人民法院对一切公民都必须一律平等对待，一切公民的合法权益，都要依法予以保护，任何公民的违法犯罪行为，都要依法予以追究。适用法律一律平等，还要求在适用法律上不能有任何歧视，对公民一律平等对待，不能因公民的家庭出身、地位高低、政治倾向等非法定条件而对公民有不公正的待遇。在适用法律上一律平等原则，也应当表现在对待法人或其他组织方面，不论组织规模大小、企业性质、何人经营、主办单位等情况如何，都应平等地保护其合法权益、追究其法律责任。

（3）被告人有权获得辩护原则。被告人有权获得辩护，是宪法和有关法律规定的一项重要的司法原则和制度，是国家赋予被告人保护自己合法权益的一种重要诉讼权利。在刑事诉讼中，被告人和他的辩护人有权根据事实和法律，提出证明被告人无罪、罪轻或者免除、减轻刑事处罚的材料和意见，以维护被告人的合法权益。有关法律规定了被告人行使辩护权利的具体制度，必要时人民法院应当为被告人指定承担法律援助义务的律师担任被告人的辩护人。实行辩护制度，有助于人民法院全面客观地认定案件事实，正确适用法律，公正判决或裁定案件以及避免错案冤案的发生。

（4）使用本民族语言文字进行诉讼原则。《宪法》第139条规定，各民族都有用本民族语言文字进行诉讼的权利。对于不通晓当地通用的语言文字的当事人，人民法院应当为他们翻译。在少数民族聚居或者多民族杂居的地区，人民法院应当用当地通用的语言进行审讯，用当地通用的文字发布判决书、布告和其他文件。我国是统一的多民族国家，各民族都有用本民族语言文字进行诉讼的权利，这是民族平等原则在诉讼制度方面的具体体现。宪法和法律的这一规定，是确保各民族公民平等地享有诉讼的权利和地位，反对民族歧视，维护民族平等和加强民族团结的重要法律保障。贯彻这一原则，有利于人民法院审理案件，有利于当事人行使诉讼权利和履行诉讼义务，有利于人民法院的判决、裁定的执行以及人民法院对人民群众进行法制教育。

（每一点内容4分，但是总分值不超过15分）

专业基础课模拟试题（四）

一、单项选择题（第1～40小题，每小题1分，共40分。下列每题给出的四个选项中，只有一个选项是符合题目要求的）

1. 甲深夜驾车回家经过一路口时闯红灯，撞上经过此路口的行人乙，坐在后排座位上的丙见状，对甲说："赶紧将他带走，现在没有人看见。"甲、丙遂将乙带离事故现场弃置于旁边一石料场，乙因得不到救助而死亡。丙（　　）。

A. 构成交通肇事罪与故意杀人罪　　B. 构成交通肇事罪，但不是共同犯罪

C. 与甲构成交通肇事罪的共同犯罪　　D. 与甲构成故意杀人罪的共同犯罪

2. 甲公司为了取得重要工程的承建，通过市建委主任乙的好友丙，希望丙向乙疏通关系，并向丙承诺，若中标将给丙100万元作为酬劳。经过丙的疏通，甲公司取得了重要工程的承建。甲公司的行为构成（　　）。

A. 行贿罪　　B. 对有影响力的人行贿罪

C. 利用影响力受贿罪　　D. 受贿罪

3. 甲承包某国有企业，并担任经理，擅自动用企业的公款用于个人购买股票，准备赚了钱以后归还。但甲由于缺乏股票知识，赔了不少钱，甲共连续挪用公款达10万元。最终甲发现根本无力归还这笔款，一走了之。甲的行为构成（　　）。

A. 贪污罪　　B. 挪用公款罪　　C. 挪用资金罪　　D. 职务侵占罪

4. 我国刑法规定：被判处无期徒刑的犯罪分子获得假释的条件之一是（　　）。

A. 实际执行10年以上　　B. 实际执行20年

C. 实际执行13年以上　　D. 实际执行15年以上

5. 下列情形中，甲的行为与乙的死亡之间不存在刑法上的因果关系的是（　　）。

A. 甲突然将正在道路上骑自行车的乙推倒在公路中间，导致乙被经过的车辆轧死

B. 甲以杀人的故意瞄准河中的小船开枪打乙，船上的乙为躲避子弹而落入水中溺死

C. 在寒冷的冬天，甲为了取乐将100元扔入湖中，称谁捞到归谁，乙为了得到100元钱而跳入湖中淹死

D. 常年非法行医的甲让身患肺炎的被害人乙到药店购买感冒药治疗疾病，导致被害人乙没有得到正常治疗而死亡

6. 以营利为目的，出售假冒他人署名的美术作品、违法所得数额较大的行为应当定性为（　　）。

A. 诈骗罪　　B. 侵犯著作权罪

C. 销售侵权复制品罪　　D. 非法经营罪

7. 驾驶机动力、非机动车夺取他人财物，不以抢劫罪定罪处罚的情形是（　　）。

A. 夺取他人财物时因被害人不放手而强行夺取的

B. 驾驶车辆逼挤、撞击或者强行逼倒他人夺取财物的

C. 明知会致人伤亡仍然强行夺取并放任造成财物持有人轻伤以上后果的

D. 利用行驶的机动车辆抢夺的

8. 下列情形，尚不能认为是犯罪的是（　　）。

A. 甲打电话邀约其朋友乙一起去实施抢劫

B. 乙向其朋友甲表示要杀掉仇人陈某

C. 丙为了盗窃张某家财产，毒死了张某家的看家犬

D. 丁为方便对刘某实施抢劫，对刘某的活动规律进行跟踪调查

9. 甲实施的下列行为中，构成正当防卫的是（　　）。

A. 甲在家中保险柜上设置电击装置，将盗窃的小偷击成轻伤

B. 甲为了防止自己经营的果园被盗而在院墙上私设电网，电网将过路人击伤

C. 甲在家中设置电击装置误伤了串门来玩的邻居小孩

D. 甲在自己汽车外围套上高压电网，将夜间行窃的偷车贼击成重伤

10. 经营水产品的甲因欠朋友乙50万元不还被乙诉至法院，法院作出甲归还乙本金50万元及利息3万元的判决。判决生效半年后甲仍不理睬，并将该款项投入新的水产品加工项目，乙忍无可忍申请法院执行。在执行中，甲用改锥扎瞎一名执行人员的左眼。对甲应当（　　）。

A. 以拒不执行判决、裁定罪从重处罚

B. 以故意伤害罪论处

C. 以故意伤害罪从重处罚

D. 以拒不执行判决、裁定罪和故意伤害罪实行并罚

11. 下列关于免除处罚的表述，正确的是（　　）。

A. 对于自首的犯罪分子，其中犯罪较轻的，应当免除处罚

B. 对于共同犯罪中的从犯，可以从轻、减轻处罚或者免除处罚

C. 又聋又哑的人或者盲人犯罪，应当从轻、减轻或者免除处罚

D. 避险过当的，应当从轻或者减轻处罚

12. 下列关于没收、没收财产或者因犯罪违法所得的处理，正确的是（　　）。

A. 甲受贿100万元，巨额财产来源不明200万元，甲被判处死刑并处没收财产。甲被没收财产的总额至少应为300万元

B. 乙挪用公款炒股获利500万元用于购买房产，但案发时贬值为300万元，对乙应责令其退赔500万元

C. 丙因犯贪污罪被判处有期徒刑10年并处没收财产100万元，因犯走私毒品罪被判

处有期徒刑3年并处罚金5万元。没收财产和罚金应当合并执行105万元

D. 丁与戊共同窃取他人财物50万元，因二人均应对50万元负责，故应向二人各追缴50万元

13. 甲以非法占有乙的财产为目的，捏造乙欠债的事实向法院提起民事诉讼，要求乙偿还所欠“50万元”欠款。甲的行为构成(　　)。

A. 虚假诉讼罪　　B. 诈骗罪　　C. 侵占罪　　D. 扰乱法庭秩序罪

14. 王某利用计算机知识获取某公司上网账号和密码后，以每3个月100元的价格出售上网账号和密码，从中获利5 000元，给该公司造成5万元的损失。对此，下列说法正确的是(　　)。

A. 王某的行为构成盗窃罪，盗窃数额为5 000元

B. 王某的行为构成诈骗罪，诈骗数额为5 000元

C. 王某的行为构成盗窃罪，盗窃数额为5万元

D. 王某的行为构成诈骗罪，诈骗数额为5万元

15. 下列情况不应当数罪并罚的是(　　)。

A. 走私淫秽物品，以暴力、威胁方法抗拒缉私的

B. 组织他人偷越国（边）境，对被组织人有剥夺或者限制人身自由行为的

C. 运送他人偷越国（边）境，对检查人员有杀害、伤害行为的

D. 国家工作人员挪用公款用于走私文物的

16. 下列说法不正确的是(　　)。

A. 累犯不可以假释　　B. 累犯也可以减刑

C. 累犯不可以适用缓刑　　D. 判处缓刑的犯罪分子不可以减刑

17. 下述情况中，属于手段不能犯未遂的有(　　)。

A. 误以白糖为砒霜而投毒杀害某人　　B. 以针刺面人而咒某人死亡

C. 将甲误为乙而加以杀害　　D. 火烧木刻人而咒某人烧伤

18. 下列说法正确的是(　　)。

A. 李某在大庭广众之下向某女身上不断地倾倒脏水，李某的行为构成强制猥亵、侮辱罪

B. 陈某以挑选金项链为名，乘售货员不注意，用自己的镀金项链调换了商场柜台内一条价值1 800元的纯金项链。陈某的行为构成诈骗罪

C. 胡某生产、销售劣药，没有对人体健康造成严重危害，但销售金额超过了5万元。胡某的行为构成生产、销售伪劣产品罪

D. “交通肇事后逃逸致人死亡”，是指行为人在肇事后的逃跑过程中又导致第三人死亡

19. 下列关于自首中“如实供述”的表述，正确的是(　　)。

A. 甲自动投案后，如实交代了自己的杀人行为，但拒绝说明凶器藏匿地点的，不成立自首

B. 乙犯有抢劫罪和强奸罪，自动投案后，仅如实供述抢劫行为，对强奸行为一直主张女方是情人，发生性关系出于对方自愿。乙的行为不具有自首情节

C. 丙虽未自动投案，但公安机关所掌握线索针对的受贿事实不成立，在此范围外丙交代受贿罪行的，不成立自首

D. 丁自动投案并如实供述自己的罪行后又翻供，但在一审判决前又如实供述的，应当认定为自首

20. 下列有关假释的说法，正确的是(　　)。

A. 对判处无期徒刑的罪犯，一律不能适用假释

B. 对判处无期徒刑的罪犯，有条件地适用假释

C. 累犯可以有条件地适用假释

D. 死缓犯可以有条件地适用假释

21. 甲（生于1998年8月2日）的养父母在2011年6月6日将甲的房屋擅自出售给一家从事商品经营的公司。对此，甲最早可以向其养父母提起损害赔偿请求权的时效起算时间是(　　)。

A. 2011年6月6日　　B. 2011年8月2日

C. 2016年6月6日　　D. 2016年8月2日

22. 下列选项中，权利人不能主张精神损害赔偿的是(　　)。

A. 实施家庭暴力导致夫妻离婚的

B. 某医院未按照诊疗规范给某女实施整形手术造成脸部变形的

C. 甲将朋友交其保管的物品丢失

D. 侵犯他人隐私权的

23. 甲向乙报社投稿其创作的一部作品，该作品刊登后，丙报社对甲的该部作品作为文摘刊登。则下列表述正确的是(　　)。

A. 丙报社刊登甲的作品的行为构成侵权

B. 丙报社可以刊登甲的作品，且不必支付报酬

C. 丙报社可以刊登甲的作品，但应向甲支付报酬

D. 丙报社可以刊登甲的作品，但应向甲和乙报社支付报酬

24. 甲、乙系夫妻。在婚姻关系存续期间，下列分割夫妻共同财产的请求，不能得到法院支持的是(　　)。

A. 甲伪造夫妻共同巨额债务，乙请求分割夫妻共同财产

B. 甲将夫妻共同巨额财产变卖，乙请求分割夫妻共同财产

C. 甲免除债务人丙的债务，乙不满甲的债务免除行为而请求分割夫妻共同财产

D. 甲因其父患有重病要求分割夫妻共同财产用于支付医疗费，但乙不同意分割

25. 下列关于借款合同的表述，正确的是(　　)。

A. 借款合同的利息不得在本金中扣除，否则按照实际借款数额支付利息

B. 借款合同为要式合同

C. 自然人之间的借款合同为诺成合同

D. 金融机构借款合同既可以为有偿合同，也可以为无偿合同

26. 2020年3月5日，甲公司与乙公司签订10台重载汽车买卖合同，甲公司于6月5日交货，乙公司于9月5日付款200万元。7月1日，甲公司与丙银行订立有追索权的保

理合同，将 200 万元应收账款转让给丙银行，丙银行向甲公司提供保理预付款 190 万元。对此，下列表述正确的是(　　)。

A. 甲公司将应收账款转让给丙银行，应当取得乙公司的同意

B. 甲公司将应收账款转让给丙银行，应当向征信机构办理登记

C. 甲公司将应收账款转让给丙银行后，甲公司和乙公司不得对买卖合同进行变更

D. 乙公司不履行到期债务，丙银行既可以向甲公司追偿，也可以请求乙公司偿债

27. 甲为了筹资，将其所有的一块名贵手表质押给乙，并约定在质押期间乙可以使用该手表。在此期间，乙不慎将表损坏，交予丙进行修理。在修理期间，该手表被丁盗走。则(　　)。

A. 甲对手表的占有为间接占有　　B. 乙对手表的占有为自主占有

C. 丙对手表的占有为无权占有　　D. 丁对手表的占有为他主占有

28. 下列情形不适用诉讼时效中止的是(　　)。

A. 权利被侵害的无民事行为能力人的法定代理人死亡的

B. 继承开始后未确定继承人或者遗产管理人的

C. 不可抗力

D. 义务人同意履行义务

29. 甲与乙结婚，女儿丙四岁时，甲因医疗事故死亡，获得 50 万元赔款。甲生前留有遗书，载明其死亡后的其所有的全部财产由其母丁继承。经查，甲与乙婚后共同购买一套住房外，另有 20 万元存款。则(　　)。

A. 50 万元赔款属于遗产

B. 甲的遗嘱未保留丙的遗产份额，遗嘱全部无效

C. 住房和遗产的各一半属于遗产

D. 乙有权继承甲的遗产

30. 甲（抵押人）、乙（抵押权人）签订了房屋抵押合同，但甲并未按照抵押合同的约定办理抵押登记，则下列说法正确的是(　　)。

A. 乙有权请求甲承担违约责任　　B. 乙有权请求甲承担缔约过失责任

C. 该抵押权已经成立　　D. 该抵押合同应自办理登记时生效

31. 下列人格权益中，权利人不能许可他人使用的是(　　)。

A. 姓名　　B. 肖像　　C. 声音　　D. 名称

32. 下列收养行为有效的是(　　)。

A. 41 周岁的单身男性甲收养 1 名年满 2 周岁的女婴

B. 29 周岁的单身女性乙收养 1 名丧失父母的男性孤儿

C. 34 周岁的丙收养 3 名社会福利机构抚养的查找不到生父母的弃婴

D. 35 周岁的丧偶男性丁（有一子）收养男婴 3 名

33. 监护人资格被依法撤销后，人民法院依法指定监护人应当遵循的原则是(　　)。

A. 尊重被监护人真实意愿原则　　B. 保护被监护人合法权益原则

C. 遵循诚实信用原则　　D. 最有利于被监护人原则

34. 下列有关民事法律关系的表述，错误的是(　　)。

A. 任何民事法律关系中都必须有权利主体

B. 任何民事法律关系的义务主体都具有特定性

C. 合法行为和不合法行为都能产生民事法律关系

D. 一旦民事法律关系消灭，民事主体之间的权利义务关系也将消灭

35. 甲创作《天涯海角》词曲并发表于音乐杂志，乙在个人举办的演唱会中演唱该歌曲，丙唱片公司录制并发行乙的演唱会唱片，丁电台购买该唱片并播放了该歌曲。对此，下列说法正确的是（　　）。

A. 乙演唱《天涯海角》应征得甲同意并支付报酬

B. 丙唱片公司录制该歌曲应当征得乙同意但不必支付报酬

C. 丁电台播放该歌曲应征得乙同意，并支付报酬

D. 丁电台播放该歌曲应征得丙唱片公司同意，但不必支付报酬

36. 下列关于商标使用许可合同的表述，正确的是（　　）。

A. 商标使用许可合同生效后，许可人仍享有商标权

B. 商标使用许可合同生效后，许可人不享有商标使用权

C. 商标使用许可合同应当在商标局备案后才能生效

D. 商标使用许可合同应当经商标局核准公告后才能生效

37. 甲欲向乙购买一批货物，价值为50万元。双方在买卖合同中约定，甲于次日交付定金20万元，乙于一个月内发货。次日，甲向乙交纳了12万元，乙接受，但一个月后一直不曾发货，造成甲严重损失。若甲主张适用定金罚则，则乙应当返还给甲的总金额为（　　）。

A. 40万元　　B. 24万元　　C. 22万元　　D. 12万元

38. 下列选项中，属于侵犯相邻权的行为有（　　）。

A. 甲为了建造房屋，将脚手架临时搭在邻居乙的院落里

B. 乙家房屋的水滴到邻居家的房顶，造成房顶腐蚀漏水

C. 丙在白天装修房屋时释放的噪音搅得邻居无法午休

D. 丁家养的鸽子经常在邻居家的房顶上停留，搞得邻居日夜烦躁不安

39. 甲施工队租用乙小学的操场为紧邻学校的丙公司施工盖楼房，由于甲施工队未及时采取安全围护措施，导致小学生丁跌入施工队挖的露天坑道中，摔成重伤。对此，下列表述正确的是（　　）。

A. 甲施工队承担侵权责任，乙小学承担相应的补充责任

B. 甲施工队承担侵权责任，乙小学不承担责任

C. 甲施工队和乙小学对丁的损害承担连带责任

D. 甲施工队和丙公司对丁的损害承担连带责任

40. 甲经乙公司股东丙购买乙公司货物，甲依约预付了200万元货款，乙公司仅交部分货物，经结算欠甲100万元货款。乙公司与丙商议，由乙公司和丙以欠款人的身份向甲出具欠条。其后，乙公司未按期支付。丙在欠条上签名的行为属于（　　）。

A. 代为清偿　　B. 清偿抵充　　C. 无因管理　　D. 债务承担

二、多项选择题（第41～50小题，每小题2分，共20分。下列每题给出的四个选项中，至少有两个选项是符合题目要求的。多选、少选或错选均不得分）

41. 根据现行法律的规定，依法实行社区矫正的对象是（　　）。

A. 被判处管制的罪犯　　B. 被宣告缓行的罪犯

C. 被假释的罪犯　　D. 暂予监外执行的罪犯

42. 根据我国刑法规定，应当附加剥夺政治权利的对象有（　　）。

A. 危害国家安全的犯罪分子

B. 故意杀人、强奸、放火等严重破坏社会秩序的犯罪分子

C. 主刑为死刑、无期徒刑的犯罪分子

D. 罪行严重的累犯

43. 危险驾驶罪的客观表现有（　　）。

A. 追逐竞驶，情节恶劣的

B. 醉酒驾驶机动车的

C. 从事校车业务或者旅客运输，严重超载，或者严重超速行驶的

D. 违反危险化学品管理规定运输危险化学品，危及公共安全的

44. 甲为骗取保险金，先后两次诱使其妻乙购买人寿保险，金额达20万元，受益人为甲。某日，甲开车带乙外出，中途制造事故致乙死亡，然后逃逸。之后甲去保险公司索取乙的人身保险金，保险公司派丙随甲进行事故鉴定。甲在丙发现疑点后将其买通，由丙出具了对甲有利的鉴定结论，最终甲顺利地得到了保险赔偿金。则以下说法正确的是（　　）。

A. 甲和丙构成保险诈骗罪的共犯

B. 甲构成故意杀人罪和保险诈骗罪的牵连犯，应以故意杀人罪论处

C. 丙构成提供虚假证明文件罪

D. 甲构成保险诈骗罪并同时构成故意杀人罪，应当实行数罪并罚

45. 下列行为中，以盗窃罪定罪处罚的是（　　）。

A. 以牟利为目的，盗接他人通信线路、复制他人电信码号而使用的

B. 对犯罪所得及其产生的收益实施盗窃行为的

C. 盗窃增值税专用发票并使用的

D. 盗窃油气或者正在使用的油气设备，构成犯罪，但未危害公共安全的

46. 下列选项中，可以适用不当得利的情形有（　　）。

A. 误将他人的病牛当作自己的病牛进行救治而支付的医药费

B. 养子女误以为对生父母有赡养义务而支付赡养费

C. 明知不欠他人债务而进行清偿

D. 合同因重大误解而被撤销，一方已为给付

47. 根据《专利法》的有关规定，下列行为中，不视为侵犯专利权的有（　　）。

A. 不知是假冒专利产品而批发购进，但能够证明该产品的合法来源的

B. 从专利权人开办的公司购进该公司生产的专利产品，并在未经专利权人许可的情况下，再行售出的

C. 在专利权人的专利申请日以前已经从事相同产品的生产，现扩大该产品的生产规模

D. 专为科学研究和实验而使用有关专利的

48. 2018年1月，相邻地块的建设用地使用权人甲公司、乙公司签订合同，约定甲公司20年内不得盖高于20米的建筑，乙公司支付补偿款100万元，每年10万元分10年付清。签订合同后，乙公司支付第一年补偿款10万元，双方办理了登记。之后乙公司以资金紧张为由拒绝再支付补偿款，甲公司经两次催告后仍无效果。2020年2月，甲公司发函给乙公司，请求解除合同，乙公司则提出异议。对此，下列说法正确的是(　　)。

A. 甲公司、乙公司的地块位置相邻，故双方之间形成的法律关系为相邻关系

B. 因双方已经办理登记，甲公司不能通过发函解除合同

C. 乙公司依据合同取得的权利自合同解除时消灭

D. 乙公司提出异议不影响合同的解除

49. 下列法人中，属于社会团体法人的是(　　)。

A. 佛教协会　　B. 北京大学教育基金会

C. 中国法学会　　D. 基督教教堂

50. 甲公司从乙公司采购10袋菊花茶，约定："在乙公司交付菊花茶后，甲公司应付货款10万元。"丙公司提供担保函："若甲公司不依约付款，则由丙公司代为支付。"乙公司交付的菊花茶中有2袋经过硫黄熏蒸，无法饮用，价值2万元。乙公司请求甲公司付款未果，便要求丙公司付款10万元。对此，下列表述正确的是(　　)。

A. 丙公司提供的保证为一般保证

B. 如果丙公司知情并向乙公司付款10万元，则丙公司只能向甲公司追偿8万元

C. 如果丙公司付款债务诉讼时效已过，丙公司仍向乙公司付款8万元，则丙公司不得向甲公司追偿

D. 如果丙公司放弃对乙公司享有的先诉抗辩权，仍向乙公司付款8万元，则丙公司不得向甲公司追偿

三、简答题（第51～54小题，每小题10分，共40分）

51. 简述犯罪集团的概念和特征。

52. 简述强制猥亵、侮辱罪的概念和构成要件。

53. 简述可撤销民事法律行为的主要类型。

54. 简述一般侵权责任的构成要件。

四、法条分析题（第55～56小题，每小题10分，共20分。要求符合立法原意和刑法/民法理论）

55.《刑法》第389条规定："为谋取不正当利益，给予国家工作人员以财物的，是行贿罪。

在经济往来中，违反国家规定，给予国家工作人员以财物，数额较大的，或者违反国家规定，给予国家工作人员以各种名义的回扣、手续费的，以行贿论处。

因被勒索给予国家工作人员以财物，没有获得不正当利益的，不是行贿。"

请分析：

(1)"谋取不正当利益"的含义。

（2）“违反国家规定”的含义。

（3）对于行贿人谋取不正当利益的行为又构成挪用公款罪的，应如何处理？

56.《民法典》第158条规定：“民事法律行为可以附条件，但是根据其性质不得附条件的除外。附生效条件的民事法律行为，自条件成就时生效。附解除条件的民事法律行为，自条件成就时失效。”

请分析：

（1）何为附条件的民事法律行为？

（2）何为“附生效条件的民事法律行为”？其效力如何？

（3）何为“附解除条件的民事法律行为”？其效力如何？

五、案例分析题（第57～58小题，每小题15分，共30分）

57.甲找到在某国有公司任会计的朋友乙，提出向该公司借款10万元用于购买毒品并出售，并许诺出售毒品获利后给乙好处费。在利益的诱惑下，乙应甲的要求擅自从自己管理的公款中借给甲10万元。甲拿到10万元后，亲自从外地购得毒品，然后在本地出售。出售一部分后，甲分给乙赃款3万元。后甲在出售毒品的过程中被公安机关抓获。甲如实交代自己出售毒品的行为，但未能如实说明购买毒品的10万元资金的来源。乙得知甲被抓，担心自己受到处罚，便携带20万元公款潜逃外地。后乙在家属的带领下到公安机关投案并如实供述了自己的上述行为，并积极退赃，通过向他人借款方式将20万元归还。

阅读分析上述案例后，请回答以下问题：

（1）甲、乙构成何罪？

（2）甲和乙是否构成共同犯罪？为什么？

（3）甲、乙有哪些主要量刑情节？

58.甲早年丧偶，与乙、丙二子一起居住，乙、丙都没有结婚。甲生前有高档住宅一栋。2007年4月甲死亡时，乙恰好在外地经商，房屋由丙照看。丙因赌博无力还钱，便向丁声称自己是房屋的合法继承人，要将该房屋卖给丁。双方签订了房屋买卖合同，丁按照合同的约定支付了合理价款，二人还约定6月一同办理过户登记手续。5月，乙得知父亲死亡的消息后回来料理后事，并知晓房屋出卖的事实，乙当时就表示反对出售房屋，并认为丙无权出卖房屋，丙、丁之间签订的房屋买卖合同无效。乙为此向法院起诉。

阅读分析上述案例后，请回答以下问题：

（1）在甲死亡后，丙没有出售房屋之前，如何确认房屋所有权的归属？为什么？

（2）人民法院应如何认定买卖合同的效力？为什么？

（3）丁应如何维护自己的权益？

专业基础课模拟试题（四）答案及解析

一、单项选择题

1.D

【解析】《最高人民法院关于审理交通肇事刑事案件具体应用法律若干问题的解释》第

6条规定，行为人在交通肇事后为逃避法律追究，将被害人带离事故现场后隐藏或者遗弃，致使被害人无法得到救助而死亡或者严重残疾的，应当分别以故意杀人罪或者故意伤害罪定罪处罚。据此，甲构成故意杀人罪，而丙则构成故意杀人罪的共同犯罪，选D项。

2. B

【解析】 对有影响力的人行贿罪是指为谋取不正当利益，向国家工作人员的近亲属或者其他与该国家工作人员关系密切的人，或者向离职的国家工作人员或者其近亲属以及其他与其关系密切的人行贿的行为。本案中，丙是国家工作人员乙的好友，是与乙关系密切的人，甲公司为了谋取不正当利益（为了谋取中标承建工程），向与国家工作人员乙有密切关系的丙行贿，构成对有影响力的人行贿罪，选B项。

3. A

【解析】 以承包、租赁等方式管理、经营国有财产的人员，属于受国家机关、国有公司、企业、事业单位、人民团体委托管理、经营国有财产的人员，这类人员不能成为挪用公款罪的犯罪主体，但可以成为贪污罪的犯罪主体。本题表述中，甲挪用国有企业的公款，由于甲属于承包经营公共财产的人员，不能成为挪用公款罪的犯罪主体，此时应当认定甲的行为构成挪用资金罪。后甲根本无力归还公款，便一走了之，此时甲在主观上“不具有非法占有公款的目的”转为“具有非法占有公款的目的”（不归还公款的意思），则以贪污罪论处，选A项。

4. C

【解析】《刑法》第81条第1款规定，被判处有期徒刑的犯罪分子，执行原判刑期1/2以上，被判处无期徒刑的犯罪分子，实际执行13年以上，如果认真遵守监规，接受教育改造，确有悔改表现，没有再犯罪的危险的，可以假释。如果有特殊情况，经最高人民法院核准，可以不受上述执行刑期的限制。据此，选C项。

5. C

【解析】 对于行为人实施的行为，导致被害人不得不或者几乎必然实施介入行为的，或者被害人实施的介入行为具有通常性的，即使该介入行为具有高度危险性，也应当认定行为人的行为与结果之间存在因果关系。据此，A项表述中，行为人甲将被害人乙推倒在公路中间，此情形下，乙必然倒向路中间，结果导致乙被轧死，则甲的行为与乙的死亡之间存在因果关系，故不选A项。对于行为人的行为与被害人的行为相遇导致危害结果的，应当认定具有因果关系。具言之，行为人实施的行为，导致被害人介入了异常行为，造成了结果，但考虑到被害人的心理恐惧或者精神紧张等情形，其介入行为仍然认为具有通常性时，应当肯定行为人的行为与结果之间具有因果关系。据此，B项表述中，乙为躲避射击而落入水中淹死，这属于行为人的行为与被害人的行为相遇导致结果，换言之，行为人甲实施的杀人行为，迫使被害人乙不得不因心理恐惧而跳河，在此情形下，甲的行为与乙的死亡之间应认定为存在因果关系，不选B项。在存在介入因素的情况下，行为与结果之间是否存在因果关系，要考虑介入因素对结果影响力的大小，介入因素影响力大的，能够阻断因果关系（例如，甲打伤乙后，乙在被送往医院的途中被肇事司机丙驾驶的汽车轧死，由于丙肇事轧死乙这一介入因素影响大于甲对乙的伤害行为，此时认定甲的伤害行为与乙的死亡之间不存在因果关系，但丙的肇事行为与乙的死亡之间存在因果关系）；介入

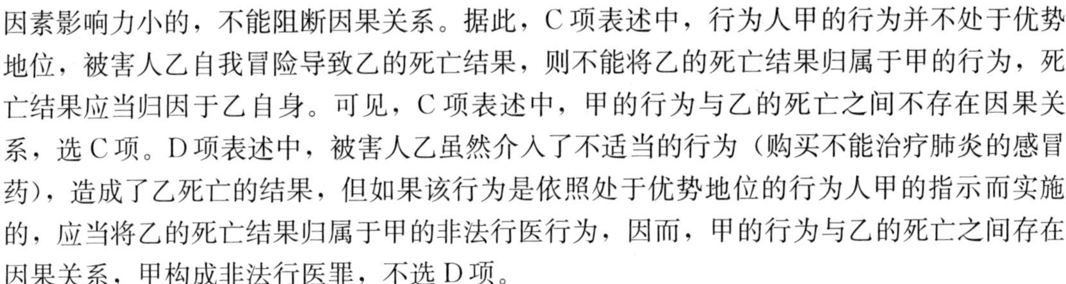

因素影响力小的，不能阻断因果关系。据此，C 项表述中，行为人甲的行为并不处于优势地位，被害人乙自我冒险导致乙的死亡结果，则不能将乙的死亡结果归属于甲的行为，死亡结果应当归因于乙自身。可见，C 项表述中，甲的行为与乙的死亡之间不存在因果关系，选 C 项。D 项表述中，被害人乙虽然介入了不适当的行为（购买不能治疗肺炎的感冒药），造成了乙死亡的结果，但如果该行为是依照处于优势地位的行为人甲的指示而实施的，应当将乙的死亡结果归属于甲的非法行医行为，因而，甲的行为与乙的死亡之间存在因果关系，甲构成非法行医罪，不选 D 项。

6. B

【解析】根据《刑法》第 217 条规定，以营利为目的，有下列侵犯著作权情形之一，违法所得数额较大或者有其他严重情节的，以侵犯著作权罪论处：（1）未经著作权人许可，复制发行其文字作品、音乐、电影、电视、录像作品、计算机软件及其他作品的；（2）出版他人享有专有出版权的图书的；（3）未经录音录像制作者许可，复制发行其制作的录音录像的；（4）制作、出售假冒他人署名的美术作品的。据此，选 B 项。

7. D

【解析】《最高人民法院、最高人民检察院关于办理抢夺刑事案件适用法律若干问题的解释》第 6 条规定，驾驶机动车、非机动车夺取他人财物，具有下列情形之一的，应当以抢劫罪定罪处罚：（1）夺取他人财物时因被害人不放手而强行夺取的；（2）驾驶车辆逼挤、撞击或者强行逼倒他人夺取财物的；（3）明知会致人伤亡仍然强行夺取并放任造成财物持有人轻伤以上后果的。据此，A、B、C 项表述的情形构成抢劫罪，而不是抢夺罪，不选 A、B、C 项。对于利用行驶的机动车辆抢夺的，构成抢夺罪，选 D 项。

8. B

【解析】B 项表述的情形为犯意表示，犯意表示仅仅是犯意的流露，即尚停留在口头上，还没有转化为具体的犯罪实行行为，因此不能认定为犯罪，选 B 项。A、C、D 项表述为犯罪预备，犯罪预备是指为了犯罪，准备工具、制造条件的行为。准备工具如为杀人而购买菜刀、枪或者精心配制毒药、制造匕首、爆炸物、准备翻墙爬越或捆绑他人的绳索、为到达目的地准备的摩托车、准备作案用的面罩、作案后毁灭罪证的化学药品等。制造条件如进行犯罪前的调查（如察看地形）；排除实行犯罪的障碍（把阻碍犯罪的树枝剪掉）；练习犯罪技术（如练习扒窃技术）；前往犯罪现场或者诱骗被害人赴犯罪地点（如将某女骗至容易作案地点以顺利实施奸淫）；跟踪或者守候被害人；勾引共同犯罪人；商议或者拟定实施犯罪的计划（到某地点集合研究行动计划）。A 项表述属于勾引共犯人的情形，C 项表述为排除实行犯罪的障碍，D 项表述为跟踪和调查情况，都是犯罪预备行为，不选 A、C、D 项。

9. A

【解析】本题考查的是预先设置防卫装置的问题。预先设置防卫装置，是指不法侵害开始前即设定防卫性装置，待不法侵害开始后发生作用造成损失的情况。A 项表述中，甲的行为本身不违法，针对正在进行的不法侵害发挥了作用，并且没有超出必要限度，应当认定为正当防卫，选 A 项。B 项表述中，甲将电网设置于院墙，其行为本身违法，会危害公共安全，侵害更大的法益，是不被允许的，甲的行为构成以危险方法危害公共安全罪，而非正当防卫，不选B项。C项表述中，甲的行为本身不违法，但损害了无辜者的合法权益，不是正当防卫，不选C项。D项表述中，甲的行为本身违法，甲在自己的汽车上私设高压电网，会危害公共安全，不能认定为正当防卫，不选D项。

10. B

【解析】 行为人在暴力抗拒执行人民法院判决、裁定中造成执行人员轻伤的，仍定拒不执行判决、裁定罪，但杀害、重伤执行人员的，应当以故意杀人罪或者故意伤害罪定罪处罚。因此，本题选B项。

11. A

【解析】《刑法》第67条第1款规定，犯罪以后自动投案，如实供述自己的罪行的，是自首。对于自首的犯罪分子，可以从轻或者减轻处罚。其中，犯罪较轻的，可以免除处罚。据此，A项表述正确，选A项。《刑法》第27条第2款规定，对于从犯，应当从轻、减轻处罚或者免除处罚。据此，B项表述错误。《刑法》第19条规定，又聋又哑的人或者盲人犯罪，可以从轻、减轻或者免除处罚。据此，C项表述错误。《刑法》第21条第2款规定，紧急避险超过必要限度造成不应有的损害的，应当负刑事责任，但是应当减轻或者免除处罚。据此，D项表述错误。

12. B

【解析】 我国刑法规定了两种"没收"，一种是《刑法》第59条规定的"没收财产"刑罚，亦即没收犯罪分子个人所有财产的一部或者全部。另一种是《刑法》第64条规定的"没收犯罪物品"，系对犯罪物品处理的一种方式，犯罪分子违法所得的一切财物，应当予以追缴或者责令退赔；对被害人的合法财产，应当及时返还；违禁品和供犯罪所用的本人财物，应当予以没收。没收的财物和罚金，一律上缴国库，不得挪用和自行处理。只有第一种亦即没收财产才是刑法所规定的作为刑罚种类的没收，是没收属于犯罪分子个人合法所有的财物；后一种没收犯罪物品只是行政和刑事强制措施。A项表述中，甲受贿所得的贿赂款、巨额财产来源不明涉案款共计300万元，均为犯罪所得，应当予以追缴，而不是刑罚中的没收财产刑。对甲判处没收财产刑时，应当依照《刑法》第385条、第383条、第59条以及《最高人民法院关于适用财产刑若干问题的规定》，根据犯罪性质、情节裁量，没收一部或者全部，与300万元无关。可见，A项表述错误。"违法所得的财物"不仅包括违法直接所得的财物本身，也包括违法所得的财物产生的收益。B项表述中，挪用公款炒股获利所得，属于犯罪产生的收益，系"违法所得的财物"，数额为500万元。因违法所得的财物已不存在，被消费用于购买房产，故而应当责令退赔。可见，B项表述正确，选B项。《刑法》第69条第3款规定，数罪中有判处附加刑的，附加刑仍须执行，其中附加刑种类相同的，合并执行，种类不同的，分别执行。据此，C项表述错误。"违法所得"指的是实际所得，对于D项表述中，窃取他人财物50万元，系"违法所得的财物"，应当追缴；并且属于被害人的合法财产，追缴后应当及时返还。二人"违法所得的财物"，指整体共同犯罪所得财物，不是指各共犯人的"犯罪数额"，对于各共犯人而言，是指各共犯人的"分赃所得财物"。可见，D项表述错误。

13. B

【解析】 根据《刑法》第307条之一第3款规定，有第1款规定的虚假诉讼行为，非法占有他人财产或者逃避合法债务，又构成其他犯罪的，依照处罚较重的规定定罪从重处罚。据此，甲以非法占有为目的，捏造事实并提起虚假诉讼，甲的行为触犯了虚假诉讼罪和诈骗罪，依照处罚较重的规定从重处罚，由于甲的诈骗行为数额巨大，应当定诈骗罪，故选 B 项。

14. C

【解析】《最高人民法院关于审理扰乱电信市场管理秩序案件具体应用法律若干问题的解释》第 8 条规定，盗用他人公共信息网络上网账号、密码上网，造成他人电信资费损失数额较大的，以盗窃罪定罪处罚。据此，王某的行为构成盗窃罪。王某的盗窃数额应以电信资费损失数额计算，而不能以获利数额计算。总之，选 C 项。

15. B

【解析】对于走私淫秽物品的，构成走私淫秽物品罪。根据《刑法》第 157 条第 2 款规定，以暴力、威胁方法抗拒缉私的，以走私罪和本法第 277 条规定的阻碍国家机关工作人员依法执行职务罪，依照数罪并罚的规定处罚。据此，A 项表述中，对甲应以走私淫秽物品罪和妨害公务罪实行数罪并罚，不选 A 项。根据《刑法》第 318 条的规定，组织他人偷越国（边）境，有下列情形之一的，为组织他人偷越国（边）境罪的结果加重犯：(1) 组织他人偷越国（边）境集团的首要分子；(2) 多次组织他人偷越国（边）境或者组织他人偷越国（边）境人数众多的；(3) 造成被组织人重伤、死亡的；(4) 剥夺或者限制被组织人人身自由的；(5) 以暴力、威胁方法抗拒检查的；(6) 违法所得数额巨大的；(7) 有其他特别严重情节的。犯前款罪，对被组织人有杀害、伤害、强奸、拐卖等犯罪行为，或者对检查人员有杀害、伤害等犯罪行为的，依照数罪并罚的规定处罚。据此，B 项表述中，对乙仍应认定为组织他人偷越国（边）境罪，而非法拘禁行为不再独立评价，即乙不构成数罪，不实行数罪并罚，选 B 项。根据《刑法》第 321 条的规定，犯运送他人偷越国（边）境界，对被运送人有杀害、伤害、强奸、拐卖等犯罪行为，或者对检查人员有杀害、伤害等犯罪行为的，依照数罪并罚的规定处罚。据此，C 项表述中，对丙应以运送他人偷越国（边）境罪和故意杀人罪实行数罪并罚，不选 C 项。对于挪用公款进行赌博、走私等其他非法活动构成其他犯罪的，应当按照挪用公款罪和赌博罪、走私罪等相关犯罪实行数罪并罚，不选 D 项。

16. D

【解析】对于累犯，不适用缓刑，不得假释，但累犯和判处缓刑的犯罪分子，符合减刑条件的，可以减刑。

17. A

【解析】犯罪未遂有能犯未遂和不能犯未遂之分，不能犯未遂有工具（手段）不能犯未遂和对象不能犯未遂两种情形。手段不能犯未遂，如 A 项表述的“误以白糖为砒霜而投毒杀害某人”，选 A 项。对象不能犯未遂，如误以男人为女人实施奸淫的。B、D 项表述的情形属于迷信犯或愚昧犯，不定罪、不处罚，更谈不上犯罪未遂。C 项表述的情形中，虽然发生事实认识错误（对象错误），但不影响犯罪既遂的认定，故为犯罪既遂，不选 C 项。

18. C

【解析】A项表述中，李某的行为构成侮辱罪，而不是强制猥亵、侮辱罪，不选A项。B项表述中，陈某的行为构成盗窃罪，不选B项。C项表述中，生产、销售劣药罪属于实害犯，行为人除实施生产、销售劣药的行为之一，还必须对人体健康造成严重危害，才能构成生产、销售劣药罪，如果没有对人体健康造成严重危害，不构成生产、销售劣药罪，但销售金额在5万元以上的，以生产、销售伪劣产品罪定罪处罚，此为法条竞合犯适用规则中的“优先适用重法条”规则。可见，C项表述正确，选C项。D项表述中，“交通肇事后逃逸致人死亡”，是指行为人在交通肇事后为逃避法律追究而逃跑，致使被害人因得不到救助而死亡的情形。可见，D项表述错误。

19. D

【解析】如实供述是指犯罪嫌疑人自动投案后，如实交代自己的“主要犯罪事实”，“凶器藏匿地点”不是“犯罪事实”，因而甲成立自首。可见，A项表述错误，不选A项。乙如实供述抢劫罪行，成立自首。可见，B项表述错误，不选B项。根据《最高人民法院、最高人民检察院关于办理职务犯罪案件认定自首、立功等量刑情节若干问题的意见》第1条第4款第2项的规定，犯罪分子没有自动投案，办案机关所掌握线索针对的犯罪事实不成立，在此范围外犯罪分子交代同种罪行的，以自首论。可见，C项表述错误，不选C项。犯罪嫌疑人自动投案并如实供述自己罪行后又翻供的，不能认定为自首；但在一审判决前又能如实供述的，应当认定为自首。可见，D项表述正确，选D项。

20. B

【解析】假释适用的对象条件就是假释只能适用被判处有期徒刑、无期徒刑的犯罪分子。此外，对死缓犯减为无期徒刑或者有期徒刑后，符合假释条件的，可以适用假释。但死缓犯本身不得假释。可见，A、D项表述错误，B项表述正确，选B项。累犯不得假释，C项表述错误。

21. D

【解析】《民法典》第190条规定，无民事行为能力人或者限制民事行为能力人对其法定代理人的请求权的诉讼时效期间，自该法定代理终止之日起计算。据此，甲的养父母的法定代理权终止于2016年8月2日，自此开始起算3年诉讼时效期间。可见，选D项。

22. C

【解析】《民法典》第1091条规定，有下列情形之一，导致离婚的，无过错方有权请求损害赔偿：（1）重婚；（2）与他人同居；（3）实施家庭暴力；（4）虐待、遗弃家庭成员；（5）有其他重大过错。该规定中的“损害赔偿”，包括精神损害赔偿。据此，实施家庭暴力导致损害的，无过错方有权请求精神损害赔偿。可见，不选A项。《民法典》第996条规定，因当事人一方的违约行为，损害对方人格权并造成严重精神损害，受损害方选择请求其承担违约责任的，不影响受损害方请求精神损害赔偿。据此，医院未按照诊疗规范给某女实施整形手术，导致该女脸部变形，该女健康权受到侵害，该女选择请求医院承担违反医疗服务合同的违约责任的同时，还可以请求精神损害赔偿。可见，不选B项。《民法典》第1183条规定，侵害自然人人身权益造成严重精神损害的，被侵权人有权请求精神损害赔偿。因故意或者重大过失侵害自然人具有人身意义的特定物造成严重精神损害的，被侵权人有权请求精神损害赔偿。据此，只有在人格权遭受侵害时，或者因故意或者重大过失侵害自然人具有人身意义的特定物时，权利人才能请求精神损害赔偿。D 项表述的隐私权遭受侵害，权利人可以请求精神损害赔偿；但是，C 项表述的保管物品，不是人格权益，也不是具有人身意义的特定物，因此，C 项表述的情形，权利人不能请求精神损害赔偿。可见，选 C 项，不选 D 项。

23. C

【解析】《著作权法》第 33 条第 1 款规定，著作权人向报社、期刊社投稿的，自稿件发出之日起 15 日内未收到报社通知决定刊登的，或者自稿件发出之日起 30 日内未收到期刊社通知决定刊登的，可以将同一作品向其他报社、期刊社投稿。双方另有约定的除外。第 2 款规定，作品刊登后，除著作权人声明不得转载、摘编的外，其他报刊可以转载或者作为文摘、资料刊登，但应当按照规定向著作权人支付报酬。据此第 2 款规定，选 C 项。

24. C

【解析】《民法典》第 1066 条规定，婚姻关系存续期间，有下列情形之一的，夫妻一方可以向人民法院请求分割共同财产：（1）一方有隐藏、转移、变卖、毁损、挥霍夫妻共同财产或者伪造夫妻共同债务等严重损害夫妻共同财产利益的行为；（2）一方负有法定扶养义务的人患重大疾病需要医治，另一方不同意支付相关医疗费用。据此，A 项表述的伪造夫妻债务、B 项表述的变卖夫妻共同财产、D 项表述的父亲患病不给医治，基于上述理由分割夫妻共同财产，法院都应支持。而 C 项表述的情形，则不能得到法院的支持，故选 C 项。

25. A

【解析】《民法典》第 670 条规定，借款的利息不得预先在本金中扣除。利息预先在本金中扣除的，应当按照实际借款数额返还借款并计算利息。据此，A 项表述正确。金融机构借款合同为要式合同，自然人之间的借款合同为不要式合同，B 项表述错误。金融机构借款合同为诺成合同，自然人之间的借款合同为实践合同，C 项表述错误。金融机构借款合同为有偿，自然人之间的借款合同为无偿、有偿，D 项表述错误。

26. D

【解析】本题考查的是保理合同。由于保理合同的本质是债权转让，因此，《民法典》第 769 条规定，本章（保理合同）没有规定的，适用本编第六章债权转让的有关规定。《民法典》第 546 条第 1 款规定，债权人转让债权，未通知债务人的，该转让对债务人不发生效力。据此，甲公司将应收账款转让给丙银行，应当通知债务人乙公司，而不必取得乙公司的同意。可见，A 项表述错误。《民法典》并未明确规定应收账款债权登记，但是，《民法典》第 768 条规定，应收账款债权人就同一应收账款订立多个保理合同，致使多个保理人主张权利的，已经登记的先于未登记的取得应收账款；均已经登记的，按照登记时间的先后顺序取得应收账款；均未登记的，由最先到达应收账款债务人的转让通知中载明的保理人取得应收账款；既未登记也未通知的，按照保理融资款或者服务报酬的比例取得应收账款。据此可以推知，对于应收账款债权，可以到征信机构办理登记，也可以不办理登记。可见，B 项表述错误。《民法典》第 765 条规定，应收账款债务人接到应收账款转让通知后，应收账款债权人与债务人无正当理由协商变更或者终止基础交易合同，对保理人产生不利影响的，对保理人不发生效力。据此，在应收账款债权转让后，甲公司与乙公司可以变更合同，只不过变更合同对保理人产生不利影响的，对保理人不发生效力。可见，C项表述错误。《民法典》第766条规定，当事人约定有追索权保理的，保理人可以向应收账款债权人主张返还保理融资款本息或者回购应收账款债权，也可以向应收账款债务人主张应收账款债权。保理人向应收账款债务人主张应收账款债权，在扣除保理融资款本息和相关费用后有剩余的，剩余部分应当返还给应收账款债权人。据此，丙银行既可以向甲公司追偿，也可以请求乙公司清偿债务。可见，D项表述正确，选D项。

27. A

【解析】依据占有人是否直接占有物，可以将占有分为直接占有和间接占有，直接占有即直接对物加以管领之占有；间接占有即虽不直接占有物，但基于一定法律关系对物加以间接支配的占有。本题表述中，甲已经将手表交给乙占有，因此，甲对手表的占有为间接占有，选A项。大家一定要会判断直接占有和间接占有，例如在保管合同中，保管人为直接占有人，寄存人为间接占有人；在租赁合同中，承租人为直接占有人，出租人为间接占有人；在质押合同中，质权人为直接占有人，出质人为间接占有人，等等。依据占有人是否对占有物以所有的意思占有，可以将占有分为自主占有和他主占有。以所有意思的占有为自主占有，以非所有意思的占有为他主占有。本题表述中，乙是质权人，对手表的占有并无所有的意思，占有手表仅为债权的担保，因此是他主占有。需要注意：占有人是否为自主占有，判断标准是是否以自己的意思，只要有自己的意思即可，至于占有人是真正的权利人，还是误认为自己是所有人，抑或是明知自己并非所有人，都不予考虑，所以，尽管丁是窃贼，但对手表的占有仍为自主占有，而不是他主占有。可见，不选B、D项。丙对手表的占有是有权占有，不选C项。

28. D

【解析】《民法典》第194条规定，在诉讼时效期间的最后6个月内，因下列障碍，不能行使请求权的，诉讼时效中止：(1) 不可抗力；(2) 无民事行为能力人或者限制民事行为能力人没有法定代理人，或者法定代理人死亡、丧失民事行为能力、丧失代理权；(3) 继承开始后未确定继承人或者遗产管理人；(4) 权利人被义务人或者其他人控制；(5) 其他导致权利人不能行使请求权的障碍。自中止时效的原因消除之日起满6个月，诉讼时效期间届满。据此，A、B、C项表述引起诉讼时效中止。《民法典》第195条规定，有下列情形之一的，诉讼时效中断，从中断、有关程序终结时起，诉讼时效期间重新计算：(1) 权利人向义务人提出履行请求；(2) 义务人同意履行义务；(3) 权利人提起诉讼或者申请仲裁；(4) 与提起诉讼或者申请仲裁具有同等效力的其他情形。据此，D项表述引起诉讼时效中断，选D项。

29. C

【解析】《民法典》第1122条第1款规定，遗产是自然人死亡时遗留的个人合法财产。据此，甲因医疗事故死亡获得的50万元赔款，属于甲的近亲属应当获得的死亡赔偿，而不是甲死亡时遗留的财产，因而不是遗产。可见，A项表述错误。《民法典》第1141条规定，遗嘱应当为缺乏劳动能力又没有生活来源的继承人保留必要的遗产份额。据此，甲的女儿丙虽然仅四岁，但是仍然可以由乙抚养，并非没有生活来源的继承人，甲设立遗嘱将其全部遗产由其母丁继承属于有效遗嘱。另外，即使遗嘱未对缺乏劳动能力又无生活来源的继承人保留必要份额，这也仅是导致该必要份额部分无效，剩余部分依然按照遗嘱继承来分割。可见，B项表述错误。《民法典》第1153条第1款规定，夫妻共同所有的财产，除有约定的外，遗产分割时，应当先将共同所有的财产的一半分出为配偶所有，其余的为被继承人的遗产。据此，民法典继承编实行“先析产、后继承”的原则。本题表述中，甲遗留的住房和存款的各一半属于遗产，另一半属于配偶乙的财产。可见，C项表述正确，选C项。《民法典》第1123条规定，继承开始后，按照法定继承办理；有遗嘱的，按照遗嘱继承或者遗赠办理；有遗赠扶养协议的，按照协议办理。据此，本题表述中，由于甲设立了有效的遗嘱，遗嘱内容为“其死亡后的其所有的全部财产由其母丁继承”，因此其遗产应当优先适用遗嘱继承，乙无权继承甲的遗产。可见，D项表述错误。

30. A

【解析】《民法典》第215条规定，当事人之间订立有关设立、变更、转让和消灭不动产物权的合同，除法律另有规定或者当事人另有约定外，自合同成立时生效；未办理物权登记的，不影响合同效力。据此，甲、乙签订的房屋抵押合同是否生效与是否办理抵押登记无关。因此，甲、乙之间签订的房屋抵押合同自合同订立时起成立并有效。但是，由于甲没有按照抵押合同的约定办理抵押登记，构成违约，乙有权请求甲承担违约责任。可见，A项表述正确，选A项，而D项表述错误，不选D项。因缔约过失责任发生于缔约之际，而抵押合同已经生效，故不存在适用缔约过失责任的情形，不选B项。《民法典》第402条规定，以本法第395条第1款第1项至第3项规定的财产或者第5项规定的正在建造的建筑物抵押的，应当办理抵押登记。抵押权自登记时设立。据此，以不动产设定抵押的，应当办理登记，否则抵押权不成立。可见，因甲、乙并未办理房屋抵押登记，抵押权不成立，故C项表述错误，不选C项。

31. C

【解析】《民法典》第993条规定，民事主体可以将自己的姓名、名称、肖像等许可他人使用，但是依照法律规定或者根据其性质不得许可的除外。据此，权利人可以将姓名、名称、肖像许可他人使用，但是声音不能许可他人使用，故选C项。

32. C

【解析】《民法典》第1102条规定，无配偶者收养异性子女的，收养人与被收养人的年龄应当相差40周岁以上。据此，A项表述的收养行为无效，不选A项。《民法典》第1098条规定，收养人应当同时具备下列条件：(1) 无子女或者只有1名子女；(2) 有抚养、教育和保护被收养人的能力；(3) 未患有在医学上认为不应当收养子女的疾病；(4) 无不利于被收养人健康成长的违法犯罪记录；(5) 年满30周岁。据此，B项表述中，乙未满30周岁，不符合收养人的法定条件，其收养行为无效，不选B项。《民法典》第1100条规定，无子女的收养人可以收养2名子女；有子女的收养人只能收养1名子女。收养孤儿、残疾未成年人或者儿童福利机构抚养的查找不到生父母的未成年人，可以不受前款和本法第1098条第1项规定的限制。据此，D项表述中，丁有一子，因此只能收养1名男婴。可见，D项表述不符合收养条件，不选D项。只有C项表述的情形符合收养条件，故选C项。

33. D

【解析】《民法典》第36条第1款规定，监护人有下列情形之一的，人民法院根据有关个人或者组织的申请，撤销其监护人资格，安排必要的临时监护措施，并按照最有利于被监护人的原则依法指定监护人：(1) 实施严重损害被监护人身心健康的行为；(2) 怠于履行监护职责，或者无法履行监护职责且拒绝将监护职责部分或者全部委托给他人，导致被监护人处于危困状态；(3) 实施严重侵害被监护人合法权益的其他行为。据此，选D项。

34. B

【解析】任何民事法律关系中，都必须有权利主体，否则不能形成民事法律关系，A项表述正确。任何民事法律关系的权利主体都是特定的，但义务主体不一定，如果是债权法律关系，则权利主体和义务主体都是特定的；如果是物权、知识产权、继承权等法律关系，则权利主体是特定的，而义务主体则是不特定的。可见，B项表述错误，选B项。合法行为和不合法行为都会产生民事法律关系，C项表述正确。一旦民事法律关系消灭，民事主体之间的权利义务关系也将消灭，D项表述正确。

35. A

【解析】《著作权法》第37条第1款规定，使用他人作品演出，表演者（演员、演出单位）应当取得著作权人许可，并支付报酬。演出组织者组织演出，由该组织者取得著作权人许可，并支付报酬。另据《著作权法》第22条（著作权合理使用制度）第1款第9项规定，免费表演已经发表的作品，该表演未向公众收取费用，也未向表演者支付报酬，属于著作权合理使用，不构成侵权。本题表述中，乙并非免费表演甲已经发表的作品，因而其演唱甲创作的歌曲应当征得甲的同意并支付报酬，A项表述正确，选A项。《著作权法》第38条规定，表演者对其表演享有下列权利：(1) 表明表演者身份；(2) 保护表演形象不受歪曲；(3) 许可他人从现场直播和公开传送其现场表演，并获得报酬；(4) 许可他人录音录像，并获得报酬；(5) 许可他人复制、发行录有其表演的录音录像制品，并获得报酬；(6) 许可他人通过信息网络向公众传播其表演，并获得报酬。被许可人以前款第3项至第6项规定的方式使用作品，还应当取得著作权人许可，并支付报酬。据此，表演者乙对其表演享有许可他人录音录像，并获得报酬的权利。丙唱片公司录制该歌曲应征得乙同意并支付报酬，B项表述错误。《著作权法》第44条规定，广播电台、电视台播放已经出版的录音制品，可以不经著作权人许可，但应当支付报酬。当事人另有约定的除外。据此，C、D项表述错误。

36. A

【解析】商标转让合同和商标使用许可合同不同。商标转让合同是商标权人将注册商标所有权转让给他人，原商标权人丧失商标所有权；而商标使用许可合同是商标所有权人在仍然享有商标所有权的基础上，许可他人使用其注册商标。商标使用许可合同生效后，许可人仍享有商标权，A项表述正确，选A项。商标使用许可合同有两类，一类是商标权人签订许可他人使用商标的合同后，商标权人仍然享有对该商标的使用权；另一类是商标许可使用合同签订后，原商标权人虽然仍然享有商标所有权，但无权再享有商标使用权，被许可人享有对商标使用的专用权。可见，B项表述错误。根据《商标法》的规定，商标使用许可合同应当报商标局备案，但备案或者核准公告并非合同生效的条件，C、D项表述错误。

37. C

【解析】《民法典》第586条规定，当事人可以约定一方向对方给付定金作为债权的担保。定金合同自实际交付定金时成立。定金的数额由当事人约定；但是，不得超过主合同标的额的20%，超过部分不产生定金的效力。实际交付的定金数额多于或者少于约定数额的，视为变更约定的定金数额。据此，定金合同属于实践合同，自实际交付定金时生效。虽然甲、乙约定交付定金20万元，但甲实际交付12万元，由于约定的定金数额不得超过主合同标的额的20%（50万元×20%=10万元），因此，甲交付的12万元中，只有10万元应当认定为定金，而多余的2万元不具有定金效力。由于乙造成甲严重损失，乙构成违约，甲可以主张定金罚则，即请求乙双倍返还定金（10万元×2=20万元）。剩余的2万元，甲可以依据不当得利请求乙返还。甲请求乙返还的总金额为20万元+2万元=22万元。可见，选C项。

38. B

【解析】本题考查的是侵犯相邻权行为。判断某行为是否侵犯相邻权，关键是判断某行为是否超过相邻各方的容忍限度或者造成实质损害，超过容忍限度或者造成实质损害则视为对相邻权的侵犯。A项表述的情形不构成侵犯相邻权，因为邻居乙对搭建脚手架的行为负有容忍义务，不选A项。B项表述的情形属于房屋滴水，构成对相邻权的侵犯，选B项。C项表述的情形涉及不可量物侵害相邻权的侵权行为，但丙并非黑天或者夜间休息时间装修，因而邻居负有容忍义务。可见，C项表述不构成侵犯相邻权。D项表述的情形与相邻权无关，因为D项表述的情形并非属于因不动产或者不动产的利用而产生的有害侵扰，不选D项。

39. A

【解析】《民法典》第1201条规定，无民事行为能力人或者限制民事行为能力人在幼儿园、学校或者其他教育机构学习、生活期间，受到幼儿园、学校或者其他教育机构以外的第三人人身损害的，由第三人承担侵权责任；幼儿园、学校或者其他教育机构未尽到管理职责的，承担相应的补充责任。幼儿园、学校或者其他教育机构承担补充责任后，可以向第三人追偿。据此，本案中，甲施工队属于校外方，施工队在校内施工，未采取安全防护措施，致使小学生丁跌入露天坑道，甲施工队应当承担侵权责任。乙小学本应对学生的安全负责，在甲施工队未采取安全防护措施的情况下负有督促、监督施工队采取安全防护措施的职责，但乙小学并未尽到管理职责，应当承担相应的补充责任。可见，选A项。

40. D

【解析】代为清偿是指由债的关系以外的第三人，以为债务人清偿的意思向债权人履行债务。本案中，丙通过出具欠条成为债的关系中的债务人，并非第三人，且未实施清偿行为，不构成第三人代为清偿，不选A项。清偿抵充是指在债务人对于同一债权人负担数宗同种类的债务而清偿人提供的给付不足以清偿全部债务时，决定以该给付抵充何宗债务的规则。清偿抵充的主体是债务人，并在负有几种债务的前提下按照约定或者法律规定的规则进行抵充。本案中，不存在几种债务，无法适用清偿抵充，不选B项。丙承担该债务并非具有管理他人事务的意思，不构成无因管理，不选C项。债务承担是指在不改变债的内容的前提下而将债务人的全部或部分债务移转给第三人承受。债务承担有免责的债务承担和并存的债务承担之分。本案中，丙出具欠条作出了同意履行债务的意思，虽然未经债权人甲同意，但可构成并存的债务承担，与债务人乙公司共同对债权人负责。可见，选D项。

二、多项选择题

41. ABCD

【解析】根据《刑法》的规定，依法实行社区矫正的对象包括被判处管制的犯罪分子、被宣告缓刑的犯罪分子和被假释的犯罪分子，选A、B、C项。根据《刑事诉讼法》的规定，对于暂予监外执行的罪犯，也依法实行社区矫正，选D项。作答本题要注意区分禁止令的适用对象和依法实行社区矫正的适用对象。

42. AC

【解析】对于危害国家安全的犯罪分子，应当附加剥夺政治权利，选A项。对于故意杀人、强奸、放火、爆炸、投毒、抢劫等严重破坏社会秩序的犯罪分子，可以附加剥夺政治权利，不选B项。对于被判处死刑、无期徒刑的犯罪分子，应当附加剥夺政治权利终身，选C项。我国刑法没有规定对于罪行严重的累犯应当附加剥夺政治权利，不选D项。

43. ABCD

【解析】危险驾驶罪客观方面表现为违反道路交通安全管理法规，在道路上驾驶机动车实施刑法规定的危险驾驶行为。危险驾驶行为是指在道路上驾驶机动车，有下列4种行为之一：(1) 追逐竞驶，情节恶劣的。(2) 醉酒驾驶机动车的。(3) 从事校车业务或者旅客运输，严重超过额定乘员载客，或者严重超过规定时速行驶的。(4) 违反危险化学品安全管理规定运输危险化学品，危及公共安全的。危险驾驶罪属于抽象危险犯，只要行为人具有上述4种具体行为之一的，就构成危险驾驶罪。可见，备选项应全选。

44. AD

【解析】甲作为受益人实施保险诈骗，符合保险诈骗罪的构成特征，应以保险诈骗罪论处。根据《刑法》第198条第4款的规定，保险事故的鉴定人、证明人、财产评估人故意提供虚假的证明文件，为他人诈骗提供条件的，以保险诈骗的共犯论处。据此，丙构成保险诈骗罪共犯，对丙不能另定提供虚假证明文件罪。可见，选A项，不选C项。犯保险诈骗罪，同时构成其他犯罪的，依照数罪并罚的规定处罚。从理论上讲，保险诈骗罪和故意杀人罪系牵连犯，但刑法明文规定为数罪并罚。可见，B项表述错误，D项表述正确，选D项。

45. ABCD

【解析】综合《刑法》及相关司法解释规定，下列情形都以盗窃罪定罪处罚：盗窃信用卡并使用的；盗窃增值税专用发票或者可以用于骗取出口退税、抵扣税款的其他发票的；以牟利为目的，盗接他人通信线路、复制他人电信码号或者明知是盗接、复制的电信设备、设施而使用的；对犯罪所得及其产生的收益实施盗窃行为的；将电信卡非法充值后使用，造成电信资费损失数额较大的；盗用他人公共信息网络上网账号、密码上网，造成他人电信资费损失数额较大的；明知是非法制作的IC电话卡而使用或者购买并使用，造成电信资费损失数额较大的；邮政工作人员私自开拆或者隐匿、毁弃邮件、电报而从中窃取财物的；盗窃油气或者正在使用的油气设备，构成犯罪，但未危害公共安全的。可见，备选项应全选。

46. AD

【解析】不当得利可非因给付的原因而发生，对于因受益人本人的行为而发生的不当得利就属于非因给付而发生的不当得利。A 项表述中，误将他人的病牛当作自己的病牛进行救治而支付的医药费，属于因受益人本人的行为而发生的不当得利，就是非因给付而发生的不当得利，选 A 项。不当得利可因给付的原因而发生，但并非一切给付行为都可认定为不当得利。B 项表述中，养子女误以为对生父母有赡养义务而支付赡养费，此为履行具有道德义务性质的给付，不得主张不当得利，不选 B 项。对于明知不欠债而清偿的，也属于给付，但不能主张不当得利，不选 C 项。对于给付的目的嗣后不存在的，即当事人一方的给付原来是有法律上或者合同上的根据的，但由于给付后该法律根据丧失或者目的不存在了，因给付而取得的财产利益也就成为无法律原因的受益。D 项表述的情形就属于给付目的嗣后不存在，对于该给付，可基于不当得利主张返还，选 D 项。

47. BD

【解析】《专利法》第 70 条规定，为生产经营目的使用、许诺销售或者销售不知道是未经专利权人许可而制造并售出的专利侵权产品，能证明该产品合法来源的，不承担赔偿责任。据此，A 项表述构成专利侵权，但属于善意侵权，不承担赔偿责任，不选 A 项。根据《专利法》第 69 条第 1 项的规定，专利产品或者依照专利方法直接获得的产品，由专利权人或者经其许可的单位、个人售出后，使用、许诺销售、销售、进口该产品的，不视为侵犯专利权。据此，B 项表述不视为侵犯专利权，选 B 项。根据《专利法》第 69 条第 2 项的规定，在专利申请日前已经制造相同产品、使用相同方法或者已经作好制造、使用的必要准备，并且仅在原有范围内继续制造、使用的，不视为侵犯专利权，但条件是必须在原有范围内继续使用。据此，C 项表述构成专利侵权，不选 C 项。根据《专利法》第 69 条第 4 项的规定，专为科学研究和实验而使用有关专利的，不视为侵犯专利权。据此，D 项表述不视为侵犯专利权，选 D 项。

48. CD

【解析】《民法典》第 372 条规定，地役权人有权按照合同约定，利用他人的不动产，以提高自己的不动产的效益。前款所称他人的不动产为供役地，自己的不动产为需役地。据此，甲公司、乙公司通过合同约定不动产利用方式，并支付报酬，属于地役权关系，而非相邻关系。可见，A 项表述错误。《民法典》第 384 条规定，地役权人有下列情形之一的，供役地权利人有权解除地役权合同，地役权消灭：（1）违反法律规定或者合同约定，滥用地役权；（2）有偿利用供役地，约定的付款期限届满后在合理期限内经两次催告未支付费用。《民法典》第 385 条规定，已经登记的地役权变更、转让或者消灭的，应当及时办理变更登记或者注销登记。《民法典》第 565 条第 1 款规定，当事人一方依法主张解除合同的，应当通知对方。合同自通知到达对方时解除；通知载明债务人在一定期限内不履行债务则合同自动解除，债务人在该期限内未履行债务的，合同自通知载明的期限届满时解除。对方对解除合同有异议的，任何一方当事人均可以请求人民法院或者仲裁机构确认解除行为的效力。据此，乙公司在合理期限内经两次催告仍未支付费用，甲公司可以通知解除地役权合同，地役权自地役权合同解除时消灭（而不是地役权办理注销登记时消灭）。地役权合同自甲公司发函通知到达时即为解除，乙公司的异议不影响地役权合同的解除。综上分析，B项表述错误，C、D项表述正确，选C、D项。

49. AC

【解析】《民法典》第87条规定，为公益目的或者其他非营利目的成立，不向出资人、设立人或者会员分配所取得利润的法人，为非营利法人。非营利法人包括事业单位、社会团体、基金会、社会服务机构等。《民法典》第90条规定，具备法人条件，基于会员共同意愿，为公益目的或者会员共同利益等非营利目的设立的社会团体，经依法登记成立，取得社会团体法人资格；依法不需要办理法人登记的，从成立之日起，具有社会团体法人资格。典型的社会团体法人如研究会、各类协会、学会等。佛教协会、中国法学会属于社会团体法人，选A、C项。《民法典》第92条规定，具备法人条件，为公益目的以捐助财产设立的基金会、社会服务机构等，经依法登记成立，取得捐助法人资格。依法设立的宗教活动场所，具备法人条件的，可以申请法人登记，取得捐助法人资格。法律、行政法规对宗教活动场所有规定的，依照其规定。据此，基金会和宗教教堂属于捐助法人，不是社会团体法人，不选B、D项。

50. ABC

【解析】《民法典》第687条规定，当事人在保证合同中约定，债务人不能履行债务时，由保证人承担保证责任的，为一般保证。一般保证的保证人在主合同纠纷未经审判或者仲裁，并就债务人财产依法强制执行仍不能履行债务前，有权拒绝向债权人承担保证责任，但是有下列情形之一的除外：（1）债务人下落不明，且无财产可供执行；（2）人民法院已经受理债务人破产案件；（3）债权人有证据证明债务人的财产不足以履行全部债务或者丧失履行债务能力；（4）保证人书面表示放弃本款规定的权利。据此，丙公司提供的保证为一般保证，丙公司享有先诉抗辩权。可见，A项表述正确，选A项。《民法典》第526条规定，当事人互负债务，有先后履行顺序，应当先履行债务一方未履行的，后履行一方有权拒绝其履行请求。先履行一方履行债务不符合约定的，后履行一方有权拒绝其相应的履行请求。据此，本案中，因先履行一方乙公司交付的菊花茶中有2袋（价值为2万元）存在质量瑕疵，为不完全履行，后履行方甲公司有权在不完全履行范围内（2万元）行使先履行抗辩权而拒绝支付货款。相应地，其应付价款（主债权）为8万元。《民法典》第700条规定，保证人承担保证责任后，除当事人另有约定外，有权在其承担保证责任的范围内向债务人追偿，享有债权人对债务人的权利，但是不得损害债权人的利益。据此，丙公司在知情的情况下未行使先履行抗辩权而向乙公司付款10万元的，只能向甲公司追偿8万元；倘若按照10万元追偿，必然损害债权人的利益，这为《民法典》第700条规定所不许。可见，B项表述正确，选B项。《民法典》第701条规定，保证人可以主张债务人对债权人的抗辩。债务人放弃抗辩的，保证人仍有权向债权人主张抗辩。本条规定的抗辩权包括诉讼时效抗辩权。不过，参照相关司法解释规定，保证人应当积极主张对债务人的抗辩权，否则保证人将在相应范围内丧失对债务人的追偿权。本案中，若主债务诉讼时效已过，丙公司仍然向乙公司履行的，这意味着丙公司放弃了诉讼时效经过的抗辩权，则丙公司不得向甲公司追偿。可见，C 项表述正确，选 C 项。先诉抗辩权为一般保证人享有的抗辩权，一般保证人既可以行使先诉抗辩权，也可以放弃。一般保证人选择放弃先诉抗辩权的，对债务人并无影响，其追偿权也不受影响。可见，D 项表述错误。

三、简答题

51. 答案要点：

犯罪集团是指 3 人以上为多次实行某种或几种犯罪而建立起来的犯罪组织。(2 分)

犯罪集团具有如下特征：人数较多（3 人以上），重要成员固定或基本固定；（2 分）经常纠集在一起进行一种或数种严重的犯罪行为；（2 分）有明显的首要分子；（1 分）有预谋地实行犯罪活动；（1 分）不论作案次数多少，对社会造成的危害或其具有的危险性都很严重。(2 分)

52. 答案要点：

强制猥亵、侮辱罪是指违背他人意志，以暴力、胁迫或者其他方法强制猥亵他人或者侮辱妇女的行为。(2 分)

强制猥亵、侮辱罪的构成要件有：

(1) 侵犯客体是他人的人格、名誉权利。(2 分)

(2) 客观方面表现为行为人违背他人意志，以暴力、胁迫或者其他方法使他人处于不能抗拒、不敢抗拒或者不知抗拒的状态而强制猥亵他人或者侮辱妇女的行为。(2 分)

(3) 犯罪主体是一般主体。(2 分)

(4) 主观方面表现为直接故意，其中对妇女不具有奸淫的目的。(2 分)

53. 答案要点：

(1) 重大误解的民事法律行为。重大误解的民事法律行为是指行为人对于民事行为产生错误的理解，并基于错误理解而为的民事法律行为。(2 分)

(2) 因受欺诈而为的民事法律行为。一方以欺诈手段，使对方在违背真实意思的情况下实施的民事法律行为；第三人实施欺诈行为，使一方在违背真实意思的情况下实施的民事法律行为。(4 分)

(3) 一方或者第三人以胁迫手段，使对方在违背真实意思的情况下实施的民事法律行为。(2 分)

(4) 显失公平的民事法律行为。显失公平的民事法律行为是指一方利用对方处于危困状态、缺乏判断能力等情形，致使民事法律行为成立时显失公平的民事法律行为。(2 分)

54. 答案要点：

(1) 加害行为。加害行为是行为人实施的加害于被侵权人民事权利的不法行为，包括作为和不作为，是任何侵权行为包括一般侵权行为必须具备的条件。

(2) 损害事实。损害事实是他人的财产或者人身权益遭受的不利影响，包括财产损害、非财产损害。无损害则无一般侵权责任。

(3) 因果关系。因果关系是各种现象之间的引起与被引起的关系，因果关系影响一般侵权责任的成立和责任范围。

(4) 主观过错。过错是行为人应受责难的主观状态，包括故意和过失。在一般侵权责任中，无过错则无侵权责任。

（答对3点各得3分，全部答对得满分）

四、法条分析题

55. 答案要点：

（1）“谋取不正当利益”是指：行贿人谋取的利益违反法律、规章、政策规定，或要求国家工作人员违反法律、法规、规章、政策、行业规范的规定，为自己提供帮助或者方便条件。（4分）

（2）“违反国家规定”是指：违反法律、行政法规关于经济往来中给予国家工作人员礼物、回扣、手续费，只能在账内公开给予，而不得在账外暗中给予的规定。（4分）

（3）对于行贿人谋取不正当利益的行为又构成挪用公款罪的，应以行贿罪和挪用公款罪实行数罪并罚。（2分）

56. 答案要点：

（1）附条件的民事法律行为是指双方当事人在民事法律行为中设立了一定的事由作为条件，以该条件的成就与否（是否发生）作为决定该民事法律行为产生或解除根据的民事法律行为。（2分）

（2）附生效条件的民事法律行为是指民事法律行为中所确定的民事权利和民事义务，要在所附条件成就时发生法律效力的条件。其效力表现在，该民事法律行为已经成立，但未生效，条件成就，该民事法律行为生效；条件不成就，则一直不生效。（4分）

（3）附解除条件的民事法律行为是指民事法律行为中所确定的民事权利和民事义务，在所附条件成就时，就失去法律效力的条件。其效力为，在所附条件成就以前，法律行为已经发生法律效力，当条件成就时，法律行为失去法律效力；当条件不成就时，民事法律行为仍然有效。（4分）

五、案例分析题

57. 答案要点：

（1）甲构成挪用公款罪和贩卖毒品罪。甲挪用公款进行贩毒活动，对甲应以挪用公款罪和贩卖毒品罪实行数罪并罚。乙构成挪用公款罪、贩卖毒品罪、贪污罪。乙携带挪用的公款潜逃，属于国家工作人员利用职务上的便利侵吞公共财物的行为，构成贪污罪，对乙应以挪用公款罪、贩卖毒品罪和贪污罪实行数罪并罚。（5分）

（2）甲、乙的行为构成挪用公款罪和贩卖毒品罪的共犯。乙挪用公款，并与甲共谋取得挪用的公款，甲、乙二人构成挪用公款罪的共犯。甲、乙在贩卖毒品上存在犯意联络，即乙明知甲借款用于贩卖毒品，从事违法活动，而挪用公款10万元给甲，其为贩卖毒品的行为提供了帮助，并且事后获得赃款3万元，具有共同的犯罪行为，所以，甲、乙二人构成贩卖毒品罪的共同犯罪。（5分）

（3）甲归案后如实交代出售毒品的事实，构成坦白，可以从轻处罚。乙在家属的带领下向公安机关投案并如实供述自己罪行，构成自首，可以从轻或者减轻处罚。乙归案后如实供述自己罪行并积极退赃，避免、减少损害结果的发生，可以从轻、减轻或者免除处罚。（5分）

58. 答案要点：

（1）房屋所有权属于乙、丙二人共有。甲生前没有立遗嘱，其所留房产应由其法定继承

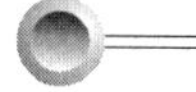

人乙、丙二人共同继承。在遗产尚未分割前，乙、丙二人对遗产形成共同共有关系。（6 分）

（2）买卖合同有效。因为当事人一方以出卖人在缔约时对标的物没有所有权或者处分权为由主张合同无效的，人民法院不予支持。（4 分）

（3）丁可以取得房屋的所有权，但丙、丁应当按照合同约定办理过户手续。丙因未取得所有权或者处分权致使房屋所有权不能转移，丁有权要求丙承担违约责任或者要求解除合同并主张损害赔偿。（5 分）

综合课模拟试题（四）

一、单项选择题（第1～40小题，每小题1分，共40分。下列每题给出的四个选项中，只有一个选项是符合题目要求的）

1. 下列关于守法的表述，不正确的是（　　）。

A. 守法不仅是积极的或消极的，而且是行使权利和履行义务活动

B. 守法通常指遵守规范性法律文件，不包括非规范性法律文件

C. 一个社会能否普遍守法与该社会道德水平或对法律的认同程度相关

D. 守法的范围与一个国家的法律渊源密切相关

2. 奴隶社会、封建社会、资本主义社会和社会主义社会建立在不同的生产关系基础上，但对杀人罪、贪污罪、渎职罪等的规定却是相同或相近的，这说明（　　）。

A. 相同的经济基础可以产生不同的法律形式和结构

B. 不同的经济基础可以产生相同的法律形式、结构和若干规定

C. 某些法律具有一定的先导性

D. 某些法律具有一定的滞后性

3. 2001年全国人大常委会的决定指出，《刑法》第410条规定的"非法批准征用、占用土地"，是指非法批准征用、占用耕地、林地等农用地以及其他土地。对该法律解释，下列理解错误的是（　　）。

A. 该解释属于立法解释

B. 该解释的效力与所解释的刑法条文的效力相同

C. 该解释与司法解释的效力相同

D. 该解释的效力具有普遍性

4. 王某的母亲在一次车祸中丧生，王某依法继承了其母的遗产。引起遗产继承这一法律关系发生的法律事实是（　　）。

A. 车祸

B. 王某未声明放弃继承权

C. 王某与其母亲之间存在合法的母子关系

D. 王某的母亲死亡

5. 道德是法律的基础和评价标准，下列表述中，没有体现这一原理的是(　　)。

A. 法律规范必须要有道德作为价值基础

B. 道德的状况制约着立法的发展，道德为立法指明方向

C. 法律促进社会道德的更新和变化

D. 道德对法律实施起着不可忽视的促进作用

6. 当代中国的法律渊源主要为以宪法为核心的各种制定法，下列选项中，不被包括在内的是(　　)。

A. 河南省人大常委会制定的地方性规范

B. 深圳经济特区政府制定的规章

C. 上海市高级人民法院发布的典型判例汇编

D. 我国同外国缔结的或我国加入的并生效的国际条约

7. 某省高级人民法院在审理案件中发现部门规章与本省地方政府规章的规定不同，不能确定如何适用时，应当(　　)。

A. 由该法院决定适用哪一个规定

B. 由上级法院决定适用哪一个规定

C. 由最高人民法院决定适用哪一个规定

D. 报国务院作出裁决

8. 下列关于法律秩序价值的表述，不能成立的是(　　)。

A. 法律不仅有助于建立社会秩序，也有助于维护社会秩序

B. 法律秩序只能积极鼓励社会合作，以促进社会的和谐

C. 法律秩序有助于维护合理的政治统治秩序和权力运行秩序

D. 法律可以通过赋予社会主体一定的权利和自由来引导社会主体的各种行为，以建立相应的社会秩序

9. 下列选项中，属于狭义立法活动的是(　　)。

A. 第十三届全国人大第三次会议通过《中华人民共和国民法典》

B. 国务院制定《结婚登记办法》

C. 东莞市人民政府制定《禁止在居民住宅区养猪的规定》

D. 最高人民法院制定的《关于巡回法庭审理案件若干问题的规定》

10. 甲（女）与乙（男）婚后购买住房一套，并签订协议："乙应忠诚于甲，如因其婚外情离婚，该住房归甲所有。"后甲以乙与第三者的 QQ 聊天记录为证据，诉其违反忠诚协议。法官认为，该协议系双方自愿签订，不违反法律禁止性规定，故合法有效。经调解，两人离婚，住房归甲。对此，下列表述正确的是(　　)。

A. 该协议仅具有道德上的约束力

B. 当事人的意思表示不能仅被看作是一种内心活动，而应首先被视为可能在法律上产生后果的行为

C. 法官对协议的解释具有法律约束力

D. 甲、乙签订的忠诚协议并非法律，遵守该约定不属于守法行为

11.《深圳经济特区禁止食用野生动物若干规定》第 4 条规定："餐饮业经营者不得以

禁止食用的野生动物及其产品的名称、别称、图案制作招牌、菜谱招徕、诱导顾客。”这一规范属于（　　）。

A. 授权性规范　　B. 任意性规范　　C. 确定性规范　　D. 刑事法律规范

12. 下列关于法治思维与法治方式及二者关系的表述，不能成立的是（　　）。

A. 法治方式是法治思维实际作用于人的行为的外在表现

B. 法治方式影响和决定着法治思维

C. 法治思维是将法律规定、法律知识、法治理念付诸实施的认识过程

D. 法治思维是程序思维

13. 《民法典》第1048条规定：“直系血亲或者三代以内的旁系血亲禁止结婚。”但拟制直系血亲是否应当禁婚，民法典没有规定。刘法官在审理一起拟制直系血亲通婚案件时，主张该案应当比照《民法典》第1048条规定对拟制直系血亲通婚应予禁止并作出婚姻无效的判决。刘法官所运用的法律推理是（　　）。

A. 演绎推理　　B. 归纳推理　　C. 类比推理　　D. 辩证推理

14. 我国在选举新一届国家领导人时，行使中央军委主席人选提名权的机构是（　　）。

A. 全国人大常委会　　B. 国家主席

C. 全国人大主席团　　D. 全国人大代表团长会议

15. 我国宪法规定，直辖市和较大的市分为（　　）。

A. 区、县　　B. 区、县、市

C. 区、县、自治县　　D. 区、县、自治县、市

16. 下列关于英国宪法的说法，错误的是（　　）。

A. 英国为“宪政之母”且最早实行议会政治

B. 英国宪法属于不成文宪法、柔性宪法

C. 英国宪法由宪法性法律、宪法判例和宪法惯例组成

D. 英国《自由大宪章》的制定标志着英国资产阶级宪政体制的确立

17. 国家对非公有制经济的基本政策是（　　）。

A. 引导、监督和管理　　B. 引导、监督和帮助

C. 鼓励、支持和引导　　D. 鼓励、支持和帮助

18. 根据我国宪法规定，下列关于审计机关的表述，不正确的是（　　）。

A. 县级以上的地方各级人民政府设立审计机关

B. 国务院审计机关对国务院各部门和地方各级政府的财政收支，对国家的财政金融机构、企业和事业组织的收支进行审计监督

C. 国务院审计机关在国务院的领导下，依照法律规定独立行使审计监督权，不受其他行政机关、社会团体和个人的干涉

D. 地方各级审计机关依照法律规定独立行使审计监督权，不对同级人民政府负责

19. 由于国家机关和工作人员侵犯公民权利而受到损失的人，有依照法律规定（　　）。

A. 提出批评的权利　　B. 提出控告的权利

C. 提出申诉的权利　　D. 取得赔偿的权利

20. 根据香港特别行政区基本法规定，下列关于香港特别行政区司法机关的表述，错

误的是(　　)。

A. 香港特别行政区终审法院享有香港特别行政区的终审权

B. 香港特别行政区实行陪审制度的原则

C. 香港特别行政区设立行政法院和区域法院

D. 香港特别行政区司法机关依法独立行使审判权

21. 关于全国人民代表大会专门委员会，下列说法不正确的是(　　)。

A. 专门委员会的成员均是全国人大代表

B. 专门委员会受全国人大领导

C. 专门委员会的成员由全国人大常委会委员长提名，大会决定

D. 专门委员会在全国人大闭会期间受全国人大常委会的领导

22. 根据我国宪法规定，上级人民检察院与下级人民检察院之间的关系是(　　)。

A. 指导与被指导的关系　　B. 领导与被领导的关系

C. 监督与被监督的关系　　D. 制约与被制约的关系

23. 某村经 1/5 以上的村民代表提议召集村民会议，村民会议由村民委员会召集后，该村过半数的户派代表参加了村民会议。在村民会议召开期间，本村 1/5 以上的村民联名提出了对村委会主任的罢免案。关于该村民会议的召开，符合法律规定的事项是(　　)。

A. 经 1/5 以上的村民代表提议召集村民会议

B. 村民会议由村民委员会召集

C. 过半数的户派代表参加了村民会议

D. 1/5 以上的村民联名提出了对村委会主任的罢免案

24. 根据我国宪法规定，下列关于私有财产权的表述，不正确的是(　　)。

A. 公民合法的私有财产不受侵犯

B. 国家依照法律规定保护公民的私有财产权和继承权

C. 任何人不得剥夺公民的私有财产

D. 国家为了公共利益的需要，可以依照法律规定对公民的私有财产实行征收或者征用并给予补偿

25. 某选区有 25 000 名选民，其中 12 300 人参加了选举，候选人王某得了 6 300 张选票，候选人张某得了 6 000 张选票，候选人李某得了 3 000 张选票，则(　　)。

A. 张某当选　　B. 李某当选　　C. 王某当选　　D. 无人当选

26. 下列人员中，只能由全国人大常委会决定或任免的是(　　)。

A. 军事检察院检察长　　B. 国家副主席

C. 中央军委副主席　　D. 国务委员

27. 明清时期由官员私人聘请的专司地方司法行政事务的人员是(　　)。

A. 胥吏　　B. 幕友　　C. 幕僚　　D. 仵作

28. “律法断罪，皆当以法律令正文，若无正文，依附名例断之，其正文名例所不及，皆勿论。”上述文字体现的古代制度是(　　)。

A. 援法断罪　　B. 引律比附　　C. 同居相隐　　D. 存留养亲

29. 下列关于唐朝刑法适用原则的表述，正确的是(　　)。

A. 唐朝对同一国家侨民在中国犯罪，实行属人主义原则

B. 唐朝对三犯徒罪的罪犯，实行累犯加重原则

C. 唐朝对于死刑的罪犯，不得适用赎刑

D. 唐朝对共同犯罪者，以造意者为首犯，随从者减二等处刑

30. 下列古代司法机构中，属于明代设置的地方监察机关的是（　　）。

A. 中台　　B. 风宪衙门　　C. 外台　　D. 行台

31. 唐玄宗天宝年间，京兆府民吴某在与李某嬉戏过程中，不慎将李某杀死。唐律并没有规定直接戏杀的处罚，但依据唐律规定，故杀处斩刑，斗杀减故杀一等处刑，戏杀减斗杀二等处刑。则吴某应判处（　　）。

A. 流三千里　　B. 流二千五百里　　C. 徒三年　　D. 徒二年半

32. 革命根据地时期制定的宪法文件中，规定颁发土地证确认地权以发展农业的政策的是（　　）。

A.《中华苏维埃共和国宪法大纲》　　B.《陕甘宁边区宪法原则》

C.《陕甘宁边区施政纲领》　　D.《华北人民政府施政方针》

33. 宋神宗熙宁年间，开封府民某甲将毒虫偷偷放入某乙家吃的食物中，某乙一家人食后处于昏狂状态；某甲还假借鬼神符咒方式诅咒某丙一家得瘟疫而死。依据宋律，某甲的行为构成（　　）。

A. 不睦　　B. 不义　　C. 不道　　D. 大不敬

34. 自秦代以来，历代都严惩诬告，实行诬告反坐。对诬告者实行加等反坐的朝代是（　　）。

A. 秦朝　　B. 汉朝　　C. 宋朝　　D. 明朝

35. 下列选项中，属于清朝维护满族特权的法律规定是（　　）。

A. 满汉之间不得通婚　　B. 禁止汉人典买旗地

C. 旗人不适用斩立决和斩监候　　D. 州县无权审理满人涉地方的诉讼

36. 明朝继承并发展录囚制度而形成的会审制度是（　　）。

A. 九卿会审　　B. 朝审　　C. 热审　　D. 大审

37. 清末修律过程中，以区分刑事诉讼和民事诉讼、建立陪审制度和实行律师制度为核心内容的法律是（　　）。

A.《法院编制法》　　B.《大理院编制法》

C.《各级审判厅试办章程》　　D.《大清刑事民事诉讼法草案》

38. 下列关于《大清民事诉讼律草案》的表述，错误的是（　　）。

A.《大清民事诉讼律草案》是我国第一部民事诉讼法典草案

B.《大清民事诉讼律草案》首次引进了自由心证制度

C.《大清民事诉讼律草案》是以德国、日本的民事诉讼法为主要蓝本制定的

D.《大清民事诉讼律草案》采用了近代西方国家民事诉讼通用的"当事人主义"、法院不涉及辩论等原则，体现了对私权的重视

39. 取消国会制的宪法性文件是（　　）。

A. "天坛宪草"　　B.《临时约法》　　C. "贿选宪法"　　D. "袁记约法"

40. 下列有关革命根据地法制的表述，正确的是（　　）。

A. 工农民主政权时期确立了参议会的政权组织形式

B. 抗日民主政权时期创建了“管制”刑

C. 《陕甘宁边区宪法原则》在政权建设方面规定了健全人民代表大会制度的方针政策

D. 《抗日救国十大纲领》确立了减租减息的土地政策

二、多项选择题（第 41～50 小题，每小题 2 分，共 20 分。下列每题给出的四个选项中，至少有两个选项是符合题目要求的。多选、少选或错选均不得分）

41. 下列表述中，符合“以事实为根据，以法律为准绳”原则要求的是（　　）。

A. 司法机关审理一切案件，都只能以与案件有关的事实作为依据

B. 依据法律原则推定的事实不能成为“以事实为根据”中的“事实”

C. 司法机关在查办案件过程中，都要依据法律的有关规定确定案件的性质

D. “以法律为准绳”中的“法律”特指实体法的规定

42. 下列关于“坚持法治国家、法治政府、法治社会一体建设”的表述，正确的是（　　）。

A. 法治政府要求政府是有限政府、责任政府、人民政府、程序政府、阳光政府和诚信政府

B. 法治国家是全面推进依法治国的根本目标

C. 政府依法行政和严格执法是法治的重心

D. 弘扬社会主义法治精神，建设社会主义法治文化有利于推进法治社会建设

43. 根据我国法律的有关规定，下列行为中，不适用减轻或免除法律责任的是（　　）。

A. 钱某偷了一件价值 500 元的衣服，11 年后被人查出

B. 船长何某误以为台风将至，在海上风平浪静时把价值 10 万元的仪器扔入海中

C. 小郭遇到对其抢劫的 3 个手拿利刃的歹徒时奋起反抗，夺过刀将其中一个歹徒刺成重伤

D. 火车站寄存室将老张寄存的行李中的一台照相机损坏了，但老张在 3 年后再次出差时才提出索赔

44. 下列选项中，表述不正确的有（　　）。

A. 国家强制力可以超越法律，不受法律约束

B. 法律规范以外的其他社会规范不具有强制性

C. 法的实施的全过程需要国家强制力的介入

D. 国家强制力是保证法律实施的唯一力量

45. 下列关于我国宪法规定的公民文化教育权的表述，正确的是（　　）。

A. 文化教育权是一种综合性的权利体系

B. 我国宪法并没有规定教育和文化权利的地位与具体实现方式

C. 文化教育权在基本权利体系中处于基础地位

D. 文化教育权是主观权利与客观价值秩序的统一

46. 根据我国宪法和法律规定，下列关于调查委员会的表述，正确的是（　　）。

A. 全国人民代表大会认为必要的时候，可以组织关于特定问题的调查委员会

B. 全国人大主席团可以提议组织关于特定问题的调查委员会

C. 调查委员会与专门委员会任期相同

D. 调查委员会的组成人员必须是全国人大代表

47. 香港和澳门特别行政区行政长官共同的任职条件是(　　)。

A. 年满 40 周岁　　　　B. 在外国无居留权

C. 在特别行政区通常连续居住满 20 年　　　　D. 永久性居民中的中国公民

48. 关于唐代的刑事立法，下列说法正确的是(　　)。

A. 区分公罪与私罪　　　　B. 自首原罪

C. 累犯加重　　　　D. 六赃犯罪，处刑较重

49. 在中国近代史上，采取“民商分立”民事立法体例的政权有(　　)。

A. 南京临时政府　　B. 清末政府　　C. 南京国民政府　　D. 北洋政府

50. 根据《中华民国临时约法》，参议院享有的权力有(　　)。

A. 司法权　　　　B. 对总统决定重大事件的同意权

C. 对总统、副总统的弹劾权　　　　D. 对总统、副总统的审判权

三、简答题（第 51～53 小题，每小题 10 分，共 30 分）

51. 简述司法改革的主要任务。

52. 简述民族自治地方的自治权的含义和主要内容。

53. 简述清末诉讼审判制度的改革。

四、分析题（第 54～56 小题，每小题 10 分，共 30 分。要求结合所学知识分析材料回答问题）

54. 某市为加强道路交通管理，规范日益混乱的交通秩序，决定出台一项新举措，由交通主管部门向市民发布公告，凡自行摄录下机动车辆违章行驶、停放的照片、录像资料，送经交通部门确定后，被采用并在当地电视台播出的，一律奖励人民币 500 元至 1 000 元。此举使许多市民踊跃参与，积极举报违章车辆，当地的交通秩序一时间明显好转，市民满意。新闻报道后，省内甚至外省不少城市都来取经、学习。但与此同时，也发生了不少意想不到的事情：有违章驾驶者去往不愿被别人知道的地方，电视台将车辆及背景播出后，引起家庭关系、同事关系紧张，甚至影响了当事人此后正常生活的；有乘车人以肖像权、名誉权受到侵害，把电视台、交管部门告上法庭的；有违章司机被单位开除，认为是交管部门超范围行使权力引起的；有抢拍者被违章车辆故意撞伤后，向交管部门索赔的；甚至有利用偷拍照片向驾车者索要高额“保密费”的；等等。报刊将上述新闻披露后，某市治理交通秩序的举措引起了社会不同看法和较大争议。

请结合上述材料，回答下列问题：

（1）材料中，交警部门出台相关措施，体现了法律的何种价值？为什么？

（2）材料中，交警部门出台相关措施使诸如个人隐私等遭受损害等问题出现，这说明什么？应当如何解决出现的问题？

55. 2015 年 5 月 25 日，赵先生到某超市购物，因尝了一个樱桃，就被超市工作人员叫到办公室，说他偷吃樱桃。赵先生认为只是品尝，不是偷吃。工作人员还要赵先生脱去上衣进行检查。赵先生不答应。一个工作人员上来强行脱赵先生的衣服，致使赵先生摔倒

在地，鼻子不停地流血，耳朵也发生耳鸣。直到中午 11 点左右，赵先生才被放出来。他要打“110”报警，几次拿起电话，都被超市的人抢走话筒。派出所的民警赶到后，他们就一起去做了笔录，然后赵先生到医院验伤接受治疗。赵先生一怒之下将超市告上了法庭。

请运用宪法知识对此案进行分析。

56.《唐律疏议·名例律》（卷五）：诸同职犯公坐者，长官为一等，通判官为一等，判官为一等，主典为一等，各以所由为首；（若通判官以上异判有失者，止坐异判以上之官。）若同职有私，连坐之官不知情者，以失论。即余官及上官案省不觉者，各递减一等；下官不觉者，又递减一等。亦各以所由为首。（减，谓首减首，从减从。）检、勾之官，同下从之罪。应奏之事，有失勘读及省审之官不驳正者，减下从一等。若辞状隐伏，无以验知者，勿论。

请运用中国法制史的知识和理论，分析上述文字并回答下列问题：

（1）该段文字反映的是唐朝何种法律制度？该制度的含义是什么？

（2）依据唐律的上述规定，司法官员论罪有哪几种情形？

（3）如何评价唐律的这一规定？

五、论述题（第 57～58 小题，每小题 15 分，共 30 分）

57. 联系我国法治建设的实际，论述提高司法公信力的改革要求。

58. 试论我国国家机构的组织和活动原则。

综合课模拟试题（四）答案及解析

一、单项选择题

1. B

【解析】守法包括积极守法和消极守法（不违法），守法内容包括行使权利和履行义务的活动。可见，A 项表述正确。守法的范围并不限于各种制定法，还包括有法律效力的非规范性法律文件，如人民法院的判决书、调解书、裁定书等。可见，守法的范围与一个国家的法律渊源密切相关，如英国守法的范围包括判例法。可见，B 项表述错误，D 项表述正确。人们守法的原因有习惯、对合法性的认识、畏惧心理、社会的压力、对个人利益的考虑、道德的要求。一般而言，社会成员遵守法律往往出于多方面的考虑。在一个现代文明不太发达的社会里，守法多出于习惯、畏惧心理和道德等多种因素的考虑；而在法治文明较为发达的社会里，人们守法一般出于对法律的认同和信仰的考虑。可见，C 项表述正确。

2. B

【解析】A 项表述正确，但与题意不符，因为题干交代的前提是“不同社会建立在不同生产关系基础上”，而不是“相同经济基础的社会”，故不选 A 项。B 项表述符合题意，选 B 项。C 项表述正确，也可以表述为某些法律具有一定的前瞻性，但与题意不符，不选 C 项。D 项表述正确，但与题意不符，不选 D 项。

3. C

【解析】狭义的立法解释是指全国人大常委会对法律所作的解释。立法解释的形式有：（1）在法律中另设专章或条款、附则直接进行解释，将解释的内容作为该法律的一部分。（2）通过法律草案的专题说明或以报告的形式来解释法律。（3）在新制定的法律、决定中对现行法律的某些规定作出新的解释。2001年全国人大常委会以决定的形式解释了“非法批准征用、占用土地”，属于立法解释。可见，A项表述正确。《立法法》第50条规定，全国人民代表大会常务委员会的法律解释同法律具有同等效力。据此，B项表述正确。立法解释的效力高于司法解释，C项表述错误，选C项。立法解释具有普遍适用的效力，D项表述正确。

4. D

【解析】法律事实是指引起法律关系产生、变更和消灭的各种事实的总称。本题表述中，王某通过法定继承方式继承其母的遗产，引起这一继承法律关系的法律事实是王某的母亲死亡，选D项。

5. C

【解析】法与道德的联系体现在两点，一是道德是法的基础和评价标准，二是法是传播道德、保障道德实施的有效手段。道德是法律的基础和评价标准，这体现在：（1）道德是法律的理论基础。（2）道德是法律的价值基础，是判断、评价法律的价值尺度。（3）道德是法律运作的社会基础，包括道德为立法指明方向、道德为法律的实施和实现起着促进作用。此外，道德在法的运作的其他方面，如司法、执法、法律监督等也提供了基础。（4）道德是法律的补充，它具有弥补法律漏洞的作用。可见，A、B、D项表述都体现了道德是法律的基础和评价标准。C项表述正确，但与题意不符，C项表述应属于“法是传播道德、保障道德实施的有效手段”，“法是道德的承载者，它弘扬、发展一定社会的道德理念、信条和原则，促进社会道德的更新和变革”是其中的表现之一。可见，C项表述没有体现“道德是法律的基础和评价标准”这一原理，因而选C项。

6. C

【解析】当代中国正式意义上的法律渊源包括宪法、法律、行政法规、地方性法规、自治条例和单行条例、特别行政区法律、行政规章、国际条约和国际惯例等。A项表述为地方性法规，B项表述为地方政府规章，D项表述为国际条约。只有C项表述的判例汇编不属于我国制定法，而且我国不承认法院的判例为我国法律渊源，选C项。

7. D

【解析】《立法法》第95条规定，地方性法规、规章之间不一致时，由有关机关依照下列规定的权限作出裁决：（1）同一机关制定的新的一般规定与旧的特别规定不一致时，由制定机关裁决。（2）地方性法规与部门规章之间对同一事项的规定不一致，不能确定如何适用时，由国务院提出意见，国务院认为应当适用地方性法规的，应当决定在该地方适用地方性法规的规定；认为应当适用部门规章的，应当提请全国人民代表大会常务委员会裁决。（3）部门规章之间、部门规章与地方政府规章之间对同一事项的规定不一致时，由国务院裁决。根据授权制定的法规与法律规定不一致，不能确定如何适用时，由全国人民代表大会常务委员会裁决。据此规定第3项，选D项。

8. B

【解析】法律的秩序价值体现在法律对秩序的建立和维护两个方面，从维护这一方面来看，法律既有助于维护合理的政治统治秩序和权力运行秩序，也有助于维护正常的经济秩序和社会生活秩序。可见，A、C项表述成立。法律秩序不仅要通过积极角度来鼓励社会合作，促进社会和谐；还从消极角度来调整和解决社会矛盾与纠纷。可见，B项表述不成立，选B项。法律的秩序价值体现在建立和维护社会秩序两方面，从建立秩序来看，法律制度通常依照人们所向往的理想社会秩序来设计，法律不仅通过赋予社会主体一定的权利和自由来引导社会主体的各种行为，还通过给社会主体施加一定的义务与责任的方式，使之对自身的行为加以必要的克制与约束，以建立相应的社会秩序。可见，D项表述成立。

9. A

【解析】狭义的立法活动仅指国家最高权力机关及其常设机关依照法定的权限和程序创制、修改、认可和废止规范性法律文件的活动。A项表述的《民法典》由最高国家权力机关全国人民代表大会制定，属于狭义立法活动，可见，选A项。B项表述的规范性法律文件为国务院制定的行政法规，不属于狭义立法活动，不选B项。C项表述的规范性法律文件为设区的市的政府制定的地方政府规章，不属于狭义立法活动，不选C项。D项表述的最高人民法院制定的司法解释，不属于狭义立法活动，不选D项。

10. B

【解析】甲、乙订立的忠诚协议是在双方真实意愿的情况下签署的，意思表示真实且合法有效，因此不仅具有道德上的拘束力，更具有法律上的拘束力，可直接作为法官判案的事实根据。可见，A项表述错误。民法上的意思表示作为民事法律行为的要素，是指向外部表明意欲发生一定私法上效果的意思的行为。可见，意思表示能够产生法律效果，B项表述正确，选B项。法官对协议的解释不具有法律约束力，属于非正式解释，当然，法官的解释对于适用法律具有重要意义。可见，C项表述错误。甲、乙签订的忠诚协议属于私法范畴，遵守协议约定的权利和义务也属于守法的范畴。可见，D项表述错误。

11. C

【解析】题干表述的规范是义务性规范中的禁止性规范，而不是授权性规范，不选A项。题干表述的规范是强行性规范，而不是任意性规范，不选B项。按照法律规则内容的确定性程度不同，可以将法律规则分为确定性规则、委任性规则和准用性规则。确定性规则是指内容已明确肯定，无须再援引或参照其他规则来确定其内容的法律规则。题干表述的规则属于确定性规则，选C项。题干表述的规范是地方性法规规范，而不是刑事法律规范，不选D项。

12. B

【解析】法治思维与法治方式是内在和外在的关系，法治方式就是法治思维实际作用于人的行为的外在表现，A项表述成立。法治思维影响和决定着法治方式，而不是相反，B项表述不能成立，选B项。法治思维是指按照社会主义法治的逻辑来观察、分析和解决社会问题的思维方式，它是将法律规定、法律知识、法治理念付诸实施的认识过程，C项表述正确。法治思维是规则思维、平等思维、受制约思维、程序思维，D项表述正确。

13. C

【解析】直系血亲包括拟制直系血亲，对于拟制直系血亲，刘法官通过比照类似直系血亲通婚属于无效婚姻案件的基础上判决拟制直系血亲通婚也属于无效婚姻的判决，这恰恰是“类似案件，类似处理”，属于类比推理，故选C项。

14. C

【解析】《全国人民代表大会议事规则》第34条规定，全国人民代表大会常务委员会委员长、副委员长、秘书长、委员的人选，中华人民共和国主席、副主席的人选，中央军事委员会主席的人选，最高人民法院院长和最高人民检察长的人选，由主席团提名，经各代表团酝酿协商后，再由主席团根据多数代表的意见。确定正式候选人名单。国务院总理和国务院其他组成人员的人选，中央军事委员会除主席以外的其他组成人员的人选，依照宪法的有关规定提名。各专门委员会主任委员、副主任委员和委员的人选，由主席团在代表中提名。据此，选C项。

15. A

【解析】《宪法》第30条规定，中华人民共和国的行政区域划分如下：(1) 全国分为省、自治区、直辖市；(2) 省、自治区分为自治州、县、自治县、市；(3) 县、自治县分为乡、民族乡、镇。直辖市和较大的市分为区、县。自治州分为县、自治县、市。据此，选A项。

16. D

【解析】英国是宪政之母，英国是世界上最早实行宪政的国家，A项表述正确。英国宪法是不成文宪法、柔性宪法，B项表述正确。英国宪法是由宪法性法律、宪法判例和宪法惯例三部分组成的，C项表述正确。英国于1215年制定的《自由大宪章》并非英国资产阶级宪政体制确立的标志，英国宪政史可以分为中世纪时期的宪政体制和近代宪政体制，1215年英国《自由大宪章》是中世纪时期宪政体制确立的标志，但这时期应为混合政体。可见，D项表述错误，选D项。

17. C

【解析】《宪法》第11条规定，在法律规定范围内的个体经济、私营经济等非公有制经济，是社会主义市场经济的重要组成部分。国家保护个体经济、私营经济等非公有制经济的合法的权利和利益。国家鼓励、支持和引导非公有制经济的发展，并对非公有制经济依法实行监督和管理。据此，国家对非公有制经济的基本政策是鼓励、支持、引导、监督、管理，选C项。需要注意的是，国家对国有经济采取的宪政政策是国家保障国有经济的巩固和发展。这里要注意国家对国有经济发展采取的政策是保障、巩固、发展。国家对集体经济的宪政政策是保护、鼓励、指导、帮助。

18. D

【解析】《宪法》第91条规定，国务院设立审计机关，对国务院各部门和地方各级政府的财政收支，对国家的财政金融机构和企业事业组织的财务收支，进行审计监督。审计机关在国务院总理领导下，依照法律规定独立行使审计监督权，不受其他行政机关、社会团体和个人的干涉。《宪法》第109条规定，县级以上的地方各级人民政府设立审计机关。地方各级审计机关依照法律规定独立行使审计监督权，对本级人民政府和上一级（注意：

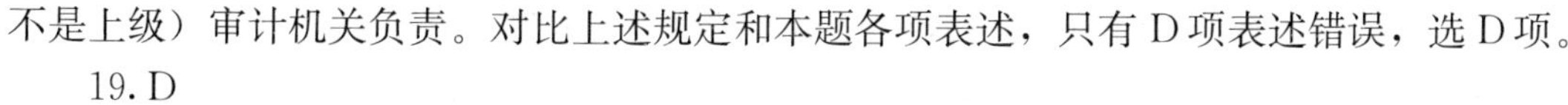

不是上级）审计机关负责。对比上述规定和本题各项表述，只有 D 项表述错误，选 D 项。

19. D

【解析】《宪法》第 41 条规定，中华人民共和国公民对于任何国家机关和国家工作人员，有提出批评和建议的权利；对于任何国家机关和国家工作人员的违法失职行为，有向有关国家机关提出申诉、控告或者检举的权利，但是不得捏造或者歪曲事实进行诬告陷害。对于公民的申诉、控告或者检举，有关国家机关必须查清事实，负责处理。任何人不得压制和打击报复。由于国家机关和国家工作人员侵犯公民权利而受到损失的人，有依照法律规定取得赔偿的权利。据此，选 D 项。

20. C

【解析】《香港特别行政区基本法》第 82 条规定，香港特别行政区的终审权属于香港特别行政区终审法院。终审法院可根据需要邀请其他普通法适用地区的法官参加审判。据此，A 项表述正确。《香港特别行政区基本法》第 86 条规定，原在香港实行的陪审制度的原则予以保留。据此，B 项表述正确。《香港特别行政区基本法》第 81 条规定，香港特别行政区设立终审法院、高等法院、区域法院、裁判署法庭和其他专门法庭。高等法院设上诉法庭和原讼法庭。原在香港实行的司法体制，除因设立香港特别行政区终审法院而产生变化外，予以保留。据此，香港特别行政区不设行政法院，C 项表述错误，选 C 项。《香港特别行政区基本法》第 85 条规定，香港特别行政区法院独立进行审判，不受任何干涉，司法人员履行审判职责的行为不受法律追究。据此，D 项表述正确。

21. C

【解析】《全国人民代表大会组织法》第 35 条第 3 款规定，各专门委员会的主任委员、副主任委员和委员的人选由主席团在代表中提名，大会通过。在大会闭会期间，全国人民代表大会常务委员会可以补充任命专门委员会的个别副主任委员和部分委员，由委员长会议提名，常务委员会会议通过。可见，专门委员会的成员都是全国人大代表，A 项表述正确，C 项表述错误，选 C 项。《全国人民代表大会组织法》第 35 条第 1 款规定，各专门委员会受全国人民代表大会领导；在全国人民代表大会闭会期间，受全国人民代表大会常务委员会领导。据此，B、D 项表述正确。

22. B

【解析】根据我国宪法确立的检察机关的领导体制的规定，人民检察院实行双重从属制，上下级人民检察院之间是领导与被领导关系，而不是指导与被指导、监督与被监督、制约与被制约关系，选 B 项。

23. B

【解析】《村民委员会组织法》第 21 条规定，村民会议由本村 18 周岁以上的村民组成。村民会议由村民委员会召集。有 1/10 以上的村民或者 1/3 以上的村民代表提议，应当召集村民会议。召集村民会议，应当提前 10 天通知村民。据此，A 项表述不符合法律规定，B 项表述符合法律规定，选 B 项。《村民委员会组织法》第 22 条第 1 款规定，召开村民会议，应当有本村 18 周岁以上村民的过半数，或者本村 2/3 以上的户的代表参加，村民会议所作决定应当经到会人员的过半数通过。法律对召开村民会议及作出决定另有规定的，依照其规定。据此，C 项表述不符合法律规定。《村民委员会组织法》第 16 条规定，本村1/5以上有选举权的村民或者1/3以上的村民代表联名，可以提出罢免村民委员会成员的要求，并说明要求罢免的理由。被提出罢免的村民委员会成员有权提出申辩意见。罢免村民委员会成员，须有登记参加选举的村民过半数投票，并须经投票的村民过半数通过。据此，D项表述不符合法律规定。

24. C

【解析】《宪法》第13条规定，公民的合法的私有财产不受侵犯。国家依照法律规定保护公民的私有财产权和继承权。国家为了公共利益的需要，可以依照法律规定对公民的私有财产实行征收或者征用并给予补偿。据此，A、B、D项表述正确，C项表述错误，选C项。

25. D

【解析】《选举法》第44条第1款规定，在选民直接选举人民代表大会代表时，选区全体选民的过半数参加投票，选举有效。代表候选人获得参加投票的选民过半数的选票时，始得当选。据此，本题表述中，选区25 000名选民中，只有12 300人参加了选举，未过半数，选举无效，无人当选，选D项。

26. A

【解析】《宪法》第67条第13项规定，全国人大常委会根据最高人民检察院检察长的提请，任免最高人民检察院副检察长、检察员、检察委员会委员和军事检察院检察长，并且批准省、自治区、直辖市的人民检察院检察长的任免。据此，军事检察院检察长由全国人大常委会任免，选A项。根据《宪法》第62条第4项、第63条第1项的规定，国家主席和副主席由全国人大选举和罢免，不选B项。根据《宪法》第62条第6项和第63条第3项的规定，全国人大选举中央军事委员会主席；根据中央军事委员会主席的提名，决定中央军事委员会其他组成人员的人选。全国人大有权罢免中央军事委员会主席和中央军事委员会其他组成人员。另据《宪法》第67条第10项规定，在全国人民代表大会闭会期间，全国人大常委会根据中央军事委员会主席的提名，决定中央军事委员会其他组成人员的人选。可见，中央军委副主席并非只能由全国人大常委会决定，不选C项。《宪法》第62条第5项规定，全国人大根据中华人民共和国主席的提名，决定国务院总理的人选；根据国务院总理的提名，决定国务院副总理、国务委员、各部部长、各委员会主任、审计长、秘书长的人选。据此，国务委员的人选只能由全国人大决定，不选D项。

27. B

【解析】明清时期的幕友是由官员私人聘请的政法顾问，俗称“师爷”，幕友以专办司法审判事务的“刑名幕友”地位为最高，选B项。胥吏是各级政府衙门中从事文书工作的人员，不选A项。古代将验尸官称为“仵作”，不选D项。

28. A

【解析】晋代刘颂提出：“律法断罪，皆当以法律令正文，若无正文，依附名例断之，其正文名例所不及，皆勿论。”根据刘颂提出的援法断罪原则，审理判决案件首先应以律典法令的明确内容为依据；律典法令无明文规定者，参照名例律关于定罪量刑的有关原则类推比附；律典法令和名例原则均无相应规定者，则不应定罪量刑。这就要求各级司法官不得在法律规定之外治罪用刑。这种援法断罪的思想，近于现代罪刑法定原则，为中国古代律学理论和法律思想的一大进步。可见，选 A 项。引律比附即类推，不选 B 项。同居相隐即近亲属犯罪相互容忍不予告发的制度，不选 C 项。存留养亲指“亲老丁单”时即凶犯属系独子、父母年老有病、家中无其他男丁，考虑到其父母无人奉养，又无其他男丁继承宗嗣，经皇帝特许，可免其死罪，施以其他处罚，令其回家“奉养其亲”的制度，不选 D 项。

29. A

【解析】唐律规定，凡同一国籍的外国人在中国互相侵犯，各按照其本国的习俗和法律论处；凡不同国籍的外国人互相侵犯，则按照唐朝的法律论处。即：同一国家侨民在中国犯罪，依其本国法处断，实行属人主义原则；不同国家侨民相犯或唐朝人与外国人相犯，依照唐律处断，实行属地主义原则。可见，A 项表述正确，选 A 项。依据唐律，对三犯徒罪，且属于强盗犯罪的，实行累犯加重原则，三犯徒者，流二千里，三犯流者，绞。可见，B 项表述错误。依据唐律，对死刑犯可以适用赎刑，但限制极为严格，C 项表述错误。依据唐律规定，诸共犯者，以造意者为首犯，随从者减一等处刑。可见，D 项表述错误。

30. C

【解析】A 项表述的中台是元朝中央最高监察机关御史台的称谓，不选 A 项。B 项表述的风宪衙门指的是明朝中央最高监察机关都察院，都察院是明太祖朱元璋由御史台改称而来，本题考查的是明代的地方监察机关，而都察院是中央监察机关。可见，不选 B 项。明朝的地方监察机关是提刑按察司，又称为行在都察院、外台。可见，选 C 项。行台是元朝地方监察机关，是行御史台的简称，元朝在地方设置了两个行御史台，一个是南台（江南），一个是西台（陕西）。可见，不选 D 项。

31. D

【解析】唐律规定的减刑，对于笞、杖、徒三刑而言是依等次递减；对于流、死二刑而言，则不是按等次递减，而是按刑种递减。本题表述中，故杀处斩刑，斗杀减故杀一等，即流三千里，戏杀减斗杀二等，即先减一等为徒三年，再减一等为徒二年半。可见，选 D 项。

32. D

【解析】革命根据地时期制定的宪法文件中，规定颁发土地证确认地权以发展农业的政策的是《华北人民政府施政方针》，选 D 项。

33. C

【解析】十恶重罪包括谋反、谋大逆、谋叛、恶逆、不道、大不敬、不孝、不睦、不义、内乱。其中，不道是指“谋杀一家非死罪三人及支解人、造畜蛊（gǔ）毒、厌魅”，即杀死同一家不当处死的三人及以上；肢解被杀人的尸体；制造、存放用毒虫制成的毒药及用巫术杀人。据说古代将许多毒虫放在器皿中，使之互相吞食，能生存下来的毒虫即为蛊，放入食物害人可使人昏狂失态；厌魅是假借鬼神符咒以图害人，就视为令人生畏的害人方法。可见，某甲的行为构成不道罪，选 C 项。不睦是指谋杀及卖缌麻以上亲，殴告夫及大功以上尊长、小功尊属。据此，不选 A 项。不义是指杀本属府主、刺史、县令、见受业师，吏、卒杀本部五品以上官长；及闻夫丧匿不举哀，若作乐，释服从吉及改嫁。据此，不选B项。大不敬是指盗大祀神御之物、乘舆服御物；盗及伪造御宝；合和御药，误不如本方及封题误；若造御膳，误犯食禁；御幸舟船，误不牢固；指斥乘舆，情理切害及对捍制使，而无人臣之礼。据此，不选D项。

34. D

【解析】 诬告反坐原则始于秦代，历代沿用。历代法律都严惩诬告，实行反坐，明律进一步加重处罚，实行诬告加等反坐，选D项。

35. B

【解析】 清朝满汉通婚的情况非常少见，但清朝法律并无有关满汉不得通婚的规定，不选A项。清朝法律保护旗地旗产，禁止"旗民交产"。清廷入关之初，曾放任满洲贵族及八旗兵丁圈占汉人土地作为私产。为防止旗地旗产散失，清廷多次申令禁止汉人典买旗地。仅乾隆时期就三次定例禁止典买旗地，并对有无典买旗地之事进行清查。在清查中自首者，由官府给价回赎；隐匿不首者，一旦查出，业主售主均照隐匿田律治罪，失察长官也严加议处。可见，B项表述属于清朝维护满族特权的法律规定，选B项。清朝法律规定，如当斩立决者，旗人可减为斩监候，不选C项。清朝法律规定，州县可以审理地方诉讼中涉满人的诉讼，但无权判决，不选D项。

36. B

【解析】 明朝的会审制度包括三司会审、九卿圆审、朝审、大审、热审。其中，明朝继承录囚制度发展而成的会审制度为朝审，选B项。

37. D

【解析】 清廷于1906年4月起草完成《大清刑事民事诉讼法草案》。该草案以区分民刑诉讼、建立陪审制度和实行律师制度为核心内容。这部诉讼法草案吸收了诸多西方近代的诉讼原则，因而与中国传统的诉讼审判原则和制度格格不入，终因受到各地将军督抚的反对而被搁置。可见，选D项。

38. B

【解析】《大清民事诉讼律草案》是我国第一部民事诉讼法典草案，A项表述正确。首次引进自由心证制度的是《大清刑事民事诉讼法草案》，B项表述错误。《大清民事诉讼律草案》是以德国、日本的民事诉讼法为主要蓝本制定的，C项表述正确。《大清民事诉讼律草案》以1890年日本《民事诉讼法》为原型，采用了近代西方国家民事诉讼通用的"当事人主义"、法院不干涉辩论等原则，表现了对私权的重视。《大清民事诉讼律草案》确立了全新的民事诉讼审判制度模式，因而是我国第一部民事诉讼法典草案，在我国民事诉讼法典编纂史上具有开创性意义，标志着中国民事诉讼立法近代化的开端。可见，D项表述正确。

39. D

【解析】 袁世凯在"袁记约法"中取消了《临时约法》确立的国会制，至此《临时约法》确立的国会内阁制也成为泡影，并设立有名无实的立法院，在立法院成立前，由纯属咨询机关的参政院代行立法院的职权。可见，选D项。

40. D

【解析】 工农民主政权时期确立了工农兵代表大会的政权组织形式，而参议会是抗日民主政权时期确立的政权组织形式，A 项表述错误。解放战争时期创建了管制刑，B 项表述错误。《华北人民政府施政方针》在政权建设方面规定了健全人民代表大会制度的方针政策，C 项表述错误。1937 年 8 月颁布的《抗日救国十大纲领》确立了减租减息的土地政策，各根据地以此为中心任务制定本地区的土地法规，D 项表述正确。

二、多项选择题

41. AC

【解析】司法机关审理一切案件，都只能以与案件有关的事实作为依据，而不能以主观臆断作为依据。可见，A 项表述正确，选 A 项。以事实为根据，以法律为准绳中的“事实”既包括被合法证据证明了的事实，也包括依法推定的事实。可见，B 项表述错误。司法机关在查办案件的全过程中，都要按照法定权限和法定程序，依据法律的有关规定，确定案件性质，区分合法与违法、一般违法和犯罪等，并根据案件的性质，作出恰当正确的裁决。可见，C 项表述正确，选 C 项。以法律为准绳中的法律，不仅是实体法的规定，还有程序法的规定。可见，D 项表述错误。

42. ABCD

【解析】法治政府是政府依据宪法法律设立、政府权力法定、政府决策和行为严格依据法律程序进行并对其后果要承担相应责任的政府。法治政府是有限政府，其权力受到法律的界分和限定，不能超越法律的界限运行；法治政府是责任政府，有权必有责，有责必承担；法治政府是人民政府，以人的基本自由和权利为依归；法治政府是程序政府，一切重大决策和行为的活动都必须通过公正参与、专家论证、风险评估、合法性审查和集体讨论决定；法治政府是阳光政府，实行信息公开，赋予社会大众广泛的知情权和参与权，以民主决策和民主监督来实现公开公正、保障政府的法治本色；法治政府是诚信政府，应当自觉维护法律权威、自觉履行职责，为政令畅通、政民和谐奠定基础。可见，A 项表述正确。法治国家是全面推进依法治国的根本目标。法治国家是指依法赋予、运行和制约国家权力，通过公正司法和严格执法来维护法律权威并实现人民权利的国家存在形式。一个成熟的法治国家首先是依法治理的国家。可见，B 项表述正确。法治政府是政府依据宪法法律设立、政府权力法定、政府决策和行为严格依据法律程序进行并对其后果要承担相应责任的政府。政府依法行政和严格执法，是法治的重心。可见，C 项表述正确。法治社会是社会依法治理、社会成员人人崇尚法治和信仰法治、社会组织依法自治、社会秩序在法治下和谐稳定的社会。法律的权威来自人民的内心拥护和真诚信仰。通过法治宣传教育，弘扬社会主义法治精神、建设社会主义法治文化，使全体人民自觉依法行使权利、履行义务、承担社会和家庭责任。因此，弘扬社会主义法治精神，建设社会主义法治文化有利于推进法治社会建设，D 项表述正确。

43. BC

【解析】A 项表述的情形为时效经过免责，而时效经过免责属于减轻或免责的条件之一，不选 A 项。B 项表述的情形为紧急避险中的假想避险，对于假想避险不能适用减轻或者免除责任，应认定为侵权行为。可见，选 B 项。C 项表述的情形为正当防卫，对于正当防卫，不负刑事责任，既然不负刑事责任，则谈不上责任的减轻或者免除。可见，选 C 项。D 项表述的情形为时效经过免责，民法典规定此情形的诉讼时效为 3 年，对于超过诉讼时效的，属于不诉免责，为免责或减责条件，不选D项。

44. ABCD

【解析】法律依靠国家强制力保证实施，并不意味着国家强制力可以超越法律，不受法律约束。国家运用强制力保证法律实施，也必须依法进行，接受法律约束。可见，A项表述不正确。法以外的其他社会规范，如道德规范，也具有强制力，只不过不是国家强制力。可见，B项表述不正确。国家强制力仅是法律实施的"保证"力量，并不是说法律实施的任何过程都需要国家强制力的介入，也不意味着法律实施的全过程都需要国家强制力，因为法通过人们的自觉遵守也能够得以实现，不一定非得用惩罚措施，法的国家强制力具有潜在性和间接性。可见，C项表述不正确。国家强制力是法律实施的最后保障手段，但国家强制力并不是保证法律实施的唯一力量。除了国家强制力外，政治、经济、文化等因素也能保证法律的实施。可见，D项表述不正确。

45. ACD

【解析】文化教育权是一种综合性的权利体系，主要由文化权利和教育权利组成，是国家发展文化与教育事业的重要基础。可见，A项表述正确。我国宪法规定了教育与文化权利的地位与具体实现方式，为其他基本权利的实现提供文化方面的基础。可见，B项表述错误。文化教育权利在基本权利体系中处于基础地位。文化教育权利的发展程度直接影响公民的政治权利、经济权利等基本权利的实现程度，是保障公民宪法地位的不可忽视的因素。可见，C项表述正确。文化教育权是主观权利与客观价值秩序的统一，权利主体有权请求国家积极创造条件，为公民实现文化教育权利提供各种条件与设施。可见，D项表述正确。

46. ABD

【解析】《全国人民代表大会议事规则》第六章专门规定了调查委员会。《全国人民代表大会议事规则》第45条规定，全国人民代表大会认为必要的时候，可以组织关于特定问题的调查委员会。据此，A项表述正确。《全国人民代表大会议事规则》第46条第1款规定，主席团、3个以上的代表团或者1/10以上的代表联名，可以提议组织关于特定问题的调查委员会，由主席团提请大会全体会议决定。据此，B项表述正确。调查委员会是临时性的，只要全国人大认为有必要，就可以组织调查委员会，完成一定任务即予撤销。可见，C项表述不正确。《全国人民代表大会议事规则》第46条第2款规定，调查委员会由主任委员、副主任委员若干人和委员若干人组成，由主席团在代表中提名，提请大会全体会议通过。调查委员会可以聘请专家参加调查工作。据此，调查委员会的成员一定是全国人大代表。据此，D项表述正确。

47. ACD

【解析】根据特别行政区基本法的规定，行政长官由年满40周岁，在香港或澳门通常连续居住满20年，并在外国无居留权（《澳门特别行政区基本法》没有此规定）的特别行政区永久性居民中的中国公民担任。行政长官通过选举或者协商产生，由中央人民政府任命，任期5年，可连任一次。可见，选A、C、D项。

48. ABCD

【解析】唐朝对于官员犯罪，区分公罪和私罪，公罪从轻，私罪从重，A项表述正确。

唐朝对于自首者，原其罪，B项表述正确。唐朝对于犯3次以上强盗罪，且所犯为徒以上之罪者，采取累犯加重的原则。可见，C项表述正确。唐朝对于六赃犯罪，即受财枉法、受财不枉法、受所监临财物、强盗、窃盗和坐赃，都处刑较重。可见，D项表述正确。

49. BD

【解析】在中国近代法制史上，采取民商分立的政权有清末政府和北洋政府两个政权，而南京国民政府采取民商合一的立法体制。南京临时政府存在时间短，未来得及考虑民商事立法体例的问题。可见，选B、D项。

50. BC

【解析】根据《临时约法》的规定，参议院除了拥有立法权外，还有对总统决定重大事件的同意权和对总统、副总统的弹劾权。临时大总统对参议院议决事项复议时，如有2/3的参议员仍坚持原议，大总统必须公布施行。可见，选B、C项。

三、简答题

51. 答案要点：

（1）保证公正司法、提高司法公信力。重点包括：推进以审判为中心的诉讼制度改革，改革法院案件受理制度，探索建立检察机关提起公益诉讼制度，实行办案质量终身负责制和错案责任倒查问责制，完善人民陪审员和人民监督员制度等。探索设立跨行政区划的人民法院和人民检察院，办理跨地区案件。完善行政诉讼体制机制，合理调整行政诉讼案件管辖制度，切实解决行政诉讼立案难、审理难、执行难等突出问题。（4分）

（2）增强全民法治观念、推进法治社会建设。重点包括：发展中国特色的社会主义法治理论，把法治教育纳入国民教育体系和精神文明创建内容，完善守法诚信褒奖机制和违法失信行为惩戒机制，推进公共法律服务体系建设，构建对维护群众利益具有重大作用的制度体系，完善多元化纠纷解决机制等。（3分）

（3）加强法治队伍建设。重点包括：完善法律职业准入制度，加快建立符合职业特点的法治工作人员的管理制度，建立法官、检察官逐级遴选制度，健全法治工作部门和法学教育研究机构人员双向交流与互聘机制，深化律师管理制度改革。（3分）

52. 答案要点：

民族自治地方的自治权是指民族自治地方的自治机关根据宪法、民族区域自治法和其他法律的规定，根据实际情况自主地管理本地方、本民族内部事务的权利。（3分）

民族自治地方自治权的内容具体包括：

（1）根据当地民族的实际情况，贯彻执行国家的法律和政策；（1分）

（2）制定自治条例和单行条例；（1分）

（3）自主地管理民族自治地方的财政；（1分）

（4）自主地管理民族自治地方的经济建设；（1分）

（5）自主地管理民族自治地方的教育、科学、文化、卫生、体育事业；（1分）

（6）组织本地方维护社会治安的公安部队；（1分）

（7）使用本民族的语言文字。（1分）

53. 答案要点：

（1）在诉讼程序上实行四级三审制。（2分）

（2）规定了刑事案件的公诉制度、附带民事诉讼制度、民事案件的自诉及代理制度、证据制度、保释制度等，并承认律师活动的合法性。（2分）

（3）在审判制度上，允许辩论，实行回避、审判公开等，并明确了预审、合议、公开审判、复审等程序；在审判规则方面，吸收了西方国家一系列新的司法原则，如司法独立、辩护制度等，但并未能真正实施。（2分）

（4）初步规定了法官及检察官的考试任用制度。（2分）

（5）改良监狱及狱政管理制度。（2分）

四、分析题

54. 答案要点：

（1）交警部门出台相关措施，体现了法的秩序价值。交警部门出台的措施旨在恢复混乱的交通秩序，从而减少车辆违章，减少冲突和混乱，维护正常的社会秩序。（4分）

（2）交警部门出台相关整顿违章车辆的新举措，出现了个人隐私受到侵害等问题，这说明法的价值之间存在冲突，体现在材料中，就是法的秩序价值和法的自由、人权等价值之间存在冲突。就材料本身案例而言，解决法的秩序价值和自由、人权等价值之间的冲突，应当遵循比例原则，即在保护法的秩序价值这种较为优越的法律价值，而该价值对自由、人权等其他基本价值有损害时，不得逾越达此目的所必要的程度。为了维护公共秩序，要尽可能实现最小损害或最少限制，以保障社会上人们的自由和人权。（6分）

55. 答案要点：

（1）我国《宪法》规定，中华人民共和国公民的人身自由不受侵犯。（2分）

（2）我国《宪法》规定，禁止非法拘禁和以其他方法非法剥夺或者限制公民的人身自由，禁止非法搜查公民的身体。（2分）

（3）超市非法限制了赵先生的人身自由。（2分）

（4）我国《宪法》规定，中华人民共和国公民的人格尊严不受侵犯。禁止用任何方法对公民进行侮辱、诽谤和诬告陷害。（2分）

（5）超市的违法行为已侵犯了赵先生的人格尊严，给赵先生带来了精神痛苦。（2分）

56. 答案要点：

（1）该段文字反映的是唐朝同职连署制。同职连署制即要求有关的官员共同审理、判决，共同承担错判的法官责任制度。（1分）

（2）依据唐律规定，同职连署的官员论罪的情形包括：①长官（大理寺卿）、通判官（少卿）、判官（丞）、主典（府）四级官员在同职连署的范围内，一旦因公错判案件，承办人承担主要责任，其他人则逐级降等处罚。但对于通判官以上官员因公错判的，只处罚通判官和检、勾官（检验官和勾决官）。②同职官员因私错判，不知情的官员也有失察之责，对不知情的官员也应逐级降等处罚，具体而言：如果上级或其他不相隶属的官员犯失察之罪的，可递减一等；如果是下级失察就可以再递减一等；如果是检官、勾官犯失察之罪的，则按照最低一级官员所犯失察之罪的从犯论处；对于所奏之事存在瑕疵而失察的，可以根据最低一级官员所犯失察之罪的从犯再减一等处理。③对于存在辞状无法验知的情形，有关官员存在失察之责的，予以免罪且不论处。（6分）

（3）该规定说明：①同职连署制有利于司法审判中互相监督，保证办案质量，避免错判。②同职连署制在适用上区分了因公错断、因私错判的诸多情形，并依据官员级别的不同承担不同的失察罪责，这有利于强化司法官员的问责机制，督促司法官员在审判案件时要奉公守法。③对于存在辞状无法验知的情形，有关官员予以免罪且不论处的规定，体现了唐律某些规定的一些人性化特征。(3 分)

五、论述题

57. 答案要点：

(1) 完善确保依法独立公正行使审判权和检察权的制度。主要有建立领导干部干预司法活动、插手具体案件处理的记录、通报和责任追究制度，健全尊重法院裁判制度，建立健全司法人员履行法定职责保护机制等举措。(3 分)

(2) 优化司法职权配置。主要有推动实行审判权和执行权相分离的体制改革试点，统一刑罚执行体制，探索实行法院、检察院司法行政事务管理权和审判权、检察权相分离，最高人民法院设立巡回法庭，探索设立跨行政区划的人民法院和人民检察院，探索建立检察机关提起公益诉讼制度等举措。(3 分)

(3) 推进严格公正司法。主要有推进以审判为中心的诉讼制度改革，实行办案质量终身负责制和错案责任倒查问责制等举措。(2 分)

(4) 保障人民群众参与司法。主要有完善人民陪审员制度，构建开放、动态、透明、便民的阳光司法机制等举措。(2 分)

(5) 加强人权司法保障。主要有健全落实罪刑法定、疑罪从无、非法证据排除等法律原则的法律制度，完善对限制人身自由司法措施和侦查手段的司法监督等举措。(3 分)

(6) 加强对司法活动的监督。主要有完善检察机关行使监督权的法律制度，完善人民监督员制度，建立终身禁止从事法律职业制度等举措。(2 分)

58. 答案要点：

(1) 民主集中制原则。民主集中制原则是我国国家机构组织和活动的基本原则。全国人大和地方各级人大由民主选举产生，对人民负责，受人民监督。行政机关、审判机关、检察机关由人大产生，向它负责，受它监督。中央与地方国家机构职权的划分，遵循在中央统一领导下，充分发挥地方主动性、积极性的原则。(4 分)

(2) 责任制原则。责任制原则是指国家机关及工作人员对其决定、履职所产生的结果，必须承担责任。按照国家机关的不同性质，分为集体负责制和个人负责制两种。人大及其常委会、人民法院、人民检察院实行集体负责制。行政机关、军事机关实行个人负责的领导体制。(4 分)

(3) 法治原则。法治原则要求国家机关在其组织和活动中都要依法行使职权。国家机关的设立和活动必须符合宪法和法律规定；国家机关作出决定、命令、裁判等工作的程序必须符合法律要求；任何违反宪法和法律的国家机关行为，必须予以追究。(4 分)

(4) 其他原则。国家机构的组织和活动原则还有民族平等和民族团结的原则、效率原则、联系群众原则、党的领导原则。它们都是宪法规定的、国家机关应当遵循的组织和活动原则。(3 分)

专业基础课模拟试题（五）

一、单项选择题（第1～40小题，每小题1分，共40分。下列每题给出的四个选项中，只有一个选项是符合题目要求的）

1. 医生甲想杀丙（起初住在A病房），便将毒药交给不知情的护士乙，让乙给A病房的患者注射，由于丙换了病房，乙到A病房后给新来的患者丁注射了毒药，导致丁死亡。对此，下列表述正确的是(　　)。

A. 甲、乙构成故意杀人罪共犯

B. 甲构成故意杀人罪（未遂），乙构成过失致人死亡罪

C. 甲构成故意杀人罪（既遂），乙不构成犯罪

D. 甲的行为属于客体错误

2. 下列犯罪行为中，不属于不作为犯的有(　　)。

A. 警察甲在值勤时见人行凶杀人，不予制止

B. 有赡养能力的乙对其父母不尽赡养义务，造成严重后果

C. 某成年人丙带邻家小孩去游泳，在孩子溺水时不予抢救，致使孩子被淹死

D. 过路人丁见交通事故的被害人躺在血泊中而不抢救

3. 一日，甲翻窗进入乙家欲窃取贵重财物，但进入屋内后未发现任何有价值的财物，正欲返回，突然瞅见了正在卧室熟睡的乙不足1个月的儿子，于是将乙的儿子抱走。第二天，甲以交换儿子为条件，打电话给乙让其筹集10万元赎回其子。甲的行为构成(　　)。

A. 盗窃罪　　B. 敲诈勒索罪

C. 绑架罪　　D. 盗窃罪（未遂）与绑架罪

4. 下列行为不构成信用卡诈骗罪的是(　　)。

A. 甲使用已经作废的信用卡购物　　B. 甲在使用信用卡时大肆恶意透支

C. 甲使用假身份证骗领大量信用卡　　D. 甲拾得乙的信用卡并以乙的名义使用

5. 甲勾结某国有银行营业所的业务员丙、丁二人，在丙、丁值班时由甲前去营业所假装抢劫，共同分赃。某日，在只有丙、丁值班时，甲冲进营业所，用仿真手枪指向丙、丁。丙、丁假装害怕，将预先准备好的100万元巨款放入甲的提包中，甲携巨款逃走。之后，甲、丙、丁三人平分赃款。甲、丙、丁的行为构成(　　)。

A. 抢劫罪　　B. 贪污罪　　C. 诈骗罪　　D. 盗窃罪

6. 甲要求好友乙与其于次日下午5时共同抢劫银行运钞车，乙碍于情面答应。但事发时乙并未前往，而是由甲独自完成。甲劫得财物后，为防押运人员报警开枪射杀押运人。甲劫得现金100万元。事后甲与乙共分赃物。对甲、乙二人的行为应认定为（　　）。

A. 甲与乙成立抢劫罪的共犯，甲单独构成故意杀人罪

B. 甲构成抢劫罪，乙不构成犯罪

C. 甲与乙成立抢劫罪的共犯，甲属于抢劫罪的既遂犯，乙属于抢劫罪的预备犯

D. 甲与乙成立抢劫罪的共犯，且均为抢劫罪既遂，甲就故意杀人行为应加重处罚

7. 下列选项中，应当认定为诈骗罪的是（　　）。

A. 甲以非法占有为目的，冒充国家机关工作人员招摇撞骗，骗取少量财物

B. 乙以非法占有为目的，使用伪造的信用卡，骗取数额较大的财物

C. 丙以非法占有为目的，以假报出口的欺骗手段，骗取数额较大的国家出口退税款

D. 丁以非法占有为目的，伪造赝品冒充珍贵文物出售，骗取他人数额较大的财物

8. 下列关于死刑的说法，正确的是（　　）。

A. 甲女因贩毒被刑事拘留，其间自然流产，后因证据不足而被释放，半年后公安机关又发现了新证据将其逮捕，法院经审理认定构成贩卖毒品罪数量特别巨大，对甲可判处死刑

B. 乙74周岁时，以特别残忍的手段将被害人虐杀致死，法院审理此案时，乙已满76周岁，对乙不能判处死刑

C. 丙因故意杀人罪被判处死刑缓期二年执行，在缓期执行期间半年后有重大立功，在缓期执行一年后却又故意伤害同监舍犯人致其轻伤，情节并不恶劣，则对丙应当报请最高人民法院核准死刑

D. 丁在闹市区以开车乱撞的方式撞死1人，重伤3人，因以危险方法危害公共安全罪被判处死刑缓期二年执行，对丁可以同时决定限制减刑

9. 甲公司利用购买的加工贸易登记手册、特定减免税批文等涉税单证进口货物，偷逃应缴税款总额达200万元。甲公司的行为构成（　　）。

A. 逃税罪　　B. 骗取出口退税罪

C. 骗取金融票证罪　　D. 走私普通货物、物品罪

10. 甲、乙夜间去建筑工地偷木材。到工地后，发现在一间房子里有一名老工人在值班，于是甲上前把值班室的房门锁住。甲、乙在搬木材时，因声音较大，引起老工人警觉。由于值班室门被锁，老工人无法出门。甲、乙搬完木材后即离开工地。甲、乙的行为构成（　　）。

A. 盗窃罪　　B. 抢夺罪

C. 抢劫罪　　D. 非法拘禁罪和抢夺罪

11. 甲将乙头部打伤致乙昏倒在地，路过此地的丙见乙昏迷，趁机将乙的提包拿走，内有人民币3 000元和手机一部。对此，下列表述正确的是（　　）。

A. 属于事先有通谋的共同犯罪　　B. 属于事先无通谋的共同犯罪

C. 甲构成故意伤害罪，丙构成抢劫罪　　D. 甲构成故意伤害罪，乙构成盗窃罪

12. 下列行为中，应以故意杀人罪一罪定罪处罚的是(　　)。

A. 甲在与钱某争吵中，突然抽出随身携带的匕首向钱某刺一刀后扬长而去，致其重伤

B. 乙在非法拘禁孙某过程中，使用暴力致孙某死亡

C. 丙在绑架乙、向乙家属勒索财物过程中，杀害乙

D. 丁对公共建筑物放火，大火烧毁该建筑物，并且烧死二人

13. 下列犯罪中，不可以由单位构成的是(　　)。

A. 逃税罪　　B. 贷款诈骗罪　　C. 污染环境罪　　D. 合同诈骗罪

14. 甲是教育局局长，乙为使自己的女儿能够上重点中学，找到甲的妻子丙，给丙20万元现金，希望丙能够在甲面前美言几句，帮助自己的女儿上重点中学。乙的行为构成(　　)。

A. 利用影响力受贿罪　　B. 单位行贿罪

C. 行贿罪　　D. 对有影响力的人行贿罪

15. 下列选项中，构成非法吸收公众存款罪的是(　　)。

A. 甲以转让林权并代为管护为名，向社会募集资金1 000万元，实被其用于炒股，案发之前归还了大部分集资款

B. 乙在其单位内部同事间拉资金入伙，欲图合伙炒房，募集20人共资金1 500万元

C. 丙未经批准以办厂为名，向该县数千名群众集资5 000余万元，被其用于购买高档轿车、旅游、吃喝，致使集资款不能返还

D. 丁以工程建设急需资金，承诺高额利息，在县里募集资金，在募集3 000万元资金后携带集资款跑路

16. 下列选项中，属于“自动投案”的是(　　)。

A. 甲经亲友规劝，在亲友的陪同下向司法机关投案

B. 乙因犯诈骗罪而被父亲捆绑到公安机关

C. 丙在家中被侦查人员捕获，但丙没有拒捕行为

D. 丁犯抢劫罪，其母为此将其迷昏后送交公安机关

17. 甲为了杀害乙，与丙相约，并连续两天跟踪乙，观察其生活规律。甲的行为属于(　　)。

A. 犯意表示　　B. 犯罪预备　　C. 已着手实行犯罪　　D. 非犯罪行为

18. 女青年甲明知自己的男友乙杀了人，而帮助乙将杀人的匕首藏至自家的衣柜内并帮乙洗干净血衣。甲的行为(　　)。

A. 不构成犯罪　　B. 构成窝藏罪

C. 构成包庇罪　　D. 构成杀人罪的共犯

19. 以下关于主刑规定的理解，正确的是(　　)。

A. 判决执行前先行羁押1日折抵刑期2日的刑种包括管制、拘役

B. 有期徒刑和死刑缓期执行的期间都是从判决执行之日起算

C. 死刑缓期二年执行期间因故意犯罪，情节恶劣，报请最高人民法院核准后执行死刑

D. 管制和拘役的执行机关一律为公安机关

20.《刑法》第263条第1款规定，犯一般抢劫罪，处3年以上10年以下有期徒刑。据此，甲于2003年12月22日犯抢劫罪，应判处有期徒刑8年。《刑法》第234条第1款规定，犯故意伤害罪（包括轻伤），处3年以下有期徒刑、拘役或者管制。据此，甲于2010年12月22日犯故意伤害罪，应判处有期徒刑2年。本案中，对甲予以追诉的最后日期为（　　）。

A. 2012年12月22日　　B. 2015年12月22日

C. 2018年12月22日　　D. 2025年12月22日

21. 下列选项中，属于事实行为的是（　　）。

A. 无因管理　　B. 不当得利　　C. 时效的经过　　D. 履行合同

22. 下列权利中，不适用诉讼时效的是（　　）。

A. 甲因乙对其隐私权的侵犯而享有的损害赔偿请求权

B. 甲家因邻居乙家的树木根枝延伸到甲家而享有的排除妨害请求权

C. 甲因无因管理而享有的对乙的必要费用请求权

D. 甲因乙违反合同约定而享有的要求乙双倍返还定金请求权

23. 甲、乙系夫妻。若甲、乙离婚，甲实施的下列行为中，乙可以请求离婚损害赔偿的是（　　）。

A. 甲与某失足妇女发生“一夜情”

B. 甲伪造夫妻共同债务企图侵占乙的财产

C. 甲、乙因感情不和分居满2年

D. 甲对乙实施家庭暴力

24. 甲市公民赵某，将其户口从甲市迁出，想落在乙市。在乙市正式落户前，赵某前往苏州打工。赵某在苏州打工10个月，因出现事故受伤，被送往上海某医院治疗达1年零8个月。赵某的住所地应为（　　）。

A. 甲市　　B. 乙市　　C. 苏州市　　D. 上海市

25. 2月1日，为担保债务的履行，甲将其所有的一台轿车抵押给乙，但没有办理抵押登记。2月5日，甲为了筹集资金，向丙借款并将该轿车出质给丙，并将轿车移交给丙占有。2月10日，为融通资金，甲又向丁借款并将轿车抵押给丁，该抵押办理了登记。若甲到期不能清偿各项债务，则债权人享有优先受偿权的先后顺序为（　　）。

A. 乙、丙、丁　　B. 丁、丙、乙　　C. 丙、丁、乙　　D. 丁、乙、丙

26. A公司授权甲采购联想手机，每部价格不得超过5 000元。甲看到B公司正在促销苹果6手机，每部仅4 000元，遂以A公司名义订购20部，另购买iPad 10台。回来后发现，所购苹果手机均非新品，而是返修机。对此，下列说法错误的是（　　）。

A. A公司董事长未认真查看订单即指示财务人员付款，可认为其对甲的行为进行了追认

B. 若A公司不追认甲的行为，B公司有权请求甲履行订购合同交付价款

C. A公司追认甲的行为的，仍有权请求法院撤销苹果手机买卖合同

D. A公司将手机和iPad以福利方式发给员工的，员工有权请求A公司承担瑕疵担保责任

27. 甲企业是由自然人乙和私营独资企业丙各出资50万元设立的普通合伙企业，由于经营亏损，甲企业仅有剩余资产40万元。对于甲企业欠丁公司的100万元债务，下列说法正确的是(　　)。

A. 丁公司只能要求乙和丙按照剩余资产的比例各自承担20万元债务

B. 丁公司只能要求甲企业以其剩余资产40万元承担债务

C. 丁公司应当先要求甲企业以40万元剩余资产清偿债务，不足部分由乙、丙按照各自的出资比例承担债务

D. 丁公司可要求甲企业以40万元剩余资产清偿债务，不足部分由乙、丙承担连带责任

28. 2016年6月，马某（刚满17岁）因遭受陈某的性侵害而郁郁寡欢。马某提起损害赔偿请求权的诉讼时效期间的最后时间界限为(　　)。

A. 2018年6月前　B. 2019年6月前　C. 2020年6月前　D. 2021年6月前

29. 一日，甲发现一头走失的牛，便将其关在自家牛栏中，等待失主认领。当晚，天降暴雪压塌了牛栏，导致该牛死亡。第二天，甲请人将牛屠宰，花去屠宰费50元，牛皮和牛肉共卖得价款500元。该牛价值为1 000元。后失主乙得知此事。则(　　)。

A. 甲、乙之间形成无因管理之债法律关系，但屠宰费不是必要费用

B. 甲、乙之间形成不当得利之债法律关系，甲应返还450元给乙

C. 甲、乙之间形成不当得利之债法律关系，甲应返还1 000元给乙

D. 甲、乙之间形成遗失物返还法律关系，甲应返还500元给乙

30. 下列人身权中，属于人格权的是(　　)。

A. 监护权　B. 亲属扶养权　C. 婚姻自主权　D. 配偶权

31. 初中生甲在从乙学校回家的路上，将石块扔向路上正常行驶的出租车，致使乘客丙受伤，经治疗后脸上留下一块大伤疤。出租车为丁公司所有。对此，下列表述正确的是(　　)。

A. 丙有权请求丁公司赔偿医疗费和精神损害赔偿金

B. 乙学校和丁公司对丙的损害承担连带责任

C. 丙有权请求乙学校赔偿医疗费和精神损害赔偿金

D. 丙有权请求甲的监护人赔偿医疗费和精神损害赔偿金

32. 甲、乙签订买卖合同，甲向乙支付全部价款，约定乙应于12月1日前交货。11月20日，甲得知乙近期将出国，并已将全部库存货物及其他财产卖给他人。于是，甲要求乙承担违约责任，乙拒绝。根据上述情形，下列表述正确的是(　　)。

A. 未到交付期限，甲无权请求乙承担违约责任

B. 甲有权请求乙承担违约责任

C. 甲有权行使撤销权

D. 甲只能在12月1日后请求乙承担违约责任

33. 下列行为不属于从给付义务的是(　　)。

A. 甲因违反合同约定负有的赔偿乙的损失的义务

B. 甲将自家老宅卖给乙，同时交付房屋产权证明

C. 甲去超市购物，售货员交付货物的同时交给甲购物发票

D. 甲受乙委托出卖一批商品，甲将卖售情况及所得货款交付给乙

34. 某市展览馆为了配合计划生育工作，宣传优生优育的科学知识，遂与某主管计划生育的部门联合主办了“优生优育展”，将5年前一女患者刘某的照片展出，导致刘某与丈夫离婚。则下列表述正确的是(　　)。

A. 展览馆和计划生育部门构成共同侵权，其中，计划生育部门负主要责任

B. 展览馆和计划生育部门侵犯了刘某的隐私权

C. 展览馆和计划生育部门侵犯了刘某的配偶权

D. 展览馆和计划生育部门侵犯了刘某的名誉权

35. 甲完成一本学术专著，现有以下人员主张自己也是该书的作者。根据著作权法的规定，享有该专著著作权的人员是(　　)。

A. 乙，其为该专著的问世筹措了经费　　B. 丙，其为该专著撰写了前言和后记

C. 丁，其曾经撰写了该专著的后三章　　D. 戊，其为该专著提出了修改意见

36. 对于无相对人的意思表示，意思表示的生效时间为(　　)。

A. 公告发布时　　B. 表示发出时

C. 表示完成时　　D. 表示达到时

37. A公司为其生产的绿茶饮料申请注册了“枫丹”商标，但在使用商标时没有在商标标识上加注“注册商标”字样或注册标记。下列行为中，没有侵犯A公司商标权的是(　　)。

A. 甲公司误认为该商标属于未注册商标，故在自己生产的绿茶饮料上也使用“枫丹”商标

B. 乙公司不知某公司假冒“枫丹”绿茶饮料而予以运输

C. 丙餐饮店将购买的A公司“枫丹”绿茶饮料倒入自制绿茶饮料桶，自制“白鹭”牌散装绿茶饮料出售

D. 丁公司明知某企业生产假冒“枫丹”绿茶饮料而向其出租仓库

38. 甲、乙为夫妻，共有一套房屋登记在甲名下。乙瞒着甲向丙借款100万元供个人使用，并将房屋抵押给丙。在签订抵押合同和办理抵押登记时乙冒用甲的名字签字。现甲主张借款和抵押均无效。对此，下列表述正确的是(　　)。

A. 抵押合同无效　　B. 借款合同无效

C. 甲对100万元借款应负连带还款义务　　D. 甲可向法院请求撤销丙的抵押权

39. 甲有二子乙和丙。甲生前立下遗嘱，其死后个人所有的房屋由乙继承。乙与丁结婚，并有一女戊。乙因病先于甲死亡后，丁接替乙赡养甲。丙未婚。甲死后遗有房屋和现金。对此，下列表述正确的是(　　)。

A. 戊可代位继承甲的遗产　　B. 戊、丁无权继承现金遗产

C. 丙、丁为第二顺序法定继承人　　D. 丙无权继承房屋

40. 甲雇用泥瓦匠乙为其修缮房屋，乙在墙上贴砖时，由于没有抓稳砖头，砖头脱落导致自己被砸伤。则对于乙的人身伤害(　　)。

A. 由乙承担责任，甲承担相应的补充责任

B. 甲违反承揽合同的约定，因而应当承担未尽保护义务的违约责任

C. 乙无过错，应当由甲承担乙被砖头砸伤的损害责任

D. 甲无过错，因而不承担乙被砖头砸伤的损害责任

二、多项选择题（第41～50小题，每小题2分，共20分。下列每题给出的四个选项中，至少有两个选项是符合题目要求的。多选、少选或错选均不得分）

41. 下列情形中，构成累犯的有(　　)。

A. 甲因犯故意泄露国家秘密罪被判处有期徒刑5年，执行3年后被假释，被假释后的第6年又犯叛逃罪，应被判处有期徒刑2年

B. 医生乙因犯诽谤罪被判处1年有期徒刑，刑满释放后第3年又犯医疗事故罪，应被判处有期徒刑2年

C. 丙17周岁时因犯为境外窃取国家秘密罪被判处有期徒刑5年，于2017年2月1日刑满释放，2018年5月10日其又犯间谍罪，并于2018年6月12日被审判

D. 丁于2002年12月12日因犯参加恐怖组织罪被判处有期徒刑3年，于2005年12月11日刑满释放，2018年6月11日又犯组织、领导黑社会性质组织罪，应被判处有期徒刑

42. 下列选项中，属于挪用公款归个人使用，可以构成挪用公款罪的是(　　)。

A. 国有公司总经理甲将公款供其朋友使用

B. 国有企业财会人员乙以个人名义将公款供某有限责任公司使用

C. 国家机关负责人丙个人决定以单位名义将公款供某国有公司使用，但并未谋取个人利益

D. 国有企业的单位负责人丁经集体研究决定将公款给某乡镇企业使用

43. 下列属于拐卖儿童罪的情形有(　　)。

A. 以出卖为目的强抢儿童，或者捡拾儿童后予以出卖的

B. 以抚养为目的偷盗婴幼儿或者拐骗儿童，之后予以出卖的

C. 以非法获利为目的，出卖亲生子女的

D. 医疗机构、社会福利机构等单位的工作人员以非法获利为目的，将所诊疗、护理、抚养的儿童贩卖给他人的

44. 下列犯罪行为中，甲的行为与乙的死亡结果之间存在刑法上的因果关系的是(　　)。

A. 甲将乙砍成重伤，乙认为香灰能够治愈刀伤，便在伤口上敷撒香灰，导致伤口感染而死亡

B. 甲女得知男友乙移情别恋，怨恨中送乙一双滚轴旱冰鞋，企盼其在运动时摔死。乙在穿此鞋运动时摔死

C. 甲出于杀人的故意而追杀乙，乙不得不跳入河中躲避，乙溺水死亡

D. 甲出于杀人的故意将乙打成重伤，乙在医院救治期间因突发火灾被烧死

45. 下列犯罪行为中，属于事实认识错误中的对象错误的是(　　)。

A. 甲试图杀死乙，朝乙连开数枪，但因枪法差没有打死乙，但却把名贵宠物鸟打死数只

B. 甲乘夜到军用仓库盗窃枪支，回家将窃得的箱子打开后，发现所窃之物为弹药

C. 甲本以为乙的提包中装满现金，窃得提包后发现提包中有 5 把手枪

D. 甲试图杀死乙，于是乘夜埋伏在乙家门外，当有一人从乙家走出时，甲误以为是乙，便开枪射击，结果将乙的弟弟打死

46. 下列情形中，所有权发生转移的有(　　)。

A. 甲死亡，其子乙继承了甲名下的一栋别墅，但并未办理过户登记

B. 甲、乙离婚，约定双方名下的一套房屋归乙所有，后乙诉至法院，法院依法判令甲协助乙办理变更登记

C. 甲遗失一台相机，被乙拾得

D. 甲将手机赠给乙，但约定甲继续使用一周后再将手机交给乙

47. 甲向乙银行借款，以其住房作为抵押。之后，甲依法在该房屋上加盖了一层楼，并在住房所属院内盖了一个车库。乙银行享有优先受偿权的财产有(　　)。

A. 住房　　B. 加盖的楼层　　C. 车库　　D. 建设用地使用权

48. 甲、乙签订书面合同约定："甲按照乙对出卖人以及设备的选择，订立买卖合同购买设备。设备购买后，甲将设备出租给乙，租期 10 年，总租金为 1 亿元，乙分 10 期支付租金。租期内设备所有权归甲。"在合同履行过程中，甲有权通知乙解除合同的情形有(　　)。

A. 乙未经甲同意，将租赁设备投资入股

B. 乙未按照合同约定妥善保管和使用租赁设备

C. 乙未按照约定支付租金，经甲催告后在合理期限内仍未支付

D. 租赁设备因不可归责于当事人的原因毁损、灭失，且不能修复或者确定替代物

49. 甲用竹竿挑逗一条正在睡觉的狗（主人为丙），狗被惊醒后朝甲扑来，甲乘机躲在路过的乙的身后，乙被狗咬伤。则(　　)。

A. 乙既可以请求甲，也可以请求丙承担侵权责任

B. 甲、丙应对乙的损失承担连带侵权责任

C. 如果乙请求丙承担侵权责任，丙不能以损失是由甲造成的为由免责

D. 如果乙请求丙承担侵权责任，丙赔偿损失后，对于超过自己应当承担赔偿的份额，有权向甲追偿

50. 下列关于继承权的表述，正确的是(　　)。

A. 甲的妻子乙死亡后，甲再婚，但甲仍然承担了乙母生活费的大部分。如果乙母死亡，甲享有继承权

B. 丙病危时立口头遗嘱，将房屋 1 栋给其长子，在场有两位护士见证。丙病愈后，其长子享有继承权

C. 丁在其父死后遗产分割前也死亡的，丁继承的遗产可转归他的妻子继承

D. 戊无子女，仅有一姐姐和一外甥女庚，且戊的姐姐先于戊死亡。戊死亡后，庚无权继承戊的遗产

三、简答题（第 51～54 小题，每小题 10 分，共 40 分）

51. 简述特别自首的成立条件。

52. 简述非法吸收公众存款罪的概念和构成要件。

53. 简述共同危险行为的概念和构成要件。

54. 简述侵犯肖像权的禁止行为。

四、法条分析题（第55～56小题，每小题10分，共20分。要求符合立法原意和刑法/民法理论）

55.《刑法》第385条规定：“国家工作人员利用职务上的便利，索取他人财物的，或者非法收受他人财物，为他人谋取利益的，是受贿罪。

国家工作人员在经济往来中，违反国家规定，收受各种名义的回扣、手续费，归个人所有的，以受贿论处。”

请分析：

（1）何为“利用职务上的便利”？

（2）如何认定“为他人谋取利益”？

（3）何为“在经济往来中”？

56.《民法典》第1198条规定：“宾馆、商场、银行、车站、机场、体育场馆、娱乐场所等经营场所、公共场所的经营者、管理者或者群众性活动的组织者，未尽到安全保障义务，造成他人损害的，应当承担侵权责任。

因第三人的行为造成他人损害的，由第三人承担侵权责任；经营者、管理者或者组织者未尽到安全保障义务的，承担相应的补充责任。经营者、管理者或者组织者承担补充责任后，可以向第三人追偿。”

请分析：

（1）如何理解本条第1款规定的“安全保障义务”？

（2）请根据本条第1款规定概括说明安全保障义务的主体和归责原则。

（3）请根据本条第2款规定概括说明违反安全保障义务侵权责任的承担。

五、案例分析题（第57～58小题，每小题15分，共30分）

57. 甲系某地进城务工的农民，其表兄乙（已届40岁而不能生育小孩）委托其帮忙打探领养一个女孩。甲在务工的朋友中打探领养小孩之事，丙出主意说去医院抱一个人家不要的不就有了。于是甲就到某医院产科前转来转去，看有无不要的小女孩，转了几天未果。某天夜里，甲转到儿科急诊科室，见医院输液大厅的楼道长椅上睡着一个三四岁的小女孩，其父母均在旁边睡着了。甲确认三人熟睡后，用大衣包起孩子，迅速离开。甲将孩子抱到乙处，告之前述情形后，从乙处取走2万元现金作为酬劳，并分给丙2 000元。乙得该女孩后爱护有加，以为从此自己也有孩子了。但在两天后，警方侦破此案，前往乙家解救小孩，乙夫妇看到丢失孩子家长的痛苦后未进行阻碍，同意归还小孩。

阅读分析上述案例后，请回答以下问题：

（1）对甲、丙的行为应如何定性处理？并简要说明理由。

（2）对乙的行为应如何认定和处理？并简要说明理由。

58. 甲、乙签订房屋租赁合同，双方约定：甲将其所有的房屋租给乙，期限为1年，自2017年6月1日至2018年5月31日，若有一方违约，应付给对方违约金2万元。2017年12月，甲为了经营水果批发业务向银行贷款，为了获取贷款，甲将房屋抵押给银行，并办理了抵押登记。2018年2月，甲又与丙签订房屋买卖合同，丙支付了购房款，双方办理了登记过户手续。甲并未将出卖房屋的事实告诉乙。

根据上述案情，请回答下列问题：

（1）甲、乙之间签订的房屋租赁合同是否有效？为什么？

（2）甲与银行之间的抵押权是否设立？

（3）甲、丙之间签订的房屋买卖合同的效力如何？

（4）乙享有何种权利？乙能否以该权利受到侵害为由主张甲、丙之间签订的房屋买卖合同无效？

（5）丙取得房屋所有权后，银行是否可以就该房屋继续主张优先受偿权？

专业基础课模拟试题（五）答案及解析

一、单项选择题

1. C

【解析】甲将乙作为杀人工具，甲是间接正犯，但误将丁当作丙杀死，甲的行为并没有超出故意杀人罪的同一犯罪构成，属于事实认识错误中的对象错误，而不是客体错误，对于对象错误，根据法定符合说，甲成立故意杀人罪既遂。乙不知情，属于被利用成为犯罪工具，因此，乙不负刑事责任，不构成故意杀人罪共犯。可见，选C项。

2. D

【解析】不作为构成犯罪应当具备三个条件：（1）行为人负有某种特定义务。这些特定的义务包括：①法律上明文规定的义务。②行为人职务、业务上的要求。③行为人的法律地位和法律行为所产生的义务。④因先行行为引起的义务。（2）行为人能够履行义务。（3）行为人不履行特定义务，造成或可能造成危害结果。警察甲负有制止行凶杀人义务，这是法律上明文规定的义务，而甲不予制止，构成不作为犯罪。可见，不选A项。子女有赡养老人的义务，这也是法律明文规定的义务，违反该义务造成严重后果的，构成遗弃罪。可见，不选B项。成年人丙带邻家小孩去游泳，在孩子溺水时不予抢救，致使孩子被淹死。丙存在因先前行为引起的义务，违反该义务造成危害结果发生的，构成不作为犯罪。可见，不选C项。过路人丁对交通事故的被害人不予救助不构成不作为犯，因为丁既没有法律义务，又并非其职务、业务上的要求，也不是基于其法律地位和法律行为所产生的义务，更不存在先行行为。可见，选D项。

3. D

【解析】甲入户盗窃，甲的行为构成盗窃罪，但属于盗窃罪未遂（因并未窃取到任何财物，入户盗窃虽不以窃取数额较大财物为必要构成要素，但也须窃得值得刑法保护的一定数额的财物）。此外，甲以勒索财物为目的绑架婴幼儿，甲的行为构成绑架罪。对甲应以盗窃罪（未遂）和绑架罪实行数罪并罚，故选D项。

4. C

【解析】利用信用卡实施诈骗活动，构成信用卡诈骗罪的客观情形有：（1）使用伪造的信用卡，或者使用以虚假的身份证明骗领的信用卡的。（2）使用作废的信用卡的。（3）冒用他人信用卡的。冒用信用卡包括以下情形：拾得他人信用卡并使用的；骗取他人信用卡并使用的；窃取、收买、骗取或者以其他非法方法获取他人信用卡信息资料，并通过互联网、通讯终端等使用的；其他冒用信用卡的情形。（4）恶意透支的。恶意透支是指持卡人以非法占有为目的，超过规定限额或者规定期限透支，并且经发卡银行两次催收后超过3个月仍不归还的行为。可见，A、B、D项构成信用卡诈骗罪。妨害信用卡管理罪的客观表现有：（1）明知是伪造的信用卡而持有、运输的，或者明知是伪造的空白信用卡而持有、运输，数量较大的；（2）非法持有他人信用卡，数量较大的；（3）使用虚假的身份证明骗领信用卡的；（4）出售、购买、为他人提供伪造的信用卡。据此，C项表述中，甲的行为并不以非法占有为目的，不构成信用卡诈骗罪，但因妨害信用卡管理，构成妨害信用卡管理罪，选C项。

5. B

【解析】从表面上看，甲使用假枪抢劫银行的行为构成抢劫罪，但这只不过是丙、丁二人实施贪污行为的骗取手段，根据《刑法》第382条规定，国家工作人员利用职务上的便利，侵吞、窃取、骗取或者以其他手段非法占有公共财物的，是贪污罪。据此，丙、丁以抢劫为掩盖，骗取国有财产，应当以贪污罪论处，甲虽不能成为贪污罪的犯罪主体，但与贪污人员勾结伙同贪污的，以共犯论处。故三人构成贪污罪共犯，选B项。

6. A

【解析】甲、乙共谋抢劫，甲、乙成立抢劫罪共犯。甲在抢劫后为了杀人灭口将押运人杀死，构成故意杀人罪，对甲应当以抢劫罪和故意杀人罪实施数罪并罚，但乙只构成抢劫罪。可见，选A项，不选B、D项。根据共同犯罪一人既遂，整体既遂的处断原则，甲、乙都是既遂犯，而不能认定为仅甲是既遂犯，乙是预备犯，不选C项。

7. D

【解析】A项表述中，甲以非法占有为目的，冒充国家机关工作人员招摇撞骗，骗取少量财物的，甲的行为构成招摇撞骗罪，而不构成诈骗罪，故不选A项。对于A项表述，甲在招摇撞骗过程中，骗取少量财物的，不影响招摇撞骗罪的认定，倘若甲骗取数额较大财物，则构成诈骗罪和招摇撞骗罪的想象竞合犯，应当择一重罪处罚。B项表述构成信用卡诈骗罪，不选B项。C项表述构成骗取出口退税罪，不选C项。D项表述符合诈骗罪的犯罪构成，选D项。

8. D

【解析】A项表述中，怀孕妇女因涉嫌犯罪在羁押期间流产，又因同一事实被起诉、交付审判的，应当视为“审判的时候怀孕的妇女”，不适用死刑。可见，A项表述错误。B项表述中，对于审判的时候已满75周岁的人，不适用死刑，但以特别残忍手段致人死亡的除外。乙审判时已满75周岁，可以适用死刑。可见，B项表述错误。《刑法》第50条第1款规定，判处死刑缓期执行的，在死刑缓期执行期间，如果没有故意犯罪，2年期满以后，减为无期徒刑；如果确有重大立功表现，2年期满以后，减为25年有期徒刑；如果故意犯罪，情节恶劣的，报请最高人民法院核准后执行死刑；对于故意犯罪未执行死刑的，死刑缓期执行的期间重新计算，并报最高人民法院备案。据此，C项表述中，按照有利于被告人处理的原则，先死缓期满减为25年，再与故意伤害罪实行数罪并罚（至于故意伤害行为“情节并不恶劣”不适用死刑的规定，不影响本题的判断）。可见，C 项表述错误。《刑法》第 50 条第 2 款规定，对被判处死刑缓期执行的累犯以及因故意杀人、强奸、抢劫、绑架、放火、爆炸、投放危险物质或者有组织的暴力性犯罪被判处死刑缓期执行的犯罪分子，人民法院根据犯罪情节等情况可以同时决定对其限制减刑。据此，D 项表述中，限制减刑的对象虽不包括以危险方法危害公共安全行为，但包括杀人行为，在实施以危险方法危害公共安全中杀人行为的，可以限制减刑。可见，D 项表述正确，选 D 项。

9. D

【解析】加工贸易登记手册、特定减免税批文等涉税单证是海关根据国家法律法规以及有关政策性规定，给予特定企业用于保税货物经营管理和减免税优惠待遇的凭证。利用购买的加工贸易登记手册、特定减免税批文等涉税单证进口货物，实质是将一般贸易货物伪报为加工贸易保税货物或者特定减免税货物进口，以达到偷逃应缴税款的目的，应当以走私普通货物、物品罪定罪处罚。可见，选 D 项。

10. C

【解析】抢劫罪是指以暴力、胁迫或者其他方法抢劫公私财物的行为。本题表述中，甲、乙将老人锁在屋里，这属于以暴力、胁迫以外的“其他方法”实施抢劫，由于老人无法出门制止，从而使甲、乙二人犯罪得逞，甲、乙的行为使被害人处于“不能反抗”的状态，甲、乙的行为构成抢劫罪，选 C 项。假如题干表述的情形修改为“甲、乙二人乘老人熟睡之际将公私财物运走”，则甲、乙的行为构成盗窃罪。

11. D

【解析】甲、乙没有共同犯罪的故意，不构成共同犯罪，不选 A、B 项。甲将乙头部打伤致乙昏迷，甲的行为构成故意伤害罪。丙趁乙昏迷之际将乙的钱财偷走，构成盗窃罪。可见，选 D 项，不选 C 项。

12. B

【解析】A 项表述的情形属于突发性的、不计后果的犯罪，对于突发性犯罪，以出现的实害结果论罪，如果造成重伤的，以故意伤害罪论处，如果致人死亡的，以故意杀人罪论处，此时行为人的主观心态是间接故意。可见，A 项表述构成故意伤害罪，不选 A 项。B 项表述的情形是非法拘禁使用暴力致人死亡，属于转化犯，即非法拘禁转化为故意杀人，选 B 项。C 项表述中，丙在绑架过程中杀害被绑架人乙的，构成绑架罪，不定故意杀人罪，不选 C 项。D 项表述的情形构成放火罪的结果加重犯或者想象竞合犯，只认定为放火罪，不选 D 项。

13. B

【解析】逃税罪、污染环境罪和合同诈骗罪的犯罪主体包括自然人和单位，贷款诈骗罪的犯罪主体只能是自然人，单位不能构成贷款诈骗罪，选 B 项。

14. D

【解析】对有影响力的人行贿罪是指为谋取不正当利益，向国家工作人员的近亲属或者其他与该国家工作人员关系密切的人，或者向离职的国家工作人员或者其近亲属以及其他与其关系密切的人行贿的行为。据此，乙的行为符合对有影响力的人行贿罪的构成特征，选 D 项。

15. A

【解析】非法吸收公众存款罪并不以非法占有公众存款为目的。A项表述中，甲没有非法占有目的，构成非法吸收公众存款罪，选A项。B项表述中，单位内部同事间的集资行为，不符合非法集资的“不特定对象”条件，因而不构成犯罪，不选B项。C项表述中，对于肆意挥霍集资款，致使集资款不能返还的，属于以非法占有为目的，构成集资诈骗罪，不选C项。D项表述中，对于携带集资款逃匿的，属于以非法占有为目的，构成集资诈骗罪，不选D项。

16. A

【解析】并非出于犯罪嫌疑人主动，而是经亲友规劝、陪同投案的，应视为自动投案。可见，A项表述属于“自动投案”，选A项。犯罪嫌疑人被亲友采用捆绑等手段送到司法机关的，不能视为自动投案，因为并不具有自动性。可见，不选B、D项。犯罪嫌疑人在亲友带领侦查人员前来抓捕时无拒捕行为，并如实供认犯罪事实的，不能认定为自动投案。可见，不选C项。

17. B

【解析】实行行为与预备行为的关键区别在于：能否直接侵害犯罪客体，犯罪预备尚未着手实行犯罪。本题表述中，甲为杀人而对乙实施跟踪，观察其生活规律，这属于故意杀人的预备行为，选B项。需要注意的是：途中行为（犯罪人尚在前往犯罪地点途中的情况）、尾随行为（行为人尾随被害人伺机侵害的情况）、守候行为（犯罪人埋伏或等候在预定地点准备实施加害行为的情况）、寻找行为（犯罪人公然或秘密寻找预定的犯罪对象欲加害的情况，如提着刀在商场找人），这些都是预备行为，而不是实行行为。

18. C

【解析】《刑法》第310条规定，明知是犯罪的人而为其提供隐藏处所、财物，帮助其逃匿或者作假证明包庇的，构成窝藏、包庇罪，犯窝藏、包庇罪，事前通谋的，以共同犯罪论处。要注意区分窝藏与包庇：窝藏是指为犯罪分子提供隐藏处所、财物，帮助其逃匿等行为；而包庇是指以非证人的身份向司法机关提供虚假的证明材料以便为犯罪分子掩盖罪行，或者隐匿罪证等行为。甲的行为构成包庇罪，选C项。

19. C

【解析】先行羁押的，对于管制犯，羁押1日折抵刑期2日，对于被判处拘役和有期徒刑的犯罪分子，羁押1日折抵刑期1日。可见，A项表述错误。被判处管制、拘役、有期徒刑的犯罪分子，其刑期从判决执行之日起计算。对于被判处死刑缓期执行的犯罪分子，死刑缓期执行的期间，从判决确定之日起计算。可见，B项表述错误。《刑法》第50条第1款规定，判处死刑缓期执行的，在死刑缓期执行期间，如果没有故意犯罪，2年期满以后，减为无期徒刑；如果确有重大立功表现，2年期满以后，减为25年有期徒刑；如果故意犯罪，情节恶劣的，报请最高人民法院核准后执行死刑；对于故意犯罪未执行死刑的，死刑缓期执行的期间重新计算，并报最高人民法院备案。据此，C项表述正确，选C项。管制的执行机关为司法行政部门统一管理的社区矫正机关，而非公安机关，D项表述错误。

20. D

【解析】《刑法》第 87 条规定，犯罪经过下列期限不再追诉：（1）法定最高刑为不满 5 年有期徒刑的，经过 5 年；（2）法定最高刑为 5 年以上不满 10 年有期徒刑的，经过 10 年；（3）法定最高刑为 10 年以上有期徒刑的，经过 15 年；（4）法定最高刑为无期徒刑、死刑的，经过 20 年。如果 20 年以后认为必须追诉的，须报请最高人民检察院核准。据此，甲犯故意伤害罪被判处有期徒刑 2 年，其追诉期限为 5 年（从 2010 年 12 月 22 日起算截至 2015 年 12 月 22 日）。甲所犯抢劫罪应判处有期徒刑 8 年，其追诉期限为 15 年（从 2003 年 12 月 22 日起算至 2018 年 12 月 22 日）。《刑法》第 89 条规定，追诉期限从犯罪之日起计算；犯罪行为有连续或者继续状态的，从犯罪行为终了之日起计算。在追诉期限以内又犯罪的，前罪追诉的期限从犯后罪之日起计算。据此，甲所犯的抢劫罪，其追诉期限内又犯故意伤害罪，抢劫罪的追诉期限从犯后罪之日起计算，即从 2010 年 12 月 22 日重新计算抢劫罪的 15 年追诉期限，此为追诉时效的中断。2010 年 12 月 22 日加上 15 年，应截至 2025 年 12 月 22 日，因此，选 D 项。

21. A

【解析】无因管理属于事实行为，选 A 项。通说认为，不当得利属于事件，本书认为，少数不当得利属于事实行为。可见，不选 B 项。时效的经过属于状态，而非事实行为，不选 C 项。履行合同属于法律行为，而非事实行为，不选 D 项。

22. B

【解析】诉讼时效仅仅适用于请求权，一般为债权请求权，如合同请求权、单方允诺请求权、不当得利返还请求权、无因管理必要费用请求权等。请求权以外的权利，如所有权、人格权等支配权不受诉讼时效的限制。但基于所有权和人格权所发生的请求权，如物权损害赔偿请求权、人身损害赔偿请求权，则应适用诉讼时效。《民法典》第 196 条规定，下列请求权不适用诉讼时效的规定：（1）请求停止侵害、排除妨碍、消除危险；（2）不动产物权和登记的动产物权的权利人请求返还财产；（3）请求支付抚养费、赡养费或者扶养费；（4）依法不适用诉讼时效的其他请求权。据此，只有 B 项表述的情形不适用诉讼时效，选 B 项。

23. D

【解析】《民法典》第 1091 条规定，有下列情形之一，导致离婚的，无过错方有权请求损害赔偿：（1）重婚；（2）与他人同居；（3）实施家庭暴力；（4）虐待、遗弃家庭成员；（5）有其他重大过错。据此，只有 D 项表述的情形可以构成请求离婚损害赔偿的法定事由，故选 D 项。A 项表述中，与他人同居导致离婚，无过错方有权请求损害赔偿。同居是指有配偶者与婚外异性，不以夫妻名义持续、稳定地共同居住。所以，“一夜情”不同于同居，对于甲与某失足妇女发生“一夜情”的，乙不能请求离婚损害赔偿。可见，不选 A 项。根据《民法典》第 1091 条规定，甲伪造夫妻共同债务企图侵占乙的财产的，不属于请求离婚损害赔偿的法定事由，故不选 B 项。《民法典》第 1079 条第 3 款规定，有下列情形之一，调解无效的，应当准予离婚：（1）重婚或者与他人同居；（2）实施家庭暴力或者虐待、遗弃家庭成员；（3）有赌博、吸毒等恶习屡教不改；（4）因感情不和分居满 2 年；（5）其他导致夫妻感情破裂的情形。据此，甲、乙因感情不和分居满 2 年，法院可以判决离婚；但是，因感情不和分居满2年并非请求离婚损害赔偿的法定事由，故不选C项。

24. A

【解析】《民法典》第25条规定，自然人以户籍登记或者其他有效身份登记记载的居所为住所；经常居所与住所不一致的，经常居所视为住所。这里的"经常居所"，指的是公民离开住所地最后连续居住1年以上的地方，但是住院治疗的除外。据此，赵某的户口尚未落在乙市，其户籍所在地仍为甲市。赵某在苏州仅停留10个月，不足1年，不能认定为经常居所。上海是赵某住院治疗地，也不能认定为住所地。因而，赵某的住所地仍为甲市。可见，选A项。

25. C

【解析】《民法典》第415条规定，同一财产既设立抵押权又设立质权的，拍卖、变卖该财产所得的价款按照登记、交付的时间先后确定清偿顺序。据此，登记与交付具有同等效力，同一财产既设定抵押权又设立质权的，应当按照登记、交付的时间确定清偿顺序。由于甲将轿车先出质给丙并移转占有，而后才抵押给丁并办理登记，因此，丙优先于丁受偿。《民法典》第414条第1款规定，同一财产向两个以上债权人抵押的，拍卖、变卖抵押财产所得的价款依照下列规定清偿：（1）抵押权已经登记的，按照登记的时间先后确定清偿顺序；（2）抵押权已经登记的先于未登记的受偿；（3）抵押权未登记的，按照债权比例清偿。据此，已经登记的抵押权优先于未登记的抵押权受偿。因此，丁的抵押权优先于乙的抵押权。可见，债权人享有优先受偿权的先后顺序为丙、丁、乙，选C项。

26. D

【解析】本题表述中，甲的代理权限为采购联想手机，但是甲超越代理权限购买苹果手机及iPad，构成无权代理。A公司董事长指示财务人员付款，这属于履行合同的行为，可视为其通过默示的方式行使追认权。可见，A项表述正确。《民法典》第171条第1、3款规定，行为人没有代理权、超越代理权或者代理权终止后，仍然实施代理行为，未经被代理人追认的，对被代理人不发生效力。行为人实施的行为未被追认的，善意相对人有权请求行为人履行债务或者就其受到的损害请求行为人赔偿。但是，赔偿的范围不得超过被代理人追认时相对人所能获得的利益。据此，若无权代理行为未被追认的，善意相对人有权请求无权代理人履行债务或者赔偿损失。可见，B项表述正确。《民法典》第148条规定，一方以欺诈手段，使对方在违背真实意思的情况下实施的民事法律行为，受欺诈方有权请求人民法院或者仲裁机构予以撤销。这里的"欺诈"，指的是一方故意告知对方虚假情况，或者故意隐瞒真实情况，诱使对方当事人作出错误意思表示的行为。据此，A公司的追认虽然可以弥补无权代理的瑕疵，但是B公司将返修机作为全新手机出卖，构成欺诈，A公司作为受欺诈方有权起诉请求撤销买卖合同。可见，C项表述正确。A公司将手机和iPad以福利方式发给员工，属于赠与合同。《民法典》第662条第1款规定，赠与的财产有瑕疵的，赠与人不承担责任。据此，员工无权请求A公司承担瑕疵担保责任，故D项表述错误，选D项。

27. D

【解析】《民法典》第104条规定，非法人组织的财产不足以清偿债务的，其出资人或者设立人承担无限责任。法律另有规定的，依照其规定。《合伙企业法》第38、39、40条规定，合伙企业对其债务，应先以其全部财产进行清偿。合伙企业不能清偿到期债务的，合伙人承担无限连带责任。合伙人由于承担无限连带责任，清偿数额超过其亏损分担比例的，有权向其他合伙人追偿。根据上述规定，选D项。

28. C

【解析】《民法典》第191条规定，未成年人遭受性侵害的损害赔偿请求权的诉讼时效期间，自受害人年满18周岁之日起计算。据此，本题表述中，马某从年满18周岁的2017年6月开始计算3年的诉讼时效期间，持续至2020年6月。可见，选C项。

29. B

【解析】甲、乙之间确实存在无因管理之债的法律关系，但因下大雪压塌牛栏导致牛死亡，甲花去屠宰费50元，这也是无因管理的延续，属于必要费用，但乙不必支付屠宰费，因为50元屠宰费可以在500元牛肉款中扣除。可见，不选A项。在扣除50元管理费用后，剩余的450元为不当得利，应当返还给乙。可见，选B项。牛的死亡并非甲故意所为，因此甲系善意，只返还现存利益。可见，不选C项。甲应返还450元，而非500元，不选D项。

30. C

【解析】《民法典》规定的具体人格权有生命权、身体权、健康权、姓名权、名称权、肖像权、名誉权、荣誉权、隐私权、婚姻自主权和个人信息权益。可见，选C项。监护权、亲属扶养权和配偶权属于身份权，不选A、B、D项。

31. D

【解析】《民法典》第823条第1款规定，承运人应当对运输过程中旅客的伤亡承担赔偿责任；但是，伤亡是旅客自身健康原因造成的或者承运人证明伤亡是旅客故意、重大过失造成的除外。据此，丙乘坐出租车，与丁公司成立客运合同。只要不存在法定的免责事由，承运人应当对旅客的人身伤亡负无过错责任，故即使承运人丁公司对损害的发生并无过错，仍应当承担违约责任。精神损害赔偿为侵权损害赔偿的范围，并非违约责任的范围。本题表述中，因出租车是正常行驶，并无过错，丁公司不承担侵权责任。故丙只能基于违约责任向丁公司请求赔偿医疗费，但不能请求赔偿精神损害。可见，A项表述错误。《民法典》第1200条规定，限制民事行为能力人在学校或者其他教育机构学习、生活期间受到人身损害，学校或者其他教育机构未尽到教育、管理职责的，应当承担侵权责任。据此，甲的侵权行为发生在放学回家的路上，已超出了乙学校应尽职责的空间范围，乙学校无过错而无须承担责任。可见，B、C项表述错误。根据《民法典》第1188条规定，监护人对被监护人承担无过错责任。《民法典》第1183条规定，侵害自然人人身权益造成严重精神损害的，被侵权人有权请求精神损害赔偿。因故意或者重大过失侵害自然人具有人身意义的特定物造成严重精神损害的，被侵权人有权请求精神损害赔偿。据此，因限制民事行为能力人甲实施侵权行为造成损害的，其监护人应当承担赔偿责任，既包括医疗费等人身损害赔偿金，也包括精神损害赔偿金。可见，D项表述正确。

32. B

【解析】《民法典》第578条规定，当事人一方明确表示或者以自己的行为表明不履行合同义务的，对方可以在履行期限届满前请求其承担违约责任。据此，乙的行为构成预期违约，对于预期违约，可以提前请求承担违约责任，因此甲可以提前请求乙承担违约责任，故选B项，不选A、D项。撤销权的行使条件是以明显不合理低价转让财产或者以明显不合理高价收购他人财产，但是乙将财产卖给他人时并未提及是否以明显不合理低价将其财产转让，所以只能认定这种财产处分行为是正常的交易行为，可见，甲不能行使撤销权，C项表述错误，不选C项。

33. A

【解析】 合同义务包括合同本身的义务和附随于合同本身的附随义务，合同本身的义务可以按照约定产生，但附随义务不是当事人约定的，而是法律规定的义务。合同本身的义务包括主给付义务和从给付义务，本题考查的是从给付义务。从给付义务不能决定债的类型，是为了满足主给付义务利益上的需要所必需的义务，这不同于主给付义务，因为缺少主给付义务，合同就无法成立。A项表述中，甲违反合同约定而负的损害赔偿义务是主合同义务，故选A项。B、C、D项表述的义务都是从给付义务，不选B、C、D项。需要注意的是，附随义务包括合同履行中的附随义务和合同权利义务终止后的附随义务。就合同履行中的附随义务，《民法典》第509条第2款规定，当事人应当遵循诚信原则，根据合同的性质、目的和交易习惯履行通知、协助、保密等义务。就合同权利义务终止后的附随义务，《民法典》第558条规定，债权债务终止后，当事人应当遵循诚信等原则，根据交易习惯履行通知、协助、保密、旧物回收等义务。根据民法典的规定，附随义务包括通知、协助、保密、旧物回收等义务。通知义务如使用方法的告知义务、重要情势的告知义务，协助义务如指示义务、提供履行条件的义务、履行债务的必要准备义务、协助办理特定手续的义务、按时接受交付的义务等。

34. B

【解析】 展览馆和计划生育部门构成共同侵权，但应当由展览馆承担主要责任，而非计划生育部门负主要责任，A项表述错误，不选A项。展览馆和计划生育部门未经刘某许可便将其患病的照片展出，导致刘某与丈夫离婚，侵犯了刘某的隐私权。可见，B项表述正确，选B项。配偶侵权行为发生于配偶之间，例如丈夫之不忠或者妻子与他人通奸等，展览馆和计划生育部门不可能侵犯刘某的配偶权。可见，C项表述错误，不选C项。展览馆和计划生育部门共同侵犯了刘某的隐私权，同时也会造成刘某名誉权的损害，构成侵犯名誉权和隐私权的竞合，但在认定为隐私权的情况下，不再认定为侵犯名誉权。一般而言，侵犯隐私权所散布的事实是真实的，而侵犯名誉权所散布的事实是捏造的、虚构的。总之，不选D项。

35. C

【解析】《著作权法实施条例》第3条规定，著作权法所称创作，是指直接产生文学、艺术和科学作品的智力活动。为他人创作进行组织工作，提供咨询意见、物质条件，或者进行其他辅助工作，均不视为创作。本题中，只有C项表述的情形中，丁曾经撰写了该专著的后三章，属于创作活动，丁享有该专著的著作权，故选C项。

36. C

【解析】《民法典》第138条规定，无相对人的意思表示，表示完成时生效。法律另有规定的，依照其规定。据此，选C项。

37. B

【解析】《商标法》第3条第1款规定，经商标局核准注册的商标为注册商标，包括商品商标、服务商标和集体商标、证明商标；商标注册人享有商标专用权，受法律保护。第9条规定，申请注册的商标，应当有显著特征，便于识别，并不得与他人在先取得的合法权利相冲突。商标注册人有权标明“注册商标”或者注册标记。据此，在商品上标注“注册商标”是商标专用权人的权利而非义务，不影响其商标专用权受到法律保护。《商标法》第57条规定，有下列行为之一的，均属侵犯注册商标专用权：（1）未经商标注册人的许可，在同一种商品上使用与其注册商标相同的商标的；（2）未经商标注册人的许可，在同一种商品上使用与其注册商标近似的商标，或者在类似商品上使用与其注册商标相同或者近似的商标，容易导致混淆的；（3）销售侵犯注册商标专用权的商品的；（4）伪造、擅自制造他人注册商标标识或者销售伪造、擅自制造的注册商标标识的；（5）未经商标注册人同意，更换其注册商标并将该更换商标的商品又投入市场的；（6）故意为侵犯他人商标专用权行为提供便利条件，帮助他人实施侵犯商标专用权行为的；（7）给他人的注册商标专用权造成其他损害的。A项表述中，甲公司在自己生产的绿茶饮料产品上使用“枫丹”商标，属于《商标法》第57条第1项规定的情形，无论是否知道该商标已经注册，均构成侵权，不当选。根据《商标法》第57条第6项规定，为侵权行为提供便利或者帮助构成侵犯商标专用权的，需要主观上存在“故意”为前提。B项表述中，乙公司不知某公司假冒“枫丹”绿茶饮料而予以运输，虽为侵权行为提供了帮助和便利，但因欠缺主观故意，不构成侵权。可见，选B项。而D项表述中，丁公司明知某企业生产假冒“枫丹”绿茶饮料而向其出租仓库，构成侵权，不选D项。C项表述中，丙餐饮店将购买的A公司“枫丹”绿茶饮料倒入自制绿茶饮料桶，自制“白鹭”牌散装饮料出售，属于《商标法》第57条第5项规定的“反向假冒”行为，构成侵权，不选C项。

38. D

【解析】《民法典》第143条规定，具备下列条件的民事法律行为有效：（1）行为人具有相应的民事行为能力；（2）意思表示真实；（3）不违反法律、行政法规的强制性规定，不违背公序良俗。据此，乙与丙签订的借款合同为其真实意思表示，且不违反法律、行政法规的强制性规定，应当认定为有效。可见，B项表述错误。《民法典》第301条规定，处分共有的不动产或者动产以及对共有的不动产或者动产作重大修缮、变更性质或者用途的，应当经占份额2/3以上的按份共有人或者全体共同共有人同意，但是共有人之间另有约定的除外。据此，涉案房屋属于夫妻共同财产，以该房屋设定抵押的行为属于处分行为，需要经过夫妻双方一致同意。乙擅自将该房屋设定抵押权，构成无权处分。《民法典》第597条第1款规定，因出卖人未取得处分权致使标的物所有权不能转移的，买受人可以解除合同并请求出卖人承担违约责任。据此可推知，无权处分的抵押合同是有效合同。可见，A项表述错误。《民法典》第1064条规定，夫妻双方共同签名或者夫妻一方事后追认等共同意思表示所负的债务，以及夫妻一方在婚姻关系存续期间以个人名义为家庭日常生活需要所负的债务，属于夫妻共同债务。夫妻一方在婚姻关系存续期间以个人名义超出家庭日常生活需要所负的债务，不属于夫妻共同债务；但是，债权人能够证明该债务用于夫妻共同生活、共同生产经营或者基于夫妻双方共同意思表示的除外。据此，乙以个人名义向丙借款100万元，但乙将借款用于个人使用，而不是夫妻共同生活或者家庭生活，因此应当认定为乙个人所欠债务，甲无须对该100万元债务承担连带责任。可见，C项表述错误。因抵押登记为乙冒用甲的名义所为，签名均为伪造，甲有权请求撤销该抵押登记。可见，D项表述正确，选D项。

39. A

【解析】《民法典》第1123条规定，继承开始后，按照法定继承办理；有遗嘱的，按照遗嘱继承或者遗赠办理；有遗赠扶养协议的，按照协议办理。《民法典》第1154条规定，有下列情形之一的，遗产中的有关部分按照法定继承办理：（1）遗嘱继承人放弃继承或者受遗赠人放弃受遗赠；（2）遗嘱继承人丧失继承权或者受遗赠人丧失受遗赠权；（3）遗嘱继承人、受遗赠人先于遗嘱人死亡或者终止；（4）遗嘱无效部分所涉及的遗产；（5）遗嘱未处分的遗产。据此规定第3项，甲虽然立遗嘱将房屋由乙继承，但是遗嘱继承人乙先于遗嘱人甲死亡，涉案房屋应当适用法定继承。作为甲的儿子，丙为第一顺序法定继承人，有权继承房屋。《民法典》第1129条规定，丧偶儿媳对公婆，丧偶女婿对岳父母，尽了主要赡养义务的，作为第一顺序继承人。据此，丧偶儿媳丁尽了主要赡养义务，可以作为第一顺序法定继承人参与继承。可见，C、D项表述都是错误的。《民法典》第1128条规定，被继承人的子女先于被继承人死亡的，由被继承人的子女的直系晚辈血亲代位继承。被继承人的兄弟姐妹先于被继承人死亡的，由被继承人的兄弟姐妹的子女代位继承。代位继承人一般只能继承被代位继承人有权继承的遗产份额。据此，戊作为乙的直系晚辈血亲，有权代位继承甲的遗产。可见，A项表述正确，B项表述错误。

40. D

【解析】《民法典》第1192条第1款规定，个人之间形成劳务关系，提供劳务一方因劳务造成他人损害的，由接受劳务一方承担侵权责任。接受劳务一方承担侵权责任后，可以向有故意或者重大过失的提供劳务一方追偿。提供劳务一方因劳务受到损害的，根据双方各自的过错承担相应的责任。据此，本题表述中，甲并无过错，乙只能自己承担责任，故选D项。

二、多项选择题

41. AD

【解析】《刑法》第65条第1款规定，被判处有期徒刑以上刑罚的犯罪分子，刑罚执行完毕或者赦免以后，在5年以内再犯应当判处有期徒刑以上刑罚之罪的，是累犯，应当从重处罚，但是过失犯罪和不满18周岁的人犯罪的除外。据此，A项表述中，甲被判处有期徒刑5年，执行3年后被假释。即甲还有2年刑满释放。《刑法》第83条第1款规定，有期徒刑的假释考验期限，为没有执行完毕的刑期；无期徒刑的假释考验期限为10年。据此，甲的假释考验期为2年。甲被假释后第6年又犯叛逃罪，即扣除2年的考验期，甲假释期满后4年内又犯新罪，是在刑罚执行完毕后5年内犯罪，构成累犯。甲所犯前罪为滥用职权类犯罪，后罪为危害国家安全类犯罪，甲的行为构成一般累犯。可见，选A项。B项表述中，医疗事故罪为过失犯罪，不构成累犯。可见，不选B项。无论是一般累犯，还是特别累犯，都要求行为人年满18周岁，否则，不构成累犯，因此，丙17周岁时犯为境外窃取国家秘密罪，不符合构成累犯的主体条件，不构成累犯，不选 C 项。《刑法》第 66 条规定，危害国家安全犯罪、恐怖活动犯罪、黑社会性质的组织犯罪的犯罪分子，在刑罚执行完毕或者赦免以后，在任何时候再犯上述任一类罪的，都以累犯论处。据此，丁所犯前后两罪分别为恐怖活动犯罪和黑社会性质的组织犯罪。此外，D 项表述为跨法犯罪。根据《最高人民法院关于〈中华人民共和国刑法修正案（八）〉时间效力问题的解释》（2011 年 5 月 1 日起施行），对于是否构成累犯，从新法，丁的行为构成特别累犯。可见，选 D 项。

42. AB

【解析】构成挪用公款罪，必须以挪用公款“归个人使用”作为必要的构成要素。根据《全国人民代表大会常务委员会关于〈中华人民共和国刑法〉第三百八十四条第一款的解释》，有下列情形之一的，属于挪用公款“归个人使用”：(1) 将公款供本人、亲友或者其他自然人使用的；(2) 以个人名义将公款供其他单位使用的；(3) 个人决定以单位名义将公款供其他单位使用，谋取个人利益的。据此规定第 (1)、(2) 项，选 A、B 项。根据上述规定第 (3) 项，不选 C 项。根据上述规定，对于单位决定、为了单位利益等情形而挪用公款的，不构成挪用公款罪，不选 D 项。

43. ABCD

【解析】构成拐卖儿童罪须以出卖为目的，结合《刑法》及相关司法解释的规定，备选项表述的情形都构成拐卖儿童罪，故备选项应全选。

44. AC

【解析】介入因素会导致因果关系中断，但这种介入并非被害人本人行为的介入，如果属于被害人本人行为的介入导致重伤或者死亡，应当认定为危害行为与危害结果之间存在因果关系，选 A、C 项。危害行为与危害结果之间的因果关系中的危害行为必须是实行行为，即必须是刑法分则所规定的符合构成要件的行为。B 项表述中，甲女送给乙男一双滚轴旱冰鞋，这并不是刑法分则所描述的故意杀人罪的实行行为，不能认定为行为与结果之间存在因果关系，不选 B 项。D 项表述中，乙被烧死是由于医院火灾这一介入因素所致，导致因果关系阻断，因而不能认定为具有因果关系，不选 D 项。

45. BD

【解析】A 项表述为行为偏差，或者称为目标打击错误。行为偏差有打击一致和不一致之分。属于同一犯罪构成的是打击一致，属于不同犯罪构成的是打击不一致。A 项表述中，甲的行为构成故意杀人未遂和故意毁坏财物罪既遂，分属于不同犯罪构成，是打击不一致，如果甲因枪法不准将乙身边的丙打死，属于打击一致，因为属于同一犯罪构成。不论属于同一犯罪构成还是属于不同犯罪构成，都是因为行为人客观能力不足造成的。可见，A 项表述的是行为偏差，而不是对象错误或者客体错误。因为对象错误属于主观认识错误，并不存在客观能力不足的问题。客体错误虽然也分属于不同犯罪构成，但也是主观认识错误，而不是客观能力不足。可见，不选 A 项。《刑法》第 127 条规定了盗窃、抢夺枪支、弹药、爆炸物、危险物质罪，B 项表述的情形构成该罪，属于选择性罪名，即属于同一犯罪构成中的认识错误，而且属于主观认识错误，因此属于对象错误。可见，选 B 项。C 项表述属于客体错误，而不是行为偏差。因为分属于不同犯罪构成（盗窃罪和盗窃枪支罪），且属于主观认识错误，而不是客观能力不足。可见，不选C项。D项表述属于故意杀人罪的同一犯罪构成，且并非客观能力不足，而是由于主观认识错误所致。可见，选D项。

46. AD

【解析】《民法典》第230条规定，因继承取得物权的，自继承开始时发生效力。据此，被继承人死亡时，继承人取得遗产所有权或者他物权，无须登记或者交付。因此，A项表述中，乙已经取得别墅所有权。可见，选A项。《民法典》第229条规定，因人民法院、仲裁机构的法律文书或者人民政府的征收决定等，导致物权设立、变更、转让或者消灭的，自法律文书或者征收决定等生效时发生效力。这里的“法律文书”，仅限于形成判决和给付判决，且不包括行使形成权产生的判决。B项表述中，法院作出的要求甲协助乙进行不动产变更登记的判决属于给付判决，因此，甲、乙之间仍需进行房屋变更登记之后所有权才能发生转移。可见，B项表述不能使房屋所有权发生转移，故不选B项。《民法典》第314条规定，拾得遗失物，应当返还权利人。拾得人应当及时通知权利人领取，或者送交公安等有关部门。据此，C项表述中，相机虽然被乙拾得，但是乙不能取得相机所有权，相机所有权仍归甲，并未转移。可见，不选C项。《民法典》第228条规定，动产物权转让时，当事人又约定由出让人继续占有该动产的，物权自该约定生效时发生效力。据此，D项表述中，甲、乙通过占有改定方式完成了手机的交付，所有权发生转移，乙取得了手机的所有权。可见，选D项。

47. ABD

【解析】《民法典》第356条规定，建设用地使用权转让、互换、出资或者赠与的，附着于该土地上的建筑物、构筑物及其附属设施一并处分。《民法典》第357条规定，建筑物、构筑物及其附属设施转让、互换、出资或者赠与的，该建筑物、构筑物及其附属设施占用范围内的建设用地使用权一并处分。这两条规定体现了我国民法典坚持的“房屋所有权主体与房屋占用范围内的土地使用权的主体一致”的原则，亦即“房随地走，地随房走”。与此规定相呼应，《民法典》还规定了建筑物与建筑物占用范围内的土地使用权一并抵押。《民法典》第397条规定，以建筑物抵押的，该建筑物占用范围内的建设用地使用权一并抵押。以建设用地使用权抵押的，该土地上的建筑物一并抵押。抵押人未依据前款规定一并抵押的，未抵押的财产视为一并抵押。据此，选A、B、D项。之所以选B项，就是因为加盖的楼层虽然属于新增建筑物，但是属于附合物，抵押权的效力及于附合物，因此选B项。《民法典》第417条规定，建设用地使用权抵押后，该土地上新增的建筑物不属于抵押财产。该建设用地使用权实现抵押权时，应当将该土地上新增的建筑物与建设用地使用权一并处分。但是，新增建筑物所得的价款，抵押权人无权优先受偿。据此，车库属于新增建筑物，不属于抵押财产，乙银行对车库不享有优先受偿权。可见，不选C项。

48. ACD

【解析】《民法典》第753条规定，承租人未经出租人同意，将租赁物转让、抵押、质押、投资入股或者以其他方式处分的，出租人可以解除融资租赁合同。据此，选A项。《民法典》第750条规定，承租人应当妥善保管、使用租赁物。承租人应当履行占有租赁物期间的维修义务。《民法典》第751条规定，承租人占有租赁物期间，租赁物毁损、灭失的，出租人有权请求承租人继续支付租金，但是法律另有规定或者当事人另有约定的除外。据此，乙未按照合同约定妥善保管和使用租赁设备，出租人甲不必解除合同。可见，不选B项。《民法典》第752条规定，承租人应当按照约定支付租金。承租人经催告后在合理期限内仍不支付租金的，出租人可以请求支付全部租金；也可以解除合同，收回租赁物。据此，选C项。《民法典》第754条规定，有下列情形之一的，出租人或者承租人可以解除融资租赁合同：（1）出租人与出卖人订立的买卖合同解除、被确认无效或者被撤销，且未能重新订立买卖合同；（2）租赁物因不可归责于当事人的原因毁损、灭失，且不能修复或者确定替代物；（3）因出卖人的原因致使融资租赁合同的目的不能实现。据此规定第2项，选D项。

49. ACD

【解析】《民法典》第1250条规定，因第三人的过错致使动物造成他人损害的，被侵权人可以向动物饲养人或者管理人请求赔偿，也可以向第三人请求赔偿。动物饲养人或者管理人赔偿后，有权向第三人追偿。据此，可以推导出本题正确答案为A、C、D项。《民法典》第1250条规定的侵权责任承担方式为不真正连带责任，而不是连带责任，故不选B项。

50. AC

【解析】《民法典》第1129条规定，丧偶儿媳对公婆，丧偶女婿对岳父母，尽了主要赡养义务的，作为第一顺序继承人。据此，选A项。《民法典》第1138条规定，遗嘱人在危急情况下，可以立口头遗嘱。口头遗嘱应当有两个以上见证人在场见证。危急情况消除后，遗嘱人能够以书面或者录音录像形式立遗嘱的，所立的口头遗嘱无效。据此，危急情况解除后，丙所立口头遗嘱无效。可见，B项表述错误，不选B项。《民法典》第1152条规定，继承开始后，继承人于遗产分割前死亡，并没有放弃继承的，该继承人应当继承的遗产转给其继承人；但是遗嘱另有安排的除外。据此，丁的妻子可以通过转继承方式继承丁的遗产。可见，选C项。《民法典》第1128条规定，被继承人的子女先于被继承人死亡的，由被继承人的子女的直系晚辈血亲代位继承。被继承人的兄弟姐妹先于被继承人死亡的，由被继承人的兄弟姐妹的子女代位继承。代位继承人一般只能继承被代位继承人有权继承的遗产份额。据此，戊的外甥女庚可以通过代位继承方式继承戊的遗产。可见，D项表述错误，不选D项。

三、简答题

51. 答案要点：

（1）主体必须是被采取强制措施的犯罪嫌疑人、被告人和正在服刑的罪犯，这是成立特别自首的主体条件。（5分）

（2）必须是如实供述司法机关还未掌握的本人其他罪行，这是成立特别自首的关键条件。（5分）

52. 答案要点：

非法吸收公众存款罪是指违反国家金融管理法规非法吸收公众存款或者变相吸收公众存款，扰乱金融秩序的行为。（2分）

非法吸收公众存款罪的构成要件有：

（1）本罪的客体是国家对吸收公众存款的金融管理秩序。（2分）

（2）客观方面表现为行为人非法吸收公众存款或者变相吸收公众存款，扰乱金融秩序的行为。（2分）

（3）犯罪主体是一般主体，包括自然人和单位。（2分）

（4）主观方面表现为故意，且不要求具有将吸收的存款用于信贷的目的，但必须没有非法占有的目的。（2分）

53. 答案要点：

共同危险行为，又称准共同侵权行为，是指二人或者二人以上共同实施危及他人人身或财产安全的行为并造成损害后果，但不能确定谁是实际侵权人的情形。（3分）

共同危险行为的构成要件有：

（1）主体的复数性。是指危险行为人为二人或者二人以上。（1分）

（2）行为的同一性。数个危险行为人实施的侵权行为是相同的。（1分）

（3）时间上的同时性或相继性。如果数个危险行为人所实施的行为不是同时发生或相继发生，则不会成立共同危险行为。（1分）

（4）行为的危险性。这种危险性表现为，每个人的行为都有可能侵害他人的民事权益，且这种可能性是现实存在的。（1分）

（5）行为的独立性。每个人都单独实施了危险行为，彼此之间无关联或者结合关系。（1分）

（6）实际侵权人的不确定性。（1分）

（7）损害结果的单一性。（1分）

54. 答案要点：

（1）任何组织或者个人不得以丑化、污损，或者利用信息技术手段伪造等方式侵害他人的肖像权。未经肖像权人同意，不得制作、使用、公开肖像权人的肖像，但是法律另有规定的除外。（6分）

（2）未经肖像权人同意，肖像作品权利人不得以发表、复制、发行、出租、展览等方式使用或者公开肖像权人的肖像。（4分）

四、法条分析题

55. 答案要点：

（1）“利用职务上的便利”是指利用本人职务范围内的权力，即自己职务上主管、负责或者承办某项公共事务的职权及其所形成的便利条件。（2分）

（2）“为他人谋取利益”是指行为人意图为他人谋取利益，或者承诺为他人谋取利益，或者实际上已经为他人谋取到了利益。具有下列情形之一的，应当认定为“为他人谋取利益”：①实际或者承诺为他人谋取利益的；②明知他人有具体请托事项的；③履职时未被请托，但事后基于该履职事由收受他人财物的。（6分）

（3）“在经济往来中”是指在国家经济管理活动以及国家工作人员直接参与到销售、购买商品或者提供、接受服务等交易活动中。（2分）

56. 答案要点：

(1)“安全保障义务”是指宾馆、商场、银行、车站、机场、体育场馆、娱乐场所等经营场所、公共场所的经营者、管理者或者群众性活动的组织者，应尽的合理限度范围内使他人免受损害的义务。(2分)

(2) 安全保障义务的主体包括两大类：一是宾馆、商场、银行、车站、机场、体育场馆、娱乐场所等经营场所、公共场所的经营者、管理者；二是群众性活动的组织者。违反安全保障义务的侵权责任适用过错责任原则。(4分)

(3) 违反安全保障义务的责任包括两种情况：①直接责任。在没有第三人介入的情况下，经营者、管理者或者群众性活动的组织者未尽到安全保障义务，造成他人损害的，应当承担直接的侵权责任。②相应的补充责任。在损害是由第三人的行为所致的情况下，由第三人承担侵权责任；经营者、管理者或者群众性活动的组织者未尽到安全保障义务的，承担相应的补充责任。(4分)

五、案例分析题

57. 答案要点：

(1) 甲构成拐卖儿童罪，丙的行为并不构成犯罪。(3分)

甲的行为符合以出卖为目的偷盗婴幼儿的情形，应当以拐卖儿童罪定罪。(3分)

丙给甲出主意的行为并不是教唆甲去实施拐卖儿童的犯罪行为，而是告之去医院领养儿童。当然事后丙所收的甲给的2 000元费用属于甲的犯罪所得，应当予以没收。(3分)

(2) 乙的行为符合收买被拐卖的儿童罪的构成要件，因乙明知是甲拐卖的儿童而仍付给甲2万元并收下该拐卖儿童作自己的孩子，符合了直接故意以金钱收买被拐卖的儿童的犯罪特征。(3分) 收买被拐卖的儿童，对被买儿童没有虐待行为，不阻碍对其进行解救的，可以从轻处罚。本案中，对收买人乙的行为可以从轻处罚。(3分)

58. 答案要点：

(1) 甲、乙之间签订的房屋租赁合同有效。因为租赁合同订立时主体合格、意思表示真实、内容合法，不违反法律的强制性规定，也不违背公序良俗，因而有效。(3分)

(2) 甲与银行之间的抵押权设立。虽然甲、乙之间签订了房屋租赁合同，但甲仍然享有房屋的所有权，甲有权处分自己的房产。甲以自己的房产设定抵押，并签订抵押合同，抵押权依法成立并有效。(4分)

(3) 甲、丙之间签订的房屋买卖合同有效。(2分)

(4) 乙享有优先购买权。乙不得以优先购买权受到侵害为由主张甲、丙之间签订的房屋买卖合同无效。(3分)

(5) 丙取得房屋所有权后，银行可以就该房屋继续主张优先受偿权。(3分)

综合课模拟试题（五）

一、单项选择题（第1～40小题，每小题1分，共40分。下列每题给出的四个选项中，只有一个选项是符合题目要求的）

1. "社会不是以法律为基础，那是法学家的幻想。相反，法律应该以社会为基础。法律应该是社会共同的，由一定的物质生产方式所产生的利益需要的表现，而不是单个人的恣意横行。"对于马克思这段话所表达的马克思主义法学原理，下列表述正确的是(　　)。

A. 强调法律以社会为基础，这是马克思主义法学与其他派别法学的根本区别

B. 法律在本质上是社会共同体意志的体现

C. 特定历史条件下的特定国家的法律都是由一定的社会物质生活条件所决定的

D. 在任何社会，利益需要实际上都是法律内容的决定性因素

2. 促进国家治理体系和治理能力现代化，建成社会主义法治国家的前提是(　　)。

A. 全民守法　　B. 严格执法　　C. 公正司法　　D. 科学立法

3. 关于法律与共产党政策的关系，下列表述错误的是(　　)。

A. 执政党的政策也是我国法律的正式渊源

B. 法律是国家意志，党的政策并不就是国家意志

C. 党的政策是社会主义法的核心内容

D. 党的政策与国家法律相冲突的时候，应以国家的法律为准

4. 下列关于守法与道德的关系，说法错误的是(　　)。

A. 守法的过程也是法律规范中的道德要求实现的过程

B. 在正常的社会环境中，道德水平的高低与守法的自觉性没有关系

C. 在阶级对立的社会中，并不能说每一个被剥削被压迫的人都具有守法的道德义务

D. 在我国当前条件下，守法本身就是公民的道德义务之一

5. 下列说法中，正确的是(　　)。

A. 强制性是法律固有的特性，其他社会规范不具有强制性

B. 法律原则在司法实践中可以合理地约束司法人员的自由裁量权，减少司法腐败

C. 法律责任与法律制裁具有逻辑上的必然联系，追究法律责任都要通过法律制裁

D. 法律解释的主体只能是有权的国家机关及其工作人员

6. 下列有关法律与社会关系的表述，不正确的是(　　)。

A. 在当代中国建立和谐社会的过程中，法律具有积极而广泛的作用

B. 社会应以法律为基础，而不是相反

C. 法律有时具有一定的超前性、引导性，超前于社会现状，引导社会进步与发展

D. 法是一定社会阶级的一种社会调控手段，是社会关系的调整器

7. 下列关于法律论证的表述，正确的是(　　)。

A. 法律论证必须具有依据的客观性和逻辑有效性

B. 法律论证是寻找真实理由的论证过程

C. 法律论证得出的结论应与现行法律的规定完全吻合

D. 法律论证不包括道德评价，不能消弭价值与事实之间的差异

8. 下列选项中，属于大陆法系的特征的是(　　)。

A. 法官不仅适用法律，而且在一定范围上创造法律

B. 以判例法为主要的法律渊源

C. 在诉讼中，采取“纠问式”诉讼程序，突出法官的职能

D. 主要采取归纳推理的方式审理案件

9. 小周是一个饲料厂的销售员，与各方面有广泛的接触，他认为法律没有人重要，有人、有朋友就有法律。他的这种认识属于(　　)。

A. 法律思想体系　　B. 执法意识　　C. 法律心理　　D. 阶级法律意识

10. 行政处分和行政处罚中共同适用的惩戒措施是(　　)。

A. 警告　　B. 开除　　C. 罚款　　D. 拘留

11. 下列活动中，属于严格意义上行政执法的是(　　)。

A. 人民法院执行已生效的民事判决　　B. 检察院对犯罪嫌疑人提起公诉

C. 公安局实施治安处罚　　D. 对罪犯执行死刑

12. 加强人权司法保障是提高司法公信力的改革要求。下列表述中，体现加强人权司法保障的措施是(　　)。

A. 健全尊重法院裁判制度

B. 探索建立检察机关提起公益诉讼制度等措施

C. 健全落实罪刑法定、疑罪从无、非法证据排除等法律原则和制度

D. 构建开放、动态、透明、便民的阳光司法机制

13. 下列选项中，不属于法律意识范畴的是(　　)。

A. 甲认为嫖娼不属于违法行为

B. 乙认为法律无法惩治腐败分子

C. 丙认为大义灭亲是伸张正义的行为

D. 丁申请仲裁，请求仲裁机构裁决乙向其承担违约责任

14. 下列关于村民委员会的表述，正确的是(　　)。

A. 村民委员会实行村务公开制度，涉及财务的事项至少每年公布一次

B. 村民委员会每届任期 5 年，村民委员会成员可以连选连任

C. 本村 1/5 以上有选举权的村民或者半数以上的村民代表联名，可以提出罢免村民

委员会成员的要求

D. 村民委员会由主任、副主任和村民小组组长组成

15. 根据香港特别行政区基本法的规定，下列关于香港特别行政区行政机关的表述，正确的是(　　)。

A. 香港特别行政区政府是特别行政区的行政机关，对行政长官负责

B. 香港特别行政区行政机关的主要官员由立法会提名报行政长官任命

C. 香港特别行政区主要官员由在香港通常居住连续满20年并在外国无居留权的特别行政区永久性居民中的中国公民担任

D. 香港特别行政区办理基本法规定的中央人民政府授权的对外事务

16. 下列选项中，属于2018年宪法修正案规定的内容是(　　)。

A. 推动物质文明、政治文明和精神文明的协调发展

B. 国家发展同社会经济发展水平相适应的社会保障制度

C. 中国共产党领导是中国特色社会主义最本质的特征

D. 国家尊重和保障人权

17. 根据我国宪法规定，关于决定特赦，下列表述正确的是(　　)。

A. 中华人民共和国国家主席决定特赦

B. 全国人民代表大会常务委员会决定特赦

C. 全国人民代表大会决定特赦

D. 决定特赦是我国最高行政机关的专有职权

18. 根据宪法规定，全国人大的1个代表团或者30名以上的代表联名，可以提出质询案，下列选项中，属于质询的对象是(　　)。

A. 国家主席　B. 全国人大常委会　C. 国务院　D. 中央军委

19. 当代世界的宪法中，属于协定宪法的是(　　)。

A. 瑞典王国宪法　B. 挪威王国宪法　C. 美国宪法　D. 法国宪法

20. 下列表述中，符合我国宪法关于教育政策规定的是(　　)。

A. 国家普及中等教育　B. 国家发展高等教育

C. 国家普及各种教育设施　D. 国家鼓励国家机构举办各种教育事业

21. 全国人大会议每年举行一次，负责召集全国人大会议的是(　　)。

A. 全国人大常委会委员长　B. 全国人大主席团

C. 全国人大常委会　D. 全国人大常委会委员长会议

22. 根据我国宪法和法律规定，违宪审查的对象不包括(　　)。

A. 行政法规　B. 地方性法规

C. 自治条例和单行条例　D. 国际条约

23. 下列关于对公民基本权利限制的表述，不能成立的是(　　)。

A. 宪法规定的公民基本权利不能克减

B. 对公民基本权利的限制应符合法律保留原则的要求

C. 对公民基本权利进行限制必须内容明确

D. 对公民基本权利的限制要遵循比例原则

24. 依照宪法规定，中华人民共和国主席、副主席都缺位的时候，由全国人民代表大会补选。在补选以前，暂时代理主席职位的是(　　)。

A. 国务院总理　　B. 中央军事委员会主席

C. 全国人大常委会委员长　　D. 最高人民法院院长

25. 下列关于我国宪法规定的基本权利的表述，正确的是(　　)。

A. 享有基本权利的主体限于我国公民

B. 我国宪法规定的基本权利包括罢工自由和迁徙自由

C. 我国对集会、游行、示威自由的行使实行追惩制

D. 受教育权和劳动权既是基本权利，也是基本义务

26. 根据我国宪法规定，下列人员中，不属于国务院组成人员的是(　　)。

A. 国务委员　　B. 教育部部长

C. 国家质量检验检疫总局局长　　D. 国家审计署审计长

27. A省B市公民陈某因驾驶汽车超速行驶被交警李某认定为违章行为并予以罚款。随后，陈某向“110”投诉，称李某执勤时满口酒气，并对其处理不公。经调查取证，李某执勤时酒精含量为0。B市公安分局以陈某捏造事实诽谤他人为由，对其作出治安拘留处罚决定。对此，下列表述正确的是(　　)。

A. 根据我国宪法规定，对陈某的投诉行为应享有充分的豁免权

B. 陈某的投诉行为是公民行使监督权的表现

C. 陈某的投诉属于捏造事实诽谤他人，应予行政处罚

D. 陈某的投诉行为没有宪法依据

28. 下列选项中，使西周“明德慎罚”立法指导思想制度化、法律化的原则是(　　)。

A. “亲亲、尊尊”　　B. “亲亲得相首匿”

C. “五复奏”　　D. “秋审”

29. 汉武帝时，有甲、乙二人争言相斗，乙以佩刀刺甲，甲之子丙慌忙以杖击乙，却误伤甲。有人认为丙“殴父也，当枭首”。董仲舒引用《春秋》事例，主张“论心定罪”，认为丙“非律所谓殴父，不当坐”。关于此案的下列表述，错误的是(　　)。

A. “论心定罪”是儒家思想在刑事司法领域的运用

B. 以《春秋》经义决狱的主张是旨在建立一种司法原则

C. “论心定罪”仅为一家之言，历史上不曾被采用

D. “论心定罪”有可能导致官吏审判案件的随意性

30. 唐朝将六赃犯罪中的监临主司以外的其他官员“因事受财”构成的犯罪称为(　　)。

A. 坐赃　　B. 受财不枉法　　C. 受所监临财物　　D. 受财枉法

31. 下列选项中，属于汉朝法律形式的是(　　)。

A. 断例　　B. 则例　　C. 廷行事　　D. 决事比

32. 秦始皇时期，某地有甲、乙两家相邻而居，但积怨甚深。有一天，该地发生了一起抢劫杀人案，乙遂向官府告发系甲所为。甲遭逮捕并被定为死罪。不久案犯被捕获，始知甲无辜系被诬告。依据秦律，乙应被判处的刑罚为(　　)。

A. 城旦舂　　B. 弃市　　C. 耐为鬼薪　　D. 斩右趾

33. 春秋时期制定的有关禁止隐匿逃亡的人的法律是(　　)。

A. 仆区之法　　B. 被庐之法　　C. 茆门之法　　D. 连坐之法

34. 下列关于宋朝法制的表述，正确的是(　　)。

A.《宋刑统》在体例上取法于《唐律疏议》

B. 宋朝对于犯笞、杖、徒、流罪折杖后应对罪犯于本地配役1年

C. 宋朝中央最高行政机关称为中书省

D. 宋朝为防止冤假错案而改换法官或司法机构对案件进行重新审理的制度称为翻异别推制

35. 元朝对科举考试方式进行改革的最突出表现是(　　)。

A. 首创以程朱理学为内容的经义取士制度

B. 首创八股取士制度

C. 首创殿试科举考试方式

D. 首次以策论作为科举考试的内容

36. 明律规定一切死罪案件必须上报的中央司法机构是(　　)。

A. 刑部　　B. 大理寺　　C. 御史台　　D. 都察院

37. 明确规定房屋出典后因失火焚烧导致典物灭失风险责任承担的朝代是(　　)。

A. 宋朝　　B. 元朝　　C. 明朝　　D. 清朝

38. 下列选项中，属于《大清新刑律》附则《暂行章程》规定的条款是(　　)。

A. 无夫妇女通奸罪　B. 存留养亲　　C. 干名犯义　　D. 罪刑法定

39. 清朝雍正年间曾下令废除贱籍，但贱民仍大量存在。中国历史上第一次以正式法律形式废除贱民制度的政权是(　　)。

A. 清末政府　　B. 南京临时政府　　C. 北洋政府　　D. 南京国民政府

40. 下列关于南京国民政府法律制度的表述，正确的是(　　)。

A. 形成了以六法体系为核心的成文法体系，不成文法不占重要地位

B. 在刑事立法上首次从西方国家引进缓刑、假释等制度

C. 司法院大法官会议有解释宪法和统一解释法律和命令的权力

D. 在民事立法体例上采取民商分立的立法体例

二、多项选择题（第41～50小题，每小题2分，共20分。下列每题给出的四个选项中，至少有两个选项是符合题目要求的。多选、少选或错选均不得分）

41. 下列选项中，行为人应当承担法律责任的是(　　)。

A. 保安员甲收取5元自行车停车费，但拒绝给自行车车主收据

B. 乙向报社写信揭露某纪录片造假，报社没有刊登

C. 丙乘坐高铁拒绝给老人让座，致使老人久站摔伤

D. 丁酒后驾驶机动车将正常行走的行人撞伤

42. 下列关于法治国家中法律与其他社会调控方式的关系的说法中，正确的是(　　)。

A. 法律与其他社会调控方式具有一定程度的一致性和互补性

B. 法律与其他社会调控方式彼此独立，互不相干

C. 当法律与其他社会调控方式发生冲突时，法律应处于优先地位

D. 法律调整是最重要的社会调整，其他社会调控方式可有可无

43. A 市盐务局根据省政府制定的《〈盐业管理条例〉实施办法》，对甲公司未经批准购买、运输工业盐的行为作出行政处罚。甲公司认为工业盐不属于国家限制买卖的物品，该《实施办法》的规定违反了《行政处罚法》的规定，遂提起行政诉讼。对此，下列说法正确的有(　　)。

A.《〈盐业管理条例〉实施办法》属于当代中国法的正式渊源中的“地方性法规”

B.《〈盐业管理条例〉实施办法》是《行政处罚法》的下位法

C. 应当用价值位阶原则解决本案中的价值冲突

D. 若《〈盐业管理条例〉实施办法》与《行政处罚法》相抵触，法院不能直接撤销

44. 法不是万能的，法的局限性主要表现在(　　)。

A. 法的稳定性与社会生活的变动性之间存在矛盾

B. 有些社会关系不适宜由法律调整

C. 立法和法律实施受人的因素的影响

D. 法的实现要与经济、政治和文化条件相配合

45. 我国享有国家立法提案权的国家机关（或人员）包括(　　)。

A. 全国人大常委会　　　　B. 国务院

C. 最高人民法院　　　　D. 20 名以上全国人大代表

46. 下列关于居民委员会的表述，正确的是(　　)。

A. 居民委员会是我国基层政权的派出机关

B. 居民委员会根据居民居住状况，按照便于居民自治的原则设立

C. 居民会议由 18 周岁以上的居民组成

D. 居民委员会每届任期 3 年，其成员可以连选连任

47. 我国宪法规定，中华人民共和国公民在年老、疾病或者丧失劳动能力的情况下，有从国家和社会获得物质帮助的权利。下列选项中，对这一规定的理解正确的有(　　)。

A. 该规定体现了合理差别对待原则

B. 该规定体现了社会保障权方面的内容

C. 该规定属于法律保留事项

D. 对年老、疾病或者丧失劳动能力的人实施物质帮助应当是必要的和适当的

48. 以刑部作为刑事案件主审机关的朝代有(　　)。

A. 宋朝　　　　B. 元朝　　　　C. 明朝　　　　D. 清朝

49. 据《旧唐书・裴潾传》记载，唐穆宗年间，前率府仓曹曲元衡杖杀百姓柏公成之母，柏公成私受曲元衡资货，母死不闻公府。后事情败露，法寺认为：柏公成母死在辜外，且曲元衡之父曾在朝为官，因父荫庇而判铜赎罪；柏公成因遇恩赦免罪。时任刑部郎中裴潾奏请皇帝改判曲元衡处杖六十并配流，柏公成诛。皇帝采纳了裴潾意见。该判决结果得到社会认可。对于该案的改判，最可能的理由有(　　)。

A. 曲元衡擅行暴力且没有官吏身份，应予改判重惩

B. 曲元衡未在辜限期内积极救治，应予改判重惩

C. 柏公成借母之死而获利，违背儒家义礼和孝道，应处死刑

D. 柏公成借母之死而获利，犯恶逆重罪，应处死刑

50. 下列关于南京国民政府诉讼审判制度的表述，错误的是（　　）。

A. 根据国民党《法院组织法》的规定，南京国民政府实行四级三审制

B. 南京国民政府最高法院审理的上诉案件，既是事实审，也是法律审

C. 南京国民政府最高法院有权监督检察署的检察工作

D. 南京国民政府实行审检合署，检察院设置于法院之内

三、简答题（第51～53小题，每小题10分，共30分）

51. 简述法律解释的概念和特点。

52. 简述我国宪法规定的平等权的含义。

53. 简述南京国民政府"新刑法"的主要特点。

四、分析题（第54～56小题，每小题10分，共30分。要求结合所学知识分析材料回答问题）

54. 为维护社会治安，从严打击违法犯罪活动，某省人民代表大会在"关于加强社会治安管理的决定"中规定，在本省对于"飞车抢夺"（即驾驶机动车乘行人不备抢夺其财物后逃跑）的行为应按照《中华人民共和国刑法》第263条"抢劫罪"的规定追究刑事责任。

请根据法理学知识，对该规定的合法性和有效性作出分析。

55. 2001年11月6日，最高人民法院颁发了《地方各级人民法院及专门人民法院院长、副院长引咎辞职规定（试行）》，并专门发出通知要求各级人民法院贯彻这一规定。该规定第3条指出，引咎辞职是指在其直接管辖的范围内，因不履行或者不正确履行职责，导致工作发生重大失误或者造成严重后果，负有直接领导责任的院长、副院长，主动辞去现任职务的行为。第4条规定，院长、副院长在其直接管辖范围内，具有下列情形之一的，应当主动提出辞职：（1）本院发生严重枉法裁判案件，致使国家利益、公共利益和人民群众生命财产遭受重大损失或造成恶劣影响的；（2）本院发生其他重大违纪违法案件隐瞒不报或拒不查处，造成严重后果或恶劣影响的；（3）本院在装备、行政管理工作中疏于监管，发生重大事故或造成重大经济损失的；（4）不宜继续担任院长、副院长职务的其他情形。

请结合我国宪法的规定及相关知识，回答下列问题：

（1）请说明该材料反映的国家机关组织活动原则及实行该原则的意义。

（2）国家机关组织活动原则有哪些？

56.《唐律疏议·户婚律》（卷十四）规定：诸妻无七出及义绝之状，而出之者，徒一年半；虽犯七出，有三不去，而出之者，杖一百。追还合。若犯恶疾及奸者，不用此律。【疏】议曰：伉俪之道，义期同穴，一与之齐，终身不改。故妻无七出及义绝之状，不合出之。问曰：妻无子者，听出。未知几年无子，即合出之？答曰：律云："妻年五十以上无子，听立庶以长。"即是四十九以下无子，未合出之。

请运用中国法制史的知识和理论，分析上述文字并回答下列问题：

（1）请根据本段文字分析疏议和律文的关系。

（2）请根据本段文字简要概括唐朝关于婚姻解除制度的主要内容。

（3）请根据本段文字分析唐朝作出上述规定的意义。

五、论述题（第57～58小题，每小题15分，共30分）

57. 完善人权司法保障制度是我国司法改革的重要组成部分，也是建设公正高效的社会主义司法制度的重要内容。请结合实际论述如何完善人权司法保障。

58. 试论我国宪法的解释体制。

综合课模拟试题（五）答案及解析

一、单项选择题

1. C

【解析】题干表述的这段话表明，法律都是由一定的社会物质生活条件所决定的。可见，选C项，不选A项。法并非社会共同意志的体现，而是统治阶级整体意志的体现，B项表述错误。物质生活条件决定法，而不是利益需要，D项表述错误。

2. D

【解析】全面依法治国，促进国家治理体系和治理能力现代化，建成社会主义法治国家，包括科学立法、严格执法、公正司法和全民守法，其中，科学立法是法治的前提，严格执法是对行政机关的正当要求，公正司法是对司法机关的要求，全民守法是法治建设的基础工程。可见，选D项。

3. A

【解析】政策不是法律，政策不能成为我国法律的正式渊源，但可以认为是我国法律的非正式渊源。可见，A项表述错误。法律与政策的意志属性不同，法律是由国家制定或认可的，具有国家意志的属性；而执政党的政策本身仅仅是党的主张，不具有国家意志的属性。尽管国家法律的制定必须以执政党的政策为依据，是法律化了的政策，但无论如何，在党的代表大会上是绝不能制定国家法律的。可见，B项表述正确。党的政策是社会主义法的核心内容，C项表述正确。法律和政策有别，因此，既不能以党的政策去代替国家法律，否定法律的特殊作用；也不能用法律去否定党的政策，取消政策的指导作用。但党的政策和国家法律冲突时，应以法律为准。可见，D项表述正确。

4. B

【解析】法律是道德的承载者，因此，守法的过程也是法律规范中的道德要求实现的过程。可见，A项说法正确。道德水平的高低与守法的自觉性是有关联的，人们守法的原因中就有道德的要求，这意味着二者是有关联的。可见，B项说法错误。在阶级对立社会，并不能说每一个被剥削压迫的人都具有守法的道德义务，特别是在阶级矛盾极其尖锐社会条件下，守法往往意味着助纣为虐，自甘堕落，这本身就是不道德。可见，C项说法正确。在我国当前条件下，守法本身就是公民的道德义务之一，D项说法正确。

5. B

【解析】其他社会规范也具有强制性，只不过不具有国家强制性。可见，A项表述错误。法律原则使得法官依法行使自由裁量权，但法律原则本身也要求自由裁量权不能滥用，要遵循法律的基本原则。可见，B项表述正确。C项表述的前半句正确，但后半句是错误的，因为有法律责任未必有法律制裁。可见，C项表述错误。法律解释有有权解释和无权解释之分，D项表述把无权解释排除在外，因而是错误的。

6. B

【解析】在当代中国建立和谐社会的过程中，法律具有积极而广泛的作用。可见，A项表述正确。法律应以社会为基础，即社会是法律的基础，而不是相反。可见，B项表述不正确，选B项。法律具有一定的前瞻性、超前性，从而能够引导社会的进步与发展。可见，C项表述正确。法律是一定社会阶级的一种社会调控手段，是社会关系的调整器。可见，D项表述正确。

7. A

【解析】法律论证的正当性标准有：(1) 内容的融贯性；(2) 程序的合理性；(3) 依据的客观性和逻辑有效性；(4) 结论的可接受性。可见，A项表述正确，选A项。法律论证是似真论证，具有可改写性和可证伪性，法律论证得出真实结论自然是好事，但法律论证并不追求结论的绝对正确，但要结论具有可接受性。可见，B项表述错误。法律论证与现行法律规定完全吻合自然是好事，但未必是与现行法律完全吻合，只要符合法律论证的正当性标准即可。可见，C项表述错误。法律论证是在追求广泛的正当性，即社会认同，包括道德评价和利益平衡以及消弭事实与价值之间的差异，等等。可见，D项表述错误。

8. C

【解析】英美法系国家的法官不仅适用法律，而且在一定范围内创造法律，即法官可以造法，并遵循先例。可见，A项表述属于英美法系的特征，不选A项。英美法系国家以判例法和制定法为主要的法律渊源，其中，判例法占有十分重要的地位。而大陆法系国家以制定法为法律渊源，判例法不能成为大陆法系国家的法律渊源。可见，不选B项。在诉讼中，大陆法系国家采取“纠问式”诉讼程序，突出法官的职能，这不同于英美法系国家在诉讼中奉行的当事人主义。可见，C项表述为大陆法系的特征，选C项。不论是英美法系国家，还是大陆法系国家，都会采取归纳推理、演绎推理等推理方式审理案件，但英美法系国家主要采取归纳推理的方式审理案件，而大陆法系国家主要采取演绎推理的方式审理案件。可见，D项表述属于英美法系的法律渊源，不选D项。

9. C

【解析】从认知阶段来看，法律意识可以分为低级阶段的法律心理和高级阶段的法律思想体系。法律心理是人们在日常生活中形成的关于法律的零星的感觉、情绪、习性等。法律心理是自发产生的，对法律的认识和评价是表面的、直观的，缺乏理论概括的高度。法律思想体系是对法律思想观点的理论概括，是思想化、理论化、系统化的法律意识，是法律意识的高级阶段。本题表述中，小周认为法律没有人重要，有人、有朋友就有法律，这属于法律心理，因为小周的这种想法缺乏对法律思想的系统认识，选C项。

10. A

【解析】根据行政违法的社会危害程度、实施制裁的方式等不同，行政制裁又可分为行政处分、行政处罚。行政处分是国家行政机关或其他组织依照行政隶属关系，对于违法失职的国家公务员或所属人员所实施的惩罚措施，主要有警告、记过、记大过、降级、降职、开除等形式。行政处罚是由特定机关对违反行政法规的公民或社会组织所实施的惩罚措施，其处罚方式主要有警告、罚款、没收财产、责令停产停业、暂扣或吊销营业执照、停发许可证、拘留等。可见，警告是行政处分和行政处罚中共同运用的惩戒措施，选A项。

11. C

【解析】严格意义上的行政执法就是狭义上的行政执法，即国家行政机关和法律法规授权、行政主体委托的组织及其公职人员依照法定职权和程序行使行政管理职权、履行职责、实施法律的活动。备选项中，只有C项表述的情形属于狭义执法，选C项。A、B、D项表述的情形都属于司法。A项为司法中的执行，B项为司法中的提起公诉，D项为司法中的执行。

12. C

【解析】保证公正司法、提高司法公信力在当前有如下6个方面的改革要求：（1）完善确保依法独立公正行使审判权和检察权的制度。（2）优化司法职权配置。（3）推进严格公正司法。（4）保障人民群众参与司法。（5）加强人权司法保障。（6）加强对司法活动的监督。A项表述中，健全尊重法院裁判制度，这体现的是完善确保依法独立公正行使审判权和检察权的制度的要求。B项表述中，探索建立检察机关提起公益诉讼制度等措施，这体现的是优化司法职权配置的要求。C项表述中，健全落实罪刑法定、疑罪从无、非法证据排除等法律原则和制度，这体现的是加强人权司法保障的要求，选C项。D项表述中，构建开放、动态、透明、便民的阳光司法机制，这体现的是保障人民群众参与司法的要求。

13. D

【解析】法律意识是社会意识的一种特殊形式，泛指人们对法律，特别是对本国现行法律的思想、观点、心理或态度的总称。法律意识是法律在思想领域的体现，它本身不是法，也不是法的具体运行过程（包括守法、司法等）。备选项中，D项表述的是法的实际运行中的守法，而不是对法律的思想、观点、心理或者态度，选D项。其余选项体现的都是法律意识。

14. B

【解析】《村民委员会组织法》第30条规定，村民委员会实行村务公开制度。村民委员会应当及时公布下列事项，接受村民的监督：（1）本法第23条、第24条规定的由村民会议、村民代表会议讨论决定的事项及其实施情况；（2）国家计划生育政策的落实方案；（3）政府拨付和接受社会捐赠的救灾救助、补贴补助等资金、物资的管理使用情况；（4）村民委员会协助人民政府开展工作的情况；（5）涉及本村村民利益，村民普遍关心的其他事项。前款规定事项中，一般事项至少每季度公布一次；集体财务往来较多的，财务收支情况应当每月公布一次；涉及村民利益的重大事项应当随时公布。村民委员会应当保证所公布事项的真实性，并接受村民的查询。据此，A项表述错误。《村民委员会组织法》第11条第2款规定，村民委员会每届任期5年，届满应当及时举行换届选举。村民委员会成员可以连选连任。据此，B项表述正确，选B项。《村民委员会组织法》第16条第1款规定，本村1/5以上有选举权的村民或者1/3以上的村民代表联名，可以提出罢免村民委员会成员的要求，并说明要求罢免的理由。被提出罢免的村民委员会成员有权提出申辩意见。据此，C项表述错误。《村民委员会组织法》第6条第1款规定，村民委员会由主任、副主任和委员共3至7人组成。据此，D项表述错误。

15. D

【解析】《香港特别行政区基本法》第59条规定，香港特别行政区政府是香港特别行政区行政机关。《香港特别行政区基本法》第64条规定，香港特别行政区政府必须遵守法律，对香港特别行政区立法会负责：执行立法会通过并已生效的法律；定期向立法会作施政报告；答复立法会议员的质询；征税和公共开支须经立法会批准。根据上述规定，香港特别行政区政府是香港特别行政区的行政机关，对立法会负责，而不是对行政长官负责，A项表述错误。《香港特别行政区基本法》第48条第5项规定，行政长官提名并报请中央人民政府任命下列主要官员：各司司长、副司长，各局局长，廉政专员，审计署署长，警务处处长，入境事务处处长，海关关长；建议中央人民政府免除上述官员职务。据此，行政机关的主要官员由行政长官提名报中央人民政府任命。可见，B项表述错误。《香港特别行政区基本法》第61条规定，香港特别行政区的主要官员由在香港通常居住连续满15年并在外国无居留权的香港特别行政区永久性居民中的中国公民担任。据此，C项表述错误。《香港特别行政区基本法》第62条规定，香港特别行政区政府行使下列职权：（1）制定并执行政策；（2）管理各项行政事务；（3）办理本法规定的中央人民政府授权的对外事务；（4）编制并提出财政预算、决算；（5）拟定并提出法案、议案、附属法规；（6）委派官员列席立法会并代表政府发言。据此规定第3项，D项表述正确，选D项。

16. C

【解析】A项表述为2004年宪法修正案规定的内容，2018年宪法修正案增加“社会文明”和“生态文明”建设。B项表述为2004年宪法修正案规定的内容。C项表述为2018年宪法修正案规定的内容，选C项。D项表述为2004年宪法修正案规定的内容。

17. B

【解析】《宪法》第67条第18项规定，全国人大常委会决定特赦。据此，选B项。

18. C

【解析】《全国人民代表大会组织法》第16条规定，在全国人民代表大会会议期间，1个代表团或者30名以上的代表，可以书面提出对国务院和国务院各部、各委员会的质询案。据此，选C项。此外，根据《各级人民代表大会常务委员会监督法》，最高人民法院和最高人民检察院也要接受质询。

19. A

【解析】以制定宪法的机关为标准，可以将宪法分为钦定宪法、协定宪法和民定宪法。现行的瑞典王国宪法和1830年法国七月王朝统治时期由君主路易·菲力浦和国会协定产生的宪法是协定宪法。可见，选A项。挪威王国宪法是钦定宪法，不选B项。美国宪法和法国宪法是民定宪法，不选C、D项。

20. B

【解析】《宪法》第19条规定，国家发展社会主义的教育事业，提高全国人民的科学文化水平。国家举办各种学校，普及初等义务教育，发展中等教育、职业教育和高等教育，并且发展学前教育。国家发展各种教育设施，扫除文盲，对工人、农民、国家工作人员和其他劳动者进行政治、文化、科学、技术、业务的教育，鼓励自学成才。国家鼓励集体经济组织、国家企业事业组织和其他社会力量依照法律规定举办各种教育事业。国家推广全国通用的普通话。据此，只有B项表述正确，选B项。国家普及的是初等义务教育，中等教育是“发展”。可见，A项表述错误。国家“发展”各种教育设施，而不是“普及”。可见，C项表述错误。国家鼓励集体经济组织、国家企业事业组织和其他社会力量依照法律规定举办各种教育事业，而不是鼓励国家机构举办各种教育事业。可见，D项表述错误。

21. C

【解析】《宪法》第61条规定，全国人民代表大会会议每年举行一次，由全国人民代表大会常务委员会召集。如果全国人民代表大会常务委员会认为必要，或者有1/5以上的全国人民代表大会代表提议，可以临时召集全国人民代表大会会议。据此，选C项。

22. D

【解析】《立法法》规定的违宪审查对象包括法律、行政法规、地方性法规、自治条例和单行条例、规章和司法解释，国际条约不是违宪审查对象，故不选D项。

23. A

【解析】宪法规定的公民基本权利可以克减，也就是可以限制，如在国家出现紧急状态时，可以限制公民基本权利。可见，A项表述不能成立，选A项。根据法律保留原则，对公民基本权利的限制应符合法律保留原则的要求，B项表述正确。根据明确性原则的要求，对公民基本权利进行限制必须内容明确，C项表述正确。比例原则要求为公共利益而限制公民基本权利的时候，必须要在手段和目的之间进行利益衡量。限制基本权利的目的必须具有宪法正当性。对公民基本权利的限制要遵循比例原则，D项表述正确。

24. C

【解析】《宪法》第84条规定，中华人民共和国主席缺位的时候，由副主席继任主席的职位。中华人民共和国副主席缺位的时候，由全国人民代表大会补选。中华人民共和国主席、副主席都缺位的时候，由全国人民代表大会补选；在补选以前，由全国人民代表大会常务委员会委员长暂时代理主席职位。据此，选C项。

25. D

【解析】享有基本权利的主体也包括我国法人和特定情形下的外国人和无国籍人，A项表述错误。我国宪法没有规定罢工自由和迁徙自由，B项表述错误。我国对集会、游行、示威自由实行许可制，而不是追惩制，C项表述错误。受教育权和劳动权既是基本权利，也是基本义务，D项表述正确，选D项。

26. C

【解析】《宪法》第86条第1款规定，国务院由下列人员组成：总理，副总理若干人，国务委员若干人，各部部长，各委员会主任，审计长，秘书长。可见，只有C项表述的人员不是国务院组成人员，选C项。

27. B

【解析】《宪法》第41条规定，中华人民共和国公民对于任何国家机关和国家工作人员，有提出批评和建议的权利；对于任何国家机关和国家工作人员的违法失职行为，有向有关国家机关提出申诉、控告或者检举的权利，但是不得捏造或者歪曲事实进行诬告陷害。对于公民的申诉、控告或者检举，有关国家机关必须查清事实，负责处理。任何人不得压制和打击报复。由于国家机关和国家工作人员侵犯公民权利而受到损失的人，有依照法律规定取得赔偿的权利。据此，陈某行使的是公民监督权中的检举权，检举权是宪法赋予公民的基本权利。可见，B项表述正确，选B项。为了保障公民充分地行使监督权，公民在行使监督权时，对其行为应享有充分的豁免权，但这仅是在理论层面上探讨，我国宪法目前还没有关于对公民行使监督权进行豁免的规定，因而A项表述不正确。本案存在公民行使监督权与捏造事实诽谤他人之间，在区分上难以界定的情况，但为了保障公民行使监督权，不能要求申诉、投诉或者检举的情况与真实情况绝对一致，因此不能将陈某的投诉行为认定为捏造事实诽谤他人。可见，C项表述错误。陈某的投诉行为是公民行使宪法监督权的表现，有宪法依据。可见，D项表述错误。

28. A

【解析】西周时期“明德慎罚”立法指导思想具体化为抽象的精神原则和具体的礼仪规范，抽象的精神原则就是“亲亲”“尊尊”，具体的礼仪规范就是忠、孝、节、义，礼仪内容可以分为吉礼、凶礼、军礼、宾礼、嘉礼。可见，选A项。亲亲相隐为汉朝确立，不选B项。死刑五复奏制度为唐朝确立，不选C项。秋审制度为清朝确立，不选D项。

29. C

【解析】春秋决狱采取“论心定罪”，而“论心定罪”是儒家思想在刑事司法领域的具体运用，A项表述正确。以《春秋》经义断狱的主张旨在建立一种司法原则，该原则必须遵从儒家思想的微言大义精神，B项表述正确。“论心定罪”历史上曾多次被采用，而且不限于汉代，魏晋南北朝时期仍然有经义断狱的案例。可见，C项表述错误，选C项。“论心定罪”虽有弥补法律不足之功效，但容易穿凿附会，随意解释，因此容易被官员滥用。可见，D项表述正确。

30. A

【解析】唐律首次将六种非法攫取公私财物的行为归纳到一起，冠以“六赃”之名。据《唐律疏议·杂律》规定：“赃罪正名，其数有六，谓受财枉法、受财不枉法、受所监临、强盗、窃盗并坐赃。”“六赃”罪包括受财枉法、受财不枉法、受所监临财物、强盗、窃盗和坐赃六种犯罪。“受财枉法”，是指“受有事财而为曲法处断”的行为，即官吏收受当事人贿赂而利用职权曲法枉断，为其牟取不正当利益，或为其开脱罪责。“受财不枉法”，是指“虽受有事人财，判断不为曲法”的行为。“受所监临财物”，是指“监临之官不因公事而受监临内财物”的行为，一般是主管官员私下接受所监管的吏民的财物。“强盗”，是指“以威若力而取其财”的行为，即以暴力或暴力威胁而取他人财物。“窃盗”是指“潜形隐面而取”的行为，即秘密占有不属于自己的官私财物。“坐赃”，《唐律疏议》

解释道：“然坐赃者，谓非监临主司，因事受财，而罪由此赃，故名曰坐赃致罪。”即非监临官利用不正当手段获取本不当得的财物。可见，选A项。

31. D

【解析】汉朝的法律形式包括律、令、科、比。其中，比又称为决事比，是指在律无正条规定时比照援引典型判例作为裁断案件的依据。可见，选D项。断例为宋朝和元朝的法律形式，不选A项。则例为清朝的法律形式，不选B项。廷行事为秦朝的法律形式，不选C项。

32. B

【解析】秦朝在定罪量刑原则上确立了诬告反坐原则，即故意捏造事实陷害他人，使无罪者入罪，轻罪者入于重罪的，即构成诬告罪，按被诬告人所受到的刑罚，对诬告者处罚。本题表述中，乙以死罪诬告甲，对乙应判处死刑。备选项中，只有弃市为死刑，故选B项。

33. A

【解析】仆区之法是春秋时期楚文王制定的关于禁止隐匿亡人的法律，选A项。被庐之法是春秋时期晋文公重耳在被庐检阅军队时制定的关于选贤任官、建立官僚制度的法律，不选B项。茆门之法是春秋时期楚庄王制定的关于宫门守卫、保障国君安全的法律，不选C项。连坐之法是战国时期秦国商鞅制定的，不选D项。

34. D

【解析】《宋刑统》在内容上沿袭《唐律疏议》，但在体例上沿袭的不是《唐律疏议》，而是唐末五代时期制定的《大中刑统》和《大周刑统》。可见，A项表述错误。宋朝实行折杖法，即将笞、杖刑折成臀杖，杖后释放；徒、流刑折成脊杖，徒刑折成脊杖后，杖后释放，流刑折成脊杖后，就地配役1年，加役流折成脊杖后，就地配役3年。可见，B项表述错误。宋朝在元丰改制前的中央最高行政机关是中书门下，元朝中央最高行政机关才是中书省。可见，C项表述错误。宋朝为防止冤假错案而改换法官或司法机构对案件进行重新审理的制度称为翻异别推制，D项表述正确，选D项。

35. A

【解析】隋炀帝首创科举制度后，隋唐都以诗赋作为科举考试的内容，宋朝虽然仍以诗赋作为考试方式，但增加了策论的考查。元朝对科举考试进行改革最突出的表现就是首创以程朱理学为内容的经义取士的科举考试制度，从而结束了以诗赋取士的历史，以经义取士这种科举考试方式在中国历史上存在了600多年，直到1898年康梁变法时才被废除。可见，选A项。明朝明宪宗时期首创八股取士制度，不选B项。

36. A

【解析】明朝中央最高审判机关是刑部，因此一切死刑案件必须上报刑部，由刑部定案，然后再由大理寺复核，选A项。大理寺为明朝刑事案件复核机构，不选B项。明太祖朱元璋将御史台改为都察院，是中央最高监察机构，不受理死刑上报。可见，不选C、D项。

37. D

【解析】关于房屋出典后的风险责任，宋元以来的法律均无规定，清朝明确规定了房屋出典后因失火焚烧的风险责任承担，选D项。

38. A

【解析】《大清新刑律》的附则称为《暂行章程》，是法理派向礼教派妥协的产物，在礼法之争中，将争论的一些焦点问题附加在《大清新刑律》的附则《暂行章程》之中。即在暂行章程中规定：（1）无夫妇女通奸罪。（2）对尊亲属有犯不得适用正当防卫。（3）加重卑幼对尊长、妻对夫杀伤等罪的刑罚。（4）减轻尊长对卑幼、夫对妻杀伤等罪的刑罚。（5）对于危害皇室罪、内乱外患罪以及杀伤尊亲属罪，处以死刑的，仍适用斩刑。可见，选A项。存留养亲最早规定于《北魏律》，唐、宋、明、清律典都有规定，当然内容有所创新。存留养亲也是清末礼法之争的一个问题，经过论战，存留养亲制度被废除，法理派获胜。可见，不选B项。干名犯义就是子孙控告父母的行为，关于干名犯义是否论罪，这属于礼法之争的又一个问题，在争论中，法理派获胜，干名犯义条款被废除。可见，不选C项。《大清新刑律》正文确立了罪刑法定原则，不是通过附则确立的。可见，不选D项。

39. B

【解析】清朝雍正年间曾下令废除贱籍，但直到民国初年，贱民仍大量存在。南京临时政府颁布《大总统令内务部禁止买卖人口文》禁止买卖人口，以保障人权。该法令明令废除一切卖身契约，不得再有主奴之分，原契约双方为雇主与雇人关系，并要求内务部迅速编定暂行条例，禁止人口买卖；孙中山还先后发布了《大总统令广东都督严行禁止贩卖猪仔文》《大总统通令开放蛋户惰民等许其一体享有公权私权文》，废除贱民制度。这是中国历史上第一次以正式法律形式废除贱民制度，选B项。

40. C

【解析】不成文法在南京国民政府法律体系中占据重要地位，国民政府最高法院的判例、司法院的解释例、司法机关认可的习惯以及法理，都可以作为行使审判权的依据。可见，A项表述错误。《大清新刑律》首次引进缓刑、假释等制度。可见，B项表述错误。司法院大法官会议有解释宪法和统一解释法律和命令的权力，这是仿照美国司法违宪审查体制确立的制度。可见，C项表述正确，选C项。在民事立法体例上，南京国民政府采取民商合一的立法体例，D项表述错误。

二、多项选择题

41. AD

【解析】产生法律责任的原因包括违法行为、违约行为和法律规定。A项表述的情形产生行政责任，选A项。B项表述的情形，有可能合法，也有可能侵权，但由于报社并未刊登，不会对相对人造成损害，故不可能产生法律责任，不选B项。丙乘坐高铁不给老人让座，不产生任何法律责任，不选C项。D项表述的情形产生刑事责任，选D项。

42. AC

【解析】法律与其他社会调控方式具有一定程度的一致性和互补性，而不是毫不相干的。可见，A项表述正确，B项表述错误。在社会调控方式中，法律占据主导地位，也是最主要的调控方式，当法律与其他社会调控方式发生冲突时，法律应处于优先地位。可见，C项表述正确。法律调整是最重要的社会调整，但这并不意味着其他调控方式可有可无，因为法律不是万能的。可见，D项表述错误。

43. BD

【解析】《〈盐业管理条例〉实施办法》是由省政府制定的，因此它属于当代中国法的正式渊源中的“地方政府规章”，而不是“地方性法规”。地方政府规章的制定主体是“省、自治区、直辖市和设区的市、自治州的人民政府”，而地方性法规的制定主体是“省、自治区、直辖市以及设区的市和自治州的人民代表大会及其常委会”。可见，A项表述错误。《行政处罚法》的制定主体是全国人大，属于“法律”。根据《立法法》第88条的规定，法律的效力高于行政法规、地方性法规、规章。本题题干中表述的《〈盐业管理条例〉实施办法》是《行政处罚法》的下位法。可见，B项表述正确，选B项。法的各种价值之间存在冲突，价值位阶原则是指在不同位阶的法律价值发生冲突时，在先的价值优先于在后的价值。本题表述的是不同法的渊源在效力上的冲突，而不是价值之间的冲突，因此不能用价值位阶原则解决不同法的渊源之间的冲突。可见，C项表述错误。根据《立法法》第96、97条的规定，国务院有权改变或者撤销不适当的地方政府规章；地方人民代表大会常务委员会有权撤销本级人民政府制定的不适当的规章。所以，如果《〈盐业管理条例〉实施办法》与《行政处罚法》抵触，应由国务院或者该省人大常委会撤销，而不是由法院撤销。法院作为司法机关，在任何情况下都无权撤销各级立法机关的制定法，因为法院没有规范性文件是否合宪或者合法的审查权。就本题而言，如果“地方政府规章违反上位法规定的，人民法院在行政审判中不予适用”。可见，D项表述正确，选D项。

44. ABCD

【解析】法律局限性表现为：(1) 法调整的对象是人的行为，法调整的范围是有限的。法只是众多社会调整手段中的一种，除法律外，还有经济、政治、行政、思想道德、政策、纪律、习俗、舆论等多种手段。法在社会生活调整中具有主导地位，但是并非所有的问题都可以适用法律，只有那些需要法律调整，而且不得不依照法律进行调整时，法律才能进行调整。(2) 法的特性具有局限性，如概括性、稳定性、滞后性、普遍性等，与社会生活的具体性、复杂性等之间存在矛盾。法具有抽象性、稳定性特征与变化的社会生活之间存在矛盾。法的保守性使之总是落后于现实生活的变化。立法者认识能力上的局限性也会使法律存在着某种不合理、不科学的地方。(3) 法的制定和实施受人的因素的影响。“徒善不足以为政，徒法不足以自行”：如果没有高素质的立法者，就不可能有良好的法律。如果没有具有良好法律素质和职业道德的专业队伍，法律再好，其作用也是难以发挥的。即便制定的法律是良好的，那也得有人去遵守和执行。法律的实施还需要绝大多数社会成员的支持，如果他们缺乏一定的法律意识，缺乏自觉遵守法律的思想道德风尚和习惯，法律也不可能有效地实施。(4) 法的实施受政治、经济、文化等社会因素的影响。经济体制、政治体制、执法机关的工作状况、各级领导干部及普通公民的法律观、传统法律文化，等等。可见，备选项应全选。

45. ABC

【解析】《全国人民代表大会组织法》第9条规定，全国人民代表大会主席团，全国人民代表大会常务委员会，全国人民代表大会各专门委员会，国务院，中央军事委员会，最高人民法院，最高人民检察院，可以向全国人民代表大会提出属于全国人民代表大会职权范围内的议案。《全国人民代表大会组织法》第10条规定，1个代表团或者30名以上的代表，可以向全国人民代表大会提出属于全国人民代表大会职权范围内的议案。根据上述规定，选A、B、C项。

46. BC

【解析】居民委员会是基层群众性自治组织，而不是基层政权的派出机关。可见，A项表述错误。《城市居民委员会组织法》第6条规定，居民委员会根据居民居住状况，按照便于居民自治的原则，一般在100户至700户的范围内设立。居民委员会的设立、撤销、规模调整，由不设区的市、市辖区的人民政府决定。据此，B项表述正确。《城市居民委员会组织法》第9条规定，居民会议由18周岁以上的居民组成。居民会议可以由全体18周岁以上的居民或者每户派代表参加，也可以由每个居民小组选举代表2至3人参加。居民会议必须有全体18周岁以上的居民、户的代表或者居民小组选举的代表的过半数出席，才能举行。会议的决定，由出席人的过半数通过。据此，C项表述正确。《城市居民委员会组织法》第8条规定，居民委员会每届任期5年，其成员可以连选连任。据此，D项表述错误。

47. ABD

【解析】我国宪法规定的物质帮助权体现了合理差别。我国宪法规定，我国公民在法律面前一律平等，从而确立了平等权，但平等权并不意味着对所有公民采取无差别待遇，只要存在差别待遇的合理理由，就应当承认这种差别，这就是合理差别。合理差别并不违反平等权的要求。体现合理差别的情形主要包括如下5点：（1）由于年龄的差异所采取的责任、权利等方面的合理差别；（2）依据人的生理差异所采取的合理差别；（3）依据民族的差异所采取的合理差别；（4）依据经济上的能力以及所得的差异所采取的纳税负担上的轻重的合理差别，如个人所得税法采取的超额累进税率征税方法；（5）对从事特定职业的权利主体的特殊义务的加重和特定权利的限制，如国家工作人员必须接受公民的监督、批评和建议，以及在高等学府任教的学历条件等。根据上述所列合理差别，A项表述正确，选A项。我国宪法规定的社会保障权包括退休人员的生活保障权和物质帮助权，可见，B项表述正确，选B项。物质帮助权并非法律保留事项，换句话说，物质帮助权的具体内容并非只能由法律规定。可见，C项表述错误。对年老、疾病或者丧失劳动能力的人实施物质帮助应当是必要的和适当的，这是获得物质帮助的条件之一。可见，D项表述正确，选D项。

48. BCD

【解析】以刑部作为主审机关的朝代包括元、明、清三朝，而宋朝是以大理寺作为中央最高审判机关的，故选B、C、D项，不选A项。

49. AC

【解析】本案中，原判决是曲元衡判铜赎罪，柏公成遇到恩赦免罪，后采纳刑部郎中裴潾的建议，将曲元衡改判为杖六十并配流，将柏公成改判为死刑。改判最有可能的理由就是：曲元衡之父虽曾为官身，但曲元衡本人并非有官员身份，且曲元衡擅行暴力，杖杀柏公成的母亲，事情败露后，曲元衡收买了柏公成，而柏公成为了获利，竟然隐瞒此事不向官府告发，因此必须改判。可见，选A、C项。原判决就是以柏公成的母亲死在辜限期外为理由而判决以铜赎罪的，因此不选B项。柏公成本身并没有犯恶逆重罪。因为恶逆是指谓殴及谋杀祖父母、父母，杀伯叔父母、姑、兄姊、外祖父母、夫、夫之祖父母、父母。而柏公成并没有上述行为，只不过借母亲之死而获利，这是违背儒家义礼和孝道的，故不选 D 项。

50. ABC

【解析】南京国民政府成立初期，沿用北洋政府的法院组织体系，实行四级三审制。1932 年 10 月公布《法院组织法》，该法于 1935 年 7 月 1 日施行。《法院组织法》施行后，改四级三审制为三级三审制，第三审为法律审。可见，A 项表述错误，选 A 项。南京国民政府最高法院审理的上诉案件，有可能是事实审，也有可能是法律审，但如果是“第三审”，肯定是法律审。可见，B 项表述错误，选 B 项。南京国民政府最高法院不能监督检察署的工作，C 项表述错误，选 C 项。南京国民政府实行审检合署，D 项表述正确。

三、简答题

51. 答案要点：

法律解释是指一定的人或组织对法律规定含义的说明。（2 分）

法律解释具有如下特点：

（1）法律解释的对象是法律规定。法律解释的任务是要通过研究法律文本及其附随情况即制定时的经济、政治、文化、技术等方面的背景情况，探求它们所表现出来的法律意旨。（2 分）

（2）法律解释与具体案件密切相关。法律解释往往由待处理的案件所引起，法律解释需要将条文与案件事实结合起来进行。（2 分）

（3）法律解释具有一定的价值取向性。法律解释的过程是一个价值判断和价值选择的过程。人们创制并实施法律是为了实现一定的目的，而这些目的又以某些基本的价值为基础。这些目的和价值就是法律解释所要探求的法律意旨。（2 分）

（4）法律解释受解释学循环的制约。解释学循环是解释学中的一个中心问题，它是指整体只有通过理解它的部分才能得到理解，而对部分的理解又只能通过对整体的理解来实现。（2 分）

52. 答案要点：

（1）平等权的主体是全体公民，它意味着全体公民法律地位的平等。（2 分）

（2）平等权是公民的基本权利，是国家的基本义务。公民有权利要求国家给予平等保护，国家有义务无差别地保护每一个公民的平等地位。国家不得剥夺公民的平等权，也不能允许其他组织和个人侵害公民的平等权。（3 分）

（3）平等权意味着公民平等地享有权利、履行义务。平等不能和特权并存，平等也不允许歧视现象存在。（3 分）

（4）平等权是贯穿于公民其他权利的一项权利，它通过其他权利，如男女平等、民族平等、受教育权平等而具体化。（2 分）

53. 答案要点：

（1）继受西方国家通行的刑事法律原则，并注重采纳与中国宗法伦理原则相适应的法律制度。在立法原则方面，继受罪刑法定、罪刑相适应以及刑罚人道主义等原则；在罪名体系和刑罚制度方面，一准西方国家通行良规。（4 分）

（2）在时间效力上采取“从新从轻主义”，但保安处分采取“从新主义”和裁判后的“附条件从新主义”；在空间效力上以属地主义为主、属人主义为辅，兼采特定犯罪的保护主义和世界主义。（3分）

（3）采取社会防卫主义，并增设保安处分。刑罚分为主刑和从刑，主刑包括死刑、无期徒刑、有期徒刑，从刑包括褫夺公权和没收。刑法典从西方引进保安处分制度，这是受西方国家社会防卫主义主流刑法思想和立法实践影响的体现。保安处分作为刑罚的补充，有其合理性。（3分）

四、分析题

54. 答案要点：

（1）依我国宪法、组织法和立法法的规定，有关刑事基本法律，尤其是涉及犯罪和刑罚问题的法律，由全国人民代表大会制定和修改，全国人民代表大会常务委员会在全国人大闭会期间，可以做部分修改。省级人民代表大会只能制定地方性法规，无刑事立法权。（5分）

（2）按我国宪法和有关法律的规定，关于刑法如何适用的问题，由最高人民法院和最高人民检察院进行解释，省级人民代表大会无权解释刑事法律的规定。因此，该省人民代表大会的“决定”超越了法定职权，是无效的。（5分）

55. 答案要点：

（1）该段材料反映的是责任制原则。我国宪法规定，一切国家机关实行工作责任制原则。责任制原则是指国家机关及其工作人员，对其决定、行使职权、履行职责所产生的结果，都必须承担责任。责任制原则有利于克服主观性、片面性，防止独断专行。（6分）

（2）国家机关组织活动原则包括民主集中制原则、责任制原则、法治原则、民族平等和民族团结原则、效率原则、联系群众原则、党的领导原则。（4分）

56. 答案要点：

（1）疏议是对律文的解释，与律文具有同等的法律效力。唐律的本条“疏议”既具体规定了婚姻解除的条件，明确了律文的适用情形和律文规定的原因，又对婚姻解除作出了补充规定。其目的在于阐明律意，以便于准确地适用律文。（3分）

（2）关于婚姻解除，唐律规定以“七出”、“三不去”和“义绝”为婚姻解除的要件。唐朝允许女方以“三不去”为由拒绝离婚，并补充规定：以无子休妻者，必须是妻年50以上；妻子若犯恶疾及奸罪者，虽有“三不去”的理由，仍可休妻；妻子没有“七出”的情形而休妻的，丈夫徒一年半；妻子有“三不去”的理由而休妻的，丈夫杖一百。（4分）

（3）唐朝关于婚姻解除制度的规定，旨在维护家庭关系的稳定，但更重要的是维护夫权的权威和封建伦理纲常。（3分）

五、论述题

57. 答案要点：

一是完善人权司法保障要注重对法治原则的遵循。法治原则要求良法善治，坚持法律面前人人平等。加强对人权的司法保障要以宪法和法律为依据，逐步健全人权司法保障的法律法规，完善制度设计、细化保障措施。在司法活动中，要切实遵守人权保障的相关法律规定，着力提升司法理念、加强保障力度、完善监督制约，做到尊重人权与防止侵权有机结合，充分发挥社会主义司法制度的优越性。（3分）

二是完善人权司法保障要体现对基本人权的尊重。国家尊重和保障人权是宪法的明确要求，要始终贯彻尊重和保障人权的理念，切实保护公民的人身权利、财产权利、民主权利等合法权益。司法活动直接涉及公民的人身、自由、人格尊严、财产权益等基本权利，要以完善人权司法保障改革为契机，不断提升人权司法保障的制度化、法治化水平。（3分）

三是完善人权司法保障要突出对司法权力的制约。在司法活动中，当事人及诉讼参与人的权利相对司法机关的公权力，处于弱势地位，容易受到侵犯。完善人权司法保障就要强化对司法权力的限制和制约，防止滥用权力侵犯人权。要完善外部监督制约，认真贯彻《宪法》和《刑事诉讼法》关于司法机关“分工负责、互相配合、互相制约”的基本原则，完善内部监督制约，改革人民陪审员制度，健全人民监督员制度，推进审判公开、检务公开，为公民维护自身权利提供坚实的制度保障。（3分）

四是完善人权司法保障要强化对诉讼权利的保障。树立理性、平和、文明、规范的执法理念，严禁刑讯逼供、体罚虐待。充分保障犯罪嫌疑人、被告人的辩护权、辩解权等诉讼权利，要重视其辩护辩解的内容，对涉及无罪、罪轻的辩护意见要认真核实。完善律师执业权利保障机制，发挥律师依法维护公民和法人合法权益方面的重要作用。（3分）

五是完善人权司法保障要加强对公民权利的救济。完善人权司法保障，既要有效防止侵权行为的发生，又要切实保障公民权利在受到侵犯后，能及时得到有效救济。不论是民事诉讼、行政诉讼还是刑事诉讼，司法活动本身就是对公民权利最有效的救济手段。（3分）

58. 答案要点：

（1）我国现行宪法解释体制属于立法机关解释体制。这种解释体制首先是由1978年宪法予以确认和建立的。1982年宪法再次以根本法的形式确认了宪法解释的机关是全国人民代表大会常务委员会，这与我国的宪政体制相吻合。（3分）

（2）由全国人大常委会解释宪法具有一定的合理性：①全国人大作为最高的国家权力机关既有制宪权，也有立法权，而全国人大常委会是全国人大的组成部分，拥有解释宪法的权力，使得宪法解释具有立法性质和普遍的约束力，并使宪法解释工作成为一种经常性的行为。由全国人大常委会行使宪法解释权契合了我国人民主权的理念。在我国，人民是宪法的创制者，只有代表他们行使权力的机关才有资格决定宪法的含义。②从一定的意义上讲，全国人大常委会比其他的国家机关更了解宪法的原意和精神，因为宪法的原意和精神是在立宪过程中产生的，且大量的宪法解释问题是在宪法的实施过程中出现的，监督权和解释权的统一有利于保障宪法解释的权威性。③全国人大常委会是经常开展活动的常设性及专门性机关，其组成人员富有政治和社会经验，具有合理的知识结构。④全国人大常委会在工作机制上也比较适宜行使宪法解释权。（8分）

（3）我国立法解释体制存在的问题：①宪法解释缺乏具体的规范化程序，因此，在我国目前还应当建立和完善一些具体的解释程序，用法律将宪法解释进一步规范化，包括规范宪法解释方式、确立宪法解释原则、强化宪法解释立法、明确宪法解释效力等。②全国人大常委会集立法权、宪法监督权和宪法解释权于一身，不利于权力的监督和制约。因此，在宪法解释主体的设置上需要设立专门的宪法解释机关。③全国人大常委会的宪法解释权长期处于虚置状态，而社会现实中的违宪行为以及与宪法相抵触的规范性文件不在少数。（4分）

图书在版编目（CIP）数据

2021年法律硕士（非法学）联考六年真题精解与考前5套题及详解/白文桥主编．—北京：中国人民大学出版社，2020.10

ISBN 978-7-300-28672-3

Ⅰ.①2… Ⅱ.①白… Ⅲ.①法律－硕士生入学考试－题解 Ⅳ.①D9－44

中国版本图书馆CIP数据核字（2020）第192792号

2021年法律硕士（非法学）联考六年真题精解与考前5套题及详解

白文桥　主编

2021 Nian Falü Shuoshi（Feifaxue）Liankao Liu Nian Zhenti Jingjie yu Kaoqian 5 Tao Ti ji Xiangjie

出版发行	中国人民大学出版社		
社　　址	北京中关村大街31号	**邮政编码**	100080
电　　话	010－62511242（总编室）		010－62511770（质管部）
	010－82501766（邮购部）		010－62514148（门市部）
	010－62515195（发行公司）		010－62515275（盗版举报）
网　　址	http://www.crup.com.cn		
经　　销	新华书店		
印　　刷	北京七色印务有限公司		
规　　格	185 mm×260 mm　16开本	**版　　次**	2020年10月第1版
印　　张	30.75	**印　　次**	2020年10月第1次印刷
字　　数	719 000	**定　　价**	68.00元